Überwindung der Informationsasymmetrie – Stärkung des Private Enforcement durch die Umsetzung des Kapitels II der Richtlinie 2014/104/EU?

Europäische Hochschulschriften Recht

European University Studies in Law

Publications Universitaires Européennes de Droit

Band/Volume 6218

Johannes Gottwald

Überwindung der Informationsasymmetrie – Stärkung des Private Enforcement durch die Umsetzung des Kapitels II der Richtlinie 2014/104/EU?

PETER LANG

Bibliografische Information der Deutschen Nationalbibliothek
Die Deutsche Nationalbibliothek verzeichnet diese Publikation in der Deutschen Nationalbibliografie; detaillierte bibliografische Daten sind im Internet über http://dnb.d-nb.de abrufbar.

Zugl.: Münster (Westfalen), Univ., Diss., 2020.

D 6
ISSN 0531-7312
ISBN 978-3-631-83929-4 (Print)
E-ISBN 978-3-631-84187-7 (E-PDF)
E-ISBN 978-3-631-84188-4 (EPUB)
E-ISBN 978-3-631-84189-1 (MOBI)
DOI 10.3726/b17842

Peter Lang – Berlin · Bern · Bruxelles · New York · Oxford · Warszawa · Wien

Diese Publikation wurde begutachtet.

www.peterlang.com

Meinen Großeltern

Vorwort

Die vorliegende Arbeit wurde im Sommer 2020 von der Rechtswissenschaftlichen Fakultät der Westfälischen Wilhelms-Universität Münster als Dissertation angenommen. Gesetzgebung, Rechtsprechung und Literatur fanden bis August 2020 Berücksichtigung.

Zuvörderst gilt mein Dank meiner Doktormutter Frau *Prof. Dr. Petra Pohlmann* für die Heranführung an die hier gegenständliche Thematik sowie ihre umfassende Betreuung. Herrn *Prof. Dr. Ingo Saenger* danke ich für die schnelle Erstellung des Zweitgutachtens.

Bei meiner Familie, insbesondere bei meiner Mutter Frau *Monika Baronin von Heyking*, meinem Vater Herrn *Dr. Bernd Christoph Gottwald* und Frau *Dr. Christina Hummer* sowie meinen Geschwistern, möchte ich mich für ihre Ideen, Unterstützung und unermüdlichen Korrekturen bedanken. Frau *Johanna Thieme*, Herrn *Matthias Hammelrath* und Herrn *Fabian von Rabenau* gilt mein Dank für unzählige Anregungen und Diskussionen während der Erstellung dieser Arbeit. Ein ganz besonderer Dank gilt meiner Lebenspartnerin Frau *Florentine Sauer*. Sie hat durch ihren bedingungslosen Rückhalt maßgeblich zum Gelingen dieser Arbeit beigetragen. Euch allen gebührt mein Dank.

Meine Großeltern, Frau *Ilse Gottwald* und Herr *Heiko Gottwald*, haben es mir durch ihre liebevolle und weitreichende Unterstützung ermöglicht, mein Studium durchzuführen und meine akademische Ausbildung abzuschließen. Ihnen ist diese Arbeit gewidmet.

Frankfurt am Main, im September 2020
Johannes Gottwald

Inhaltsverzeichnis

Abkürzungsverzeichnis

Duden – die deutsche Rechtschreibung – auf der Grundlage der amtlichen Rechtschreibregeln, 27. Auflage, Berlin 2017.

Kirchner, Hildebert/Böttcher, Eike, Abkürzungsverzeichnis der Rechtssprache, 9. Auflage, Berlin 2018.

Einleitung

A. Problemstellung

Anfang dieses Jahrtausends entwickelte sich auf europäischer wie auf nationaler Ebene das Bewusstsein, dass eine wirksame privatrechtliche Durchsetzung des Kartellrechts ein wesentlicher Faktor zur Aufrechterhaltung des Wettbewerbes ist. Als *private Rechtsdurchsetzung* oder *Private Enforcement*[1] wird im Kartellrecht sowohl die offensive zivilrechtliche Durchsetzung von Unterlassungs-, Beseitigungs- und Schadensersatzansprüchen als auch die defensive Abwehr gegen eine vertragliche Inanspruchnahme unter Verweis auf die Nichtigkeit nach Art. 101 Abs. 2 AEUV bzw. § 1 GWB i.V.m. § 134 BGB bezeichnet.[2] Zusammen mit dem *Public Enforcement*, also der *öffentlich-rechtlichen Rechtsdurchsetzung*,[3] soll die private Rechtsdurchsetzung den freien Wettbewerb sichern.

Hinsichtlich des Private Enforcement zeigte sich aber, dass insbesondere die Durchsetzung von kartellbedingten Schadensersatzansprüchen häufig an der Darlegung und dem Beweis der anspruchsbegründenden Tatsachen scheiterte.[4] Speziell der Nachweis des Kartellverstoßes, des Eintritts eines Schadens sowie die Berechnung der Schadenshöhe sind für die Kartellgeschädigten schwierig zu erbringen.[5] Ursächlich hierfür ist, dass die substantiierte Darlegung und der

---

1 Die beiden Begriffe werden im Folgenden synonym verwendet.

2 *Bundeskartellamt*, Private Kartellrechtsdurchsetzung (2005), S. 1; *Fritzsche*, WRP 2006, S. 42.

3 Die beiden Begriffe werden im Folgenden synonym verwendet.

4 Siehe z.B.: *Waelbroeck/Slater/Even-Schosha*, Study on the conditions of claims for damages in case of infringement of EC competition rules (im Folgenden: „Ashurst-Studie"), S. 106 ff.; *Hempel*, WuW 2004, S. 362, 365.

5 Beispielhaft: *Braun*, EC competition rules in national courts - Germany, S. 600; *Waelbroeck/Slater/Even-Schoshan*, Ashurst-Studie, S. 106 ff.; *Hempel*, WuW 2004, S. 362, 365; *Roth*, in: Schilken, FS W. Gerhardt, S. 815, 819; *Bundeskartellamt*, Private Kartellrechtsdurchsetzung (2005), S. 1; *Lampert/Weidenbach*, WRP 2007, S. 152 ff.; *Herlinger*, in: Behrens/Hartmann-Rüppel/Herlinger, Schadensersatzklagen gegen Kartellmitglieder, S. 65; *Lahme*, Durchsetzung des Kartellrechts, S. 1 ff. m.w.N.; *Ellenrieder*, Nachweis eines Kartellverstoßes, S. 13; *Meeßen*, Schadensersatz bei Verstößen gegen EU-Kartellrecht, S. 109 ff., 413. ff.; *Emmerich*, in: Immenga/Mestmäcker, Wettbewerbsrecht/GWB (2014), § 33 Rn. 84; *Stock*, Schadensnachweis, S. 82; *Dawirs*, Zugriff auf Kronzeugenerklärungen, S. 57.

Beweis eines kartellrechtlichen Schadenersatzanspruchs angesichts der großen tatsächlichen und ökonomischen Schwierigkeiten eine Vielzahl an Informationen und Beweismitteln erfordert. Die den Schadensersatzanspruch begründenden Umstände tragen sich allerdings fast ausschließlich in der Sphäre der Kartellanten zu.[6] Nach der Natur der Sache legen diese größten Wert auf die Geheimhaltung ihres Verhaltens. Die Geschädigten haben typischerweise keinen Zugang zu dieser Sphäre und können daher nicht an die Informationen und Beweismittel gelangen, die zur Durchsetzung ihres Schadensersatzanspruchs notwendig sind. Diese kartelltypische Problemlage wird als *Informationsasymmetrie* bezeichnet und stellt eines der größten Probleme des Private Enforcement dar.

Verstärkt wurde die Informationsnotlage der Kartellgeschädigten durch die eingeschränkten Möglichkeiten zur Informationsbeschaffung bei den Kartellanten und bei Dritten. Um ihre Informationsbedürfnisse zu befriedigen, haben sich die Geschädigten daher vielfach an die Wettbewerbsbehörden gewendet und versucht, Einsicht in deren Akten zu erlangen. Diese Akteneinsichtsgesuche gefährdeten jedoch die öffentlich-rechtliche Rechtsdurchsetzung. Einerseits bestand die Gefahr der Offenlegung von hochsensiblen Informationen wie Kronzeugenerklärungen und Geschäftsgeheimnissen. Andererseits führten die Offenlegungsgesuche zu einem erheblichen Arbeitsaufwand bei den Wettbewerbsbehörden, sodass die Sorge bestand, dass die Behörden ihren originären Tätigkeiten nur noch unzureichend nachkommen könnten. Die Wettbewerbsbehörden waren daher bei der Gewährung von Akteneinsicht ausgesprochen zurückhaltend.

Diese Informationsnotlage hatte zur Folge, dass die meisten Geschädigten ihren Schadensersatzanspruch nicht durchsetzen konnten oder aufgrund der großen Prozessrisiken auf eine Anspruchsdurchsetzung verzichtet haben. Nach der Rechtsprechung des EuGH in den Rechtssachen *Courage/Crehan*[7] und *Manfredi*[8] hat jedoch *Jedermann* ein Recht auf den vollständigen Ersatz seines kartellbedingten Schadens. Sowohl der europäische als auch der nationale Gesetzgeber trafen in der Folge dieser Urteile Maßnahmen, um den Geschädigten die Durchsetzung ihres Schadensersatzanspruchs tatsächlich zu ermöglichen und diese zu vereinfachen.[9] Die vorläufig letzte der zu diesem Zweck erlassenen

6 Siehe etwa: Erwägungsgrund 14 der Kartellschadensersatzrichtlinie.
7 EuGH, Urt. v. 20.09.2001 – C-453/99 – *Courage/Crehan*, EU:C:2001:465, Rn. 26.
8 EuGH, Urt. v. 13.07.2006 – C-295/04 u.a. – *Manfredi*, EU:C:2006:461, Rn. 60.
9 Siehe hierzu unten, S. 36 ff.

Regelungen stellen die Richtlinie 2014/104/EU vom 26.11.2014[10] und die zu ihrer Umsetzung getroffenen Regelungen dar. Der europäische Gesetzgeber hat damit anerkannt, dass die Schwierigkeiten des Private Enforcement in Form von Kartellschadensersatzklagen im großen Maße auf der Informationsasymmetrie beruhen.[11] Um zu gewährleisten, dass jeder Geschädigte eines Verstoßes gegen das europäische Wettbewerbsrecht einen vollständigen Ersatz seines Schadens erlangen kann, wurden im zweiten Kapitel der Kartellschadensersatzrichtlinie umfangreiche Regelungen zur Informationsgewinnung bei den Parteien des Schadensersatzprozesses, Dritten und Wettbewerbsbehörden normiert.[12] Zugleich soll durch die Richtlinie eine kohärente Koordinierung von privater und öffentlich-rechtlicher Rechtsdurchsetzung erfolgen, um beiden Formen der Rechtsdurchsetzung trotz des bestehenden Spannungsverhältnisses eine größtmögliche Durchsetzungskraft zu ermöglichen.[13]

Die Kartellschadensersatzrichtlinie wurde in Deutschland durch die 9. GWB-Novelle vom 09.06.2017[14] umgesetzt. Die Novelle hat insbesondere das Ziel, durch eine – teilweise überschießende – Umsetzung der Kartellschadensersatzrichtlinie die private Rechtsdurchsetzung zu stärken.[15] Dafür sollen unter anderem die praktischen Schwierigkeiten bei der Kartellschadensersatzdurchsetzung, wie etwa der komplizierte Zugang zu Beweismitteln, beseitigt werden.[16] Die 9. GWB-Novelle soll zudem eine effektivere Durchsetzung des nationalen und europäischen Wettbewerbsrechts ermöglichen und das Zusammenwirken von öffentlich-rechtlicher und privater Rechtsdurchsetzung verbessern.[17]

---

10 Richtlinie 2014/104/EU des Europäischen Parlaments und des Rates vom 26.11.2014 über bestimmte Vorschriften für Schadensersatzklagen nach nationalem Recht wegen Zuwiderhandlung gegen wettbewerbsrechtliche Bestimmungen der Mitgliedsstaaten und der Europäischen Union, ABl. 2014 L 349/1 (im Folgenden: „Richtlinie“ oder „Kartellschadensersatzrichtlinie“).

11 Kartellschadensersatzrichtlinie 2014/104/EU, Erwägungsgründe 14 und 15.

12 Siehe hierzu ausführlich unten, S. 123 ff.

13 Art. 1 Abs. 2 sowie Erwägungsgrund 6 der Kartellschadensersatzrichtlinie 2014/104/EU.

14 Neuntes Gesetz zur Änderung des Gesetzes gegen Wettbewerbsbeschränkungen, BGBl. I 2017, 1416 (im Folgenden: „9. GWB-Novelle" oder „Novelle").

15 *Bundesregierung*, Begr. des Gesetzesentwurfes zur 9. GWB-Novelle, BT-Drs. 18/10207, S. 39 f.

16 *Bundesregierung*, Begr. des Gesetzesentwurfes zur 9. GWB-Novelle, BT-Drs. 18/10207, S. 39 f.

17 *Bundesregierung*, Begr. des Gesetzesentwurfes zur 9. GWB-Novelle, BT-Drs. 18/10207, S. 40.

B. Gang der Untersuchung

Dies wirft die hier zu beantwortende Frage auf, ob die Umsetzung der Offenlegungsansprüche der Kartellschadensersatzrichtlinie dazu geeignet ist, die Informationsasymmetrie der Kartellgeschädigten zu überwinden und dadurch das Private Enforcement zu stärken.

Gegenstand der folgenden Untersuchung sind die außer- und innerprozessualen Möglichkeiten zur Informationsbeschaffung im Kartellschadensersatzrecht nach der 9. GWB-Novelle. Diese Arbeit zielt darauf ab, einen Beitrag zur Stärkung des Private Enforcement zu leisten. Hierfür soll im Rahmen einer rechtspolitischen Bewertung die Frage beantwortet werden, ob sich die in Umsetzung des zweiten Kapitels der Kartellschadensersatzrichtlinie neu in das GWB eingefügten Offenlegungsansprüche dazu eignen, die Informationsasymmetrie zwischen den Kartellgeschädigten und den Kartellanten zu überwinden, die Durchsetzung von Kartellschadensersatzansprüchen zu verbessern und damit die private Rechtsdurchsetzung zu stärken.

Im ersten Kapitel dieser Arbeit wird zunächst ein Überblick über die Entwicklung, die Ziele[18] sowie den Inhalt der privaten Rechtsdurchsetzung[19] geschaffen. Anschließend werden die Probleme der privaten Rechtsdurchsetzung[20] dargestellt. Dafür wird aufgezeigt, welche Beweismittel zur erfolgreichen Durchsetzung eines Kartellschadensersatzanspruchs notwendig sind[21] und welche Beweismittel der Kartellgeschädigte typischerweise besitzt.[22] Darauf aufbauend werden die Hintergründe für die Informationsnotlage der Kartellgeschädigten, die Informationsasymmetrie, das Spannungsverhältnis zwischen Public und Private Enforcement sowie die beschränkten Einsichts- und Informationsansprüche vor der 9. GWB-Novelle,[23] erarbeitet.

Das zweite Kapitel dieser Arbeit widmet sich der Kartellschadensersatzrichtlinie 2014/104/EU. Zunächst werden der Hintergrund, die Zielsetzung und die Struktur der Richtlinie[24] beleuchtet. Anschließend werden die Offenlegungsvorschriften des zweiten Kapitels der Richtlinie[25] dargestellt und untersucht.

18 Siehe hierzu unten, S. 29 ff.
19 Siehe hierzu unten, S. 43 ff.
20 Siehe hierzu unten, S. 66 ff.
21 Siehe hierzu unten, S. 67 ff.
22 Siehe hierzu unten, S. 83 ff.
23 Siehe hierzu unten, S. 88 ff.
24 Siehe hierzu unten, S. 118 ff.
25 Siehe hierzu unten, S. 123 ff.

Vertieft wird auf den Ausschluss der Offenlegung von Kronzeugenerklärungen und Vergleichsausführungen sowie die (Un-)Vereinbarkeit des absoluten Offenlegungsverbots mit dem Unionsrecht[26] eingegangen.

Hierauf aufbauend befasst sich das dritte Kapitel mit den Offenlegungsansprüchen der 9. GWB-Novelle. Einleitend werden Hintergrund und Konzeption der Novelle[27] dargestellt. Um eine Grundlage für die Bewertung zu schaffen, werden die Ansprüche auf Herausgabe von Beweismitteln und Erteilung von Auskünften nach § 33g GWB[28] sowie die Vorlage und Offenlegung aus Behördenakten gemäß § 89c GWB[29] umfassend dargestellt und untersucht. Es soll herausgearbeitet werden, welche Schwierigkeiten bei der Beweisbeschaffung zur Kartellschadensersatzdurchsetzung beseitigt wurden, welche weiterhin bestehen und welche neuen Probleme oder Hindernisse die 9. GWB-Novelle für die private Rechtsdurchsetzung geschaffen hat.

Im vierten Kapitel wird die Richtlinienumsetzung dahingehend beurteilt, ob sie dazu geeignet ist, die Informationsasymmetrie zu überwinden und die private Rechtsdurchsetzung zu stärken. Zunächst werden dafür anhand der Ziele der Kartellschadensersatzrichtlinie und der 9. GWB-Novelle Bewertungskriterien[30] entwickelt. Berücksichtigt werden auch die im Rahmen dieser Arbeit festgestellten – praktischen – Schwierigkeiten bei der Durchsetzung von Schadensersatz- und Informationsansprüchen. Anhand dieser Kriterien erfolgt dann die rechtspolitische Bewertung der Richtlinienumsetzung. Dafür werden die Ansprüche auf Herausgabe von Beweismitteln und Erteilung von Auskünften nach § 33g GWB[31] sowie die Offenlegung aus Behördenakten gemäß § 89c GWB[32] zunächst getrennt und anschließend in einem gemeinsamen Ergebnis bewertet.[33] Die Arbeit schließt mit einer Conclusio im fünften Kapitel.[34]

26 Siehe hierzu unten, S. 136 ff.
27 Siehe hierzu unten, S. 155 ff.
28 Siehe hierzu unten, S. 158 ff.
29 Siehe hierzu unten, S. 251 ff.
30 Siehe hierzu unten, S. 271 ff.
31 Siehe hierzu unten, S. 287 ff.
32 Siehe hierzu unten, S. 301 ff.
33 Siehe hierzu unten, S. 308 ff.
34 Siehe hierzu unten, S. 311 ff.

1. Kapitel Private Rechtsdurchsetzung

Ziel des ersten Kapitels ist die Erarbeitung der Grundlagen für den Bewertungsmaßstab, um feststellen zu können, ob die Umsetzung des zweiten Kapitels der Kartellschadensersatzrichtlinie durch die 9. GWB-Novelle zu einer Stärkung des Private Enforcement geführt hat. Dafür ist die Analyse des Umfangs der Informationsnotlage sowie die Erarbeitung der Gründe für die Notlage unumgänglich. Nur so wird es möglich festzustellen, ob die Informationsasymmetrie durch die neueingeführten Informationsansprüche überwunden werden kann und daher eine Stärkung der privaten Rechtsdurchsetzung erfolgt ist.

Dafür wird in diesem Kapitel zunächst ein Überblick über den Begriff sowie die Entwicklung der privaten Rechtsdurchsetzung im Kartellrecht in jüngerer Zeit erarbeitet. Im Anschluss daran werden die wichtigsten offensiven und defensiven Durchsetzungsformen der privaten Rechtsdurchsetzung dargestellt. Auf dieser Darstellung aufbauend, werden die beweisrechtlichen Anforderungen an Kartellschadensersatzklagen dargelegt. Dadurch soll ein Verständnis dafür entwickelt werden, welche Beweisprobleme die Geschädigten bei der Durchsetzung ihrer Kartellschadensersatzansprüche haben. Darauffolgend wird der Hintergrund der kartelltypischen Informationsnotlage erarbeitet. Dafür wird zunächst der Begriff der Informationsasymmetrie definiert. Zudem werden das Spannungsverhältnis zwischen Public und Private Enforcement sowie die beschränkten Möglichkeiten zur Informationsgewinnung vor der 9. GWB-Novelle im Überblick dargestellt.

A. Begriff und Entwicklung der privaten Rechtsdurchsetzung

I. Begriff der privaten Rechtsdurchsetzung

Wie bereits oben dargestellt wird als *private Rechtsdurchsetzung* oder *Private Enforcement* im Kartellrecht sowohl die offensive zivilrechtliche Durchsetzung von Unterlassungs-, Beseitigungs- und Schadensersatzansprüchen als auch die defensive Abwehr gegen vertragliche Inanspruchnahme unter Verweis auf die Nichtigkeit nach Art. 101 Abs. 2 AEUV bzw. § 1 GWB i.V.m. § 134 BGB bezeichnet.[1] Hauptziel der privaten Rechtsdurchsetzung ist den von einem Wettbewerbsverstoß Betroffenen die Möglichkeit zu verleihen, ihre individuellen

---

1 *Bundeskartellamt*, Private Kartellrechtsdurchsetzung (2005), S. 1; *Fritzsche*, WRP 2006, S. 42, 43.

Rechte durchzusetzen und den Ausgleich etwaiger Schäden zu erlangen.[2] Darüber hinaus soll durch eine wirksame private Rechtsdurchsetzung die Durchsetzungskraft des Wettbewerbsrechts insgesamt erhöht werden.[3] Als Nebenzweck dienen die Kosten der Kompensation auch der Abschreckung.[4]

Das Private Enforcement soll nach dem Willen des europäischen Gesetzgebers als *„zweite Säule"*[5] neben der öffentlich-rechtlichen bzw. behördlichen[6] Durchsetzung einer wirksamen Durchsetzung des Wettbewerbsrechts dienen.[7] Die öffentlich-rechtliche Rechtsdurchsetzung erfolgt durch öffentliche Institutionen[8] und unterscheidet sich von der privaten nicht nur aufgrund ihrer

---

2 *Bundeskartellamt*, Private Kartellrechtsdurchsetzung (2005), S. 2; *Logemann*, Der kartellrechtliche Schadensersatz, S. 33; *Canenbley/Steinvorth*, in: Forschungsinstitut für Wirtschaftsverfassung und Wettbewerb, FS 50 Jahre FIW, S. 143, 151; *Weitbrecht*, NJW 2012, S. 881, 882; *Bach*, in: Studienvereinigung Kartellrecht, FS Canenbley, S. 15, 16; *Milde*, Schutz des Kronzeugen, S. 49; *Sanner*, Informationsgewinnung, S. 114 f.; *Dawirs*, Zugriff auf Kronzeugenerklärungen, S. 78.

3 Siehe etwa: *Europäische Kommission*, Weißbuch über Schadenersatzklagen wegen Verletzung des EG-Wettbewerbsrechts, KOM (2008), 165 end., S. 3; EuGH, Urt. v. 20.09.2001 – C-453/99 – *Courage/Crehan*, EU:C:2001:465, Rn. 27; EuGH, Urt. v. 13.07.2006 – C-295/04 u.a. – *Manfredi*, EU:C:2006:461, Rn. 91; EuGH, Urt. v. 14.06.2011 – C-360/09 – *Pfleiderer*, EU:C:2011:389, Rn. 29; EuGH, Urt. v. 06.06.2013 – C-536/11 – *Donau-Chemie*, EU:C:2013:366, Rn. 23; EuGH, Urt. v. 05.06.2014 – C-557/12 – *Kone u.a.*, EU:C:2014:1317, Rn. 23.

4 *Bundeskartellamt*, Private Kartellrechtsdurchsetzung (2005), S. 4; *Europäische Kommission*, Weißbuch über Schadenersatzklagen wegen Verletzung des EG-Wettbewerbsrechts, KOM (2008), 165 end., S. 3; *Weitbrecht*, NJW 2012, S. 881, 882; *Milde*, Schutz des Kronzeugen, S. 50 f.; *Sanner*, Informationsgewinnung, S. 115; *Franck*, in: Immenga u.a., Wettbewerbsrecht/GWB (2020), § 33a Rn. 3; eher zurückhaltend: *Möschel*, WuW 2007, S. 483, 488; *Heitzer*, WuW 2007, S. 854, 863.

5 *Kersting*, WuW 2014, S. 564.

6 Die beiden Begriffe werden synonym verwendet.

7 Kartellschadensersatzrichtlinie 2014/104/EU, Erwägungsgrund 6; *Kersting*, WuW 2014, S. 564; *Willems*, WRP 2015, S. 818; *Preuß*, in: Kersting/Podszun, 9. GWB-Novelle, Kap. 10 Rn. 5; geht, davon aus, dass die Durchsetzung zivilrechtlicher Ansprüche keine vollwertige zweite Säule darstellt und die Bezeichnung als private Rechtsdurchsetzung daher eine *„unschädliche Falschbezeichnung"* sei: *Roth*, JZ 2016, S. 1134, 1136 f.

8 In Deutschland: Das Bundeskartellamt, das Bundesministerium für Wirtschaft und Energie sowie die Landeswettbewerbsbehörden, siehe zu den Zuständigkeiten §§ 48 ff. GWB. Auf europäischer Ebene liegt die Zuständigkeit nach Art. 105 Abs. 1 S. 1 AEUV bei der Europäischen Kommission, welche sich der Hilfe der mitgliedsstaatlichen Wettbewerbsbehörden bedienen darf.

Durchsetzungsformen, sondern auch in ihren Zielen. Die öffentlich-rechtliche Rechtsdurchsetzung soll zum einen denjenigen sanktionieren, der gegen das Kartellrecht verstößt, und zum anderen im Wege der Generalprävention andere Marktteilnehmer davon abschrecken, ebenfalls gegen das Kartellrecht zu verstoßen.[9]

II. Entwicklung der privaten Rechtsdurchsetzung

Die Durchsetzung des Kartellrechts oblag in Europa für lange Zeit fast ausschließlich den öffentlichen Institutionen.[10] Einerseits war die überwiegende Meinung, dass die Wettbewerbsregeln den Wettbewerb als Institution der Marktwirtschaft im Ganzen schützen, nicht aber den einzelnen Wettbewerber, Abnehmer oder Lieferanten. Dies führte dazu, dass zivilrechtliche Anspruchsnormen, soweit überhaupt vorhanden, in ihrer Reichweite und Bedeutung stark eingeschränkt waren. Andererseits war – und ist – die Aufdeckung von im Verborgenen geplanten und durchgeführten wettbewerbsbeschränkenden Absprachen für Unternehmen und Privatpersonen meist unmöglich, zumindest aber sehr schwer. Der ausschließliche Einsatz staatlicher Ermittlungsbefugnisse schien daher unumgänglich.[11]

1. Anfänge der privaten Rechtsdurchsetzung

a) Nationale Ebene

Kartelle wurden in Deutschland lange Zeit grundsätzlich positiv betrachtet.[12] Eine Möglichkeit des privaten Vorgehens gegen Kartelle wurde erstmals durch

---

9 *Canenbley/Steinvorth*, in: Forschungsinstitut für Wirtschaftsverfassung und Wettbewerb, FS 50 Jahre FIW, S. 143, 144; *Bach*, in: Studienvereinigung Kartellrecht, FS Canenbley, S. 15, 16; *Milde*, Schutz des Kronzeugen, S. 46; *Sanner*, Informationsgewinnung, S. 114; *Dawirs*, Zugriff auf Kronzeugenerklärungen, S. 78.

10 *Milde*, Schutz des Kronzeugen, S. 46; *Sanner*, Informationsgewinnung, S. 107.

11 *Hempel*, Privater Rechtsschutz im Kartellrecht, S. 236 und 237; *Wils*, 32 World Competition 1 (2009), S. 3, 8; *Milde*, Schutz des Kronzeugen, S. 46; *Schmidt*, in: Immenga u.a., Wettbewerbsrecht/GWB (2020), Vor § 87 Rn. 1.

12 Vgl. die Ansicht von *von Schmoller* aus dem Jahr 1906: „*Einige kindliche Heißsporne rufen, die Kartelle sollen gesetzlich verboten werden. So können nur Fanatiker des Individualismus reden, die von der wirklichen Welt und ihren heutigen Wirtschaftsverhältnissen recht wenig wissen; nur Leute, welche von der inneren Notwendigkeit der historischen Entwicklung zu immer größeren sozialen Gebilden keine Ahnung haben; nur Volkswirte, welche von den Übelständen der alten freien Konkurrenz nichts wissen oder wissen wollen, welche nicht begreifen, dass eine einheitliche Leitung der volkswirtschaftlichen*

die Einführung der *Verordnung gegen Missbrauch wirtschaftlicher Machtstellungen* (KartVO)[13] im Jahr 1923 geschaffen. Diese gab allerdings nur dem Mitglied eines Kartells ein Kündigungsrecht aus wichtigem Grund (§ 8 KartVO). Dessen Wirksamkeit war – wie das der gesamten Missbrauchsverordnung – gering.[14] Die Rechtmäßigkeit der Kündigung musste durch das neu gebildete Kartellgericht bestätigt werden.[15] Dieses stellte hohe Anforderungen an das Vorliegen eines wichtigen Grundes und setzte die umfängliche Ausschöpfung aller kartellinternen Behelfsmöglichkeiten voraus.[16]

Erst die in den Westzonen nach dem 2. Weltkrieg erlassenen Dekartellisierungsvorschriften[17] hatten eine den Wettbewerb befürwortende Grundhaltung in Deutschland zur Folge. Diese wurde insbesondere durch das amerikanische Antitrust-Denken geprägt.[18] Der erste bundesdeutsche Kartellrechtsentwurf – der sog. *Josten-Entwurf* – enthielt als Folge dessen in § 26 Abs. 3 erstmals

---

Prozesse von erhöhter Warte ein Fortschritt ist. Also schweigen wir davon; die große Masse der Sachverständigen, der Theoretiker wie der Praktiker gibt zu, dass die Kartelle notwendig und in gewissen, ihren Hauptwirkungen, heilsam, sind. (…)" in *von Schmoller*, in: Verein für Socialpolitik, Über das Verhältnis der Kartelle zum Staate, S. 237, 237, 256; siehe auch: *Mailänder*, Privatrechtliche Folgen unerlaubter Kartellpraxis, S. 14 ff.; *Jaschke*, Der kartellrechtliche Schadensersatzanspruch, S. 39 f.

13 RGBl. I 1923, 1067.

14 So verdoppelte sich die Zahl der Kartelle innerhalb von drei Jahren nach Erlass der KartVO, siehe: *Bremer*, in: Pohl, Die Kartellverordnung von 1923, S. 111, 120 m.w.N.; sehen sogar einen stimulierenden Effekt der KartVO: *Emmerich*, Kartellrecht, S. 12; *Lahme*, Durchsetzung des Kartellrechts, S. 4.

15 Zum Kartellgericht, welches als besonderes Verwaltungsgericht dem Reichswirtschaftsgericht angeschlossen war, siehe § 11 KartVO.

16 *Bremer*, in: Pohl, Die Kartellverordnung von 1923, S. 111, 122 m.w.N.

17 Für die britische u. amerikanische Besatzungszone: MilReg.Ges 56/VO 78: Verbot der übermäßigen Konzentration deutscher Wirtschaftskraft (28.01.1947), für die franz. Besatzungszone: VO Nr. 96 zur Verhinderung übermäßiger Machtanhäufung in der deutschen Wirtschaft (09.06.1947), jeweils abgedruckt in: *Rowedder*, Kartellrecht, S. 5 f. u. 31 f.

18 Der Sec. 7 des Sherman Antitrust Act (Gesetz vom 02.07.1890, CH. 647, 26 Stat 209 (1890), 15 U.S.C. 1-7) gestattete es bereits 1890 Bürgern, Wettbewerbsverstöße mittels eines Schadensersatzanspruchs in dreifacher Höhe zu verfolgen. Zum Einfluss des amerikanischen Antitrust-Gedanken: *Mailänder*, Privatrechtliche Folgen unerlaubter Kartellpraxis, S. 16; *Bunte*, in: Langen/Bunte, Kartellrecht/GWB (2018), Einführung zum GWB Rn. 5.

einen eigenen Schadensersatzanspruch für die Opfer eines Kartells.[19] Der als besonders streng geltende Entwurf scheiterte letztlich aber am Widerstand der Wirtschaft.[20]

Das nach langwierigem Verfahren 1958 in Kraft getretene GWB[21] steht – trotz zahlreicher Ausnahmeregelungen – nicht mehr in der Tradition des Kartellorganisationsrechts, sondern ist ein Gesetz zum Schutz der Wettbewerbsfreiheit.[22] So bestand nach § 35 GWB a.F. ein Schadensersatzanspruch gegen denjenigen, der schuldhaft gegen eine drittschützende Norm des GWB verstieß. Wann eine Norm einen solchen Drittschutz gewährte, war in den nächsten Jahren allerdings vielfach umstritten.[23] Ausgangspunkt war – wie oben beschrieben – die damals vorherrschende Ansicht, dass das Kartellrecht den Wettbewerb als Institution der Marktwirtschaft im Ganzen schützen solle, im Gegensatz zum Lauterkeitsrecht des UWG, das den einzelnen Wettbewerber schütze.[24] Insbesondere dem Kartellverbot aus § 1 GWB wurde bis zur *Krankenhaus-Zusatzversicherungs*-Entscheidung des BGH im Jahr 1975 eine drittschützende Wirkung generell abgesprochen.[25]

Eine echte Relevanz konnte die private Rechtsdurchsetzung auch in den folgenden Jahren – trotz teils intensiver Diskussionen – nicht erreichen.[26] So

---

19 Benannt nach *Paul Josten*, teilweise abgedruckt in: *Nörr*, Die Leiden des Privatrechts, S. 164, dort Fn. 18 und Fn. 19.

20 *Günther*, WUW 1951, S. 17, 24; *Lehnich*, Die Wettbewerbsbeschränkung, S. 514; *Möschel*, Wettbewerbsbeschränkungen, § 2 Rn. 30.

21 Gesetz gegen Wettbewerbsbeschränkungen, BGBl. I 1957, 1081.

22 *Lahme*, Durchsetzung des Kartellrechts, S. 5; *Jaschke*, Der kartellrechtliche Schadensersatzanspruch, S. 42 f.

23 Bietet einen Überblick über die 1982 als drittschützend anerkannten Normen des GWB: *Benisch*, in: Müller-Henneberg/Schwartz/Benisch, Gemeinschaftskommentar Kartellrecht (1982), § 35 GWB Rn. 5; siehe auch: *Glöckner*, WRP 2015, S. 410, 411.

24 Ausgangspunkt der Ansicht ist wohl der Vortrag von *Würdinger* vor der Juristischen Studienvereinigung am BGH, abgedruckt in: *Würdinger*, WuW 1953, S. 721, 731; den Meinungsstand zusammenfassend: *Fikentscher*, Wettbewerb und gewerblicher Rechtsschutz, S. 204 f.; a.A.: *Emmerich*, in: Immenga/Mestmäcker, Wettbewerbsrecht/ GWB (1992), § 35 Rn. 27.

25 BGH, Urt. v. 04.04.1975 – KZR 6/74 – *Krankenhaus-Zusatzversicherung*, WuW/E BGH, S. 1361, 1364; zum Meinungsstand 1982: *Benisch*, in: Müller-Henneberg/Schwartz/ Benisch, Gemeinschaftskommentar Kartellrecht (1982), § 35 Rn. 6 ff. m.w.N.

26 Siehe das Rechtsgutachten für die Kommission zur Bekämpfung der Wirtschaftskriminalität von *K. Schmidt*, Aufgaben und Leistungsgrenzen; zum damaligen Meinungsstand siehe auch die Monographien von: *Linder*, Privatklage und Schadensersatz im Kartellrecht; sowie: *Müller-Laube*, Privater Rechtsschutz.

wurde beispielsweise das Erfordernis der Schutzgesetzverletzung beibehalten, als der Schadensersatzanspruch durch die 6. GWB-Novelle im Jahre 1998[27] von § 35 GWB a.F. nach § 33 GWB a.F. verschoben wurde.

b) Europäische Ebene

Die Art. 85 Abs. 2 und 86 (i.V.m. dem nationalen Recht) des EWG-Vertrages[28] sahen nur die Nichtigkeit kartellrechtswidriger Vereinbarungen vor. Ein Anspruch auf Ersatz von kartellbedingten Schäden war hingegen nicht geregelt und wurde auch – entgegen der Empfehlung im *Deringer-Report*[29] – nicht durch die *Durchführungsverordnung zu den Art. 85 und 86 des Vertrages* aus dem Jahre 1962[30] eingeführt. Auch auf europäischer Ebene hielt sich lange die vorherrschende Ansicht, dass das Kartellrecht allein dem Schutz des Wettbewerbes, nicht aber dem Schutz Einzelner diene.[31] Dass die Art. 85 und 86 des EWG-Vertrages auch in der Beziehung zwischen Einzelnen Wirkung erzeugen und ihnen Rechte vermitteln, wurde durch den EuGH erst in der Rechtssache *BRT/Sabam* im Jahre 1974 entschieden.[32] Diese Entscheidung hatte jedoch keine wesentlichen Folgen für die gerichtliche Praxis.[33]

2. Das Urteil Courage/Crehan *des EuGH*

Anfang dieses Jahrtausends entwickelte sich auf nationaler und europäischer Ebene das Bewusstsein, dass eine wirksame private Rechtsdurchsetzung im Kartellrecht ein wesentlicher Faktor zur Abschreckung gegen Kartellrechtsverstöße und somit zur Aufrechterhaltung des Wettbewerbes sein kann.[34] Auslöser dieser

---

27 Bekanntmachung der Neufassung des Gesetzes gegen Wettbewerbsbeschränkung, BGBl. I 1998, 2546 (im Folgenden: „6. GWB-Novelle").

28 Vertrag zur Gründung der Europäischen Wirtschaftsgemeinschaft vom 25.03.1957 (im Folgenden: „EWG-Vertrag").

29 *Europäisches Parlament*, Bericht im Namen des Binnenmarktausschusses (Dokument 104/1960-61), S. 30 Rn. 123.

30 Verordnung (EWG) Nr. 17/62 – Erste Durchführungsverordnung zu den Artikeln 85 und 86 des Vertrages, ABl. 1962 P 13/204.

31 *Meeßen*, Schadensersatz bei Verstößen gegen EU-Kartellrecht, S. 3 m.w.N.; *Sanner*, Informationsgewinnung, S. 108; *Dawirs*, Zugriff auf Kronzeugenerklärungen, S. 37.

32 EuGH, Urt. v. 27.03.1974 – C-127/73 – *BRT/Sabam*, EU:C:1974:25, Rn. 15 f.

33 *Meeßen*, Schadensersatz bei Verstößen gegen EU-Kartellrecht, S. 4.

34 *Schmidt*, ZEuP 2004, S. 881, 885; *Lübbig/le Bell*, WRP 2006, S. 1209 f.; *Zimmer/Logemann*, ZEuP 2009, S. 489, 490 f.; *Lahme*, Durchsetzung des Kartellrechts, S. 6;

(Wieder-)Entdeckung der privaten Rechtsdurchsetzung war das *Courage/Crehan*-Urteil des EuGH.[35] Darin stellte der EuGH fest, dass die *„volle Wirksamkeit des Art. 81 EG* [Art. 101 AEUV] *und insbesondere die praktische Wirksamkeit des in Art. 81 Abs. 1 EG ausgesprochenen Verbots* [...] *beeinträchtigt* [wäre], *wenn nicht jedermann Ersatz des Schadens verlangen könnte, der ihm durch einen Vertrag, der den Wettbewerb beschränken oder verfälschen kann, oder durch ein entsprechendes Verhalten entstanden ist"*.[36] Die Durchsetzbarkeit von privaten Schadensersatzklagen wurde vom Gerichtshof als wesentliches Mittel zur *„Aufrechterhaltung eines wirksamen Wettbewerbes in der Gemeinschaft"* bezeichnet.[37] Der EuGH hat ferner festgestellt, dass es mangels einschlägiger Gemeinschaftsregelungen Aufgabe der Mitgliedsstaaten sei, die Voraussetzungen für das Schadensersatzverfahren zu regeln.[38] Bei der Ausgestaltung müssten die Mitgliedsstaaten aber den Äquivalenz- und Effektivitätsgrundsatz beachten.[39] Das heißt, dass die Verfahrensmodalitäten, *„die den Schutz der dem Bürger aus der unmittelbaren Wirkung des Gemeinschaftsrechts erwachsenden Rechte gewährleisten sollen"*, nicht weniger günstig ausgestaltet sein dürfen als entsprechende innerstaatliche Rechtsschutzinstrumente.[40] Zugleich dürfen die nationalen Verfahrensmodalitäten die Ausübung der durch das Unionsrecht gewährten Rechte *„nicht praktisch unmöglich machen oder übermäßig erschweren"*.[41] Dass der EuGH damit aus dem *„effet utile"* ein konkretes kartellrechtliches Effektivitätsgebot entwickelte,[42] wurde als deutlicher Hinweis auf den rechtspolitischen Handlungsbedarf angesehen.[43]

Alexander, Schadensersatz, S. 294; siehe auch jüngst die DICE-Studie von: *Bodnar u.a.*, The Effects of Private Damage Claims on Cartel Stability: Experimental Evidence.

35 EuGH, Urt. v. 20.09.2001 – C-453/99 – *Courage/Crehan*, EU:C:2001:465; ausführlich zum Urteil: *Weyer*, ZEuP 2003, S. 318 ff.; *Mäsch*, EuR 2003, S. 825 ff.; ging hingegen davon aus, dass dem Urteil keine große Bedeutung zukommen würde: *Möschel*, WuW 2007, S. 483, 485.

36 EuGH, Urt. v. 20.09.2001 – C-453/99 – *Courage/Crehan*, EU:C:2001:465, Rn. 26.

37 EuGH, Urt. v. 20.09.2001 – C-453/99 – *Courage/Crehan*, EU:C:2001:465, Rn. 27.

38 EuGH, Urt. v. 20.09.2001 – C-453/99 – *Courage/Crehan*, EU:C:2001:465, Rn. 29.

39 EuGH, Urt. v. 20.09.2001 – C-453/99 – *Courage/Crehan*, EU:C:2001:465, Rn. 29; zum Äquivalenz- und Effektivitätsgrundsatz: EuGH, Urt. v. 19.11.1991 – verb. Rs. C-6/90 u. C-9/90 – *Francovich*, EU:C:1991:428, Rn. 41 ff.; EuGH, Urt. v. 10.07.1997 – C-261/95 – *Palmisani*, EU:C:1997:351, Rn. 27.

40 EuGH, Urt. v. 20.09.2001 – C-453/99 – *Courage/Crehan*, EU:C:2001:465, Rn. 29.

41 EuGH, Urt. v. 20.09.2001 – C-453/99 – *Courage/Crehan*, EU:C:2001:465, Rn. 29.

42 *Dawirs*, Zugriff auf Kronzeugenerklärungen, S. 37.

43 *Lahme*, Durchsetzung des Kartellrechts, S. 7.

3. *VO (EG) 1/2003*

Die Kartellverfahrensverordnung 1/2003[44] gab einen weiteren wichtigen Impuls für die Entwicklung der privaten Rechtsdurchsetzung.[45] Die VO 1/2003 löste die Durchführungsverordnung Nr. 17[46] aus dem Jahr 1962 ab. Dadurch wurde insbesondere das bis dahin herrschende Genehmigungssystem für wettbewerbsbeschränkende Vereinbarungen auf ein System der Legalausnahme umgestellt. Die Europäische Kommission begründete die Umstellung damit, dass auf diesem Wege Ressourcen für die öffentlich-rechtliche Kartellbekämpfung frei werden würden.[47] Wesentliche Regelungen zur Stärkung der privaten Rechtsdurchsetzung enthielt die VO 1/2003 hingegen nicht.[48] Folge der erheblich verringerten Kontrolldichte war die Erkenntnis, dass die private Durchsetzung des Kartellrechts in Zukunft gestärkt werden müsste.[49]

4. *Ashurst-Studie, Grünbuch, Weißbuch*

Die Kommission ließ zunächst einen Lagebericht über den Stand der privaten Rechtsdurchsetzung in Europa – die sog. *Ashurst-Studie* – anfertigen.[50] Diese ergab, dass die private Rechtsdurchsetzung in Form des Kartellschadensersatzes in Europa erheblich unterentwickelt war.[51] Als Grundlage für einen

---

44 Verordnung (EG) Nr. 1/2003 des Rates vom 16. Dezember 2002 zur Durchführung der in den Artikeln 81 und 82 des Vertrags niedergelegten Wettbewerbsregeln, ABl. 2003 L 001 (im Folgenden: „VO 1/2003").

45 *Sanner*, Informationsgewinnung, S. 110.

46 Verordnung (EWG) Nr. 17/62 – Erste Durchführungsverordnung zu den Artikeln 85 und 86 des Vertrages, ABl. 1962 P 13/204, S. 204.

47 *Europäische Kommission*, Weißbuch, KOM (1999), 101 end., Kap. II, Abschnitt I und Kap. III, Abschnitt I.

48 *Dawirs*, Zugriff auf Kronzeugenerklärungen, S. 38.

49 Gibt der privaten Kartellrechtsdurchsetzung als Folge der VO eine zentrale Bedeutung: *Monopolkommission*, Sondergutachten 41, S. 21 Rn. 36; dazu: *Lahme*, Durchsetzung des Kartellrechts, S. 11.

50 *Waelbroeck/Slater/Even-Schoshan*, Study on the conditions of claims for damages in case of infringement of EC competition rules (im Folgenden: „Ashurst-Studie"). Die Studie besteht aus einer vergleichenden Untersuchung der Rechtslagen in den Mitgliedsstaaten, einer Begutachtung der verschiedenen Berechnungsmethoden für Kartellschäden sowie ausführlichen Länderberichten.

51 *Waelbroeck/Slater/Even-Schoshan*, Ashurst-Studie, S. 1: „*The picture that emerges from the present study on damages actions for breach of competition law in the enlarged EU is one of astonishing diversity and total underdevelopment.*"; *Meyer-Lindemann*,

Richtlinienentwurf[52] ließ die Kommission anschließend ein Grün-[53] und ein Weißbuch[54] erstellen, welche Vorschläge zur Schaffung eines EU-weiten Mindeststandards bei der Durchsetzung von wettbewerbsrechtlichen Schadensersatzansprüchen enthielten.[55] Die Umsetzung der Vorschläge in einer Richtlinie scheiterte aber am Widerstand der Mitgliedsstaaten.[56] Ziel des nicht veröffentlichten Richtlinienentwurfes war die Schaffung eines einheitlichen europäischen Rahmens für Kartellschadensersatzklagen.[57] Hierfür sollten beispielsweise Mittel des kollektiven Rechtschutzes und die Möglichkeit der Anordnung der Vorlage von Beweismitteln im Schadensersatzprozess eingeführt werden.[58]

5. *Die 7. GWB-Novelle*

Durch die 7. GWB-Novelle wurde im Jahr 2005 das deutsche Wettbewerbsrecht eng an das europäische angeglichen.[59] So wurde unter anderem auch auf nationaler Ebene das System der Legalausnahme eingeführt.[60] Um die private Rechtsdurchsetzung zu stärken, wurde der Schadensersatzanspruch aus

---

WuW 2011, S. 1235, 1243; kritisch zum Ergebnis der Studie: *Bundeskartellamt*, Private Kartellrechtsdurchsetzung (2005), S. 5 ff.

52 Siehe zur Entwicklung der Kartellschadensersatzrichtlinie 2014/104/EU ausführlich unten, S. 118 ff.

53 *Europäische Kommission*, Grünbuch zu Schadenersatzklagen wegen Verletzung des EU-Wettbewerbsrechts, KOM (2005), 672 end.

54 *Europäische Kommission*, Weißbuch über Schadenersatzklagen wegen Verletzung des EG-Wettbewerbsrechts, KOM (2008), 165 end.

55 *Europäische Kommission*, Weißbuch über Schadenersatzklagen wegen Verletzung des EG-Wettbewerbsrechts, KOM (2008), 165 end., S. 2.

56 *Muess*, FAZ (248) v. 26.10.2009, S. 13; *Meyer-Lindemann*, WuW 2011, S. 1235, 1243; *Micklitz*, in: Basedow/Terhechte/Luboś, Private Enforcement of Competition Law, S. 101, 102; *Beumer/Karpetas*, E.C.J. 2012, S. 123, 143; Ausführlich zum Richtlinien-Entwurf: *Wagner-von Papp*, EWS 2009, S. 445 ff.

57 Vgl.: *Europäische Kommission*, Weißbuch über Schadenersatzklagen wegen Verletzung des EG-Wettbewerbsrechts, KOM (2008), 165 end., S. 2.

58 *Wagner-von Papp*, EWS 2009, S. 445, 446 f.; *Micklitz*, in: Basedow/Terhechte/Luboś, Private Enforcement of Competition Law, S. 101, 102; *Bakowitz*, Informationsherrschaft, S. 261; kritisch: *Kapp*, in: Bechtold/Jickeli/Rohe, FS Möschel, S. 319, 324.

59 Siebtes Gesetz zur Änderung des Gesetzes gegen Wettbewerbsbeschränkungen, BGBl. I 2005, 1954 (im Folgenden: „7. GWB-Novelle").

60 Siehe etwa: *Säcker*, in: Säcker/Meier-Beck, MüKo Kartellrecht/GWB (2020), Einleitung Rn. 26.

§ 33 Abs. 3 GWB a.F. erheblich überarbeitet.[61] Das Erfordernis der Verletzung eines Schutzgesetzes wurde aufgegeben, um der „*Jedermann*"-Rechtsprechung[62] des EuGH gerecht zu werden. Neueingeführt wurde dafür das Merkmal der Betroffenheit in § 33 Abs. 1 S. 3 GWB a.F.[63] Mit § 33 Abs. 4 GWB a.F. wurde die Feststellungswirkung von Entscheidungen der Wettbewerbsbehörden für sog. *Follow-On-Klagen*[64] eingeführt, sodass der Geschädigte den Wettbewerbsverstoß nicht selbst erneut nachweisen muss. Ebenfalls neueingeführt wurde die Möglichkeit der gerichtlichen Schadensschätzung gemäß § 33 Abs. 3 S. 3 GWB a.F. i.V.m. § 287 ZPO sowie die Klarstellung, dass die sog. *Pass-On-Verteidigung*[65] eine Frage des Vorteilsausgleichs und nicht der Schadensentstehung ist (§ 33 Abs. 3 S. 2 GWB a.F.). Zudem wurden die Art. 101 und 102 AEUV in den Anwendungsbereich des § 33 Abs. 1 a.F. GWB einbezogen.[66]

6. *Die 8. GWB-Novelle*

Die 8. GWB-Novelle im Jahr 2013 brachte für die private Rechtsdurchsetzung nur die Neuerung, dass seitdem gemäß § 33 Abs. 2 Nr. 1 bzw. Nr. 2 GWB a.F. auch Verbände der Marktgegenseite sowie Verbraucherverbände ein Klagerecht haben.[67]

7. *Richtlinie 2014/104/EU und 9. GWB-Novelle*

Zuletzt hat die Richtlinie 2014/104/EU[68] zu erheblichen Neuerungen und Veränderungen für die private Rechtsdurchsetzung geführt. Ziel der Richtlinie ist es,

---

61 *Bundesregierung*, Begr. des Gesetzesentwurfs zur 7. GWB-Novelle, BT-Drs. 15/3640, S. 35.

62 EuGH, Urt. v. 20.09.2001 – C-453/99 – *Courage/Crehan*, EU:C:2001:465, Rn. 26.

63 Zum Merkmal der Betroffenheit: *Emmerich*, in: Immenga/Mestmäcker, Wettbewerbsrecht/GWB (2014), § 33 Rn. 10 ff.; ausführlich: *Jaschke*, Der kartellrechtliche Schadensersatzanspruch, S. 111 ff.

64 Siehe zum Begriff der Follow-On-Klage unten, S. 69 ff.

65 Siehe zur Pass-On-Verteidigung unten, S. 60 ff.

66 Die wesentlichsten Änderungen der 7.GWB-Novelle im Überblick beschreibt: *Emmerich*, in: Immenga/Mestmäcker, Wettbewerbsrecht/GWB (2014), § 33 Rn. 7 f.; ausführlich z.B.: *Lahme*, Durchsetzung des Kartellrechts, zur Aktivlegitimation S. 54 f., zur Schadensberechnung/-schätzung S. 62, zum Follow-On-Verfahren S. 76 ff.

67 Achtes Gesetz zur Änderung des Gesetzes gegen Wettbewerbsbeschränkungen, BGBl. I 2013, 1738 (im Folgenden: „8. GWB-Novelle"); ausführlich dazu: *Bien*, in: Bien, Kartellrecht nach der 8. GWB-Novelle, S. 329 ff.

68 Richtlinie 2014/104/EU des Europäischen Parlaments und des Rates vom 26.11.2014 über bestimmte Vorschriften für Schadensersatzklagen nach nationalem Recht wegen

insbesondere diejenigen Vorschriften zu erlassen, die notwendig sind, um – in Anlehnung an die „*Jedermann*"-Rechtsprechung des EuGH[69] – zu gewährleisten, dass jeder, der durch Zuwiderhandlungen anderer gegen das Wettbewerbsrecht einen Schaden erlitten hat, vollständigen Schadensersatz vom Schädiger erlangen kann. Das vom EuGH entwickelte Recht auf vollständigen Schadensersatz wurde in das Sekundärrecht aufgenommen (Art. 1 Abs. 1 und Art. 3 Abs. 1 der Kartellschadensersatzrichtlinie). Zudem enthält die Richtlinie Regelungen zur Offenlegung von Beweismitteln (Art. 5 bis 8) sowie zur gesamtschuldnerischen Haftung und Privilegierung von Kronzeugen (Art. 11). Die Geltendmachung der Pass-On-Verteidigung wurde ausdrücklich erlaubt (Art. 13). Darüber hinaus wurden verschiedene Regelungen zur Bindungswirkung nationaler Entscheidungen (Art. 9), der Verjährung (Art. 10) sowie zur Schadensberechnung getroffen (Art. 17).[70]

Als wesentlichste Neuerung der Richtlinie können die Vorschriften zur Offenlegung von Beweismitteln, geregelt in den Art. 5 bis 8 der Kartellschadensersatzrichtlinie, bezeichnet werden. Auf Antrag einer Partei eines Kartellschadensersatzprozesses können die einzelstaatlichen Gerichte gemäß Art. 5 der Richtlinie die Offenlegung einzelner Beweismittel oder ganzer Kategorien von Beweismitteln, die für die Erhebung eines Schadensersatzanspruchs erforderlich sind, anordnen. Nach Art. 6 der Kartellschadensersatzrichtlinie müssen auch die Wettbewerbsbehörden gewisse Beweismittel gegenüber dem Prozessgericht offenlegen. Der durch Art. 5 der Kartellschadensersatzrichtlinie eingeführte Offenlegungsanspruch wird teilweise als Annäherung an die aus dem anglo-amerikanischen Rechtskreis bekannten *Discovery*- bzw. *Disclosure*- und *Inspection*-Verfahren verstanden.[71]

Umgesetzt wurde die Kartellschadensersatzrichtlinie in Deutschland durch die 9. GWB-Novelle vom 09.06.2017.[72] Zusätzlich erfolgten durch die Novelle

---

Zuwiderhandlung gegen wettbewerbsrechtliche Bestimmungen der Mitgliedsstaaten und der Europäischen Union, ABl. 2014 L 349/1.

69 EuGH, Urt. v. 20.09.2001 – C-453/99 – *Courage/Crehan*, EU:C:2001:465, Rn. 26; EuGH, Urt. v. 13.07.2006 – C-295/04 u.a. – *Manfredi*, EU:C:2006:461, Rn. 60.

70 Ausführlich zur Richtlinie siehe unten, 2. Kapitel, S. 117 ff.

71 *Podszun/Kreifels*, GWR 2017, S. 67, 69 f.; *Hellmann/Steinbrück*, NZKart 2017, S. 164 ff.; *Rosenfeld/Brand*, WuW 2017, S. 247, 250; ablehnend zu dieser Einordnung: *Rother*, NZKart 2017, S. 1; ebenfalls: *Mäsch*, in: Berg/Mäsch, Kartellrecht (2018), § 33 GWB Rn. 5.

72 Neuntes Gesetz zur Änderung des Gesetzes gegen Wettbewerbsbeschränkungen, BGBl. I 2017, 1416.

Änderungen im Bereich der Fusions- und Missbrauchskontrolle sowie der Bußgeldhaftung.[73]

8. *Referentenentwurf für eine 10. GWB-Novelle*

Das federführende Bundeswirtschaftsministerium veröffentlichte Mitte Oktober 2019 den Referentenentwurf für eine 10. GWB-Novelle.[74] Die Novelle dient in erster Linie der Umsetzung der Richtlinie (EU) 2019/1[75] sowie der Schaffung eines digitalen Ordnungsrahmens.[76] Zugleich haben sich „*gewisse Hürden*" im Kartellschadensersatzrecht gezeigt, sodass dort nachgesteuert werden soll.[77] Insbesondere sollen § 89b Abs. 5 GWB[78] sowie § 186 Abs. 4 GWB[79] überarbeitet werden, um die Durchsetzungen von Offenlegungsansprüchen zu verbessern.

9. *Gegenwärtiger Zustand*

Der gegenwärtige Zustand der privaten Rechtsdurchsetzung kann am besten durch eine Betrachtung der gerichtlichen Realität bestimmt werden.[80] Für eine Zustandsbeurteilung lassen sich zunächst die Tätigkeitsberichte des Bundeskartellamtes heranziehen, da in diesen die im Berichtszeitraum gemäß § 90 GWB[81] gemeldeten Verfahren veröffentlicht werden. Die Tätigkeitsberichte

---

73 Einen Überblick zur Novelle bietet: *Petrasincu*, WRP 2017, S. 921 ff. Ausführlich zur Novelle siehe unten, 3. Kapitel, S. 155 ff.

74 Referentenentwurf des Bundesministeriums für Wirtschaft und Energie eines Zehnten Gesetzes zur Änderung des Gesetzes gegen Wettbewerbsbeschränkungen für ein fokussiertes, proaktives und digitales Wettbewerbsrecht 4.0 (GWB-Digitalisierungsgesetz) vom 24.01.2020 (im Folgenden: „Referentenentwurf zur 10. GWB-Novelle v. 24.01.2020").

75 Richtlinie (EU) 2019/1 des Europäischen Parlaments und des Rates vom 11. Dezember 2018 zur Stärkung der Wettbewerbsbehörden der Mitgliedstaaten im Hinblick auf eine wirksamere Durchsetzung der Wettbewerbsvorschriften und zur Gewährleistung des reibungslosen Funktionierens des Binnenmarkts, ABl. 2019 L 11/3.

76 *Bundesministerium für Wirtschaft und Energie*, Begr. des Referentenentwurfs zur 10. GWB-Novelle v. 24.01.2020, S. 1.

77 *Bundesministerium für Wirtschaft und Energie*, Begr. des Referentenentwurfs zur 10. GWB-Novelle v. 24.01.2020, S. 1, 2.

78 Siehe dazu unten, S. 236 f.

79 Siehe dazu unten, S. 250.

80 Insb. dürfte die Ashurst-Studie rund 15 Jahre nach ihrer Veröffentlichung und in Anbetracht der 7. und 9. GWB-Novelle nicht mehr aktuell sein.

81 Dazu: *Seitz*, in: Berg/Mäsch, Kartellrecht (2018), § 90 GWB Rn. 1 ff.

des Bundeskartellamtes zählen die gemeldeten Verfahren allerdings nur auf und differenzieren nicht zwischen den verschiedenen Formen der privaten Rechtsdurchsetzung.[82] Unmittelbar nach dem Inkrafttreten der 7. GWB-Novelle wurden in den Jahren 2005 bis 2007 368 Verfahren anhängig gemacht.[83] Die Zahl der gemeldeten Kartellzivilverfahren nahm in der Folgezeit immer weiter zu. So wurden in den Berichtszeiträumen 2011/2012 311,[84] 2013/2014 322[85] 2015/2016 360[86] und 2017/2018 640 neue Kartellzivilverfahren gemeldet.[87]

Ein deutlich differenzierteres Bild hat *L. Rengier* mit seiner Auswertung der kartellschadensersatzrechtlichen Urteile aus dem Zeitraum vom 23.5.2003 bis zum 23.10.2017 geschaffen.[88] Er stellte fest, dass seit 2003 – über alle Instanzen hinweg – 69 Schadensersatzurteile wegen Verstöße gegen Art. 101 bzw. § 1 GWB ergangen sind.[89] Auffällig daran ist, dass die Mehrheit dieser Urteile aus den Jahren ab 2012 und insbesondere aus den Jahren 2015 bis 2017 stammen. Von 2006 bis 2010 hingegen wurde kein einziges Kartellschadensersatzurteil erlassen; einige wenige Urteile ergingen in den Jahren 2003 bis 2005.[90] Die Auswertung zeigt, dass – von einer Anfangseuphorie in den Jahren 2003 bis 2005 abgesehen – erst der Erlass der Kartellschadensersatzrichtlinie den Knoten gelöst zu haben scheint.[91] Dabei darf aber nicht übersehen werden, dass nur sieben Urteile aufgrund einer Leistungsklage ergingen.[92] Der weitüberwiegende Teil der erfolgreichen erstinstanzlichen Klagen (ca. 90 Prozent) endete mit einem Grund- oder Feststellungsurteil.[93] Auffällig ist auch, dass die Leistungsurteile – insbesondere in zweiter Instanz – in den meisten Fällen erst nach vier bis sechs Jahren ergingen.[94] Die sehr hohe Zahl an Grund- oder Feststellungsurteilen bestätigt, dass

---

82 Zu den verschiedenen Formen der privaten Rechtsdurchsetzung siehe sogleich unten, S. 43 ff.
83 *Peyer*, Myths and Untold Stories, S. 27.
84 *Bundeskartellamt*, Tätigkeitsbericht 2011/2012, S. 42.
85 *Bundeskartellamt*, Tätigkeitsbericht 2013/2014, S. 34.
86 *Bundeskartellamt*, Tätigkeitsbericht 2015/2016, S. 41.
87 *Bundeskartellamt*, Tätigkeitsbericht 2017/2018, S. 38.
88 *Rengier*, WuW 2018, S. 613 ff.; siehe auch die ergänzenden Überlegungen bei: *Klumpe/Thiede*, NZKart 2019, S. 136 ff.
89 *Rengier*, WuW 2018, S. 613, 614.
90 Siehe die Abbildung 1 bei: *Rengier*, WuW 2018, S. 613, 614.
91 *Rengier*, WuW 2018, S. 613, 615.
92 *Rengier*, WuW 2018, S. 613, 616.
93 *Rengier*, WuW 2018, S. 613, 618.
94 *Klumpe/Thiede*, NZKart 2019, S. 136, 138; kommt hingegen nur auf einen Meridian von 1,8 Jahren: *Rengier*, WuW 2018, S. 613, 618.

weiterhin Probleme bei der Berechnung bzw. Schätzung der Höhe des Schadens bestehen.[95]

Zwar lässt die fehlende Differenzierung in den Tätigkeitsberichten des Bundeskartellamtes keine konkreten Aussagen über die genaue Zahl der Kartellschadensersatzklagen zu, aber auch das Bundeskartellamt sieht in seinem Tätigkeitsbericht 2017/2018 eine deutliche Zunahme von Follow-On-Klagen.[96] Des Weiteren hat es auch eine Bündelung und weitergehende Professionalisierung der Schadensersatzklagen bemerkt, die insbesondere auf den Marktzutritt von auf Schadensersatzklagen spezialisierten Anwaltskanzleien und Prozessfinanzierern zurückzuführen sei.[97] Große Nachfrager – wie etwa die Deutsche Bahn AG – würden zudem zunehmend spezialisierte Einheiten bilden, welche die Durchsetzung von Schadensersatzforderungen übernehmen sollen.[98] Allerdings geht das Bundeskartellamt auch davon aus, dass der Großteil aller Ausgleichsleistungen im außergerichtlichen Bereich durchgesetzt wird.[99] Aus der hohen Zahl von Klagerücknahmen zieht es den Schluss, dass diese häufig nur als Druckmittel für außergerichtliche Verhandlungen dienen.[100]

Allein in der Folge des sog. *LKW-Kartells*[101] sollen in Deutschland bisher rund 300 Klagen angestrengt worden sein.[102] Vielfach wurden dabei Ansprüche verschiedenster Kunden durch Abtretungen gebündelt.[103] Zudem wurden in den

---

95 *Rengier*, WuW 2018, S. 613, 616, siehe auch dort Abbildung 3 zur Höhe des ausgeurteilten Preisüberhöhungsschadens.

96 *Bundeskartellamt*, Tätigkeitsbericht 2017/2018, S. 38; so auch bereits im: Jahresbericht 2017, S. 38.

97 *Bundeskartellamt*, Jahresbericht 2017, S. 39; *Bundeskartellamt*, Tätigkeitsbericht 2017/2018, S. 38.

98 *Bundeskartellamt*, Tätigkeitsbericht 2015/2016, S. 41; siehe dazu auch: *Doll/Greive*, DIE WELT - Online (05.09.2014), Deutsche Bahn: CRK 4 – Diese Spezialeinheit treibt Millionen ein.

99 *Bundeskartellamt*, Tätigkeitsbericht 2017/2018, S. 39; vgl. auch: *Inderst/Thomas*, Schadensersatz bei Kartellverstößen (2018), S. 3 f.

100 *Bundeskartellamt*, Tätigkeitsbericht 2015/2016, S. 41; *Bundeskartellamt*, Tätigkeitsbericht 2017/2018, S. 39; zu den aus dem US-amerikanischen Recht, insb. im Zusammenhang mit Sammelklagen, bekannten sog. *Strike Suits* und *Blackmail Settlements*: *Poelzig*, Normdurchsetzung durch Privatrecht, S. 72 f. m.w.N.; dazu auch: *Bundeskartellamt*, Private Kartellrechtsdurchsetzung (2005), S. 26.

101 Europäische Kommission, Ent. v. 19.07.2016 – AT.39824 – *LKW-Kartell*.

102 *Bundeskartellamt*, Tätigkeitsbericht 2017/2018, S. 38.

103 *Bellinghausen/Grothaus*, NZKart 2018, S. 116; berichtet über Klagen mit mehreren tausend Zedenten: *Bundeskartellamt*, Tätigkeitsbericht 2017/2018, S. 38.

letzten Jahren rund 50 weitere Follow-On-Klagen nach etwa 20 Verfahren des Bundeskartellamtes und der Europäischen Kommission erhoben.[104] Ob die Zahl der Schadensersatzklagen in Folge des Erlasses der 9. GWB-Novelle weiter zunehmen wird, bleibt abzuwarten; eine Zunahme scheint aber wahrscheinlich.[105]

B. Inhalt der privaten Rechtsdurchsetzung

Die private Rechtsdurchsetzung im Kartellrecht kann offensiv und defensiv erfolgen.[106]

I. Defensive Geltendmachung

Defensiv kann das Kartellrecht zur Abwehr gegen die Inanspruchnahme aus kartellrechtswidrigen Verträgen eingesetzt werden. Die Nichtigkeit der Abrede im Anwendungsbereich des Art. 101 AEUV folgt direkt aus dessen Abs. 2. Im Anwendungsbereich des § 1 GWB ist es hingegen nicht unumstritten, ob es zusätzlich des § 134 BGB bedarf. Der Gesetzgeber geht davon aus, dass die Nichtigkeit sich nach den allgemeinen Regeln – also aus § 134 BGB – ergibt.[107] Nach einer Literaturansicht hingegen soll sich die Nichtigkeitsfolge direkt aus § 1 GWB ergeben.[108] Folge ist aber nach beiden Ansichten die zwingende Nichtigkeit der Abrede.[109] Die Nichtigkeit der Kartellvereinbarung erstreckt sich aus Gründen der Rechtssicherheit nicht auf Folgeverträge mit kartellfremden Dritten.[110]

II. Offensive Geltendmachung

Als offensiv wird die private Rechtsdurchsetzung dann bezeichnet, wenn sie auf die Durchsetzung kartellrechtlicher Verbote oder Verbotssanktionen zielt.[111]

---

104 *Bundeskartellamt*, Tätigkeitsbericht 2017/2018, S. 38.

105 *Kamann*, in: Kamann/Ohlhoff/Völcker, Kartellverfahren und Kartellprozess (2017), § 23 Rn. 5; *Stancke*, in: Stancke/Weidenbach/Lahme, Kartellrechtliche Schadensersatzklagen, S. 5 Rn. 8; *Rengier*, WuW 2018, S. 613, 619; so auch das *Bundeskartellamt*, Jahresbericht 2017, S. 38.

106 *Bundeskartellamt*, Private Kartellrechtsdurchsetzung (2005), S. 1 ff.; *Fritzsche*, WRP 2006, S. 42, 43.

107 *Bundesregierung*, Begr. des Gesetzesentwurfes zur 6. GWB-Novelle, BT-Drs. 13/9720, S. 46.

108 Statt vieler: *Zimmer*, in: Immenga u.a., Wettbewerbsrecht/GWB (2020), § 1 Rn. 58 ff.

109 *Dawirs*, Zugriff auf Kronzeugenerklärungen, S. 28.

110 *Zimmer*, in: Immenga u.a., Wettbewerbsrecht/GWB (2020), § 1 Rn. 62.

111 *Schmidt*, in: Immenga u.a., Wettbewerbsrecht/GWB (2020), Vor § 87 Rn. 5.

Die wichtigsten offensiven Mittel sind die Unterlassungs- und Beseitigungsansprüche sowie der Schadensersatzanspruch. Diese Ansprüche waren bis zur 9. GWB-Novelle in § 33 Abs. 1 S. 1 GWB a.F. bzw. § 33 Abs. 3 S. 1 GWB a.F. geregelt. § 33 GWB n.F.[112] normiert seit der 9. GWB-Novelle ausschließlich die Unterlassungs- und Beseitigungsansprüche, während der Schadensersatzanspruch in § 33a GWB neugefasst wurde.

1. Beseitigungs- und Unterlassungsansprüche

§ 33 Abs. 1 GWB bestimmt, dass derjenige, der gegen eine Vorschrift des ersten Teils des GWB,[113] gegen Art. 101 oder 102 AEUV oder gegen eine Verfügung einer Wettbewerbsbehörde verstößt, gegenüber dem Betroffenen zur Beseitigung der Beeinträchtigung und bei Wiederholungsgefahr zur Unterlassung verpflichtet ist.[114] § 33 Abs. 2 GWB bestimmt, dass der Unterlassungsanspruch auch bereits dann besteht, wenn die Zuwiderhandlung nur droht.

Die Neugliederung und redaktionelle Überarbeitung des § 33 GWB durch die 9. GWB-Novelle stellt nach der Gesetzesbegründung keine inhaltliche Änderung dar.[115] Allerdings wurde in § 33 Abs. 1 GWB die Definition des „*Rechtsverletzers*" neueingefügt. Umstritten ist, ob dadurch – obwohl die Beseitigungs- und Unterlassungsansprüche nicht Gegenstand der Kartellschadensersatzrichtlinie waren – der europäische Unternehmensbegriff aus Art. 2 Nr. 2 der Richtlinie übernommen wurde.[116]

a) Voraussetzungen

Der Unterlassungsanspruch nach § 33 Abs. 1 GWB besteht unter den Voraussetzungen, dass (1) eine Handlung vorliegt, die einen Kartellverstoß in dem oben

---

112 Die GWB-Paragraphen-Angaben beziehen sich im Folgenden, falls nicht anders gekennzeichnet, auf den Stand des GWB nach der 9. GWB-Novelle.

113 Der erste Teil des GWB umfasst die §§ 1 bis 47l GWB, und somit alle wesentlichen materiell-rechtlichen Vorschriften, auch solche des Zusammenschlussrechts.

114 Zu den einzelnen Verstößen siehe: *Mäsch*, in: Berg/Mäsch, Kartellrecht (2018), § 33 GWB Rn. 3 ff. und 6 ff.

115 *Bundesregierung*, Begr. des Gesetzesentwurfes zur 9. GWB-Novelle, BT-Drs. 18/10207, S. 55.

116 Nehmen die Übernahme des europäischen Unternehmensbegriffs an: *Klumpe/Thiede*, BB 2016, S. 3011; *Kersting*, in: Kersting/Podszun, 9. GWB-Novelle, Kap. 7 Rn. 6 ff.; *Mäsch*, in: Berg/Mäsch, Kartellrecht (2018), § 33 GWB Rn. 39; a.A.: *Klotz*, WuW 2017, S. 226 f.; *Bechtold/Bosch*, GWB (2018), § 33 Rn. 7; *Lübbig*, in: Säcker/Meier-Beck, MüKo Kartellrecht/GWB (2020), § 33 Rn. 14.

genannten Sinne darstellt, (2) dass der Anspruchsinhaber persönlich durch den Verstoß betroffen ist, (3) dass der Verstoß rechtswidrig ist und (4) dass eine Wiederholungsgefahr besteht. Ein Verschulden ist – im Gegensatz zum Schadensersatzanspruch aus § 33a GWB – nicht erforderlich.[117] Der vorbeugende Unterlassungsanspruch nach Abs. 2 setzt voraus, dass ein Wettbewerbsverstoß erstmals droht. Das heißt, es muss eine ernste und greifbare Erstbegehungsgefahr – etwa in Form von Vorbereitungshandlungen – bestehen.[118] Der Beseitigungsanspruch setzt voraus, dass sich aus dem – im Regelfall in der Vergangenheit liegenden – rechtswidrigen Wettbewerbsverstoß eine fortlaufende rechtswidrige Störung ergibt. Zusätzlich muss dem Verursacher die Beseitigung möglich und zumutbar sein.[119]

b) Anspruchsinhalt

Der Unterlassungsanspruch beinhaltet, dass vom Schädiger das Unterlassen der Wiederholung einer konkreten als Wettbewerbsverstoß anzusehenden Handlung verlangt werden kann. Nach § 33 Abs. 2 GWB reicht es auch, wenn ein Verstoß erstmalig ernsthaft droht. Um Rechtsschutz zu erlangen, ist es für den Betroffenen nicht notwendig abzuwarten, bis eine Rechtsverletzung eintritt.[120] Der Unterlassungsanspruch ist somit in die Zukunft gerichtet, wohingegen der Beseitigungsanspruch auf die Beseitigung einer gegenwärtigen und fortdauernden Störung zielt.[121]

Unklar kann die Abgrenzung des Beseitigungsanspruchs aus § 33 Abs. 1 GWB zum Schadensersatzanspruch nach § 33a Abs. 1 GWB sein. Es bietet sich die Differenzierung an, dass der Beseitigungsanspruch nur in die Zukunft fortwirkende Störungen beseitigen soll, wohingegen der Schadensersatzanspruch bereits eingetretene nachteilige Folgen eines Wettbewerbsverstoßes rückgängig machen soll.[122]

Um die Wiederherstellung der rechtmäßigen Lage zu gewährleisten, kann der Beseitigungsanspruch aber auch die Form eines Leistungsanspruchs annehmen.

---

117 Zu den Voraussetzungen im Einzelnen: *Emmerich*, in: Immenga/Mestmäcker, Wettbewerbsrecht/GWB (2014), § 33 Rn. 37 f.

118 *Franck*, in: Immenga u.a., Wettbewerbsrecht/GWB (2020), § 33 Rn. 13.

119 *Franck*, in: Immenga u.a., Wettbewerbsrecht/GWB (2020), § 33 Rn. 29.

120 *Lübbig*, in: Säcker/Meier-Beck, MüKo Kartellrecht/GWB (2020), § 33 Rn. 18.

121 *Mäsch*, in: Berg/Mäsch, Kartellrecht (2018), § 33 GWB Rn. 10.

122 *Emmerich*, in: Immenga/Mestmäcker, Wettbewerbsrecht/GWB (2014), § 33 Rn. 44; a.A.: *Bien*, in: Bien, Kartellrecht nach der 8. GWB-Novelle, S. 329, 338 ff.

Liegt die Störung zum Beispiel in der Ablehnung eines gebotenen Vertragsschlusses – einer sog. *Liefersperre* –, kann es zur Beseitigung ebendieser erforderlich sein, dass der Störer mit dem Verletzten kontrahiert und ihn beliefert.[123] Einige Stimmen in der Literatur gehen im Fall einer Liefersperre von der Anwendbarkeit des Beseitigungsanspruchs aus. Dieser soll sich auf die Belieferung richten. Nach dieser Ansicht soll es unerheblich sein, ob die Liefersperre einen Fall des Missbrauchs von Marktmacht nach § 20 GWB oder ein Verstoß gegen das Kartellverbot darstellt.[124] Der BGH geht hingegen bei einer Liefersperre davon aus, dass der verschuldensabhängige Schadensersatzanspruch aus § 33a Abs. 1 GWB anwendbar ist.

Allerdings differenziert der BGH beim Inhalt des Schadensersatzanspruchs. Im Falle eines Marktmachtmissbrauches gesteht der BGH dem Verletzten einen Belieferungsanspruch zu.[125] Im Falle eines Kartellverstoßes nach Art. 101 Abs. 1 AEUV gewährt der BGH dem Verletzten nur einen Schadensersatzanspruch in Geld, da ein Belieferungsanspruch nicht vom Schutzzweck des Kartellverbots umfasst sei.[126] Einen – dem Kontrahierungszwang ähnlichen – Anspruch auf angemessene Vergütung bei Stromeinspeisung hat der BGH jedoch auf einen Unterlassungs- und Beseitigungsanspruch gestützt.[127]

---

123 OLG Celle, Urt. v. 22.07.1964 – 3 U 88/64 – *Brotsperre*, WuW/E OLG, S. 707, 708; OLG Karlsruhe, Urt. v. 08.11.1967 – 6 U 192/77 Kart – *Multiplex*, WuW/E OLG, S. 2085, 2091 f.; OLG Karlsruhe, Urt. v. 12.03.1980 – 6 U 223/77 – *Allkauf-Saba*, WuW/E OLG, S. 2217, 2222 ff.; *Liesegang*, NZKart 2013, S. 233 ff.; *Bornkamm*, in: Langen/Bunte, Kartellrecht/GWB (2018), § 33 Rn. 10 f.; *Franck*, in: Immenga u.a., Wettbewerbsrecht/GWB (2020), § 33 Rn. 30.

124 *Mäsch*, in: Berg/Mäsch, Kartellrecht (2018), § 33 GWB Rn. 13; *Kersting*, in: Loewenheim u.a., Kartellrecht (2020), § 33 Rn. 42; siehe auch: *Franck*, in: Immenga u.a., Wettbewerbsrecht/GWB (2020), § 33a Rn. 125.

125 BGH, Urt. v. 26.10.1961 – KZR 1/61 – *Gummistrümpfe*, WuW/E BGH, S. 442, 448; BGH, Urt. v. 24.09.1979 – KZR 20/78 – *Modellbauartikel II*, WuW/E BGH, S. 1629, 1634 f.; *Emmerich*, in: Immenga/Mestmäcker, Wettbewerbsrecht/GWB (2014), § 33 Rn. 45 und 46; *Dawirs*, Zugriff auf Kronzeugenerklärungen, S. 33; siehe auch *Franck*, in: Immenga u.a., Wettbewerbsrecht/GWB (2020), § 33a Rn. 125.

126 BGH, Urt. v. 12.05.1998 – KZR 23/96 – *Depotkosmetik*, WuW/E DE-R, S. 206, 208 f.; BGH, Urt. v. 12.05.1998 – KZR 24/96 – *Lancôme*, Juris, Rn. 18.

127 BGH, Urt. v. 06.10.1992 – KZR 10/91 – *Stromeinspeisung*, BGHZ 119, S. 335, 345; BGH, Urt. v. 04.04.1995 – KZR 5/94 – *Einspeisevergütung*, WuW/E BGH, S. 2999, 3000; BGH, Urt. v. 02.07.1996 – KZR 31/95 – *Kraft-Wärme-Koppelung*, WuW/E BGH, S. 3074, 3076 f.; *Kersting*, in: Loewenheim u.a., Kartellrecht (2020), § 33 Rn. 42.

c) *Passivlegitimation*

Verpflichteter des Beseitigungs- und Unterlassungsanspruchs aus § 33 Abs. 1 S. 1 GWB ist derjenige, der als *„Rechtsverletzer"* gegen eine der in Abs. 1 aufgezählten Vorschriften verstößt. Passivlegitimiert ist danach derjenige, der Adressat der Vorschrift bzw. Verfügung ist, gegen die verstoßen wurde.[128] Dies sind überwiegend Unternehmen, wobei § 33 Abs. 1 S. 1 GWB die zurechenbare Handlung einer natürlichen Person erfordert.[129] Die Handlungen der Organe einer juristischen Person bzw. Handelsgesellschaft können in entsprechender Anwendung von § 31 BGB zugerechnet werden[130] und die Handlungen sonstiger Mitarbeiter können über § 831 BGB zugerechnet werden.[131]

d) *Aktivlegitimation*

Gemäß § 33 Abs. 1 GWB kann derjenige die Unterlassungs- und Beseitigungsansprüche geltend machen, der „Betroffener" ist. Die Verletzung eines Schutzgesetzes ist nicht erforderlich.[132] Betroffener ist gemäß § 33 Abs. 3 GWB, wer als Mitbewerber oder sonstiger Marktbeteiligter durch den Verstoß beeinträchtigt ist.[133] Mitbewerber i.S. des § 33 Abs. 3 Alt. 1 GWB sind diejenigen Unternehmen, die auf dem gleichen sachlichen und örtlichen Markt tätig sind wie das Unternehmen, dem der Kartellverstoß vorgeworfen wird. Sie müssen dabei nicht derselben Branche oder Wirtschaftsstufe angehören.[134] Der Begriff der sonstigen Marktteilnehmer umfasst alle Unternehmen, die als Anbieter oder Abnehmer von Waren oder Dienstleistungen – unabhängig vom konkreten Markt und von der konkreten Marktseite – tätig sind sowie Verbraucher i.S. des § 13 BGB.[135]

---

128 *Bornkamm/Tolkmitt*, in: Langen/Bunte, Kartellrecht/GWB (2018), § 33 Rn. 77.

129 *Mäsch*, in: Berg/Mäsch, Kartellrecht (2018), § 33 GWB Rn. 36; *Bornkamm/Tolkmitt*, in: Langen/Bunte, Kartellrecht/GWB (2018), § 33 Rn. 77; *Bechtold/Bosch*, GWB (2018), § 33 Rn. 77.

130 *Mäsch*, in: Berg/Mäsch, Kartellrecht (2018), § 33 GWB Rn. 36; *Bornkamm/Tolkmitt*, in: Langen/Bunte, Kartellrecht/GWB (2018), § 33 Rn. 77.

131 *Mäsch*, in: Berg/Mäsch, Kartellrecht (2018), § 33 GWB Rn. 38.

132 Zum früheren Erfordernis der Verletzung eines Schutzgesetzes siehe oben, S. 33; zum Entfall des Erfordernisses: *Krohs*, in: Busche/Röhling, Kölner Kommentar Kartellrecht/GWB (2017), § 33 Rn. 74 ff.

133 Ausführlich zum Betroffenen: *Roth*, in: Jaeger u.a., Frankfurter Kommentar Kartellrecht/GWB (Jan. 2020), § 33 Rn. 43 ff.

134 *Mäsch*, in: Berg/Mäsch, Kartellrecht (2018), § 33 GWB Rn. 20.

135 *Roth*, in: Baums/Wertenbruch, FS U. Huber, S. 1133, 1140; *Bechtold/Bosch*, GWB (2015), § 33 Rn. 11; *Roth*, in: Jaeger u.a., Frankfurter Kommentar Kartellrecht/GWB (Jan. 2020), § 33 Rn. 59.

Nach dem Willen des Gesetzgebers ist der Begriff der sonstigen Marktbeteiligten weit zu verstehen, um dem „*Jedermann*"-Erfordernis des *Courage/Crehan*-Urteils gerecht zu werden.[136] Die Aktivlegitimation setzt weiterhin voraus, dass die Mitbewerber und Marktteilnehmer beeinträchtigt sind. Eine Beeinträchtigung wird bereits dann angenommen, wenn sich durch den Kartellverstoß die legitimen Chancen am Markt – also die wirtschaftliche Position – verschlechtert haben.[137] Betroffene können somit auch mittelbare und indirekte Abnehmer sein.[138]

2. *Schadensersatzanspruch gemäß § 33a GWB*

„Herzstück" der offensiven privaten Rechtsdurchsetzung bei Verstößen gegen das Kartellverbot ist der Schadensersatzanspruch aus § 33a Abs. 1 GWB.[139] Der Schadensersatzanspruch stellt einen deliktischen Anspruch dar, auf den die §§ 249 ff. und 823 ff. BGB anwendbar sind.[140] In den §§ 33a bis 33h GWB finden sich allerdings Sonderregelungen, welche zum Beispiel die Vermutung des Schadens (§ 33a Abs. 2 S. 1 GWB),[141] den Beweis des Verstoßes (§ 33b GWB),[142] die Einrede des Vorteilsausgleichs in Form der Schadensabwälzung (§ 33c GWB)[143]

---

136 *Bundesregierung*, Begr. des Gesetzesentwurfs zur 7. GWB-Novelle, BT-Drs. 15/3640, S. 35, 53; dazu: *Emmerich*, in: Immenga/Mestmäcker, Wettbewerbsrecht/GWB (2014), § 33 Rn. 11; kritisch zum Gleichlauf der Anspruchsberechtigten in §§ 33 und 33a GWB: *Roth*, in: Jaeger u.a., Frankfurter Kommentar Kartellrecht/GWB (Jan. 2020), § 33 Rn. 55 f.

137 *Mäsch*, in: Berg/Mäsch, Kartellrecht (2018), § 33 GWB Rn. 24; *Roth*, in: Jaeger u.a., Frankfurter Kommentar Kartellrecht/GWB (Jan. 2020), § 33 Rn. 60; einschränkend: *Franck*, in: Immenga u.a., Wettbewerbsrecht/GWB (2020), § 33 Rn. 20.

138 BGH, Urt. v. 28.06.2011 – KZR 75/10 – *ORWI*, BGHZ 190, S. 145, 151 f.; ausführlich: *Emmerich*, in: Immenga/Mestmäcker, Wettbewerbsrecht/GWB (2014), § 33 Rn. 16 ff.; sieht bei Beseitigungs- u. Unterlassungsansprüchen allerdings praktische Probleme: *Mäsch*, in: Berg/Mäsch, Kartellrecht (2018), § 33 GWB Rn. 25; *Franck*, in: Immenga u.a., Wettbewerbsrecht/GWB (2020), § 33 Rn. 18; ablehnend: *Roth*, in: Jaeger u.a., Frankfurter Kommentar Kartellrecht/GWB (Jan. 2020), § 33 Rn. 59.

139 *Dawirs*, Zugriff auf Kronzeugenerklärungen, S. 35.

140 *Kersting*, in: Loewenheim u.a., Kartellrecht (2020), § 33a Rn. 1; zum Verhältnis zu anderen deliktsrechtlichen Vorschriften: *Kersting*, in: Loewenheim u.a., Kartellrecht (2020), § 33a Rn. 95 f.

141 Siehe dazu unten, S. 55 ff.

142 Siehe dazu unten, S. 69 ff.

143 Dazu: *Kersting*, in: Kersting/Podszun, 9. GWB-Novelle, Kap. 7 Rn. 73 ff.

und eine eigene Verjährungsfrist (§ 33h GWB)[144] betreffen. Auch sind eigene Regelungen für die gesamtschuldnerische Haftung von kleinen und mittleren Unternehmen (KMU) sowie Kronzeugen getroffen worden (§§ 33d und 33e GWB).

Die Neuordnung des Schadensersatzanspruchs durch die 9. GWB-Novelle hat grundsätzlich zu keinen Änderungen an den Anspruchsvoraussetzungen geführt.[145]

a) Kartellrechtsverstoß

Nach der Verweisung des § 33a Abs. 1 GWB auf § 33 Abs. 1 GWB muss ein Verstoß gegen eine Norm des ersten Teils des GWB, gegen Art. 101 oder 102 AEUV oder eine Verfügung der Wettbewerbsbehörden vorliegen. Durch die 9. GWB-Novelle wurde der Gegenstand des Verstoßes auf Normen des ersten Teils eingeschränkt. Dadurch sollte eine Anpassung des Wortlautes an die bereits vorhandene Auslegung in Rechtsprechung und Literatur erfolgen, ohne dass eine inhaltliche Änderung beabsichtigt war.[146] Normen des ersten Teils des GWB i.S. des § 33 Abs. 1 GWB sind insbesondere die §§ 1, 19 bis 21 und 41 GWB.[147] Verfügungen der Wettbewerbsbehörden können konstitutiv oder deklaratorisch sein.[148] Konstitutive Verfügungen sind insbesondere solche der §§ 30 Abs. 3, 31b Abs. 3, 32d und 36 GWB; deklaratorische Verfügungen solche der §§ 32, 32a und 32b GWB.

b) Rechtswidrigkeit und Verschulden

Der Kartellrechtsverstoß muss rechtswidrig und schuldhaft erfolgt sein. Die Rechtswidrigkeit wird durch den Verstoß indiziert. Rechtfertigungsgründe liegen wohl nur im Ausnahmefall vor.[149] So könnte etwa bei einem Boykott eine Rechtfertigung wegen Notwehr gemäß § 227 BGB in Betracht kommen.[150]

---

144 Im Einzelnen: *Mäsch*, in: Berg/Mäsch, Kartellrecht (2018), § 33h GWB Rn. 1 ff.

145 *Kersting*, in: Kersting/Podszun, 9. GWB-Novelle, Kap. 7 Rn. 17.

146 *Bundesregierung*, Begr. des Gesetzesentwurfes zur 9. GWB-Novelle, BT-Drs. 18/10207, S. 55; *Kersting*, in: Kersting/Podszun, 9. GWB-Novelle, Kap. 7 Rn. 18.

147 *Mäsch*, in: Berg/Mäsch, Kartellrecht (2018), § 33 GWB Rn. 3; *Roth*, in: Jaeger u.a., Frankfurter Kommentar Kartellrecht/GWB (Jan. 2020), § 33a Rn. 4.

148 *Kersting*, in: Loewenheim u.a., Kartellrecht (2020), § 33 Rn. 7.

149 *Yi/Bartz*, in: Stancke/Weidenbach/Lahme, Kartellrechtliche Schadensersatzklagen, S. 274 Rn. 657; *Roth*, in: Jaeger u.a., Frankfurter Kommentar Kartellrecht/GWB (Jan. 2020), § 33a Rn. 7, der dort auf § 33 Rn. 20 verweist.

150 *Roth*, in: Jaeger u.a., Frankfurter Kommentar Kartellrecht/GWB (Jan. 2020), § 33 Rn. 25 ff.; *Kersting*, in: Loewenheim u.a., Kartellrecht (2020), § 33a Rn. 6.

Der Verstoß wurde schuldhaft begangen, wenn Vorsatz oder Fahrlässigkeit vorliegt. Insoweit gelten die allgemeinen zivilrechtlichen Definitionen.[151] Der Vorsatz muss auch das Bewusstsein über die Rechtswidrigkeit umfassen.[152] Die Haftung wegen Vorsatzes ist somit ausgeschlossen, wenn der Rechtsverletzer einem Rechts- oder Tatbestandsirrtum unterliegt.[153] Es kommt dann aber eine Haftung wegen Fahrlässigkeit in Betracht, bei welcher der Sorgfaltsmaßstab für die Unvermeidbarkeit eines Irrtumes sehr hoch angelegt wird.[154] Die Unvermeidbarkeit eines Rechtsirrtums ist nur dann anzunehmen, wenn bei Anwendung der im Verkehr erforderlichen Sorgfalt nicht mit einer anderen Beurteilung des Verhaltens durch die Gerichte gerechnet werden musste.[155] Es ist eine gründliche Prüfung der geltenden Rechtslage durchzuführen – ggf. sind Expertenmeinungen einzuholen. Die Unvermeidbarkeit eines Irrtumes wird aber selbst dann abgelehnt, wenn eine höchstrichterliche Rechtsprechung fehlt und der vom Rechtsverletzer vertretene Standpunkt ernsthaft vertreten werden kann.[156] Dem Verletzer wird somit das Risiko einer zweifelhaften Rechtslage aufgebürdet.[157]

Ob aufgrund des *effet utile* bei einem Verstoß gegen Art. 101 und 102 AEUV auf das Verschuldenserfordernis verzichtet werden muss, wird vereinzelt in Frage gestellt.[158] Auch die Neuregelung des § 33a GWB enthält dieses Erfordernis, die

---

151 *Roth*, in: Jaeger u.a., Frankfurter Kommentar Kartellrecht/GWB (Jan. 2020), § 33a Rn. 8.

152 Statt vieler: *Grüneberg*, in: Palandt, BGB (2020), § 276 Rn. 11 m.w.N.

153 *Mäsch*, in: Berg/Mäsch, Kartellrecht (2018), § 33a GWB Rn. 4; *Roth*, in: Jaeger u.a., Frankfurter Kommentar Kartellrecht/GWB (Jan. 2020), § 33a Rn. 12.

154 *Mäsch*, in: Berg/Mäsch, Kartellrecht (2018), § 33a GWB Rn. 5; *Roth*, in: Jaeger u.a., Frankfurter Kommentar Kartellrecht/GWB (Jan. 2020), § 33a Rn. 14 f.

155 BGH, Urt. v. 16.12.1986 – KZR 36/85 – *Taxizentrale*, WuW/E BGH, S. 2341, 2344 f.; *Meeßen*, Schadensersatz bei Verstößen gegen EU-Kartellrecht, S. 342; *Bechtold/Bosch*, GWB (2018), § 33 Rn. 25; *Yi/Bartz*, in: Stancke/Weidenbach/Lahme, Kartellrechtliche Schadensersatzklagen, S. 279 Rn. 669; *Mäsch*, in: Berg/Mäsch, Kartellrecht (2018), § 33a GWB Rn. 5 m.w.N.; *Roth*, in: Jaeger u.a., Frankfurter Kommentar Kartellrecht/GWB (Jan. 2020), § 33a Rn. 16.

156 BGH, Urt. v. 16.12.1986 – KZR 36/85 – *Taxizentrale*, WuW/E BGH, S. 2341, 2345; BGH, Urt. v. 10.10.1989 – KZR 22/88 – *Neugeborenentransport*, WuW/E BGH, S. 2603, 2607.

157 Kritisch dazu: *Dawirs*, Zugriff auf Kronzeugenerklärungen, S. 47; *Mäsch*, in: Berg/Mäsch, Kartellrecht (2018), § 33a GWB Rn. 5; *Roth*, in: Jaeger u.a., Frankfurter Kommentar Kartellrecht/GWB (Jan. 2020), § 33a Rn. 20; *Kersting*, in: Loewenheim u.a., Kartellrecht (2020), § 33a Rn. 10.

158 *Roth*, in: Schilken, FS W. Gerhardt, S. 815, 830; *Mäsch*, in: Berg/Mäsch, Kartellrecht (2018), § 33a GWB Rn. 6.

Richtlinie verzichtet hingegen darauf. Die Richtlinie sieht allerdings vor, dass nationale Haftungsvoraussetzungen wie *„Zurechenbarkeit, Angemessenheit oder Schuld* [...] *beibehalten* [werden] *können, sofern sie mit der Rechtsprechung des Gerichtshofs, dem Effektivitäts- und dem Äquivalenzgrundsatz und den Bestimmungen dieser Richtlinie im Einklang stehen*".[159] Daher ist von der Rechtmäßigkeit des deutschen Verschuldenserfordernisses auszugehen.[160]

c) *Passivlegitimation*

Schadensersatzschuldner ist derjenige, der vorsätzlich oder fahrlässig einen Verstoß gegen § 33 Abs. 1 GWB begangen hat (§ 33a Abs. 1 GWB). Passivlegitimiert ist danach derjenige, der Adressat der Vorschrift bzw. Verfügung ist, gegen die verstoßen wurde. Dies sind überwiegend Unternehmen, wobei § 33a Abs. 1 S. 1 GWB als deliktsrechtliche Norm die zurechenbare Handlung einer natürlichen Person erfordert.[161] Die Handlungen der Organe einer juristischen Person bzw. Handelsgesellschaft können über § 31 BGB,[162] die sonstiger Mitarbeiter über § 831 BGB zugerechnet werden.[163] Insbesondere die Frage nach der Haftung einer etwaigen Konzernmutter wird seit einigen Jahren mit großer Intensität diskutiert. Zum Beispiel lässt Art. 1 der Kartellschadensersatzrichtlinie die Interpretation zu, dass der europäische Unternehmensbegriff[164] durch

---

159 Kartellschadensersatzrichtlinie 2014/104/EU, Erwägungsgrund 11.

160 *Kersting/Preuß*, Umsetzung der Kartellschadensersatzrichtlinie, S. 41 Rn. 14; nimmt an, dass ein Bruch mit den haftungsrechtlichen Traditionen der Mitgliedsstaaten einer besonderen Regelung bedurft hätte: *Rehbinder*, in: Loewenheim u.a., Kartellrecht (2016), § 33 GWB Rn. 36; siehe auch: *Kersting*, in: Kersting/Podszun, 9. GWB-Novelle, Kap. 7 Rn. 19; *Roth*, in: Jaeger u.a., Frankfurter Kommentar Kartellrecht/GWB (Jan. 2020), § 33a Rn. 11; kritisch: *Mäsch*, in: Berg/Mäsch, Kartellrecht (2018), § 33a GWB Rn. 6.

161 *Bornkamm*, in: Langen/Bunte, Kartellrecht/GWB (2018), § 33a Rn. 10.

162 *Roth*, in: Jaeger u.a., Frankfurter Kommentar Kartellrecht/GWB (Jan. 2020), § 33a Rn. 9.

163 *Roth*, in: Jaeger u.a., Frankfurter Kommentar Kartellrecht/GWB (Jan. 2020), § 33a Rn. 9; zu den Möglichkeiten der Entlastung: *Mäsch*, in: Berg/Mäsch, Kartellrecht (2018), § 33 GWB Rn. 38; siehe zur Verantwortlichkeit von Mitgliedern der Geschäftsleitung, Anstiftern, Gehilfen und Mittätern auch: *Franck*, in: Immenga u.a., Wettbewerbsrecht/GWB (2020), § 33a Rn. 35 ff.

164 Zum europäischen Unternehmensbegriff: EuGH, Urt. v. 10.09.2009 – C-97/08 P – *Akzo Nobel*, EU:C:2009:536, Rn. 54 ff.; EuGH, Urt. v. 20.01.2011 – C-90/09 P – *General Química*, EU:C:2011:21, Rn. 34 ff.; EuGH, Urt. v. 29.09.2011 – C-521/09 P – *Elf Aquitaine*, EU:C:2011:620, Rn. 53; EuGH, Urt. v. 19.07.2012 – verb. Rs. C-628/10 P

die Richtlinienumsetzung in nationales Recht eingeführt werden sollte. Folge wäre dann eine Haftung der Konzernmutter.[165]

d) Aktivlegitimation

Wie auch schon in § 33 Abs. 3 S. 1 GWB a.F. erfolgt auch in § 33a Abs. 1 GWB keine eigenständige Normierung des Anspruchsinhabers. Aufgrund des Verweises in § 33a Abs. 1 GWB ist nach überwiegender Ansicht derjenige Anspruchsinhaber, der Betroffener i.S. des § 33 Abs. 1 GWB ist.[166] Betroffener ist damit jeder, der durch den Wettbewerbsverstoß beeinträchtigt ist (§ 33 Abs. 3 GWB).[167] Im Rahmen des Schadensersatzanspruchs ist dies anzunehmen, wenn die Möglichkeit besteht, dass der Anspruchsteller kausal durch einen Wettbewerbsverstoß i.S. des § 33 Abs. 1 GWB einen Schaden erlitten hat.[168] Der Gesetzgeber beabsichtigt mit der 10. GWB-Novelle die Vermutung einzuführen, dass alle Rechtsgeschäfte über Waren oder Dienstleistungen mit kartellbeteiligten Unternehmen,

---

u. C-14/11 P – *Alliance One*, EU:C:2012:479, Rn. 42 ff.; EuGH, Urt. v. 11.07.2013 – C-440/11 P – *Stichting*, EU:C:2013:514, Rn. 36 ff.; EuGH, Urt. v. 10.04.2014 – verb. Rs. C-231/11 P bis C-233/11 P – *Siemens Österreich u.a.*, EU:C:2014:256, Rn. 43 ff.; EuG, Urt. v. 16.06.2011 – verb. Rs. T-208/08 u. T-209/08 – *Gosselin*, EU:T:2011:287, Rn. 44; siehe dazu auch: *Kersting*, WuW 2014, S. 1156, 1157 ff.

165 So z.B. *Kersting*, in: Kersting/Podszun, 9. GWB-Novelle, Kap. 7 Rn. 25 f. und 29 ff., zur Kritik an dieser Auffassung siehe Rn. 27 f. m.w.N.; ebenfalls: *Mäsch*, in: Berg/Mäsch, Kartellrecht (2018), § 33 GWB Rn. 39; *Roth*, in: Jaeger u.a., Frankfurter Kommentar Kartellrecht/GWB (Jan. 2020), § 33a Rn. 58; a.A.: *Suchsland/Rossmann*, WuW 2015, S. 973, 979; *Thomas/Legner*, NZKart 2016, S. 155 ff.; *Klotz*, WuW 2017, S. 226, 229.

166 *Kersting*, in: Kersting/Podszun, 9. GWB-Novelle, Kap. 7 Rn. 125 ff.; *Mäsch*, in: Berg/Mäsch, Kartellrecht (2018), § 33a GWB Rn. 17, jeweils m.w.N.; a.A. *Roth*, in: Jaeger u.a., Frankfurter Kommentar Kartellrecht/GWB (Jan. 2020), § 33a Rn. 24; *Franck*, in: Immenga u.a., Wettbewerbsrecht/GWB (2020), § 33 Rn. 16 ff. und § 33a Rn. 20. Siehe zu § 33 Abs. 1 GWB bereits oben, S. 47 f.

167 A.A.: *Roth*, in: Jaeger u.a., Frankfurter Kommentar Kartellrecht/GWB (Jan. 2020), § 33a Rn. 24; zur Abschwächung des Verweises durch die fehlende Einbeziehung von § 33 Abs. 3 GWB: *Kersting*, in: Kersting/Podszun, 9. GWB-Novelle, Kap. 7 Rn. 21.

168 BGH, Urt. v. 28.01.2020 – KZR 24/17 – *Schienenkartell II*, NJW 2020, S. 1430, 1432 Rn. 25; *Mäsch*, in: Berg/Mäsch, Kartellrecht (2018), § 33a GWB Rn. 23; *Stock*, Schadensnachweis, S. 272; *Lübbig*, in: Säcker/Meier-Beck, MüKo Kartellrecht/GWB (2020), § 33a Rn. 27; im Ergebnis ebenso: *Roth*, in: Jaeger u.a., Frankfurter Kommentar Kartellrecht/GWB (Jan. 2020), § 33a Rn. 24; geht davon aus, das Anspruchsinhaber derjenige ist, der einen Schaden erlitten hat *Kersting*, in: Loewenheim u.a., Kartellrecht (2020), § 33a Rn. 14.

die sachlich, zeitlich und räumlich in den Bereich eines Kartells fallen, von diesem Kartell erfasst sind (§ 33a Abs. 5 GWB-RefE). Jede kartellfremde Partei eines solchen Rechtsgeschäfts ist folglich Betroffener. Die Vermutung wird aber nur für die Schadensersatzansprüche gelten, die nach der geplanten Umsetzung der 10. GWB-Novelle entstanden sind.[169]

Ob auch Abnehmer auf nachgelagerten Marktstufen Anspruchsinhaber eines Schadensersatzanspruchs sind, war bei § 33 Abs. 3 S. 1 GWB a.F. umstritten.[170] In Folge der *Jedermann*-Rechtsprechung des EuGH in den Rechtssachen *Courage/Crehan*[171] und *Manfredi*[172] hat der BGH in seiner *ORWI*-Entscheidung jedoch anerkannt, dass auch mittelbaren Abnehmern ein Kartellschadensersatzanspruch zusteht, wenn sie der kartellbedingten Preiserhöhung ausgesetzt waren und einen kausalen Schaden erlitten haben.[173] Die Rechtsprechung des EuGH wird auch durch die Kartellschadensersatzrichtlinie in Art. 3 Abs. 1 aufgegriffen. In der Entscheidung *Kone u.a.* hat der EuGH die Anspruchsberechtigung zudem auf solche – indirekten – Abnehmer ausgedehnt, die – obwohl sie bei Kartellaußenseitern eingekauft haben – in Folge des sog. *Preisschirmeffektes* überhöhte Preise gezahlt haben.[174] Selbst Kartellmitgliedern können Schadensersatzansprüche zustehen, etwa wenn sie der Kartellvereinbarung allein aufgrund wirtschaftlichen Drucks beigetreten sind.[175]

---

169 *Bundesministerium für Wirtschaft und Energie*, Begr. des Referentenentwurfs zur 10. GWB-Novelle v. 24.01.2020, S. 93.

170 Zum Meinungsstand bzgl. der „Betroffenheit" von nachgelagerten Marktstufen: *Emmerich*, in: Immenga/Mestmäcker, Wettbewerbsrecht/GWB (2014), § 33 Rn. 17 ff.

171 EuGH, Urt. v. 20.09.2001 – C-453/99 – *Courage/Crehan*, EU:C:2001:465, Rn. 26.

172 EuGH, Urt. v. 13.07.2006 – C-295/04 u.a. – *Manfredi*, EU:C:2006:461, Rn. 60.

173 BGH, Urt. v. 28.06.2011 – KZR 75/10 – *ORWI*, BGHZ 190, S. 145, 151 ff., der BGH spricht von „indirekten" Abnehmern, als solche werden im Rahmen dieser Arbeit allerdings Abnehmer von Kartellaußenseitern bezeichnet, siehe dazu sogleich; zum Urteil: *Kersting*, in: Kersting/Podszun, 9. GWB-Novelle, Kap. 7 Rn. 22; *Dawirs*, Zugriff auf Kronzeugenerklärungen, S. 49.

174 EuGH, Urt. v. 05.06.2014 – C-557/12 – *Kone u.a.*, EU:C:2014:1317, Rn. 33 f.; *Roth*, in: Jaeger u.a., Frankfurter Kommentar Kartellrecht/GWB (Jan. 2020), § 33a Rn. 25; die neueinzuführende Vermutung des § 33a Abs. 5 GWB-RefE soll auf indirekte Abnehmer allerdings nicht anwendbar sein: *Bundesministerium für Wirtschaft und Energie*, Begr. des Referentenentwurfs zur 10. GWB-Novelle v. 24.01.2020, S. 93.

175 EuGH, Urt. v. 20.09.2001 – C-453/99 – *Courage/Crehan*, EU:C:2001:465, Rn. 36; mit Verweis auf „*Courage/Crehan*": *Bundesregierung*, Begr. des Gesetzesentwurfs zur 7. GWB-Novelle, BT-Drs. 15/3640, S. 53; *Emmerich*, in: Immenga/Mestmäcker,

e) Schaden

Der Betroffene muss einen Schaden erlitten haben. Hierfür gelten die allgemeinen Grundsätze der §§ 249 ff. BGB – insbesondere gilt die Differenzhypothese.[176] Gem. § 249 Abs. 1 BGB hat der Geschädigte grundsätzlich einen Anspruch auf Naturalrestitution. Hilfsweise besteht ein Anspruch auf Schadensersatz in Geld gemäß § 251 BGB.[177] Die Naturalrestitution – also die Herstellung des Zustandes, der ohne den Kartellrechtsverstoß bestehen würde – kommt insbesondere zur Beendigung einer diskriminierenden Lieferverweigerung durch Belieferung zur Anwendung.[178] Vielfach wird aber – obwohl eine Naturalrestitution möglich wäre – der Schadensersatz in Geld vorgezogen.[179] Aus § 253 Abs. 2 BGB folgt, dass nur Vermögensschäden ersetzbar sind. Typische Vermögensschäden bei einem Kartellverstoß sind die Zahlung eines über dem Marktniveau liegenden Preises („*damnum emergens*") und entgangener Gewinn („*lucrum cessans*"), also ein – aufgrund des überhöhten Marktpreises – zurückgegangener Absatz.[180] Der Schadensersatzanspruch ist gemäß § 33a Abs. 4 GWB bzw. § 33 Abs. 3 S. 4 GWB a.F. ab Eintritt des Schadens zu verzinsen.[181]

Der Schaden errechnet sich nach der Differenzhypothese.[182] Allerdings bereiten die konkrete Berechnung des hypothetischen Marktpreises – also die Höhe

---

Wettbewerbsrecht/GWB (2014), § 33 Rn. 19 mit weiteren Beispielen; *Dawirs*, Zugriff auf Kronzeugenerklärungen, S. 49.

176 *Mäsch*, in: Berg/Mäsch, Kartellrecht (2018), § 33a GWB Rn. 9; *Roth*, in: Jaeger u.a., Frankfurter Kommentar Kartellrecht/GWB (Jan. 2020), § 33a Rn. 65.

177 Zum Vorrang der Naturalrestitution: *Larenz*, Lehrbuch des Schuldrechts, S. 467 ff.; *Brand*, Schadensersatzrecht, § 2 Rn. 30.

178 *Mäsch*, in: Berg/Mäsch, Kartellrecht (2018), § 33a GWB Rn. 11; *Roth*, in: Jaeger u.a., Frankfurter Kommentar Kartellrecht/GWB (Jan. 2020), § 33a Rn. 72, jeweils mit weiteren Beispielen für die Anwendung der Naturalrestitution. Zu den Abgrenzungsschwierigkeiten zw. der Naturalrestitution und dem Beseitigungsanspruch aus § 33 Abs. 1 GWB siehe bereits oben, S. 45 ff.

179 Krit. zur freien Wahl des Opfers eines Kartellverstoßes zwischen Naturalrestitution und „dulde und liquidiere": *Mäsch*, in: Berg/Mäsch, Kartellrecht (2018), § 33a GWB Rn. 12.

180 *Wesselburg*, Drittschutz bei Verstößen gegen das Kartellverbot, S. 186; *Weitbrecht*, NJW 2012, S. 881, 883; *Inderst/Thomas*, Schadensersatz bei Kartellverstößen (2018), S. 69 ff.

181 Dazu: *Inderst/Thomas*, Schadensersatz bei Kartellverstößen (2018), S. 74 f.; *Roth*, in: Jaeger u.a., Frankfurter Kommentar Kartellrecht/GWB (Jan. 2020), § 33a Rn. 160.

182 *Roth*, in: Jaeger u.a., Frankfurter Kommentar Kartellrecht/GWB (Jan. 2020), § 33a Rn. 75.

des Preises, der ohne die kartellrechtswidrige Handlung gezahlt worden wäre – und die Berechnung des entgangenen Gewinns den Geschädigten häufig besondere Schwierigkeiten.[183] Die Höhe des Schadens darf jedoch durch das Gericht nach § 33a Abs. 3 S. 1 GWB i.V.m § 287 ZPO geschätzt werden. Als Hilfsmittel darf das Gericht gemäß § 33a Abs. 3 Satz 2 GWB den kartellbedingten Gewinn des Schädigers heranziehen.

aa) Vermutung des Schadens gemäß § 33a Abs. 2 GWB

Durch die 9. GWB-Novelle wurde – in Umsetzung von Art. 17 Abs. 2 der Kartellschadensersatzrichtlinie – die Vermutung eingeführt, dass ein Kartell zu einem Schaden geführt hat (§ 33a Abs. 2 GWB). Auch die Kausalität des Kartells für den Schaden wird vermutet, nicht aber die Höhe des Schadens.[184]

(I) Anscheinsbeweis/Tatsächliche Vermutung

Jedenfalls für Preis-, Quoten- und Stammkundenkartelle, die zeitlich vor der Anwendbarkeit der 9. GWB-Novelle bestanden, wird von der überwiegenden Zahl der Gerichte angenommen,[185] dass das Bestehen eines solchen Kartells zu

---

183 *Bornkamm/Tolkmitt*, in: Langen/Bunte, Kartellrecht/GWB (2018), § 33a Rn. 33; *Roth*, in: Jaeger u.a., Frankfurter Kommentar Kartellrecht/GWB (Jan. 2020), § 33a Rn. 73. Siehe dazu ausführlich unten, S. 76 ff.

184 Kartellschadensersatzrichtlinie 2014/104/EU, Erwägungsgrund 47; *Bundesregierung*, Begr. des Gesetzesentwurfes zur 9. GWB-Novelle, BT-Drs. 18/10207, S. 55.

185 Grundlegend: LG Dortmund, Urt. v. 01.04.2004 – 13 O 55/02 Kart – *Vitaminpreise*, WuW 2004, S. 1182 ff.; sowie BGH, Beschl. v. 28.06.2005 – KRB 2/05 – *Berliner Transportbeton I*, NJW 2006, S. 163, 164 f.; OLG Karlsruhe, Urt. v. 31.07.2013 – 6 U 51/12 (Kart.) – *Löschfahrzeuge (Quotenkartell)*, NZKart 2014, S. 366, 367; zu Preiskartellen: LG Hannover, Urt. v. 16.04.2018 – 18 O 21/17 – *LKW-Kartell*, Juris, Rn. 97 ff.; ebenso: LG Stuttgart, Urt. v. 30.04.2018 – 45 O 1/17 – *LKW-Kartell*, Juris, Rn. 38 ff.; zu Stammkunden-/Kundenschutzkartellen: OLG Frankfurt, Urt. v. 24.11.2017 – 11 U 56/16 (Kart) – *Schienenkartell*, Juris, Rn. 76 ff.; LG Dortmund, Urt. v. 28.06.2017 – 8 O 25/16 (Kart) – *Schienenkartell*, Juris, Rn. 64 ff.; zum Informationsaustausch (und Preisabsprachen): LG Hannover, Urt. v. 23.10.2017 – 18 O 332/16 – *Verpackungskartell*, Juris, Rn. 58. Ablehnend ggü. einem Anscheinsbeweis: LG München, Urt. v. 25.04.2012 – 37 O 16434/11 – *Auftausalz I*, (n. veröffentlicht); LG München, Urt. v. 25.04.2012 – 37 O 16435/11 – *Auftausalz II*, (n. veröffentlicht); OLG München, Urt. v. 21.02.2013 – U 5006/11 Kart – *Fernsehvermarktung*, NZKart 2013, S. 162, 163; LG Stuttgart, Urt. v. 25.02.2013 – 11 O 225/12 – *Löschfahrzeuge I*, BeckRS 2013, S. 199289; LG Stuttgart, Urt. v. 31.01.2013 – 41 O 39/12 KfH – *Löschfahrzeuge II*, BeckRS 2013, S. 199288. Aus dem Schrifttum: *Galle*, NZKart 2016, S. 214 ff.; *Thiede/*

einer Preiserhöhung im konkreten Markt geführt hat und dass die Beschaffungsvorgänge der (direkten) Abnehmer betroffen waren.[186] Dass (gewisse) Kartelle zu einem Schaden führen, bedarf somit keines Nachweises durch den Geschädigten mehr – der Anschein kann aber erschüttert werden.[187]

Der BGH hat jedoch in einem Urteil zum *Schienenkartell* die Annahme von Anscheinsbeweisen bezüglich des Schadenseintritts und der Kartellbetroffenheit abgelehnt.[188] Vielmehr würde nur eine *„tatsächliche Vermutung“* für den Eintritt eines Schadens und die Betroffenheit sprechen.[189] Der BGH bestätigte, trotz der geäußerten Kritik, die Annahme einer tatsächlichen Vermutung im Urteil *Schienenkartell II*.[190]

Für jüngere Kartellverstöße löst die neueingeführte Vermutung des § 33a Abs. 2 GWB[191] die von der Rechtsprechung entwickelten Anscheinsbeweise bzw. die tatsächliche Vermutung ab.

Träbing, NZKart 2016, S. 422 ff.; *Kersting*, in: Kersting/Podszun, 9. GWB-Novelle, Kap. 7 Rn. 40.

186 Nicht alle Gerichte halten diese Trennung zw. allg. Preiserhöhung und konkreter Betroffenheit für zwingend: KG, Urt. v. 01.10.2009 – 2 U 10/03 Kart – *Berliner Transportbeton II*, Juris, Rn. 38; LG Dortmund, Urt. v. 21.12.2016 – 8 O 90/14 (Kart) – *Schienenkartell*, Juris, Rn. 99 ff.; siehe dazu auch: *Galle*, NZKart 2016, S. 214, 216; *Oesterreich*, BB 2017, S. 1865, 1867; *Lübbig*, in: Säcker/Meier-Beck, MüKo Kartellrecht/GWB (2020), § 33a Rn. 34.

187 Zu der Erschütterung des Anscheinsbeweises: *Galle*, NZKart 2016, S. 214, 218.

188 BGH, Urt. v. 11.12.2018 – KZR 26/17 – *Schienenkartell*, NZKart 2019, S. 101, 104 Rn. 51 ff. und S. 105 Rn. 60 ff.

189 BGH, Urt. v. 11.12.2018 – KZR 26/17 – *Schienenkartell*, NZKart 2019, S. 101, 104 Rn. 55 f. sowie S. 105 Rn. 61; OLG Stuttgart, Urt. v. 04.04.2019 – 2 U 101/18 – *LKW-Kartell*, Juris, 346 f.; siehe aber das OLG Düsseldorf, welches ausdrücklich an seiner Rechtsprechung zu den Anscheinsbeweisen festhält: OLG Düsseldorf, Urt. v. 23.01.2019 – VI-U (Kart) 18/17 – *Schienenkartell*, NZKart 2019, S. 157, 159 ff.; siehe dazu auch die Anmerkung von: *Thiede*, NZKart 2019, S. 202 ff. Siehe auch: *Bundesministerium für Wirtschaft und Energie*, Begr. des Referentenentwurfs zur 10. GWB-Novelle v. 24.01.2020, S. 92 f.

190 BGH, Urt. v. 28.01.2020 – KZR 24/17 – *Schienenkartell II*, NJW 2020, S. 1430, 1434 Rn. 40.

191 § 33a Abs. 2 GWB ist gem. § 186 Abs. 3 GWB nur auf Schadensersatzansprüche anwendbar, die nach dem 26.12.2016 entstanden sind. Zur fehlenden Rückwirkung der Vermutung: *Fritzsche*, NZKart 2017, S. 581, 584.

(II) Vermutungsvoraussetzungen

Voraussetzung für die Vermutung des § 33a Abs. 2 GWB ist, dass ein Kartell i.S. des § 33a Abs. 2 S. 2 GWB, also eine horizontale, wettbewerbsbeschränkende Vereinbarung oder Abstimmung zwischen Mitbewerbern, vorliegt.[192] Ausgenommen von der Vermutung sind nur bewirkte, aber nicht bezweckte Wettbewerbsbeschränkungen sowie vertikale Beschränkungen und der Missbrauch von Marktmacht.[193] Der vermeintlich Geschädigte muss zudem selber nachweisen, dass er vom Kartell betroffen ist.[194]

Die Vermutung kann gemäß § 33a Abs. 2 S. 1 GWB widerlegt werden. Dafür muss der Beklagte zur Überzeugung des Gerichts durch Gegenbeweis darlegen, dass das Kartell keinen Schaden verursacht hat.[195] Er muss grundsätzlich nachweisen, dass ein Schaden weder in Form eines Preiserhöhungsschadens noch in Form eines Mengenschadens – also auch nicht in der Form eines Preisschirmeffektes oder einer sonstigen Schädigung von Wettbewerbern – entstanden ist.[196] Nach der Regierungsbegründung soll eine Möglichkeit der Widerlegung die Pass-On-Verteidigung sein, also der Nachweis, dass die Preiserhöhung weitergereicht wurde.[197]

---

192 *Mäsch*, in: Berg/Mäsch, Kartellrecht (2018), § 33a GWB Rn. 18; *Roth*, in: Jaeger u.a., Frankfurter Kommentar Kartellrecht/GWB (Jan. 2020), § 33a Rn. 98; zur Auslegung des Begriffes „*Kartell*“: *Fritzsche*, NZKart 2017, S. 581 f.; einen Überblick über als „*bezweckt*“ eingeordnete Verhaltensweisen bietet (Stand 2014): *Europäische Kommission*, Staff Working Document – Guidance on restrictions of competition „by object“, SWD(2014) 198 final, S. 3 ff.

193 *Brömmelmeyer*, NZKart 2016, S. 2, 3; *Galle*, NZKart 2016, S. 214, 219; *Kersting*, in: Kersting/Podszun, 9. GWB-Novelle, Kap. 7 Rn. 54; *Mäsch*, in: Berg/Mäsch, Kartellrecht (2018), § 33a GWB Rn. 18; offenlassend: *Roth*, in: Jaeger u.a., Frankfurter Kommentar Kartellrecht/GWB (Jan. 2020), § 33a Rn. 99.

194 *Bundesregierung*, Begr. des Gesetzesentwurfes zur 9. GWB-Novelle, BT-Drs. 18/10207, S. 56; *Lettl*, WM 2016, S. 1961 f.; *Klumpe/Thiede*, BB 2016, S. 3011, 3012; *Schaper/Stauber*, NZKart 2017, S. 279, 280; *Stancke*, NZKart 2017, S. 636, 637 f.; *Mäsch*, in: Berg/Mäsch, Kartellrecht (2018), § 33a GWB Rn. 17; *Roth*, in: Jaeger u.a., Frankfurter Kommentar Kartellrecht/GWB (Jan. 2020), § 33a Rn. 95.

195 *Mäsch*, in: Berg/Mäsch, Kartellrecht (2018), § 33a GWB Rn. 19; *Roth*, in: Jaeger u.a., Frankfurter Kommentar Kartellrecht/GWB (Jan. 2020), § 33a Rn. 102.

196 *Kersting*, in: Kersting/Podszun, 9. GWB-Novelle, Kap. 7 Rn. 56; *Roth*, in: Jaeger u.a., Frankfurter Kommentar Kartellrecht/GWB (Jan. 2020), § 33a Rn. 102 f.

197 *Bundesregierung*, Begr. des Gesetzesentwurfes zur 9. GWB-Novelle, BT-Drs. 18/10207, S. 56; Zustimmend: *Lettl*, WM 2016, S. 1961; *Bornkamm/Tolkmitt*, in: Langen/Bunte, Kartellrecht/GWB (2018), § 33a Rn. 25. Kritisch: *Kersting*, in: Kersting/Podszun, 9. GWB-Novelle, Kap. 7 Rn. 58; *Mäsch*, in: Berg/Mäsch, Kartellrecht (2018),

(III) Subjektive Reichweite der Vermutung

Die Vermutung des § 33a Abs. 2 GWB gilt subjektiv jedenfalls für unmittelbar betroffene Abnehmer und Lieferanten eines Kartells.[198] Ob bzw. inwieweit die Vermutung des § 33a Abs. 2 GWB auch für mittelbare Abnehmer oder durch einen Preisschirmeffekt betroffene Dritte[199] gilt, ist umstritten.[200] Die mittelbaren Abnehmer konnten nach der früheren Rechtsprechung des BGH den Anscheinsbeweis nicht geltend machen.[201] Das OLG Karlsruhe nahm hingegen einen Anscheinsbeweis bei von Preisschirmeffekten Betroffenen an.[202]

Dabei ist der Nachweis des kausalen Schadenseintritts bei mittelbaren und indirekten Abnehmern besonders schwierig. Der mittelbar Geschädigte muss nachweisen, dass eine im zeitlichen Zusammenhang mit dem Kartell aufgetretene Preiserhöhung allein auf dem Kartellverstoß und nicht auf sonstigen Marktfaktoren beruht.[203] Zu den Marktfaktoren zählen zum Beispiel das Verhandlungsgeschick des direkten Abnehmers,[204] aber auch der Wettbewerbsdruck auf dem konkreten Markt[205] oder die eventuelle Weiterverarbeitung des

---

§ 33a GWB Rn. 19, sieht aber, dass die Ansichten zum selben Ergebnis kommen – der Schädiger muss an den direkten Abnehmer keinen Schadensersatz leisten.

198 *Kersting*, in: Kersting/Podszun, 9. GWB-Novelle, Kap. 7 Rn. 41 f.; *Mäsch*, in: Berg/Mäsch, Kartellrecht (2018), § 33a GWB Rn. 17.

199 Zur Vermutung von Preisschirmeffekten: *Bornkamm/Tolkmitt*, in: Langen/Bunte, Kartellrecht/GWB (2018), § 33a Rn. 28.

200 Nehmen eine Anwendbarkeit auf indirekte Abnehmer und sonstige Betroffene an: *Kersting*, in: Kersting/Podszun, 9. GWB-Novelle, Kap. 7 Rn. 41 f.; *ders.*, VersR 2017, S. 581, 583; *Mäsch*, in: Berg/Mäsch, Kartellrecht (2018), § 33a GWB Rn. 17; *Inderst/Thomas*, Schadensersatz bei Kartellverstößen (2018), S. 155 und 433; a.A.: *Galle*, NZKart 2016, S. 214, 219; *Kahlenberg/Heim*, BB 2016, S. 1863, 1866; *Topel*, in: Wiedemann, Handbuch Kartellrecht (2020), § 50 Rn. 83 f.; einschränkend bei Preisschirmeffekten: *Roth*, in: Jaeger u.a., Frankfurter Kommentar Kartellrecht/GWB (Jan. 2020), § 33a Rn. 97.

201 BGH, Urt. v. 28.06.2011 – KZR 75/10 – *ORWI*, BGHZ 190, S. 145, 158 f.

202 OLG Karlsruhe, Urt. v. 31.07.2013 – 6 U 51/12 (Kart.) – *Löschfahrzeuge (Quotenkartell)*, NZKart 2014, S. 366, 367; OLG Karlsruhe, Urt. v. 09.11.2016 – 6 U 204/15 Kart (2) – *Grauzementkartell*, NZKart 2016, S. 595, 597.

203 *Monopolkommission*, Sondergutachten 41, S. 38 Rn. 69; BGH, Urt. v. 28.06.2011 – KZR 75/10 – *ORWI*, BGHZ 190, S. 145, 159; siehe auch: *Topel*, in: Wiedemann, Handbuch Kartellrecht (2020), § 50 Rn. 83.

204 *Keßler*, BB 2005, S. 1125, 1127; *Topel*, in: Wiedemann, Handbuch Kartellrecht (2020), § 50 Rn. 83.

205 BGH, Urt. v. 28.06.2011 – KZR 75/10 – *ORWI*, BGHZ 190, S. 145, 159.

verkauften Produkts.[206] Ob Dritten der Nachweis des kausalen Schadenseintritts ohne die Erweiterung der Vermutung gelingen kann, erscheint höchst fraglich.[207]

Die beschriebenen Marktfaktoren könnten aber auch gegen eine Erweiterung der Vermutung des § 33a Abs. 2 GWB auf mittelbare Abnehmer sprechen. Da die Marktfaktoren oft zu vielfältig sind und es häufig an Erfahrungssätzen fehlt, kann – anders als beim direkten Abnehmer – nicht der Schluss gezogen werden, dass typischerweise von einer Preiserhöhung aufgrund des Kartellverstoßes auszugehen ist.[208] Insbesondere eine Erweiterung der Vermutung auf von Preisschirmeffekten Betroffene erscheint fraglich. Die Vermutung des § 33a Abs. 2 GWB würde dann umfassen, dass auch der Kartellaußenseiter einen Preis festsetzen konnte, der sich bei normaler Marktlage so nicht ergeben hätte.[209]

Für die Einbeziehung von mittelbaren Abnehmern spricht § 33c Abs. 2 GWB.[210] Danach wird vermutet, dass der Preisaufschlag auf diese abgewälzt wurde.[211] Die Anwendbarkeit der Vermutung des § 33c Abs. 2 GWB setzt jedoch gerade voraus, dass der Eintritt eines Schadens und die Kausalität eines Kartellverstoßes im Verhältnis zu den unmittelbaren Abnehmern gemäß § 33a Abs. 2 S. 1 GWB vermutet wird.[212]

Für von Preisschirmeffekten Betroffene enthält weder die Kartellschadensersatzrichtlinie noch das deutsche Recht einen Vermutungsausschluss.[213] Eine solche Einschränkung wäre aber in der Richtlinie durchaus möglich gewesen.[214] Zudem entsprechen Preisschirmeffekte jedenfalls bei einer erheblichen

---

206 BGH, Urt. v. 28.06.2011 – KZR 75/10 – *ORWI*, BGHZ 190, S. 145, 169.

207 *Europäische Kommission*, Grünbuch zu Schadenersatzklagen wegen Verletzung des EU-Wettbewerbsrechts, KOM (2005), 672 end., S. 9.

208 *Monopolkommission*, Sondergutachten 41, S. 37 f. Rn. 69; *Bernhard*, NZKart 2013, S. 488, 489; *Topel*, in: Wiedemann, Handbuch Kartellrecht (2020), § 50 Rn. 83.

209 Sehen diese Gefahr: *Kersting*, in: Kersting/Podszun, 9. GWB-Novelle, Kap. 7 Rn. 41; *Galle*, NZKart 2016, S. 214, 219.

210 *Mäsch*, in: Berg/Mäsch, Kartellrecht (2018), § 33a GWB Rn. 17; *Roth*, in: Jaeger u.a., Frankfurter Kommentar Kartellrecht/GWB (Jan. 2020), § 33a Rn. 63.

211 Siehe dazu unten, S. 63 f.

212 *Roth*, in: Jaeger u.a., Frankfurter Kommentar Kartellrecht/GWB (Jan. 2020), § 33a Rn. 96.

213 *Kersting*, in: Kersting/Podszun, 9. GWB-Novelle, Kap. 7 Rn. 41; *Roth*, in: Jaeger u.a., Frankfurter Kommentar Kartellrecht/GWB (Jan. 2020), § 33a Rn. 97; hält auch die Gegenansicht für vertretbar: *Fritzsche*, NZKart 2017, S. 581, 583.

214 *Petrasincu*, WuW 2016, S. 330, 331; *Kersting*, in: Kersting/Podszun, 9. GWB-Novelle, Kap. 7 Rn. 41; *Mäsch*, in: Berg/Mäsch, Kartellrecht (2018), § 33a GWB Rn. 17.

Marktabdeckung und einer längeren Kartelldauer dem typischen Geschehensablauf.[215] Gerade die Typizität des Geschehensablaufs ist jedoch die Grundlage der Schadensvermutung des § 33a Abs. 1 S. 2 GWB.[216] Bei Preisschirmeffekten ist daher restriktiv von einer Anwendbarkeit der Vermutung nur dann auszugehen, wenn die Umstände des Einzelfalls und die Marktbedingungen dafür sprechen, dass die Preisaufschläge der Kartellaußenseiter typischerweise kartellbedingt sind.[217]

Im Ergebnis ist daher festzustellen, dass sich mittelbare Abnehmer und grundsätzlich auch durch einen Preisschirmeffekt betroffene Dritte auf die Vermutung des § 33a Abs. 2 GWB berufen können.

bb) Pass-On-Verteidigung

Die *Pass-On-Verteidigung* bezeichnet den Einwand des Schädigers, dass der Schaden des Geschädigten aufgrund eines Vorteilsausgleiches entfallen ist, da der Geschädigte den Preisaufschlag an seine Abnehmer weitergereicht habe.[218]

(I) Zulässigkeit

Die Zulässigkeit der Pass-On-Verteidigung[219] sowie die Frage, ob nicht bereits der Schadenseintritt ausgeschlossen ist, wenn der Abnehmer die Ware

---

215 OLG Karlsruhe, Urt. v. 31.07.2013 – 6 U 51/12 (Kart.) – *Löschfahrzeuge (Quotenkartell)*, NZKart 2014, S. 366, 367; OLG Karlsruhe, Urt. v. 09.11.2016 – 6 U 204/15 Kart (2) – *Grauzementkartell*, NZKart 2016, S. 595, 597; *Roth*, in: Jaeger u.a., Frankfurter Kommentar Kartellrecht/GWB (Jan. 2020), § 33a Rn. 97; Ansätze auch bei: *Bundesregierung*, Begr. des Gesetzesentwurfes zur 9. GWB-Novelle, BT-Drs. 18/10207, S. 69.

216 *Mäsch*, in: Berg/Mäsch, Kartellrecht (2018), § 33a Rn. 17.

217 *Roth*, in: Jaeger u.a., Frankfurter Kommentar Kartellrecht/GWB (Jan. 2020), § 33a Rn. 97; ohne restriktive Einschränkungen: *Kersting*, in: Kersting/Podszun, 9. GWB-Novelle, Kap. 7 Rn. 41; *Mäsch*, in: Berg/Mäsch, Kartellrecht (2018), § 33a Rn. 17; ablehnend: *Bornkamm/Tolkmitt*, in: Langen/Bunte, Kartellrecht/GWB (2018), § 33a Rn. 28.

218 Im Überblick: *Bornkamm*, in: Langen/Bunte, Kartellrecht/GWB (2018), § 33c Rn. 6 ff.; ausführlich z.B.: *Bulst*, in: Möschel/Bien, Kartellrechtsdurchsetzung, S. 225 ff.; sowie: *Meeßen*, Schadensersatz bei Verstößen gegen EU-Kartellrecht, S. 458 ff.; zu den ökonomischen Voraussetzungen: *Inderst/Thomas*, Schadensersatz bei Kartellverstößen (2018), S. 294 ff.

219 Einen Überblick bietet: *Emmerich*, in: Immenga/Mestmäcker, Wettbewerbsrecht/GWB (2014), § 33 Rn. 64 f. Lehnten z.B. den Einwand bis zuletzt ab: *Lettl*, ZHR 2003, S. 473, 486 ff.; *Köhler*, GRUR 2004, S. 99, 101; *Bechtold*, DB 2004, S. 235, 239; *Bulst*,

weiterveräußert und damit einen kartellbedingten Preisaufschlag auf die nachgelagerte Marktstufe abwälzt, waren lange Zeit umstritten.[220]

Dass der Schadenseintritt nicht von selbst ausgeschlossen ist, wenn der Abnehmer die Ware weiterveräußert und damit einen kartellbedingten Preisaufschlag auf die nachgelagerte Marktstufe abgewälzt hat, wurde bereits durch den im Rahmen der 7. GWB-Novelle eingeführten § 33 Abs. 3 S. 2 GWB a.F. festgestellt. Die 9. GWB-Novelle hat diese Feststellung in den neuen § 33c Abs. 1 S. 1 GWB überführt und um die Definition des Preisaufschlags ergänzt.[221] Nach der Intention des Gesetzgebers liegt somit ein Fall des Vorteilsausgleiches und nicht der – fehlenden – Schadensentstehung vor.[222]

Die Zulässigkeit der Pass-On-Verteidigung regelt § 33c Abs. 1 S. 2 GWB in Umsetzung von Art. 13 der Kartellschadensersatzrichtlinie.[223] Der Streit über die Zulässigkeit der Pass-On-Verteidigung hatte sich in Deutschland allerdings

---

NJW 2004, S. 2201 f.; *Roth*, in: Schilken, FS W. Gerhardt, S. 815, 830 f. Sahen nur den unmittelbaren Abnehmer als Betroffenen i.S.d. § 33 Abs. 1 S. 3 GWB a.F.: *Köhler*, GRUR 2004, S. 99, 101 ff.; *Kahlenberg/Haellmigk*, BB 2005, S. 1509, 1514; *Haucap/Stühmeier*, WuW 2008, S. 413, 421 ff.; *Bulst*, in: Möschel/Bien, Kartellrechtsdurchsetzung, S. 225, 240. Halten letztere Ansicht für unvereinbar mit dem Gesetzeswortlaut und -zweck: *Beninca*, WuW 2004, S. 604, 607; *Schütt*, WuW 2004, S. 1124, 1128 ff.; *Lübbig*, WRP 2004, S. 1254, 1257 ff.; *Lutz*, WuW 2005, S. 718, 728 f.; *Reich*, WuW 2008, S. 1046 ff.; ausführlich: *K. Westermann*, in: Aderhold, FS H.P. Westermann, S. 1605, 1622 ff.

220 Vertrat z.B. die Auffassung, dass die Weiterveräußerung bereits bei der Schadensentstehung zu berücksichtigen sei: LG Mannheim, Urt. v. 11.07.2003 – 7 O 326/02 – *Vitaminkartell*, GRUR 2004, S. 182, 184; bestätigt in: OLG Karlsruhe, Urt. v. 28.01.2004 – 6 U 183/03 – *Vitaminkartell*, GRUR 2004, S. 883, 884; stellt klar, dass der Geschädigte zunächst selbst einen Schaden erlitten hat, macht aber ebenfalls deutlich, dass für einen Vorteilsausgleich kein Raum besteht: *Bundestag*, Beschlussempfehlung und Bericht des Ausschusses für Wirtschaft und Arbeit zum Entwurf der 7. GWB-Novelle, BT-Drs. 15/5049, S. 49; dazu: *Meeßen*, Schadensersatz bei Verstößen gegen EU-Kartellrecht, S. 460.

221 *Kersting*, in: Kersting/Podszun, 9. GWB-Novelle, Kap. 7 Rn. 73; *Roth*, in: Jaeger u.a., Frankfurter Kommentar Kartellrecht/GWB (Jan. 2020), § 33c Rn. 22; *Lübbig*, in: Säcker/Meier-Beck, MüKo Kartellrecht/GWB (2020), § 33c Rn. 4.

222 *Franck*, in: Immenga u.a., Wettbewerbsrecht/GWB (2020), § 33a Rn. 112; *Kersting*, in: Loewenheim u.a., Kartellrecht (2020), § 33c Rn. 4; zu den Voraussetzungen des Vorteilsausgleiches: *Bornkamm/Tolkmitt*, in: Langen/Bunte, Kartellrecht/GWB (2018), § 33c Rn. 16 ff.

223 *Bundesregierung*, Begr. des Gesetzesentwurfes zur 9. GWB-Novelle, BT-Drs. 18/10207, S. 56.

bereits seit der *ORWI*-Entscheidung des BGH weitestgehend erledigt.[224] Die Anforderungen, die der BGH in seiner *ORWI*-Entscheidung an den Nachweis der Abwälzung sowie an den Nachweis, dass auch keine sonstigen Schäden beim Geschädigten verblieben sind, waren jedoch so hoch,[225] dass der Einwand der Schadensabwälzung in der Regel erfolglos blieb.[226] Seit der 9. GWB-Novelle muss der Kartellant nicht mehr beweisen, dass keine sonstigen Schäden beim Geschädigten verblieben sind.[227] Der Geschädigte kann einen etwaigen entgangenen Gewinn aber weiterhin geltend machen (§ 33c Abs. 1 S. 3 GWB).[228]

(II) Voraussetzungen

Voraussetzung der Pass-On-Verteidigung ist zunächst, dass ein Preisaufschlag aufgrund eines Wettbewerbsverstoßes vorliegt (§ 33c Abs. 1 S. 2 GWB). Ein Preisaufschlag ist nach § 33c Abs. 1 S. 1 GWB der Bezug einer Ware oder Dienstleistung zu einem überteuerten Preis; es muss also eine kartellbedingte Differenz zwischen dem tatsächlichen Verkaufspreis und dem niedrigeren wettbewerbsanalogen Preis bestehen.[229] Der Abnehmer muss durch den Preisaufschlag einen Schaden erlitten und diesen Schaden weitergereicht haben.[230] Von einer Weiterreichung des Schadens ist dann auszugehen, wenn der Geschädigte den Preisaufschlag – zumindest teilweise – durch eine Erhöhung des eigenen Verkaufspreises

---

224 BGH, Urt. v. 28.06.2011 – KZR 75/10 – *ORWI*, BGHZ 190, S. 145, 162 ff.; siehe auch die Anm. von: *Ackermann/Franck*, GRUR 2012, S. 291, 298 ff.; mit Hinweisen auf krit. Stimmen: *Rehbinder*, in: Loewenheim u.a., Kartellrecht (2016), § 33 GWB Rn. 54; *Mäsch*, in: Berg/Mäsch, Kartellrecht (2018), § 33c GWB Rn. 2.

225 *Franck*, in: Immenga u.a., Wettbewerbsrecht/GWB (2020), § 33c Rn. 10 f.

226 *Ackermann/Franck*, GRUR 2012, S. 291, 299 f.; *Franck*, in: Immenga u.a., Wettbewerbsrecht/GWB (2020), § 33c Rn. 11.

227 *Schweitzer*, NZKart 2014, S. 335, 338; *Makatsch/Mir*, EuZW 2015, S. 7, 12; *Ascheberg*, JURA 2016, S. 1101, 1108; *Monopolkommission*, 21. Hauptgutachten, S. 34 Rn. 130; *Kersting*, in: Kersting/Podszun, 9. GWB-Novelle, Kap. 7 Rn. 79; a.A. wohl: *Lettl*, WM 2016, S. 1961, 1962; zur Richtlinie: *Petrasincu*, WuW 2016, S. 330, 331.

228 Zu Art. 12 Abs. 3 der RL 2014/104/EU: *Rehbinder*, in: Loewenheim u.a., Kartellrecht (2016), § 33 GWB Rn. 56; *Kersting*, in: Kersting/Podszun, 9. GWB-Novelle, Kap. 7 Rn. 94 f.; *Fritzsche*, NZKart 2017, S. 630, 631; zu § 33c GWB: *Bornkamm/Tolkmitt*, in: Langen/Bunte, Kartellrecht/GWB (2018), § 33c Rn. 26; *Kersting*, in: Loewenheim u.a., Kartellrecht (2020), § 33c Rn. 4.

229 *Kersting*, in: Kersting/Podszun, 9. GWB-Novelle, Kap. 7 Rn. 84; *Roth*, in: Jaeger u.a., Frankfurter Kommentar Kartellrecht/GWB (Jan. 2020), § 33c Rn. 23.

230 *Kersting*, in: Kersting/Podszun, 9. GWB-Novelle, Kap. 7 Rn. 87 f.; zum Begriff des Schadens allg.: *Grüneberg*, in: Palandt, BGB (2020), Vor § 249 Rn. 9.

gegenüber seinen Abnehmern auf diese abwälzen konnte.[231] In der Folge entfällt der Schaden des Geschädigten in Höhe der nachgewiesenen Abwälzung (§ 33c Abs. 1 S. 2 GWB).

Der Nachweis des Preisaufschlages ist durch den Geschädigten zu erbringen, der diesen als Schadensposition geltend machen will.[232] Der Schädiger muss hingegen den vollen Beweis der Weitergabe des Schadens erbringen; insbesondere gilt die Vermutung des § 33c Abs. 2 GWB nicht für ihn, sondern nur für den mittelbaren Abnehmer.[233] Dem Kartellanten sollen bei diesem schwierigen Nachweis die Herausgabe- und Auskunftsansprüche aus § 33g Abs. 2 GWB[234] sowie die Möglichkeit der Schätzung der Höhe der Abwälzung gemäß § 33c Abs. 5 GWB i.V.m. § 287 ZPO helfen.[235] Das Prozessgericht kann zudem auf die nach Art. 16 Schadensersatzrichtlinie herausgegebenen Leitlinien der Europäischen Kommission zurückgreifen.[236]

cc) Vermutung der Abwälzung des Preisaufschlages gemäß § 33c Abs. 2 GWB

Für den mittelbaren Abnehmer wurde durch die 9. GWB-Novelle im § 33c Abs. 2 GWB die Vermutung neueingeführt, dass der Preisaufschlag auf ihn abgewälzt wurde. Wer mittelbarer Abnehmer ist und wann eine Schadensabwälzung vorliegt, wird in § 33c Abs. 1 S. 2 GWB definiert. Gem. § 33c Abs. 2 GWB wird vermutet, dass eine Schadensabwälzung „[d]*em Grunde nach*“ stattgefunden hat. Es

---

231 *Kersting*, in: Kersting/Podszun, 9. GWB-Novelle, Kap. 7 Rn. 89; *Roth*, in: Jaeger u.a., Frankfurter Kommentar Kartellrecht/GWB (Jan. 2020), § 33c Rn. 31.

232 Siehe zum Nachweis des Schadens unten, S. 72 ff.

233 Insoweit eindeutig: Art. 13 S. 2 der RL 2014/104/EU. Siehe dazu: *Schaper/Stauber*, NZKart 2017, S. 279, 281; *Kersting*, in: Kersting/Podszun, 9. GWB-Novelle, Kap. 7 Rn. 90; *Roth*, in: Jaeger u.a., Frankfurter Kommentar Kartellrecht/GWB (Jan. 2020), § 33c Rn. 29; kritisch dazu: *Mäsch*, in: Berg/Mäsch, Kartellrecht (2018), § 33c GWB Rn. 4 ff.; zur Gefahr der Mehrfachbelastung des Kartellanten: *Bornkamm/Tolkmitt*, in: Langen/Bunte, Kartellrecht/GWB (2018), § 33c Rn. 58 ff.

234 Zu den Beweisschwierigkeiten des Kartellanten: *Mäsch*, in: Berg/Mäsch, Kartellrecht (2018), § 33c GWB Rn. 3; *Bornkamm/Tolkmitt*, in: Langen/Bunte, Kartellrecht/GWB (2018), § 33c Rn. 24 f. u. 28 f.; *Roth*, in: Jaeger u.a., Frankfurter Kommentar Kartellrecht/GWB (Jan. 2020), § 33c Rn. 32 ff. Zu § 33g Abs. 2 GWB siehe unten, S. 172.

235 *Thomas*, ZHR 2016, S. 45, 75; *Fritzsche*, NZKart 2017, S. 630, 631; *Roth*, in: Jaeger u.a., Frankfurter Kommentar Kartellrecht/GWB (Jan. 2020), § 33c Rn. 36.

236 *Europäische Kommission*, Leitlinien zur Schätzung des abgewälzten Preisaufschlags, Abl. 2019 C 267/07.

besteht jedoch keine Vermutung bezüglich der Höhe der Abwälzung.[237] Die Vermutungswirkung bezieht sich zudem nicht auf sonstige Schadenspositionen.[238]

Für das Eingreifen der Vermutung müssen die Voraussetzungen des § 33c Abs. 2 Nr. 1 bis 3 GWB kumulativ vorliegen und vom Geschädigten bewiesen werden.[239] Es müssen ein Wettbewerbsverstoß sowie ein Preisaufschlag vorliegen (§ 33c Abs. 2 Nr. 1 und 2 GWB). Zudem muss der mittelbare Abnehmer kartellbetroffen i.S. des § 33c Abs. 2 Nr. 3 a) bis c) GWB sein.[240] Aufgrund der Rechtsprechung des EuGH zum Preisschirmeffekt[241] muss es ausreichen, wenn der Geschädigte Waren von einem Kartellaußenseiter erworben hat.[242]

Der Schädiger kann sich auf drei Wegen gegen die Vermutung wehren. Zunächst kann der Schädiger die Vermutungsgrundlage angreifen, indem er darlegt, dass eine der vom Geschädigten zu beweisenden und kumulativ erforderlichen Vermutungsvoraussetzungen des § 33c Abs. 2 GWB höchstwahrscheinlich nicht vorliegt.[243] Der Schädiger kann die Vermutung aber auch widerlegen, indem er das Gericht durch einen vollständigen Hauptbeweis davon überzeugt, dass das Gegenteil der Vermutung richtig ist.[244] Am einfachsten ist

---

237 *Bundesregierung*, Begr. des Gesetzesentwurfes zur 9. GWB-Novelle, BT-Drs. 18/10207, S. 57; *Thomas*, ZHR 2016, S. 45, 61 f.; *Mäsch*, in: Berg/Mäsch, Kartellrecht (2018), § 33c GWB Rn. 9; kritisch zur Beschränkung „*dem Grunde nach*" im Vergleich zum Wortlaut des Art. 14 Abs. 2 Schadensersatzrichtlinie: *Kersting*, in: Kersting/Podszun, 9. GWB-Novelle, Kap. 7 Rn. 110; geht davon aus, dass § 33c Abs. 2 GWB richtlinienkonform dahingehend ausgelegt werden muss, dass die Vermutung auch die Höhe des Schadens umfasst: *Roth*, in: Jaeger u.a., Frankfurter Kommentar Kartellrecht/GWB (Jan. 2020), § 33c Rn. 49 f.

238 *Kersting*, in: Kersting/Podszun, 9. GWB-Novelle, Kap. 7 Rn. 108; *Roth*, in: Jaeger u.a., Frankfurter Kommentar Kartellrecht/GWB (Jan. 2020), § 33c Rn. 47. Allerdings kann sich auch der geschädigte mittelbare Abnehmer auf die Vermutung des § 33a Abs. 2 GWB berufen, siehe dazu oben, S. 58 f.

239 Zum Beweis der Voraussetzungen siehe unten, S. 81 f.

240 Zu den Voraussetzungen: *Inderst/Thomas*, Schadensersatz bei Kartellverstößen (2018), S. 342 f.

241 EuGH, Urt. v. 05.06.2014 – C-557/12 – *Kone u.a.*, EU:C:2014:1317, Rn. 24 f.

242 *Thomas*, ZHR 2016, S. 45, 60 f.; *Kersting*, in: Kersting/Podszun, 9. GWB-Novelle, Kap. 7 Rn. 116 sowie Rn. 131 ff.; a.A.: *Roth*, in: Jaeger u.a., Frankfurter Kommentar Kartellrecht/GWB (Jan. 2020), § 33c Rn. 45.

243 *Saenger*, in: Saenger, ZPO (2019), § 292 Rn. 12.

244 *Roth*, in: Jaeger u.a., Frankfurter Kommentar Kartellrecht/GWB (Jan. 2020), § 33c Rn. 52; zum Beweis des Gegenteils: *Saenger*, in: Saenger, ZPO (2019), § 292 Rn. 10; *Prütting*, in: Rauscher/Krüger, MüKoZPO (2020), § 292 Rn. 25.

für den Schädiger jedoch die Glaubhaftmachung, dass der Preisaufschlag nicht oder nicht vollständig an den mittelbaren Abnehmer weitergegeben wurde (§ 33c Abs. 3 GWB).[245] In diesem Fall genügt es, dass der Schädiger die überwiegende Wahrscheinlichkeit der nicht vollständigen Weitergabe des Preisaufschlags nachweist.[246] Auffällig ist, dass die Vermutung der teilweisen oder vollständigen Abwälzung des Preisaufschlages bereits dann entfällt, wenn der Schädiger glaubhaft gemacht hat, dass der Preisaufschlag nicht in Gänze weitergegeben wurde. Durch diese Abschwächung wird die „*Korrespondenz von Vermutungswirkung und Inzweifelziehen dieser Vermutungswirkung durch Glaubhaftmachung des Gegenteils aufgehoben*“.[247] Praktisch dürfte es allerdings für den Schädiger äußerst schwierig werden, das Beweismaß des § 294 ZPO zu erreichen, da er die inneren Geschäftsabläufe des unmittelbaren Abnehmers in der Regel nicht kennt.[248]

f) Ergebnis zu 2.

Am Kartellschadensersatzanspruch haben sich durch die 9. GWB-Novelle keine grundsätzlichen Änderungen ergeben. Die Vermutung des § 33a Abs. 2 GWB könnte jedoch die Durchsetzung der Schadensersatzansprüche vereinfachen. Gleichzeitig wurde auch die Geltendmachung der Pass-On-Einrede vereinfacht. Trotz der Vermutung der Schadensabwälzung aus § 33c Abs. 2 GWB werden aber die Schwierigkeiten der mittelbaren Abnehmer bei ihrer Anspruchsdurchsetzung bestehen bleiben. Sollten mittelbare Abnehmer deswegen auf die Durchsetzung ihrer Ansprüche verzichten, könnte die vereinfachte Pass-On-Verteidigung zur Folge haben, dass die Kartellanten einen Teil ihrer Kartellrendite behalten dürften.

---

245 Sehen die Vermutung als anspruchsbegründende Tatsache, sodass zur Widerlegung eine Glaubhaftmachung nicht ausreichend sei: *Klumpe/Thiede*, NZKart 2017, S. 332, 334.

246 *Thomas*, ZHR 2016, S. 45, 59; *Roth*, in: Jaeger u.a., Frankfurter Kommentar Kartellrecht/GWB (Jan. 2020), § 33c Rn. 59.

247 *Kersting*, in: Kersting/Podszun, 9. GWB-Novelle, Kap. 7 Rn. 123; siehe auch: *Thomas*, ZHR 2016, S. 45, 62 f.; *Klumpe/Thiede*, BB 2016, S. 3011, 3013; *Roth*, in: Jaeger u.a., Frankfurter Kommentar Kartellrecht/GWB (Jan. 2020), § 33c Rn. 53.

248 *Mäsch*, in: Berg/Mäsch, Kartellrecht (2018), § 33c GWB Rn. 14.

III. Zwischenergebnis zu A. und B.

Die Entwicklung des Private Enforcement ist in den letzten Jahren deutlich vorangeschritten. Die Kartellschadensersatzrichtlinie und die 9. GWB-Novelle treiben diese Entwicklung mit den neuen Regelungen über die Offenlegung von Beweismitteln und der Vermutung eines Schadens weiter voran. Auch wenn die Zahl der Kartellschadensersatzklagen lange Jahre auf einem sehr niedrigen Niveau blieb, ist festzustellen, dass die Zahl der Kartellschadensersatzklagen seit dem Erlass der Kartellschadensersatzrichtlinie stetig zunimmt.

C. Probleme der privaten Rechtsdurchsetzung

Die private Rechtsdurchsetzung in Form von Kartellschadensersatzklagen[249] hat über viele Jahre ein Schattendasein geführt.[250] Bedingt war dies durch die unzureichende gesetzliche Ausgestaltung des Schadensersatzanspruchs. Aber auch nach der Einführung eines eigenständigen kartellrechtlichen Schadensersatzanspruchs nahm die Zahl der Kartellschadensersatzklagen kaum zu.[251] Grund dafür ist insbesondere, dass die Durchsetzung des Schadensersatzanspruchs eine Vielzahl von Informationen und Beweismitteln erfordert, die den Geschädigten jedoch vielfach fehlten. Die Geltendmachung des Anspruchs war für die Geschädigten eines Wettbewerbsverstoßes daher mit großen Mühen, einem erheblichen Kostenrisiko und mäßigen Erfolgsaussichten verbunden.[252]

Zur Verdeutlichung der Schwierigkeiten des Kartellgeschädigten bei der Durchsetzung seines Schadensersatzanspruchs muss aufgezeigt werden, welche Informationen ein Geschädigter benötigt, um seinen Kartellschadensersatzanspruch erfolgreich durchzusetzen. Dafür wird im folgenden Abschnitt zunächst

---

249 Soweit nicht anders gekennzeichnet, wird mit den Begriffen der privaten Rechtsdurchsetzung bzw. des Private Enforcement im Folgenden ausschließlich die Geltendmachung von Kartellschadensersatzklagen bezeichnet.

250 *Lampert/Weidenbach*, WRP 2007, S. 152; *Canenbley/Steinvorth*, in: Forschungsinstitut für Wirtschaftsverfassung und Wettbewerb, FS 50 Jahre FIW, S. 143, 147; *Milde*, Schutz des Kronzeugen, S. 49; so ergingen zwischen 2003 und 2017 gerade einmal 69 Kartellschadensersatzurteile, davon nur 7 Leistungsurteile: *Rengier*, WuW 2018, S. 613, 614 u. 616.

251 Siehe die Auswertung bei: *Rengier*, WuW 2018, S. 613, 614.

252 *Hempel*, WuW 2004, S. 362, 365 f.; *Makatsch/Mir*, EuZW 2015, S. 7, 8 f.; *Dawirs*, Zugriff auf Kronzeugenerklärungen, S. 75 f.; zusammenfassend: *Thiede*, NZKart 2019, S. 202; vgl. auch: *Bundesregierung*, Begr. des Gesetzesentwurfes zur 7. GWB-Novelle, BT-Drs. 15/3640, S. 69.

die typische beweisrechtliche Ausgangslage bei einer Kartellschadensersatzklage dargestellt. Anschließend wird aufgezeigt, dass sich der Kartellgeschädigte in der Regel in einer Informationsnotlage befindet, weil er nur eingeschränkt auf die zur Anspruchsdurchsetzung erforderlichen Informationen zugreifen kann. Im letzten Teil des Abschnittes werden die Gründe für diese typische Informationsnotlage des Kartellgeschädigten erarbeitet.

I. Fehlende Informationen bei privater Rechtsdurchsetzung

Der Schadensersatzanspruch aus § 33a GWB unterliegt den zivilprozessualen Darlegungs- und Beweisregelungen – es gilt der Beibringungsgrundsatz.[253] Diese Grundsätze sollen im Folgenden dargestellt werden, wobei allerdings auf eine tiefgehende Darstellung der zivilprozessualen Darlegungs- und Beweisregelungen verzichtet wird.[254]

1. Beweisrechtliche Ausgangslage

Die Durchsetzung von Schadensersatzansprüchen aus § 33a Abs. 1 GWB bzw. § 33 Abs. 3 GWB a.F. scheiterte vielfach an den herkömmlichen Regeln zur Darlegung und zum Beweis der anspruchsbegründenden Tatsachen.[255] Speziell der Beweis des Kartellverstoßes, des Schadenseintritts und der Schadenshöhe war und ist für den Kläger schwierig zu erbringen.

a) Kartellverstoß

Der Kläger in einem Schadensersatzprozess muss den behaupteten Wettbewerbsverstoß grundsätzlich nachweisen. Liegt ein Verstoß gegen Art. 101 oder Art. 102 AEUV vor, wird die Beweislast durch Art. 2 S. 1 VO 1/2003 normiert.[256] Bei einem Verstoß gegen das GWB folgt die Beweislast hingegen aus den allgemeinen verfahrensrechtlichen Regelungen.[257]

---

253 *Ollerdißen*, in: Wiedemann, Handbuch Kartellrecht (2020), § 61 Rn. 26 f.

254 Siehe hierfür z.B.: *Lahme*, Durchsetzung des Kartellrechts, S. 139 ff.; zu den Beweisregelungen bei der Schadensfeststellung: *Stock*, Schadensnachweis, S. 238 ff.

255 *Braun*, EC competition rules in national courts – Germany, S. 600; *Waelbroeck/Slater/Even-Schoshan*, Ashurst-Studie, S. 106 ff.; *Hempel*, WuW 2004, S. 362, 365.

256 *Lahme*, Durchsetzung des Kartellrechts, S. 70 f.

257 *Franck*, in: Immenga u.a., Wettbewerbsrecht/GWB (2020), § 33a Rn. 14 f.; *Grave/Nyberg*, in: Loewenheim u.a., Kartellrecht (2020), Vor. § 1 Rn. 38.

Der Nachweis eines Kartellverstoßes stellt eines der größten Probleme bei der privaten Rechtsdurchsetzung dar.[258] Bei den beweisrechtlichen Anforderungen für den Nachweis des Kartellverstoßes ist zwischen sog. *Stand-Alone-* und *Follow-On-*Verfahren zu unterscheiden. Stand-Alone-Verfahren sind solche, denen kein wettbewerbsbehördliches Verfahren vorangegangen ist. Dem Follow-On-Verfahren ist hingegen ein wettbewerbsbehördliches Verfahren vorangegangen, dessen Entscheidung Bindungswirkung für den Zivilprozess hat.[259]

aa) Stand-Alone-Verfahren

Im Stand-Alone-Verfahren ist der Kläger darauf angewiesen, den Kartellverstoß – also alle geschriebenen wie ungeschriebenen Tatbestandsvoraussetzungen – alleine zu beweisen.[260] Die Kartellanten versuchen jedoch in der Regel, ihre Handlungen bestmöglich zu verdecken,[261] um sich den rechtlichen und tatsächlichen Folgen ihres Handelns möglichst zu entziehen und weiter in den Genuss der Kartellrendite zu kommen.[262] Selbst die Wettbewerbsbehörden mit ihren hoheitlichen Ermittlungsbefugnissen haben daher häufig große Schwierigkeiten, wettbewerbswidrige Handlungen aufzudecken und sind auf Einlassungen von Kronzeugen angewiesen.[263] Der Nachweis eines Wettbewerbs-

---

258 *Hempel*, Privater Rechtsschutz im Kartellrecht, S. 83 f. u. 154 ff.; *ders.*, WuW 2004, S. 362, 365; *Bundeskartellamt*, Private Kartellrechtsdurchsetzung (2005), S. I; *Lübbig/le Bell*, WRP 2006, S. 1209, 1213; *Lampert/Weidenbach*, WRP 2007, S. 152 f.; *Lahme*, Durchsetzung des Kartellrechts, S. 1 m.w.N.; *Ellenrieder*, Nachweis eines Kartellverstoßes, S. 13; *Roth*, WRP 2013, S. 257, 264.

259 Zu § 33 Abs. 4 GWB a.F.: *Lübbig*, in: Bornkamm/Montag/Säcker, MüKo Kartellrecht/GWB (2015), § 33 Rn. 107 ff.; zur Rechtslage nach der 9. GWB-Novelle: *Mäsch*, in: Berg/Mäsch, Kartellrecht (2018), § 33b GWB Rn. 1 ff.; sowie: *Roth*, in: Jaeger u.a., Frankfurter Kommentar Kartellrecht/GWB (Jan. 2020), § 33b Rn. 1 ff. Siehe dazu im Einzelnen unten, S. 69 f.

260 *Grünberger*, in: Möschel/Bien, Kartellrechtsdurchsetzung, S. 135, 142 ff.; *Franck*, in: Immenga u.a., Wettbewerbsrecht/GWB (2020), § 33a Rn. 14 f.

261 *Bundesregierung*, Antwort auf Kleine Anfrage – Ermittlungen des Kartellamtes in der Nahrungsmittelindustrie wegen des Verdachts illegaler Preisabsprachen, BT-Drs. 16/8681, S. 2; mit Beispielen: *Westhoff*, Zugang zu Beweismitteln, S. 85.

262 *Ellenrieder*, Nachweis eines Kartellverstoßes, S. 14 f.

263 VO 1/2003, Erwägungsgrund 25; *Berrisch/Burianski*, WuW 2005, S. 878, 883; *Lahme*, Durchsetzung des Kartellrechts, S. 93; *Ellenrieder*, Nachweis eines Kartellverstoßes, S. 14; *Busch/Sellin*, BB 2012, S. 1167.

verstoßes durch einen Kläger in einem Stand-Alone-Verfahren erscheint daher fast unmöglich.[264]

Die gerichtliche Praxis setzt auf einige Beweiserleichterungen. Insbesondere lässt sie Indizienbeweise hinsichtlich der Tatbestandsalternativen Vereinbarung, Beschluss oder abgestimmte Verhaltensweise des § 1 GWB zu.[265] Am wichtigsten ist an dieser Stelle der Nachweis des „gleichförmigen Marktverhaltens".[266] Zusätzlich müssen aber noch eine Vielzahl weiterer Indizien, die sog. *Plusfaktoren*, nachgewiesen werden, um das Gericht i.S. des § 286 Abs. 1 S. 1 ZPO zu überzeugen.[267] Dafür wurden auch Beweislastumkehrungen entwickelt. So wird beispielsweise vermutet, dass ein Unternehmen, das nachweislich an Sitzungen teilgenommen hat, bei denen kartellrechtswidrige Abstimmungen vorgenommen wurden, ohne sich offen dagegen auszusprechen, Teilnehmer dieses Wettbewerbsverstoßes war. Die Widerlegung, also der Nachweis, dass das Unternehmen der Vereinbarung gerade nicht zugestimmt hat, obliegt dann dem beklagten Unternehmen.[268] Diese Beweiserleichterungen nutzen insbesondere den Wettbewerbsbehörden, da sie auch im Verwaltungs- und Bußgeldverfahren zur Anwendung kommen.[269] Ein Kartellgeschädigter ist hingegen in der Regel nicht in der Lage, die erforderlichen Indizien darzulegen und zu beweisen, da sich die erforderlichen Tatsachen meist in der Sphäre des Beklagten zugetragen haben, in welche der Kläger keinen Einblick hat.[270]

bb) Follow-On-Verfahren

Der Begriff des Follow-On-Verfahrens beschreibt ein Schadensersatzverfahren, in welchem die Feststellung des Kartellverstoßes in einem vorhergehenden behördlichen Verfahren Bindungswirkung entfaltet und somit eine

---

264 *Monopolkommission*, Sondergutachten 41, S. 32 f.; *Möschel*, in: Brinker, FS R. Bechtolt, S. 329, 331; *Lampert/Weidenbach*, WRP 2007, S. 152; *Weitbrecht*, NJW 2012, S. 881, 882; *Dawirs*, Zugriff auf Kronzeugenerklärungen, S. 52.

265 Beispielhaft: BGH, Urt. v. 09.08.1985 – KZR 7/84 – *Preisbindungstreuhänder-Empfehlung*, WuW/E BGH, S. 2175, 2180 ff.; *Westhoff*, Zugang zu Beweismitteln, S. 85 f.; *Krauß*, in: Langen/Bunte, Kartellrecht/GWB (2018), § 1 GWB Rn. 118 f.

266 *Krauß*, in: Langen/Bunte, Kartellrecht/GWB (2018), § 1 Rn. 118.

267 Zum Begriff der Plusfaktoren: *Marx*, BB 1978, S. 331, 332; mit Beispielen für solche: *Westhoff*, Zugang zu Beweismitteln, S. 86.

268 EuGH, Urt. v. 07.01.2004 – verb. Rs. C-204/00 P u.a. – *Aalborg Portland u.a.*, EU:C:2004:6, Rn. 81; *Biermann*, in: Immenga/Mestmäcker, Wettbewerbsrecht/EuR (2019), Art. 23 VO 1/2003 Rn. 73.

269 *Biermann*, in: Immenga u.a., Wettbewerbsrecht/GWB (2020), Vor § 81 Rn. 303 ff.

270 *Dawirs*, Zugriff auf Kronzeugenerklärungen, S. 53.

gegenläufige Entscheidung des Prozessgerichts ausgeschlossen ist – der Kläger muss den Kartellverstoß nicht mehr beweisen.[271] Die Bindungswirkung der wettbewerbsbehördlichen Entscheidung wurde durch die 7. GWB-Novelle in § 33 Abs. 4 GWB a.F. eingeführt und ist mittlerweile in § 33b GWB verortet. Der § 33 Abs. 4 GWB a.F. orientierte sich dabei an der Regelung des Art. 16 VO 1/2003,[272] der es nationalen Gerichten verbietet, Entscheidungen zu treffen, die im Widerspruch zu wettbewerbsbehördlichen Feststellungen der Europäischen Kommission stehen. Daher haben § 33b GWB bzw. § 33 Abs. 4 GWB a.F. in Bezug auf solche Kommissionsentscheidungen auch nur deklaratorische Wirkung.[273] Erst durch Art. 9 der Kartellschadensersatzrichtlinie wurde die Einführung der Bindungswirkung auch für andere Entscheidungen als solche der Europäischen Kommission verpflichtend. Aufgrund der bereits bestehenden Regelungen in Deutschland bedurfte Art. 9 der Kartellschadensersatzrichtlinie jedoch keiner Umsetzung mehr.[274]

Bindungswirkung entfalten alle bestandskräftigen Entscheidungen der Europäischen Kommission und der nationalen Wettbewerbsbehörden (§ 33b S. 1 GWB).[275] Dasselbe gilt für entsprechende Feststellungen in rechtskräftigen Gerichtsentscheidungen, die infolge der Anfechtung der wettbewerbsbehördlichen Entscheidungen ergangen sind (§ 33b S. 2 GWB). § 33b S. 1 GWB normiert dabei eine Feststellungswirkung.[276] Das Prozessgericht ist sowohl

---

271 Bietet einen Überblick zum Hintergrund und den Vorbildern: *Emmerich*, in: Immenga/Mestmäcker, Wettbewerbsrecht/GWB (2014), § 33 Rn. 86 ff.

272 *Bundesregierung*, Begr. des Gesetzesentwurfs zur 7. GWB-Novelle, BT-Drs. 15/3640, S. 54; *Rehbinder*, in: Loewenheim u.a., Kartellrecht (2016), § 33 GWB Rn. 74; zum Hintergrund der Regelung in Art. 16 VO 1/2003 siehe: *Lahme*, Durchsetzung des Kartellrechts, S. 77 ff.

273 *Mäsch*, in: Berg/Mäsch, Kartellrecht (2018), § 33b GWB Rn. 1; *Lübbig*, in: Säcker/Meier-Beck, MüKo Kartellrecht/GWB (2020), § 33b Rn. 3.

274 *Mäsch*, in: Berg/Mäsch, Kartellrecht (2018), § 33b GWB Rn. 1.

275 *Mäsch*, in: Berg/Mäsch, Kartellrecht (2018), § 33b GWB Rn. 2 f.; *Lübbig*, in: Säcker/Meier-Beck, MüKo Kartellrecht/GWB (2020), § 33b Rn. 5.

276 Nimmt jedenfalls „*keine Tatbestandswirkung im verwaltungsrechtlichen Sinn*“ an: BGH, Urt. v. 12.07.2016 – KZR 25/14 – *Lottoblock II*, NZKart 2016, S. 436, 437 Rn. 13; dazu *Roth*, in: Jaeger u.a., Frankfurter Kommentar Kartellrecht/GWB (Jan. 2020), § 33b Rn. 22; *Franck*, in: Immenga u.a., Wettbewerbsrecht/GWB (2020), § 33b Rn. 14 ff.; zu § 33 Abs. 4 S. 1 GWB a.F.: *Meeßen*, Schadensersatz bei Verstößen gegen EU-Kartellrecht, S. 133; *Emmerich*, in: Immenga/Mestmäcker, Wettbewerbsrecht/GWB (2014), § 33 Rn. 89; *Dawirs*, Zugriff auf Kronzeugenerklärungen, S. 55 f.; zu § 33b GWB, gehen dabei aber (bei selber Reichweite) von einer Tatbestandswirkung aus: *Mäsch*, in: Berg/

an die im bestandskräftigen Bescheid getroffenen Tatsachenfeststellungen als auch an die daraus folgende rechtliche Beurteilung gebunden.[277] Allerdings gilt die Bindungswirkung ausschließlich für das Bestehen eines Verstoßes.[278] Der Nachweis über die Entstehung und Höhe des Schadens obliegt weiterhin dem Geschädigten.[279]

Die Bindungswirkung ist auf den konkreten Streitgegenstand beschränkt und gilt nicht für andere ähnliche Fälle.[280] Darüber hinaus ist die Bindungswirkung in persönlicher Hinsicht auf die jeweiligen Adressaten der behördlichen Entscheidung beschränkt.[281] Umgekehrt besteht keine negative Bindungswirkung. Sollte die Wettbewerbsbehörde keinen Verstoß festgestellt haben oder das Verfahren ohne einen entsprechenden Bescheid beendet haben, kann das Prozessgericht dennoch zu dem Ergebnis kommen, dass ein Wettbewerbsverstoß vorliegt, wenn der Kläger selbstständig den Kartellverstoß nachweist.[282] Wie oben dargestellt wird ein solcher Nachweis allerdings kaum je gelingen.[283]

b) Schaden

Wie zuvor festgestellt entlasten Follow-On-Klagen die Geschädigten vom Nachweis des Wettbewerbsverstoßes und stärken damit die private

---

Mäsch, Kartellrecht (2018), § 33b GWB Rn. 6; *Lübbig*, in: Säcker/Meier-Beck, MüKo Kartellrecht/GWB (2020), § 33b Rn. 7; zur Abgrenzung von Tatbestands- u. Feststellungswirkung: *Thomas*, in: Geimer/Kaissis/Thümmel, FS R. Schütze, S. 613, 616 f.

277 *Mäsch*, in: Berg/Mäsch, Kartellrecht (2018), § 33b GWB Rn. 6; *Roth*, in: Jaeger u.a., Frankfurter Kommentar Kartellrecht/GWB (Jan. 2020), § 33b Rn. 25.

278 OLG München, Urt. v. 21.02.2013 – U 5006/11 Kart – *Fernsehvermarktung*, NZKart 2013, S. 162, 163; LG Berlin, Urt. v. 06.08.2013 – 16 O 193/11 Kart – *Fahrtreppen*, NZKart 2014, S. 37, 38; BGH, Urt. v. 12.07.2016 – KZR 25/14 – *Lottoblock II*, NZKart 2016, S. 436, 437 Rn. 13; *Bundesregierung*, Begr. des Gesetzesentwurfs zur 7. GWB-Novelle, BT-Drs. 15/3640, S. 54; *Westhoff*, Zugang zu Beweismitteln, S. 112; *Ohlhoff*, in: Kamann/Ohlhoff/Völcker, Kartellverfahren und Kartellprozess (2017), § 26 Rn. 101; *Mäsch*, in: Berg/Mäsch, Kartellrecht (2018), § 33b GWB Rn. 6; *Franck*, in: Immenga u.a., Wettbewerbsrecht/GWB (2020), § 33b Rn. 27 f.

279 Siehe dazu sogleich.

280 *Bundesregierung*, Begr. des Gesetzesentwurfs zur 7. GWB-Novelle, BT-Drs. 15/3640, S. 54; *Lahme*, Durchsetzung des Kartellrechts, S. 84.

281 Siehe dazu: *Bechtold/Bosch*, GWB (2018), § 33 Rn. 50; *Franck*, in: Immenga u.a., Wettbewerbsrecht/GWB (2020), § 33b Rn. 20.

282 *Mäsch*, in: Berg/Mäsch, Kartellrecht (2018), § 33b GWB Rn. 6.

283 Siehe dazu oben, S. 68; siehe aber: *JUVE-Online*, EC-Cash und IFG-Klagen: VG Köln verhandelt den Albtraum des Kartellamts.

Rechtsdurchsetzung.[284] In jüngerer Zeit stehen daher hauptsächlich Fragen des Nachweises des Schadenseintritts und der Schadenshöhe im Mittelpunkt.[285]

aa) Betroffenheit und Schadenseintritt

(I) Betroffenheit

Der Kläger muss als Teil des haftungsbegründenden Tatbestands von dem Wettbewerbsverstoß betroffen sein. Dafür muss er darlegen und gegebenenfalls beweisen, dass beispielsweise aufgrund des Kaufes eines kartellbefangenen Produktes die Möglichkeit eines Schadenseintritts besteht.[286] Hierfür gilt der Vollbeweis des § 286 ZPO.[287]

(II) Schadenseintritt

Der Kläger muss zudem darlegen und beweisen, dass bei ihm aufgrund des Kartellrechtsverstoßes ein kausaler Schaden eingetreten ist.[288]

---

284 *Lahme*, Durchsetzung des Kartellrechts, S. 88; *Lübbig*, in: Säcker/Meier-Beck, MüKo Kartellrecht/GWB (2020), § 33b Rn. 1.

285 *Westhoff*, Zugang zu Beweismitteln, S. 125 f.; *Rauh/Zuchandke/Reddemann*, WRP 2012, S. 173; *Heinichen*, NZKart 2014, S. 83, 88; *Bechtold/Bosch*, GWB (2018), § 33 Rn. 36; *Weitbrecht*, WuW 2015, S. 959, 966; *Stock*, Schadensnachweis, S. 22 f.; *Hellmann/Steinbrück*, NZKart 2017, S. 164, 165; *Brunner/Bacher*, NZKart 2017, S. 345; *Mallmann/Lübbig*, in: Fuchs/Weitbrecht, Private Kartellrechtsdurchsetzung, § 13 Rn. 8; *Lübbig*, in: Säcker/Meier-Beck, MüKo Kartellrecht/GWB (2020), § 33a Rn. 40; *Topel*, in: Wiedemann, Handbuch Kartellrecht (2020), § 50 Rn. 67; zum ausgeurteilten Schadensersatz in den letzten Jahren: *Rengier*, WuW 2018, S. 613, 616.

286 BGH, Urt. v. 28.01.2020 – KZR 24/17 – *Schienenkartell II*, NJW 2020, S. 1430, 1432 Rn. 25; *Bundesregierung*, Begr. des Gesetzesentwurfes zur 9. GWB-Novelle, BT-Drs. 18/10207, S. 55 f.; *Lettl*, WM 2016, S. 1961 f.; *Klumpe/Thiede*, BB 2016, S. 3011, 3012; *Schaper/Stauber*, NZKart 2017, S. 279, 280; *Bechtold/Bosch*, GWB (2018); *Lahme/Ruster*, NZKart 2019, S. 196, 198 f.; *Roth*, in: Jaeger u.a., Frankfurter Kommentar Kartellrecht/GWB (Jan. 2020), § 33a Rn. 87; *Lübbig*, in: Säcker/Meier-Beck, MüKo Kartellrecht/GWB (2020), § 33a Rn. 27; das BMWi beabsichtigt in § 33g Abs. 5 GWB-RefE eine widerlegliche Vermutung der Betroffenheit einzuführen, siehe dazu: *Bundesministerium für Wirtschaft und Energie*, Begr. des Referentenentwurfs zur 10. GWB-Novelle v. 24.01.2020, S. 92 f.

287 BGH, Urt. v. 28.01.2020 – KZR 24/17 – *Schienenkartell II*, NJW 2020, S. 1430, 1432 Rn. 25; *Stancke*, NZKart 2017, S. 636, 637; *Bornkamm/Tolkmitt*, in: Langen/Bunte, Kartellrecht/GWB (2018), § 33a Rn. 8.

288 *Wesselburg*, Drittschutz bei Verstößen gegen das Kartellverbot, S. 193; *Inderst/Thomas*, Schadensersatz bei Kartellverstößen (2018), S. 136.

Für den Nachweis des Schadenseintritts gelten die allgemeinen Grundsätze zur adäquaten Kausalität.[289] Der Geschädigte muss daher nachweisen, dass er einen Preis gezahlt hat, der höher war als der Preis, den er ohne die Zuwiderhandlung gezahlt hätte. Der Nachweis dieses hypothetischen Preises bereitet den Kartellgeschädigten jedoch vielfach große Schwierigkeiten.[290] Die Bußgeldentscheidung stellt dabei häufig nur ein Indiz dar, da etwaige Feststellungen zum Schaden oder zur Kausalität keine Bindungswirkung entfalten.[291]

Die Schwierigkeiten bei der Berechnung des hypothetischen Preises hatten zur Folge, dass die konkreten Anforderungen an den Nachweis des Schadenseintritts lange umstritten waren.[292] Besonders intensiv wurde die Frage des anzuwendenden Beweismaßstabes diskutiert. Hintergrund dessen war, dass die haftungsausfüllende Kausalität – also die Höhe des Schadens – gemäß § 33a Abs. 3 S. 1 GWB[293] i.V.m. § 287 ZPO der richterlichen Schätzung unterliegt. Für den Nachweis der haftungsbegründenden Kausalität – also des „Ob" des Schadens – ist aber grundsätzlich die Erbringung des Vollbeweises nach § 286 ZPO erforderlich. Um dem Geschädigten die Durchsetzung seines Schadensersatzanspruchs überhaupt zu ermöglichen, wurde die Anwendung des § 287 ZPO auf die haftungsausfüllende Kausalität vorgeschlagen.[294] Es wäre dann nicht mehr die volle Überzeugung des Gerichts vom Eintritt des Schadens erforderlich. Vielmehr würde eine auf gesicherter Grundlage beruhende überwiegende

---

289 BGH, Urt. v. 28.06.2011 – KZR 75/10 – *ORWI*, BGHZ 190, S. 145, 158.

290 Siehe dazu sogleich unten, S. 76.

291 OLG München, Urt. v. 21.02.2013 – U 5006/11 Kart – *Fernsehvermarktung*, NZKart 2013, S. 162, 163; LG Berlin, Urt. v. 06.08.2013 – 16 O 193/11 Kart – *Fahrtreppen*, NZKart 2014, S. 37, 38; BGH, Urt. v. 12.07.2016 – KZR 25/14 – *Lottoblock II*, NZKart 2016, S. 436, 437; *Bundesregierung*, Begr. des Gesetzesentwurfs zur 7. GWB-Novelle, BT-Drs. 15/3640, S. 54; *Westhoff*, Zugang zu Beweismitteln, S. 112; *Ohlhoff*, in: Kamann/Ohlhoff/Völcker, Kartellverfahren und Kartellprozess (2017), § 26 Rn. 101; *Mäsch*, in: Berg/Mäsch, Kartellrecht (2018), § 33b GWB Rn. 6; *Franck*, in: Immenga u.a., Wettbewerbsrecht/GWB (2020), § 33b Rn. 27.

292 *Hempel*, Privater Rechtsschutz im Kartellrecht, S. 46; *Meeßen*, Schadensersatz bei Verstößen gegen EU-Kartellrecht, S. 414 f.; *Stock*, Schadensnachweis, S. 257.

293 Bzw. § 33 Abs. 3 S. 3 GWB a.F.

294 Mit ausführlichen Hinweisen zum Meinungsstand: *Inderst/Thomas*, Schadensersatz bei Kartellverstößen (2015), S. 121 ff.; *Stock*, Schadensnachweis, S. 257 ff.; *Ohlhoff*, in: Kamann/Ohlhoff/Völcker, Kartellverfahren und Kartellprozess (2017), § 26 Rn. 119 ff.

Wahrscheinlichkeit des Schadenseintritts genügen.[295] Eine Entscheidung brachte erst das *Lottoblock-II*-Urteil[296] des BGH. Der BGH nimmt darin an, dass die Frage des „Ob" des Schadens dann der haftungsausfüllenden Kausalität unterfällt, wenn ein reiner Vermögensschaden keine zusätzliche Rechtsgutsverletzung voraussetzt.[297] Da der Kartellschadensersatzanspruch gemäß § 33a Abs. 1 GWB – anders als beispielsweise § 823 Abs. 1 BGB – keine Rechtsgutsverletzung voraussetzt, ist beim kartellrechtlichen Schadensersatzanspruch bereits der erste Schaden der haftungsausfüllenden Kausalität zuzuordnen.[298] Für die Frage, ob durch den Wettbewerbsverstoß ein Schaden entstanden ist, gelten somit die geringeren Beweisanforderungen des § 287 ZPO.[299]

(III) Anscheinsbeweis und Vermutung

Die erst- und zweitinstanzliche Rechtsprechung behalf sich für vor der 9. GWB-Novelle entstandene Schadensersatzansprüche damit, dass sie im Wege des Anscheinsbeweises annahm, dass bestimmte Typen von Kartellen allgemein zu höheren Preisen führen und somit ein Schaden entstanden sei.[300] Zudem nahm die Rechtsprechung die konkrete Betroffenheit im Wege eines Anscheinsbeweises an, wenn der Geschädigte darlegte und gegebenenfalls bewies, dass er überhaupt Beschaffungsvorgänge beim Kartellanten im Kartellzeitraum getätigt hatte.[301] Der Anscheinsbeweis war nach der *Lottoblock-II*-Entscheidung

---

295 Zum Beweismaß des § 287 ZPO: BGH, Urt. v. 08.06.2001 – VI ZR 230/03, BGHZ 159, S. 254, 257; BGH, Urt. v. 16.10.2001 – VI ZR 408/00, BGHZ 149, S. 63, 66.

296 BGH, Urt. v. 12.07.2016 – KZR 25/14 – *Lottoblock II*, NZKart 2016, S. 436 ff.

297 BGH, Urt. v. 12.07.2016 – KZR 25/14 – *Lottoblock II*, NZKart 2016, S. 436, 439 Rn. 42; dazu: *Ohlhoff*, in: Kamann/Ohlhoff/Völcker, Kartellverfahren und Kartellprozess (2017), § 26 Rn. 120; *Inderst/Thomas*, Schadensersatz bei Kartellverstößen (2018), S. 137.

298 BGH, Urt. v. 12.07.2016 – KZR 25/14 – *Lottoblock II*, NZKart 2016, S. 436, 439 Rn. 42; BGH, Urt. v. 28.01.2020 – KZR 24/17 – *Schienenkartell II*, NJW 2020, S. 1430, 1433 Rn. 29.

299 BGH, Urt. v. 12.07.2016 – KZR 25/14 – *Lottoblock II*, NZKart 2016, S. 436, 439 Rn. 43; dazu: *Rother*, NJW 2016, S. 3534. Zu den Voraussetzungen des § 287 ZPO siehe unten, S. 77 f.

300 Siehe dazu bereits oben, S. 55 f.

301 Beispielhaft: OLG Karlsruhe, Urt. v. 31.07.2013 – 6 U 51/12 (Kart.) – *Löschfahrzeuge (Quotenkartell)*, NZKart 2014, S. 366, 367; OLG Karlsruhe, Urt. v. 09.11.2016 – 6 U 204/15 Kart (2) – *Grauzementkartell*, NZKart 2016, S. 595, 597 m.w.N.; LG Hannover, Urt. v. 16.04.2018 – 18 O 21/17 – *LKW-Kartell*, Juris, Rn. 116 ff. Hielt einen zweiten Anscheinsbeweis für überflüssig, da sich die konkrete Betroffenheit bereits aus

weiterhin anwendbar.[302] In einem Urteil zum Schienenkartell sprach sich der BGH aber gegen die Annahme von Anscheinsbeweisen und für eine tatsächliche Vermutung in Bezug auf den Eintritt eines Schadens und die Betroffenheit aus.[303]

Für bestimmte jüngere Kartellverstöße wird seit Inkrafttreten der 9. GWB-Novelle gemäß § 33a Abs. 2 S. 1 GWB widerleglich vermutet,[304] dass ein – in S. 2 und 3 legal definiertes – Kartell einen Schaden verursacht hat. Dabei wird allerdings nur vermutet, dass ein Schaden entstanden ist und dieser „größer Null" ist.[305] Eine Vermutung bezüglich der Höhe des Schadens besteht somit nicht.[306] Für das Eingreifen der Vermutung muss der Geschädigte beweisen, dass ein Kartell i.S. des § 33a Abs. 2 S. 2 GWB vorliegt und dass er vom Kartell betroffen ist.[307] Soweit der Geschädigte eine Follow-On-Klage führt, kommt ihm § 33b GWB zugute, der den Nachweis des Kartells erspart.[308]

Die Gesetzesbegründung der 9. GWB-Novelle geht davon aus, dass der in Bezug auf die Betroffenheit von der Rechtsprechung entwickelte Anscheinsbeweis ebenfalls auf Schadensersatzansprüche anwendbar ist, die nach dem Inkrafttreten der 9. GWB-Novelle entstanden sind.[309] Voraussetzung dafür sollte sein, dass der Geschädigte im Kartellzeitraum Waren oder Dienstleistungen vom Kartellanten bezogen hat.[310] Unklar sind jedoch die Auswirkungen des dargestellten

---

dem Anscheinsbeweis, dass Kartelle generell zu einer Preiserhöhung führen würden, ergeben würde: LG Dortmund, Urt. v. 28.06.2017 – 8 O 25/16 (Kart) – *Schienenkartell*, Juris, Rn. 78 ff.

302 *Inderst/Thomas*, Schadensersatz bei Kartellverstößen (2018), S. 137.

303 BGH, Urt. v. 11.12.2018 – KZR 26/17 – *Schienenkartell*, NZKart 2019, S. 101, 103 Rn. 47 ff.

304 Der § 33a Abs. 2 GWB ist nur auf Schadensersatzansprüche anwendbar, die nach dem 26.12.2016 entstanden sind (§ 184 Abs. 3 GWB).

305 *Klumpe/Thiede*, NZKart 2017, S. 332, 334; *Kersting*, in: Kersting/Podszun, 9. GWB-Novelle, Kap. 7 Rn. 60.

306 Kartellschadensersatzrichtlinie 2014/104/EU, Erwägungsgrund 47; *Fritzsche*, NZKart 2017, S. 581; *Mäsch*, in: Berg/Mäsch, Kartellrecht (2018), § 33a GWB Rn. 16.

307 *Fritzsche*, NZKart 2017, S. 581, 582; *Roth*, in: Jaeger u.a., Frankfurter Kommentar Kartellrecht/GWB (Jan. 2020), § 33a Rn. 94.

308 *Roth*, in: Jaeger u.a., Frankfurter Kommentar Kartellrecht/GWB (Jan. 2020), S. 33a Rn. 94.

309 *Bundesregierung*, Begr. des Gesetzesentwurfes zur 9. GWB-Novelle, BT-Drs. 18/10207, S. 56.

310 *Bundesregierung*, Begr. des Gesetzesentwurfes zur 9. GWB-Novelle, BT-Drs. 18/10207, S. 56; *Fritzsche*, NZKart 2017, S. 581, 582.

BGH-Urteils im *Schienenkartell*, nach dem nur eine tatsächliche Vermutung, nicht aber ein Anscheinsbeweis für die Betroffenheit sprechen soll.[311]

Das bei der 10. GWB-Novelle federführende Bundeswirtschaftsministerium hat die möglichen nachteiligen Folgen des *Schienenkartell*-Urteils erkannt und beabsichtigt daher, eine widerlegliche Vermutung der Betroffenheit in § 33a Abs. 5 GWB-RefE zu normieren. Die Begründung des Referentenentwurfs nimmt dabei ausdrücklich auf die Rechtsprechung des BGH Bezug.[312] Der Referentenentwurf geht davon aus, dass diese die Durchsetzung von Kartellschadensersatzansprüchen unmöglich machen oder zumindest übermäßig erschweren könnte und damit der *„Jedermann“*-Rechtsprechung des EuGH widerspricht.[313] Die neueinzuführende Vermutung soll sicherstellen, dass Kartellgeschädigte ihren Schaden wirksam durchsetzen können. Der Referentenentwurf rechtfertigt die beabsichtigte Einführung der Vermutung zudem damit, dass die Kartellanten die fehlende Betroffenheit ohnehin besser nachweisen können, weil sie – anders als die Geschädigten – Zugriff auf die dafür notwendigen Informationen hätten.[314] Als materiell-rechtliche Regelung wird § 33 Abs. 5 GWB-RefE jedoch nur auf Schadensersatzansprüche Anwendung finden, die nach der geplanten Umsetzung der 10. GWB-Novelle entstanden sind.[315]

bb) Schadenshöhe

Die Ermittlung und der Nachweis der Schadenshöhe gestalten sich vielfach noch problematischer als der Nachweis des Schadenseintritts. An diesem Punkt entwickeln sich häufig die größten Schwierigkeiten bei der Durchsetzung von Kartellschadensersatzansprüchen.[316]

---

311 BGH, Urt. v. 11.12.2018 – KZR 26/17 – *Schienenkartell*, NZKart 2019, S. 101, 105 Rn. 59 ff.; bestätigt in: BGH, Urt. v. 28.01.2020 – KZR 24/17 – *Schienenkartell II*, NJW 2020, S. 1430, 1434 Rn. 40; kritisch: OLG Düsseldorf, Urt. v. 23.01.2019 – VI-U (Kart) 18/17 – *Schienenkartell*, NZKart 2019, S. 157, 159 ff.

312 *Bundesministerium für Wirtschaft und Energie*, Begr. des Referentenentwurfs zur 10. GWB-Novelle v. 24.01.2020, S. 92 f.

313 Dabei macht sich der Referentenentwurf die Argumentation des OLG Düsseldorf aus dem *Schienenkartell*-Urteil zu eigen: *Bundesministerium für Wirtschaft und Energie*, Begr. des Referentenentwurfs zur 10. GWB-Novelle v. 24.01.2020, S. 93.

314 *Bundesministerium für Wirtschaft und Energie*, Begr. des Referentenentwurfs zur 10. GWB-Novelle v. 24.01.2020, S. 93.

315 *Bundesministerium für Wirtschaft und Energie*, Begr. des Referentenentwurfs zur 10. GWB-Novelle v. 24.01.2020, S. 93.

316 *Wurmnest*, RiW 2003, S. 896, 898; *Bundesregierung*, Begr. des Gesetzesentwurfs zur 7. GWB-Novelle, BT-Drs. 15/3640, S. 35; *Logemann*, Der kartellrechtliche

(I) Unmöglichkeit der Berechnung

Für die Ermittlung der Schadenshöhe gilt im Grundsatz die Differenzhypothese. Es muss ein Vergleich der tatsächlichen Lage des Geschädigten nach dem Kartellverstoß mit der hypothetischen Lage ohne den Kartellverstoß erfolgen, um den hypothetischen bzw. kontrafaktischen Marktpreis zu ermitteln.[317] Eine exakte Feststellung, wie sich der Preis ohne den Wettbewerbsverstoß entwickelt hätte, ist allerdings aufgrund der Komplexität und Dynamik des Marktes sowie der Vielzahl der einzurechnenden Faktoren für die Geschädigten so gut wie unmöglich.[318] Auch den Wettbewerbsbehörden ist es häufig unmöglich, den kontrafaktischen Preis festzustellen.[319] Allerdings ist das Bundeskartellamt zur Verhängung eines Bußgeldes seit der Abschaffung des mehrerlösbezogenen Sonderbußgeldrahmens in § 81 Abs. 2 GWB a.F. durch die 7. GWB-Novelle nicht mehr auf diese Feststellung angewiesen.[320] Für die Europäische Kommission war die Feststellung des kontrafaktischen Preises hingegen nie zur Bußgeldberechnung notwendig.[321]

Schadensersatz, S. 457; *Thomas*, in: Grau/Oberender, Private und öffentliche Kartellrechtsdurchsetzung, S. 55, 67; *Milde*, Schutz des Kronzeugen, S. 66; *Stock*, Schadensnachweis, S. 82 f.; *Krohs*, in: Busche/Röhling, Kölner Kommentar Kartellrecht/GWB (2017), § 33 Rn. 215; *Lübbig*, in: Säcker/Meier-Beck, MüKo Kartellrecht/GWB (2020), § 33a Rn. 40; *Topel*, in: Wiedemann, Handbuch Kartellrecht (2020), § 50 Rn. 90; hält das Zivilverfahren zur Schadensberechnung nach Kartellen für grds. ungeeignet: *Kapp*, in: Bechtold/Jickeli/Rohe, FS Möschel, S. 319, 328.

317 *Europäische Kommission*, Praktischer Leitfaden zur Ermittlung des Schadensumfangs bei Schadensersatzklagen – Arbeitsunterlage der Kommissionsdienststellen, S. 16 Rn. 12; zum Begriff des *„kontrafaktischen"* bzw. *„hypothetischen"* Preis: *Ohlhoff*, in: Kamann/Ohlhoff/Völcker, Kartellverfahren und Kartellprozess (2017), § 26 Rn. 168.

318 Die exakte Ermittlung gilt als unmöglich: *Europäische Kommission*, Praktischer Leitfaden zur Ermittlung des Schadensumfangs bei Schadensersatzklagen – Arbeitsunterlage der Kommissionsdienststellen, S. 17 Rn. 16; *Bechtold/Bosch*, GWB (2018), § 33 Rn. 36; *Dawirs*, Zugriff auf Kronzeugenerklärungen, S. 60; Kartellschadensersatzrichtlinie 2014/104/EU, Erwägungsgrund 46.

319 *Rocca*, „La politique de la Commission en matière d'amendes antitrust: récents développements, perspectives d'avenir" – Vortrag vor der Université Libre de Bruxelles v. 04.02.2003, S. 8; *Westhoff*, Zugang zu Beweismitteln, S. 101; *Lübbig*, in: Säcker/Meier-Beck, MüKo Kartellrecht/GWB (2020), § 33a Rn. 40.

320 *Kühnen*, WuW 2010, S. 16, 18 f.; *Wagener/Oest*, in: Kamann/Ohlhoff/Völcker, Kartellverfahren und Kartellprozess (2017), § 18 Rn. 125, zur Berechnung siehe Rn. 126.

321 *Hellmann*, in: Wiedemann, Handbuch Kartellrecht (2020), § 46 Rn. 29 f.

Nur im besten Fall liegen Beweismittel vor, die unmittelbar darlegen, dass die Kartellanten beispielsweise einen Preisanstieg von 10 Prozent vereinbart haben und ein entsprechender Anstieg in der Folge tatsächlich zu verzeichnen war.[322] In der Regel fehlt es aber an solchen Beweismitteln, abgesehen davon, dass bei vielen Kartellen ohnehin keine konkrete Preiserhöhung vereinbart wird.[323]

(II) Schätzung der Schadenshöhe

Als Folge der Schwierigkeiten bei der Anwendung der Differenzhypothese verweist § 33a Abs. 3 S. 1 GWB ausdrücklich auf die Möglichkeit zur gerichtlichen Schadensschätzung gemäß § 287 ZPO. Diese Möglichkeit bestand bereits nach § 33 Abs. 3 GWB a.F.[324] Durch den Verweis wird das erforderliche Beweismaß verringert. Es ist nicht mehr die volle Überzeugung des Gerichts, dass ein Kartellschaden vorliegt, erforderlich, sondern es genügt eine auf gesicherter Grundlage beruhende, überwiegende Wahrscheinlichkeit.[325]

Um den kontrafaktischen Preis zumindest annäherungsweise zu bestimmen, erfolgt die Schadensschätzung im Regelfall auf der Grundlage eines Referenzszenarios.[326] Dafür bietet sich der Rückgriff auf Daten und Informationen aus einem bekannten Markt an, der nicht durch das Kartell beeinflusst war. Das kann zum Beispiel derselbe sachliche und räumliche Markt zu einem anderen

---

322 OLG Karlsruhe, Urt. v. 11.06.2010 – 6 U 118/05 – *SD-Papier*, Juris, Rn. 46 ff.; BGH, Urt. v. 28.06.2011 – KZR 75/10 – *ORWI*, BGHZ 190, S. 145, 160 f.; *Schweitzer*, in: Hüschelrath u.a., Kartellschadensersatz, S. 39, 62; ähnlich das Bundeskartellamt bei der Berechnung des Mehrerlöses in: Bundeskartellamt, Beschl. v. 20.03.1996 – B3-721111-A14 – *Straßenstrich*, WuW/E BKartA, S. 2871, 2872 f.; dazu: *Barth/Budde*, WRP 2009, S. 1357, 1364.

323 *Stock*, Schadensnachweis, S. 85; *Inderst/Thomas*, Schadensersatz bei Kartellverstößen (2018), S. 159; siehe dazu auch: *Hoffmann*, NZKart 2018, S. 175, 176 ff.; vgl. auch: *Lübbig*, in: Säcker/Meier-Beck, MüKo Kartellrecht/GWB (2020), § 33a Rn. 40.

324 Die Anordnung zur Einführung einer Schätzungsmöglichkeit nach Art. 17 Abs. 1 S. 2 der Kartellschadensersatzrichtlinie bedurfte daher keiner Umsetzung mehr in Deutschland.

325 BGH, Urt. v. 08.06.2001 – VI ZR 230/03, BGHZ 159, S. 254, 257; BGH, Urt. v. 16.10.2001 – VI ZR 408/00, BGHZ 149, S. 63, 66; *Kersting*, in: Kersting/Podszun, 9. GWB-Novelle, Kap. 7 Rn. 59.

326 *Europäische Kommission*, Praktischer Leitfaden zur Ermittlung des Schadensumfangs bei Schadensersatzklagen – Arbeitsunterlage der Kommissionsdienststellen, S. 17 Rn. 17 f.; *Stock*, Schadensnachweis, S. 83.

Zeitpunkt sein (zeitlicher Vergleichsmarkt).[327] Alternativ können sachliche oder räumliche Vergleichsmärkte oder eine Kombination aus diesen herangezogen werden.[328] Darüber hinaus bestehen weitere Methoden zur Bildung eines Referenzszenarios, beispielsweise auf der Basis von strukturbezogenen Marktsimulationen sowie auf Grundlage von Finanzdaten.[329]

Auch wenn die Vergleichsmarktmethode in der gerichtlichen Praxis anerkannt ist,[330] bietet insbesondere das Merkmal der Vergleichbarkeit großes Konfliktpotenzial.[331] Häufig kann nicht mit Sicherheit festgestellt werden, ob ein Preisunterschied gerade auf dem Wettbewerbsverstoß beruht, da bei der Schätzung des kontrafaktischen Preises alle Marktfaktoren berücksichtigt werden müssen, die ihrerseits für einen Anstieg des Preises sorgen könnten.[332] Die Vielzahl der zu berücksichtigenden Faktoren und ihre Eigendynamik lassen häufig keine hinreichend sichere Bestimmung der Entwicklung des wettbewerbsanalogen Preises zu.[333] Je weiter der Geschädigte vom Kartellanten entfernt ist, desto vielfältiger sind diese Faktoren.[334]

---

327 *Hüschelrath u.a.*, in: Hüschelrath u.a., Methoden der Schadensermittlung, S. 79, 83 ff.; *Franck*, in: Immenga u.a., Wettbewerbsrecht/GWB (2020), § 33a Rn. 104.

328 *Bernhard*, NZKart 2013, S. 488, 489. Ausführlich zu den verschiedenen Konzepten bei der Ermittlung eines Vergleichsmarktes: *Inderst/Thomas*, Schadensersatz bei Kartellverstößen (2018), S. 163 ff. Ausführlich zu den unterschiedlichen Möglichkeiten der Schadensberechnung aus ökonomischer Perspektive: *Brömmelmeyer*, NZKart 2016, S. 2 ff.; *Schwalbe*, NZKart 2017, S. 157 ff.; *Brunner/Bacher*, NZKart 2017, S. 345 ff.

329 *Inderst/Schwalbe*, WuW 2012, S. 122, 123 ff.; *Stock*, Schadensnachweis, S. 113 ff. sowie 117 ff.; *Brömmelmeyer*, NZKart 2016, S. 2, 5 ff.; *Inderst/Thomas*, Schadensersatz bei Kartellverstößen (2018), S. 228 ff.; zu den Nachteilen aller Ansätze: *Krohs*, in: Busche/Röhling, Kölner Kommentar Kartellrecht/GWB (2017), § 33 Rn. 217 m.w.N.

330 Der BGH bezeichnet die Vergleichsmarktmethode als *„grundsätzlich die überlegene Schätzungsmethode"*: BGH, Urt. v. 16.06.2007 – KRB 12/07 – *Papiergroßhandel*, NJW 2007, S. 3792, 3794 Rn. 19; so auch in: BGH, Beschl. v. 26.02.2013 – KRB 20/12 – *Grauzementkartell*, WuW/E DE-R, S. 3861, 3877; macht die richtige Methode vom Einzelfall abhängig: *Europäische Kommission*, Praktischer Leitfaden zur Ermittlung des Schadensumfangs bei Schadensersatzklagen – Arbeitsunterlage der Kommissionsdienststellen, S. 50 Rn. 123 ff.; ebenso: *Stock*, Schadensnachweis, S. 130.

331 *Dawirs*, Zugriff auf Kronzeugenerklärungen, S. 60.

332 *Logemann*, Der kartellrechtliche Schadensersatz, S. 472; *Stock*, Schadensnachweis, S. 89 f.; zu den Marktprozessen: *Schmidt/Haucap*, Wettbewerbspolitik und Kartellrecht, S. 71 ff.; *Inderst/Thomas*, Schadensersatz bei Kartellverstößen (2018), S. 160 f.

333 *Dawirs*, Zugriff auf Kronzeugenerklärungen, S. 60; zum zeitlichen Vergleichsmarktkonzept: *Logemann*, Der kartellrechtliche Schadensersatz, S. 424.

334 *Rehbinder*, in: Loewenheim u.a., Kartellrecht (2016), § 33 GWB Rn. 48.

Die Schadensschätzung setzt zudem voraus, dass der Kläger konkrete Anknüpfungstatsachen vorlegt.[335] Nur dann kann das Gericht unter Anwendung einer der oben dargestellten Berechnungsmethoden ein Referenzszenario bilden.[336] Dafür muss der Kläger insbesondere genaue Daten über das zeitliche und tatsächliche Ausmaß des Kartells und Daten zur Preisentwicklung während des Kartellzeitraum sowie vorher und nachher beibringen.[337] Die Darlegung und der Beweis der Schätzungsgrundlagen – häufig in Form eines Sachverständigengutachtens – bereiten dem Kläger regelmäßig erhebliche Schwierigkeiten, insbesondere weil dafür typischerweise Informationen von den Kartellbeteiligten oder Behörden erforderlich sind.[338]

(III) Anteiliger Gewinn

Eine weitere Hilfestellung soll § 33a Abs. 3 S. 2 GWB geben.[339] Danach darf insbesondere der anteilige Gewinn, den der Rechtsverletzer durch den

---

335 BGH, Urt. v. 06.03.1980 – X ZR 49/78 – *Tolbutamid*, BGHZ 77, S. 16, 22; *Bernhard*, NZKart 2013, S. 488; *Fritzsche/Klöppner/Schmidt*, NZKart 2016, S. 412, 418; *Krohs*, in: Busche/Röhling, Kölner Kommentar Kartellrecht/GWB (2017), § 33 Rn. 218; *Ohlhoff*, in: Kamann/Ohlhoff/Völcker, Kartellverfahren und Kartellprozess (2017), § 26 Rn. 187; *Grüneberg*, in: Palandt, BGB (2020), § 252 BGB Rn. 4; *Inderst/Thomas*, Schadensersatz bei Kartellverstößen (2018), S. 259 f.

336 *Dawirs*, Zugriff auf Kronzeugenerklärungen, S. 60.

337 *Stock*, Schadensnachweis, S. 290; *Dawirs*, Zugriff auf Kronzeugenerklärungen, S. 60; *Inderst/Thomas*, Schadensersatz bei Kartellverstößen (2018), S. 261 ff.; zur Bestimmung der Schätzungsgrundlage bei nicht preisbezogenen Kartellabsprachen: *Hoffmann*, NZKart 2018, S. 175, 178 f.

338 Beispielhaft aus der Rechtsprechung: OLG Düsseldorf, Urt. v. 13.11.2013 – VI-U (Kart) 11/13 – *Badarmaturen*, Juris, Rn. 101 ff.; LG Köln, Urt. v. 15.02.2013 – 90 O 57/12 – *Differenziertes Rabattsystem*, Juris, Rn. 41 ff.; *Berrisch/Burianski*, WuW 2005, S. 878, 884; *Fritzsche/Klöppner/Schmidt*, NZKart 2016, S. 412, 418; *Klumpe/Thiede*, NZKart 2017, S. 332, 334; *Wesselburg*, in: Meßmer/Bernhard, Praxishandbuch Kartellrecht, S. 287, 340 Rn. 163; zur Kartellschadensersatzrichtlinie: *Krohs*, in: Busche/Röhling, Kölner Kommentar Kartellrecht/GWB (2017), § 33 Rn. 219; zur Bedeutung von Sachverständigen im Kartellschadensersatzprozess: *Burrichter*, in: Studienvereinigung Kartellrecht, FS Canenbley, S. 111, 115 ff.; zu den erheblichen Kosten eines solchen Gutachtens: *Weitbrecht*, WuW 2015, S. 959, 967; allg. zu den Kosten der Schadensberechnung: *Geilmann/Rummel*, WuW 2017, S. 223 ff.

339 *Mäsch*, in: Berg/Mäsch, Kartellrecht (2018), § 33a GWB Rn. 33; zu § 33 Abs. 3 S. 3 GWB a.F.: *Jaschke*, Der kartellrechtliche Schadensersatzanspruch, S. 227 f.; kritisch: *Rauh/Zuchandke/Reddemann*, WRP 2012, S. 173, 179 f.

Wettbewerbsverstoß erlangt hat, bei der Schätzung nach § 33a Abs. 3 S. 1 GWB berücksichtigt werden. Der anteilige Gewinn soll sich dabei aus den Umsatzerlösen des Beklagten mit dem kartellbefangenen Gut abzüglich Herstellungs- und Betriebskosten ergeben.[340]

Umstritten ist allerdings, was genau als Gewinn anzusehen ist. Dies könnte einerseits der kartellbedingte Mehrerlös sein,[341] andererseits aber auch der gesamte Verletzergewinn.[342] Die Annahme, der gesamte Verletzergewinn sei für die Ermittlung heranzuziehen, widerspricht jedoch den schadensersatzrechtlichen Grundsätzen, da es zu einer Überkompensation des Geschädigten kommen könnte.[343] Die zuerst genannte Ansicht verstößt zwar nicht gegen diese Grundsätze; das Problem, den hypothetischen Marktpreis ermitteln zu müssen, bestünde aber weiterhin. Dem Geschädigten käme in diesem Fall keine Erleichterung zugute.[344] Es bleibt somit zweifelhaft, ob § 33a Abs. 3 S. 2 GWB praktische Vorteile bietet.[345]

cc) Abwälzung des Preisaufschlages

Damit der mittelbare Abnehmer beweisen kann, dass der Preisaufschlag auf ihn abgewälzt wurde – und er einen Schaden erlitten hat – muss er das Vorliegen eines Wettbewerbsverstoßes, die Existenz eines kartellbedingten Preisaufschlags und dessen Höhe, seine Kartellbetroffenheit und den Umfang der Abwälzung nachweisen. Die Ermittlung der Höhe der Abwälzung des Preisaufschlages erweist sich auf Grund dessen häufig als schwierig.

---

340 *Bundesregierung*, Begr. des Gesetzesentwurfs zur 7. GWB-Novelle, BT-Drs. 15/3640, S. 54.

341 *Bornkamm/Tolkmitt*, in: Langen/Bunte, Kartellrecht/GWB (2018), § 33a Rn. 36; *Franck*, in: Immenga u.a., Wettbewerbsrecht/GWB (2020), § 33a Rn. 106; *Kersting*, in: Loewenheim u.a., Kartellrecht (2020), § 33a Rn. 84.

342 *Roth*, in: Baums/Wertenbruch, FS U. Huber, S. 1133, 1167; *Hempel*, WuW 2004, S. 362, 370; so noch: *Emmerich*, in: Immenga/Mestmäcker, Wettbewerbsrecht/GWB (2014), § 33 Rn. 72.

343 *Westhoff*, Zugang zu Beweismitteln, S. 102 f.; *Rehbinder*, in: Loewenheim u.a., Kartellrecht (2016), § 33 GWB Rn. 50; *Krohs*, in: Busche/Röhling, Kölner Kommentar Kartellrecht/GWB (2017), § 33 Rn. 228; *Inderst/Thomas*, Schadensersatz bei Kartellverstößen (2018), S. 286.

344 *Rehbinder*, in: Loewenheim u.a., Kartellrecht (2016), § 33 GWB Rn. 50.

345 Noch zu § 33 Abs. 3 S. 3 GWB a.F.: *Emmerich*, in: Immenga/Mestmäcker, Wettbewerbsrecht/GWB (2014), § 33 Rn. 73; *Willems*, WRP 2015, S. 818, 819; *Rehbinder*, in: Loewenheim u.a., Kartellrecht (2016), § 33 GWB Rn. 50 m.w.N.

Für Schadensersatzansprüche, die nach dem 26. Dezember 2016 entstanden sind, kommt dem mittelbar Geschädigten die Feststellungswirkung des § 33b GWB für den Wettbewerbsverstoß sowie der § 33a Abs. 2 GWB,[346] welcher die Existenz eines Preisaufschlags vermutet, zugute. Der mittelbare Abnehmer muss dennoch konkrete Anknüpfungspunkte darlegen, die es dem Gericht ermöglichen, die Höhe des Preisaufschlages gemäß § 287 ZPO zu schätzen. Anschließend muss er seine Kartellbetroffenheit i.S. des § 33c Abs. 2 Nr. 3 GWB nachweisen. Dabei soll es ausreichen, wenn der mittelbare Abnehmer nachweist, dass er kartellbefangene Waren oder Dienstleistungen im Kartellzeitraum erworben hat. Nicht erforderlich ist, dass er die Waren oder Dienstleistungen von einem Kartellbeteiligten erworben hat.[347]

Zuletzt muss der mittelbare Abnehmer den Umfang der Abwälzung – also die Höhe seines Schadens – nachweisen. Die Höhe kann zwar gemäß § 33c Abs. 5 GWB i.V.m. § 287 ZPO durch das Gericht geschätzt werden. Wiederum muss der mittelbare Abnehmer dem Gericht jedoch hinreichende Anknüpfungstatsachen für die Schätzung liefern; also Faktoren, die für die Berechnung der Abwälzung relevant sind.[348] Bei der Berechnung sollen die – auf Grundlage des Art. 16 der Schadensersatzrichtlinie herausgegebenen – Leitlinien der Kommission helfen.[349] Relevante Faktoren können der Grad der Marktabdeckung des Kartells, die Wettbewerbsintensität auf den betroffenen Märkten und deren Elastizität sowie die Frage, ob das betroffene Produkt weiterverarbeitet wurde, sein.[350] Der mittelbar Geschädigte muss regelmäßig zwei ökonomische Gutachten erstellen lassen – ein Gutachten, das dem Gericht hinreichende Anknüpfungstatsachen zur Schätzung des Preisaufschlages beim unmittelbaren Abnehmer liefert und ein zweites Gutachten, um die Höhe der Abwälzung des

346 Zur Anwendbarkeit des § 33a Abs. 2 GWB auf mittelbare Abnehmer siehe oben, S. 58 ff.

347 *Thomas*, ZHR 2016, S. 45, 60 f.; *Kersting*, in: Kersting/Podszun, 9. GWB-Novelle, Kap. 7 Rn. 116; wohl a.A.: *Schaper/Stauber*, NZKart 2017, S. 279, 282; *Roth*, in: Jaeger u.a., Frankfurter Kommentar Kartellrecht/GWB (Jan. 2020), § 33c Rn. 45.

348 *Inderst/Thomas*, Schadensersatz bei Kartellverstößen (2018), S. 347.

349 *Europäische Kommission*, Leitlinien zur Schätzung des abgewälzten Preisaufschlags, Abl. 2019 C 267/07.

350 Zur Berechnung des Pass-On ausführlich: *Europäische Kommission*, Leitlinien zur Schätzung des abgewälzten Preisaufschlags, Abl. 2019 C 267/07, zur Methodik der Berechnung siehe Rn. 91 ff., zu weiteren Faktoren welche die Höhe der Abwälzung beeinflussen können siehe Rn. 159 ff.; dazu auch: *Inderst/Thomas*, Schadensersatz bei Kartellverstößen (2018), S. 298 ff.

Preisaufschlages auf ihn selbst darzulegen. Hierfür ist der mittelbare Abnehmer insbesondere auch auf Betriebsinterna und Informationen aus der Sphäre des unmittelbaren Abnehmers angewiesen.[351]

c) Ergebnis zu I.

Im aus seiner Sicht schlechtesten Fall muss der Kartellgeschädigte sowohl den Kartellverstoß als auch Eintritt und Höhe des Schadens nachweisen. Im wiederum aus seiner Sicht besten Fall kann er sich auf die Bindungswirkung der kartellbehördlichen Entscheidung gemäß § 33b GWB sowie auf die Vermutung des Eintritts eines Schadens nach § 33a Abs. 2 GWB berufen und muss „allein" die Höhe des Schadens nachweisen. Viele Schadensersatzklagen haben jedoch auch dann nur eine geringe Aussicht auf Erfolg, weil die Höhe des Schadens nicht nachgewiesen werden kann, oder weil die Kläger dem Gericht keine ausreichende Grundlage für die Schätzung des Schadens bieten können. Viele Geschädigte sehen auch ganz von der Geltendmachung ihrer Ansprüche ab, da sie von vornherein die Chancen, die entsprechenden Nachweise erbringen zu können, als zu gering einschätzen oder die finanziellen Risiken der Durchsetzung scheuen.

2. Informationslage des Geschädigten

Häufig kann der Geschädigte eines Kartells selbst nur auf einen geringen Teil der Informationen zugreifen, die erforderlich sind, um einen erfolgreichen Kartellschadensersatzprozess zu führen. Soweit der Geschädigte versucht, seinen Schaden im Rahmen einer Stand-Alone-Schadensersatzklage geltend zu machen, hat er in Bezug auf den vermuteten Kartellverstoß in der Regel überhaupt keine Informationen. Informationen, die es dem Geschädigten ermöglichen würden, einen Kartellverstoß zu beweisen, werden – der Natur eines Kartells entsprechend – von den Kartellanten geheim gehalten.[352] Im Rahmen einer Follow-On-Klage kennt der Geschädigte zumindest die Art des Verstoßes und muss diesen aufgrund der Bindungswirkung der Entscheidung gemäß § 33b GWB auch nicht mehr nachweisen.

---

351 *Inderst/Thomas*, Schadensersatz bei Kartellverstößen (2015), S. 260; *Thomas*, ZHR 2016, S. 45, 52.

352 Siehe die Ausführungen des EuGH in: EuGH, Urt. v. 07.01.2004 – verb. Rs. C-204/00 P u.a. – *Aalborg Portland u.a.*, EU:C:2004:6, Rn. 55 f.; spricht von einer *„Mauer des Schweigens"*: *Europäische Kommission*, Pressemitteilung vom 13.02.2002, IP/02/247; *Schnakl*, Kronzeugenregelung, S. 14; *Willems*, WRP 2015, S. 818.

Vielfach hat ein potentiell Geschädigter jedoch bereits Schwierigkeiten festzustellen, ob er überhaupt von einem Wettbewerbsverstoß betroffen ist. Aus den veröffentlichten Informationen geht nicht zwangsläufig hinreichend konkret hervor, welche Produkte in welchen Zeiträumen vom Wettbewerbsverstoß betroffen waren.[353] Selbst wenn der Eintritt eines Schadens aufgrund des durch die Rechtsprechung entwickelten Anscheinsbeweises bzw. aufgrund der tatsächlichen Vermutung angenommen oder nach § 33a Abs. 2 GWB vermutet wird, braucht der Kartellgeschädigte im nächsten Schritt Informationen über den kartellbedingten Preisaufschlag. Nur so kann er die Höhe des Schadens berechnen bzw. dem Gericht eine ausreichende Schätzungsgrundlage darlegen.[354] Die typischerweise dem Geschädigten vorliegenden Informationen darüber, welche kartellbefangenen Produkte er im ungefähren Zeitraum des Wettbewerbsverstoßes zu welchen Preisen bezogen hat und wie sich seine eigene Kostenstruktur zusammensetzt,[355] reichen dafür meist nicht aus.[356]

Soweit die Kartellbeteiligten publizitätspflichtig sind, können sich Daten und Informationen zur Schadensberechnung in den Jahresabschlüssen finden.[357] Die dort veröffentlichten Informationen zu Umsatz, Gewinn und Kosten beziehen sich allerdings regelmäßig auf das gesamte Unternehmen und sind aufgrund ihrer Aggregation häufig nur von beschränktem Nutzen.[358] Aus öffentlich verfügbaren Branchenberichten, Statistiken und kommerziellen Datenbanken sind oft ebenfalls nur beschränkt brauchbare Informationen zu gewinnen. Zwar enthalten diese zum Beispiel Anhaltspunkte für die Preisentwicklung eines Produktes, für Rohstoffpreise oder die Informationen zur Preiselastizität eines Marktes. Jedoch sind auch diese Daten häufig zu unspezifisch und daher nicht ausreichend, um die Höhe des Kartellaufschlags zu berechnen.[359]

---

353 *Dawirs*, Zugriff auf Kronzeugenerklärungen, S. 73; in diesem Sinne auch: *Saller*, BB 2013, S. 1160; *Stancke*, NZKart 2017, S. 636, 638.

354 *Inderst/Thomas*, Schadensersatz bei Kartellverstößen (2018), S. 249 f.

355 Siehe die Tabelle 2.3 bei: *Oxera u.a.*, Quantifying antitrust damages (2009), S. 36; *Sanner*, Informationsgewinnung, S. 195.

356 *Buntscheck*, WuW 2013, S. 947, 951.

357 *Hüschelrath u.a.*, in: Hüschelrath u.a., Methoden der Schadensermittlung, S. 79, 99 und 102.

358 *Stock*, Schadensnachweis, S. 124 f.; *Inderst/Thomas*, Schadensersatz bei Kartellverstößen (2018), S. 252.

359 *Oxera u.a.*, Quantifying antitrust damages (2009), S. 36 Tabelle 2.3; *Stock*, Schadensnachweis, S. 132; *Inderst/Thomas*, Schadensersatz bei Kartellverstößen (2018), S. 249.

Ferner können die von den Wettbewerbsbehörden veröffentlichten Bußgeldbescheide und Fallberichte bei der Berechnung des Kartellaufschlages hilfreich sein. Dies ist insbesondere dann anzunehmen, wenn sie konkrete Informationen zu dem verabredeten und umgesetzten Wettbewerbsverstoß beinhalten.[360] Das Bundeskartellamt hat allerdings in der Vergangenheit nur selten seine Bußgeldbescheide veröffentlicht. Teilweise gab es zwar etwas ausführlichere Fallberichte heraus, die zumindest gewisse Rückschlüsse auf die konkrete Umsetzung des Wettbewerbsverstoßes zuließen, meistens beschränkte sich das Bundeskartellamt aber auf eine kurze Pressemitteilung.[361]

Soweit ein Bußgeldbescheid veröffentlicht wurde oder der Geschädigte Einsicht in diesen nehmen konnte, war dieser vielfach nur von begrenztem Nutzen.[362] So muss das Bundeskartellamt im mittlerweile häufigen Fall,[363] dass das Bußgeldverfahren im Wege eines Vergleiches abgeschlossen wurde, nur einen Kurzbescheid mit den nach § 66 Abs. 1 OWiG notwendigen Mindestangaben erlassen.[364] Auch die sog. *Bußgeldmitteilung*, zu deren Veröffentlichung das Bundeskartellamt seit der 9. GWB-Novelle gemäß § 53 Abs. 5 GWB verpflichtet ist, hilft den Geschädigten nur beschränkt. Darin sollen spätestens zum Abschluss

---

360 *Stock*, Schadensnachweis, S. 132 f.; siehe z.B.: LG Dortmund, Urt. v. 01.04.2004 – 13 O 55/02 Kart – *Vitaminpreise*, WuW 2004, S. 1182, 1184; OLG Karlsruhe, Urt. v. 11.06.2011 – 6 U 118/05 – *Selbstdurchschreibpapier*, Juris, Rn. 48 ff.; bestätigt durch: BGH, Urt. v. 28.06.2011 – KZR 75/10 – *ORWI*, BGHZ 190, S. 145, 160 f.; sowie: KG, Urt. v. 01.10.2009 – 2 U 10/03 Kart – *Berliner Transportbeton II*, Juris, Rn. 82.

361 *Dreher*, ZWeR 2008, S. 325, 330 f.; *Hirsbrunner*, EuZW 2011, S. 12, 15; *Vollmer*, ZWeR 2012, S. 442, 452; *Weitbrecht*, NJW 2012, S. 881, 884; *Grafunder/Gänswein*, BB 2015, S. 968, 972; *Stock*, Schadensnachweis, S. 133; *Bakowitz*, Informationsherrschaft, S. 156 f.; *Inderst/Thomas*, Schadensersatz bei Kartellverstößen (2018), S. 518; siehe auch: *Biermann*, in: Immenga u.a., Wettbewerbsrecht/GWB (2020), § 81 Rn. 607.

362 *Thomas*, in: Grau/Oberender, Private und öffentliche Kartellrechtsdurchsetzung, S. 55, 72; *Makatsch/Mir*, EuZW 2015, S. 7, 8; *Heinichen*, NZKart 2014, S. 83, 87; *Milde*, Schutz des Kronzeugen, S. 68 f.; *Dawirs*, Zugriff auf Kronzeugenerklärungen, S. 76 und 77; *Makatsch/Kacholdt*, in: Säcker/Meier-Beck, MüKo Kartellrecht/GWB (2020), § 33g Rn. 27.

363 *Polley/Heinz*, WuW 2012, S. 14 f.; *Grafunder/Gänswein*, BB 2015, S. 968; *Wagener/Oest*, in: Kamann/Ohlhoff/Völcker, Kartellverfahren und Kartellprozess (2017), § 18 Rn. 178.

364 *Bundeskartellamt*, Das Settlement-Verfahren des Bundeskartellamtes (Stand: Februar 2016), S. 3 f.; *Polley/Heinz*, WuW 2012, S. 14, 19; *Grafunder/Gänswein*, BB 2015, S. 968, 971; *Biermann*, in: Immenga u.a., Wettbewerbsrecht/GWB (2020), § 81 Rn. 607.

des Bußgeldverfahrens wesentliche Informationen über Art und Zeitraum des Wettbewerbsverstoßes sowie über die Beteiligten in standardisierter Form veröffentlicht werden.[365] Zweck der Mitteilung ist zwar, die Durchsetzung von Schadensersatzansprüchen zu vereinfachen,[366] sie soll den Geschädigten aber nur einen ersten Hinweis geben.[367] Es ist daher davon auszugehen, dass die Bußgeldmitteilungen vielfach zu wenig Details enthalten werden, als dass ein Geschädigter die genaue Höhe des Preisaufschlages berechnen könnte.[368]

Die Europäische Kommission wiederum ist gemäß Art. 30 VO 1/2003 dazu verpflichtet, die von ihr erlassenen Bußgeldbescheide zu veröffentlichen. In gleicher Weise wie die Veröffentlichungen des Bundeskartellamtes beinhalten diese allerdings häufig nur Informationen von geringem Wert für den Geschädigten.[369] Hintergrund der restriktiven wettbewerbsbehördlichen Veröffentlichungspolitik ist das Spannungsverhältnis zwischen Public und Private Enforcement.[370] Verstöße gegen Kernbeschränkungen können in der Regel nur durch die Mitarbeit von Kronzeugen und sonstigen kooperationsbereiten Kartellmitgliedern aufgeklärt werden.[371] Da die Wettbewerbsbehörden bei der Aufklärung von Wettbewerbsverstößen so dringend auf die Mitarbeit der Kartellbeteiligen angewiesen sind, versuchen sie im Gegenzug die Teilnehmer entsprechender Kooperationsprogramme vor zivilrechtlichen Sanktionen zu schützen.[372] Wenn die Kartellmitglieder mit den Wettbewerbsbehörden kooperieren, können diese zudem die

---

365 *Podszun*, in: Kersting/Podszun, 9. GWB-Novelle, Kap. 16 Rn. 16 und 23.

366 *Bundesregierung*, Begr. des Gesetzesentwurfes zur 9. GWB-Novelle, BT-Drs. 18/10207, S. 82.

367 *Podszun*, in: Kersting/Podszun, 9. GWB-Novelle, Kap. 16 Rn. 25.

368 *Seifert*, NZKart 2017, S. 512; *Podszun*, in: Kersting/Podszun, 9. GWB-Novelle, Kap. 16 Rn. 25 f.; *Wesselburg*, in: Meßmer/Bernhard, Praxishandbuch Kartellrecht, S. 287, 300 Rn. 46.

369 *Dreher*, ZWeR 2008, S. 325, 331 f.; *Hirsbrunner*, EuZW 2011, S. 12, 15; *Milde*, Schutz des Kronzeugen, S. 64, 68; *Makatsch/Mir*, EuZW 2015, S. 7, 8 f., siehe auch dort den Hinweis in Fn. 34 auf die fast völlig geschwärzte Veröffentlichung des Bußgeldbescheides im Verfahren COMP/39.258 – *Luftfracht* – vier Jahre nach der Bußgeldentscheidung; *Stock*, Schadensnachweis, S. 133.

370 Siehe dazu ausführlich unten, S. 92 ff.

371 *Lahme*, Durchsetzung des Kartellrechts, S. 93; *Stock*, Schadensnachweis, S. 133.

372 *Hirsbrunner*, EuZW 2011, S. 12, 15, der die Praxis der Europäischen Kommission insoweit für nicht ausreichend hält; ähnlich: *Grafunder/Gänswein*, BB 2015, S. 968, 972; siehe auch den jüngsten Hinweis des Bundeskartellamtes: *Bundeskartellamt*, Tätigkeitsbericht 2017/2018, S. 39.

Begründung ihrer Bußgeldentscheidung deutlich verkürzen. Daher fehlen insbesondere Ausführungen zu den Marktauswirkungen des Verstoßes häufig.[373]

Die dem Geschädigten selbst zur Verfügung stehenden Informationen[374] reichen oft nicht aus, um die Durchsetzung eines Schadensersatzanspruchs zu ermöglichen. Auch die „Kurz"-Bescheide[375] und Mitteilungen der Wettbewerbsbehörden enthalten vielfach zu wenige Informationen, um den Anspruch erfolgreich durchsetzen zu können.[376] Die Informationen hingegen, die tatsächlich den Nachweis des Schadens sowie dessen Höhe ermöglichen würden, befinden sich meist in den Händen der Kartellbeteiligten, der Wettbewerbsbehörden sowie Dritter wie zum Beispiel sonstiger Marktteilnehmer.[377]

Neben Informationen, die Auskunft über den Inhalt der Kartellvereinbarung und deren Umsetzung geben, lassen sich bei den Kartellbeteiligten insbesondere konkrete Umsatz- und Gewinnzahlen, Abgabemengen sowie Informationen über Kostenstrukturen und Marktanteile finden.[378]

Solche Informationen sind aber auch in den Akten der Wettbewerbsbehörden vorhanden.[379] Die Akten der Wettbewerbsbehörden enthalten zudem etwaige Kronzeugenerklärungen. Diese geben in der Regel in komprimierter Form alle wesentlichen Informationen über Umfang und Auswirkungen des Wettbewerbsverstoßes wieder.[380] Diese können für die Berechnung des Preisaufschlages von

---

373 Ausdrücklich: *Bundeskartellamt*, Tätigkeitsbericht 2007/2008, S. 35; *Hirsbrunner*, EuZW 2011, S. 12, 14 f.; *Milde*, Schutz des Kronzeugen, S. 69; *Buntscheck*, WuW 2013, S. 947, 951; *Wagener/Oest*, in: Kamann/Ohlhoff/Völcker, Kartellverfahren und Kartellprozess (2017), § 18 Rn. 179; *Klusmann*, in: Wiedemann, Handbuch Kartellrecht (2020), § 57 Rn. 74.

374 Siehe dazu bereits oben, S. 84.

375 Siehe beispielsweise zu den Bußgeldbescheiden in dem den *Pfleiderer*-Entscheidungen vorausgehenden Bußgeldverfahren: *Kapp*, WuW 2012, S. 474 f.

376 *Milde*, Schutz des Kronzeugen, S. 68 f.; *Dawirs*, Zugriff auf Kronzeugenerklärungen, S. 76 und 77; *Makatsch/Kacholdt*, in: Säcker/Meier-Beck, MüKo Kartellrecht/GWB (2020), § 33g Rn. 4; zur Bußgeldmitteilung des Bundeskartellamtes: *Seifert*, NZKart 2017, S. 512.

377 *Stock*, Schadensnachweis, S. 131; fasst die Schwierigkeiten des Geschädigten zusammen: *Europäische Kommission*, Arbeitspapier der Kommissionsdienststellen zum Weißbuch vom 02.04.2008 über Schadenersatzklagen wegen Verletzung des EG-Wettbewerbsrechts, KOM 2008, 165 endg., S. 28 Rn. 89.

378 *Oxera u.a.*, Quantifying antitrust damages (2009), S. 36 Tabelle 2.3; *Sanner*, Informationsgewinnung, S. 196; *Stock*, Schadensnachweis, S. 133.

379 *Oxera u.a.*, Quantifying antitrust damages (2009), S. 36 Tabelle 2.3.

380 *Dawirs*, Zugriff auf Kronzeugenerklärungen, S. 74.

besonderer Bedeutung sein.[381] Darüber hinaus befinden sich auch etwaige Vergleichsausführungen in den wettbewerbsbehördlichen Akten, welche ebenfalls nützliche Informationen für den Geschädigten enthalten können.[382]

Zuletzt kann der Geschädigte auch Informationen über Abnahmemengen und -preise von anderen Geschädigten auf seiner Marktstufe benötigen.[383] Der mittelbare Abnehmer ist auch auf Informationen über die Preisgestaltung und Kostenstruktur des unmittelbaren Abnehmers angewiesen, um die Höhe des weitergegebenen Preisaufschlags berechnen zu können.[384]

II. Hintergrund der Informationsnotlage

Im Folgenden sollen die Gründe der dargestellten Informationsnotlage des Kartellgeschädigten erarbeitet werden. Vorrangig beruht die Notlage der Kartellgeschädigten auf der Informationsasymmetrie zwischen dem Geschädigten und den Kartellanten. Allerdings hat auch der aus dem Spannungsverhältnis zwischen öffentlich-rechtlicher und privater Rechtsdurchsetzung resultierende restriktive Umgang mit Informationen durch die Wettbewerbsbehörden einen nicht unerheblichen Anteil an der Beweisnot der Geschädigten. Hinzu kommt, dass, jedenfalls vor dem Erlass der 9. GWB-Novelle, nur sehr eingeschränkte Auskunfts- und Herausgabeansprüche bestanden, um die Informationsnotlage des Geschädigten zu überwinden.

---

381 *Jüntgen*, WuW 2007, S. 128, 129; *Lampert/Weidenbach*, WRP 2007, S. 152; *Mäger/Zimmer/Milde*, WuW 2011, S. 935; *Heinichen*, NZKart 2014, S. 83, 87; *Schweitzer*, NZKart 2014, S. 335, 343; *Klooz*, Akteneinsicht Dritter, S. 227; *Makatsch/Mir*, EuZW 2015, S. 7, 8 f.; *Glöckner*, WRP 2015, S. 410, 413; *Dawirs*, Zugriff auf Kronzeugenerklärungen, S. 74 m.w.N.; zumindest bei jüngeren Kronzeugenerklärungen zweifelnd: *Bakowitz*, Informationsherrschaft, S. 112 f.; a.A.: OLG Düsseldorf, Beschl. v. 22.08.2012 – V-4 Kart 5 u. 6/11 (OWi) – *Kaffeeröster*, Juris, Rn. 47; *Bien*, EuZW 2011, S. 889; *Fiedler/Huttenlauch*, NZKart 2013, S. 350, 353 f.; ebenfalls kritisch: *Hummer/Cywinski*, G.C.L.R. 2014, S. 115, 118; *Mallmann/Lübbig*, in: Fuchs/Weitbrecht, Private Kartellrechtsdurchsetzung, § 13 Rn. 9.

382 *Stock*, Schadensnachweis, S. 176; *Bakowitz*, Informationsherrschaft, S. 186 f.; gehen davon aus, dass diese keinen weiteren Informationswert haben: *Vollmer*, ZWeR 2012, S. 442, 469; *Heltemes*, Settlements im Kartellbußgeldverfahren, S. 156 f.

383 *Sanner*, Informationsgewinnung, S. 196.

384 *Buntscheck*, WuW 2013, S. 947, 952.

1. *Informationsasymmetrie*

Die dargestellte typische Informationsnot des Geschädigten im Kartellschadensersatzprozess ist in erster Linie durch eine *Informationsasymmetrie* bedingt.[385] Gemeint ist damit, dass die Geschädigten die zur Durchsetzung des Kartellschadensersatzanspruchs notwendigen Tatsachen im Regelfall darlegen und beweisen müssen Die dafür notwendigen Informationen und Beweismittel stehen ihnen aber fast immer nicht zur Verfügung. Grund dafür ist in erster Linie, dass die Kartellanten naheliegenderweise großen Wert auf die Geheimhaltung ihres Verhaltens legen. In der Folge können die Geschädigten ihre Schadensersatzansprüche vielfach nicht durchsetzen.[386]

Die Reichweite des Begriffes der Informationsasymmetrie im Kartellschadensrecht wird unterschiedlich aufgefasst. Vielfach wird unter diesem Begriff die sich aus der Klandestinität der Kartellanten ergebende, typische Informationsnotlage des Geschädigten im Rahmen von Kartellschadensersatzklagen zusammengefasst.[387] Eine Beschränkung auf bestimmte dem Geschädigten fehlende Informationen erfolgt damit in der Regel nicht.

Bronny hingegen fasst den Begriff so auf, dass die Informationsasymmetrie sich nur auf die Situation beziehen soll, in der sich die Informationen, welche

---

385 *Europäische Kommission*, Arbeitspapier der Kommissionsdienststellen zum Grünbuch vom 10. Februar 2006 über Schadenersatzklagen wegen Verletzung des EG-Wettbewerbsrechts, SEC (2005), 1732, S. 31 Rn. 81; *Logemann*, Der kartellrechtliche Schadensersatz, S. 79; *Bronny*, Informationsasymmetrien, S. 2 f.; *Jaschke*, Der kartellrechtliche Schadensersatzanspruch, S. 220; Kartellschadensersatzrichtlinie 2014/104/EU, Erwägungsgrund 15; *Calisti/Haasbeek/Kubik*, NZKart 2014, S. 466, 467; *Makatsch/Mir*, EuZW 2015, S. 7, 8 f.; *Willems*, WRP 2015, S. 818; *Kamann*, in: Kamann/Ohlhoff/Völcker, Kartellverfahren und Kartellprozess (2017), § 23 Rn. 6; *Dawirs*, Zugriff auf Kronzeugenerklärungen, S. 22.

386 Die Schwierigkeiten bei der Durchsetzung von Kartellschadensersatzansprüchen werden grundlegend anerkannt in: *Europäische Kommission*, Arbeitspapier der Kommissionsdienststellen zum Weißbuch vom 02.04.2008 über Schadenersatzklagen wegen Verletzung des EG-Wettbewerbsrechts, KOM 2008, 165 endg., S. 28 Rn. 89 f.; siehe auch: Kartellschadensersatzrichtlinie 2014/104/EU, Erwägungsgrund 14 und 15.

387 Siehe beispielhaft: *Lübbig/le Bell*, WRP 2006, S. 1209; *Lampert/Weidenbach*, WRP 2007, S. 152; *Logemann*, Der kartellrechtliche Schadensersatz, S. 89; *Jaschke*, Der kartellrechtliche Schadensersatzanspruch, S. 220; *Vollrath*, NZKart 2013, S. 434, 443 f.; *Gussone/Schreiber*, WuW 2013, S. 1040, 1042; *Schweitzer*, NZKart 2014, S. 335, 341; *Willems*, WRP 2015, S. 818; *Ahrens*, WRP 2015, S. 1040, 1041; *Hellmann/Steinbrück*, NZKart 2017, S. 164, 165; *Dawirs*, Zugriff auf Kronzeugenerklärungen, S. 22; *Thiede*, NZKart 2019, S. 202.

den Nachweis des Wettbewerbsverstoßes ermöglichen könnten, in der Sphäre des beklagten Kartellmitgliedes befinden.[388] Nach der Auffassung von *Bronny* unterfällt das Fehlen von Informationen, die eine Schadensberechnung oder -schätzung ermöglichen, nicht dem Begriff der Informationsasymmetrie. Er begründet dies damit, dass es insoweit nur an „*marktbezogene*[n], *nicht in der Sphäre des Beklagten befindliche*[n]“[389] Informationen fehle.[390] Damit verengt er die Informationsasymmetrie ausschließlich auf den Nachweis des Wettbewerbsverstoßes.[391]

Die Auffassung von *Bronny* überzeugt nicht. Die Relevanz dieses Nachweises hat sich dadurch entschärft, dass Kartellschadensersatzklagen zumeist als Follow-On-Klagen erhoben werden und der Wettbewerbsverstoß aufgrund der Bindungswirkung des § 33b GWB nicht mehr nachgewiesen werden muss.[392] Von größerer Bedeutung ist daher, dass den Geschädigten weiterhin Informationen fehlen, um ihre Betroffenheit nachzuweisen[393] und die Schadensberechnung durchzuführen.[394] Ohne diese Informationen bleibt es den Geschädigten jedoch verwehrt, ihre Ansprüche erfolgreich durchzusetzen. Sowohl beim Nachweis der Betroffenheit als auch bei der Schadensberechnung sind Informationen relevant, die sich in der Sphäre des Schädigers befinden. So kann der Nachweis der Betroffenheit dieselben Informationen wie der Nachweis des Verstoßes erfordern.[395] Für die Schadensberechnung ist es notwendig festzustellen, welche Auswirkungen der Wettbewerbsverstoß auf den betroffenen Markt hatte;[396] insbesondere ob und in welchem Ausmaß der Wettbewerbsverstoß zu höheren Preisen geführt hat.[397] Die Auswirkungen des Wettbewerbsverstoßes stellen

---

388 *Bronny*, Informationsasymmetrien, S. 2 f.

389 *Bronny*, Informationsasymmetrien, S. 3.

390 *Bronny*, Informationsasymmetrien, S. 3 und 5.

391 *Bronny*, Informationsasymmetrien, S. 6.

392 Siehe dazu nur: *Bundeskartellamt*, Tätigkeitsbericht 2017/2018, S. 38.

393 *Gussone/Schreiber*, WuW 2013, S. 1040, 1042; *Bach/Wolf*, NZKart 2017, S. 285, 286 f.; *Stancke*, NZKart 2017, S. 636, 638; siehe zur geplanten Vermutung der Betroffenheit in § 33a Abs. 5 GWB-RefE: *Bundesministerium für Wirtschaft und Energie*, Begr. des Referentenentwurfs zur 10. GWB-Novelle v. 24.01.2020, S. 92 f.

394 Siehe dazu oben, S. 76 ff.

395 *Bach/Wolf*, NZKart 2017, S. 285, 286.

396 *Europäische Kommission*, Arbeitspapier der Kommissionsdienststellen zum Weißbuch vom 02.04.2008 über Schadenersatzklagen wegen Verletzung des EG-Wettbewerbsrechts, KOM 2008, 165 endg., S. 28 Rn. 89.

397 Die Frage des „Ob“ erübrigt sich bei Wettbewerbsverstößen, bei denen im Wege der tatsächlichen Vermutung bzw. gem. § 33a Abs. 2 GWB angenommen wird, dass sie zu

zwar vielfach marktbezogene Tatsachen dar, die durch umfassende Analysen des betroffenen Marktes ermittelt werden müssen.[398] Zur Durchführung dieser Analysen sind jedoch genaue Kenntnisse über die geplante und realisierte Umsetzung des Verstoßes und die Disziplin der Kartellmitglieder erforderlich.[399] Diese Informationen sind nicht marktbezogen, sondern stammen originär aus der Sphäre der Kartellbeteiligten. Da die Wettbewerbsbehörden häufig auf Feststellungen zu den Auswirkungen des Wettbewerbsverstoßes verzichten, kann es für den Geschädigten besonders wichtig sein, diese Auskünfte von den Kartellbeteiligten zu erlangen.[400]

Ein weitergehendes Verständnis des Begriffes der Informationsasymmetrie ist vorzugswürdig. Der Begriff umfasst allgemein das Fehlen von Informationen und Beweismitteln, die zur erfolgreichen Durchsetzung eines Kartellschadensersatzanspruchs notwendig sind.[401] Die Informationsasymmetrie ergibt sich zwar in erster Linie aus dem geheimen Charakter der Kartelle, ist aber darauf nicht beschränkt, sondern bedingt sich auch durch die große, ökonomische Komplexität der Berechnung eines Kartellschadens.[402]

Auch die Kartellschadensersatzrichtlinie beruht auf einer weiten Auslegung des Begriffes, weil sie davon ausgeht, dass es eine Informationsasymmetrie auch im Bereich des Schadensnachweises und der Schadensberechnung gibt.

---

einem höheren Preisniveau und damit zu einem Schaden geführt haben, siehe dazu oben, S. 55 ff.

398 Siehe dazu oben, S. 78 ff.

399 Dazu: BGH, Urt. v. 16.06.2007 – KRB 12/07 – *Papiergroßhandel*, NJW 2007, S. 3792, 3794 Rn. 18, der annimmt, dass eine höhere Kartelldisziplinierung zu höheren Preisaufschlägen führt. Das KG nimmt an, dass das Fehlen einer uneingeschränkten Kartelldisziplin bei der Berechnung der Schadenshöhe relevant sei: KG, Urt. v. 01.10.2009 – 2 U 10/03 Kart – *Berliner Transportbeton II*, Juris, Rn. 49; dazu: *Stock*, Schadensnachweis, S. 266. Zur „Kartelldisziplinierung“: *Inderst/Thomas*, Schadensersatz bei Kartellverstößen (2018), S. 20 f. und 23 f.

400 *Buntscheck*, WuW 2013, S. 947, 951.

401 Allerdings kann auch ein Kartellbeteiligter, der versucht nachzuweisen, dass sein direkter Abnehmer einen festgestellten Preisaufschlag weitergereicht, hat in die Lage geraten, dass er Informationen zu Preisen und Kalkulationen vom direkten wie auch vom indirekten Abnehmer benötigt, um sein Vorbringen unter Beweis zu stellen. Siehe dazu auch: Arbeitspapier der Kommissionsdienststellen zum Grünbuch vom 10. Februar 2006 über Schadenersatzklagen wegen Verletzung des EG-Wettbewerbsrechts, SEC (2005), 1732, S. 31 Rn. 81.

402 Richtlinienvorschlag, KOM (2013), 404 end., S. 16; Kartellschadensersatzrichtlinie 2014/104/EU, Erwägungsgrund 14; *Vollrath*, NZKart 2013, S. 434, 443 f.

Dies zeigt sich darin, dass der Richtliniengeber dem Geschädigten in Art. 5 und 6 der Kartellschadensersatzrichtlinie das Recht gibt, „*die Offenlegung der für ihren Anspruch relevanten Beweismittel zu erwirken*".[403] Eine Beschränkung auf Beweismittel, die zum Nachweis des Wettbewerbsverstoßes erforderlich sind, erfolgt damit gerade nicht. Die durch Art. 17 Abs. 2 der Richtlinie neueingeführte Vermutung, dass bestimmte Kartelle zu einem Schaden geführt haben, dient ebenfalls dazu, die Informationsasymmetrie zu beseitigen.[404] Dies zeigt wiederum, dass aus Sicht des europäischen Gesetzgebers der Begriff der Informationsasymmetrie nicht auf die Situation des Fehlens von Beweismitteln für den Nachweis des Wettbewerbsverstoßes beschränkt ist, sondern dass eine Informationsasymmetrie auch im Bereich des Schadensnachweises und der Schadensberechnung besteht. Der europäische Gesetzgeber hat somit erkannt, dass Kartellschadensersatzklagen insgesamt durch eine Informationsasymmetrie gekennzeichnet sind.

Ziel dieser Arbeit ist es, die durch die 9. GWB-Novelle eingeführten Auskunftsansprüche danach zu bewerten, ob sie die Informationsasymmetrie beendet haben. Die Einführung der Auskunftsansprüche diente der Umsetzung der Kartellschadensersatzrichtlinie. Daher muss zur Bewertung der 9. GWB-Novelle das weite Verständnis der Richtlinie zur Definition des Begriffes der Informationsasymmetrie herangezogen werden, sodass im Folgenden dieser weiten Auslegung des Begriffes der Informationsasymmetrie gefolgt wird.

2. *Spannungsverhältnis zwischen öffentlich-rechtlicher und privater Kartellrechtsdurchsetzung*

Auch wenn Kartellschadensersatzklagen häufig an der Informationsasymmetrie scheitern, hat die restriktive Haltung der Wettbewerbsbehörden und des Gesetzgebers bei der Akteneinsicht einen nicht unerheblichen Anteil an der Beweisnot der Geschädigten. Um den Hintergrund dieser „*Verweigerungshaltung*"[405] zu beleuchten, soll an dieser Stelle kurz auf das Spannungsverhältnis zwischen öffentlich-rechtlicher und privater Rechtsdurchsetzung eingegangen werden.

---

403 Kartellschadensersatzrichtlinie 2014/104/EU, Erwägungsgrund 15.

404 Kartellschadensersatzrichtlinie 2014/104/EU, Erwägungsgrund 47; so auch: *Keßler*, VuR 2015, S. 83, 87; *Lettl*, WRP 2015, S. 537, 540.

405 *Dawirs*, Zugriff auf Kronzeugenerklärungen, S. 79.

Wie bereits oben dargestellt hat das Private Enforcement in der Form von Schadensersatzklagen als Hauptziel die Kompensation des Geschädigten.[406] Es soll zudem die Durchsetzungskraft des Wettbewerbsrechts erhöhen.[407] Im Nebenzweck sollen die Kompensationskosten auch der Abschreckung dienen.[408] Das Public Enforcement hingegen soll denjenigen sanktionieren, der gegen das Kartellrecht verstößt und im Wege der Generalprävention andere Marktteilnehmer davon abschrecken, ebenfalls gegen das Kartellrecht zu verstoßen.[409] Während sich die Ziele des Public und Private Enforcement also durchaus ergänzen, können jedoch bei der jeweiligen Durchsetzung Konflikte entstehen.[410] So kommt es insbesondere vor, dass Instrumente der einen Durchsetzungsform die anderen behindern.[411] Die öffentlich-rechtliche und die private Rechtsdurchsetzung stehen daher auf Vollzugsebene in einem starken Spannungsverhältnis.[412]

---

406 *Bundeskartellamt*, Private Kartellrechtsdurchsetzung (2005), S. 2; *Logemann*, Der kartellrechtliche Schadensersatz, S. 33; *Canenbley/Steinvorth*, in: Forschungsinstitut für Wirtschaftsverfassung und Wettbewerb, FS 50 Jahre FIW, S. 143, 151; *Weitbrecht*, NJW 2012, S. 881, 882; *Bach*, in: Studienvereinigung Kartellrecht, FS Canenbley, S. 15, 16; *Milde*, Schutz des Kronzeugen, S. 49; *Sanner*, Informationsgewinnung, S. 114 f.; *Dawirs*, Zugriff auf Kronzeugenerklärungen, S. 78.

407 EuGH, Urt. v. 20.09.2001 – C-453/99 – *Courage/Crehan*, EU:C:2001:465, Rn. 27; EuGH, Urt. v. 13.07.2006 – C-295/04 u.a. – *Manfredi*, EU:C:2006:461, Rn. 91; EuGH, Urt. v. 14.06.2011 – C-360/09 – *Pfleiderer*, EU:C:2011:389, Rn. 29; EuGH, Urt. v. 06.06.2013 – C-536/11 – *Donau-Chemie*, EU:C:2013:366, Rn. 23; EuGH, Urt. v. 05.06.2014 – C-557/12 – *Kone u.a.*, EU:C:2014:1317, Rn. 23.

408 *Bundeskartellamt*, Private Kartellrechtsdurchsetzung (2005), S. 4; *Europäische Kommission*, Weißbuch über Schadenersatzklagen wegen Verletzung des EG-Wettbewerbsrechts, KOM (2008), 165 end., S. 3 Rn. 1.2.; *Weitbrecht*, NJW 2012, S. 881, 882; *Milde*, Schutz des Kronzeugen, S. 50 f.; *Sanner*, Informationsgewinnung, S. 115; *Franck*, in: Immenga u.a., Wettbewerbsrecht/GWB (2020), § 33a Rn. 3; kritisch: *Möschel*, WuW 2007, S. 483, 488; *Heitzer*, WuW 2007, S. 854, 863.

409 *Canenbley/Steinvorth*, in: Forschungsinstitut für Wirtschaftsverfassung und Wettbewerb, FS 50 Jahre FIW, S. 143, 144; *Bach*, in: Studienvereinigung Kartellrecht, FS Canenbley, S. 15, 16; *Milde*, Schutz des Kronzeugen, S. 46; *Sanner*, Informationsgewinnung, S. 114; *Dawirs*, Zugriff auf Kronzeugenerklärungen, S. 78.

410 *Böge/Ost*, E.C.L.R. 2006, S. 197, 198; *Milde*, Schutz des Kronzeugen, S. 54; *Sanner*, Informationsgewinnung, S. 114; *Glöckner*, WRP 2015, S. 410, 412; *Dawirs*, Zugriff auf Kronzeugenerklärungen, S. 78.

411 *Bien*, EuZW 2011, S. 889; *Nowak*, ZVertriebsR 2013, S. 376, 377.

412 *Mäger/Zimmer/Milde*, WuW 2009, S. 885, 886; *Canenbley/Steinvorth*, in: Forschungsinstitut für Wirtschaftsverfassung und Wettbewerb, FS 50 Jahre FIW, S. 143, 151 f.; *Bach*, in: Studienvereinigung Kartellrecht, FS Canenbley, S. 15; *Nowak*, ZVertriebsR 2013, S. 376, 377; *Milde*, Schutz des Kronzeugen, S. 45; *Kamann*, in: Kamann/Ohlhoff/

Konfliktpotenzial besteht insbesondere dort, wo die Kartellanten im Gegenzug für eine besonders enge Zusammenarbeit mit den Wettbewerbsbehörden Vorteile wie den Erlass oder die Reduktion des Bußgeldes erwarten. Am deutlichsten tritt dies bei der Diskussion um die Möglichkeiten der Einsichtnahme von Geschädigten in Kronzeugenerklärungen hervor.[413] Das Bundeskartellamt gewährt gemäß der Bekanntmachung über den Erlass und die Reduktion von Geldbußen in Kartellsachen[414] denjenigen, die wesentlich zur Aufklärung eines Kartells beitragen, einen Erlass oder eine Reduktion des Bußgeldes.[415] Voraussetzung hierfür ist eine uneingeschränkte Zusammenarbeit. Dazu gehört beispielsweise die Übermittlung aller zum Nachweis des Wettbewerbsverstoßes und für die Berechnung der Buße relevanten Informationen und Beweismittel an das Bundeskartellamt.[416] Auch bei der Europäischen Kommission besteht ein Kronzeugenprogramm, das zum Erlass bzw. der Reduktion der Kartellbuße führen kann. Ähnlich wie das Bundeskartellamt hat auch die Europäische Kommission in ihrer Kronzeugenmitteilung[417] detailliert aufgeführt, welche Informationen und Beweismittel vom Kartellanten zu übermitteln sind, um in den Genuss der Vorteile der Kronzeugenregelung zu gelangen.[418] Die von den Kronzeugen übermittelten Erklärungen und Beweismittel enthalten häufig umfangreiche und sensible Informationen aus dem unternehmerischen Kernbereich wie

---

Völcker, Kartellverfahren und Kartellprozess (2017), § 23 Rn. 8; *Dawirs*, Zugriff auf Kronzeugenerklärungen, S. 78; *Bakowitz*, Informationsherrschaft, S. 30.

413 *Mäger/Zimmer/Milde*, WuW 2009, S. 885, 886; *Alexander*, Schadensersatz, S. 419 f.; *Schroll*, Einfluss auf die Effektivität der Kronzeugenprogramme, S. 139; *Nietsch*, in: Nietsch/Weller, Private Enforcement, S. 9, 15; *Dawirs*, Zugriff auf Kronzeugenerklärungen, S. 79.

414 *Bundeskartellamt*, Bekanntmachung Nr. 9/2006 über den Erlass und die Reduktion von Geldbußen in Kartellsachen vom 07.03.2006 (im Folgenden: „Bonusregelung (2006)"). Die Regelungen über das Kronzeugenprogramm sollen, in Umsetzung der Richtlinie (EU) 2019/1, zukünftig in den §§ 81h ff. GWB-RefE normiert werden.

415 *Bundeskartellamt*, Bonusregelung (2006), Rn. 3 ff.

416 *Bundeskartellamt*, Bonusregelung (2006), Rn. 6 ff.; *Dawirs*, Zugriff auf Kronzeugenerklärungen, S. 70 f.; *Krauß*, in: Kamann/Ohlhoff/Völcker, Kartellverfahren und Kartellprozess (2017), § 18 Rn. 59.

417 *Europäische Kommission*, Mitteilung über den Erlass und die Ermäßigung von Geldbußen in Kartellsachen vom 08.12.2006, ABl. 2006 C 298/17 (im Folgenden: „Kronzeugenmitteilung (2006)"). Zu den vorherigen Mitteilungen siehe: *Bakowitz*, Informationsherrschaft, S. 41 f.

418 *Europäische Kommission*, Kronzeugenmitteilung (2006), ABl. 2006 C 298/17, Rn. 8 und 9.

Marktstrategien, Preiskalkulationen und Umsatzzahlen.[419] Eine Offenlegung dieser Informationen wäre dazu geeignet, die Informationsnot des Geschädigten in großem Maße zu verringern.[420]

Sollten die Kronzeugenerklärungen und die miteingereichten Beweismittel gegenüber kartellgeschädigten Dritten offengelegt werden, könnte dies aber zugleich die Wirksamkeit der Kronzeugenprogramme und damit die öffentlich-rechtliche Kartellrechtsdurchsetzung insgesamt gefährden. Es wird allgemein angenommen, dass – potentielle – Kronzeugen auf eine Zusammenarbeit mit der Wettbewerbsbehörde ganz oder zumindest im bisherigen Umfang verzichten würden, wenn sie zu befürchten hätten, dass die von ihnen übermittelten Informationen an Dritte gelangen.[421] Die –

---

419 *Wessing/Hiéramente*, WuW 2015, S. 220, 224; *Dawirs*, Zugriff auf Kronzeugenerklärungen, S. 74 f.

420 *Jüntgen*, WuW 2007, S. 128, 129; *Lampert/Weidenbach*, WRP 2007, S. 152; *Mäger/Zimmer/Milde*, WuW 2011, S. 935; *Heinichen*, NZKart 2014, S. 83, 87 f.; *Schweitzer*, NZKart 2014, S. 335, 343; *Klooz*, Akteneinsicht Dritter, S. 227; *Makatsch/Mir*, EuZW 2015, S. 7, 8 f.; *Dawirs*, Zugriff auf Kronzeugenerklärungen, S. 74 m.w.N.; a.A.: *Bien*, EuZW 2011, S. 889; *Fiedler/Huttenlauch*, NZKart 2013, S. 350; siehe zu dieser Frage auch: OLG Düsseldorf, Beschl. v. 22.08.2012 – V-4 Kart 5 u. 6/11 (OWi) – *Kaffeeröster*, Juris, Rn. 47.

421 In Bezug auf die Herausgabe von Kronzeugenerklärungen an Kartellgeschädigte: EuGH, Urt. v. 14.06.2011 – C-360/09 – *Pfleiderer*, EU:C:2011:389, Rn. 27; AG Bonn, Beschl. v. 18.01.2012 – 51 Gs 53/09 – *Pfleiderer II*, Juris Rn. 21; *Jüntgen*, WuW 2007, S. 128, 129; *Lampert/Weidenbach*, WRP 2007, S. 152, 160 f.; *Walsh*, E.C.L.R. 2009, S. 30, 31; *Mäger/Zimmer/Milde*, WuW 2009, S. 885, 893 f.; *Caruso*, JECLAP 2010, S. 453, 475 f.; *Alexander*, Schadensersatz, S. 419; *Seitz*, EuZW 2011, S. 598, 601; *Dück/Eufinger/Schultes*, EuZW 2012, S. 418; *Vollmer*, ZWeR 2012, S. 442, 464; *Milde*, Schutz des Kronzeugen, S. 25 f. sowie 217; *Fiedler/Huttenlauch*, NZKart 2013, S. 350; *Koch*, JZ 2013, S. 390, 391; *Dworschak/Maritzen*, WuW 2013, S. 829, 830 f.; *Rey*, G.C.L.R. 2015, S. 109, 110; *Wessing/Hiéramente*, WuW 2015, S. 220, 225 f.; *Stock*, Schadensnachweis, S. 167; zur Offenlegung der miteingereichten Beweismittel: *Topel*, in: Wiedemann, Handbuch Kartellrecht (2020), § 50 Rn. 179; kritisch gegenüber der Annahme, dass die Kartellanten auf eine Zusammenarbeit mit den Wettbewerbsbehörden verzichten würden, da ihnen ein empirischer Beleg fehlt: *Krüger*, NZKart 2013, S. 483, 485; *Hempel*, EuZW 2013, S. 586, 590; *Orthmann*, Informationsanspruch, S. 73; *Sanner*, Informationsgewinnung, S. 502; *Dawirs*, Zugriff auf Kronzeugenerklärungen, S. 80 und 114 f.; zurückhaltend: *Bakowitz*, Informationsherrschaft, S. 119 f.; dazu, das einen Kartellanten verschiedenste Motive zur Stellung eines Kronzeugenantrages bewegen können: High Court, Urt. v. 04.04.2012 – *National Grid v. ABB and Others*, [2012] E.C.C. 12, Rn. 37. In Bezug auf die vorrangige Inanspruchnahme des Kronzeugen als Gesamtschuldner: *Alexander*, Schadensersatz, S. 419; *Schroll*, Einfluss auf

ökonomischen[422] – Vorteile der Zusammenarbeit mit den Wettbewerbsbehörden könnten nämlich entfallen, wenn die enge Zusammenarbeit mit den Wettbewerbsbehörden zur Folge hätte, dass die Kartellanten zum bevorzugten Ziel von Schadensersatzklagen werden würden.[423] Ohne die Zusammenarbeit wären die Wettbewerbsbehörden aber vielfach ihrerseits nicht in der Lage, die Wettbewerbsverstöße aufzudecken bzw. aufzuklären.[424] Auch die Geschädigten sind auf die Feststellung des Verstoßes durch die zuständigen Behörden angewiesen, um diesen nicht eigenständig im Rahmen des Schadensersatzprozesses nachweisen zu müssen.[425] Eine verringerte Kooperation von Kartellmitgliedern mit den Wettbewerbsbehörden würde damit sowohl der öffentlich-rechtlichen als auch der privaten Rechtsdurchsetzung schaden. Verstärkt wird das Spannungsverhältnis bei Kronzeugen dadurch, dass diese bevorzugt als Gesamtschuldner im Rahmen von Follow-On-Klagen in Anspruch genommen werden, da sie den Bußgeldbescheid in der Regel nicht anfechten und dieser somit am schnellsten bestandskräftig wird.[426]

---

die Effektivität der Kronzeugenprogramme, S. 169 f.; *Klose*, in: Säcker u.a., MüKo Kartellrecht/EuR (2020), Leniency-Bekanntmachung Rn. 80.

422 *Canenbley/Steinvorth*, in: Forschungsinstitut für Wirtschaftsverfassung und Wettbewerb, FS 50 Jahre FIW, S. 143, 144; *Dawirs*, Zugriff auf Kronzeugenerklärungen, S. 80; vgl. auch, im Ergebnis allerdings einschränkend: *Klose*, in: Säcker u.a., MüKo Kartellrecht/EuR (2020), Leniency-Bekanntmachung Rn. 2.

423 *Jüntgen*, WuW 2007, S. 128 f.; *Alexander*, Schadensersatz, S. 419; *Kamann*, in: Kamann/Ohlhoff/Völcker, Kartellverfahren und Kartellprozess (2017), § 23 Rn. 9; *Dawirs*, Zugriff auf Kronzeugenerklärungen, S. 79 f.; *Klose*, in: Säcker u.a., MüKo Kartellrecht/EuR (2020), Leniency-Bekanntmachung Rn. 79.

424 VO 1/2003, Erwägungsgrund 25; *Berrisch/Burianski*, WuW 2005, S. 878, 883; *Lahme*, Durchsetzung des Kartellrechts, S. 93; *Ellenrieder*, Nachweis eines Kartellverstoßes, S. 14; *Busch/Sellin*, BB 2012, S. 1167; *Milde*, Schutz des Kronzeugen, S. 26; *Bakowitz*, Informationsherrschaft, S. 119.

425 *Bundeskartellamt*, Stellungnahme des Bundeskartellamts zum Regierungsentwurf zur 8. GWB-Novelle vom 22.06.2012, S. 17; *Bundeskartellamt*, Stellungnahme des Bundeskartellamts zum Referentenentwurf zur 8. GWB-Novelle vom 30.11.2012, S. 14; *Dück/Eufinger/Schultes*, EuZW 2012, S. 418, 421; *Vollmer*, ZWeR 2012, S. 442, 467; *Koch*, JZ 2013, S. 390, 393; *Milde*, Schutz des Kronzeugen, S. 26; *Dworschak/Maritzen*, WuW 2013, S. 829, 831; *Stock*, Schadensnachweis, S. 168; *Bakowitz*, Informationsherrschaft, S. 120 f. Zur Bindungswirkung der Bußgeldentscheidung nach § 33 Abs. 4 GWB a.F. bzw. § 33b GWB siehe oben, S. 69 ff.

426 So ausdrücklich: Kartellschadensersatzrichtlinie 2014/104/EU Erwägungsgrund 38; dazu: *Glöckner*, WRP 2015, S. 410, 412; *Mackenrodt*, in: Kersting/Podszun, 9. GWB-Novelle, Kap. 8 Rn. 25; *Klose*, in: Säcker u.a., MüKo Kartellrecht/EuR (2020),

In Betracht kommt auch eine – eingeschränkte – Übertragung des Vorherstehenden auf die Vergleichsprogramme der Wettbewerbsbehörden.[427] So setzt das Vergleichsverfahren des Bundeskartellamtes – neben einem Geständnis des am Wettbewerbsverstoß Beteiligten, einer Beschreibung des Wettbewerbsverstoßes und einer Darlegung der für die Bußgeldbemessung relevanten Tatsachen – eine sog. *Settlement-Erklärung* oder *Vergleichsausführung* voraus. Darin muss der Beteiligte den ihm zur Last gelegten Sachverhalt anerkennen und ein Bußgeld bis zur Höhe des in Aussicht gestellten Betrages akzeptieren.[428] Im Gegenzug gewährt das Bundeskartellamt eine Reduktion des Bußgeldes.[429] Das Vergleichs- oder Settlementverfahren soll allerdings nur zu einem beschleunigten, ressourcenschonenden und einvernehmlichen Ende des Kartellverfahrens führen.[430] Anders als das Kronzeugenprogramm hat das Vergleichsverfahren somit nicht den Zweck, Wettbewerbsverstöße aufzudecken und damit die öffentlich-rechtliche – und private – Rechtsdurchsetzung zu ermöglichen.[431]

Leniency-Bekanntmachung Rn. 80; siehe auch: *Kamann*, in: Kamann/Ohlhoff/Völcker, Kartellverfahren und Kartellprozess (2017), § 23 Rn. 9; vorher bereits: *Canenbley/Steinvorth*, in: Forschungsinstitut für Wirtschaftsverfassung und Wettbewerb, FS 50 Jahre FIW, S. 143, 152; *Bien*, EuZW 2011, S. 889, 890; *Schroll*, Einfluss auf die Effektivität der Kronzeugenprogramme, S. 169 f.; kritisch: *Krüger*, NZKart 2013, S. 483, 485.

427 Geht nur von einer eingeschränkten Übertragbarkeit aus: *Heltemes*, Settlements im Kartellbußgeldverfahren, S. 153; lehnen eine solche Übertragung im Ergebnis ab: *Bueren*, ZWeR 2011, S. 74, 86; *Schweitzer*, NZKart 2014, S. 335, 343; *Stock*, Schadensnachweis, S. 177.

428 *Bundeskartellamt*, Das Settlement-Verfahren des Bundeskartellamtes (Stand: Februar 2016), S. 2; zu den Anforderungen an die Vergleichsausführungen bei der: *Europäische Kommission*, Vergleichsverfahrens-Mitteilung, ABl. 2008 C 167/01, Rn. 20 ff.

429 *Bundeskartellamt*, Das Settlement-Verfahren des Bundeskartellamtes (Stand: Februar 2016), S. 3; zur „Belohnung" bei der: *Europäische Kommission*, Vergleichsverfahrens-Mitteilung, ABl. 2008 C 167/01, Rn. 32.

430 *Europäische Kommission*, Vergleichsverfahrens-Mitteilung, ABl. 2008 C 167/01, Rn. 2; *Bundeskartellamt*, Das Settlement-Verfahren des Bundeskartellamtes (Stand: Februar 2016), S. 2; ausführlich zum Settlementverfahren: *Brenner*, WuW 2011, S. 590 ff.; zum Settlementverfahren beim Bundeskartellamt und bei der Europäischen Kommission: *Polley/Heinz*, WuW 2012, S. 14 ff.

431 *Bueren*, ZWeR 2011, S. 74, 85; *Schweitzer*, NZKart 2014, S. 335, 343; *Stock*, Schadensnachweis, S. 177 u. 234.

Die Vorschläge zur Auflösung des Spannungsverhältnisses zwischen öffentlich-rechtlicher und privater Rechtsdurchsetzung sind zahlreich.[432] Allerdings gilt es zu beachten, dass die öffentlich-rechtliche und die private Rechtsdurchsetzung nach der Rechtsprechung des EuGH als gleichrangig anzusehen sind.[433]

3. *Informationsmöglichkeiten vor der 9. GWB-Novelle*

Wie oben dargestellt konnte die Informationsasymmetrie vor dem Erlass der 9. GWB-Novelle nur sehr eingeschränkt mit Hilfe von Auskunfts- und Herausgabeansprüchen überwunden werden.

a) *Wichtigste Informationsansprüche im Überblick*

Die wichtigsten vor- und innerprozessualen Informationsmöglichkeiten vor dem Inkrafttreten der 9. GWB-Novelle werden im Folgenden überblicksartig dargestellt. Andere in Betracht zu ziehende Auskunfts- und Vorlageansprüche waren vielfach bereits ihren Voraussetzungen nach unanwendbar oder im Umfang der Offenlegung so eingeschränkt, dass ihnen nur eine geringe Relevanz zukam.[434] Als solche sind gegenüber den deutschen (Wettbewerbs-)Behörden

---

432 Eine Übersicht bietet: *Milde*, Schutz des Kronzeugen, S. 54 ff. m.w.N. Teilweise wird sogar für die Abschaffung der privaten Rechtsdurchsetzung plädiert: *Canenbley/Steinvorth*, in: Forschungsinstitut für Wirtschaftsverfassung und Wettbewerb, FS 50 Jahre FIW, S. 143, 157 f.; *Kapp*, in: Bechtold/Jickeli/Rohe, FS Möschel, S. 319, 331 ff.

433 EuGH, Urt. v. 14.06.2011 – C-360/09 – *Pfleiderer*, EU:C:2011:389, Rn. 25 ff.; EuGH, Urt. v. 06.06.2013 – C-536/11 – *Donau-Chemie*, EU:C:2013:366, Rn. 31 ff. Dazu: *Mäger/Zimmer/Milde*, WuW 2011, S. 935, 941; *Fornasier/Sanner*, WuW 2011, S. 1067, 1069; *Hauger/Palzer*, EWS 2012, S. 124, 126; *Kapp*, WuW 2012, S. 474, 476; *Nowak*, ZVertriebsR 2013, S. 376, 377; *Satzinger*, Entthronung des Kronzeugen, S. 193; *Kamann*, in: Kamann/Ohlhoff/Völcker, Kartellverfahren und Kartellprozess (2017), § 23 Rn. 7; *Dawirs*, Zugriff auf Kronzeugenerklärungen, S. 123; *Bakowitz*, Informationsherrschaft, S. 177; entnehmen der Entscheidung einen Vorrang für die öffentlich-rechtliche Rechtsdurchsetzung: *Dworschak/Maritzen*, WuW 2013, S. 829, 833; kritisch: *Inderst/Thomas*, Schadensersatz bei Kartellverstößen (2018), S. 481.

434 Die Informationsmöglichkeiten vor der 9. GWB-Novelle werden ausführlich dargestellt bei: *Bronny*, Informationsasymmetrien, S. 80 ff. sowie 98 ff.; *Lahme*, Durchsetzung des Kartellrechts, S. 227 ff.; *Westhoff*, Zugang zu Beweismitteln, S. 60 ff. u. 114 ff.; *Ellenrieder*, Nachweis eines Kartellverstoßes, S. 75 ff. u. 131 ff.; *Milde*, Schutz des Kronzeugen, S. 185 ff.; *Häfele*, Private Rechtsdurchsetzung, S. 175 ff.; *Sanner*, Informationsgewinnung, S. 210 ff.; *Stock*, Schadensnachweis, S. 131 ff. u. 192 ff.; *Dawirs*, Zugriff

etwa Informationsmöglichkeiten im Kartellverwaltungsverfahren,[435] Ansprüche aus § 475 StPO i.V.m. § 49b OWiG[436] sowie aus § 1 Abs. 1 IFG zu nennen.[437] Als weitere Möglichkeit der prozessualen Informationsbeschaffung standen die prozessualen Vorlageanordnungen für (elektronische) Dokumente nach § 142 bzw. 144 ZPO zur Verfügung.[438] Einzelne Geschädigte haben auch versucht, sich als Streithelfer der Behörden an den Anfechtungsklagen der Kartellanten gegen die wettbewerbsbehördliche Entscheidung zu beteiligen, um auf diesem Wege Zugriff auf die Akten der Wettbewerbsbehörden zu erhalten.[439] Informationsansprüche gegen Dritte, wie etwa Abnehmern einer vorhergehenden Marktstufe, fehlten faktisch vollständig.[440]

aa) § 242 BGB – Materiell-rechtlicher Auskunftsanspruch

Maßgeblich zur Gewinnung von Informationen bei den am Wettbewerbsverstoß Beteiligten war der, aus § 242 BGB hergeleitete und mittlerweile gewohnheitsrechtlich anerkannte,[441] materiell-rechtliche

auf Kronzeugenerklärungen, S. 185 ff.; *Bakowitz*, Informationsherrschaft, S. 69 ff. u. 117 ff.

435 *Klooz*, Akteneinsicht Dritter, S. 40 ff.; *Dawirs*, Zugriff auf Kronzeugenerklärungen, S. 130 ff. sowie 140; *Bakowitz*, Informationsherrschaft, S. 171 f.

436 *Milde*, Schutz des Kronzeugen, S. 238; *Bakowitz*, Informationsherrschaft, S. 194.

437 *Burholt*, BB 2006, S. 2201, 2206 f.; *Jüntgen*, WuW 2007, S. 128, 131; *Milde*, Schutz des Kronzeugen, S. 188; *Seifert*, NZKart 2017, S. 512, 517; *Schwedler*, in: Kamann/Ohlhoff/Völcker, Kartellverfahren und Kartellprozess (2017), § 17 Rn. 258; *Inderst/Thomas*, Schadensersatz bei Kartellverstößen (2018), S. 488 f.; *Bakowitz*, Informationsherrschaft, S. 194 f.

438 Zur geringen Bedeutung von §§ 142 und 144 ZPO im Kartellschadensrecht: *Jüntgen*, Durchsetzung privater Ansprüche im Kartellrecht, S. 112 f.; *Fiedler/Huttenlauch*, NZKart 2013, S. 350, 351; *Fiedler*, BB 2013, S. 2179, 2182; *Gussone/Schreiber*, WuW 2013, S. 1040, 1048; *Stock*, Schadensnachweis, S. 212 ff.; *Bakowitz*, Informationsherrschaft, S. 205.

439 Ablehnend: EuGH, Beschl. v. 08.06.2012 – C-602/11 P(I) – *Schenker/Deutsche Lufthansa*, EU:C:2012:337, Rn. 15; dazu: *Mestmäcker/Schweitzer*, Europäisches Wettbewerbsrecht, § 23 Rn. 59c f.; *Dawirs*, Zugriff auf Kronzeugenerklärungen, S. 156 f.

440 *Sanner*, Informationsgewinnung, S. 351 ff.; *Inderst/Thomas*, Schadensersatz bei Kartellverstößen (2015), S. 383; *Stock*, Schadensnachweis, S. 191 f.

441 RG, Urt. v. 04.05.1923 – II 310/22, RGZ 108, S. 1, 7; BGH, Urt. v. 28.10.1953 – II ZR 149/52, BGHZ 10, S. 385, 386 f.; BGH, Urt. v. 20.01.1971 – VIII ZR 251/69, BGHZ 55, S. 201, 203; BGH, Urt. v. 04.06.1981 – III ZR 31/80, BGHZ 81, S. 21, 24; BGH, Urt. v. 06.05.2004 – III ZR 248/03, Juris, Rn. 22; *Köhler*, NJW 1992, S. 1477,

Auskunftsanspruch.[442] Dieser war allerdings auf Informationen zur Schadenshöhe begrenzt,[443] und gegenüber anderen – gleichwertigen – Informationsmöglichkeiten subsidiär.[444]

Die Reichweite des Auskunftsanspruchs richtet sich primär nach dem Inhalt der zugrunde liegenden Rechtsbeziehung, da sich aus dieser der Zweck der Auskunftserteilung ergibt.[445] Bei einem Kartellschadensersatzanspruch waren daher an sich alle zur Berechnung der Schadenshöhe erforderlichen Informationen umfasst.[446] Es war allerdings anerkannt, dass dem Geschädigten grundsätzlich

---

1480; *Bittner*, in: von Staudinger/Albrecht, BGB (Stand 2019), § 242 Rn. 606; *Krüger*, in: Säcker u.a., MüKoBGB (2019), § 260 Rn. 12.

442 *Stock*, Schadensnachweis, S. 135; *Hellmann/Steinbrück*, NZKart 2017, S. 164, 166. Zur Anwendbarkeit des Anspruchs im Kartellschadensrecht: OLG Düsseldorf, Urt. v. 18.08.1998 – U (Kart) 15/97 – *Global One*, Juris, Rn. 95 ff.; BGH, Urt. v. 27.04.1999 – KZR 54/97 – *Taxi-Krankentransport*, Juris, Rn. 32; *Buntscheck*, WuW 2013, S. 947, 951; *Inderst/Thomas*, Schadensersatz bei Kartellverstößen (2018), S. 515; zweifelnd: *Dreher*, ZWeR 2008, S. 325, 334.

443 BGH, Urt. v. 28.11.1990 – VI ZR 63/89, NJW 1990, S. 1358; *Jüntgen*, Durchsetzung privater Ansprüche im Kartellrecht, S. 41; *Krüger*, in: Säcker u.a., MüKoBGB (2019), § 260 Rn. 15; *Grüneberg*, in: Palandt, BGB (2020), § 260 Rn. 6; zum Anspruchsinhalt: *Inderst/Thomas*, Schadensersatz bei Kartellverstößen (2018), S. 516 ff.

444 BGH, Urt. v. 17.05.1995 – X ZR 82/92 – *Copolyester I*, NJW 1995, S. 386, 387; *Osterloh-Konrad*, Informationsanspruch, S. 205 f.; *Beckhaus*, Bewältigung von Informationsdefiziten, S. 47. Als andere Informationsmöglichkeiten kam die Auswertung von öffentlich zugänglichen Informationen sowie die Geltendmachung von Informationsansprüchen gegen Dritte, insbesondere Behörden, in Betracht: BGH, Urt. v. 16.06.1970 – V ZR 90/67, Juris, Rn. 41 f.; BGH, Urt. v. 07.05.1980 – VIII ZR 120/79, NJW 1980, S. 2463, 2464; OLG Celle, Urt. v. 19.06.2003 – 11 U 10/03, NJW-RR 2003, S. 1715, 1716; *Osterloh-Konrad*, Informationsanspruch, S. 207 f.; *Beckhaus*, Bewältigung von Informationsdefiziten, S. 47; *Stock*, Schadensnachweis, S. 142; *Grüneberg*, in: Palandt, BGB (2020), § 260 Rn. 7; *Krüger*, in: Säcker u.a., MüKoBGB (2019), § 260 Rn. 18.

445 BGH, Urt. v. 17.05.1995 – X ZR 82/92 – *Copolyester I*, NJW 1995, S. 386, 387; *Osterloh-Konrad*, Informationsanspruch, S. 229; *Inderst/Thomas*, Schadensersatz bei Kartellverstößen (2015), S. 389.

446 BGH, Urt. v. 27.11.1965 – Ib ZR 23/63 – *Umsatzauskunft*, GRUR 1965, S. 313, 314; BGH, Urt. v. 14.01.1977 – I ZR 170/75 – *Allstar*, GRUR 1977, S. 491, 494; BGH, Urt. v. 02.02.1995 – I ZR 16/93 – *Objektive Schadensberechnung*, GRUR 1995, S. 349, 352; *Köhler*, NJW 1992, S. 1477, 1482; *Lahme*, Durchsetzung des Kartellrechts, S. 230; vgl. auch: *Büch*, in: Teplitzky/Bacher, Teplitzky (2019), Kap. 38 Rn. 11. Der Anspruch umfasste i.d.R. nur Wissenserklärungen, eine Dokumentenvorlage kam nur in

nur über die Informationen Auskunft erteilt werden muss, die er zur Schätzung des Schadensersatzanspruchs gemäß § 287 ZPO benötigt.[447] Zudem konnte es an der Erforderlichkeit der Auskunftserteilung fehlen, wenn eine andere Methode der Schadensschätzung weniger detaillierte Informationen bedurfte.[448]

Der Auskunftsanspruch bestand zudem nur in den Grenzen von Treu und Glauben, sodass eine weitere Einschränkung über das Kriterium der Zumutbarkeit der Auskunftserteilung vorgenommen wurde.[449] Die Auskunftserteilung war insbesondere unzumutbar, wenn sie vom Schädiger einigen zeitlichen oder finanziellen Einsatz forderte und daher unverhältnismäßig war.[450] Wann die Grenzen der Verhältnismäßigkeit überschritten waren, hing von einer Interessenabwägung im Einzelfall ab.[451] Da die Schwelle der Unzumutbarkeit mit der Schwere der Rechtsverletzung steigt,[452] wurde jedenfalls bei den Beteiligten eines Hardcore-Kartells angenommen, dass diese besonders große Anstrengungen leisten mussten, bevor von einer Unzumutbarkeit ausgegangen werden konnte.[453]

Die Herausgabe konnte darüber hinaus unzumutbar sein, wenn die herausverlangten Informationen sensible Unternehmensdaten des Schädigers waren und dieser ein „*schutzwürdiges Interesse an der Geheimhaltung*“ hatte.[454] Auch

---

Ausnahmefällen in Betracht: *Köhler*, NJW 1992, S. 1477, 1481; *Dreher*, ZWeR 2008, S. 325, 333; *Inderst/Thomas*, Schadensersatz bei Kartellverstößen (2018), S. 516 f.

447 BGH, Urt. v. 27.11.1965 – Ib ZR 23/63 – *Umsatzauskunft*, GRUR 1965, S. 313, 314; *Inderst/Thomas*, Schadensersatz bei Kartellverstößen (2018), S. 516; im Ergebnis ebenso: *Stock*, Schadensnachweis, S. 153.

448 *Inderst/Thomas*, Schadensersatz bei Kartellverstößen (2015), S. 391; *Stock*, Schadensnachweis, S. 150.

449 BGH, Urt. v. 13.11.1997 – X ZR 132/95 – *Copolyester II*, NJW 1998, S. 3492, 3494.

450 BGH, Urt. v. 11.05.2000 – IX ZR 262/98, NJW 2000, S. 3777, 3779; BGH, Urt. v. 06.02.2007 – X ZR 117/04 – *Meistbegünstigungsvereinbarung*, NJW 2007, S. 1806, 1808; *Osterloh-Konrad*, Informationsanspruch, S. 247 f.; *Stock*, Schadensnachweis, S. 140; *Grüneberg*, in: Palandt, BGB (2020), § 260 Rn. 8; *Inderst/Thomas*, Schadensersatz bei Kartellverstößen (2018), S. 517; *Krüger*, in: Säcker u.a., MüKoBGB (2019), § 260 Rn. 20.

451 *Osterloh-Konrad*, Informationsanspruch, S. 227; *Beckhaus*, Bewältigung von Informationsdefiziten, S. 48 und 51.

452 BGH, Urt. v. 05.06.1985 – I ZR 53/83 – *GEMA-Vermutung I*, NJW 1986, S. 1244, 1245; *Stock*, Schadensnachweis, S. 140 f.; *Krüger*, in: Säcker u.a., MüKoBGB (2019), § 260 Rn. 20.

453 *Stock*, Schadensnachweis, S. 141.

454 *Köhler*, NJW 1992, S. 1477, 1481; *Jüntgen*, Durchsetzung privater Ansprüche im Kartellrecht, S. 45.

diesbezüglich musste eine Abwägung erfolgen,[455] in welche das Geheimhaltungsinteresse, die Intensität der verursachten Rechtsverletzung sowie die Notwendigkeit der Information für die Durchsetzung des Schadensersatzanspruchs einzubeziehen waren.[456] Nicht schützenswert waren allerdings Informationen, die den Wettbewerbsverstoß betrafen. Sie bezogen sich auf einen von der Rechtsordnung missbilligten Vorgang[457] und besaßen für sich keinen Geheimniswert.[458]

bb) § 406e StPO i.V.m. § 46 Abs. 1 und Abs. 3 S. 4 OWiG

Von größerer Bedeutung waren daher die Möglichkeiten der Einsichtnahme in die Akten der Wettbewerbsbehörden.[459] Wichtigste Informationsmöglichkeit gegenüber dem Bundeskartellamt[460] war das Akteneinsichtsrecht des Verletzten nach § 406e StPO i.V.m. § 46 Abs. 1 und Abs. 3 S. 4 OWiG.[461] Der Anspruch aus § 406e

---

455 BGH, Urt. v. 22.11.1957 – I ZR 144/56 – *Spitzenmuster*, GRUR 1958, S. 346, 348; BGH, Urt. v. 24.03.1994 – I ZR 42/93 – *Cartier-Armreif*, NJW 1994, S. 1958, 1960; BGH, Urt. v. 17.05.2001 – I ZR 291/98 – *Entfernung der Herstellungsnummer II*, GRUR 2001, S. 841, 843; *Köhler*, NJW 1992, S. 1477, 1481; *Osterloh-Konrad*, Informationsanspruch, S. 254; vgl. auch: *Büch*, in: Teplitzky/Bacher, Teplitzky (2019), Kap. 38 Rn. 21.

456 BGH, Urt. v. 06.10.2005 – I ZR 322/02 – *Noblesse*, GRUR 2006, S. 419, 420; *Stock*, Schadensnachweis, S. 153; *Inderst/Thomas*, Schadensersatz bei Kartellverstößen (2018), S. 517; *Köhler*, in: Köhler/Bornkamm/Feddersen, UWG (2020), § 9 Rn. 4.18.

457 Zu § 406e StPO: OLG Düsseldorf, Beschl. v. 22.08.2012 – V-4 Kart 5 u. 6/11 (OWi) – *Kaffeeröster*, Juris, Rn. 36; zu § 474 Abs. 1 StPO: OLG Hamm, Beschl. v. 26.11.2013 – 1 VAs 116/13-120/13 u. 1 VAs 122/13 – *Einsicht in Strafakten*, Juris, Rn. 61; *Inderst/Thomas*, Schadensersatz bei Kartellverstößen (2018), S. 517.

458 *Schmidt*, Drittschutz, Akteneinsicht und Geheimnisschutz im Kartellverfahren, S. 26 f.; *Werner*, in: Gamm/Raisch/Tiedemann, FS G. Pfeiffer, S. 821, 832; *Jüntgen*, Durchsetzung privater Ansprüche im Kartellrecht, S. 45 f.

459 Der Begriff der Wettbewerbsbehörden beschränkt sich im Folgenden auf die Europäischen Kommission und das Bundeskartellamt. Siehe zu Informationsansprüchen gegenüber den Landeskartellämtern: *Jüntgen*, Durchsetzung privater Ansprüche im Kartellrecht, S. 65.

460 Die Relevanz des Akteneinsichtsrecht aus § 406e StPO i.V.m. § 46 Abs. 1 und Abs. 3 S. 4 OWiG ergibt sich bereits aus den zahlreichen Entscheidungen des für das Bundeskartellamt zuständigen AG Bonn, siehe die Liste von ca. 50 Entscheidungen zwischen 2008 und 2017 auf der Webseite des Bundeskartellamts: https://www.bundeskartellamt.de/DE/Kartellverbot/Materialien/Amtsgericht_Bonn/Entscheidungen_AG_Bonn_node.html (zuletzt abgerufen am 13.10.2020).

461 Zu den Anforderungen an die Verletzteneigenschaft: *Vollmer*, ZWeR 2012, S. 442, 446 ff.; *Dawirs*, Zugriff auf Kronzeugenerklärungen, S. 86 ff.; siehe dazu auch: OLG Düsseldorf, Beschl. v. 22.08.2012 – V-4 Kart 5 u. 6/11 (OWi) – *Kaffeeröster*, Juris, Rn. 24 f. Zur

Abs. 1 S. 1 StPO umfasste im Bußgeldverfahren grundsätzlich den gesamten Aktenbestand und dazugehörige Asservate.[462] Die Einsichtnahme musste aber zur Substantiierung des Schadensersatzanspruchs erforderlich sein.[463] Es war in Praxis und Literatur heftig umstritten, wann die Offenlegung bestimmter Aktenbestandteile zur Substantiierung des Schadensersatzanspruchs tatsächlich erforderlich war.[464] Problematisch war dabei vielfach die Feststellung der Schadensrelevanz der Informationen.[465] Zudem war umstritten, wer über die Schadensrelevanz zu entscheiden

---

Verletzteneigenschaft des Zessionars: *Dawirs*, Zugriff auf Kronzeugenerklärungen, S. 92 f.; *Bakowitz*, Informationsherrschaft, S. 174 f.; a.A.: *Vollmer*, ZWeR 2012, S. 442, 447; *Milde*, Schutz des Kronzeugen, S. 193. Zum berechtigten Interesse an der Einsichtnahme: BVerfG, Beschl. v. 05.12.2006 – 2 BvR 2388/06, NJW 2007, S. 1052, 1053; AG Bonn, Beschl. v. 24.09.2008 – 51 Gs 1456/08 – *Listenpreis*, Juris, Rn. 23; AG Bonn, Beschl. v. 18.01.2012 – 51 Gs 53/09 – *Pfleiderer II*, Juris, Rn. 13 f.; OLG Düsseldorf, Beschl. v. 22.08.2012 – V-4 Kart 5 u. 6/11 (OWi) – *Kaffeeröster*, Juris, Rn. 28 f.; *Vollmer*, ZWeR 2012, S. 442, 448 ff.; *Milde*, Schutz des Kronzeugen, S. 194 m.w.N.; *Stock*, Schadensnachweis, S. 164 f.; *Gey*, in: Kamann/Ohlhoff/Völcker, Kartellverfahren und Kartellprozess (2017), § 18 Rn. 249 ff.; *Zabeck*, in: Hannich, Karlsruher Kommentar StPO (2019), § 406e Rn. 4.

462 *Vollmer*, ZWeR 2012, S. 442, 446; *Schmitt*, in: Meyer-Goßner/Schmitt, StPO (2020), § 406e Rn. 5.

463 LG Berlin, Beschl. v. 20.05.2008 – 514 AR 1/07, WM 2008, S. 1470, 1474; *Vollmer*, ZWeR 2012, S. 442, 451; *Velten*, in: Wolter, SK-StPO (2013), § 406e Rn. 6 u. 11; *Gey*, in: Kamann/Ohlhoff/Völcker, Kartellverfahren und Kartellprozess (2017), § 18 Rn. 253 m.w.N.

464 Jedenfalls die Einsichtnahme in die gesamte Akten war wohl nicht erforderlich, vgl. dazu: EuGH, Urt. v. 06.06.2013 – C-536/11 – *Donau-Chemie*, EU:C:2013:366, Rn. 33; *Gey*, in: Kamann/Ohlhoff/Völcker, Kartellverfahren und Kartellprozess (2017), § 18 Rn. 252.

465 Allgemein: *Vollmer*, ZWeR 2012, S. 442, 453 ff. Bezweifelt den Nutzen der Einsichtnahme in die Bußgeldakten (der Europäischen Kommission): *Hempel*, in: Bechtold/Jickeli/Rohe, FS Möschel, S. 265, 279 f.; a.A.: *Stock*, Schadensnachweis, S. 189 f.; dieser verweist auch auf: BGH, Urt. v. 28.06.2011 – KZR 75/10 – *ORWI*, BGHZ 190, S. 145, 157 und 160 f., in der vorausgehenden Bußgeldentscheidung konnte die Europäische Kommission konkret abgesprochene Preiserhöhungen aufdecken. Zum „*Nutzen*" der Einsichtnahme in Kronzeugenerklärungen: *Jüntgen*, WuW 2007, S. 128, 129; *Lampert/Weidenbach*, WRP 2007, S. 152; *Mäger/Zimmer/Milde*, WuW 2011, S. 935; *Heinichen*, NZKart 2014, S. 83, 87; *Schweitzer*, NZKart 2014, S. 335, 343; *Klooz*, Akteneinsicht Dritter, S. 227; *Makatsch/Mir*, EuZW 2015, S. 7, 8 f.; *Glöckner*, WRP 2015, S. 410, 413; *Dawirs*, Zugriff auf Kronzeugenerklärungen, S. 74 m.w.N.; zumindest bei jüngeren Kronzeugenerklärungen zweifelnd: *Bakowitz*, Informationsherrschaft, S. 112 f.; verneinen die Schadensrelevanz von Kronzeugenerklärungen: AG Bonn, Beschl. v.

hatte.[466]

Eine erhebliche Beschränkung der Akteneinsicht erfolgte durch die Versagensgründe des § 406e Abs. 2 StPO.[467] Nach § 406e Abs. 2 S. 1 StPO ist das Recht auf Akteneinsicht zu versagen, soweit diesem überwiegende schutzwürdige Interessen des Beschuldigten oder Dritter entgegenstehen.[468] § 406e Abs. 2 S. 2 StPO sieht vor, dass die Akteneinsicht versagt werden kann, wenn der Untersuchungszweck – auch in einem anderen Strafverfahren – durch die Offenlegung gefährdet erscheint.[469] Zudem kam eine Versagung der Akteneinsicht gemäß § 406e Abs. 2 S. 3 StPO in Betracht, wenn diese zu einer erheblichen Verzögerung des Verfahrens geführt hätte.[470]

Insbesondere die Offenlegung von Kronzeugenerklärungen war heftig umstritten. Hintergrund dieses Streits war wie oben dargestellt das Spannungsverhältnis

---

18.01.2012 – 51 Gs 53/09 – *Pfleiderer II*, Juris, Rn. 26 f.; OLG Düsseldorf, Beschl. v. 22.08.2012 – V-4 Kart 5 u. 6/11 (OWi) – *Kaffeeröster*, Juris, Rn. 47; *Bien*, EuZW 2011, S. 889; *Bundeskartellamt*, Stellungnahme des Bundeskartellamts zum Regierungsentwurf zur 8. GWB-Novelle vom 22.06.2012, S. 17; *Fiedler/Huttenlauch*, NZKart 2013, S. 350, 353; *Hummer/Cywinski*, G.C.L.R. 2014, S. 115, 118; *Raible/Lepper*, in: Kamann/Ohlhoff/Völcker, Kartellverfahren und Kartellprozess (2017), § 26 Rn. 573. Zu schadensrelevanten Informationen in Vergleichsausführungen: *Stock*, Schadensnachweis, S. 176; *Bakowitz*, Informationsherrschaft, S. 186 f.; ablehnend: *Vollmer*, ZWeR 2012, S. 442, 469; *Heltemes*, Settlements im Kartellbußgeldverfahren, S. 156 f.

466 Dazu, dass der Einsicht Begehrende über den Informationswert entscheiden muss: BGH, Beschl. v. 14.07.2015 – KVR 55/14 – *Trinkwasserpreise*, NJW 2015, S. 3648, 3650 Rn. 31; nimmt hingegen die Bewertung, ob schadensrelevante Informationen in Kronzeugenerklärungen vorhanden sind selbst vor: OLG Düsseldorf, Beschl. v. 22.08.2012 – V-4 Kart 5 u. 6/11 (OWi) – *Kaffeeröster*, Juris, Rn. 47; kritisch dazu: *Dohrn/Liebich*, WRP 2012, S. 1601, 1602; *Kapp/Hummel*, BB 2012, S. 2459, 2463; *Heinichen*, NZKart 2014, S. 83, 87; *Bakowitz*, Informationsherrschaft, S. 185 f.

467 *Dawirs*, Zugriff auf Kronzeugenerklärungen, S. 103.

468 Dazu: BGH, Beschl. v. 18.01.1993 – 5 AR (VS) 44/92, NStZ 1993, S. 351, 352; *Milde*, Schutz des Kronzeugen, S. 211; *Zabeck*, in: Hannich, Karlsruher Kommentar StPO (2019), § 406e Rn. 6; *Mallmann/Lübbig*, in: Fuchs/Weitbrecht, Private Kartellrechtsdurchsetzung, § 13 Rn. 15; ausführlich zur Interessenabwägung: *Klooz*, Akteneinsicht Dritter, S. 128 ff.

469 Dazu: *Grau*, in: Knauer/Kudlich/Schneider, MüKoStPO (2019), § 406e Rn. 14; *Zabeck*, in: Hannich, Karlsruher Kommentar StPO (2019), § 406e Rn. 7.

470 Siehe z.B.: OLG Düsseldorf, Beschl. v. 22.08.2012 – V-4 Kart 5 u. 6/11 (OWi) – *Kaffeeröster*, Juris, Rn. 49 ff.; *Vollmer*, ZWeR 2012, S. 442, 462 f.; *Stock*, Schadensnachweis, S. 177 ff.; *Zabeck*, in: Hannich, Karlsruher Kommentar StPO (2019), § 406e Rn. 8.

zwischen Public und Private Enforcement.[471] Der EuGH entschied in seinem *Pfleiderer*-Urteil,[472] dass die Auflösung des Spannungsverhältnisses immer einer Einzelfallabwägung des zuständigen Gerichts bedürfe, um dem Äquivalenz- und Effektivitätsgrundsatz des Art. 101 AEUV zu genügen.[473] Allerdings gab der EuGH den nationalen Gerichten kaum Kriterien an die Hand, um die Einzelfallabwägung durchzuführen,[474] vor allem die entscheidende Frage nach dem Rangverhältnis von Public und Private Enforcement hat der Gerichtshof im Ergebnis offengelassen.[475] Bestätigt und vertieft wurde das Abwägungserfordernis im *Donau-Chemie*-Urteil des EuGH.[476] Danach könne die Offenlegung von Dokumenten nur dann zulässigerweise verweigert werden, wenn für jedes einzelne Dokument dargelegt werde, warum zwingende Verweigerungsgründe bestehen.[477] Die nationalen Gerichte dürften sich nicht pauschal auf Gefahren für die Effektivität der Kronzeugenprogramme berufen.[478]

Entgegen dieser Rechtsprechung lehnte das Bundeskartellamt die Einsichtnahme in Kronzeugenerklärungen pauschal ab.[479] Diese Vorgehensweise wurde von den deutschen Gerichten mit unterschiedlichen Begründungen bestätigt. In seinem *Pfleiderer II*-Beschluss[480] versagte das AG Bonn die Einsichtnahme in Kronzeugenerklärungen insbesondere mit der Begründung, dass diese eine Gefährdung des Untersuchungszwecks nach § 406e Abs. 2 S. 2 StPO darstellen würde. Es ging dabei davon aus, dass auch andere, erst zukünftig einzuleitende Kartellverfahren mit in den Schutzbereich einzubeziehen seien.[481] In seinem

---

471 Siehe oben, S. 92 ff.

472 EuGH, Urt. v. 14.06.2011 – C-360/09 – *Pfleiderer*, EU:C:2011:389.

473 EuGH, Urt. v. 14.06.2011 – C-360/09 – *Pfleiderer*, EU:C:2011:389, Rn. 30 f.

474 *Mäger/Zimmer/Milde*, WuW 2011, S. 935, 941; *Dawirs*, Zugriff auf Kronzeugenerklärungen, S. 123; *Bakowitz*, Informationsherrschaft, S. 177.

475 *Mäger/Zimmer/Milde*, WuW 2011, S. 935, 941; *Fornasier/Sanner*, WuW 2011, S. 1067, 1069 f.; *Hauger/Palzer*, EWS 2012, S. 124, 126; *Kapp*, WuW 2012, S. 474, 476; *Nowak*, ZVertriebsR 2013, S. 376, 377; *Satzinger*, Entthronung des Kronzeugen, S. 193; *Dawirs*, Zugriff auf Kronzeugenerklärungen, S. 123; *Bakowitz*, Informationsherrschaft, S. 177; *Inderst/Thomas*, Schadensersatz bei Kartellverstößen (2018), S. 481; entnehmen der Entscheidung einen Vorrang für die öffentlich-rechtliche Rechtsdurchsetzung: *Dworschak/Maritzen*, WuW 2013, S. 829, 833.

476 EuGH, Urt. v. 06.06.2013 – C-536/11 – *Donau-Chemie*, EU:C:2013:366, Rn. 43 und 49.

477 EuGH, Urt. v. 06.06.2013 – C-536/11 – *Donau-Chemie*, EU:C:2013:366, Rn. 47 f.

478 EuGH, Urt. v. 06.06.2013 – C-536/11 – *Donau-Chemie*, EU:C:2013:366, Rn. 46.

479 *Bundeskartellamt*, Bonusregelung (2006), Rn. 22.

480 AG Bonn, Beschl. v. 18.01.2012 – 51 Gs 53/09 – *Pfleiderer II*, Juris.

481 AG Bonn, Beschl. v. 18.01.2012 – 51 Gs 53/09 – *Pfleiderer II*, Juris, Rn. 21 f.

Kaffeeröster-Beschluss[482] verweigerte das OLG Düsseldorf die Einsichtnahme, weil dieser ein überwiegendes schutzwürdiges Interesse des Kronzeugen i.S. des § 406e Abs. 2 S. 1 StPO entgegenstünde.[483] Das schutzwürdige Interesse des Kronzeugen solle sich daraus ergeben, dass dieser alle Angaben in der Kronzeugenerklärung freiwillig getätigt hätte und ihm vom Bundeskartellamt in der Kronzeugenmitteilung zugesichert worden wäre, dass die Informationen vertraulich behandelt werden würden.[484] Die Entscheidungen des AG Bonn und des OLG Düsseldorf wurden in der Literatur vielfach besprochen.[485] An den Entscheidungen ist insbesondere zu kritisieren, dass entgegen der Rechtsprechung des EuGH keine Einzelfallabwägung vorgenommen wurde. Die Gerichte haben es vielmehr bei einer abstrakten Abwägung der widerstreitenden Interessen belassen.[486]

---

482 OLG Düsseldorf, Beschl. v. 22.08.2012 – V-4 Kart 5 u. 6/11 (OWi) – *Kaffeeröster*, Juris.

483 OLG Düsseldorf, Beschl. v. 22.08.2012 – V-4 Kart 5 u. 6/11 (OWi) – *Kaffeeröster*, Juris, Rn. 36 und 46.

484 OLG Düsseldorf, Beschl. v. 22.08.2012 – V-4 Kart 5 u. 6/11 (OWi) – *Kaffeeröster*, Juris, Rn. 36; zur Zusicherung der Geheimhaltung: *Bundeskartellamt*, Bonusregelung (2006), Rn. 22.

485 Zum *Pfleiderer II*-Beschluss des AG Bonn siehe z.B.: *Hauger/Palzer*, EWS 2012, S. 124, 127 ff.; kritisiert insbesondere, dass das Bundeskartellamt sein eigenes Recht durch den Vertrauenstatbestand schafft: *Kapp*, WuW 2012, S. 474, 480; *Vollmer*, ZWeR 2012, S. 442, 461; *Busch/Sellin*, BB 2012, S. 1167, 1170 ff.; *Yomere*, WuW 2013, S. 34, 37 f.; *Koch*, JZ 2013, S. 390, 391; *Dworschak/Maritzen*, WuW 2013, S. 829, 834; *Milde*, Schutz des Kronzeugen, S. 226 ff.; *Hempel*, ZWeR 2014, S. 203, 206 ff.; *Dawirs*, Zugriff auf Kronzeugenerklärungen, S. 124 ff.; *Bakowitz*, Informationsherrschaft, S. 173 ff. Zustimmend zum *Kaffeeröster*-Beschluss: *Palzer*, EWS 2012, S. 543, 544; *Milde*, Schutz des Kronzeugen, S. 213 f.; *Inderst/Thomas*, Schadensersatz bei Kartellverstößen (2018), S. 483 f.; beruft sich ebenfalls auf den durch das Bundeskartellamt geschaffenen Vertrauenstatbestand: *GA Mazák*, Schlussanträge v. 14.06.2011 – C-360/09 – *Pfleiderer*, EU:C:2010:782, Rn. 45. Kritisiert hingegen, den Schutz öffentlicher Interessen in das „*Gewand des Vertrauensschutzes*" zu kleiden: *Dworschak/Maritzen*, WuW 2013, S. 829, 836; lehnen einen Vertrauensschutz ab: *Kapp*, WuW 2012, S. 474, 480; *Dawirs*, Zugriff auf Kronzeugenerklärungen, S. 110 f.; *Bakowitz*, Informationsherrschaft, S. 184. Kritisch zur Feststellung des OLG Düsseldorf, dass schadensrelevante Informationen in den Kronzeugenerklärungen fehlen: *Dohrn/Liebich*, WRP 2012, S. 1601, 1602 f.; *Kapp/Hummel*, BB 2012, S. 2459, 2463; *Heinichen*, NZKart 2014, S. 83, 87; *Bakowitz*, Informationsherrschaft, S. 185; a.A.: *Vollmer*, ZWeR 2012, S. 442, 467.

486 *Pfleiderer II*-Entscheidung: *Schnelle/Kollmann*, CCZ 2012, S. 155, 156; *Kapp*, WuW 2012, S. 474, 480 f.; *Busch/Sellin*, BB 2012, S. 1167, 1170; *Yomere*, WuW 2013, S. 34, 37 f.; *Hempel*, EuZW 2013, S. 586, 590; *Dworschak/Maritzen*, WuW 2013, S. 829, 834; *Dawirs*, Zugriff auf Kronzeugenerklärungen, S. 124; *Bakowitz*,

cc) *Art. 2 Abs. 1 VO (EG) 1049/2001*

Als Möglichkeit der Informationsgewinnung bei der Europäischen Kommission kam das Recht auf Zugang gemäß Art. 2 Abs. 1 VO (EG) 1049/2001[487] in Betracht.[488] Allerdings war die Anwendbarkeit der VO 1049/2001 in Kartellsachen lange umstritten.[489] Erst im Jahr 2014 sorgte das *EnBW*-Urteil des EuGH für Klarheit.[490]

Der Dokumentenbegriff der Transparenzverordnung ist sehr weit gestaltet und umfasst grundsätzlich sämtliche Dokumente, die das jeweilige Organ besitzt.[491] Allerdings bestehen insbesondere nach Art. 4 VO 1049/2001 Ausnahmen vom Zugangsrecht. Die Europäische Kommission hat sich bei der Ablehnung von Offenlegungsbegehren meist auf den Schutz der geschäftlichen Interessen einer natürlichen oder juristischen Person gemäß Art. 4 Abs. 2

Informationsherrschaft, S. 180; vgl. auch: *Fiedler/Huttenlauch*, NZKart 2013, S. 350, 354 sowie dort Fn. 47; a.A.: *Seitz*, GRUR-RR 2012, S. 137, 140; im Ergebnis wohl ebenfalls anders: *Sanders u.a.*, E.C.L.R. 2013, S. 174, 175; sowohl zur Pfleiderer II als auch zur Kaffeeröster-Entscheidung: *Dohrn/Liebich*, WRP 2012, S. 1601, 1602 f.; *Stock*, Schadensnachweis, S. 171.

487 Verordnung (EG) Nr. 1049/2001 des Europäischen Parlaments und des Rates über den Zugang der Öffentlichkeit zu Dokumenten des Europäischen Parlaments, des Rates und der Kommission vom 30.05.2001, ABl. 2001 L 145/43 (im Folgenden: „TransparenzVO bzw. VO 1049/2001").

488 Die Kartellschadensersatzrichtlinie lässt gem. Art. 6 Abs. 2 das Zugangsrecht aus der VO 1049/2001 unberührt, sodass Geschädigte auch weiterhin versuchen können, auf diesem Wege an Informationen der Europäischen Kommission zu gelangen, so auch: *Hornkohl*, WuW 2018, S. 607, 612.

489 Gingen davon aus, dass die Verordnungen 1/2003 und 773/2004 dem allg. Zugangsanspruch aus der TransparenzVO vorgingen: *Soltész/Marquier/Wendenburg*, EWS 2006, S. 102, 104 ff. und 107 ff.; *Schütz*, in: Busche/Röhling, Kölner Kommentar Kartellrecht/EU-WettbewerbsR (2013) Art. 27 VO 1/2003, Rn. 15; betrachtete die TransparenzVO und spez. Verfahrensverordnungen isoliert und verneinte jegliche Wechselwirkung: *GA Kokott*, Schlussanträge v. 08.09.2009 – C-139/07 – *Technische Glaswerke Ilmenau*, EU:C:2009:520, Rn. 89 ff.; gingen von einer kohärenten Anwendbarkeit aus: *Lampert/Weidenbach*, WRP 2007, S. 152, 154; *Jüntgen*, Durchsetzung privater Ansprüche im Kartellrecht, S. 62 f.; *Bueren*, ZWeR 2011, S. 74, 77 ff.; *Westhoff*, Zugang zu Beweismitteln, S. 119 f.; *Schroll*, Einfluss auf die Effektivität der Kronzeugenprogramme, S. 197; *Milde*, Schutz des Kronzeugen, S. 103 ff.

490 EuGH, Urt. v. 27.02.2014 – C-365/12 P – *EnBW*, EU:C:2014:112, Rn. 84.

491 Vgl. Art. 2 Abs. 3 und Erwägungsgrund 10 der VO 1049/2001; siehe dazu auch: *Partsch*, NJW 2001, S. 3154, 3156; *Lampert/Weidenbach*, WRP 2007, S. 152, 155; *Westhoff*, Zugang zu Beweismitteln, S. 121; *Kellerbauer*, WuW 2011, S. 688, 692.

1. Spiegelstrich VO 1049/2001 sowie den Schutz des Zwecks von Inspektions-, Untersuchungs- und Audittätigkeiten gemäß Art. 4 Abs. 2 3. Spiegelstrich VO 1049/2001 berufen.[492] Dabei konnte sich die Kommission auf eine großzügige Rechtsprechung der unionalen Gerichte stützen, nach welcher die Schutzbedürftigkeit des Zwecks der Untersuchungstätigkeit frühestens mit dem Eintritt der Bestandskraft der Entscheidung endet.[493] In Bezug auf Kronzeugenerklärungen wurde die Schutzbedürftigkeit des Zwecks der Untersuchungstätigkeit teilweise sogar auf zukünftige Verfahren ausgedehnt.[494]

Um den Zugang zu ihren Bußgeldakten abzulehnen, hätte die Europäische Kommission grundsätzlich bei jedem Dokument einzeln überprüfen müssen, ob einer der Ausnahmetatbestände vorliegt,[495] und eine Abwägung durchführen

---

492 *Europäische Kommission*, Vergleichsverfahrens-Mitteilung, ABl. 2008 C 167/01, Rn. 40; siehe auch: EuGH, Urt. v. 27.02.2014 - C-365/12 P - *EnBW*, EU:C:2014:112, Rn. 17 f.; dazu: *Stock*, Schadensnachweis, S. 182; *Hempel*, in: Bechtold/Jickeli/Rohe, FS Möschel, S. 265, 272. Zur Praxis der Europäischen Kommission im Allgemeinen: *Jüntgen*, WuW 2007, S. 128, 130; *Hempel*, in: Bechtold/Jickeli/Rohe, FS Möschel, S. 265, 270 f.; *Ritter/Wirtz*, in: Immenga/Mestmäcker, Wettbewerbsrecht/EuR (2019), Art. 27 VO 1/2003 Rn. 39.

493 EuG, Urt. v. 13.09.2013 - T-380/08 - *Königreich der Niederlande (Bitumen)*, EU:T:2013:480, Rn. 64; EuGH, Urt. v. 27.02.2014 - C-365/12 P - *EnBW*, EU:C:2014:112, Rn. 99; a.A. die Vierte Kammer des EuG: EuG, Urt. v. 15.12.2011 - T-437/08 - *CDC Hydrogene Peroxide*, EU:T:2011:752, Rn. 62; EuG, Urt. v. 22.05.2012 - T-344/08 - *EnBW*, EU:T:2012:242, Rn. 119. Ebenso a.A.: *Lampert/Weidenbach*, WRP 2007, S. 152, 156 f.; *Hempel*, in: Bechtold/Jickeli/Rohe, FS Möschel, S. 265, 273; *Epiney*, in: Fluck/Fischer/Martini, Informationszugangsrecht (31. EL), D III 2.2, S. 45 Rn. 59; *Krajewski/Rösslein*, in: Grabitz/Hilf/Nettesheim, Recht der Europäischen Union (69. EL), Art. 15 AEUV Rn. 68.

494 So die Sechste Kammer des EuG: EuG, Urt. v. 13.09.2013 - T-380/08 - *Königreich der Niederlande (Bitumen)*, EU:T:2013:480; zustimmend: *Milde*, Schutz des Kronzeugen, S. 148 f.; a.A. die Vierte Kammer: EuG, Urt. v. 15.12.2011 - T-437/08 - *CDC Hydrogene Peroxide*, EU:T:2011:752, Rn. 70 f.; EuG, Urt. v. 22.05.2012 - T-344/08 - *EnBW*, EU:T:2012:242, Rn. 125 ff.; dazu: *Sanner*, Informationsgewinnung, S. 462; *Dawirs*, Zugriff auf Kronzeugenerklärungen, S. 170 f.; *Bakowitz*, Informationsherrschaft, S. 103; zieht diese Rechtsprechung heran, um die Zulässigkeit der Einsichtnahme in Vergleichsausführungen zu begründen: *Stock*, Schadensnachweis, S. 186.

495 EuGH, Urt. v. 21.09.2010 - C-514/07 P - *Schweden/API*, EU:C:2010:541, Rn. 72; EuGH, Urt. v. 21.07.2011 - C-506/08 P - *Schweden/MyTravel*, EU:C:2011:496, Rn. 76; *Epiney*, in: Fluck/Fischer/Martini, Informationszugangsrecht (31. EL), D III 2.2 S. 35 Rn. 34; *Hofstötter*, in: von der Groeben/Schwarze/Hatje, Europäisches Unionsrecht (2015), Art. 15 AEUV Rn. 39; *Wegener*, in: Calliess/Ruffert, EUV/AEUV (2016),

müssen, ob nicht ein überwiegendes öffentliches Interesse an der Offenlegung besteht.[496] Seit dem *EnBW*-Urteil des EuGH wird allerdings vermutet, dass bei Wettbewerbsakten bestimmte in Art. 4 VO 1049/2001 normierte Verweigerungsgründe vorliegen.[497] Nach dem Urteil des EuG in der Sache *Edeka-Handelsgesellschaft Hessenring* besteht die Vermutung auch dann, wenn der Geschädigte nur die Offenlegung eines einzelnen Dokuments – dem Inhaltsverzeichnis der Kommissionsakte – verlangt.[498] Eine Einzelfallprüfung muss jedoch erfolgen, wenn der Auskunftsbegehrende die Vermutung widerlegt oder ein überwiegendes öffentliches Interesse nach Art. 4 Abs. 2 VO 1049/2001 nachweist.[499] Dafür muss der Geschädigte belegen, dass es für die Durchsetzung seines Kartellschadensersatzanspruchs erforderlich ist, Einsicht in ein konkretes Dokument der Europäischen Kommission zu erhalten.[500] Das EuG konkretisiert die Rechtsprechung des EuGH dahingehend, dass die Notwendigkeit der Offenlegung nur dann bestünde, wenn die Akteneinsicht „*unverzichtbar*"[501] ist, weil die wirksame Geltendmachung des Schadensersatzanspruchs ohne den Zugang gefährdet wäre.[502] Diese Rechtsprechung der europäischen Gerichte hat das Akteneinsichtsrecht aus Art. 2 Abs. 1 VO 1049/2001 erheblich eingeschränkt,[503]

Art. 15 AEUV Rn. 35; *Krajewski/Rösslein*, in: Grabitz/Hilf/Nettesheim, Recht der Europäischen Union (69. EL), Art. 15 AEUV Rn. 57.

496 EuG, Urt. v. 11.12.2001 – T-191/99 – *Petrie*, EU:T:2001:284, Rn. 78; *Bakowitz*, Informationsherrschaft, S. 122.

497 EuGH, Urt. v. 27.02.2014 – C-365/12 P – *EnBW*, EU:C:2014:112, Rn. 92 f.; dazu *Mallmann/Lübbig*, in: Fuchs/Weitbrecht, Private Kartellrechtsdurchsetzung, § 13 Rn. 42 ff.

498 EuG, Urt. v. 05.02.2018 – T-611/15 – *Edeka-Handelsgesellschaft Hessenring*, EU:T:2018:63, Rn. 85; großzügiger bei Inhaltsverzeichnissen vorher die Dritte Kammer des EuG: EuG, Urt. v. 07.07.2015 – T-677/13 – *AXA Versicherung*, EU:T:2015:473, Rn. 134.

499 EuGH, Urt. v. 27.02.2014 – C-365/12 P – *EnBW*, EU:C:2014:112, Rn. 100 f.

500 EuGH, Urt. v. 27.02.2014 – C-365/12 P – *EnBW*, EU:C:2014:112, Rn. 100 und 107.

501 EuG, Urt. v. 05.02.2018 – T-611/15 – *Edeka-Handelsgesellschaft Hessenring*, EU:T:2018:63, Rn. 102.

502 EuG, Urt. v. 05.02.2018 – T-611/15 – *Edeka-Handelsgesellschaft Hessenring*, EU:T:2018:63, Rn. 102.

503 Kritisch zum *EnBW*-Urteil *Hempel*, EuZW 2014, S. 297, 298 ff.; *Kreße*, WRP 2016, S. 567, 570; *Brauneck*, NZVwZ 2016, S. 489, 495; *Stock*, Schadensnachweis, S. 188; *Dawirs*, Zugriff auf Kronzeugenerklärungen, S. 179 ff.; *Bakowitz*, Informationsherrschaft, S. 130 ff.; grds. positiv hingegen: *Inderst/Thomas*, Schadensersatz bei Kartellverstößen (2015), S. 378; zum Urteil Edeka-Handelsgesellschaft Hessenring: *Hornkohl*, WuW 2018, S. 607, 609 ff.

sodass für dieses kaum Anwendungsmöglichkeiten im Kartellrecht verbleibt.[504]

dd) Auskunfts- und Urkundenvorlageersuchen

Erst spät wurde versucht, auch die Möglichkeiten der prozessualen Auskunfts- und Vorlageersuchen zu nutzen, um an schadensrelevante Informationen bei den Wettbewerbsbehörden und Staatsanwaltschaften zu gelangen.[505] Zwar gilt im Zivilprozess der Beibringungsgrundsatz,[506] das Prozessgericht kann aber im Rahmen seiner Pflicht zur materiellen Prozessleitung gemäß § 273 Abs. 2 Nr. 2 ZPO bei Behörden Auskünfte und Dokumente zur Vorbereitung des Termins anfordern.[507] Damit dies keine unzulässige Amtsermittlung des Prozessgerichts darstellt, muss eine der Prozessparteien auf die Akten des Kartellverfahrens Bezug genommen haben.[508] Das Gericht kann auch durch einen förmlichen Beweisantritt gemäß § 432 Abs. 1 ZPO dazu veranlasst werden, Behörden um

504 *Hornkohl*, WuW 2018, S. 607, 612.

505 Siehe: OLG Hamm, Beschl. v. 26.11.2013 – 1 VAs 116/13-120/13 u. 1 VAs 122/13 – *Einsicht in Strafakten*, Juris. Zum Urteil: *Gussone*, BB 2014, S. 533; *Steger*, BB 2014, S. 963, 964 ff.; *Heinichen*, NZKart 2014, S. 83 ff.; *Dawirs*, Zugriff auf Kronzeugenerklärungen, S. 186 f.; *Bakowitz*, Informationsherrschaft, S. 208 f. Die Entscheidung des OLG Hamm wurde durch BVerfG bestätigt: BVerfG, Nichtannahmebeschl. v. 06.03.2014 – 1 BvR 3541/13, 1 BvR 3543/13, 1 BvR 3600/13 – *Akteneinsicht durch Zivilgerichte*, Juris, Rn. 20 ff. Kritisch: *Kamann/Schwedler*, EWS 2014, S. 121, 125; *Harms/Petrasincu*, NZKart 2014, S. 304 ff.; *Topel*, in: Wiedemann, Handbuch Kartellrecht (2016), § 50 Rn. 156 f.; *Denzel/Holm-Hadulla*, in: Kamann/Ohlhoff/Völcker, Kartellverfahren und Kartellprozess (2017), § 29 Rn. 52.

506 Aus der Rechtsprechung: BVerfG, Beschl. v. 18.04.1984 – 1 BvR 869/83 – *Unzulässige Präklusion*, NJW 1984, S. 2203; BVerfG, Beschl. v. 11.10.1994 – 1 BvR 1398/93, NJW 1995, S. 40; BGH, Urt. v. 13.03.1997 – I ZR 215/94, NJW 1998, S. 156, 159; allg.: *Gottwald*, in: Rosenberg/Schwab/Gottwald, Zivilprozessrecht (2018), § 77 Rn. 8 ff.; *Rauscher*, in: Rauscher/Krüger, MüKoZPO (2020), Einleitung Rn. 353 ff.; in Bezug auf § 273 Abs. 2 Nr. 2 ZPO: OLG Hamm, Beschl. v. 31.07.2001 – 9 U 98/94, NJW-RR 2002, S. 504; *Prütting*, in: Rauscher/Krüger, MüKoZPO (2020), § 273 Rn. 3; *Thole*, in: Bork/Roth, Stein/Jonas ZPO (2018), § 273 Rn. 27.

507 *Harms/Petrasincu*, NZKart 2014, S. 304, 306; *Dawirs*, Zugriff auf Kronzeugenerklärungen, S. 187 f.; *Greger*, in: Zöller, ZPO (2020), § 273 Rn. 1.

508 *Thole*, in: Bork/Roth, Stein/Jonas ZPO (2018), § 273 Rn. 26; *Prütting*, in: Rauscher/Krüger, MüKoZPO (2020), § 273 Rn. 3; *Greger*, in: Zöller, ZPO (2020), § 273 Rn. 3; *Foerste*, in: Musielak/Voit, ZPO (2020), § 273 Rn. 3; siehe auch: BVerfG, Nichtannahmebeschl. v. 06.03.2014 – 1 BvR 3541/13, 1 BvR 3543/13, 1 BvR 3600/13 – *Akteneinsicht durch Zivilgerichte*, Juris, Rn. 22.

die Übermittlung von genau gekennzeichneten Urkunden zu ersuchen.[509] Unzulässig ist allerdings der Antrag, die gesamte Behördenakte beizuziehen.[510]

Nach der Rechtsprechung des Bundesverfassungsgerichts bedarf die Übermittlung der Akten und Dokumente durch die ersuchte Behörde einer eigenen Rechtsgrundlage.[511] Im Zivilprozess ergibt sich die Rechtsgrundlage für die Übermittlung aus den Grundsätzen der Amtshilfe gemäß Art. 35 GG, § 168 GVG und der jeweils für die Behörde geltenden Verfahrensordnung.[512] Ob und inwieweit die übermittelten Informationen anschließend im Zivilprozess verwendet werden dürfen, richtet sich wiederum nach den Regelungen der Zivilprozessordnung.[513] Das Bundesverfassungsgericht bezeichnet dieses Verfahren als „*Doppeltürmodell*". Die – in diesem Fall – zivilprozessualen Voraussetzungen und die für die Behörde einschlägigen Vorschriften müssen wie eine Doppeltür zusammenwirken, damit ein rechtmäßiger Austausch von Daten zur staatlichen Aufgabenwahrnehmung erfolgen kann.[514]

Rechtsgrundlage für die Übermittlung im Fall eines an das Bundeskartellamt oder eine Staatsanwaltschaft gerichteten Ersuchens sind insbesondere

---

509 *Jüntgen*, WuW 2007, S. 128, 131; *Stock*, Schadensnachweis, S. 197; *Dawirs*, Zugriff auf Kronzeugenerklärungen, S. 209 f. Zu den Anforderungen an den Beweisantrag: *Berger*, in: Bork/Roth, Stein/Jonas ZPO (2015), § 432 Rn. 5 f.; *Schreiber*, in: Rauscher/Krüger, MüKoZPO (2016), § 432 Rn. 6; *Geimer*, in: Zöller, ZPO (2020), § 432 Rn. 2; *Huber*, in: Musielak/Voit, ZPO (2020), § 432 Rn. 2 f.

510 *Berger*, in: Bork/Roth, Stein/Jonas ZPO (2015), § 432 Rn. 5; *Schreiber*, in: Rauscher/Krüger, MüKoZPO (2016), § 432 Rn. 6.

511 BVerfG, Beschl. v. 24.01.2012 – 1 BvR 1299/05 – *Bestandsdatenspeicherung, Zuordnung dynamischer IP-Adressen*, Juris, Rn. 123; BVerfG, Nichtannahmebeschl. v. 06.03.2014 – 1 BvR 3541/13, 1 BvR 3543/13, 1 BvR 3600/13 – *Akteneinsicht durch Zivilgerichte*, Juris, Rn. 25.

512 *Berger*, in: Bork/Roth, Stein/Jonas ZPO (2015), § 432 Rn. 13; *Schreiber*, in: Rauscher/Krüger, MüKoZPO (2016), § 432 Rn. 9; *Siebert*, in: Saenger, ZPO (2019), § 432 Rn. 3; *Gehle*, in: Baumbach u.a., ZPO (2020), § 432 Rn. 7; *Epping*, in: Epping/Hillgruber, BeckOK GG (Stand: Mai 2020), Art. 35 Rn. 9. Eine analoge Anwendung des § 99 Abs. 1 S. 1 VwGO ist nicht möglich: BVerwG, Urt. v. 23.08.1968 – IV C 235.65, Juris, Rn. 21 ff.

513 BVerfG, Nichtannahmebeschl. v. 06.03.2014 – 1 BvR 3541/13, 1 BvR 3543/13, 1 BvR 3600/13 – *Akteneinsicht durch Zivilgerichte*, Juris, Rn. 25.

514 BVerfG, Nichtannahmebeschl. v. 06.03.2014 – 1 BvR 3541/13, 1 BvR 3543/13, 1 BvR 3600/13 – *Akteneinsicht durch Zivilgerichte*, Juris, Rn. 18 und 25; vorher bereits in: BVerfG, Beschl. v. 24.01.2012 – 1 BvR 1299/05 – *Bestandsdatenspeicherung, Zuordnung dynamischer IP-Adressen*, Juris, Rn. 123.

die §§ 474 ff. StPO (i.V.m. § 49b OWiG).[515] Bei einem Übermittlungsgesuch an das Bundeskartellamt mussten auch die Vorschriften über die Amtshilfe gemäß §§ 4 ff. VwVfG beachtet werden. Die Prüfung der Voraussetzungen der §§ 474 ff. StPO lag dabei bei der ersuchenden Stelle.[516] Die Übermittlung der Informationen muss gemäß § 474 Abs. 1 StPO verhältnismäßig sein,[517] sodass eine Abwägung der durch die Akteneinsicht berührten Interessen erfolgen musste.[518]

Zudem durfte keiner der besonderen gesetzlichen Verweigerungsgründe aus § 477 Abs. 4 S. 2 2. HS. und Abs. 2 S. 1 StPO vorliegen. In seinem *Einsicht in Strafakten*-Beschluss geht das OLG Hamm davon aus, dass bei der Übermittlung von Kartellbußgeldakten und Kronzeugenerklärungen kein *„besonderer Anlass"* die Prüfung der Zulässigkeit der Übermittlung durch die ersuchte Behörde gemäß § 477 Abs. 4 S. 2 2. HS. StPO rechtfertige.[519] Zudem sei nicht davon auszugehen, dass es durch die Übermittlung zu einer konkreten Gefährdung eines anderen Verfahrens kommen würde (§ 477 Abs. 2 S. 1 Alt. 1 StPO).[520] Das OLG Hamm konnte bei seiner Entscheidung auch noch annehmen, dass der Übermittlung von Kronzeugenerklärungen keine besonderen Verwendungsregelungen[521] i.S. des

515 Auskunfts- und Vorlageersuchen sind auch nach der 9. GWB-Novelle weiterhin möglich. Allerdings müssen gemäß § 89d Abs. 4 GWB zusätzlich die Voraussetzungen der Herausgabe von Beweismitteln nach § 33g GWB vorliegen. Siehe dazu unten, S. 239 f.

516 OLG Hamm, Beschl. v. 26.11.2013 – 1 VAs 116/13-120/13 u. 1 VAs 122/13 – *Einsicht in Strafakten*, Juris, Rn. 39; *Hilger*, in: Erb u.a., Löwe-Rosenberg – StPO (2010), § 474 Rn. 6; *Gieg*, in: Hannich, Karlsruher Kommentar StPO (2019), § 474 Rn. 3.

517 *Hilger*, in: Erb u.a., Löwe-Rosenberg – StPO (2010), § 474 Rn. 6; *Gieg*, in: Hannich, Karlsruher Kommentar StPO (2019), § 474 Rn. 3.

518 *Heinichen*, NZKart 2014, S. 83, 87 f.; *Harms/Petrasincu*, NZKart 2014, S. 304, 307; siehe auch: *Singelnstein*, in: Knauer/Kudlich/Schneider, MüKoStPO (2019), § 474 Rn. 19.

519 OLG Hamm, Beschl. v. 26.11.2013 – 1 VAs 116/13-120/13 u. 1 VAs 122/13 – *Einsicht in Strafakten*, Juris, Rn. 50 ff. und 55 f.; zustimmend: *Dawirs*, Zugriff auf Kronzeugenerklärungen, S. 195 f.; *Bakowitz*, Informationsherrschaft, S. 210; kritisch: *Kamann/Schwedler*, EWS 2014, S. 121, 125 Fn. 37; *Harms/Petrasincu*, NZKart 2014, S. 304, 307 f.; *Topel*, in: Wiedemann, Handbuch Kartellrecht (2016), § 50 Rn. 156 f.

520 OLG Hamm, Beschl. v. 26.11.2013 – 1 VAs 116/13-120/13 u. 1 VAs 122/13 – *Einsicht in Strafakten*, Juris, Rn. 69 ff.; zustimmend: *Heinichen*, NZKart 2014, S. 83, 89; *Dawirs*, Zugriff auf Kronzeugenerklärungen, S. 197.; a.A.: *Harms/Petrasincu*, NZKart 2014, S. 304, 308 f.; kritisch auch: *Inderst/Thomas*, Schadensersatz bei Kartellverstößen (2018), S. 523 f.

521 Zum Begriff der Verwendungsregelung: OLG Hamm, Beschl. v. 26.11.2013 – 1 VAs 116/13-120/13 u. 1 VAs 122/13 – *Einsicht in Strafakten*, Juris, Rn. 74; *Hilger*,

§ 477 Abs. 2 S. 2 Alt. 2 StPO entgegenstünden.[522] Weiter beschränkt wurde die Übermittlung durch das Zustimmungserfordernis nach § 478 Abs. 2 StPO a.F.[523] sowie durch die Möglichkeit des Bundeskartellamtes, die Übermittlung nach § 5 Abs. 2 S. 1 und Abs. 3 Nr. 3 VwVfG abzulehnen.[524]

Auch die Europäische Kommission konnte gemäß Art. 15 Abs. 1 VO 1/2003 um die Übermittlung von Dokumenten ersucht werden.[525] Diese Informationsmöglichkeit ist allerdings in der Regel an Erfordernissen des Geheimnisschutzes

---

in: Erb u.a., Löwe-Rosenberg - StPO (2010), § 477 Rn. 5 f.; *Weßlau*, in: Wolter, SK-StPO (2013), § 477 Rn. 5 ff.

522 OLG Hamm, Beschl. v. 26.11.2013 - 1 VAs 116/13-120/13 u. 1 VAs 122/13 - *Einsicht in Strafakten*, Juris, Rn. 75 ff.; dazu: *Heinichen*, NZKart 2014, S. 83, 90; *Dawirs*, Zugriff auf Kronzeugenerklärungen, S. 198 f. Zur Vorberücksichtigung der Kartellschadensersatzrichtlinie im Rahmen der richtlinienbezogenen Auslegung: *Schnitzler*, WuW 2015, S. 992, 1003 f.; vgl. auch: *Stauber/Schaper*, NZKart 2014, S. 346, 348; a.A.: *Dawirs*, Zugriff auf Kronzeugenerklärungen, S. 198 f.

523 OLG Hamm, Beschl. v. 26.11.2013 - 1 VAs 116/13-120/13 u. 1 VAs 122/13 - *Einsicht in Strafakten*, Juris, Rn. 90; *Hilger*, in: Erb u.a., Löwe-Rosenberg - StPO (2010), § 478 Rn. 11; *Weßlau*, in: Wolter, SK-StPO (2013), § 478 Rn. 13; § 478 StPO wurde mit Wirkung vom 26.11.2019 durch Gesetz vom 20.11.2019 (BGBl. I, 1724) in § 480 StPO überführt, siehe dazu: *Wittig*, in: Graf, BeckOK StPO (Stand: Jan. 2020), § 480 Rn. 5.

524 Zur Anwendbarkeit der §§ 4 ff. VwVfG: *Dawirs*, Zugriff auf Kronzeugenerklärungen, S. 217; geht ohne Begründung von einer Anwendbarkeit der §§ 4 ff. VwVfG aus: *Bakowitz*, Informationsherrschaft, S. 207; zum zeitlichen Anwendungsbereich siehe auch: *Kastner*, in: Fehling/Kastner/Störmer, VwVfG (2016), § 2 Rn. 12. Zu § 5 Abs. 2 S. 1 Nr. 1 VwVfG: *Dawirs*, Zugriff auf Kronzeugenerklärungen, S. 218 ff. Zu § 5 Abs. 3 Nr. 3 VwVfG: *Jüntgen*, WuW 2007, S. 128, 132; *Häfele*, Private Rechtsdurchsetzung, S. 229; *Sanner*, Informationsgewinnung, S. 522; *Bakowitz*, Informationsherrschaft, S. 207; a.A.: *Ziekow*, VwVfG, § 5 Rn. 21, nach diesem soll eine Ablehnung nur bei sachlicher oder personeller Überlastung durch die Amtshilfe möglich sein; ebenso: *Kastner*, in: Fehling/Kastner/Störmer, VwVfG (2016), § 5 Rn. 21; *Dawirs*, Zugriff auf Kronzeugenerklärungen, S. 221 f.

525 *Europäische Kommission*, Bekanntmachung der Kommission über die Zusammenarbeit zwischen der Kommission und den Gerichten der EU-Mitgliedstaaten bei der Anwendung von Art. 81 und 82 des Vertrages vom 27.04.2004, ABl. 2005 C 101/54, i.d.F. der Änderungsmitteilung vom 05.08.2015, ABl. 2015 C 256/5, Rn. 21 ff.; *Stock*, Schadensnachweis, S. 204; *van der Hout/Wiemer*, in: Berg/Mäsch, Kartellrecht (2018) Art. 15 VO 1/2003 Rn. 13; *Zuber*, in: Loewenheim u.a., Kartellrecht (2020), Art. 15 VerfVO Rn. 9; *Nothdurft*, in: Säcker u.a., MüKo Kartellrecht/EuR (2020), Art. 15 VO 1/2003 Rn. 10.

gescheitert.[526]

Soweit die ersuchte Behörde die Akten an das Prozessgericht übermittelt hatte, musste in einem zweiten Schritt darüber entschieden werden, ob und inwieweit die Parteien Einsicht in die beigezogenen Akten erhalten. Die Parteien hatten ein aus Art. 103 Abs. 1 GG abgeleitetes Einsichtsrecht,[527] wenn das Gericht beabsichtigte, die beigezogene Akte zu verwerten[528] und zum Gegenstand seiner Entscheidung zu machen.[529] Die Verwertung unterlag jedoch Einschränkungen. Zunächst musste das Gericht einen eventuellen Sperrvermerk, der die Prozessparteien an der Einsichtnahme in die beigezogenen Akten hinderte, beachten.[530] Zudem galt der Beibringungsgrundsatz; zumindest eine der Parteien musste sich also ausdrücklich auf die zu verwertenden Aktenbestandteile bezogen haben.[531]

---

526 *Stock*, Schadensnachweis, S. 205; *Zuber*, in: Loewenheim u.a., Kartellrecht (2020), Art. 15 VerfVO Rn. 12; siehe auch: *Bakowitz*, Informationsherrschaft, S. 116; sowie: *van der Hout*, in: Berg/Mäsch, Kartellrecht (2018), Art. 15 VO 1/2003 Rn. 17.

527 Der § 299 Abs. 1 ZPO ist unanwendbar: BGH, Urt. v. 18.10.1951 – IV ZR 152/50, NJW 1952, S. 305, 306; OLG Hamm, Beschl. v. 26.11.2013 – 1 VAs 116/13-120/13 u. 1 VAs 122/13 – *Einsicht in Strafakten*, Juris, Rn. 20; *Schneider*, MDR 1984, S. 108, 109; *Prütting*, in: Rauscher/Krüger, MüKoZPO (2020), § 299 Rn. 6; für eine entsprechende Anwendung des § 299 ZPO: *Harms/Petrasincu*, NZKart 2014, S. 304, 309.

528 Eine Verwertung ohne vorherige Einsichtnahme würde gegen das Recht auf rechtliches Gehör aus Art. 103 Abs. 1 GG verstoßen: *Thole*, in: Bork/Roth, Stein/Jonas ZPO (2018), § 299 Rn. 49; *Prütting*, in: Rauscher/Krüger, MüKoZPO (2020), § 299 Rn. 6; vgl. auch: BVerfG, Nichtannahmebeschl. v. 06.03.2014 – 1 BvR 3541/13, 1 BvR 3543/13, 1 BvR 3600/13 – *Akteneinsicht durch Zivilgerichte*, Juris, Rn. 29.

529 OLG Hamm, Beschl. v. 26.11.2013 – 1 VAs 116/13-120/13 u. 1 VAs 122/13 – *Einsicht in Strafakten*, Juris, Rn. 43; *Heinichen*, NZKart 2014, S. 83, 90; *Stock*, Schadensnachweis, S. 206; *Dawirs*, Zugriff auf Kronzeugenerklärungen, S. 201; *Prütting*, in: Rauscher/Krüger, MüKoZPO (2020), § 299 Rn. 6; gehen davon aus, dass die Akteneinsicht bereits zu gewähren ist, wenn die überlassende Behörde sich hiermit einverstanden erklärt: *Harms/Petrasincu*, NZKart 2014, S. 304, 309.

530 Zur Bindung des Gerichts an den Sperrvermerk: BGH, Urt. v. 18.10.1951 – IV ZR 152/50, NJW 1952, S. 305, 306; *Heinichen*, NZKart 2014, S. 83, 91; *Harms/Petrasincu*, NZKart 2014, S. 304, 309 f.; *Stock*, Schadensnachweis, S. 207 f.; *Thole*, in: Bork/Roth, Stein/Jonas ZPO (2018), § 299 Rn. 49; *Prütting*, in: Rauscher/Krüger, MüKoZPO (2020), § 299 Rn. 6; a.A. mit Verweis auf die Rechtsprechung des EuGH in den Rs. *Pfleiderer* und *Donau-Chemie*: *Dawirs*, Zugriff auf Kronzeugenerklärungen, S. 207 f.; ebenfalls kritisch: *Willems*, WRP 2015, S. 818, 820 ff.

531 OLG Hamm, Beschl. v. 26.11.2013 – 1 VAs 116/13-120/13 u. 1 VAs 122/13 – *Einsicht in Strafakten*, Juris, Rn. 45; *Heinichen*, NZKart 2014, S. 83, 91; *Stock*, Schadensnachweis, S. 206.

Zuletzt musste vor der Verwertung eine Abwägung über die betroffenen Interessen erfolgen.[532] Es wurde als Vorteil angesehen, dass diese Abwägung vom Prozessgericht vorzunehmen war. Dieses konnte die Beweisnot des Geschädigten besser beurteilen und hatte im Gegensatz zu den Wettbewerbsbehörden kein eigenes Interesse am Schutz des behördlichen Kartellverfahrens.[533] Ungeklärt blieb aber, ob diese Abwägung tatsächlich eher zugunsten des Geschädigten ausfiel.[534]

b) Ergebnis zu 3.

Der materiell-rechtliche Auskunftsanspruch aus § 242 BGB erfuhr durch das Merkmal der Erforderlichkeit sowie die notwendigen Abwägungen, insbesondere mit den Geheimhaltungsinteressen des Schädigers, erhebliche Einschränkungen – soweit dieser nicht ohnehin subsidiär hinter andere Informationsmöglichkeiten zurücktrat. Auch die Möglichkeiten der vorprozessualen Informationsbeschaffung bei den Wettbewerbsbehörden war in der Praxis deutlich eingeschränkt. Häufig erhielten die Geschädigten nur Einsicht in großflächig geschwärzte Bußgeldbescheide.[535] Dadurch sollte der Schutz der Kronzeugenprogramme und von Geschäftsgeheimnissen gewährleistet sowie der Arbeitsaufwand der Wettbewerbsbehörden geringgehalten werden. Die Rechtmäßigkeit dieser einschränkenden Handhabung blieb insbesondere aufgrund der uneinheitlichen Rechtsprechung des EuGH zu Einsichtsrechten auf nationaler und europäischer Ebene unklar. An die prozessuale Informationsbeschaffung bestand nach dem *Einsicht in Strafakten*-Beschluss des OLG Hamm große Erwartungen. Es darf aber bezweifelt werden, dass sich diese erfüllt haben, da

532 OLG Hamm, Beschl. v. 26.11.2013 – 1 VAs 116/13-120/13 u. 1 VAs 122/13 – *Einsicht in Strafakten*, Juris, Rn. 97 f.; BVerfG, Nichtannahmebeschl. v. 06.03.2014 – 1 BvR 3541/13, 1 BvR 3543/13, 1 BvR 3600/13 – *Akteneinsicht durch Zivilgerichte*, Juris, Rn. 26 ff.; *Heinichen*, NZKart 2014, S. 83, 90 f.; *Harms/Petrasincu*, NZKart 2014, S. 304, 310; *Stock*, Schadensnachweis, S. 206 f.; *Dawirs*, Zugriff auf Kronzeugenerklärungen, S. 202 ff.; kritisch dazu, dass die Abwägung nicht bereits vor dem Ersuchen stattfindet: *Kamann/Schwedler*, EWS 2014, S. 121, 126 f.

533 *Heinichen*, NZKart 2014, S. 83, 92; *Dawirs*, Zugriff auf Kronzeugenerklärungen, S. 208; *Bakowitz*, Informationsherrschaft, S. 216.

534 Geht von einer Entscheidung zugunsten des Geschädigten aus: *Dawirs*, Zugriff auf Kronzeugenerklärungen, S. 224 f.; vorsichtig: *Heinichen*, NZKart 2014, S. 83, 92; *Gussone*, BB 2014, S. 533; zweifelnd: *Harms/Petrasincu*, NZKart 2014, S. 304, 310; *Bakowitz*, Informationsherrschaft, S. 217.

535 *Makatsch/Mir*, EuZW 2015, S. 7, 8, siehe dort auch Fn. 34.

schwierige Voraussetzungen und die Unsicherheit blieben, ob das Gericht die Einführung der übermittelten Akten in den Prozess nach Abwägung aller Interessen ablehnen würde.

D. Zwischenergebnis zum 1. Kapitel

Dem Geschädigten eines Kartells fehlen fast immer Informationen, die er benötigt, um seinen Schadensersatzanspruch erfolgreich durchzusetzen. Die hierfür verantwortliche Informationsasymmetrie konnte der Geschädigte – jedenfalls bisher – auch nicht durch Informationsansprüche gegenüber dem Kartellanten oder den Wettbewerbsbehörden überwinden. Zwar bestanden dem Grundsatz nach Möglichkeiten der Informationsbeschaffung. Diese waren aber durch drei wesentliche Faktoren erheblich eingeschränkt. Zunächst wurde bei vielen Informationen bereits die Erforderlichkeit für die Durchsetzung des Schadensersatzanspruchs bezweifelt und der Zugang in der Folge verweigert. Die Möglichkeit der Informationsbeschaffung wurde ferner dadurch eingeschränkt, dass die Interessen der Kartellmitglieder an ihren Geschäftsgeheimnissen und die Interessen der Wettbewerbsbehörden an der Wirksamkeit ihrer Kronzeugenprogramme von den zuständigen Gerichten häufig sehr wohlwollend berücksichtigt wurden. Die zwischen dem Informationsinteresse des Geschädigten und den Interessen der Kartellanten und Wettbewerbsbehörden durchzuführenden Abwägungen fielen in der Folge vielfach zu Ungunsten der Geschädigten aus. Zusätzlich wurde die Informationsbeschaffung durch die unklare Rechtsprechung des EuGH sowohl zur Informationsbeschaffung auf nationaler und europäischer Ebene als auch zur Frage des Verhältnisses von privater und öffentlich-rechtlicher Rechtsdurchsetzung erschwert.

2. Kapitel Die Offenlegungsansprüche der Kartellschadensersatzrichtlinie 2014/104/EU

Die im Jahr 2014 erlassene Richtlinie 2014/104/EU *„über bestimmte Vorschriften für Schadensersatzklagen nach nationalem Recht wegen Zuwiderhandlungen gegen wettbewerbsrechtliche Bestimmungen der Mitgliedstaaten und der Europäischen Union“*[1] hat das Ziel, die Durchsetzung von Schadensersatzansprüchen der Kartellgeschädigten und damit die private Durchsetzung des Wettbewerbsrechts in Europa zu stärken. Zudem soll die Richtlinie einen einheitlichen Rechtsrahmen für das Verhältnis von privater zu öffentlich-rechtlicher Kartellrechtsdurchsetzung schaffen.

Nach einem gescheiterten Richtlinienvorschlag aus dem Jahre 2009[2] war die Kartellschadensersatzrichtlinie 2014/104/EU bereits der zweite Versuch des europäischen Gesetzgebers, die Durchsetzung von Kartellschadensersatzansprüchen zu verbessern und das Spannungsfeld von Public und Private Enforcement aufzulösen. Der Gesetzgebungsprozess auf europäischer Ebene wurde daher mit großem Interesse und zum Teil kontrovers geführten Diskussionen in Praxis und Literatur begleitet.[3] Auch in Deutschland entwickelte sich während der überaus langen Umsetzungszeit von über zwei Jahren ein breites Schrifttum rund um die Richtlinie und ihre Umsetzung, bis hin zu umfangreichen Gesetzgebungsvorschlägen aus der Wissenschaft.[4] Die Regelungen der Kartellschadensersatzrichtlinie über die Offenlegung von Beweismitteln führten zu einem nicht unerheblichen Auslegungsbedarf. Ungeachtet einer Vielzahl an bereits erschienenen Aufsätzen, Stellungnahmen sowie einzelner Monographien besteht dieser auch weiterhin.[5] Die kartellschadensrechtliche Praxis und

---

1 Richtlinie 2014/104/EU des Europäischen Parlaments und des Rates vom 26.11.2014 über bestimmte Vorschriften für Schadensersatzklagen nach nationalem Recht wegen Zuwiderhandlung gegen wettbewerbsrechtliche Bestimmungen der Mitgliedsstaaten und der Europäischen Union, ABl. 2014 L 349/1.

2 Proposal for a Council Directive on rules governing damages actions for in-fringements of Articles 81 and 82 of the Treaty (im Folgenden: „RL-Vorschlag 2009"), abgedruckt wurde der Entwurf in: *Lowe/Marquis*, EuComp. Law Annual 2011 (2014), Annex III.

3 Siehe mit Beispielen: *Vollrath*, NZKart 2013, S. 434 m.w.N.

4 Siehe etwa: *Kersting/Preuß*, Umsetzung der Kartellschadensersatzrichtlinie.

5 Siehe aus der umfangreichen Literatur etwa: *Vollrath*, NZKart 2013, S. 434; *Bien*, NZKart 2013, S. 481; *Schweitzer*, NZKart 2014, S. 335; *Stauber/Schaper*, NZKart 2014,

damit auch die Literatur ist vielfach von einem Lagerdenken geprägt.[6] Häufig wohl mandatsbedingt stehen den Verfechtern eines stärkeren Private Enforcement Gegner desselben gegenüber. Als Beispiel lassen sich die Diskussionen rund um das neueingeführte absolute Offenlegungsverbot für Kronzeugenerklärungen und Vergleichsausführungen anführen.[7] Um ein möglichst objektives Urteil über die Umsetzung der Richtlinie treffen zu können, ist vor diesem Hintergrund eine ausführliche, eigenständige Erarbeitung der durch die Kartellschadensersatzrichtlinie neueingeführten Offenlegungsregelungen geboten. Nachfolgend werden zunächst kurz der historische Hintergrund, die Zielsetzung sowie der Aufbau der Richtlinie dargestellt. Anschließend erfolgen die Darstellung und Untersuchung der im zweiten Kapitel der Richtlinie normierten Offenlegungsansprüche.

A. Hintergrund, Zielsetzung und Struktur der Richtlinie

I. Hintergrund

Die Kartellschadensersatzrichtlinie lässt sich historisch auf das *Courage/Crehan*-Urteil[8] des EuGH aus dem Jahr 2001 zurückführen, nach dem jedem Kartellgeschädigten unmittelbar aus europäischem Recht ein Schadensersatzanspruch zusteht.[9] Als eine Folge dieses Urteils hat die Europäische Kommission im Jahr 2005 ein Grünbuch herausgegeben.[10] Ziel war es, die Hindernisse bei der Durchsetzung von Kartellschadensersatzansprüchen in den Mitgliedsstaaten zu ermitteln und Lösungsansätze aufzuzeigen.[11] Dabei wurden auch die Schwierigkeiten

---

S. 346; *Kersting*, WuW 2014, S. 564; *Haus/Serafimova*, BB 2014, S. 2883; *Lettl*, WRP 2015, S. 537; *Makatsch/Mir*, EuZW 2015, S. 7; *Keßler*, VuR 2015, S. 83; *Roth*, ZHR 2015, S. 668, 669; *Willems*, WRP 2015, S. 818; *Dawirs*, Zugriff auf Kronzeugenerklärungen.

6 Vgl. etwa: *Soltész*, NZKart 2019, S. 237, 238.

7 Siehe dazu unten, S. 143 f.

8 EuGH, Urt. v. 20.09.2001 – C-453/99 – *Courage/Crehan*, EU:C:2001:465.

9 EuGH, Urt. v. 20.09.2001 – C-453/99 – *Courage/Crehan*, EU:C:2001:465, Rn. 26. Zur Richtlinie: *Vollrath*, NZKart 2013, S. 434, 435; *Schweitzer*, NZKart 2014, S. 335, 336; *Haus/Serafimova*, BB 2014, S. 2883; *Keßler*, VuR 2015, S. 83; *Dawirs*, Zugriff auf Kronzeugenerklärungen, S. 227.

10 *Europäische Kommission*, Grünbuch zu Schadenersatzklagen wegen Verletzung des EU-Wettbewerbsrechts, KOM (2005), 672 end.

11 *Europäische Kommission*, Grünbuch zu Schadenersatzklagen wegen Verletzung des EU-Wettbewerbsrechts, KOM (2005), 672 end., S. 4; *Gussone/Schreiber*, WuW 2013, S. 1040, 1041.

der Geschädigten, an die notwendigen Beweismittel zu gelangen, festgestellt. Ferner wurde die Offenlegung von Beweismitteln durch Kartellanten und Wettbewerbsbehörden gegenüber den Geschädigten angeregt.[12]

Im Jahr 2008 erließ die Europäische Kommission ein dem Grünbuch folgendes Weißbuch.[13] Dieses enthielt konkrete Vorschläge zur Schaffung eines EU-weiten Mindeststandards bei der Durchsetzung wettbewerbsrechtlicher Schadensersatzansprüche.[14] Dadurch sollten die bestehende Rechtsunsicherheit beendet und einheitliche Rahmenbedingungen geschaffen werden.[15] In Bezug auf die Beschaffung und den Zugang zu Beweismitteln wurde vorgeschlagen, den Gerichten der Mitgliedstaaten zu ermöglichen, die Offenlegung genau bezeichneter Kategorien von Beweismitteln durch die Prozessparteien oder Dritte anzuordnen.[16] Weitere Voraussetzungen für die Offenlegung sollten sein, dass der Kläger einen Schaden plausibel darlegt und nachweist, dass ihm die Beibringung des notwendigen Beweises anderweitig nicht möglich ist. Zuletzt sollte das Gericht von der Erheblichkeit, Erforderlichkeit und Verhältnismäßigkeit der Offenlegung überzeugt sein.[17] Zusätzlich fand sich ein Vorschlag zur Sanktionierung der Partei, welche einschlägige Beweismittel vernichtet hatte oder der gerichtlichen Anordnung der Offenlegung keine Folge leistete.[18] Das Weißbuch enthielt auch Vorschläge zur Auflösung des Spannungsverhältnisses zwischen Private und Public Enforcement. Dafür sollten insbesondere Kronzeugenerklärungen vor einer Offenlegung geschützt werden.[19]

---

12 *Europäische Kommission*, Grünbuch zu Schadenersatzklagen wegen Verletzung des EU-Wettbewerbsrechts, KOM (2005), 672 end., S. 5.

13 *Europäische Kommission*, Weißbuch über Schadenersatzklagen wegen Verletzung des EG-Wettbewerbsrechts, KOM (2008), 165 end.

14 *Europäische Kommission*, Weißbuch über Schadenersatzklagen wegen Verletzung des EG-Wettbewerbsrechts, KOM (2008), 165 end., S. 3.

15 *Europäische Kommission*, Weißbuch über Schadenersatzklagen wegen Verletzung des EG-Wettbewerbsrechts, KOM (2008), 165 end., S. 2.

16 *Europäische Kommission*, Weißbuch über Schadenersatzklagen wegen Verletzung des EG-Wettbewerbsrechts, KOM (2008), 165 end., S. 5.

17 *Europäische Kommission*, Weißbuch über Schadenersatzklagen wegen Verletzung des EG-Wettbewerbsrechts, KOM (2008), 165 end., S. 5 f.

18 *Europäische Kommission*, Weißbuch über Schadenersatzklagen wegen Verletzung des EG-Wettbewerbsrechts, KOM (2008), 165 end., S. 6.

19 *Europäische Kommission*, Weißbuch über Schadenersatzklagen wegen Verletzung des EG-Wettbewerbsrechts, KOM (2008), 165 end., S. 12.

Ziel der Vorarbeiten durch das Grün- und das Weißbuch der Kommission war der Erlass einer Richtlinie über Schadensersatzklagen wegen Verletzung des Wettbewerbsrechts. Im Jahr 2009 wurde ein Richtlinienvorschlag durch die Europäische Kommission erarbeitet.[20] In Fortführung des Weißbuches sah der Richtlinienvorschlag die Möglichkeit der Offenlegung von Beweismitteln durch nationale Gerichte vor (Art. 7 RL-Vorschlag 2009). Die Offenlegung von Kronzeugenerklärungen und Vergleichsausführungen sollte dagegen zum Schutz der entsprechenden Programme zu jedem Zeitpunkt ausgeschlossen werden (Art. 8 RL-Vorschlag 2009).[21] Aufgrund erheblichen Widerstands aus den Mitgliedsstaaten wurde dieser Vorschlag aber nicht weiterverfolgt.[22]

Im Juni 2013 machte die Europäische Kommission einen neuen Richtlinienvorschlag zur Angleichung der mitgliedstaatlichen Vorschriften über Kartellschadensersatzklagen.[23] Der Richtlinienvorschlag nahm unter Hinzufügung zahlreicher Ergänzungen die primärrechtliche Judikatur der europäischen Gerichte zur privaten Kartellrechtsdurchsetzung auf und setzte diese in unionales Sekundärrecht um.[24] Nach leichter Modifizierung trat der Vorschlag am 27. Dezember 2014 als Kartellschadensersatzrichtlinie 2014/104/EU in Kraft.[25] Die Mitgliedsstaaten hatten bis zum 27. Dezember 2016 Zeit, die Richtlinie umzusetzen.[26] Zudem veröffentlichte die Europäische Kommission eine Mitteilung

---

20 Proposal for a Council Directive on rules governing damages actions for in-fringements of Articles 81 and 82 of the Treaty, abgedruckt in: *Lowe/Marquis*, EuComp. Law Annual 2011 (2014), Annex III.

21 Siehe dazu auch RL-Vorschlag 2009, Erwägungsgrund 15.

22 *Wagner-von Papp*, EWS 2009, S. 445, 453; *Muess*, FAZ (248) v. 26.10.2009, S. 13; *Meyer-Lindemann*, WuW 2011, S. 1235, 1243; *Micklitz*, in: Basedow/Terhechte/Luboś, Private Enforcement of Competition Law, S. 101, 102; *Beumer/Karpetas*, E.C.J. 2012, S. 123, 143; *Gussone/Schreiber*, WuW 2013, S. 1040, 1041.

23 Vorschlag für eine Richtlinie des Europäischen Parlaments und des Rates über bestimmte Vorschriften für Schadensersatzklagen nach einzelstaatlichem Recht wegen Zuwiderhandlungen gegen wettbewerbsrechtliche Bestimmungen der Mitgliedstaaten und der Europäischen Union, KOM (2013), 404 end. (im Folgenden: „Richtlinienvorschlag").

24 *Roth*, ZHR 2015, S. 668, 672; *Bakowitz*, Informationsherrschaft, S. 263 f.

25 Richtlinie 2014/104/EU des Europäischen Parlaments und des Rates vom 26.11.2014 über bestimmte Vorschriften für Schadensersatzklagen nach nationalem Recht wegen Zuwiderhandlung gegen wettbewerbsrechtliche Bestimmungen der Mitgliedsstaaten und der Europäischen Union, ABl. 2014 L 349/1.

26 Art. 21 Abs. 1 Kartellschadensersatzrichtlinie 2014/104/EU.

zur Schadensermittlung bei Kartellverstößen[27] sowie einen „Praktischen Leitfaden“ zur Schadensermittlung.[28]

II. Zielsetzung und Struktur

1. *Zielsetzung*

Die Richtlinie 2014/104/EU verfolgt zwei primäre Ziele. In Umsetzung der primärrechtlichen Rechtsprechung des EuGH[29] soll zum einen gewährleistet werden, dass jeder Geschädigte einer Zuwiderhandlung gegen das europäische Wettbewerbsrecht einen vollständigen Ersatz seines Schadens erlangen kann (vgl. Art. 1 Abs. 1, Art. 3 Abs. 1 der Kartellschadensersatzrichtlinie 2014/104/EU[30]). Zum anderen soll durch die Richtlinie eine kohärente Koordinierung von privater und öffentlich-rechtlicher Rechtsdurchsetzung erfolgen, um beiden Formen der Rechtsdurchsetzung trotz des bestehenden Spannungsverhältnisses eine größtmögliche Durchsetzungskraft zu ermöglichen.[31] Eine Beeinträchtigung des Binnenmarktes sowie der Eintritt von Wettbewerbsverzerrungen durch die uneinheitliche Durchsetzbarkeit von Kartellschadensersatzansprüchen soll nur mittelbar verhindert werden.[32] Andere Ziele wie die Durchsetzung des Wettbewerbsrechts oder die Abschreckungswirkung traten hingegen in den Hintergrund.[33]

---

27 *Europäische Kommission*, Mitteilung der Kommission zur Ermittlung des Schadensumfangs bei Schadensersatzklagen wegen Zuwiderhandlungen gegen Artikel 101 oder 102 des Vertrags über die Arbeitsweise der Europäischen Union, ABl. 2013 C 167/19.

28 *Europäische Kommission*, Praktischer Leitfaden zur Ermittlung des Schadensumfangs bei Schadensersatzklagen – Arbeitsunterlage der Kommissionsdienststellen.

29 Kartellschadensersatzrichtlinie 2014/104/EU, Erwägungsgrund 3; *Roth*, ZHR 2015, S. 668, 672; *Dawirs*, Zugriff auf Kronzeugenerklärungen, S. 229; *Bakowitz*, Informationsherrschaft, S. 263 f.

30 Nachfolgende Artikel ohne Gesetzesbezeichnung sind solche der Kartellschadensersatzrichtlinie 2014/104/EU.

31 Art. 1 Abs. 2 sowie Erwägungsgrund 6 der Kartellschadensersatzrichtlinie 2014/104/EU.

32 Kartellschadensersatzrichtlinie 2014/104/EU, Erwägungsgrund 7 und 8; *Schweitzer*, NZKart 2014, S. 335; *Lettl*, WRP 2015, S. 537, 538; *Dawirs*, Zugriff auf Kronzeugenerklärungen, S. 230.

33 *Bien*, NZKart 2013, S. 481; *Makatsch/Mir*, EuZW 2015, S. 7 Fn. 11.

2. Struktur

Das erste der sieben Kapitel der Kartellschadensersatzrichtlinie enthält in den Art. 1 bis 4 Regelungen zum Anwendungsbereich, zur Begriffsbestimmung sowie zum Gegenstand der Richtlinie. Der Anwendungsbereich der Richtlinie beschränkt sich nach Art. 1 Abs. 1 i.V.m. Erwägungsgrund 10 auf Verstöße gegen das europäische Wettbewerbsrecht und auf nach Art. 3 Abs. 1 VO 1/2003 parallel anwendbares nationales Recht.[34] Der Art. 2 enthält Begriffsbestimmungen. Art. 3 Abs. 1 kodifiziert das Recht auf vollständigen Schadensersatz und setzt damit die Vorgaben des EuGH aus den Entscheidungen *Courage/Crehan*[35] und *Manfredi*[36] um.[37] Art. 3 Abs. 2 bestimmt, dass der Schadensersatzanspruch der Kompensation dient und daher auch den entgangenen Gewinn sowie Zinsen umfasst.[38] Beschränkt wird der Ersatzanspruch durch das Verbot der Überkompensation aus Art. 3 Abs. 3. In Art. 4 wird der insbesondere in den Entscheidungen *Courage/Crehan* und *Donau-Chemie*[39] formulierte Effektivitäts- und Äquivalenzgrundsatz bei der Anwendung der Art. 101 und 102 AEUV in das Sekundärrecht übernommen.[40] Das zweite Kapitel[41] enthält die unten darzustellenden Regelungen zur Offenlegung von Beweismitteln durch die Parteien und Dritte bzw. durch Wettbewerbsbehörden. Das dritte Kapitel befasst sich in Art. 9 mit der Bindungswirkung nationaler Entscheidungen, in Art. 10 mit der Verjährung des Schadensersatzanspruchs und in Art. 11 mit der gesamtschuldnerischen Haftung der Kartellmitglieder, wobei kleinere und mittlere Unternehmen (sog. *KMU*) wie auch Kronzeugen besonderen Schutz genießen. Die Haftung des Kronzeugen ist gemäß Art. 11 Abs. 4 im Außenverhältnis gegenüber Geschädigten und im Innenverhältnis gegenüber den anderen Kartellmitgliedern auf dessen unmittelbare und mittelbare Abnehmer beschränkt. Diese Beschränkung besteht allerdings nicht, wenn der Geschädigte von den übrigen Kartellmitgliedern keinen vollständigen Ersatz erlangen kann. Im vierten Kapitel befinden sich Regelungen zur Pass-On-Verteidigung und zur Aktivlegitimation

---

34 *Gussone/Schreiber*, WuW 2013, S. 1040, 1042 sowie Fn. 13; *Keßler*, VuR 2015, S. 83, 84.

35 EuGH, Urt. v. 20.09.2001 – C-453/99 – *Courage/Crehan*, EU:C:2001:465.

36 EuGH, Urt. v. 13.07.2006 – C-295/04 u.a. – *Manfredi*, EU:C:2006:461.

37 *Vollrath*, NZKart 2013, S. 434, 437; *Makatsch/Mir*, EuZW 2015, S. 7.

38 Noch zum Richtlinienvorschlag: *Gussone/Schreiber*, WuW 2013, S. 1040, 1042.

39 EuGH, Urt. v. 20.09.2001 – C-453/99 – *Courage/Crehan*, EU:C:2001:465, Rn. 29; EuGH, Urt. v. 06.06.2013 – C-536/11 – *Donau-Chemie*, EU:C:2013:366, Rn. 27.

40 *Dawirs*, Zugriff auf Kronzeugenerklärungen, S. 232 f.

41 Ausführlich zum Kapitel II der Richtlinie siehe sogleich unten.

mittelbarer Abnehmer. Art. 16 sieht vor, dass die Europäische Kommission Leitlinien zur Schätzung der Schadensabwälzung herausgibt.[42] Das fünfte Kapitel regelt die Ermittlung des Schadensumfangs. So sieht Art. 17 Abs. 2 die widerlegliche Vermutung des Schadenseintritts vor. Keine Vermutungswirkung besteht hingegen für die Höhe des Schadens.[43] Im sechsten Kapitel finden sich Regelungen zur einvernehmlichen Streitbeilegung und im siebten Kapitel die Schlussbestimmungen.

III. Ergebnis zu A.

Die Kartellschadensersatzrichtlinie hat in Deutschland für einigen Neuregelungs- und Anpassungsbedarf gesorgt. Neben den neueinzuführenden Offenlegungsansprüchen galt dies insbesondere für die Regelungen über die Verjährung,[44] die Anpassung der Voraussetzungen der Pass-On-Verteidigung[45] und die Modifizierung der Gesamtschuld bei KMU und Kronzeugen.[46]

B. Kapitel II der Richtlinie - Offenlegung von Beweismitteln

Der europäische Gesetzgeber hat erkannt, dass Voraussetzung für eine Stärkung des Private Enforcement in Form von Schadensersatzklagen im Besonderen die Verringerung der Informationsasymmetrie durch einen verbesserten Zugang des Geschädigten zu Beweismitteln ist.[47] Den überwiegend als prozessrechtlich eingeordneten Regelungen[48] des zweiten Kapitels der Kartellschadensersatzrichtlinie

---

42 Siehe: *Europäische Kommission*, Leitlinien zur Schätzung des abgewälzten Preisaufschlags, Abl. 2019 C 267/07.

43 Kartellschadensersatzrichtlinie 2014/104/EU, Erwägungsgrund 47; *Schweitzer*, NZKart 2014, S. 335, 337.

44 *Gussone/Schreiber*, WuW 2013, S. 1040, 1050 f.; *Stauber/Schaper*, NZKart 2014, S. 346, 349; *Makatsch/Mir*, EuZW 2015, S. 7, 10 f.

45 *Kersting*, WuW 2014, S. 564, 569; *Makatsch/Mir*, EuZW 2015, S. 7, 12; sahen keinen Umsetzungsbedarf: *Stauber/Schaper*, NZKart 2014, S. 346, 351.

46 Dazu: *Gussone/Schreiber*, WuW 2013, S. 1040, 1054 f.

47 Kartellschadensersatzrichtlinie 2014/104/EU, Erwägungsgrund 14 und 15; *Vollrath*, NZKart 2013, S. 434, 443 f.; *Stock*, Schadensnachweis, S. 224.

48 *Vollrath*, NZKart 2013, S. 434, 437; *Kersting/Preuß*, Umsetzung der Kartellschadensersatzrichtlinie, S. 101; vgl. auch: OLG Düsseldorf, Beschl. v. 03.04.2018 – VI-W (Kart) 2/18 – *Herausgabe von Beweismitteln I*, Juris, Rn. 17; *Kainer*, in: Weller/Althammer, Mindeststandards im europäischen Zivilprozessrecht, S. 173, 181 und 190; siehe aber

über die Offenlegung von Beweismitteln kommt daher eine besondere Bedeutung zu.[49] Mit diesen wurde ein eigenes Beweisrecht für Kartellschadensersatzklagen geschaffen.[50] Zugleich hat der europäische Gesetzgeber sich das Ziel gesetzt, die Wirksamkeit *„privater zivilrechtlicher Durchsetzungsmaßnahmen und einer wirksamen öffentlichen Rechtsdurchsetzung durch die Wettbewerbsbehörden“*[51] sicherzustellen.[52] Dafür musste die Offenlegung von Beweismitteln aus den Akten der Wettbewerbsbehörden koordiniert werden.[53]

Art. 5 sieht vor, dass die Parteien eines Kartellschadensersatzprozesses sowie Dritte Beweismittel offenzulegen haben. Für die Offenlegung von Beweismitteln aus den Akten der Wettbewerbsbehörden gelten gemäß Art. 6 zusätzliche Voraussetzungen. Eigenständige Regelungen bestehen nach Art. 6 Abs. 6 für Kronzeugenmitteilungen und Vergleichsausführungen. Im Art. 7 sind Beweisverwendungsverbote bzw. -beschränkungen geregelt und der Art. 8 sieht die Sanktionierung von Verstößen gegen Vorschriften des zweiten Kapitels der Schadensersatzrichtlinie vor.

I. Offenlegung von Beweismitteln

1. Art. 5 der Kartellschadensersatzrichtlinie – Offenlegung von Beweismitteln

Gemäß Art. 5 haben die Mitgliedsstaaten zu gewährleisten, dass die nationalen Gerichte die Offenlegung von relevanten Beweismitteln im Besitz einer Partei oder eines Dritten anordnen können.

a) Anwendungsbereich

Die Offenlegung von Beweismitteln kann gemäß Art. 5 Abs. 1 S. 1 bzw. S. 2 sowohl auf Antrag des Geschädigten als Kläger als auch auf Antrag des Kartellanten als Beklagtem verlangt werden. Der Richtliniengeber erkennt damit an, dass auch der Beklagte auf die Offenlegung angewiesen sein kann, zum Beispiel um

---

zu Art. 5 Abs. 1: *Vollrath*, NZKart 2013, S. 434, 444; *Dawirs*, Zugriff auf Kronzeugenerklärungen, S. 268.

49 *Schweitzer*, NZKart 2014, S. 335, 340; *Dawirs*, Zugriff auf Kronzeugenerklärungen, S. 235; *Bakowitz*, Informationsherrschaft, S. 265.

50 *Dawirs*, Zugriff auf Kronzeugenerklärungen, S. 236 f.

51 Kartellschadensersatzrichtlinie 2014/104/EU, Erwägungsgrund 6.

52 Zur Verfolgung beider Ziele der Richtlinie im zweiten Kapitel: *Vollrath*, NZKart 2013, S. 434, 443 f.; *Dawirs*, Zugriff auf Kronzeugenerklärungen, S. 235.

53 *Makatsch/Mir*, EuZW 2015, S. 7; *Bakowitz*, Informationsherrschaft, S. 265.

den Einwand der Schadensabwälzung geltend zu machen.[54] So soll eine „*Waffengleichheit*“ im Prozess erreicht werden.[55] Die Inanspruchnahme von Dritten soll insbesondere dann in Betracht kommen, wenn mittelbare Abnehmer des Kartells Informationen zur Schadensabwälzung von Kunden vorhergehender Marktstufen benötigen, um ihren Schaden zu berechnen.[56] Der Begriff des Dritten umfasst nach der Richtliniensystematik auch Wettbewerbsbehörden.[57] Für die Offenlegung aus Behördenakten gelten aber die zusätzlichen Voraussetzungen des Art. 6.[58]

Der Begriff der Beweismittel wird durch Art. 2 Nr. 13 besonders weit definiert. Umfasst sind „*alle vor dem befassten nationalen Gericht zulässigen Arten von Beweismitteln, insbesondere Urkunden und alle sonstigen Gegenstände, die Informationen enthalten*“, sodass der Begriff der Beweismittel unabhängig vom konkreten Speichermedium ist.[59] Erfasst sind daher neben Urkunden und sonstigen Dokumenten auch Informationen beinhaltende Datenträger aller Art sowie sonstige Gegenstände des Augenscheins. Nach der Konzeption der Richtlinie und dem Wortlaut des Art. 5 Abs. 1 ist der Offenlegungsanspruch auf rechtshängige Schadensersatzprozesse beschränkt. Allerdings ist Art. 5 kein Verbot einer nationalen vor- bzw. außerprozessualen Offenlegungsregelung zu entnehmen.[60]

b) Voraussetzungen der Offenlegung

Dem Antrag auf Offenlegung soll nur stattgegeben werden, wenn die Voraussetzungen des Art. 5 vorliegen. Die strengen Voraussetzungen sollen den gegenläufigen Interessen der Parteien Rechnung tragen[61] und verhindern, dass eine

---

54 Art. 13 S. 2 der Kartellschadensersatzrichtlinie 2014/104/EU; *Gussone/Schreiber*, WuW 2013, S. 1040, 1043.

55 Kartellschadensersatzrichtlinie 2014/104/EU, Erwägungsgrund 15; *Gussone/Schreiber*, WuW 2013, S. 1040, 1043.

56 *Inderst/Thomas*, Schadensersatz bei Kartellverstößen (2015), S. 383.

57 Kartellschadensersatzrichtlinie 2014/104/EU, Erwägungsgrund 15; *Stauber*, G.C.L.R. 2014, S. 23, 24; *Schweitzer*, NZKart 2014, S. 335, 340; *Weidt*, E.C.L.R. 2014, S. 438, 440; *Bakowitz*, Informationsherrschaft, S. 267 f. Vgl. auch Art. 6 Abs. 1 der Kartellschadensersatzrichtlinie 2014/104/EU.

58 Dazu unten, S. 131 ff.

59 *Vollrath*, NZKart 2013, S. 434, 444.

60 Vgl.: *Inderst/Thomas*, Schadensersatz bei Kartellverstößen (2015), S. 382. Siehe insoweit auch Art. 5 Abs. 8, welcher die Einführung bzw. Beibehaltung von weitergehenden Offenlegungsvorschriften erlaubt.

61 Richtlinienvorschlag, KOM (2013), 404 end., S. 16; *Gussone/Schreiber*, WuW 2013, S. 1040, 1043.

der Parteien die Offenlegungsanordnung für unspezifische Beweisanträge, sog. *Fishing Expeditions,* ausnutzt.[62]

aa) Substantiierte Begründung

Der Kläger in einem Kartellschadensersatzprozess muss gemäß Art. 5 Abs. 1 S. 1 das Bestehen eines Schadensersatzanspruchs plausibel darlegen. Hierfür ist eine substantiierte Begründung erforderlich, welche die mit zumutbarem Aufwand zugänglichen Tatsachen und Beweismittel enthält. Der Geschädigte muss die hinreichende Wahrscheinlichkeit des von ihm geltend gemachten Schadensersatzanspruchs darlegen.[63] Im Rahmen einer Follow-On-Klage sollte dieses Erfordernis kein Hindernis für den Kläger darstellen.[64] Aufgrund der Feststellungswirkung der behördlichen Entscheidung gemäß Art. 9 Abs. 1 ist es für den Kläger nicht notwendig, einen Wettbewerbsverstoß nachzuweisen. Für die Feststellung des Eintritts eines Schadens kann der Kläger sich die Vermutungswirkung des Art. 17 Abs. 2 zunutze machen.[65] Im Falle einer Stand-Alone-Klage hingegen kann die Darlegung eine wesentliche Hürde für den Kläger darstellen. In einem Stand-Alone-Verfahren muss der Kläger nicht nur das Bestehen eines Wettbewerbsverstoßes, sondern auch die Verantwortlichkeit des Beklagten für den Verstoß und den Eintritt eines Schadens mit den ihm bereits zugänglichen Beweismitteln darlegen.[66] Um dem Zweck des Art. 5 Abs. 1 S. 1, die Informationsasymmetrie des Klägers aufzulösen, gerecht zu werden, dürfen aber keine überhöhten Anforderungen an die Darlegung gestellt werden.[67]

Im Gegensatz zum Kläger muss der Beklagte, wenn er gemäß Art. 5 Abs. 1 S. 2 die Offenlegung von Beweismitteln durch die Gegenpartei oder Dritte verlangt, die zu beweisenden Tatsachen nicht substantiiert darlegen. Die sonstigen Voraussetzungen der Offenlegungsanordnung gelten für ihn aber ebenfalls. Diese – ungewöhnliche – Privilegierung wird somit durch erhöhte Anforderungen an die Darlegung der Relevanz der offenzulegenden Verteidigungsmittel und die

---

62 *Vollrath,* NZKart 2013, S. 434, 444; *Schweitzer,* NZKart 2014, S. 335, 340; *Dawirs,* Zugriff auf Kronzeugenerklärungen, S. 237.

63 *Dawirs,* Zugriff auf Kronzeugenerklärungen, S. 237.

64 *Stock,* Schadensnachweis, S. 225; *Dawirs,* Zugriff auf Kronzeugenerklärungen, S. 237.

65 Zum Richtlinienvorschlag: *Weidt,* E.C.L.R. 2014, S. 438; *Stock,* Schadensnachweis, S. 226.

66 *Vollrath,* NZKart 2013, S. 434, 444; *Gussone/Schreiber,* WuW 2013, S. 1040, 1043.

67 *Dawirs,* Zugriff auf Kronzeugenerklärungen, S. 238; vgl. auch: *Preuß,* in: Kersting/Podszun, 9. GWB-Novelle, Kap. 10 Rn. 35, welche auch auf Erwägungsgrund 14 der Kartellschadensersatzrichtlinie verweist.

Notwendigkeit der Berücksichtigung der Darlegungsdichte im Rahmen der Verhältnismäßigkeit gemäß Art. 5 Abs. 3 S. 2 a) aufgewogen.[68]

Der Antrag auf Offenlegung muss eine auf Grundlage der zugänglichen Tatsachen hinreichende Beschreibung des offenzulegenden Beweismittels beinhalten.[69] Gemäß Art. 5 Abs. 2 kann aber auch die Offenlegung einer Kategorie von Beweismitteln verlangt werden, soweit diese so genau und präzise wie möglich abgegrenzt ist. So können die Parteien die häufig besonders schwierige konkrete Bezeichnung der erforderlichen Beweismittel umgehen.[70] Für die Abgrenzung der Beweismittelkategorien kann auf gemeinsame Merkmale der Dokumente Bezug genommen werden.[71]

bb) Relevanz

Die herausverlangten Beweismittel müssen für die Beweisführung relevant sein.[72] Zwar fordert die Richtlinie, anders als der Richtlinienvorschlag in Art. 5 Abs. 2 a),[73] nicht mehr ausdrücklich den Nachweis der Relevanz des Beweismittels, sowohl Art. 5 Abs. 1 S. 1 als auch Abs. 2 sehen jedoch vor, dass nur solche Beweismittel bzw. Kategorien von Beweismitteln offengelegt werden dürfen, die *„relevant"* sind.[74] Das Merkmal der Erforderlichkeit ergibt sich zudem aus Art. 5 Abs. 4 S. 1, wonach die Gerichte vertrauliche Informationen beinhaltende Beweismittel nur dann offenlegen dürfen, wenn sie diese als *„sachdienlich"* für die Schadensersatzklage erachten.

Die konkrete Relevanz eines Beweismittels hängt von der Art des Wettbewerbsverstoßes, dem Schaden und dem geltend gemachten Schadensersatz bzw. im Falle des Beklagten von der Art der Verteidigung ab.[75] Der Richtlinienvorschlag sah in Art. 5 Abs. 2 a) vor, dass der Nachweis der Relevanz durch die beweisführende Partei zu erbringen ist. Dieses Erfordernis wurde nicht in die

---

68 *Dawirs*, Zugriff auf Kronzeugenerklärungen, S. 238 f.

69 *Schweitzer*, NZKart 2014, S. 335, 340; *Makatsch/Mir*, EuZW 2015, S. 7, 9.

70 *Vollrath*, NZKart 2013, S. 434, 444; *Weidt*, E.C.L.R. 2014, S. 438, 439; *Dawirs*, Zugriff auf Kronzeugenerklärungen, S. 238.

71 Siehe die Aufzählung möglicher gemeinsamer Merkmal in Erwägungsgrund 16 der Kartellschadensersatzrichtlinie 2014/104/EU.

72 *Vollrath*, NZKart 2013, S. 434, 444.

73 Richtlinienvorschlag, KOM (2013), 404 end., S. 40.

74 *Inderst/Thomas*, Schadensersatz bei Kartellverstößen (2015), S. 382 f.; *Dawirs*, Zugriff auf Kronzeugenerklärungen, S. 242; zum RL-Vorschlag: *Vollrath*, NZKart 2013, S. 434, 444.

75 *Vollrath*, NZKart 2013, S. 434, 444.

abschließende Fassung der Richtlinie übernommen. Es ist daher davon auszugehen, dass die Relevanz der angeforderten Beweismittel durch das Prozessgericht von Amts wegen zu bestimmen ist.[76] Die fehlende Darlegungsverpflichtung des Beweisführers führt dazu, dass die allgemeine zivilprozessuale Maxime Anwendung findet, dass ein Beweismitteln nur in seltenen Ausnahmenfällen und nur dann, wenn jedwede Möglichkeit ausgeschlossen ist, dass der Beweisantrag Sachdienliches ergeben könnte, als ungeeignet zurückgewiesen werden kann.[77] Da sich die tatsächliche Relevanz eines Beweismittels vor der Offenlegung vielfach nur schwer einschätzen lässt, muss das Gericht diesbezüglich eine Wahrscheinlichkeitsprognose erstellen.[78] Dafür spricht auch Art. 5 Abs. 3 S. 2 b) 2. HS., nach dem dann eine unstatthafte Fishing Expedition vorliegt, wenn das betroffene Beweismittel „*wahrscheinlich*" nicht relevant ist.[79]

cc) Verhältnismäßigkeit

Die Offenlegung muss nach Art. 5 Abs. 3 S. 1 verhältnismäßig sein. Durch die Verhältnismäßigkeitsprüfung erhält das Prozessgericht einen bedeutenden Einfluss auf die Offenlegung von Beweismitteln.[80] Zudem kann es lediglich ausforschenden Beweisanträgen entgegentreten.[81] Neben den berechtigen Interessen aller Parteien sowie gegebenenfalls betroffener Dritter muss der nicht abschließende Katalog an Abwägungskriterien aus Art. 5 Abs. 3 S. 2 bei der einzelfallbezogenen Verhältnismäßigkeitsprüfung beachtet werden.[82] Das Erfordernis der Verhältnismäßigkeitsprüfung ergibt sich nach dem Vorbringen des Richtliniengebers aus der Rechtstradition der Mitgliedsstaaten.[83] Einen wesentlichen

---

76 *Dawirs*, Zugriff auf Kronzeugenerklärungen, S. 243; *Bakowitz*, Informationsherrschaft, S. 268; zum RL-Entwurf: *Vollrath*, NZKart 2013, S. 434, 444.

77 *Dawirs*, Zugriff auf Kronzeugenerklärungen, S. 243; zur Ablehnung eines Beweismittels wegen Ungeeignetheit nach deutschem Recht: BVerfG, Beschl. v. 28.02.1992 – 2 BvR 1179/91, NJW 1993, S. 254, 255; BGH, Urt. v. 23.10.2014 – III ZR 82/13, NJW-RR 2015, S. 158, 160; *Bacher*, in: Vorwerk/Wolf, BeckOK ZPO (Stand: März 2020), § 284 Rn. 52; *Prütting*, in: Rauscher/Krüger, MüKoZPO (2020), § 284 Rn. 98.

78 *Inderst/Thomas*, Schadensersatz bei Kartellverstößen (2015), S. 383.

79 *Inderst/Thomas*, Schadensersatz bei Kartellverstößen (2015), S. 383; vgl. auch *Dawirs*, Zugriff auf Kronzeugenerklärungen, S. 243.

80 *Vollrath*, NZKart 2013, S. 434, 444; *Dawirs*, Zugriff auf Kronzeugenerklärungen, S. 239; *Bakowitz*, Informationsherrschaft, S. 269 f.

81 *Bakowitz*, Informationsherrschaft, S. 270.

82 *Gussone/Schreiber*, WuW 2013, S. 1040, 1044.

83 Richtlinienvorschlag, KOM (2013), 404 end., S. 16.

Einfluss dürfte aber auch die Rechtsprechung des EuGH in den Rechtssachen *Pfleiderer*[84] und *Donau-Chemie*[85] gehabt haben.[86] Danach hat ausschließlich das erkennende Gericht, im Wege einer Einzelfallprüfung und unter Berücksichtigung aller maßgeblichen Gesichtspunkte, die Entscheidung über die Offenlegung zu treffen.[87]

Nach Art. 5 Abs. 3 S. 2 a) muss bei der Interessenabwägung berücksichtigt werden, wie substantiiert auf den durch die Offenlegung zu beweisenden Umstand bereits im Rahmen des Vortrages eingegangen wurde und inwieweit der Umstand durch bereits vorhandene Beweismittel gestützt wird. Dieses gilt auch für den Beklagten, sodass auch dieser – trotz des fehlenden Erfordernisses einer substantiierten Begründung als Tatbestandsmerkmal in Art. 5 Abs. 1 S. 2 – seinen Offenlegungsantrag begründen muss.[88] Teilweise wird Art. 5 Abs. 3 S. 2 a) so verstanden, dass nur der Geschädigte, der bereits eine Vielzahl an Beweismitteln besitzt und daher deutlich substantiierter zum Bestehen des Schadensersatzanspruchs vortragen kann, nach Art. 5 Abs. 1 S. 1 einen Zugang zu weiteren Beweismitteln hat.[89]

Gemäß Art. 5 Abs. 3 S. 2 b) sind die Kosten und der Umfang der verlangten Offenlegung in die Abwägung einzustellen. Dies soll insbesondere dem Schutz der in Anspruch genommenen Dritten aber auch zur Verhinderung von Ausforschungen dienen.

Nach Art. 5 Abs. 3 S. 2 c) ist auch die Vertraulichkeit der Informationen und deren Schutz in die Abwägung einzubeziehen. Als vertrauliche Informationen bezeichnet die Richtlinie insbesondere Geschäftsgeheimnisse.[90] Allerdings stellt die Vertraulichkeit der Informationen nach Art. 5 Abs. 4 kein Hindernis für die Offenlegung dar. Es müssen jedoch wirksame Schutzmaßnahmen zum Schutz der Vertraulichkeit bestehen (Art. 5 Abs. 4 S. 2).[91] Nicht in der Abwägung zu

---

84 EuGH, Urt. v. 14.06.2011 – C-360/09 – *Pfleiderer*, EU:C:2011:389.

85 EuGH, Urt. v. 06.06.2013 – C-536/11 – *Donau-Chemie*, EU:C:2013:366.

86 *Dawirs*, Zugriff auf Kronzeugenerklärungen, S. 239.

87 EuGH, Urt. v. 14.06.2011 – C-360/09 – *Pfleiderer*, EU:C:2011:389, Rn. 31; EuGH, Urt. v. 06.06.2013 – C-536/11 – *Donau-Chemie*, EU:C:2013:366, Rn. 34.

88 *Dawirs*, Zugriff auf Kronzeugenerklärungen, S. 240.

89 *Kreße*, WRP 2016, S. 567, 573.

90 Kartellschadensersatzrichtlinie 2014/104/EU, Erwägungsgrund 18. Zur Frage, ob auch die Geschäftsgeheimnisse des Beklagten von Art. 5 Abs. 3 S. 2 c) umfasst sind: *Dawirs*, Zugriff auf Kronzeugenerklärungen, S. 241 f.

91 Dazu: *Vollrath*, NZKart 2013, S. 434, 446; *Inderst/Thomas*, Schadensersatz bei Kartellverstößen (2015), S. 383, diese beziehen sich dort – wohl fehlerhaft – auf Art. 5 Abs. 5.

berücksichtigen ist gemäß Art. 5 Abs. 5 das Interesse der Beklagten daran, die Leistung von Schadensersatz zu verhindern. Art. 5 Abs. 5 wird auch dann zu beachten sein, wenn der Beklagte die Schutzwürdigkeit von Geschäftsgeheimnissen „vorschiebt", um dadurch eine Offenlegung zu verhindern.[92]

dd) Weitere Voraussetzungen

(I) Schutzmaßnahmen für vertrauliche Informationen

Die Offenlegung von vertraulichen Informationen ist nach Art. 5 Abs. 4 S. 1 ausdrücklich erlaubt, soweit diese Informationen sachdienlich für die Schadensersatzklage sind. Voraussetzung für die Offenlegung von Geschäftsgeheimnissen und sonstigen vertraulichen Informationen ist gemäß Art. 5 Abs. 4 S. 2, dass das nationale Gericht über wirksame Maßnahmen zum Schutz dieser Informationen verfügt. Die Richtlinie enthält in Erwägungsgrund 18 nicht abschließende Vorschläge für Schutzmaßnahmen. Dazu zählen die Schwärzung von schutzwürdigen Passagen, der Ausschluss der Öffentlichkeit von der Verhandlung, die Beschränkung der Offenlegung auf einen bestimmten Personenkreis, zum Beispiel die Rechtsvertreter der Parteien sowie die Übermittlung an einen Sachverständigen und die Aggregation der Informationen vor Offenlegung.

(II) Schutz der Privilegien von Angehörigen der Rechtsberufe

Gemäß Art. 5 Abs. 6 ist den Privilegien der Angehörigen der Rechtsberufe, also insbesondere den berufsständischen Verschwiegenheitsregelungen, uneingeschränkte Wirkung zu verleihen. Die Offenlegung von Informationen, die sich in den Händen von Rechtsanwälten befinden, wird daher in der Regel ausgeschlossen sein, zumindest aber verweigert werden können.

(III) Anhörung des Betroffenen

Nach Art. 5 Abs. 7 muss der durch die Offenlegung Betroffene vor der Anordnung der Offenlegung angehört werden. Dies soll sicherstellen, dass die Interessen des Betroffenen im Rahmen der Verhältnismäßigkeitsprüfung hinreichend berücksichtigt werden.[93]

---

92 *Dawirs*, Zugriff auf Kronzeugenerklärungen, S. 241 f.; vgl. auch: EuG, Urt. v. 22.05.2012 - T-344/08 - *EnBW*, EU:T:2012:242, Rn. 147.

93 *Dunne*, E.L.Rev., S. 581, 586.

2. *Art. 6 der Kartellschadensersatzrichtlinie – Offenlegung von Beweismitteln der Wettbewerbsbehörden*

Deutliche strengere Voraussetzungen bestehen für die Offenlegung von Beweismitteln, die sich in den Akten der Wettbewerbsbehörden befinden.[94] Art. 6 soll verhindern, dass die behördliche Kartellrechtsdurchsetzung durch die Offenlegung solcher Beweismittel übermäßig beeinträchtigt wird.[95]

a) Anwendungsbereich

Die Regelungen der Art. 6 Abs. 4, 5 sowie 10 und 11 gelten gemäß Art. 6 Abs. 1 neben den Regelungen des Art. 5 für die Offenlegung von Beweismitteln aus den Akten der Wettbewerbsbehörden. Der Begriff der Wettbewerbsbehörden wird durch Art. 2 Nr. 8 definiert und umfasst sowohl die Europäische Kommission als auch die nationalen Wettbewerbsbehörden.

Es wird teilweise vorgebracht, dass sich der Anwendungsbereich der genannten Absätze des Art. 6 nur auf solche Beweismittel bezieht, die zwar von einer Partei oder einem Dritten offengelegt werden sollen, die sich aber zugleich in den Akten einer Wettbewerbsbehörde befinden.[96] Dem ist entgegenzuhalten, dass die zusätzlichen Voraussetzungen des Art. 6 erst recht bei einer direkten Inanspruchnahme der Wettbewerbsbehörde gelten müssen.[97] Für die Anwendung des Art. 6 auf die Offenlegung durch Wettbewerbsbehörden spricht zudem, dass Art. 6 Abs. 10 ausdrücklich die Voraussetzungen regelt, unter denen ein nationales Gericht die Offenlegung bei einer Wettbewerbsbehörde beantragen kann.[98]

Gemäß Art. 6 Abs. 2 bleiben die Vorschriften der Transparenzverordnung 1049/2001[99] unberührt. Die Kartellschadensersatzrichtlinie trifft somit keine Regelungen für die Akteneinsicht der Kartellgeschädigten bei den

---

94 *Kersting*, WuW 2014, S. 564, 566; *Silton/Davis*, G.C.L.R. 2016, S. 96, 102; vgl. auch: *Makatsch/Mir*, EuZW 2015, S. 7, 9; sowie: *Dawirs*, Zugriff auf Kronzeugenerklärungen, S. 244.

95 Kartellschadensersatzrichtlinie 2014/104/EU, Erwägungsgrund 21; *Bakowitz*, Informationsherrschaft, S. 266.

96 *Weidt*, E.C.L.R. 2014, S. 438, 440.

97 *Weidt*, E.C.L.R. 2014, S. 438, 440; *Bakowitz*, Informationsherrschaft, S. 268.

98 *Schweitzer*, NZKart 2014, S. 335, 340; *Bakowitz*, Informationsherrschaft, S. 268; vgl. auch: *Inderst/Thomas*, Schadensersatz bei Kartellverstößen (2015), S. 383.

99 Verordnung (EG) Nr. 1049/2001 des Europäischen Parlaments und des Rates über den Zugang der Öffentlichkeit zu Dokumenten des Europäischen Parlaments, des Rates und der Kommission vom 30.05.2001, ABl. 2001 L 145/43.

Wettbewerbsbehörden außerhalb, also insbesondere vor einem Schadensersatzprozess. Die Richtlinie betrifft ausschließlich den mittelbaren Zugang über prozessuale Offenlegungsanordnungen.[100]

b) *Zusätzliche Voraussetzungen für die Offenlegung von Beweismitteln der Wettbewerbsbehörden*

Wenn die Parteien Einsicht in Akten der Wettbewerbsbehörden nehmen wollen, sind bei der Verhältnismäßigkeitsprüfung die zusätzlichen Abwägungskriterien des Art. 6 Abs. 4 zu beachten.

Art. 6 Abs. 4 a) bestimmt, dass der Antrag auf Offenlegung eine hinreichende Spezifizierung der offenzulegenden Beweismittel durch eigene Ausführungen in Bezug auf Art, Gegenstand und Inhalt beinhalten muss. Die genaue Bezeichnung der begehrten Dokumente soll eine Ausforschung der Wettbewerbsbehörden durch weitreichende Offenlegungsanträge verhindern.[101] Hintergrund dieser Voraussetzung ist wohl die Rechtsprechung des EuGH in der Rechtssache *EnBW*.[102] Danach darf die Europäische Kommission unspezifische und ausforschende Akteneinsichtsanträge zurückweisen.[103]

Art. 6 Abs. 4 b) sieht vor, dass in die Abwägung einfließen muss, ob der Offenlegungsantrag im Zuge einer Schadensersatzklage vor einem nationalen Gericht gestellt wurde. Dieses Kriterium bleibt insofern unklar, als dass sich sowohl der gesamte Anwendungsbereich der Richtlinie nach Art. 1 Abs. 2 als auch die Vorschriften über die Offenlegung von Beweismitteln nach Art. 5 und Art. 6 im Speziellen[104] auf Schadensersatzklageverfahren vor nationalen Gerichten beschränken.[105] Allerdings erlaubt Art. 5 Abs. 8 den Mitgliedsstaaten, weitergehende Offenlegungsregelungen einzuführen. Im Rahmen einer solchen

---

100 *Fiedler/Huttenlauch*, NZKart 2013, S. 350, 355; *Makatsch/Mir*, EuZW 2015, S. 7, 9; *Dawirs*, Zugriff auf Kronzeugenerklärungen, S. 244.

101 Richtlinienvorschlag, KOM (2013), 404 end., S. 17 f.; siehe auch Erwägungsgrund 23 der Kartellschadensersatzrichtlinie 2014/104/EU; *Gussone/Schreiber*, WuW 2013, S. 1040, 1044; *Gey/Schwedler*, in: Kamann/Ohlhoff/Völcker, Kartellverfahren und Kartellprozess (2017), § 10 Rn. 155; *Dawirs*, Zugriff auf Kronzeugenerklärungen, S. 244.

102 *Inderst/Thomas*, Schadensersatz bei Kartellverstößen (2015), S. 384.

103 EuGH, Urt. v. 27.02.2014 – C-365/12 P – *EnBW*, EU:C:2014:112, Rn. 67 f.

104 Siehe Art. 5 Abs. 1 der Kartellschadensersatzrichtlinie 2014/104/EU.

105 *Dawirs*, Zugriff auf Kronzeugenerklärungen, S. 245; *Denzel/Holm-Hadulla*, in: Kamann/Ohlhoff/Völcker, Kartellverfahren und Kartellprozess (2017), § 29 Rn. 21 Fn. 59.

weitergehenden Regelung wird Art. 6 Abs. 4 b) zu berücksichtigen sein. Art. 6 Abs. 4 b) kann daher dahingehend verstanden werden, dass der Richtliniengeber davon ausgeht, dass es in einem Schadensersatzprozess, anders als z.B. in einem eigenständigen Offenlegungsprozess, eher gewährleistet wäre, dass die vorgelegten Informationen nur der Durchsetzung des geltend gemachten Anspruchs dienen.[106]

Gemäß Art. 6 Abs. 4 c) muss die Gewährleistung einer wirksamen öffentlich-rechtlichen Rechtsdurchsetzung bei der Abwägung berücksichtigt werden. Dies soll im Zusammenhang mit den Absätzen 5 sowie 10 und 11 erfolgen. Art. 6 Abs. 11 ermöglicht es den Wettbewerbsbehörden, zur Verhältnismäßigkeit der beabsichtigten Offenlegung Stellung zu nehmen und bezweckt, dass die Interessen der Wettbewerbsbehörden in die Abwägung einfließen können.[107] Dem Art. 6 Abs. 4 c) kommt daher eine Auffangfunktion zum Schutz des Public Enforcement zu.[108]

Gemäß Art. 6 Abs. 5 ist die Offenlegung von bestimmten Beweismitteln aus Behördenakten davon abhängig, dass die Wettbewerbsbehörde ihr Verfahren zum Beispiel durch einen Beschluss gemäß Art. 5 oder nach Kapitel III der VO 1/2003 beendet hat.[109] Das zeitlich begrenzte Offenlegungsverbot für bestimmte Informationen soll die Ermittlungs- und Verfolgungstätigkeiten der Wettbewerbsbehörden schützen.[110] Zu den Beweismitteln auf dieser „*grauen Liste*“[111] gehören nach Art. 6 Abs. 5 a) Informationen, die eigens für das wettbewerbsbehördliche Verfahren durch eine natürliche oder juristische Person erstellt wurden. Dies sind zum Beispiel Antworten auf behördliche Informationsersuchen oder Zeugenaussagen.[112] Auch Informationen, die im Laufe des Verfahrens durch die Wettbewerbsbehörde erstellt wurden, sind gemäß Art. 6 Abs. 5 b) bis zum Abschluss des Verfahrens von der Offenlegung ausgenommen. Dazu gehört etwa die Mitteilung der Beschwerdepunkte.[113] Zuletzt sind nach Art. 6 Abs. 5 c)

---

106 Vgl. insoweit zu § 89c Abs. 3 S. 2 Nr. 2 GWB: *Bundesregierung*, Begr. des Gesetzesentwurfes zur 9. GWB-Novelle, BT-Drs. 18/10207, S. 103.

107 *Denzel/Holm-Hadulla*, in: Kamann/Ohlhoff/Völcker, Kartellverfahren und Kartellprozess (2017), § 29 Rn. 34.

108 *Dawirs*, Zugriff auf Kronzeugenerklärungen, S. 245.

109 Kartellschadensersatzrichtlinie 2014/104/EU, Erwägungsgrund 25.

110 Kartellschadensersatzrichtlinie 2014/104/EU, Erwägungsgrund 25.

111 *Schweitzer*, NZKart 2014, S. 335, 343; *Weidt*, E.C.L.R. 2014, S. 438; *Dawirs*, Zugriff auf Kronzeugenerklärungen, S. 245.

112 Kartellschadensersatzrichtlinie 2014/104/EU, Erwägungsgrund 25.

113 Kartellschadensersatzrichtlinie 2014/104/EU, Erwägungsgrund 25.

auch zurückgezogene Vergleichsvereinbarungen von einer frühen Offenlegung ausgenommen. Für andere als in Art. 6 Abs. 5 – und Abs. 6 – aufgeführte Beweismittel sieht Art. 6 Abs. 9 vor, dass die Offenlegung jederzeit angeordnet werden kann.[114]

Gemäß Art. 6 Abs. 10 ist die Akteneinsicht bei Wettbewerbsbehörden subsidiär.[115] Die Offenlegung kann somit nur dann erfolgen, wenn die Beweismittel nicht mit zumutbarem Aufwand von einer anderen Partei oder Dritten erlangt werden können.

c) Art. 7 Abs. 2 und 3 der Kartellschadensersatzrichtlinie – Verwendungsbeschränkungen

Die Verwendung von Beweismitteln, die allein durch die Einsichtnahme in die Akten einer Wettbewerbsbehörde erlangt wurden, wird durch Art. 7 Abs. 2 und 3 eingeschränkt. Nach Art. 7 Abs. 2 ist die Verwendung von Beweismitteln i.S. des Art. 6 Abs. 5 bis zur Beendigung des Verfahrens durch die Wettbewerbsbehörde auch dann unzulässig, wenn diese allein durch die Einsichtnahme in die Akten einer Wettbewerbsbehörde erlangt wurden.[116] Dies soll die uneingeschränkte Wirksamkeit der Beschränkungen aus Art. 6 Abs. 5 und 6 sicherstellen und so die Ermittlungs- und Verfolgungstätigkeiten der Wettbewerbsbehörden schützen.[117] Die Mitgliedsstaaten müssen zudem Regelungen treffen, damit Beweismittel, die allein durch die Einsichtnahme in die Akten einer Wettbewerbsbehörde erlangt wurden, nur von der Partei bzw. deren Rechtsnachfolger verwendet werden können, welche die Einsicht genommen hat (Art. 7 Abs. 3). Dadurch soll ein Handel mit Beweismitteln verhindert werden.[118]

3. Art. 8 der Kartellschadensersatzrichtlinie – Sanktionierung

Die Mitgliedsstaaten haben nach Art. 8 dafür zu sorgen, dass Sanktionierungsmöglichkeiten bestehen, um die Vorschriften des zweiten Kapitels der

---

114 Zum Richtlinienvorschlag: *Fiedler/Huttenlauch*, NZKart 2013, S. 350; *Weidt*, E.C.L.R. 2014, S. 438, 440.

115 Kartellschadensersatzrichtlinie 2014/104/EU, Erwägungsgrund 29; *Dunne*, E.L.Rev., S. 581, 586; *Stock*, Schadensnachweis, S. 230; *Dawirs*, Zugriff auf Kronzeugenerklärungen, S. 246 f.; vgl. auch: *Silton/Davis*, G.C.L.R. 2016, S. 96, 102.

116 *Dawirs*, Zugriff auf Kronzeugenerklärungen, S. 246.

117 Kartellschadensersatzrichtlinie 2014/104/EU, Erwägungsgrund 32.

118 Richtlinienvorschlag, KOM (2013), 404 end., S. 18; *Stauber*, G.C.L.R. 2014, S. 23, 26 f.; *Schweitzer*, NZKart 2014, S. 335, 343.

Schadensersatzrichtlinie wirksam durchzusetzen. Nach Art. 8 Abs. 1 a) bis d) sind Sanktionen zu verhängen, wenn die Offenlegungsanordnungen nicht befolgt werden, wenn es zur Vernichtung von relevanten Beweismitteln kommt, wenn der Schutz von vertraulichen Beweismitteln nicht gewährleistet wird oder wenn gegen die Beschränkungen der Beweisverwertung verstoßen wird. Die Sanktionen müssen nach Art. 8 Abs. 2 S. 1 *„wirksam, verhältnismäßig und abschreckend sein“*.[119] Als Beispiel für Sanktionen nennt die Richtlinie in Art. 8 Abs. 2 S. 2 die Möglichkeiten des Gerichts, einen Beweis bei Nichtbeachtung der Vorlageanordnung als erbracht anzusehen, das Vorbringen der Parteien zurückzuweisen oder der Partei die Kosten aufzuerlegen.

4. Ergebnis zu I.

Gemäß Art. 5 Abs. 1 haben die Parteien im Kartellschadensersatzprozess die Möglichkeit, andere Parteien, Dritte und, unter den zusätzlichen Voraussetzungen des Art. 6, Wettbewerbsbehörden für die Offenlegung von Beweismitteln in Anspruch zu nehmen. Voraussetzung dafür ist neben einem substantiierten Antrag, die Erforderlichkeit des Beweismittels sowie die Verhältnismäßigkeit der Offenlegung. Aus deutscher Sicht ist insbesondere die Möglichkeit, Dritte in Anspruch zu nehmen, positiv zu beurteilen,[120] da es vor der Kartellschadensersatzrichtlinie praktisch an einer solchen Möglichkeit fehlte.[121] Hervorzuheben ist auch die Möglichkeit, die Offenlegung ganzer Kategorien an Beweismitteln zu verlangen, da es für die Parteien oftmals problematisch ist, das konkret benötigte Dokument mit hinreichender Genauigkeit zu bezeichnen.[122] Konfliktpotential bieten hingegen die Fragen der Erforderlichkeit eines Beweismittels und der Verhältnismäßigkeit, vor allem im Zusammenhang mit der Offenlegung und dem Schutz von Geschäftsgeheimnissen. Aller Voraussicht nach werden die Gerichte in Deutschland wie auch in den anderen Mitgliedsstaaten an diesen Punkten mit unterschiedlichem Maß abwiegen,[123] sodass es vermutlich der einen oder anderen klärenden Entscheidung des EuGH bedürfen wird.[124]

---

119 Zum Hintergrund dieser Formulierung: *Haus/Serafimova*, BB 2014, S. 2883, 2888.

120 *Inderst/Thomas*, Schadensersatz bei Kartellverstößen (2015), S. 383.

121 Siehe zu den Informationsmöglichkeiten vor der 9. GWB-Novelle oben, S. 98 ff.

122 *Weidt*, E.C.L.R. 2014, S. 438, 439; *Makatsch/Mir*, EuZW 2015, S. 7, 10.

123 *Krohs*, in: Busche/Röhling, Kölner Kommentar Kartellrecht/GWB (2017), § 33 Rn. 261; *Bakowitz*, Informationsherrschaft, S. 268.

124 *Dawirs*, Zugriff auf Kronzeugenerklärungen, S. 242; *Bakowitz*, Informationsherrschaft, S. 269.

Zu kritisieren ist zudem die Verwertungsbeschränkung aus Art. 7 Abs. 3. Diese steht im Widerspruch zu Erwägungsgrund 48 der Richtlinie und könnte die Vergleichsbereitschaft der Geschädigten verringern, da eine Vergleichsvereinbarung der geschädigten Partei oft nicht nur Schadensersatz in Form von Geld, sondern auch Informationen, die das Kartellmitglied von der Wettbewerbsbehörde erlangt hat, zusichert.[125]

II. Ausschluss der Offenlegung von Kronzeugenerklärungen und Vergleichsausführungen

Wie bereits dargestellt ist ein Ziel der Kartellschadensersatzrichtlinie die kohärente Koordinierung von privater und öffentlich-rechtlicher Rechtsdurchsetzung, um trotz des oben dargestellten Spannungsverhältnisses beiden Formen der Rechtsdurchsetzung eine größtmögliche Durchsetzungskraft zu ermöglichen.[126] Der europäische Gesetzgeber hat als Mittel der Koordinierung insbesondere den Ausschluss der Offenlegung von Kronzeugenerklärungen und Vergleichsausführungen gewählt.[127] In Erwägungsgrund 26 der Kartellschadensersatzrichtlinie wird diese Entscheidung damit begründet, dass Kronzeugenerklärungen und Vergleichsausführungen wichtige Instrumente für die öffentlich-rechtliche Rechtsdurchsetzung darstellen. Soweit aber Geschädigte Zugriff auf Kronzeugenerklärungen und Vergleichsausführungen hätten, könnten die Teilnehmer an den Kronzeugen- bzw. Vergleichsprogrammen bei der Schadensersatzdurchsetzung bevorzugt in Anspruch genommen werden. Es bestünde die Gefahr, dass – potentielle – Teilnehmer an diesen Programmen von einer Zusammenarbeit mit den Wettbewerbsbehörden, zumindest im bisherigen Umfang, absehen. Folge einer verminderten Attraktivität der Programme wäre eine geringere Aufdeckung und Aufklärung von Wettbewerbsverstößen. Auf ein effektives Public Enforcement seien aber auch die Geschädigten angewiesen, um die Notwendigkeit des Nachweises des Wettbewerbsverstoßes im Schadensersatzprozess zu umgehen.

125 *Stauber*, G.C.L.R. 2014, S. 23, 26 f.; *Makatsch/Mir*, EuZW 2015, S. 7, 10.

126 Art. 1 Abs. 2 sowie Erwägungsgrund 6 der Kartellschadensersatzrichtlinie 2014/104/EU. Dazu: *Dawirs*, Zugriff auf Kronzeugenerklärungen, S. 230 sowie 249.

127 Das andere Mittel der Koordinierung ist die Privilegierung von Kronzeugen im Rahmen der Gesamtschuld gemäß Art. 11 Abs. 4 und 5. Kritisch zur Beschränkung auf Kronzeugen: *Makatsch/Mir*, EuZW 2015, S. 7.

1. *Art. 6 Abs. 6 der Kartellschadensersatzrichtlinie - Verbot der Offenlegung*

Nach Art. 6 Abs. 6 ist es den nationalen Gerichten zu jedem Zeitpunkt untersagt, die Offenlegung von Kronzeugenerklärungen und Vergleichsausführungen durch Parteien oder Dritte für die Zwecke von Schadensersatzklagen anzuordnen. Für Dokumente auf dieser „*schwarzen Liste*“[128] besteht somit ein absolutes Verbot der Offenlegung im Schadensersatzprozess. Anders als für sonstige Beweismittel besteht keine Möglichkeit der einzelfallbezogenen Abwägung, um die Interessen der Beteiligten und Dritter zu berücksichtigen.[129]

a) Kronzeugenerklärungen

Den Begriff der Kronzeugenerklärungen bestimmt Art. 2 Nr. 16 als „*eine freiwillige mündliche oder schriftliche Darlegung seitens oder im Namen eines Unternehmens oder einer natürlichen Person gegenüber einer Wettbewerbsbehörde, in der das Unternehmen oder die natürliche Person seine bzw. ihre Kenntnis von einem Kartell und seine bzw. ihre Beteiligung daran darlegt und die eigens zu dem Zweck formuliert wurde, im Rahmen eines Kronzeugenprogramms bei der Wettbewerbsbehörde den Erlass oder eine Ermäßigung der Geldbuße zu erwirken, oder eine Aufzeichnung dieser Darlegung* [...]“. Wörtliche Zitate aus Kronzeugenerklärungen in anderen Dokumenten sind wie Kronzeugenerklärungen zu behandeln.[130]

Unklarheit hinterlässt die Definition des Begriffes der Kronzeugenerklärung bei den Fragen des Schutzes von nicht erfolgreichen Kronzeugenanträgen sowie von beigefügten Anlagen und Beweismitteln.

aa) Schutz nicht erfolgreicher Kronzeugenanträge

Vom Schutzbereich dürften auch nachrangige Kronzeugenanträge umfasst sein, die nicht zu einer - vollständigen - Bußgeldreduzierung geführt haben.[131] Diese Folgeanträge nicht zu schützen wäre zwar für die Geschädigten vorteilhaft,[132] würde aber dem Telos des Art. 6 Abs. 6 widersprechen. Für einen kooperationsbereiten Kartellanten besteht immer die Gefahr, dass bereits ein anderes

---

128 *Schweitzer*, NZKart 2014, S. 335, 342; *Weidt*, E.C.L.R. 2014, S. 438, 439; *Kamann*, in: Kamann/Ohlhoff/Völcker, Kartellverfahren und Kartellprozess (2017), § 24 Rn. 45.

129 *Dawirs*, Zugriff auf Kronzeugenerklärungen, S. 250.

130 Kartellschadensersatzrichtlinie 2014/104/EU, Erwägungsgrund 26.

131 Zum Ablauf des Kronzeugenverfahrens siehe oben, S. 94.

132 *Gussone/Schreiber*, WuW 2013, S. 1040, 1045; *Dawirs*, Zugriff auf Kronzeugenerklärungen, S. 251.

Kartellmitglied einen vorrangigen Kronzeugenantrag abgegeben hat. Sollte aber, über das in diesem Fall zu zahlende Bußgeld hinaus, auch noch die Gefahr der Offenlegung des nichterfolgreichen Kronzeugenantrages bestehen, könnte dies Kartellanten von der Kooperation mit den Wettbewerbsbehörden abhalten.[133] Da Art. 6 Abs. 6 gerade die Attraktivität der Kronzeugenprogramme schützen will, ist davon auszugehen, dass auch nachgelagerte Kronzeugenanträge vom Schutz des Art. 6 Abs. 6 erfasst sind.[134]

bb) Schutz von Anlagen und Beweismitteln

Auch dem Kronzeugenantrag beigefügte Anlagen und Beweismittel unterfallen dem Schutz des Art. 6 Abs. 6 a). Die Richtlinie benutzt den Begriff der *Kronzeugenerklärung*. Dieser Begriff umfasst, anders als der vom Richtlinienvorschlag verwendete Begriff der *Kronzeugenunternehmenserklärung*,[135] sowohl die Unternehmenserklärung als auch beigefügte Beweismittel.[136]

Beschränkt wird der Schutz von Anlagen und Beweismitteln allerdings durch den letzten Halbsatz der Legaldefinition in Art. 2 Nr. 16.[137] Danach sind *„bereits vorhandene Beweismittel“* vom Schutz ausgenommen. Bereits vorhandene Beweismittel sind nach Art. 2 Nr. 17 solche, *„die unabhängig von einem wettbewerbsbehördlichen Verfahren vorliegen, unabhängig davon, ob diese Informationen in den Akten einer Wettbewerbsbehörde enthalten sind oder nicht“*. Zweck dieser Ausnahme ist es, dass Anlagen und Beweismittel, die nicht speziell für die Kronzeugenerklärung erstellt wurden,[138] nicht durch eine Übermittlung an

---

133 *Dawirs*, Zugriff auf Kronzeugenerklärungen, S. 252.

134 *Dawirs*, Zugriff auf Kronzeugenerklärungen, S. 252 f.; so auch: *Fiedler/Huttenlauch*, NZKart 2013, S. 350, 353; *Fiedler*, BB 2013, S. 2179, 2183; *Schweitzer*, in: Zentrum für Europäisches Wirtschaftsrecht, Vorträge und Berichte Nr. 212, S. 11.

135 Richtlinienvorschlag, KOM (2013), 404 end., Art. 4 Nr. 14 und Art. 6 Abs. 1 a); zum Umfang der Unternehmenserklärung: *Europäische Kommission*, Kronzeugenmitteilung (2006), ABl. 2006 C 298/17, Rn. 9 a).

136 *Dawirs*, Zugriff auf Kronzeugenerklärungen, S. 253 f.; anders zum Richtlinienvorschlag: *Vollrath*, NZKart 2013, S. 434, 445; kritisch zum Richtlinienvorschlag: *Fiedler/Huttenlauch*, NZKart 2013, S. 350, 353; *Fiedler*, BB 2013, S. 2179, 2183.

137 *Krohs*, in: Busche/Röhling, Kölner Kommentar Kartellrecht/GWB (2017), § 33 Rn. 258.

138 *Krohs*, in: Busche/Röhling, Kölner Kommentar Kartellrecht/GWB (2017), § 33 Rn. 258; vgl. auch zum Richtlinienvorschlag: *Vollrath*, NZKart 2013, S. 434, 445.

die Wettbewerbsbehörden dem Schutz des Art. 6 Abs. 6 a) unterworfen werden können.[139]

Nach der Auffassung von *Dawirs* sind nur solche Beweismittel von der Ausnahme des letzten Halbsatzes des Art. 2 Nr. 16 umfasst, die sich auch im Besitz des Geschädigten befinden.[140] Die Ansicht von *Dawirs* ist jedoch abzulehnen. Es ist unerheblich, ob sich die Informationen nur im Besitz des Kronzeugen oder auch im Besitz des Geschädigten befinden. Eine Beschränkung der „*bereits vorhandenen Beweismittel*" auf Informationen, die sich auch im Besitz des Geschädigten befinden, würde der Ausnahme wohl jeglichen Anwendungsbereich rauben. Es hängt vom bloßen Zufall ab, welche Beweismittel der Geschädigte zum Zeitpunkt des Kronzeugenantrages in seinem Besitz hat. Zudem könnte die Ansicht von *Dawirs* zur Folge haben, dass jeder kooperationsbereite Kartellant sämtliche in irgendeinem Zusammenhang mit dem Wettbewerbsverstoß stehenden Informationen seinem Kronzeugenantrag beifügt. So wäre alles was ein Geschädigter zum Zeitpunkt des Kronzeugenantrages nicht in seinem Besitz hätte, von der Offenlegung ausgenommen – unabhängig vom Erfolg des Kronzeugenantrags.[141] Es bestünde die Gefahr, dass der Offenlegungsanspruch insgesamt leerläuft. Die Mehrheit jeglicher Informationen, die ein Geschädigter überhaupt bei einem der Kartellanten oder den Wettbewerbsbehörden erlangen kann, würde dem Schutz des Art. 6 Abs. 6 unterfallen und dürfte daher nicht offengelegt werden.

b) Vergleichsausführungen

Eine Vergleichsausführung im Sinne des Art. 6 Abs. 6 b) ist nach Art. 2 Nr. 18 „*eine freiwillige Darlegung seitens oder im Namen eines Unternehmens gegenüber einer Wettbewerbsbehörde, die ein Anerkenntnis oder seinen Verzicht auf das Bestreiten seiner Beteiligung an einer Zuwiderhandlung gegen das Wettbewerbsrecht und seiner Verantwortung für diese Zuwiderhandlung gegen das Wettbewerbsrecht enthält und die eigens zu dem Zweck formuliert wurde, der betreffenden Wettbewerbsbehörde die Anwendung eines vereinfachten oder beschleunigten Verfahrens zu ermöglichen*". Es sind nur solche Vergleichsausführungen vom Schutz des Art. 6 Abs. 6 b) erfasst, die nicht zurückgezogen wurden. Allerdings

---

139 *Dawirs*, Zugriff auf Kronzeugenerklärungen, S. 254; vgl. zum Richtlinienvorschlag: *Vollrath*, NZKart 2013, S. 434, 445; *Fiedler*, BB 2013, S. 2179, 2183.

140 *Dawirs*, Zugriff auf Kronzeugenerklärungen, S. 254.

141 Zum Schutz nichterfolgreicher Kronzeugenanträge siehe oben, S. 137.

dürfen zurückgezogene Vergleichsausführungen gemäß Art. 6 Abs. 5 c) erst nach Abschluss des Verfahrens offengelegt werden.

2. *Art. 6 Abs. 7 der Kartellschadensersatzrichtlinie – Vorlage zur Überprüfung*

Nach Art. 6 Abs. 7 kann das Prozessgericht auf begründeten Antrag einer Partei hin verifizieren, ob ein Beweisstück tatsächlich eine Kronzeugenerklärung bzw. Vergleichsausführung i.S. des Art. 6 Abs. 6 darstellt. Dafür darf das Gericht Einsicht in das konkrete Beweismittel nehmen. Zu keinem Zeitpunkt darf jedoch den anderen Parteien oder Dritten Einsicht in das zu überprüfende Material gewährt werden. Die Prüfung nach Art. 6 Abs. 7 muss somit im Rahmen eines *in-camera*-Verfahrens erfolgen.[142] Das Gericht muss dem Verfasser des Beweismittels eine Gelegenheit zur Anhörung geben und kann die zuständige Wettbewerbsbehörde um Unterstützung bei der Prüfung bitten. Ist das Beweismittel nicht oder nur zum Teil nach Art. 6 Abs. 6 geschützt, kann gemäß Art. 6 Abs. 8 eine – teilweise – Offenlegung erfolgen, soweit die sonstigen Voraussetzungen vorliegen.[143]

3. *Art. 7 Abs. 1 der Kartellschadensersatzrichtlinie – Beweisverwertungsverbot*

Nach Art. 7 Abs. 1 besteht für Kronzeugenerklärungen und Vergleichsausführungen ein Verwertungsverbot, wenn diese allein durch die Einsichtnahme in die Akten einer Wettbewerbsbehörde erlangt wurden. Dadurch soll verhindert werden, dass Kläger Kronzeugenerklärungen und Vergleichsausführungen verwenden, die sie im Wege eines außerprozessualen Akteneinsichtsrechts erlangt haben.[144] Ein solches Akteneinsichtsrecht kann sich zum Beispiel für Mitkartellanten aus Art. 27 Abs. 2 VO 1/2003 und – jedenfalls in der Theorie – für Geschädigte aus Art. 2 Abs. 1 der Transparenzverordnung 1049/2001 bzw. den entsprechenden nationalen Einsichtsrechten für Beteiligte und Verletzte ergeben.[145] Dabei stellt Art. 7 Abs. 1 nicht auf die Person des Klägers ab, sodass auch

---

142 *Kamann*, in: Kamann/Ohlhoff/Völcker, Kartellverfahren und Kartellprozess (2017), § 24 Rn. 45.

143 *Denzel/Holm-Hadulla*, in: Kamann/Ohlhoff/Völcker, Kartellverfahren und Kartellprozess (2017), § 29 Rn. 24.

144 *Schweitzer*, NZKart 2014, S. 335, 343; *Dawirs*, Zugriff auf Kronzeugenerklärungen, S. 256.

145 *Gussone/Schreiber*, WuW 2013, S. 1040, 1046; *Schweitzer*, NZKart 2014, S. 335, 343.

die Verwendung von Kronzeugenerklärungen und Vergleichsausführungen die Dritte erlangt haben, verboten ist.[146]

4. *Vereinbarkeit des absoluten Offenlegungsverbotes mit dem Unionsrecht*

Das absolute Verbot der Offenlegung von Kronzeugenerklärungen und Vergleichsausführungen aus Art. 6 Abs. 6 und Art. 7 Abs. 1 hatte einen breiten Diskurs zur Folge. Wichtigster Punkt ist dabei die Frage der Zulässigkeit des absoluten Offenlegungsverbots in Hinsicht auf die Rechtsprechung des EuGH. Diese sieht vor, dass immer die Möglichkeit einer Abwägung im Einzelfall bestehen muss. Zudem wird über die Verhältnismäßigkeit des Offenlegungsverbots diskutiert. Darüber hinaus werden die bekannten Debatten darüber fortgeführt, welches Schutzniveau für ein attraktives und effektives Kronzeugenprogramm notwendig ist, ob Kronzeugenerklärungen und Vergleichsausführungen für die Durchsetzung von Schadensersatzansprüchen überhaupt erforderlich sind sowie welches Verhältnis generell zwischen öffentlich-rechtlicher und privater Rechtsdurchsetzung besteht.

a) Hintergrund – Die Rechtsprechung des EuGH

Der EuGH hat in seinen Urteilen *Pfleiderer*, *Donau-Chemie* und *EnBW* ein System an Voraussetzungen für die Akteneinsicht von Geschädigten bei den Wettbewerbsbehörden nach nationalem sowie unionalem Recht geschaffen.[147]

Grundlage dieses Systems ist die Entscheidung in der Rechtssache *Pfleiderer*. Darin erkannte der EuGH an, dass sowohl die öffentlich-rechtliche als auch die private Rechtsdurchsetzung der wirksamen Durchsetzung des Wettbewerbsrechts dienen.[148] Jedoch stünden beide Formen der Rechtsdurchsetzung in Bezug auf die Offenlegung von Kronzeugenerklärungen in einem Spannungsverhältnis.[149] Zwar würde das europäische Wettbewerbsrecht einer Einsichtnahme in Kronzeugenerklärungen nicht entgegenstehen, mangels unionaler Regelungen sei es allerdings Sache der nationalen Gesetzgeber, die Voraussetzungen der Akteneinsicht zu regeln.[150] Durch ihre Akteneinsichtsregelungen dürften

---

146 *Dawirs*, Zugriff auf Kronzeugenerklärungen, S. 257.

147 Vgl.: *Schweitzer*, NZKart 2014, S. 335, 342.

148 EuGH, Urt. v. 14.06.2011 – C-360/09 – *Pfleiderer*, EU:C:2011:389, Rn. 25 und 29.

149 EuGH, Urt. v. 14.06.2011 – C-360/09 – *Pfleiderer*, EU:C:2011:389, Rn. 26; *Seitz*, EuZW 2011, S. 598, 599.

150 EuGH, Urt. v. 14.06.2011 – C-360/09 – *Pfleiderer*, EU:C:2011:389, Rn. 23 und 32.

die nationalen Gesetzgebern die Durchsetzung des Schadensersatzanspruchs jedoch nicht übermäßig erschweren oder verhindern.[151] Um dem aus Art. 101 AEUV hergeleiteten Äquivalenz- und Effektivitätsgrundsatz zu genügen, müsse das zuständige Gericht zur Auflösung des Spannungsverhältnisses daher immer eine Abwägung der im Einzelfall betroffenen Interessen vornehmen.[152] Dabei würde zwischen der öffentlich-rechtlichen und der privaten Rechtsdurchsetzung keinerlei Bedeutungsgefälle bestehen.[153] Zudem stellte der EuGH fest, dass sowohl die Effektivität der Kronzeugenprogramme als auch die abschreckende Wirkung von kartellrechtlichen Schadensersatzklagen in die Einzelfallabwägung einzustellen seien.[154]

Bestätigt und vertieft wurde das Abwägungserfordernis im Urteil *Donau-Chemie*. Der Gerichtshof entschied, dass eine starre nationale Zugangsvorschrift geeignet sei, die wirksame Anwendung des Art. 101 AEUV sowie der daraus erwachsenen Rechte zu beeinträchtigen.[155] Um den Äquivalenz- und Effektivitätsgrundsatz zu wahren, sei die Möglichkeit einer Abwägung des Einzelfalls daher zwingend erforderlich.[156] Die Abwägung wäre dabei für jedes Dokument einzeln durchzuführen.[157] Zudem könne die Offenlegung nicht aufgrund einer bloß abstrakten Gefährdung für die Attraktivität der Kronzeugenprogramme abgelehnt werden. Vielmehr sei die Darlegung eines zwingenden Schutzinteresses erforderlich.[158]

Für das Zugangsrecht nach Art. 2 Abs. 1 VO 1049/2001 entschied der EuGH im *EnBW*-Urteil, dass zwar eine Vermutung dafür spräche, dass eine Offenlegung der Wettbewerbsakten der Europäischen Kommission die geschäftlichen Interessen der beteiligten Unternehmen und den Schutz des Zweckes der Untersuchungstätigkeiten beeinträchtige.[159] Gleichwohl müsse es dem Einsichtsbegehrenden aber möglich bleiben, die Vermutung für ein bestimmtes Dokument zu widerlegen oder ein überwiegendes öffentliches Interesse an der Verbreitung

---

151 EuGH, Urt. v. 14.06.2011 – C-360/09 – *Pfleiderer*, EU:C:2011:389, Rn. 30.

152 EuGH, Urt. v. 14.06.2011 – C-360/09 – *Pfleiderer*, EU:C:2011:389, Rn. 30 f.

153 *Fornasier/Sanner*, WuW 2011, S. 1067, 1069; *Dawirs*, Zugriff auf Kronzeugenerklärungen, S. 123.

154 EuGH, Urt. v. 14.06.2011 – C-360/09 – *Pfleiderer*, EU:C:2011:389, Rn. 25 f. und 28 f.

155 EuGH, Urt. v. 06.06.2013 – C-536/11 – *Donau-Chemie*, EU:C:2013:366, Rn. 31.

156 EuGH, Urt. v. 06.06.2013 – C-536/11 – *Donau-Chemie*, EU:C:2013:366, Rn. 49.

157 EuGH, Urt. v. 06.06.2013 – C-536/11 – *Donau-Chemie*, EU:C:2013:366, Rn. 47.

158 EuGH, Urt. v. 06.06.2013 – C-536/11 – *Donau-Chemie*, EU:C:2013:366, Rn. 46.

159 EuGH, Urt. v. 27.02.2014 – C-365/12 P – *EnBW*, EU:C:2014:112, Rn. 92.

dieses Dokuments gemäß Art. 4 Abs. 2 VO 1049/2001 nachzuweisen.[160] Soweit der Geschädigte die Erforderlichkeit des Aktenbestandteils für die Durchsetzung seines Schadensersatzanspruchs nachgewiesen hat, müsse die Europäische Kommission eine Abwägung des Einzelfalls vornehmen.[161]

Die Regelungen des absoluten Offenlegungsverbots nach Art. 6 Abs. 6, Art. 7 Abs. 1 widersprechen der Rechtsprechung des Gerichtshofes. Das Prozessgericht ist nicht dazu befugt, die betroffenen Interessen des Geschädigten, des Kronzeugen bzw. Vergleichsbeteiligten und der Wettbewerbsbehörden gegeneinander abzuwiegen und so das Spannungsverhältnis im Einzelfall aufzulösen. Diese starre Regelung könnte die wirksame Durchsetzung des Art. 101 und der daraus erwachsenen Rechte unmöglich machen oder zumindest behindern, sodass die Primärrechtswidrigkeit der Regelungen offensichtlich scheint. Dieses Ergebnis wird aber von einigen Stimmen in der Literatur angezweifelt.

b) Meinungsstand

Das absolute Verbot der Offenlegung von Kronzeugenerklärungen und Vergleichsausführungen wird vielfach als Missachtung der Vorgaben des EuGH aus den Entscheidungen *Pfleiderer*, *Donau-Chemie* und auch *EnBW* angesehen und damit als Verstoß gegen das unionale Primärrecht des Art. 101 AEUV eingeordnet.[162] Aus der Rechtsprechung des EuGH ergäbe sich, dass der Zugang zu Kronzeugenerklärungen nicht durch starre Regelungen ausgeschlossen werden könne. Vielmehr müsse jede Offenlegung einer Abwägung im Einzelfall unterliegen.[163] Diese Rechtsprechung fände ihre Anknüpfung im Primärrecht des Art. 101 AEUV und dem daraus abgeleiteten Äquivalenz- und

---

160 EuGH, Urt. v. 27.02.2014 – C-365/12 P – *EnBW*, EU:C:2014:112, Rn. 100.

161 EuGH, Urt. v. 27.02.2014 – C-365/12 P – *EnBW*, EU:C:2014:112, Rn. 107.

162 *Seitz*, EWS 2013, S. 561, 562; *Dworschak/Maritzen*, WuW 2013, S. 829, 839; *Gussone/Schreiber*, WuW 2013, S. 1040, 1048; *Kapp*, BB 2013, S. 1556; *Stauber*, G.C.L.R. 2014, S. 23, 26; *Hempel*, ZWeR 2014, S. 203, 217 f.; *Schweitzer*, NZKart 2014, S. 335, 343; *Kersting*, WuW 2014, S. 564, 566 f.; *Sanner*, Informationsgewinnung, S. 502 ff.; *Makatsch/Mir*, EuZW 2015, S. 7, 9; *Keßler*, VuR 2015, S. 83, 88 f.; *Kersting/Preuß*, Umsetzung der Kartellschadensersatzrichtlinie, S. 117 f. Rn. 205; *Inderst/Thomas*, Schadensersatz bei Kartellverstößen (2015), S. 384; *Kreße*, WRP 2016, S. 567, 573; *Badtke/Lang*, WuW 2016, S. 276, 284; vgl. auch: OLG Hamm, Beschl. v. 26.11.2013 – 1 VAs 116/13-120/13 u. 1 VAs 122/13 – *Einsicht in Strafakten*, Juris, Rn. 83.

163 *Gussone/Schreiber*, WuW 2013, S. 1040, 1048; vorher bereits: *Kersting*, JZ 2013, S. 737, 738.

Effektivitätsgrundsatz und würde daher auch den europäischen Gesetzgeber binden.[164] Eine Änderung dieser Auslegung des Primärrechts könne nicht durch eine sekundärrechtliche Richtlinie erfolgen, sondern nur durch eine Änderung des Primärrechts.[165] Ohne eine solche sei aber auch der europäische Gesetzgeber an die Rechtsprechung des Gerichtshofs gebunden.[166]

Dem wird von anderen Stimmen in der Literatur entgegengehalten, dass eine solche Bindung des unionalen Gesetzgebers gerade nicht bestünde. Es wird dabei vorgebracht, dass sich das Abwägungserfordernis nur daraus ergab, dass es an einer unionalen Regelung gefehlt habe.[167] Die Judikatur des EuGH habe damit nur als Hilfestellung für die nationalen Gerichte bis zum Erlass einer Regelung durch den europäischen Gesetzgeber gedient.[168] Zwar würde auch für den unionalen Gesetzgeber der Äquivalenz- und Effektivitätsgrundsatz gelten, jedoch komme diesem bei der Ausgestaltung des Art. 101 AEUV eine Einschätzungsprärogative zu.[169] Eine Bindung des unionalen Gesetzgebers an die Vorgaben des EuGH solle dabei nicht bestehen.[170] Die Einschätzungsprärogative ermögliche es dem Gesetzgeber, die zum Ausgleich des Spannungsverhältnisses zwischen öffentlich-rechtlicher und privater Rechtsdurchsetzung erforderliche Abwägung selbst durchzuführen.[171] Zudem habe sich der Richtliniengeber für eine besonders enge Lösung der Offenlegungsverbote entschieden und im Gegenzug an

---

164 *Schweitzer*, NZKart 2014, S. 335, 343; *Kersting*, WuW 2014, S. 564, 566 f.; *Makatsch/Mir*, EuZW 2015, S. 7, 9; *Inderst/Thomas*, Schadensersatz bei Kartellverstößen (2015), S. 384.

165 *Kapp*, BB 2013, S. 402; *ders.*, BB 2013, S. 1556; *Kersting*, JZ 2013, S. 737, 739; vgl. auch: *Stauber*, G.C.L.R. 2014, S. 23, 26; *Inderst/Thomas*, Schadensersatz bei Kartellverstößen (2015), S. 384.

166 *Kersting*, WuW 2014, S. 564, 566 f.; *Sanner*, Informationsgewinnung, S. 502.

167 *Palzer*, NZKart 2013, S. 324, 326; *Fiedler/Huttenlauch*, NZKart 2013, S. 350, 354; *Vollrath*, NZKart 2013, S. 434, 446; *Weidt*, E.C.L.R. 2014, S. 438, 444; *Roth*, ZHR 2015, S. 668, 688; *Bakowitz*, Informationsherrschaft, S. 271.

168 *Palzer*, NZKart 2013, S. 324, 326; *Bakowitz*, Informationsherrschaft, S. 271 f.

169 *Palzer*, NZKart 2013, S. 324, 326; *Fiedler/Huttenlauch*, NZKart 2013, S. 350, 354; *Fiedler*, BB 2013, S. 2179, 2184; *Schweitzer*, NZKart 2014, S. 335, 343; *Bakowitz*, Informationsherrschaft, S. 272.

170 *Palzer*, NZKart 2013, S. 324, 326; *Fiedler*, BB 2013, S. 2179, 2184; *Weidt*, E.C.L.R. 2014, S. 438, 444.

171 *Palzer*, NZKart 2013, S. 324, 326; *Vollrath*, NZKart 2013, S. 434, 446.

anderer Stelle für Kompensation gesorgt.[172] Im Ergebnis würde sich daher die Richtlinie gegen die Rechtsprechung des EuGH durchsetzen.[173]

c) Stellungnahme

aa) Abwägungserfordernis

Gegen dieses Vorbringen sprechen einige Argumente. Zwar ist der Argumentation derjenigen, die eine Primärrechtswidrigkeit ablehnen, zuzugestehen, dass der Gerichtshof sowohl in *Pfleiderer* als auch in *Donau-Chemie* ausdrücklich auf das Fehlen einer unionalen Akteneinsichtsregelung hingewiesen hat.[174] Diesem Hinweis kann aber nicht entnommen werden, dass der Gerichtshof seine Rechtsprechung zum Erfordernis einer Einzelfallabwägung unter die auflösende Bedingung einer Regelung durch den europäischen Gesetzgeber stellen wollte.[175] Die Ausführungen über das Fehlen einer unionalen Aktenzugangsregelung und der daher gegebenen Zuständigkeit der Mitgliedsstaaten dienten dem Gerichtshof vielmehr nur als Herleitung dahingehend, dass trotz der Zuständigkeit des nationalen Gesetzgebers die Art. 101 und 102 AEUV zur Anwendung kommen.[176]

Es muss zudem festgestellt werden, dass der EuGH das Erfordernis einer einzelfallbezogenen Abwägung aus dem Primärrecht herleitet.[177] Der Gerichtshof geht davon aus, dass die praktische Wirksamkeit des unmittelbar aus dem Unionsrecht hergeleiteten Schadensersatzanspruchs entfällt, wenn die Geschädigten aufgrund einer starren Zugangsregelung nicht in der Lage sind, die für

---

172 *Kamann*, in: Kamann/Ohlhoff/Völcker, Kartellverfahren und Kartellprozess (2017), § 10 Rn. 157; vgl. auch: *Palzer*, NZKart 2013, S. 324, 326; *Fiedler/Huttenlauch*, NZKart 2013, S. 350, 354; vgl. auch: *Mallmann/Lübbig*, in: Fuchs/Weitbrecht, Private Kartellrechtsdurchsetzung, § 13.

173 Ausdrücklich: *Bakowitz*, Informationsherrschaft, S. 272; siehe auch: *Wood*, Cov.L.J. 2013, S. 112, 119; *Weidt*, E.C.L.R. 2014, S. 438, 444.

174 *Kersting*, WuW 2014, S. 564, 566; *Dawirs*, Zugriff auf Kronzeugenerklärungen, S. 278.

175 So aber: *Fiedler/Huttenlauch*, NZKart 2013, S. 350, 354; *Roth*, ZHR 2015, S. 668, 688; dazu: *Hempel*, EuZW 2013, S. 586, 590; *Dawirs*, Zugriff auf Kronzeugenerklärungen, S. 278.

176 EuGH, Urt. v. 14.06.2011 – C-360/09 – *Pfleiderer*, EU:C:2011:389, Rn. 24; EuGH, Urt. v. 06.06.2013 – C-536/11 – *Donau-Chemie*, EU:C:2013:366, Rn. 27; *Dawirs*, Zugriff auf Kronzeugenerklärungen, S. 280 f.

177 *Kersting*, WuW 2014, S. 564, 566; *Makatsch/Mir*, EuZW 2015, S. 7, 9; *Dawirs*, Zugriff auf Kronzeugenerklärungen, S. 282; a.A.: *Palzer*, NZKart 2013, S. 324, 326; *Fiedler*, BB 2013, S. 2179, 2184; *Roth*, ZHR 2015, S. 668, 688.

die Durchsetzung ihrer Ansprüche erforderlichen Beweise zu beschaffen.[178] Dies zeigt, dass der Gerichtshof die Möglichkeit der Akteneinsicht als wesentlichen Bestandteil des aus Art. 101 AEUV folgenden Schadensersatzanspruchs ansieht.[179] Damit ist letztlich auch das auf dem Äquivalenz- und Effektivitätsgrundsatz beruhende Erfordernis der Einzelfallabwägung ein Ausfluss des Primärrechts.[180] Das Erfordernis der Einzelfallabwägung soll gerade verhindern, dass eine starre Regelung das aus Art. 101 AEUV erwachsene Recht auf Schadensersatz und die flankierende Möglichkeit der Akteneinsicht beeinträchtigt.[181] Durch die unmittelbare Verankerung des Gebots der Abwägung im Einzelfall im Primärrecht ist auch der Richtliniengesetzgeber daran gebunden.[182]

Gestützt wird dieses Ergebnis durch die Judikatur des Gerichtshofs in der Sache *EnBW*.[183] Zwar befasst sich der EuGH dabei nicht direkt mit dem Zugang zu Kronzeugenerklärungen und Vergleichsausführungen. In dem Urteil über die Auslegung der Transparenzverordnung 1049/2001 und deren Verhältnis zu den europäischen Wettbewerbsregeln weist der Gerichtshof aber explizit daraufhin, dass es die Möglichkeit geben muss, eine Abwägung im Einzelfall herbeizuführen.[184] Diese Rechtsprechung bestätigt damit, dass das aus Art. 101 und dem Effektivitätsgebot abgeleitete Verbot einer starren Aktenzugangsregelung auch für den Richtliniengesetzgeber gilt.[185]

---

178 EuGH, Urt. v. 06.06.2013 – C-536/11 – *Donau-Chemie*, EU:C:2013:366, Rn. 32.

179 *Dawirs*, Zugriff auf Kronzeugenerklärungen, S. 283.

180 *Inderst/Thomas*, Schadensersatz bei Kartellverstößen (2015), S. 384; *Dawirs*, Zugriff auf Kronzeugenerklärungen, S. 283.

181 Vgl.: EuGH, Urt. v. 06.06.2013 – C-536/11 – *Donau-Chemie*, EU:C:2013:366, Rn. 31.

182 *Schweitzer*, NZKart 2014, S. 335, 343; *Kersting*, WuW 2014, S. 564, 566; *Inderst/Thomas*, Schadensersatz bei Kartellverstößen (2015), S. 384; *Dawirs*, Zugriff auf Kronzeugenerklärungen, S. 281 und 283; nehmen zwar eine Herleitung aus dem Primärrecht, allerdings keine zwangsläufige Bindung des Unionsgesetzgebers an: *Fiedler/Huttenlauch*, NZKart 2013, S. 350, 354; a.A.: *Palzer*, NZKart 2013, S. 324, 326; *Roth*, ZHR 2015, S. 668, 688.

183 EuGH, Urt. v. 27.02.2014 – C-365/12 P – *EnBW*, EU:C:2014:112.

184 EuGH, Urt. v. 27.02.2014 – C-365/12 P – *EnBW*, EU:C:2014:112, Rn. 107; siehe auch den Verweis auf Rn. 34 von: EuGH, Urt. v. 06.06.2013 – C-536/11 – *Donau-Chemie*, EU:C:2013:366, in welcher das Erfordernis der Einzelfallabwägung aus dem Urteil *Pfleiderer* bestätigt wird.

185 *Keßler*, VuR 2015, S. 83, 89; vgl. auch: *Schweitzer*, NZKart 2014, S. 335, 342; *Badtke/Lang*, WuW 2016, S. 276, 284; *Kreße*, WRP 2016, S. 567, 573; a.A.: *Roth*, ZHR 2015, S. 668, 688.

bb) *Gültigkeit der Rechtsprechung des EuGH*

Folge der Kartellschadensersatzrichtlinie könnte jedoch sein, dass die dargestellte Rechtsprechung des EuGH bedeutungslos geworden ist. Dies wäre etwa dann anzunehmen, wenn durch die sekundärrechtliche Richtlinie eine Beeinflussung des Primärrechts erfolgt wäre oder wenn die Richtlinie eine zulässige Konkretisierung des Primärrechts darstellen würden.[186]

Der europäische Gesetzgeber hat jedoch bereits rein methodisch keine Möglichkeit, das Primärrecht durch eine sekundärrechtliche Richtlinie zu definieren und damit faktisch selbst Primärrecht zu schaffen.[187] Durch eine sekundärrechtliche Richtlinie kann daher keine Beeinflussung des Primärrechts erfolgen.

Allerdings hat der europäische Gesetzgeber ein Recht zur Konkretisierung des Primärrechts. Im Fall der Art. 101 und 102 AEUV ergibt sich ein solches aus Art. 103 AEUV[188].[189] Dabei muss sich der Richtliniengeber aber selber innerhalb der vom EuGH konkretisierten Grenzen des Primärrechts bewegen und den Grundsatz der Verhältnismäßigkeit beachten.[190] Eine zulässige Konkretisierung im Sinne des Art. 103 AEUV liegt vor, wenn der europäische Gesetzgeber die wenig präzisen Art. 101 und 102 AEUV handhabbar macht.[191]

Der europäische Gesetzgeber hat jedoch nach einer abstrakten Abwägung eine starre Zugangsregelung erlassen.[192] Diese läuft dem durch die Rechtsprechung des EuGH aufgezeigten Inhalt des Art. 101 AEUV zuwider, indem sie sich über das primärrechtliche Erfordernis der Einzelfallabwägung hinwegsetzt und damit

---

186 *Dawirs*, Zugriff auf Kronzeugenerklärungen, S. 285; vgl. auch: *Roth*, ZHR 2015, S. 668, 681.

187 *Nettesheim*, EuR 2006, S. 737, 753; *Dawirs*, Zugriff auf Kronzeugenerklärungen, S. 288; im Ergebnis ebenso: *Roth*, ZHR 2015, S. 668, 676 und 680; vgl. auch: *Inderst/Thomas*, Schadensersatz bei Kartellverstößen (2015), S. 384.

188 Art. 103 AEUV ist neben Art. 114 AEUV Ermächtigungsgrundlage für die Kartellschadensersatzrichtlinie, siehe dazu Erwägungsgrund 8 der Kartellschadensersatzrichtlinie 2014/104/EU.

189 *Roth*, ZHR 2015, S. 668, 675 f. sowie 680 f.; *Dawirs*, Zugriff auf Kronzeugenerklärungen, S. 291; *Ludwigs*, in: Grabitz/Hilf/Nettesheim, Recht der Europäischen Union (69. EL), Art. 103 AEUV Rn. 3.

190 *Palzer*, NZKart 2013, S. 324, 326; *Schweitzer*, NZKart 2014, S. 335, 343; *Roth*, ZHR 2015, S. 668, 676; *Dawirs*, Zugriff auf Kronzeugenerklärungen, S. 291.

191 *Ludwigs*, in: Grabitz/Hilf/Nettesheim, Recht der Europäischen Union (69. EL), Art. 103 AEUV Rn. 3; vgl. auch: *Roth*, ZHR 2015, S. 668, 676.

192 Siehe die Begründung der Entscheidung in: Erwägungsgrund 26 der Kartellschadensersatzrichtlinie 2014/104/EU.

die vom Vertrag geschützten Rechte der Geschädigten in unzulässiger Weise eingeschränkt. Das absolute Verbot der Offenlegung von Kronzeugenerklärungen und Vergleichsausführungen in den Art. 6 Abs. 6, Art. 7 Abs. 1 stellt daher keine zulässige Konkretisierung des Primärrechts dar.[193] Wenn der unionale Gesetzgeber primärrechtliche Interessen beschneidet, kann jedoch der Gerichtshof als Kontrollinstanz nicht an dessen Wertentscheidung gebunden sein.[194]

cc) Unverhältnismäßigkeit des absoluten Offenlegungsverbotes

Selbst unter der Annahme, dass die Rechtsprechung des EuGH keine Geltung dem Richtliniengesetzgeber gegenüber beansprucht, stellt das absolute Verbot der Offenlegung von Kronzeugenerklärungen und Vergleichsausführungen keine zulässige Konkretisierung des Art. 101 dar. Die Regelungen der Art. 6 Abs. 6 und Art. 7 Abs. 1 sind vielmehr auch in diesem Fall unionsrechtswidrig, weil sie unverhältnismäßig sind und damit über das zur Erreichung der Ziele der Verträge erforderliche Maß hinausgehen (Art. 5 Abs. 4 UAbs. 1 EUV).

Wie auch der Richtliniengesetzgeber, z.B. in Erwägungsgrund 26, selbst erkennt, stellen die Art. 6 Abs. 6 und Art. 7 Abs. 1 einen Eingriff in das Recht der Geschädigten auf vollständigen Schadensersatz dar.[195] Dieser Eingriff wäre verhältnismäßig, wenn er geeignet, erforderlich und angemessen wäre, um das Ziel der fraglichen Norm zu erreichen.[196] Ziel der Art. 6 Abs. 6, Art. 7 Abs. 1 ist die Sicherstellung einer attraktiven und effektiven öffentlich-rechtlichen Rechtsdurchsetzung durch eine kohärente Koordinierung von öffentlich-rechtlicher und privater Rechtsdurchsetzung.[197] Der Argumentation des Richtliniengebers in Erwägungsgrund 26 der Kartellschadensersatzrichtlinie folgend, scheint das

---

193 *Dawirs*, Zugriff auf Kronzeugenerklärungen, S. 293; im Ergebnis auch: *Schweitzer*, NZKart 2014, S. 335, 343.

194 *Dawirs*, Zugriff auf Kronzeugenerklärungen, S. 293.

195 Kartellschadensersatzrichtlinie 2014/104/EU, Erwägungsgrund 26 letzter Satz: „*Um zu gewährleisten, dass diese Ausnahme die Rechte der Geschädigten auf Schadensersatz nicht übermäßig beeinträchtigt, sollte sie auf diese freiwilligen und selbstbelastenden Kronzeugenerklärungen und Vergleichsausführung beschränkt sein.*" (Hervorhebungen durch den Verfasser).

196 EuGH, Urt. v. 11.07.1989 - C-265/87 - *Schräder*, EU:C:1989:303, Rn. 21; EuGH, Urt. v. 11.06.2009 - C-33/08 - *Agrana Zucker*, EU:C:2009:367, Rn. 31; *Mayer*, in: Grabitz/Hilf/Nettesheim, Recht der Europäischen Union (69. EL), Nach Art. 6 EUV Rn. 404.

197 Kartellschadensersatzrichtlinie 2014/104/EU, Erwägungsgründe 21 und 26.

absolute Offenlegungsverbot nicht offensichtlich ungeeignet zu sein, ein attraktives und effektives Public Enforcement sicherzustellen.[198]

Im Rahmen der Erforderlichkeit und Angemessenheit ist zwischen Kronzeugenerklärungen und Vergleichsausführungen zu differenzieren. Das absolute Verbot der Offenlegung von Vergleichsausführungen ist weder erforderlich noch angemessen. Für Vergleichsausführungen besteht nicht dasselbe Schutzbedürfnis wie für Kronzeugenerklärungen.[199] Anders als Kronzeugenerklärungen dienen Vergleichsausführungen nicht dem öffentlichen Interesse an der Aufdeckung eines Kartells, sondern der beschleunigten, ressourcenschonenden und einvernehmlichen Beendigung des Verfahrens.[200] Sollte sich ein Kartellant gegen den Abschluss eines Vergleichs entscheiden, kann die zuständige Wettbewerbsbehörde weiterhin einen „normalen" Bußgeldbescheid erlassen.[201] Zwar könnte sich in diesem Fall ein erhöhter Arbeitsaufwand ergeben, was die Wettbewerbsbehörde wiederum in der Verfolgung anderer Verstöße beschränken könnte.[202] Dieser Effekt ist aber zu hypothetisch, vage und indirekt, um die Gleichsetzung von Vergleichsausführungen mit Kronzeugenerklärungen zu rechtfertigen.[203] Es ist daher nicht anzunehmen, dass die Gewährung von Einsicht in Vergleichsausführungen die Effizienz des Public Enforcement ernsthaft gefährdet.[204]

---

198 Zum Maßstab der Geeignetheitsprüfung siehe: EuGH, Urt. v. 07.02.1973 – Rs. 40/72 – *Schroeder/Deutschland*, EU:C:1973:14, Rn. 14; EuGH, Urt. v. 11.06.2009 – C-33/08 – *Agrana Zucker*, EU:C:2009:367, Rn. 32; *Kadelbach*, in: von der Groeben/Schwarze/Hatje, Europäisches Unionsrecht (2015), Art. 5 EUV, Rn. 51; *Calliess*, in: Calliess/Ruffert, EUV/AEUV (2016), Art. 5 EUV Rn. 44.

199 So im Ergebnis auch: *Schweitzer*, NZKart 2014, S. 335, 343; *Heltemes*, Settlements im Kartellbußgeldverfahren, S. 153; *Inderst/Thomas*, Schadensersatz bei Kartellverstößen (2015), S. 384 f.; *Stock*, Schadensnachweis, S. 234 f.; vgl. auch: *Bueren*, ZWeR 2011, S. 74, 86.

200 *Heltemes*, Settlements im Kartellbußgeldverfahren, S. 153; *Schweitzer*, NZKart 2014, S. 335, 343; *Stock*, Schadensnachweis, S. 234 f. Siehe zum Zweck des Vergleichsverfahrens oben, S. 97.

201 Vgl.: *Bakowitz*, Informationsherrschaft, S. 187.

202 Vgl.: *Europäische Kommission*, Vergleichsverfahrens-Mitteilung, ABl. 2008 C 167/01, Rn. 1; siehe vorher bereits: *Bueren*, ZWeR 2011, S. 74, 85.

203 *Inderst/Thomas*, Schadensersatz bei Kartellverstößen (2015), S. 385; siehe vorher bereits: *Bueren*, ZWeR 2011, S. 74, 85.

204 So im Ergebnis auch: *Bueren*, ZWeR 2011, S. 74, 85; *Heltemes*, Settlements im Kartellbußgeldverfahren, S. 162; *Schweitzer*, NZKart 2014, S. 335, 343; *Stock*, Schadensnachweis, S. 176 f. sowie 234 f.; *Bakowitz*, Informationsherrschaft, S. 187.

Auch die Erforderlichkeit eines absoluten Offenlegungsverbots für Kronzeugenerklärungen ist nicht gegeben. Ein gleich geeignetes und milderes Mittel zum Schutz einer attraktiven und effektiven öffentlich-rechtlichen Rechtsdurchsetzung wäre eine materiell-rechtliche Haftungsprivilegierung des Kronzeugen im Innenverhältnis zu den anderen Kartellanten. Der Kronzeuge wäre im Außenverhältnis gegenüber den Geschädigten voll haftbar, könnte sich aber im Innenverhältnis bei seinen Mitkartellanten schadlos halten.[205] Die Einsichtnahme in Kronzeugenerklärungen würde im Ergebnis keine Gefahr mehr für den Kronzeugen darstellen.[206] Eine umfassende Haftungsfreistellung im Außenverhältnis würde hingegen das Recht der Geschädigten auf einen vollständigen Ersatz ihres Schadens beeinträchtigen und wäre daher nicht milder.[207]

Für die Angemessenheit des absoluten Verbots der Offenlegung spricht, dass die erforderliche Abwägung für die nationalen Gerichte besonders schwierig durchzuführen ist.[208] Zudem haben Kronzeugenerklärungen einen besonderen Wert für die Wettbewerbsbehörden bei der Aufdeckung und Aufklärung von Wettbewerbsverstößen und damit indirekt auch für die Durchsetzung von Schadensersatzansprüchen der Geschädigten.[209] Dennoch ist das absolute Offenlegungsverbot für Kronzeugenerklärungen unangemessen. So ist bisher nicht erwiesen, dass, wie vielfach behauptet, durch die Möglichkeit der Offenlegung von Kronzeugenerklärungen ein erheblicher Attraktivitätsverlust für die Kronzeugenprogramme droht.[210] Die Motive zur Stellung eines Kronzeugenantrages

---

205 Zur Kartellschadensersatzrichtlinie: *Kersting*, JECLAP 2013, S. 2, 4; *Palzer*, NZKart 2013, S. 324, 326; *Dawirs*, Zugriff auf Kronzeugenerklärungen, S. 330 f.; vgl. auch: *Dworschak/Maritzen*, WuW 2013, S. 829, 841, welche allerdings für eine nicht vollständige Freistellung plädieren; ähnlich bereits vorher: *Kersting*, ZWeR 2008, S. 252, 265 f.; *Alexander*, Schadensersatz, S. 422 f.; *Meeßen*, Schadensersatz bei Verstößen gegen EU-Kartellrecht, S. 558 ff.; *Milde*, Schutz des Kronzeugen, S. 243 ff.; a.A.: *Bien*, EuZW 2011, S. 889, 890.

206 *Kersting*, JECLAP 2013, S. 2, 4.

207 *Dworschak/Maritzen*, WuW 2013, S. 829, 841; *Dawirs*, Zugriff auf Kronzeugenerklärungen, S. 328 f.; *Bakowitz*, Informationsherrschaft, S. 273; vgl. auch: *Makatsch/Mir*, EuZW 2015, S. 7, 11.

208 *Fiedler/Huttenlauch*, NZKart 2013, S. 350, 354; *Schweitzer*, NZKart 2014, S. 335, 343; *Inderst/Thomas*, Schadensersatz bei Kartellverstößen (2015), S. 384.

209 Kartellschadensersatzrichtlinie 2014/104/EU, Erwägungsgrund 26; dazu: *Bakowitz*, Informationsherrschaft, S. 274.

210 *Hempel*, EuZW 2013, S. 586, 590; *Orthmann*, Informationsanspruch, S. 73; *Sanner*, Informationsgewinnung, S. 502; *Makatsch/Mir*, EuZW 2015, S. 7, 9; *Dawirs*, Zugriff auf Kronzeugenerklärungen, S. 80 und 114.

sind vielfältig, wie der High Court in der *National Grid*-Entscheidung ausführlich dargelegt hat.[211] Für die Unangemessenheit spricht zudem die besondere Beweisnot der Geschädigten, die einen Zugriff auf Kronzeugenerklärungen unumgänglich machen kann.[212] Dabei verbieten sich pauschale Aussagen über die Erforderlichkeit von Kronzeugenerklärungen zur Durchsetzung eines Schadensersatzanspruchs.[213] Auch wenn die Offenlegung der gesamten Erklärung in den meisten Fällen nicht erforderlich sein wird,[214] können einzelne Dokumente für den Kläger gerade notwendig sein, um seinen Schadensersatzanspruch durchzusetzen.[215] Zuletzt spricht für die Unangemessenheit des absoluten Offenlegungsverbots, dass dieses eine einseitige Entscheidung zugunsten des Public Enforcement darstellt, welche weder eine Stärkung des Private Enforcement noch einen Ausgleich zwischen den beiden Formen der Rechtsdurchsetzung bewirkt.[216] Somit werden dadurch beide Ziele der Richtlinie verfehlt. Entgegen Erwägungsgrund 27 der Kartellschadensersatzrichtlinie wird diese einseitige Entscheidung auch nicht durch die anderen Offenlegungsregelungen der Richtlinie kompensiert.[217] Mit ihren strengen Voraussetzungen, insbesondere für die Offenlegung durch Wettbewerbsbehörden, beschränkt die Richtlinie vielmehr das Dokumentenzugangsrecht der Geschädigten und damit deren Möglichkeiten zur Durchsetzung ihrer Schadensersatzansprüche erheblich.[218] Bestärkt wird die Schlussfolgerung, dass das Verbot der Offenlegung von

---

211 High Court, Urt. v. 04.04.2012 – *National Grid v. ABB and Others*, [2012] E.C.C. 12, Rn. 37; *Bakowitz*, Informationsherrschaft, S. 276.

212 *Schweitzer*, NZKart 2014, S. 335, 343.

213 So aber etwa: *Fiedler/Huttenlauch*, NZKart 2013, S. 350, 353 f.; siehe auch: *Bakowitz*, Informationsherrschaft, S. 273.

214 Vgl. dazu: EuGH, Urt. v. 06.06.2013 – C-536/11 – *Donau-Chemie*, EU:C:2013:366, Rn. 33; Kartellschadensersatzrichtlinie 2014/104/EU, Erwägungsgrund 22.

215 *Makatsch/Mir*, EuZW 2015, S. 7, 9; vgl. dazu etwa: OLG Hamm, Beschl. v. 26.11.2013 – 1 VAs 116/13-120/13 u. 1 VAs 122/13 – *Einsicht in Strafakten*, Juris, Rn. 15; in diesem Sinne ist wohl auch der Entschließungsentwurf des Europäischen Parlaments zu verstehen: *Europäisches Parlament*, Bericht im Namen des Ausschusses für Wirtschaft und Währung (Dokument A7-0089/2014), S. 25 f.

216 *Makatsch/Mir*, EuZW 2015, S. 7, 9 sowie dort Fn. 49; *Keßler*, VuR 2015, S. 83, 88; vgl. auch: *Dawirs*, Zugriff auf Kronzeugenerklärungen, S. 337.

217 *Kersting*, WuW 2014, S. 564, 567; a.A.: *Gey/Schwedler*, in: Kamann/Ohlhoff/Völcker, Kartellverfahren und Kartellprozess (2017), § 10 Rn. 157; *Bakowitz*, Informationsherrschaft, S. 274; vgl. auch: *Fiedler/Huttenlauch*, NZKart 2013, S. 350, 354.

218 Vgl. *Gussone/Schreiber*, WuW 2013, S. 1040, 1048; *Bakowitz*, Informationsherrschaft, S. 276.

Kronzeugenerklärungen unangemessen ist, durch die zusätzliche Privilegierung von Kronzeugen im Rahmen der Gesamtschuld nach Art. 11 Abs. 4.[219]

d) Ergebnis zu 4.

Die Regelungen der Art. 6 Abs. 6 und Art. 7 Abs. 1 widersprechen sowohl dem vom EuGH in den Urteilen *Pfleiderer* und *Donau-Chemie* entwickelten Verbot einer starren Zugangsregelung als auch dem damit korrespondierenden Gebot einer Einzelfallabwägung zum Ausgleich des Spannungsverhältnisses zwischen öffentlich-rechtlicher und privater Rechtsdurchsetzung. Da der Gerichtshof das Verbot einer starren Zugangsregelung und das Gebot der Abwägung im Einzelfall unmittelbar aus dem Primärrecht herleitet, ist auch der Richtliniengesetzgeber daran gebunden. Das absolute Offenlegungsverbot der Art. 6 Abs. 6 und Art. 7 Abs. 1 stellt somit einen Verstoß gegen das Unionsrecht des Art. 101 AEUV und dem daraus abgeleiteten Äquivalenz- und Effektivitätsgrundsatz dar und muss daher als primärrechtswidrig eingeordnet werden. Das Offenlegungsverbot stellt dementsprechend auch keine zulässige Konkretisierung des Äquivalenz- und Effektivitätsgrundsatzes dar. Selbst wenn die Rechtsprechung des EuGH keine Geltung dem europäischen Gesetzgeber gegenüber beanspruchen würde, wären die Art. 6 Abs. 6, Art. 7 Abs. 1 als unionsrechtswidrig einzuordnen. Das Offenlegungsverbot verstößt gegen den Grundsatz der Verhältnismäßigkeit und geht somit über das zur Erreichung der Ziele der Verträge erforderliche Maß hinaus.

5. Ergebnis zu II.

Die Regelungen der Art. 6 Abs. 6, Art. 7 Abs. 1 der Kartellschadensersatzrichtlinie führen zu einem vollständigen Verbot der Offenlegung von Kronzeugenerklärungen und Vergleichsausführungen. Dieser absolute Ausschluss der Offenlegung ist nach hier vertretener Ansicht primärrechtswidrig. Eine abschließende Entscheidung über die Primärrechtswidrigkeit bleibt aber dem EuGH im Rahmen eines Vorabentscheidungsverfahrens überlassen. Bis zu einer solchen Entscheidung besteht eine Umsetzungs- bzw. Anwendungspflicht für die nationalen Gesetzgeber und Gerichte.[220]

---

219 *Kersting*, WuW 2014, S. 564, 568 f.

220 *Makatsch/Mir*, EuZW 2015, S. 7, 10; *Badtke/Lang*, WuW 2016, S. 276, 284; allg. zur Wirkung rechtsfehlerhafter Normen: *Nettesheim*, in: Grabitz/Hilf/Nettesheim, Recht der Europäischen Union (69. EL), Art. 288 AEUV Rn. 219.

C. Zwischenergebnis zum 2. Kapitel

Mit der Kartellschadensersatzrichtlinie hat der europäische Gesetzgeber eine Leitentscheidung für das Verhältnis von Public und Private Enforcement getroffen. Der Gesetzgeber hat sich für den absoluten Schutz von Kronzeugenerklärungen und Vergleichsausführungen und damit zugunsten des Public Enforcement entschieden. Das Ziel der Richtlinie, das Private Enforcement zu stärken, wird hingegen nur teilweise erreicht. So können nun auch Dritte zur Offenlegung von Informationen in Anspruch genommen werden und die Wettbewerbsbehörden können die Offenlegung ihrer Akten nicht mehr pauschal ablehnen. Durch das absolute Verbot der Offenlegung von Kronzeugenerklärungen und Vergleichsausführungen droht jedoch eine normative Verfestigung der Informationsasymmetrie.[221] Ob die einseitige Entscheidung zugunsten des Public Enforcement Bestand haben wird, bleibt in Anbetracht der dargestellten Rechtsprechung des EuGH abzuwarten.

221 *Keßler*, VuR 2015, S. 83, 88.

3. Kapitel Die Offenlegungsansprüche der 9. GWB-Novelle

Die Umsetzung des zweiten Kapitels der Kartellschadensersatzrichtlinie erfolgte durch die 9. GWB-Novelle[1] in die §§ 33g und 89b bis 89e GWB. Im Folgenden wird zunächst der Hintergrund der 9. GWB-Novelle sowie das Umsetzungskonzept der Novelle für die Offenlegungsansprüche der Kartellschadensersatzrichtlinie beleuchtet. Anschließend werden die neueingeführten Offenlegungsmöglichkeiten des § 33g und § 89c GWB sowie die diese flankierenden Regelungen dargestellt und untersucht. Im darauffolgenden 4. Kapitel wird dann erarbeitet, ob die neueingeführten Regelungen über die Offenlegung zu einer Stärkung der privaten Rechtsdurchsetzung geführt haben.

A. Hintergrund und Konzeption der 9. GWB-Novelle

I. Hintergrund und Ziele der 9. GWB-Novelle

Die 9. GWB-Novelle ist am 09.06.2017 in Kraft getreten. Sie dient in erster Linie der Umsetzung der Kartellschadensersatzrichtlinie 2014/104/EU, die bis zum 27. Dezember 2016 in nationales Recht hätte umgesetzt werden müssen.[2] Der Erlass geriet insbesondere dadurch in Verzug, dass der deutsche Gesetzgeber die 9. GWB-Novelle auch dazu genutzt hat, andere Teile des GWB zu überarbeiten. So wurden beispielsweise die Schwellenwerte auf dem Gebiet der Fusionskontrolle angepasst[3] und das als „*Wurstlücke*" bekannte Schlupfloch, das juristischen Personen ermöglichte, Bußgelder durch Reorganisation zu vermeiden, geschlossen.[4] Weitere kleinere Modifikationen erfolgten, um auf Probleme, die sich in der Praxis gezeigt hatten, zu reagieren.[5]

In Umsetzung der Kartellschadensersatzrichtlinie ist ein Ziel der Novelle die Stärkung der privaten Rechtsdurchsetzung durch vereinfachte und effektivere

---

1 Neuntes Gesetz zur Änderung des Gesetzes gegen Wettbewerbsbeschränkungen, BGBl. I 2017, 1416.

2 Art. 21 Abs. 1 Kartellschadensersatzrichtlinie 2014/104/EU.

3 *Petrasincu*, WRP 2017, S. 921, 922 f.; *Kahlenberg/Heim*, BB 2017, S. 1155, 1156 f.

4 *Wessing/Janssen*, WuW 2017, S. 253, 255; *Petrasincu*, WRP 2017, S. 921, 923 f.; *Kahlenberg/Heim*, BB 2017, S. 1155, 1161 f.

5 *Kersting/Podszun*, in: Kersting/Podszun, 9. GWB-Novelle, Vorwort; zu den sonstigen Änderungen siehe: *Kahlenberg/Heim*, BB 2017, S. 1155, 1162 f.

Schadensersatzansprüche sowie die Beseitigung von praktischen Schwierigkeiten, wie zum Beispiel dem schwierigen Zugang zu Beweismitteln.[6] Zudem soll die Novelle für eine wirksamere Durchsetzung von nationalem und europäischem Wettbewerbsrecht sorgen und das Zusammenwirken von Private Enforcement in Form von Schadensersatzklagen und Public Enforcement verbessern.[7] Die Umsetzung der Richtlinienvorgaben in Form eines materiell-rechtlichen Offenlegungsanspruch soll den Abschluss von außerprozessualen Vergleichen erleichtern und damit die Durchsetzung des Schadensersatzanspruchs beschleunigen.[8] Zuletzt soll die 9. GWB-Novelle der Fortentwicklung und Anpassung des Wettbewerbsrechts an die digitale Ökonomie dienen.[9]

II. Konzeption der Richtlinienumsetzung

Die private Kartellrechtsdurchsetzung ist in den §§ 33 bis 33h GWB geregelt. Für einige Vorschriften erfolgte durch die 9. GWB-Novelle nur eine Neugliederung und redaktionelle Überarbeitung. Andere Vorschriften – wie zum Beispiel die Vermutung eines Schadens nach § 33a Abs. 2 GWB oder die Offenlegungsansprüche des § 33g GWB – sind jedoch neueingefügte Regelungen.[10] Die verfahrensrechtlichen Regelungen finden sich in den §§ 89b bis 89e GWB.

Die Offenlegungsvorschriften des zweiten Kapitels der Kartellschadensersatzrichtlinie werden überwiegend als prozessrechtlich angesehen.[11] Der

---

6 *Bundesregierung*, Begr. des Gesetzesentwurfes zur 9. GWB-Novelle, BT-Drs. 18/10207, S. 39 f.

7 *Bundesregierung*, Begr. des Gesetzesentwurfes zur 9. GWB-Novelle, BT-Drs. 18/10207, S. 40.

8 *Bundesregierung*, Begr. des Gesetzesentwurfes zur 9. GWB-Novelle, BT-Drs. 18/10207, S. 62.

9 *Bundesregierung*, Begr. des Gesetzesentwurfes zur 9. GWB-Novelle, BT-Drs. 18/10207, S. 39; *Kersting/Podszun*, in: Kersting/Podszun, 9. GWB-Novelle, Vorwort; zur Anpassung des Wettbewerbsrechts an die Digitalisierung: *Kahlenberg/Heim*, BB 2017, S. 1155 ff.

10 *Kahlenberg/Heim*, BB 2017, S. 1155, 1157; *Kersting*, in: Kersting/Podszun, 9. GWB-Novelle, Kap. 7 Rn. 16.

11 *Vollrath*, NZKart 2013, S. 434, 437; *Kersting/Preuß*, Umsetzung der Kartellschadensersatzrichtlinie, S. 101 Rn. 177; vgl. auch: OLG Düsseldorf, Beschl. v. 03.04.2018 – VI-W (Kart) 2/18 – *Herausgabe von Beweismitteln I*, Juris, Rn. 17; *Kainer*, in: Weller/Althammer, Mindeststandards im europäischen Zivilprozessrecht, S. 173, 181 und 190; siehe aber zu Art. 5 Abs. 1: *Vollrath*, NZKart 2013, S. 434, 444; *Dawirs*, Zugriff auf Kronzeugenerklärungen, S. 268.

Novellengeber hat sich bei der Umsetzung des zweiten Kapitels allerdings gegen eine prozessrechtliche Lösung und für eine Einordnung der Offenlegungsansprüche im materiellen Recht des GWB entschieden.[12] Der § 33g GWB stellt einen materiell-rechtlichen Anspruch auf Herausgabe von Beweismitteln und Erteilung von Auskünften dar.[13] Damit folgt der Novellengeber der Systematik im Immaterialgüterrecht, welche materiell-rechtliche Vorlage- und Besichtigungsansprüche mit getrennt geregelten prozessualen Vorschriften vorsieht.[14] Aufgrund dessen, dass der Novellengeber sich für eine überschießende Richtlinienumsetzung entschieden hat, kann der Offenlegungsanspruch des § 33g GWB auch außerhalb eines Schadensersatzprozesses geltend gemacht werden. Eine solche Umsetzung ist gemäß Art. 5 Abs. 8 der Kartellschadensersatzrichtlinie zulässig.[15]

Die den Herausgabe- und Auskunftsanspruch flankierenden verfahrensrechtlichen Regelungen finden sich insbesondere in § 89b GWB. Erst durch diese Regelungen wird die Umsetzung der Kartellschadensersatzrichtlinie vervollständigt. So normieren die ersten fünf Absätze des § 89b GWB die prozessrechtlichen Bestimmungen. Dazu gehört die entsprechende Anwendbarkeit von § 142 ZPO (Abs. 1 und 2), die Möglichkeit über den Offenlegungsanspruch im Wege eines Zwischenurteils zu entscheiden (Abs. 3), die Möglichkeit, den Schadensersatzprozess solange auszusetzen, bis über einen eigenständig geltend gemachten Offenlegungsanspruch entschieden wurde (Abs. 4), und die Möglichkeit, den

---

12 Befürworteten eine verfahrensrechtliche Umsetzung: *Stauber/Schaper*, NZKart 2014, S. 346, 348; *Schweitzer*, NZKart 2014, S. 335, 340 f.; *Makatsch/Mir*, EuZW 2015, S. 7, 10; kritisch gegenüber einer verfahrensrechtlichen Umsetzung: *Sanner*, Informationsgewinnung, S. 407 f.; *Dawirs*, Zugriff auf Kronzeugenerklärungen, S. 269 f.; *Bakowitz*, Informationsherrschaft, S. 277 f.

13 *Bundesregierung*, Begr. des Gesetzesentwurfes zur 9. GWB-Novelle, BT-Drs. 18/10207, S. 62; *Preuß*, in: Kersting/Podszun, 9. GWB-Novelle, Kap. 10 Rn. 8; *Kahlenberg/Heim*, BB 2017, S. 1155, 1159; *Bakowitz*, Informationsherrschaft, S. 279; *Makatsch/Kacholdt*, in: Säcker/Meier-Beck, MüKo Kartellrecht/GWB (2020), § 33g Rn. 2.

14 *Preuß*, in: Kersting/Podszun, 9. GWB-Novelle, Kap. 10 Rn. 7; so bereits in *Kersting/Preuß*, Umsetzung der Kartellschadensersatzrichtlinie, S. 102 Rn. 179; dazu: *Dawirs*, Zugriff auf Kronzeugenerklärungen, S. 267 f.; vgl. auch: *Bornkamm/Tolkmitt*, in: Langen/Bunte, Kartellrecht/GWB (2018), § 33g Rn. 2.

15 *Podszun/Kreifels*, GWR 2017, S. 67, 69; *Rosenfeld/Brand*, WuW 2017, S. 247, 248; *Makatsch/Kacholdt*, in: Säcker/Meier-Beck, MüKo Kartellrecht/GWB (2020), § 33g Rn. 10; nehmen an, dass der *„deutsche Gesetzgeber nur scheinbar über die Anforderungen der KSERL hinaus*[geht]“: *Bornkamm/Tolkmitt*, in: Langen/Bunte, Kartellrecht/GWB (2018), § 33g Rn. 4.

Bußgeldbescheid vom Kartellanten unter Zuhilfenahme einer einstweiligen Verfügung zu erlangen (Abs. 5). In § 89b Abs. 6 und 7 GWB finden sich Regelungen zum Schutz von Geschäftsgeheimnissen und ein Freigabeverfahren für an sich schutzwürdige Beweismittel. § 89b Abs. 8 GWB enthält das Verifizierungsverfahren für Kronzeugenerklärungen und Vergleichsausführungen.

Die Offenlegung aus Behördenakten gemäß § 89c GWB stellt hingegen keinen materiell-rechtlichen Anspruch dar. Diese Regelung knüpft vielmehr an das gerichtliche Ersuchen um Aktenvorlage nach § 273 Abs. 2 Nr. 2 ZPO sowie an das Akteneinsichtsrecht der Parteien nach § 299 ZPO an.[16] § 89c Abs. 1 GWB gibt den Parteien des Rechtsstreites dabei die Möglichkeit, das Ersuchen des Gerichts zu beantragen. Unter welchen Voraussetzungen die von der Behörde vorgelegten Informationen der Partei zugänglich gemacht werden dürfen, regelt § 89c Abs. 2 GWB. Für die Verifizierung von Kronzeugenerklärungen und Vergleichsausführungen sowie die Freigabe der Offenlegung von Geschäftsgeheimnissen wird auf § 89b GWB verwiesen.

Die Verwendung von allein durch die Einsichtnahme in Akten einer Wettbewerbsbehörde[17] erlangten Informationen wird in § 89d Abs. 1 bis 3 GWB geregelt. Damit das Offenlegungssystem der §§ 33g und 89c GWB nicht mit Hilfe anderer zivilprozessualer Vorlage- und Offenlegungsmöglichkeiten unterlaufen wird, normiert der § 89d Abs. 4 GWB das Verhältnis der neueingeführten Herausgabe- und Auskunftsansprüche zu anderen Offenlegungsvorschriften der ZPO.[18]

B. Anspruch auf Herausgabe von Beweismitteln und Erteilung von Auskünften nach § 33g GWB

§ 33g Abs. 1 GWB beinhaltet den Herausgabeanspruch des Schadensersatzanspruchsprätendenten,[19] § 33g Abs. 2 GWB den des – potentiellen – Schadensersatzschuldners.[20] Gemäß § 33g Abs. 10 GWB gelten die Regelungen entsprechend für die Erteilung von Auskünften.

---

16 *Bundesregierung*, Begr. des Gesetzesentwurfes zur 9. GWB-Novelle, BT-Drs. 18/10207, S. 102; *Preuß*, in: Kersting/Podszun, 9. GWB-Novelle, Kap. 10 Rn. 11.

17 Wettbewerbsbehörden sind nach § 89e Abs. 1 GWB das Bundeskartellamt, die obersten Landeswettbewerbsbehörden, die Europäische Kommission sowie die Wettbewerbsbehörden anderer Mitgliedstaaten der Europäischen Union.

18 *Bundesregierung*, Begr. des Gesetzesentwurfes zur 9. GWB-Novelle, BT-Drs. 18/10207, S. 105.

19 Im Folgenden: Schadensersatzgläubiger oder Geschädigter.

20 Im Folgenden: Schadensersatzschuldner oder Kartellant.

Systematisch beinhalten die Absätze 1 bis 6 des § 33g GWB die Voraussetzungen des Anspruchs. Im Abs. 7 wird der Aufwendungsersatzanspruch des Anspruchsgegner normiert und Abs. 8 enthält einen Schadensersatzanspruch bei Nicht- bzw. Schlechterfüllung des Auskunfts- und Herausgabeanspruchs. Zuletzt findet sich in Abs. 9 ein Verbot, die offengelegten Beweismittel oder erteilten Auskünfte in einem Straf- oder Ordnungswidrigkeitenverfahren zu verwenden.

I. Anwendungsbereich

Aktivlegitimiert ist gemäß § 33g Abs. 1 GWB derjenige, der *„glaubhaft macht"*, einen Schadensersatzanspruch nach § 33a Abs. 1 GWB zu haben. Nach Abs. 2 ist derjenige aktivlegitimiert, gegen den ein Rechtsstreit über einen Kartellschadensersatzanspruch gemäß § 33a Abs. 1 GWB oder einen Herausgabeanspruch nach § 33g Abs. 1 GWB rechtshängig ist. Anspruchsgegner des Auskunfts- und Herausgabeanspruchs kann jeder sein, der im Besitz des Beweismittels ist, also neben den Parteien des Schadensersatzstreits auch jeder Dritte; Wettbewerbsbehörden sind jedoch gemäß § 89c Abs. 5 S. 3 GWB keine Dritten i.S. des § 33g GWB.[21]

II. Voraussetzungen des § 33g Abs. 1 GWB

§ 33g Abs. 1 GWB gibt dem Geschädigten eines Wettbewerbsverstoßes einen materiell-rechtlichen Anspruch auf die Herausgabe von Beweismitteln.[22] Mit dem Herausgabeanspruch soll der Geschädigte in die Lage versetzt werden, sich die zur Durchsetzung seines Schadensersatzanspruchs erforderlichen Beweismittel zu verschaffen.[23] Wie sich aus dem Wortlaut des § 33g Abs. 1 GWB ergibt, kann der Herausgabeanspruch auch außerhalb eines Kartellschadensersatzprozesses geltend gemacht werden.[24] Dadurch will der Novellengeber außerprozessuale Vergleiche fördern.[25]

---

21 *Lübbig/Mallmann*, NZKart 2016, S. 518, 519; *Podszun/Kreifels*, GWR 2017, S. 67, 69; *Klumpe/Thiede*, NZKart 2017, S. 332, 336; *Preuß*, in: Kersting/Podszun, 9. GWB-Novelle, Kap. 10 Rn. 38.

22 *Bundesregierung*, Begr. des Gesetzesentwurfes zur 9. GWB-Novelle, BT-Drs. 18/10207, S. 62.

23 Vgl.: Kartellschadensersatzrichtlinie 2014/104/EU, Erwägungsgrund 14; *Bundesregierung*, Begr. des Gesetzesentwurfes zur 9. GWB-Novelle, BT-Drs. 18/10207, S. 39 f.

24 *Bundesregierung*, Begr. des Gesetzesentwurfes zur 9. GWB-Novelle, BT-Drs. 18/10207, S. 62; *Mäsch*, in: Berg/Mäsch, Kartellrecht (2018), § 33g GWB Rn. 11; *Inderst/Thomas*, Schadensersatz bei Kartellverstößen (2018), S. 498.

25 *Bundesregierung*, Begr. des Gesetzesentwurfes zur 9. GWB-Novelle, BT-Drs. 18/10207, S. 62.

1. Glaubhaftmachung eines Schadensersatzanspruches

Der Geschädigte muss zunächst „glaubhaft machen“, dass ihm ein Schadensersatzanspruch zusteht.

Die Wahl des Begriffs der Glaubhaftmachung führt zu Unklarheiten. Der § 33g Abs. 1 GWB ist nach der Intention des Novellengebers ein materiellrechtlicher Anspruch und müsste daher an sich nur die Beweislast für die Voraussetzungen des Offenlegungsanspruchs regeln.[26] Der Begriff der Glaubhaftmachung bezeichnet jedoch nach herkömmlichem Verständnis das besondere Beweismaß des § 294 Abs. 1 ZPO und stellt somit einen prozessrechtlichen Begriff dar.[27] Eine Tatsachenbehauptung ist i.S. des § 294 Abs. 1 ZPO glaubhaft gemacht, wenn nach der Überzeugung des Gerichts eine überwiegende Wahrscheinlichkeit dafür besteht, dass die Behauptung zutrifft.[28] Zum Nachweis der Behauptung darf sich derjenige, der die Behauptung glaubhaft machen muss, sämtlicher Beweismittel einschließlich eidesstattlicher Erklärungen bedienen. Allerdings müssen die Beweismittel gemäß § 294 Abs. 2 ZPO präsent sein.[29]

In der Gesetzesbegründung fehlen erläuternde Hinweise zur Bestimmung des Begriffes der Glaubhaftmachung in § 33g Abs. 1 GWB.[30] Es stellen sich daher zwei Auslegungsfragen. Zunächst ist zu klären, ob der Glaubhaftmachung in § 33g Abs. 1 GWB ausschließlich eine prozessrechtliche oder auch eine

---

26 *Bundesregierung*, Begr. des Gesetzesentwurfes zur 9. GWB-Novelle, BT-Drs. 18/10207, S. 62; *Klumpe/Thiede*, BB 2016, S. 3011, 3014.

27 *Klumpe/Thiede*, NZKart 2016, S. 471; *Lübbig/Mallmann*, NZKart 2016, S. 518 f.; *Klumpe/Thiede*, BB 2016, S. 3011, 3014; *Podszun/Kreifels*, GWR 2017, S. 67, 71; *Hellmann/Steinbrück*, NZKart 2017, S. 164, 169; *Rosenfeld/Brand*, WuW 2017, S. 247, 249; *Klumpe/Thiede*, NZKart 2017, S. 332, 336; *Preuß*, in: Kersting/Podszun, 9. GWB-Novelle, Kap. 10 Rn. 21; *Bornkamm/Tolkmitt*, in: Langen/Bunte, Kartellrecht/GWB (2018), § 33g Rn. 7; *Mallmann/Lübbig*, in: Fuchs/Weitbrecht, Private Kartellrechtsdurchsetzung, § 13 Rn. 55; *Makatsch/Kacholdt*, in: Säcker/Meier-Beck, MüKo Kartellrecht/GWB (2020), § 33g Rn. 17.

28 BGH, Beschl. v. 09.02.1998 – II ZB 15-97, NJW 1998, S. 1870; BGH, Beschl. v. 21.12.2006 – IX ZB 60/06, NJW-RR 2007, S. 776, 777; BGH, Beschl. v. 21.10.2010 – V ZB 210/09, NJW-RR 2011, S. 136, 137; *Prütting*, in: Rauscher/Krüger, MüKoZPO (2020), § 294 Rn. 24; *Huber*, in: Musielak/Voit, ZPO (2020), § 294 Rn. 3; *Bacher*, in: Vorwerk/Wolf, BeckOK ZPO (Stand: März 2020), § 294 Rn. 3.

29 So müssen insbesondere Urkunden und Augenscheinsobjekte im Termin vorgelegt werden, dazu: *Huber*, in: Musielak/Voit, ZPO (2020), § 294 Rn. 5.

30 So auch: *Rosenfeld/Brand*, WuW 2017, S. 247, 248 f.; *Mäsch*, in: Berg/Mäsch, Kartellrecht (2018), § 33g GWB Rn. 7.

materiell-rechtliche Bedeutung zukommt. Zudem stellt sich die Frage, ob der prozessrechtliche Bezugspunkt des Begriffes der Glaubhaftmachung tatsächlich § 294 ZPO mit den damit einhergehenden Folgen für den Beweismaßstab und die Beweisführungsmöglichkeiten ist.

a) Bedeutung des Begriffes „Glaubhaftmachung"

Einige Stimmen bringen vor, dass sich der Begriff der Glaubhaftmachung in § 33g Abs. 1 GWB nur auf das Beweismaß bezieht. Die prozessrechtliche Regelung sei daher im Rahmen der materiell-rechtlichen Anspruchsvoraussetzungen ungewöhnlich verortet.[31] Andere nehmen an, dass sich der Begriff der Glaubhaftmachung sowohl auf die Beweislast als auch auf das Beweismaß bezieht.[32] Dafür würden systematisch Argumente[33] und die richtlinienkonforme Auslegung des § 33g Abs. 1 GWB sprechen.[34]

aa) Systematischer Hintergrund

Dass dem Begriff der Glaubhaftmachung eine materiell-rechtliche Bedeutung zukommen muss, wird tatsächlich durch den systematischen Hintergrund des § 33g GWB belegt. Der Novellengeber hat sich bei der Umsetzung der Kartellschadensersatzrichtlinie am Umsetzungskonzept für die Enforcement-Richtlinie 2004/48/EG[35] im Immaterialgüterrecht orientiert.[36] Im Zuge dieser Umsetzung

---

31 *Klumpe/Thiede*, BB 2016, S. 3011, 3014; *Inderst/Thomas*, Schadensersatz bei Kartellverstößen (2018), S. 499; siehe auch: *Bechtold/Bosch*, GWB (2018), § 33g Rn. 9.

32 *Bach/Wolf*, NZKart 2017, S. 285, 288; *Mäsch*, in: Berg/Mäsch, Kartellrecht (2018), § 33g GWB Rn. 7; *Bornkamm/Tolkmitt*, in: Langen/Bunte, Kartellrecht/GWB (2018), § 33g Rn. 9; *Bakowitz*, Informationsherrschaft, S. 280; siehe auch: *Hellmann/Steinbrück*, NZKart 2017, S. 164, 169.

33 *Bornkamm/Tolkmitt*, in: Langen/Bunte, Kartellrecht/GWB (2018), § 33g Rn. 9; vgl. auch: *Kersting/Preuß*, WuW (Online-Beitrag) 2016, S. L1, L14; *Preuß*, in: Kersting/Podszun, 9. GWB-Novelle, Kap. 10 Rn. 19 ff. und 33 ff.

34 *Bach/Wolf*, NZKart 2017, S. 285, 288; *Mäsch*, in: Berg/Mäsch, Kartellrecht (2018), § 33g GWB Rn. 7; *Bornkamm/Tolkmitt*, in: Langen/Bunte, Kartellrecht/GWB (2018), § 33g Rn. 10.

35 Richtlinie 2004/48/EG des Europäischen Parlaments und des Rates vom 29. April 2004 zur Durchsetzung der Rechte des geistigen Eigentums, ABl. 2004 L 195/16 (im Folgenden: „Enforcement-Richtlinie").

36 *Preuß*, in: Kersting/Podszun, 9. GWB-Novelle, Kap. 10 Rn. 7 u. 24; *Weitbrecht*, NJW 2017, S. 1574, 1576; vgl. auch: *Bornkamm/Tolkmitt*, in: Langen/Bunte, Kartellrecht/GWB (2018), § 33g Rn. 2; *Makatsch/Kacholdt*, in: Säcker/Meier-Beck, MüKo Kartellrecht/GWB (2020), § 33g Rn. 19; auch die Offenlegungsansprüche der

wurden die Vorlage- und Besichtigungsansprüche der § 101a Abs. 1 UrhG, § 19a Abs. 1 MarkenG und § 140c Abs. 1 PatG eingeführt.[37] Der § 33g Abs. 1 GWB ist diesen Vorlage- und Besichtigungsansprüchen ähnlich.[38] Dies zeigt sich zunächst dadurch, dass der § 33g GWB wie die genannten Ansprüche als materiell-rechtlicher Offenlegungsanspruch in Kombination mit flankierenden prozessrechtlichen Regelungen normiert wurde.[39] § 33g Abs. 1 GWB und die § 101a Abs. 1 UrhG, § 19a Abs. 1 MarkenG und § 140c Abs. 1 PatG haben zudem einen vergleichbaren Anspruchsinhalt.[40] Die in Umsetzung der Enforcement-Richtlinie eingeführten Informationsansprüche richten sich auf die Vorlage von Urkunden sowie auf die Besichtigung von Sachen. Vorlage meint dabei, dass der Offenlegungsgläubiger Kenntnis vom Inhalt der Urkunde nehmen kann.[41] Eine dauerhafte Kenntnisnahme kann durch eine vorübergehende Besitzverschaffung an der Originalurkunde oder die Anfertigung einer Kopie ermöglicht werden.[42] § 33g Abs. 1 GWB ist seinem Wortlaut nach auf die Herausgabe, also die Verschaffung von Besitz an Beweismitteln gerichtet.[43] Zweck des § 33g Abs. 1 GWB ist aber in erster Linie die Offenlegung der in den angeforderten Beweismitteln

---

Kartellschadensersatzrichtlinie beruhen auf der Enforcement-Richtlinie, siehe: Richtlinienvorschlag, KOM (2013), 404 end., S. 16.

37 Zum UrhG: *Dreier*, in: Dreier/Schulze, UrhG, § 101a Rn. 1 und 2; zum PatG: *Pitz*, in: Bodewig/Fitzner/Lutz, BeckOK Patentrecht (Stand: April 2020), § 140c PatG Rn. 1; zum MarkenG: *Eckhartt*, in: Albrecht/Kur/von Bomhard, BeckOK Markenrecht (Stand: Mai 2020), § 19a MarkenG Rn. 1.

38 *Hellmann/Steinbrück*, NZKart 2017, S. 164, 174; a.A.: *Podszun/Kreifels*, GWR 2017, S. 67, 71.

39 *Preuß*, in: Kersting/Podszun, 9. GWB-Novelle, Kap. 10 Rn. 7; so bereits in: *Kersting/Preuß*, Umsetzung der Kartellschadensersatzrichtlinie, S. 102 Rn. 179; dazu: *Dawirs*, Zugriff auf Kronzeugenerklärungen, S. 267 f.; vgl. auch: *Bornkamm/Tolkmitt*, in: Langen/Bunte, Kartellrecht/GWB (2018), § 33g Rn. 2; zum Umsetzungskonzept der Enforcement-Richtlinie: *Bundesregierung*, Gesetzesbegründung des Regierungsentwurfes zur Verbesserung der Durchsetzung von Rechten des geistigen Eigentums, BT-Drs. 16/5048, S. 27.

40 Vgl.: *Bach/Wolf*, NZKart 2017, S. 285, 286.

41 *Fezer*, Markenrecht, § 19a MarkenG Rn. 27; *Kühnen*, in: Schulte, Patentgesetz, § 140c PatG Rn. 35; *Pitz*, in: Bodewig/Fitzner/Lutz, BeckOK Patentrecht (Stand: April 2020), § 140c PatG Rn. 22.

42 *Bach/Wolf*, NZKart 2017, S. 285, 286; *Preuß*, in: Kersting/Podszun, 9. GWB-Novelle, Kap. 10 Rn. 39; *Mäsch*, in: Berg/Mäsch, Kartellrecht (2018), § 33g GWB Rn. 13.

43 *Klumpe/Thiede*, NZKart 2016, S. 471, 472; *Bach/Wolf*, NZKart 2017, S. 285, 286; *Bornkamm/Tolkmitt*, in: Langen/Bunte, Kartellrecht/GWB (2018), § 33g Rn. 22.

enthaltenen Informationen.[44] Wie sich schon aus der Gesetzesbegründung ergibt, ist dafür die Herausgabe von Originaldokumenten in der Regel nicht erforderlich.[45] Die Offenlegung kann vielmehr durch Kopien der angeforderten Beweismittel und – in Verbindung mit § 33g Abs. 10 GWB – durch die Erteilung von Auskünften erfolgen. Die Herausgabe von erforderlichen Originalurkunden soll sich zudem nicht nach § 33g Abs. 1 GWB, sondern nach den allgemeinen zivilprozessualen Regelungen – wie zum Beispiel § 142 ZPO – richten.[46] Wie die § 101a Abs. 1 UrhG, § 19a Abs. 1 MarkenG und § 140c Abs. 1 PatG soll der § 33g Abs. 1 GWB daher in erster Linie die Kenntnisnahme des Inhalts von (elektronischen) Urkunden ermöglichen.

Zudem sind die Voraussetzungen der § 101a Abs. 1 UrhG, § 19a Abs. 1 MarkenG, § 140c PatG und § 33g Abs. 1 GWB ähnlich. Die § 101a Abs. 1 UrhG, § 19a Abs. 1 MarkenG, § 140c PatG setzen – abstrahiert – voraus, dass die Wahrscheinlichkeit einer Rechtsverletzung besteht, dass die verlangte Information zur Durchsetzung eines Anspruchs erforderlich ist und dass der Anspruchsgegner die Information übermitteln kann.[47] Als Grad der Wahrscheinlichkeit der Rechtsverletzung sehen die § 101a Abs. 1 UrhG, § 19a Abs. 1 MarkenG und § 140c Abs. 1 PatG eine „hinreichende" Wahrscheinlichkeit für den Eintritt der Verletzung vor. Durch das Merkmal der Wahrscheinlichkeit einer Rechtsverletzung soll eine unzulässige Ausforschung verhindert werden.[48] Umkehrt kann das Bestehen einer Rechtsverletzung nicht verlangt werden, da die Ansprüche gerade dazu dienen sollen, insoweit Gewissheit zu erreichen.[49]

---

44 *Klumpe/Thiede*, NZKart 2016, S. 471, 472; *Bach/Wolf*, NZKart 2017, S. 285, 286; *Klumpe/Thiede*, NZKart 2017, S. 332, 336; *Preuß*, in: Kersting/Podszun, 9. GWB-Novelle, Kap. 10 Rn. 22 und 39; *Mäsch*, in: Berg/Mäsch, Kartellrecht (2018), § 33g GWB Rn. 13.

45 *Bundesregierung*, Begr. des Gesetzesentwurfes zur 9. GWB-Novelle, BT-Drs. 18/10207, S. 62.

46 *Bundesregierung*, Begr. des Gesetzesentwurfes zur 9. GWB-Novelle, BT-Drs. 18/10207, S. 62; *Mäsch*, in: Berg/Mäsch, Kartellrecht (2018), § 33g GWB Rn. 13; *Bornkamm/Tolkmitt*, in: Langen/Bunte, Kartellrecht/GWB (2018), § 33g Rn. 22.

47 *Preuß*, in: Kersting/Podszun, 9. GWB-Novelle, Kap. 10 Rn. 18; vgl. etwa: *Eckhartt*, in: Albrecht/Kur/von Bomhard, BeckOK Markenrecht (Stand: Mai 2020), § 19a MarkenG Rn. 4, 7 und 9; *Pitz*, in: Bodewig/Fitzner/Lutz, BeckOK Patentrecht (Stand: April 2020), § 140c PatG Rn. 7 ff., 13 f. und 15 f.

48 Bspw. zu § 101a UrhG: *Dreier*, in: Dreier/Schulze, UrhG, § 101a Rn. 3.

49 *Dreier*, in: Dreier/Schulze, UrhG, § 101a Rn. 3; *Pitz*, in: Bodewig/Fitzner/Lutz, BeckOK Patentrecht (Stand: April 2020), § 140c PatG Rn. 8.

Auch § 33g Abs. 1 GWB fordert, dass die herausverlangte Information zur Durchsetzung des Anspruchs erforderlich ist und dass der Anspruchsgegner die Information übermitteln kann, weil er in deren Besitz ist. Im Hinblick auf diesen systematischen Hintergrund ist daher davon auszugehen, dass der Novellengeber mit der Verwendung des Begriffes der Glaubhaftmachung für § 33g Abs. 1 GWB ein der „Wahrscheinlichkeit der Rechtsverletzung" entsprechendes – materiell-rechtliches – Tatbestandsmerkmal, also die „Wahrscheinlichkeit eines Schadensersatzanspruchs", einführen wollte.[50] Der darzulegende Grad der Wahrscheinlichkeit lässt sich aus der Bezugnahme des § 33g Abs. 1 GWB auf § 294 ZPO ermitteln. Die Verwendung des Begriffes der Glaubhaftmachung deutet darauf hin, dass – anders als bei den Informationsansprüchen im Immaterialgüterrecht – die „hinreichende" Wahrscheinlichkeit eines Schadensersatzanspruchs nicht ausreichen soll, vielmehr ist eine „überwiegende" Wahrscheinlichkeit erforderlich. Dafür, dass die Glaubhaftmachung in § 33g Abs. 1 GWB in ihrem materiell-rechtlichen Sinn dem Tatbestandsmerkmal der Wahrscheinlichkeit des Anspruchs entspricht, spricht auch, dass nicht ersichtlich ist, dass der Novellengeber – neben der Erforderlichkeit – auf ein zweites die Auskunft beschränkendes Tatbestandsmerkmal verzichten wollte.[51] Ein solcher Verzicht hätte die Gefahr einer unzulässigen Ausforschung deutlich erhöht.[52]

bb) Richtlinienkonforme Auslegung

Für die Annahme einer materiell-rechtlichen Bedeutung des Begriffes der Glaubhaftmachung in § 33g Abs. 1 GWB spricht darüber hinaus der Blick auf die Kartellschadensersatzrichtlinie. Aus dem Wortlaut des Art. 5 Abs. 1 S. 1 der Kartellschadensersatzrichtlinie ergibt sich, dass der Herausgabeanspruch von einer – plausiblen – Darlegung des Bestehens eines Kartellschadensersatzanspruchs abhängig sein soll.[53] Der Wortlaut des Art. 5 Abs. 1 S. 1 der

---

50 *Kersting/Preuß*, WuW (Online-Beitrag) 2016, S. L1, L14; *Mäsch*, in: Berg/Mäsch, Kartellrecht (2018), § 33g GWB Rn. 7; *Bornkamm/Tolkmitt*, in: Langen/Bunte, Kartellrecht/GWB (2018), § 33g Rn. 9; vgl. auch: *Preuß*, in: Kersting/Podszun, 9. GWB-Novelle, Kap. 10 Rn. 21 und 31, wobei Preuß davon ausgeht, dass die „*Wahrscheinlichkeit des Schadensersatzanspruchs*" kein eigenes Tatbestandsmerkmal darstellt, sondern nur ein Unterfall des Merkmals „*Beweismittel, das für die Erhebung eines auf Schadensersatz gerichteten Anspruchs nach § 33a Abs. 1 GWB erforderlich ist*" ist.

51 *Preuß*, in: Kersting/Podszun, 9. GWB-Novelle, Kap. 10 Rn. 29.

52 *Preuß*, in: Kersting/Podszun, 9. GWB-Novelle, Kap. 10 Rn. 29.

53 Siehe zum Erfordernis einer plausiblen Darlegung eines Schadensersatzanspruchs nach Art. 5 Abs. 1 S. 1 der Kartellschadensersatzrichtlinie bereits oben, S. 126 ff.

Kartellschadensersatzrichtlinie macht aber auch deutlich, dass keine endgültige Gewissheit über das Bestehen des Schadensersatzanspruchs bestehen muss. Der Offenlegungsanspruch soll gerade auch dazu dienen, die Informationen zu beschaffen, die notwendig sind, um überhaupt das Bestehen des Schadensersatzanspruchs festzustellen.[54] Eine den Anforderungen des Art. 5 Abs. 1 S. 1 der Kartellschadensersatzrichtlinie entsprechende Voraussetzung muss sich auch in § 33g Abs. 1 GWB wiederfinden. Der Begriff der Glaubhaftmachung muss daher eine materiell-rechtliche Bedeutung haben und somit ein Tatbestandsmerkmal darstellen, welches die Darlegung der Plausibilität bzw. Wahrscheinlichkeit des Bestehens eines Schadensersatzanspruchs fordert.[55] Es ist daher davon auszugehen, dass sich der Begriff der Glaubhaftmachung nicht nur auf das Beweismaß, sondern auch auf die Beweislast bezieht.

b) Beweislast des Geschädigten

Ungeachtet der durch die Wortwahl ausgelösten Fragen werden die Anforderungen an das Vorbringen des Geschädigten deutlich. Der Geschädigte muss die Tatsachen darlegen und gegebenenfalls glaubhaftmachen,[56] die das Gericht davon überzeugen, dass ein Kartellschadensersatzanspruch mit überwiegender Wahrscheinlichkeit besteht.[57]

Dafür muss der Geschädigte zunächst den Schadensersatzanspruch schlüssig darlegen.[58] Zwar ist die Schlüssigkeit des Vorbringens bereits dann anzunehmen, wenn dieses die Tatsachen beinhaltet, die in Verbindung mit einem Rechtssatz geeignet und erforderlich sind, um das geltend gemachte Recht als

---

54 *Bornkamm/Tolkmitt*, in: Langen/Bunte, Kartellrecht/GWB (2018), § 33g Rn. 10; *Makatsch/Kacholdt*, in: Säcker/Meier-Beck, MüKo Kartellrecht/GWB (2020), § 33g Rn. 19.

55 *Mäsch*, in: Berg/Mäsch, Kartellrecht (2018), § 33g GWB Rn. 7; *Bornkamm/Tolkmitt*, in: Langen/Bunte, Kartellrecht/GWB (2018), § 33g Rn. 3 sowie Rn. 10.

56 Siehe zum Beweismaß und zu den Möglichkeiten der Beweisführung sogleich unten.

57 *Lübbig/Mallmann*, NZKart 2016, S. 518 f.; *Hellmann/Steinbrück*, NZKart 2017, S. 164, 169; *Klumpe/Thiede*, NZKart 2017, S. 332, 336; *Mäsch*, in: Berg/Mäsch, Kartellrecht (2018), § 33g GWB Rn. 7; *Bornkamm/Tolkmitt*, in: Langen/Bunte, Kartellrecht/GWB (2018), § 33g Rn. 9; *Bechtold/Bosch*, GWB (2018), § 33g Rn. 6; *Makatsch/Kacholdt*, in: Säcker/Meier-Beck, MüKo Kartellrecht/GWB (2020), § 33g Rn. 18; vgl. auch: *Preuß*, in: Kersting/Podszun, 9. GWB-Novelle, Kap. 10 Rn. 31.

58 *Preuß*, in: Kersting/Podszun, 9. GWB-Novelle, Kap. 10 Rn. 34; *Bornkamm/Tolkmitt*, in: Langen/Bunte, Kartellrecht/GWB (2018), § 33g Rn. 11; *Bechtold/Bosch*, GWB (2018), § 33g Rn. 8.

entstanden erscheinen zu lassen.[59] Der Geschädigte kann sich dabei aber nicht darauf beschränken, den Haftungsgrund darzulegen. Er muss vielmehr auch die überwiegende Wahrscheinlichkeit eines Schadenseintrittes aufzeigen.[60]

Inwieweit der Geschädigte sein Vorbringen substantiieren muss, hängt vom Einzelfall ab.[61] Um dem Effektivitätsgrundsatz zu genügen, ist aber davon auszugehen, dass keine allzu hohen Anforderungen an die Substantiierung des Schadensersatzanspruchs zu stellen sind.[62] Die Kartellschadensersatzrichtlinie fordert zwar in Art. 5 Abs. 1 eine „*substantiierte Begründung*". Diese muss aber nur „*die mit zumutbarem Aufwand zugänglichen Tatsachen und Beweismittel*" enthalten, welche „*die Plausibilität* [des] *Schadensersatzanspruchs ausreichend stützen*".[63] Zudem ist Erwägungsgrund 14 der Richtlinie zu beachten. Der Offenlegungsanspruch dient danach dazu, die Informationslücken des Geschädigten zu schließen, die verhindern, dass dieser „*zu Beginn des Verfahrens* […] *alle für seinen Fall relevanten Tatsachen behaupten und dafür genau bezeichnete einzelne Beweismittel anbieten*" kann.[64] Die Substantiierungslast des Geschädigten hängt somit davon ab, welche Tatsachen mit den herausgeforderten Beweismitteln bewiesen werden sollen und welche Informationen der Geschädigte bereits besitzt.[65]

c) Beweismaß und Beweisführung

Des Weiteren stellt sich die Frage nach dem genauen prozessrechtlichen Bezugspunkt des Begriffes der Glaubhaftmachung in § 33g Abs. 1 GWB. Ob damit tatsächlich die Glaubhaftmachung nach § 294 Abs. 1 ZPO gemeint ist, wird durch

---

59 St. Rspr., siehe etwa: BGH, Urt. v. 02.04.2007 – II ZR 325/05, NJW-RR 2007, S. 1483, 1486; BGH, Urt. v. 18.09.2015 – I ZR 76/13 – *CT-Paradies*, GRUR 2015, S. 258, 261; dazu: *Bornkamm/Tolkmitt*, in: Langen/Bunte, Kartellrecht/GWB (2018), § 33g Rn. 11.

60 *Preuß*, in: Kersting/Podszun, 9. GWB-Novelle, Kap. 10 Rn. 34; so bereits in: *Kersting/Preuß*, Umsetzung der Kartellschadensersatzrichtlinie, S. 114 Rn. 198; *Bornkamm/Tolkmitt*, in: Langen/Bunte, Kartellrecht/GWB (2018), § 33g Rn. 11.

61 *Bach/Wolf*, NZKart 2017, S. 285, 288; *Bornkamm/Tolkmitt*, in: Langen/Bunte, Kartellrecht/GWB (2018), § 33g Rn. 12.

62 *Preuß*, in: Kersting/Podszun, 9. GWB-Novelle, Kap. 10 Rn. 35; siehe aber: *Makatsch/Kacholdt*, in: Säcker/Meier-Beck, MüKo Kartellrecht/GWB (2020), § 33g Rn. 22.

63 Vgl. auch: *Bundesregierung*, Begr. des Gesetzesentwurfes zur 9. GWB-Novelle, BT-Drs. 18/10207, S. 63.

64 Dazu: *Preuß*, in: Kersting/Podszun, 9. GWB-Novelle, Kap. 10 Rn. 35.

65 Siehe mit Beispielen: *Bach/Wolf*, NZKart 2017, S. 285, 288; *Bornkamm/Tolkmitt*, in: Langen/Bunte, Kartellrecht/GWB (2018), § 33g Rn. 12.

den Novellengeber offengelassen.[66] Dagegen spricht, dass zwar das niedrigere Beweismaß für den Geschädigten vorteilhaft ist, die Beschränkung der Beweisführung auf präsente Beweismittel gemäß § 294 Abs. 2 ZPO aber einen deutlichen Nachteil darstellen würde. Die Beschränkung auf präsente Beweismittel könnte insbesondere dazu führen, dass die Voraussetzungen des Herausgabeanspruchs fehlen, da die Offenlegung eines bereits präsenten Beweismittels nicht erforderlich ist.[67] Zudem kann der Herausgabeanspruch sowohl im Rahmen eines eigenen Offenlegungsprozesses als auch im Rahmen des Schadensersatzprozesses geltend gemacht werden. Es sind jedoch keine Gründe ersichtlich, die in diesen Fällen für eine Beschränkung der Beweisführung auf präsente Beweismittel sprechen würden. So fehlt es im Hauptsacheverfahren regelmäßig an der Eilbedürftigkeit, welche eine Beschränkung auf präsente Beweismittel rechtfertigen würde.[68] Ein Verweis auf § 294 ZPO hätte für den Geschädigten aber den Vorteil, dass er, über die üblichen Beweismittel der §§ 371 bis 455 ZPO hinaus, die erforderlichen Beweise auch in Form von eidesstattlichen und anwaltlichen Versicherungen sowie durch schriftliche Zeugenaussagen erbringen könnte.[69] Ob die erweiterten Beweisführungsmöglichkeiten den Nachteil der Beschränkung auf präsente Beweismittel aufwiegen, ist jedoch fraglich.

Es ist daher davon auszugehen, dass der Novellengeber mit der Verwendung des Begriffes der Glaubhaftmachung nicht auf § 294 ZPO verweisen wollte. Der Begriff der Glaubhaftmachung bezeichnet aber allgemein eine Absenkung des Beweismaßes.[70] Es ist deshalb davon auszugehen, dass der Novellengeber durch die Verwendung des Begriffes der „Glaubhaftmachung" in § 33g Abs. 1 GWB eine kartellrechtsspezifische Absenkung des Beweismaßstabes herbeiführen wollte.[71] Es reicht somit aus, dass das Gericht es für überwiegend wahrscheinlich

---

66 Vgl.: *Rosenfeld/Brand*, WuW 2017, S. 247, 248 f.; *Mäsch*, in: Berg/Mäsch, Kartellrecht (2018), § 33g GWB Rn. 7.

67 *Bechtold/Bosch*, GWB (2018), § 33g Rn. 9.

68 *Bornkamm/Tolkmitt*, in: Langen/Bunte, Kartellrecht/GWB (2018), § 33g Rn. 13; *Inderst/Thomas*, Schadensersatz bei Kartellverstößen (2018), S. 499; *Bechtold/Bosch*, GWB (2018), § 33g Rn. 7; *Makatsch/Kacholdt*, in: Säcker/Meier-Beck, MüKo Kartellrecht/GWB (2020), § 33g Rn. 20.

69 *Preuß*, in: Kersting/Podszun, 9. GWB-Novelle, Kap. 10 Rn. 34; *Bornkamm/Tolkmitt*, in: Langen/Bunte, Kartellrecht/GWB (2018), § 33g Rn. 13.

70 *Klumpe/Thiede*, BB 2016, S. 3011, 3014; *Klumpe/Thiede*, NZKart 2017, S. 332, 336.

71 *Bach/Wolf*, NZKart 2017, S. 285, 288; *Inderst/Thomas*, Schadensersatz bei Kartellverstößen (2018), S. 499; *Bechtold/Bosch*, GWB (2018), § 33g Rn. 9; trotz einer Anlehnung an § 294 ZPO im Ergebnis ähnlich: *Preuß*, in: Kersting/Podszun, 9. GWB-Novelle, Kap. 10 Rn. 21 u. 34. Vgl. auch zu § 611a Abs. 1 S. 3 BGB a.F.: BAG, Urt. v.

hält, dass die Tatsachen, die den Schadensersatzanspruch stützen, vorliegen. Für den Nachweis dieser Tatsachen kann der Geschädigte auch nicht auf präsente Beweismittel beschränkt werden. Offen bleibt allerdings die Frage, ob der Geschädigte sich zur Beweisführung jedes Beweismittels einschließlich eidesstattlicher Aussagen bedienen darf.[72] In Hinblick auf die fehlende Eilbedürftigkeit scheint eine Beschränkung auf die üblichen Beweismittel der §§ 371 bis 455 ZPO gut vertretbar. Es besteht zudem kein Anlass dafür, den Schadensersatzkläger gegenüber den anderen Parteien oder Klägern in anderen Schadensersatzprozessen zu privilegieren.[73]

2. *Beweismittel, die für die Erhebung des Schadensersatzanspruches erforderlich sind*

Der Herausgabeanspruch ist auf Beweismittel gerichtet, die zur Erhebung des Schadensersatzanspruchs nach § 33a Abs. 1 GWB erforderlich sind.

a) Beweismittel

Der Anspruch ist dem Wortlaut nach auf die Herausgabe, also die Verschaffung des unmittelbaren Besitzes an Beweismitteln, gerichtet.[74] Beweismittel, an denen der unmittelbare Besitz erlangt werden kann, sind Urkunden i.S. der §§ 415 ff. ZPO und Augenscheinsobjekte i.S. der §§ 371 ff. ZPO.[75] Der Begriff der Augenscheinsobjekte umfasst auch elektronische Dokumente bzw. Ausdrucke davon.[76] Eine Abgrenzung zwischen Urkunden und elektronischen Dokumenten

---

05.02.2004 – 8 AZR 112/03, NJW 2004, S. 2112, 2114; *Prütting*, Gegenwartsprobleme der Beweislast, S. 336 und 339.

72 So: *Preuß*, in: Kersting/Podszun, 9. GWB-Novelle, Kap. 10 Rn. 34; *Mäsch*, in: Berg/Mäsch, Kartellrecht (2018), § 33g GWB Rn. 7 und 8; zweifelnd: *Bornkamm/Tolkmitt*, in: Langen/Bunte, Kartellrecht/GWB (2018), § 33g Rn. 13.

73 *Bornkamm/Tolkmitt*, in: Langen/Bunte, Kartellrecht/GWB (2018), § 33g Rn. 13; *Makatsch/Kacholdt*, in: Säcker/Meier-Beck, MüKo Kartellrecht/GWB (2020), § 33g Rn. 20.

74 Vgl. dazu: BGH, Urt. v. 05.07.2001 – IX ZR 327/99 – *Altlastenhaftung*, NJW 2001, S. 2966; *Klumpe/Thiede*, NZKart 2016, S. 471, 472; *Bach/Wolf*, NZKart 2017, S. 285, 286; *Bornkamm/Tolkmitt*, in: Langen/Bunte, Kartellrecht/GWB (2018), § 33g Rn. 22.

75 *Bach/Wolf*, NZKart 2017, S. 285, 286; *Bornkamm/Tolkmitt*, in: Langen/Bunte, Kartellrecht/GWB (2018), § 33g Rn. 21.

76 *Huber*, in: Musielak/Voit, ZPO (2020), § 371 Rn. 1; *Bach*, in: Vorwerk/Wolf, BeckOK ZPO (Stand: März 2020), § 371 Rn. 3.

ist damit bei § 33g GWB unerheblich.[77] Der Herausgabeanspruch bezieht sich somit auf Urkunden und Augenscheinsobjekte[78] und entspricht damit der Definition in Art. 2 Nr. 13 der Kartellschadensersatzrichtlinie. Vielfach wird jedoch die Herausgabe der Originaldokumente nicht erforderlich sein,[79] da in der Regel bereits die Herausgabe von (elektronischen) Kopien der angeforderten Dokumente das Offenlegungsinteresse des Anspruchsgläubigers befriedigen wird.[80] Soweit die Herausgabe von Originaldokumenten erforderlich ist, soll sich diese nach den zivilrechtlichen Regelungen zur Urkundenvorlage – beispielsweise gemäß § 142 ZPO – richten.[81] Wie oben bereits dargestellt zeigt dies, dass entgegen seines Wortlautes § 33g Abs. 1 GWB eher einem Vorlage- denn einem Herausgabeanspruch entspricht.[82]

b) *Erforderlichkeit des Beweismittels*

Das Beweismittel muss gemäß § 33g Abs. 1 GWB zur Erhebung eines Schadensersatzanspruchs erforderlich sein. Es muss sich also dazu eignen, den Beweis für ein Tatbestandsmerkmal des Schadensersatzanspruchs zu erbringen.[83] Der

---

77 *Bach/Wolf*, NZKart 2017, S. 285, 286.

78 *Rosenfeld/Brand*, WuW 2017, S. 247, 248; *Bach/Wolf*, NZKart 2017, S. 285, 286; weitergehend: *Makatsch/Kacholdt*, in: Säcker/Meier-Beck, MüKo Kartellrecht/GWB (2020), § 33g Rn. 24.

79 *Bundesregierung*, Begr. des Gesetzesentwurfes zur 9. GWB-Novelle, BT-Drs. 18/10207, S. 62; *Bach/Wolf*, NZKart 2017, S. 285, 286; *Mäsch*, in: Berg/Mäsch, Kartellrecht (2018), § 33g GWB Rn. 13; *Makatsch/Kacholdt*, in: Säcker/Meier-Beck, MüKo Kartellrecht/GWB (2020), § 33g Rn. 41.

80 *Bundesregierung*, Begr. des Gesetzesentwurfes zur 9. GWB-Novelle, BT-Drs. 18/10207, S. 62; *Hellmann/Steinbrück*, NZKart 2017, S. 164, 169; *Rosenfeld/Brand*, WuW 2017, S. 247, 248; *Bach/Wolf*, NZKart 2017, S. 285, 286; *Klumpe/Thiede*, NZKart 2017, S. 332, 336; *Mäsch*, in: Berg/Mäsch, Kartellrecht (2018), § 33g GWB Rn. 13; *Bornkamm/Tolkmitt*, in: Langen/Bunte, Kartellrecht/GWB (2018), § 33g Rn. 22.

81 *Bundesregierung*, Begr. des Gesetzesentwurfes zur 9. GWB-Novelle, BT-Drs. 18/10207, S. 62; *Preuß*, in: Kersting/Podszun, 9. GWB-Novelle, Kap. 10 Rn. 39; *Mäsch*, in: Berg/Mäsch, Kartellrecht (2018), § 33g GWB Rn. 13.

82 *Klumpe/Thiede*, NZKart 2016, S. 471, 472; *Hellmann/Steinbrück*, NZKart 2017, S. 164, 169; *Bach/Wolf*, NZKart 2017, S. 285, 286; *Klumpe/Thiede*, NZKart 2017, S. 332, 336; *Preuß*, in: Kersting/Podszun, 9. GWB-Novelle, Kap. 10 Rn. 22 und 39; *Mäsch*, in: Berg/Mäsch, Kartellrecht (2018), § 33g GWB Rn. 13. Siehe dazu bereits oben, S. 163.

83 *Bach/Wolf*, NZKart 2017, S. 285, 286; *Preuß*, in: Kersting/Podszun, 9. GWB-Novelle, Kap. 10 Rn. 28; *Mäsch*, in: Berg/Mäsch, Kartellrecht (2018), § 33g GWB Rn. 9; *Bach*, in: Polley/Pohlmann/Kokott, FS D. Schroeder, S. 47, 51; *Makatsch/Kacholdt*, in: Säcker/Meier-Beck, MüKo Kartellrecht/GWB (2020), § 33g Rn. 25.

Anspruchssteller des Herausgabeanspruchs muss dafür darlegen, welches Merkmal des Schadensersatzanspruchs nach § 33a Abs. 1 GWB mit Hilfe des herausverlangten Beweismittels bewiesen werden soll.[84] Zudem darf dem Geschädigten der Beweis nicht auf eine andere Art möglich sein.[85] Über die Erforderlichkeit eines Beweismittels muss im Wege einer Prognoseentscheidung entschieden werden. Dabei sollte das zuständige Gericht im Hinblick auf die von der Kartellschadensersatzrichtlinie bezweckte Stärkung der privaten Rechtsdurchsetzung objektiv und großzügig entscheiden.[86]

Welche Beweismittel erforderlich sind, hängt vom konkret zu beweisenden Merkmal des Schadensersatzanspruchs ab. In Follow-On-Klagen können neben dem Bußgeldbescheid Informationen über die Betroffenheit des Geschädigten sowie zur Schadensschätzung erforderlich sein.[87] Dabei darf der Geschädigte nicht vorschnell auf alternative Möglichkeiten der Schadensschätzung verwiesen werden, um die fehlende Erforderlichkeit von gewissen Beweismitteln zu begründen.[88] In Stand-Alone-Klagen können zudem zusätzliche Informationen über den Wettbewerbsverstoß erforderlich sein.[89]

3. *Bezeichnung des Beweismittels*

Das herausverlangte Beweismittel muss gemäß § 33g Abs. 1 GWB so genau bezeichnet werden, „*wie dies auf Grundlage der mit zumutbarem Aufwand*

---

84 *Preuß*, in: Kersting/Podszun, 9. GWB-Novelle, Kap. 10 Rn. 27; *Makatsch/Kacholdt*, in: Säcker/Meier-Beck, MüKo Kartellrecht/GWB (2020), § 33g Rn. 25.

85 *Preuß*, in: Kersting/Podszun, 9. GWB-Novelle, Kap. 10 Rn. 28; *Mäsch*, in: Berg/Mäsch, Kartellrecht (2018), § 33g GWB Rn. 9.

86 *Bornkamm/Tolkmitt*, in: Langen/Bunte, Kartellrecht/GWB (2018), § 33g Rn. 23; *Bach*, in: Polley/Pohlmann/Kokott, FS D. Schroeder, S. 47, 53, zum Zeitpunkt der Erforderlichkeitsprüfung S. 54; *Makatsch/Kacholdt*, in: Säcker/Meier-Beck, MüKo Kartellrecht/GWB (2020), § 33g Rn. 28; vgl. auch: *Lübbig/Mallmann*, NZKart 2016, S. 518, 519; siehe zur Richtlinie: *Inderst/Thomas*, Schadensersatz bei Kartellverstößen (2015), S. 383.

87 *Bach/Wolf*, NZKart 2017, S. 285, 286 f.; kritisch: *Mallmann/Lübbig*, in: Fuchs/Weitbrecht, Private Kartellrechtsdurchsetzung, § 13 Rn. 57. Siehe zu den für die Durchsetzung des Kartellschadensersatzanspruchs notwendigen Informationen bereits oben, S. 67 ff.

88 *Bach/Wolf*, NZKart 2017, S. 285, 287; *Preuß*, in: Kersting/Podszun, 9. GWB-Novelle, Kap. 10 Rn. 28; *Makatsch/Kacholdt*, in: Säcker/Meier-Beck, MüKo Kartellrecht/GWB (2020), § 33g Rn. 27 und 29.

89 *Bach/Wolf*, NZKart 2017, S. 285, 288; *Makatsch/Kacholdt*, in: Säcker/Meier-Beck, MüKo Kartellrecht/GWB (2020), § 33g Rn. 27.

zugänglichen Tatsachen möglich ist". Für den Gegner des Herausgabeanspruchs muss zweifelsfrei bestimmbar sein, welche Beweismittel offenzulegen sind.[90] Das Offenlegungsbegehren des Geschädigten muss daher grundsätzlich so formuliert sein, dass ein vollstreckungsfähiger Titel ergehen kann.[91] Zudem verringert das Erfordernis einer genauen Bezeichnung des Beweismittels die Gefahr einer unzulässigen Ausforschung.[92] Dabei gilt es jedoch zu beachten, dass nach Art. 5 Abs. 2 der Kartellschadensersatzrichtlinie auch die Offenlegung einer Kategorie von Beweismitteln verlangt werden darf. Der vollstreckungsrechtliche Bestimmtheitsgrundsatz muss daher als erfüllt anzusehen sein, wenn eine Kategorie von Beweismitteln zum Beispiel anhand von gemeinsamen Merkmalen abgrenzbar ist.[93] Wann eine Kategorie an Beweismitteln im Einzelfall hinreichend konkret bezeichnet ist, wird vielfach auch davon abhängen, ob und inwieweit die Gerichte den Einsatz von IT-Systemen zur Datenforensik zulassen werden.[94]

4. *Ergebnis zu II.*

Die Voraussetzungen des Offenlegungsanspruchs dürften für Geschädigte in der Regel zu erfüllen sein. Es bleibt jedoch abzuwarten, welche Anforderungen die Gerichte an die Glaubhaftmachung eines Schadensersatzanspruchs, die Darlegung der Erforderlichkeit sowie die konkrete Bezeichnung des offenzulegenden Beweismittels stellen werden.

---

90 *Bundesregierung*, Begr. des Gesetzesentwurfes zur 9. GWB-Novelle, BT-Drs. 18/10207, S. 62.

91 *Preuß*, in: Kersting/Podszun, 9. GWB-Novelle, Kap. 10 Rn. 36; *Mäsch*, in: Berg/Mäsch, Kartellrecht (2018), § 33g GWB Rn. 12; *Makatsch/Kacholdt*, in: Säcker/Meier-Beck, MüKo Kartellrecht/GWB (2020), § 33g Rn. 31; zum Bestimmheitsgrundsatz bei Herausgabe- und Auskunftsansprüchen: *Becker-Eberhard*, in: Rauscher/Krüger, MüKoZPO (2020), § 253 Rn. 145 f.

92 *Preuß*, in: Kersting/Podszun, 9. GWB-Novelle, Kap. 10 Rn. 37; sieht im Erfordernis der genauen Bezeichnung keine besonders wirkungsvolle Beschränkung: *Lübbig/Mallmann*, NZKart 2016, S. 518, 519.

93 Kartellschadensersatzrichtlinie 2014/104/EU, Erwägungsgrund 16; *Lübbig/Mallmann*, NZKart 2016, S. 518, 519; *Kreße*, WRP 2016, S. 567, 572 f.; *Bach/Wolf*, NZKart 2017, S. 285, 289.

94 *Lübbig/Mallmann*, NZKart 2016, S. 518, 519 und 520; *Klumpe/Thiede*, NZKart 2017, S. 332, 337; *Mallmann/Lübbig*, in: Fuchs/Weitbrecht, Private Kartellrechtsdurchsetzung, § 13 Rn. 59; *Makatsch/Kacholdt*, in: Säcker/Meier-Beck, MüKo Kartellrecht/GWB (2020), § 33g Rn. 33; zum Hintergrund: *Fazzone*, BB 2014, S. 1032 ff.

III. § 33g Abs. 2 GWB

Der zweite Absatz des § 33g GWB gewährt dem – potentiellen – Kartellschadensersatzschuldner einen Herausgabeanspruch und setzt damit Art. 5 Abs. 1 S. 2 der Kartellschadensersatzrichtlinie um. Der Herausgabeanspruch des Kartellanten soll für eine Waffengleichheit zwischen den Prozessparteien sorgen.[95]

Im Gegensatz zum Offenlegungsanspruch des Geschädigten aus § 33g Abs. 1 GWB besteht der Anspruch des Kartellanten nur in einer konkreten Prozesssituation.[96] Dafür muss gemäß § 33g Abs. 2 S. 1 GWB entweder ein Rechtsstreit über den Herausgabeanspruch nach § 33g Abs. 1 GWB oder ein Rechtsstreit über das Bestehen eines Kartellschadensersatzanspruchs rechtshängig sein. § 33g Abs. 2 S. 2 GWB gewährt den Herausgabeanspruch auch, wenn der Kartellant eine rechtshängige negative Feststellungsklage darauf erhoben hat, dass einem anderen kein Schadensersatz nach § 33a Abs. 1 GWB zusteht.[97] Dabei darf der Kartellant im Rahmen der Feststellungsklage *„den der Klage zugrunde liegenden Verstoß“* i.S. des § 33a Abs. 1 GWB allerdings nicht bestreiten. Dadurch soll verhindert werden, dass vom Herausgabeanspruch uferloser Gebrauch gemacht wird.[98]

Voraussetzung des Herausgabeanspruchs nach § 33g Abs. 2 GWB ist eine Verteidigungssituation des Kartellanten.[99] Der Kartellant muss nach dem Wortlaut des § 33g Abs. 2 S. 1 GWB Informationen benötigen, die zur Abwehr eines Kartellschadensersatzanspruchs erforderlich sind.[100] Die Verteidigungssituation des Geschädigten besteht aber zumindest ab dem Zeitpunkt der Rechtshängigkeit der Klage.[101] Daher ist davon auszugehen, dass der § 33g Abs. 2 GWB über den

---

95 Kartellschadensersatzrichtlinie 2014/104/EU, Erwägungsgrund 15; nur zu § 33g Abs. 2 S. 2 GWB: *Bundesregierung*, Begr. des Gesetzesentwurfes zur 9. GWB-Novelle, BT-Drs. 18/10207, S. 62.

96 *Petrasincu*, WuW 2016, S. 330, 333; *Preuß*, in: Kersting/Podszun, 9. GWB-Novelle, Kap. 10 Rn. 41 f.

97 *Bundesregierung*, Begr. des Gesetzesentwurfes zur 9. GWB-Novelle, BT-Drs. 18/10207, S. 62; solche Klage werden häufig als *„Torpedo-Klagen“* bezeichnet, siehe dazu: *Petrasincu*, WuW 2016, S. 330, 333.

98 *Bundesregierung*, Begr. des Gesetzesentwurfes zur 9. GWB-Novelle, BT-Drs. 18/10207, S. 62.

99 *Bundesregierung*, Begr. des Gesetzesentwurfes zur 9. GWB-Novelle, BT-Drs. 18/10207, S. 62.

100 Siehe zu erforderlichen Informationen z.B.: LG Stuttgart, Urt. v. 25.07.2019 – 30 O 44/17, Juris, Rn. 216 ff.

101 Siehe: *Bundesregierung*, Begr. des Gesetzesentwurfes zur 6. GWB-Novelle, BT-Drs. 13/9720, S. 62.

Wortlaut hinaus auch auf solche Beweismittel anwendbar ist, die zur Abwehr der Schadensersatzklage und nicht nur des Schadensersatzanspruchs erforderlich sind.[102]

IV. § 33g Abs. 10 GWB

Die Inhaber der Herausgabeansprüche aus § 33g Abs. 1 und Abs. 2 GWB haben nach § 33g Abs. 10 GWB auch einen Auskunftsanspruch. Auskünfte sind Wissenserklärungen, wobei sich diese nicht auf präsentes Wissen beschränken.[103] Der Auskunftsschuldner hat vielmehr eine gewisse Nachforschungspflicht,[104] das heißt, dass er grundsätzlich alle ihm mit zumutbarem Aufwand zur Verfügung stehenden Informationsquellen auswerten muss.[105] Erst wenn die Auskunft vollständig und zutreffend erteilt wurde, ist der Auskunftsanspruch erfüllt.[106] Die Erteilung der Auskunft hat grundsätzlich schriftlich zu erfolgen.[107]

Die Voraussetzungen des § 33g Abs. 10 GWB entsprechen denen der Herausgabeansprüche.[108] Eine Auskunftserteilung ist für den Auskunftsschuldner weniger belastend und stellt daher gegenüber den Herausgabeansprüchen ein milderes Mittel dar.[109] Zudem ist bei einer Auskunft der Schutz von vertraulichen Informationen einfacher zu gewährleisten.[110] Der Auskunftsanspruch

---

102 *Preuß*, in: Kersting/Podszun, 9. GWB-Novelle, Kap. 10 Rn. 41; *Mäsch*, in: Berg/Mäsch, Kartellrecht (2018), § 33g GWB Rn. 17 und 18; *Bechtold/Bosch*, GWB (2018), § 33g Rn. 12.

103 BGH, Urt. v. 23.01.2003 – I ZR 18/01 – *Cartier-Ringe*, GRUR 2003, S. 433, 434; BGH, Urt. v. 23.02.2006 – I ZR 27/03 – *Parfümtestkäufe*, GRUR 2006, S. 504, 507.

104 BGH, Urt. v. 23.01.2003 – I ZR 18/01 – *Cartier-Ringe*, GRUR 2003, S. 433, 434.

105 BGH, Urt. v. 23.02.2006 – I ZR 27/03 – *Parfümtestkäufe*, GRUR 2006, S. 504, 507; *Bornkamm/Tolkmitt*, in: Langen/Bunte, Kartellrecht/GWB (2018), § 33g Rn. 28.

106 *Bornkamm/Tolkmitt*, in: Langen/Bunte, Kartellrecht/GWB (2018), § 33g Rn. 29; *Makatsch/Kacholdt*, in: Säcker/Meier-Beck, MüKo Kartellrecht/GWB (2020), § 33g Rn. 179; vgl. auch: BGH, Urt. v. 17.05.2001 – I ZR 291/98 – *Entfernung der Herstellungsnummer II*, GRUR 2001, S. 841, 844.

107 BGH, Urt. v. 01.12.1983 – IX ZR 41/83, NJW 1984, S. 484, 485; BGH, Beschl. v. 28.11.2007 – XII ZB 225/05, NJW 2008, S. 917 Rn. 13; *Köhler*, in: Köhler/Bornkamm/Feddersen, UWG (2020), § 9 Rn. 4.31.

108 *Preuß*, in: Kersting/Podszun, 9. GWB-Novelle, Kap. 10 Rn. 68; *Mäsch*, in: Berg/Mäsch, Kartellrecht (2018), § 33g GWB Rn. 14.

109 *Bundesregierung*, Begr. des Gesetzesentwurfes zur 9. GWB-Novelle, BT-Drs. 18/10207, S. 62.

110 *Bundesregierung*, Begr. des Gesetzesentwurfes zur 9. GWB-Novelle, BT-Drs. 18/10207, S. 62.

soll daher insbesondere dann zur Anwendung kommen, wenn *„der Berechtigte nur allgemeine und grundlegende Informationen beansprucht“*,[111] wobei der Auskunftsanspruch nicht auf solche Informationen beschränkt ist.[112]

V. Ausschluss der Offenlegung

Die Absätze 3 bis 5 des § 33g GWB normieren die Fälle, in denen die Erteilung einer Auskunft oder die Herausgabe eines Beweismittels[113] ausgeschlossen ist. Die Offenlegung von Informationen ist gemäß § 33g Abs. 3 GWB ausgeschlossen, wenn sie unverhältnismäßig ist. § 33g Abs. 4 GWB schließt die Offenlegung von Kronzeugenerklärungen und Vergleichsausführungen aus. Zuletzt besteht für gewisse Beweismittel gemäß § 33g Abs. 5 GWB ein temporärer Ausschluss der Offenlegung bis das wettbewerbsbehördliche Verfahren gegen alle Beteiligten abgeschlossen ist. Von den Ausschlusstatbeständen zu unterscheiden sind die Herausgabeverweigerungsrechte, insbesondere aus § 33g Abs. 6 GWB.[114]

1. Unverhältnismäßigkeit der Herausgabe gemäß § 33g Abs. 3 GWB

§ 33g Abs. 3 S. 1 GWB schließt die Herausgabe von Beweismitteln aus, soweit die Offenlegung unter Berücksichtigung der berechtigten Interessen aller Beteiligung unverhältnismäßig ist und setzt damit Art. 5 Abs. 3 der Kartellschadensersatzrichtlinie um. Die Verhältnismäßigkeit der Offenlegung gemäß § 33g Abs. 3 GWB ist für alle Offenlegungsansprüche aus § 33g GWB eine Anspruchsvoraussetzung. Wie sich aus der negativen Formulierung des § 33g Abs. 3 S. 1 GWB ergibt, liegt die Darlegungs- und Beweislast allerdings beim Anspruchsgegner.[115]

Das Gericht hat eine Interessenabwägung unter Berücksichtigung des Verhältnismäßigkeitsgrundsatzes vorzunehmen.[116] Ein Kartellgeschädigter hat

111 *Bundesregierung*, Begr. des Gesetzesentwurfes zur 9. GWB-Novelle, BT-Drs. 18/10207, S. 62.

112 *Bach/Wolf*, NZKart 2017, S. 285, 286; *Bornkamm/Tolkmitt*, in: Langen/Bunte, Kartellrecht/GWB (2018), § 33g Rn. 27.

113 Soweit im Folgenden nur von Herausgabeansprüchen gesprochen wird, ist der Auskunftsanspruch gemäß § 33g Abs. 10 GWB miterfasst.

114 Dazu unten, S. 189 ff.

115 *Bornkamm/Tolkmitt*, in: Langen/Bunte, Kartellrecht/GWB (2018), § 33g Rn. 32; *Makatsch/Kacholdt*, in: Säcker/Meier-Beck, MüKo Kartellrecht/GWB (2020), § 33g Rn. 65.

116 *Preuß*, in: Kersting/Podszun, 9. GWB-Novelle, Kap. 10 Rn. 54; *Bechtold/Bosch*, GWB (2018), § 33g Rn. 14.

als Offenlegungsgläubiger ein Interesse an der Gewinnung von Informationen zur Durchsetzung seines Schadensersatzanspruchs. Ist hingegen der Kartellant Offenlegungsgläubiger, hat dieser ein Interesse an der Gewinnung von Informationen zur Abwehr des Schadensersatzanspruchs.[117] Gemäß § 33g Abs. 3 S. 3 GWB ist das Interesse des Kartellanten, die Durchsetzung eines Schadensersatzanspruchs zu verhindern nicht berücksichtigungsfähig.[118] Jeder Schuldner des Offenlegungsanspruchs hat zudem typischerweise ein Interesse am Schutz seiner Geschäftsgeheimnisse sowie an einer Begrenzung des finanziellen und tatsächlichen Aufwandes der Offenlegung.[119] In der Abwägung muss das zur Entscheidung berufene Gericht, das Spannungsverhältnis zwischen dem berechtigten Offenlegungsbegehren und einer unzulässigen Ausforschung des Gegners auflösen.[120] Dabei muss insbesondere der nicht abschließende Katalog des § 33g Abs. 3 S. 2 GWB in die Abwägung einfließen. Aus den Kriterien des § 33g Abs. 3 S. 2 GWB folgt auch, dass sich die Interessenabwägung sowohl auf den Anspruchsgrund als auch auf den Anspruchsumfang bezieht.[121]

a) Grad der Glaubhaftmachung gemäß Abs. 3 S. 2 Nr. 1

Bei der Abwägung ist gemäß § 33g Abs. 3 S. 2 Nr. 1 GWB zu berücksichtigen, in welchem Umfang der Herausgabeanspruch auf bereits zugängliche Informationen und Beweismittel gestützt wird. § 33g Abs. 3 S. 2 Nr. 1 GWB ist dabei Art. 5 Abs. 3 S. 2 a) der Kartellschadensersatzrichtlinie nachgebildet. Nach dem Verständnis des Novellengebers soll der Geschädigte, der das Bestehen seines Schadensersatzanspruchs nur *„in groben Zügen"* glaubhaft gemacht hat, nur einen verminderten, auf eine *„Grundauskunft"* beschränkten Offenlegungsanspruch haben. Hingegen soll der Geschädigte, der das Bestehen seines Schadensersatzanspruchs umfassend glaubhaft machen konnte, in einem größeren

117 *Bornkamm/Tolkmitt*, in: Langen/Bunte, Kartellrecht/GWB (2018), § 33g Rn. 33.

118 Siehe dazu auch Art. 5 Abs. 5 der Kartellschadensersatzrichtlinie.

119 *Bornkamm/Tolkmitt*, in: Langen/Bunte, Kartellrecht/GWB (2018), § 33g Rn. 33; vgl. auch: *Bundesregierung*, Begr. des Gesetzesentwurfes zur 9. GWB-Novelle, BT-Drs. 18/10207, S. 63.

120 *Preuß*, in: Kersting/Podszun, 9. GWB-Novelle, Kap. 10 Rn. 56.

121 *Bundesregierung*, Begr. des Gesetzesentwurfes zur 9. GWB-Novelle, BT-Drs. 18/10207, S. 62; *Rosenfeld/Brand*, WuW 2017, S. 247, 249; *Bornkamm/Tolkmitt*, in: Langen/Bunte, Kartellrecht/GWB (2018), § 33g Rn. 32.

Umfang Anspruch auf die Offenlegung von Beweismitteln und auf detailliertere Auskünfte haben.[122]

Der Novellengeber begründet sein Verständnis von § 33g Abs. 3 S. 2 Nr. 1 GWB mit der Rechtsprechung des BGH zum materiell-rechtlichen Auskunftsanspruch nach § 242 BGB.[123] Danach bestünde, wenn die Rechtsverletzung nicht feststeht oder nur eine geringe Wahrscheinlichkeit für eine solche spricht, nur ein Anspruch auf eine in ihrem Umfang reduzierte Grundauskunft.[124] Dagegen muss vorgebracht werden, dass das Verständnis des Novellengebers auf einer fehlerhaften Interpretation der Urteils beruht. Der BGH differenziert beim Auskunftsumfang danach, ob eine vereinzelte oder eine Vielzahl von Rechtsverletzungen vorliegen. Hinsichtlich der Wahrscheinlichkeit, mit der ein Schadenersatzanspruch besteht, wird jedoch nicht unterschieden.[125]

Es erscheint auch fraglich, ob das vom Novellengeber intendierte Verständnis von § 33g Abs. 3 S. 2 Nr. 1 GWB das Private Enforcement stärkt. Folge der gesetzgeberischen Auslegung ist die paradoxe Situation, dass je dringender ein Geschädigter auf die Offenlegung von Informationen angewiesen ist, umso geringer seine Chancen auf eine detaillierte Offenlegung sind. Der Geschädigte, der bereits eine Vielzahl von Informationen besitzt und daher weniger auf eine Offenlegung angewiesen ist, scheint dem Verständnis des Novellengebers nach schutzbedürftiger.[126] Eine Verbesserung der Informationsmöglichkeiten gegenüber den Offenlegungs- und Informationsansprüchen vor dem Erlass der 9. GWB-Novelle erfolgt durch diese Auslegung nicht. Zudem widerspricht es der Prozessökonomie, wenn ein Geschädigter, der zunächst wenige Informationen besitzt, gezwungen wird, den Offenlegungsanspruch wiederholt geltend zu machen, um detailliertere Informationen zu erhalten.[127]

---

122 *Bundesregierung*, Begr. des Gesetzesentwurfes zur 9. GWB-Novelle, BT-Drs. 18/10207, S. 63; dazu: *Bornkamm/Tolkmitt*, in: Langen/Bunte, Kartellrecht/GWB (2018), § 33g Rn. 36; *Inderst/Thomas*, Schadensersatz bei Kartellverstößen (2018), S. 501; zu Art. 5 Abs. 3 S. 2 a) der Kartellschadensersatzrichtlinie: *Kreße*, WRP 2016, S. 567, 573 f.

123 *Bundesregierung*, Begr. des Gesetzesentwurfes zur 9. GWB-Novelle, BT-Drs. 18/10207, S. 63.

124 BGH, Urt. v. 05.06.1985 – I ZR 53/83 – *GEMA-Vermutung I*, NJW 1986, S. 1244, 1245; *Bundesregierung*, Begr. des Gesetzesentwurfes zur 9. GWB-Novelle, BT-Drs. 18/10207, S. 63; *Bornkamm/Tolkmitt*, in: Langen/Bunte, Kartellrecht/GWB (2018), § 33g Rn. 37.

125 BGH, Urt. v. 05.06.1985 – I ZR 53/83 – *GEMA-Vermutung I*, NJW 1986, S. 1244, 1245; *Bornkamm/Tolkmitt*, in: Langen/Bunte, Kartellrecht/GWB (2018), § 33g Rn. 37.

126 *Bornkamm/Tolkmitt*, in: Langen/Bunte, Kartellrecht/GWB (2018), § 33g Rn. 38.

127 *Bornkamm/Tolkmitt*, in: Langen/Bunte, Kartellrecht/GWB (2018), § 33g Rn. 38.

Bornkamm und *Tolkmitt* gehen daher davon aus, dass nach dem Gegenstand der verlangten Offenlegung, also nach Informationen zum Haftungsgrund oder zur Haftungshöhe, zu differenzieren ist. Wenn für den Eintritt eines Schadens aufgrund des beschränkten Vorbringens des Geschädigten nur eine geringe Wahrscheinlichkeit spricht, soll sich die Offenlegungspflicht zunächst nur auf die Herausgabe solcher Informationen beziehen, die eine gesicherte Feststellung des Anspruchsgrundes ermöglichen. Informationen über die Höhe des Schadensersatzanspruchs müssten in einem solchen Fall gar nicht oder nur in geringem Umfang offengelegt werden. Insoweit könne dann von einer Grund- oder Teilauskunft gesprochen werden.[128] Dieser Ansicht ist zuzustimmen. Es erscheint widersinnig, dass ein Geschädigter wiederholt Auskunftsbegehren geltend machen soll, damit er überhaupt das Bestehen seines Schadensersatzanspruchs nachweisen kann.[129] So soll zum Beispiel nach der Gesetzesbegründung für eine umfangreiche Offenlegung der Nachweis der Betroffenheit erforderlich sein.[130] Jedoch kann sich auch im Rahmen einer Follow-on-Klage der Nachweis der Betroffenheit für den Geschädigten als schwierig erweisen.[131] Wenn der Geschädigte das Bestehen seines Schadensersatzanspruchs nur gerade hinreichend i.S. des § 33g Abs. 1 GWB glaubhaft gemacht hat, ist die Offenlegung von weitreichenden Informationen zur Ermittlung der potentiellen Schadenshöhe jedoch tatsächlich unverhältnismäßig.[132]

b) *Aufwand der Offenlegung gemäß Abs. 3 S. 2 Nr. 2*

Nach § 33g Abs. 3 S. 2 Nr. 2 GWB haben der Umfang der herauszugebenden Beweismittel und die Kosten der Offenlegung in die Verhältnismäßigkeitsprüfung einzufließen. Damit wird Art. 5 Abs. 3 S. 2 b) der Kartellschadensersatzrichtlinie umgesetzt. Obwohl gemäß § 33g Abs. 7 GWB ein Anspruch

128 *Bornkamm/Tolkmitt*, in: Langen/Bunte, Kartellrecht/GWB (2018), § 33g Rn. 39.

129 So aber etwa: *Makatsch/Kacholdt*, in: Säcker/Meier-Beck, MüKo Kartellrecht/GWB (2020), § 33g Rn. 67.

130 *Bundesregierung*, Begr. des Gesetzesentwurfes zur 9. GWB-Novelle, BT-Drs. 18/10207, S. 63.

131 Zu den Schwierigkeiten beim Nachweis der Betroffenheit: *Bach/Wolf*, NZKart 2017, S. 285, 286 f.; *Stancke*, NZKart 2017, S. 636, 638; *Makatsch/Kacholdt*, in: Säcker/Meier-Beck, MüKo Kartellrecht/GWB (2020), § 33g Rn. 68; siehe auch die Gesetzesbegründung zur geplanten Betroffenheitsvermutung in § 33a Abs. 5 GWB-RefE: *Bundesministerium für Wirtschaft und Energie*, Begr. des Referentenentwurfs zur 10. GWB-Novelle v. 24.01.2020, S. 92 f.

132 *Bornkamm/Tolkmitt*, in: Langen/Bunte, Kartellrecht/GWB (2018), § 33g Rn. 39.

des Offenlegungsschuldners auf Aufwendungsersatz besteht, soll in die Verhältnismäßigkeitsprüfung einfließen, dass eine umfangreiche Offenlegungsverpflichtung erhebliche Störungen im Betriebsablauf des Offenlegungsschuldners auslösen kann.[133] Dabei muss jedoch ein Kartellant größere Einschränkungen und Eingriffe hinnehmen als ein unbeteiligter Dritter.[134]

c) *Verbot der Ausforschung gemäß Abs. 3 S. 2 Nr. 3*

§ 33g Abs. 3 S. 2 Nr. 3 GWB soll eine unzulässige Ausforschung des Anspruchsgegners verhindern. Daher ist die Offenlegung von Tatsachen, welche für die Durchsetzung des Schadensersatzanspruchs bzw. die Verteidigung gegen einen solchen *„nicht erheblich"* sind, ausgeschlossen. Eine Ausforschung ist im Umkehrschluss aber dann zulässig, wenn sie der Erforschung des Verstoßes sowie der Ermittlung des Schadens dient.[135] § 33g Abs. 3 S. 2 Nr. 3 GWB führt zu einer Doppelung, da die Offenlegung eines unerheblichen Beweismittels bereits nicht erforderlich sein dürfte.[136] Soweit es auf die Erheblichkeit nach § 33g Abs. 3 S. 2 Nr. 3 GWB ankommt, muss über diese – wie bereits bei der Erforderlichkeit – im Rahmen einer Prognoseentscheidung entschieden werden.[137] Dies ergibt sich aus Art. 5 Abs. 3 S. 2 b) der Kartellschadensersatzrichtlinie, welcher durch § 33g Abs. 3 S. 2 Nr. 3 GWB umgesetzt wird. Danach fehlt

---

133 *Bundesregierung*, Begr. des Gesetzesentwurfes zur 9. GWB-Novelle, BT-Drs. 18/10207, S. 63; *Bornkamm/Tolkmitt*, in: Langen/Bunte, Kartellrecht/GWB (2018), § 33g Rn. 40; *Makatsch/Kacholdt*, in: Säcker/Meier-Beck, MüKo Kartellrecht/GWB (2020), § 33g Rn. 72; kritisch zur „doppelten" Berücksichtigung der Kosten: *Mallmann/Lübbig*, in: Fuchs/Weitbrecht, Private Kartellrechtsdurchsetzung, § 13 Rn. 64.

134 *Bornkamm/Tolkmitt*, in: Langen/Bunte, Kartellrecht/GWB (2018), § 33g Rn. 40.

135 *Bundesregierung*, Begr. des Gesetzesentwurfes zur 9. GWB-Novelle, BT-Drs. 18/10207, S. 63; dazu: *Hellmann/Steinbrück*, NZKart 2017, S. 164, 174; *Inderst/Thomas*, Schadensersatz bei Kartellverstößen (2018), S. 502; *Makatsch/Kacholdt*, in: Säcker/Meier-Beck, MüKo Kartellrecht/GWB (2020), § 33g Rn. 73.

136 *Preuß*, in: Kersting/Podszun, 9. GWB-Novelle, Kap. 10 Rn. 56; *Mäsch*, in: Berg/Mäsch, Kartellrecht (2018), § 33g GWB Rn. 10 u. 29; *Inderst/Thomas*, Schadensersatz bei Kartellverstößen (2018), S. 502.

137 *Bornkamm/Tolkmitt*, in: Langen/Bunte, Kartellrecht/GWB (2018), § 33g Rn. 34; *Makatsch/Kacholdt*, in: Säcker/Meier-Beck, MüKo Kartellrecht/GWB (2020), § 33g Rn. 74. Siehe zur Prognoseentscheidung bei der Erforderlichkeit bereits oben, S. 170.

es an der Erheblichkeit eines Beweismittels, wenn die Informationen für „*die Verfahrensbeteiligten wahrscheinlich nicht relevant sind*".[138]

d) Bindungswirkung der Entscheidung gemäß Abs. 3 S. 2 Nr. 4

Nach § 33g Abs. 3 S. 2 Nr. 4 GWB muss die Bindungswirkung der wettbewerbsbehördlichen Entscheidung gemäß § 33b GWB berücksichtigt werden. Ziel des Novellengebers ist es, die Offenlegung von Beweismitteln, die dem Nachweis des Kartellverstoßes dienen können, zu verhindern. Deren Offenlegung soll regelmäßig nicht erforderlich sein.[139] Der Geschädigte könne sich insoweit vielmehr auf die Bindungswirkung des wettbewerbsbehördlichen Bescheids nach § 33b GWB berufen.[140] Allerdings verkennt der Novellengeber, dass dieselben Beweismittel, die den Nachweis des Verstoßes ermöglichen, häufig auch zum Nachweis der Betroffenheit des Geschädigten erforderlich sind.[141] Dazu verhält sich die Entscheidung der Wettbewerbsbehörde aber in der Regel nicht.[142] Zuletzt überschneidet sich auch § 33g Abs. 3 S. 2 Nr. 4 GWB mit dem Merkmal der Erforderlichkeit in § 33g Abs. 1 bzw. 2 GWB.[143]

e) Interesse am Public Enforcement gemäß Abs. 3 S. 2 Nr. 5

§ 33g Abs. 3 S. 2 Nr. 5 GWB soll dafür Sorge tragen, dass das Public Enforcement durch die Herausgabe von Beweismitteln oder die Erteilung von Auskünften nicht beeinträchtigt wird.[144] Insbesondere bei der Offenlegung von

---

138 *Bornkamm/Tolkmitt*, in: Langen/Bunte, Kartellrecht/GWB (2018), § 33g Rn. 34; *Makatsch/Kacholdt*, in: Säcker/Meier-Beck, MüKo Kartellrecht/GWB (2020), § 33g Rn. 74.

139 *Bundesregierung*, Begr. des Gesetzesentwurfes zur 9. GWB-Novelle, BT-Drs. 18/10207, S. 63; siehe so bereits: *Bundeskartellamt*, Stellungnahme des Bundeskartellamts zum Regierungsentwurf zur 8. GWB-Novelle vom 22.06.2012, S. 17.

140 *Bornkamm/Tolkmitt*, in: Langen/Bunte, Kartellrecht/GWB (2018), § 33g Rn. 35.

141 So auch: *Makatsch/Kacholdt*, in: Säcker/Meier-Beck, MüKo Kartellrecht/GWB (2020), § 33g Rn. 27 und 77; wohl a.A.: *Mallmann/Lübbig*, in: Fuchs/Weitbrecht, Private Kartellrechtsdurchsetzung, § 13 Rn. 57.

142 *Bach/Wolf*, NZKart 2017, S. 285, 286; *Makatsch/Kacholdt*, in: Säcker/Meier-Beck, MüKo Kartellrecht/GWB (2020), § 33g Rn. 77; vgl. auch: *Bornkamm/Tolkmitt*, in: Langen/Bunte, Kartellrecht/GWB (2018), § 33g Rn. 35.

143 *Preuß*, in: Kersting/Podszun, 9. GWB-Novelle, Kap. 10 Rn. 56; *Inderst/Thomas*, Schadensersatz bei Kartellverstößen (2018), S. 502; *Makatsch/Kacholdt*, in: Säcker/Meier-Beck, MüKo Kartellrecht/GWB (2020), § 33g Rn. 75.

144 *Bundesregierung*, Begr. des Gesetzesentwurfes zur 9. GWB-Novelle, BT-Drs. 18/10207, S. 63.

Informationen, „*die unabhängig von einem wettbewerbsbehördlichen Verfahren vorliegen*" (§ 33g Abs. 4 S. 2 GWB) und somit in einem besonderem Zusammenhang mit der Kronzeugenerklärung stehen, soll § 33g Abs. 3 S. 2 Nr. 5 GWB berücksichtigt werden.[145] Die Offenlegung solcher Informationen soll vor allem dann unverhältnismäßig sein, wenn unspezifisch bezeichnete Anlagen zur Kronzeugenerklärung ohne genauere Ausführungen zum erwarteten Inhalt herausverlangt werden.[146]

Die Kartellschadensersatzrichtlinie enthält in Art. 5 kein § 33g Abs. 3 S. 2 Nr. 5 GWB entsprechendes Merkmal, dass die Wirksamkeit der öffentlichen Durchsetzung des Kartellrechts zu berücksichtigen sei.[147] Insbesondere ist der Kartellschadensersatzrichtlinie nicht zu entnehmen, dass an die Offenlegung von „*bereits vorhandenen Informationen*" i.S. des Art. 2 Abs. 17 der Richtlinie erhöhte Anforderungen gestellt werden sollen. Vielmehr können diese Informationen gemäß Erwägungsgrund 28 „*jederzeit*" offengelegt werden. Nach Art. 5 Abs. 8 der Richtlinie dürfen zwar weitergehende Offenlegungsmöglichkeiten durch den nationalen Gesetzgeber eingeführt werden. Damit steht im Umkehrschluss aber auch fest, dass die nationalen Gesetze nicht restriktiver als die Richtlinie sein dürfen.[148] Für die Unzulässigkeit von § 33g Abs. 3 S. 2 Nr. 5 GWB spricht auch der letzte Satz des Erwägungsgrundes 26 der Kartellschadensersatzrichtlinie. Aus diesem ergibt sich, dass eine über das Verbot der Offenlegung von Kronzeugenerklärungen und Vergleichsausführungen hinausgehende Beschränkung der Herausgabe- und Auskunftsansprüche zum Schutz des Public Enforcement zu unterbleiben hat, um das Recht auf Schadensersatz nicht übermäßig zu beeinträchtigen.[149]

§ 33g Abs. 3 S. 2 Nr. 5 GWB stellt daher eine unzulässige weitergehende Beschränkung der Auskunfts- und Herausgabeansprüche dar. In der Folge kann dem Bewertungskriterium nur eine äußerst geringe Bedeutung

---

145 *Bundesregierung*, Begr. des Gesetzesentwurfes zur 9. GWB-Novelle, BT-Drs. 18/10207, S. 64.

146 *Bundesregierung*, Begr. des Gesetzesentwurfes zur 9. GWB-Novelle, BT-Drs. 18/10207, S. 64.

147 Siehe zu Erwägungsgrund 24 der Kartellschadensersatzrichtlinie 2014/104/EU: *Makatsch/Kacholdt*, in: Säcker/Meier-Beck, MüKo Kartellrecht/GWB (2020), § 33g Rn. 79.

148 *Bach/Wolf*, NZKart 2017, S. 285, 287; vgl. auch: *Podszun/Kreifels*, GWR 2017, S. 67, 69.

149 *Bach/Wolf*, NZKart 2017, S. 285, 287; *Bornkamm/Tolkmitt*, in: Langen/Bunte, Kartellrecht/GWB (2018), § 33g Rn. 46.

zukommen.[150] So kann § 33g Abs. 3 S. 2 Nr. 5 GWB als Hinweis dahingehend interpretiert werden, dass die Beteiligung der Wettbewerbsbehörden gemäß § 90 GWB jederzeit möglich ist.[151]

f) Schutz von Geschäftsgeheimnissen gemäß Abs. 3 S. 2 Nr. 6

Zuletzt gilt es gemäß § 33g Abs. 3 S. 2 Nr. 6 GWB, den Schutz von Betriebs- und Geschäftsgeheimnissen und sonstigen vertraulichen Informationen sowie die Maßnahmen, die zum Schutz dieser Informationen bestehen, im Rahmen der Verhältnismäßigkeitsprüfung zu beachten. Maßnahmen zum Schutz vertraulicher Informationen kann das Gericht gemäß § 89b Abs. 7 GWB treffen. Dazu gehört neben der Schwärzung von sensiblen Passagen insbesondere die Beschränkung der Offenlegung auf Sachverständige und Rechtsvertreter der Parteien.[152] Mit § 33g Abs. 3 S. 2 Nr. 6 GWB wird Art. 5 Abs. 3 S. 2 c) der Kartellschadensersatzrichtlinie umgesetzt.

Der Novellengeber stellt mit der gewählten Formulierung klar, dass Betriebs- und Geschäftsgeheimnisse ein Unterfall der vertraulichen Informationen sind.[153] Für die Definition des Begriffes der Betriebs- und Geschäftsgeheimnisse kann auf die Auslegung des § 17 UWG a.F. zurückgegriffen werden.[154] Danach sind Betriebs- und Geschäftsgeheimnisse unternehmensbezogene Tatsachen, Umstände oder Vorgänge, die nicht offenkundig oder bereits bekannt und nur einem begrenzten Personenkreis zugänglich sind und nach dem Willen des Betriebsinhabers geheim gehalten werden sollen.[155] Keine Betriebs- und

---

150 *Podszun/Kreifels*, GWR 2017, S. 67, 71; *Bach/Wolf*, NZKart 2017, S. 285, 287; *Bornkamm/Tolkmitt*, in: Langen/Bunte, Kartellrecht/GWB (2018), § 33g Rn. 47; vgl. auch: *Mäsch*, in: Berg/Mäsch, Kartellrecht (2018), § 33g GWB Rn. 30.

151 *Kersting/Preuß*, WuW (Online-Beitrag) 2016, S. L1, L15; *Bornkamm/Tolkmitt*, in: Langen/Bunte, Kartellrecht/GWB (2018), § 33g Rn. 46; *Makatsch/Kacholdt*, in: Säcker/Meier-Beck, MüKo Kartellrecht/GWB (2020), § 33g Rn. 80; vgl. auch: *Kersting/Preuß*, Umsetzung der Kartellschadensersatzrichtlinie, S. 125 Rn. 221.

152 *Bundesregierung*, Begr. des Gesetzesentwurfes zur 9. GWB-Novelle, BT-Drs. 18/10207, S. 102; *Bornkamm/Tolkmitt*, in: Langen/Bunte, Kartellrecht/GWB (2018), § 33g Rn. 42. Siehe zu § 89b Abs. 7 GWB im Einzelnen unten, S. 199 ff.

153 *Bakowitz*, Informationsherrschaft, S. 281.

154 *Mäsch*, in: Berg/Mäsch, Kartellrecht (2018), § 33g GWB Rn. 28; *Bornkamm/Tolkmitt*, in: Langen/Bunte, Kartellrecht/GWB (2018), § 33g Rn. 41.

155 Zu § 17 UWG a.F.: BGH, Urt. v. 10.05.1995 – 1 StR 764/94, NJW 1995, S. 2301; zu Art. 12 GG: BVerfG, Beschl. v. 14.03.2006 – 1 BvR 2087/03 u. 1 BvR 2111/03 – *Geschäfts- und Betriebsgeheimnis, in-camera-Verfahren*, Juris, Rn. 87.

Geschäftsgeheimnisse sind hingegen Informationen, die den Wettbewerbsverstoß betreffen. Sie beziehen sich auf einen von der Rechtsordnung missbilligten Vorgang[156] und besitzen für sich keinen Geheimniswert.[157]

Der Novellengeber sieht als vom Schutz des § 33g Abs. 3 S. 2 Nr. 6 GWB umfasste Gruppen insbesondere diejenigen, die als Rechtsanwälte, Wirtschaftsprüfer, Steuerberater, Angestellte von Banken und Sparkassen sowie als Journalisten und Geistliche zur Verschwiegenheit verpflichtet sind. Eine Offenlegung von Informationen durch Mitglieder dieser Gruppen soll im Normalfall bereits unverhältnismäßig sein, sodass sich die Betroffenen nicht gemäß § 33g Abs. 6 S. 1 GWB auf ihre jeweiligen Zeugnisverweigerungsrechte berufen müssen.[158] Zudem soll die Herausgabe der Kommunikation zwischen den am Wettbewerbsverstoß Beteiligten und ihren Rechtsanwälten „*in aller Regel*" unverhältnismäßig und daher ausgeschlossen sein.[159]

Ungeachtet der Möglichkeit, Maßnahmen zum Geheimnisschutz zu treffen, müssen die im Einzelfall betroffenen Interessen gegeneinander abgewogen werden. Dies ergibt sich aus Art. 5 Abs. 4 S. 1 der Kartellschadensersatzrichtlinie, welche die Offenlegung von Geschäftsgeheimnissen ausdrücklich vorsieht.[160] Auch sind nationale Zeugnisverweigerungsrechte, die zu einem absoluten Schutz vor Offenlegung führen, nach der Rechtsprechung des EuGH zum Immaterialgüterrecht unionsrechtswidrig.[161] In die Abwägung ist daher insbesondere einzustellen, ob durch die Maßnahmen zum Schutz der Geschäftsgeheimnisse gemäß § 89b Abs. 7 GWB die gegenläufigen Interessen hinreichend berücksichtigt wurden.[162]

---

156 Zu § 406e StPO: OLG Düsseldorf, Beschl. v. 22.08.2012 – V-4 Kart 5 u. 6/11 (OWi) – *Kaffeeröster*, Juris, Rn. 36; zu § 474 Abs. 1 StPO: OLG Hamm, Beschl. v. 26.11.2013 – 1 VAs 116/13-120/13 u. 1 VAs 122/13 – *Einsicht in Strafakten*, Juris, Rn. 61; *Inderst/Thomas*, Schadensersatz bei Kartellverstößen (2018), S. 517.

157 *Schmidt*, Drittschutz, Akteneinsicht und Geheimnisschutz im Kartellverfahren, S. 26 f.; *Werner*, in: Gamm/Raisch/Tiedemann, FS G. Pfeiffer, S. 821, 832; *Jüntgen*, Durchsetzung privater Ansprüche im Kartellrecht, S. 45 f.

158 *Bundesregierung*, Begr. des Gesetzesentwurfes zur 9. GWB-Novelle, BT-Drs. 18/10207, S. 63.

159 *Bundesregierung*, Begr. des Gesetzesentwurfes zur 9. GWB-Novelle, BT-Drs. 18/10207, S. 63.

160 *Bornkamm/Tolkmitt*, in: Langen/Bunte, Kartellrecht/GWB (2018), § 33g Rn. 43.

161 EuGH, Urt. v. 16.07.2015 – C-580/13 – *Coty Germany*, EU:C:2015:485, Rn. 33 ff.

162 *Bornkamm/Tolkmitt*, in: Langen/Bunte, Kartellrecht/GWB (2018), § 33g Rn. 44.

2. *Verbot der Offenlegung von Kronzeugenerklärungen und Vergleichsvereinbarungen gemäß § 33g Abs. 4 GWB*

Nach § 33g Abs. 4 S. 1 Nr. 1 und 2 GWB ist die Herausgabe von Kronzeugenerklärungen oder Vergleichsvereinbarungen absolut ausgeschlossen. Trotz der festgestellten Primärrechtswidrigkeit des Art. 6 Abs. 6 der Kartellschadensersatzrichtlinie muss das absolute Offenlegungsverbot für Kronzeugenerklärungen und Vergleichsausführungen bis zu einer gegenteiligen Entscheidung des EuGH umgesetzt und angewendet werden.[163]

a) Begriffsdefinitionen

aa) Kronzeugenerklärungen und Vergleichsausführungen

§ 33g Abs. 4 S. 1 Nr. 1 und 2 GWB übernimmt die Definitionen des Art. 2 Nr. 16 und Nr. 18 der Kartellschadensersatzrichtlinie für Kronzeugenerklärungen und nicht zurückgezogene Vergleichsausführungen.[164] Aufzeichnungen und Dokumente, die – unabhängig von der spezifischen Form der Wiedergabe – den Inhalt der Kronzeugenerklärungen oder Vergleichsausführungen wiedergeben, sind wie Kronzeugenerklärungen und Vergleichsausführungen zu behandeln.

bb) Protokolle der Zeugen- oder Betroffenenvernehmungen

Dem Schutz des § 33g Abs. 4 S. 1 GWB sollen auch Protokolle der Zeugen- oder Betroffenenvernehmungen von Mitarbeitern der Unternehmen, die einen Kronzeugenantrag gestellt haben, unterfallen.[165] Kern der Definitionen in Art. 2 Nr. 16 und Nr. 18 der Kartellschadensersatzrichtlinie ist allerdings die Freiwilligkeit der Einlassung. Auch der Wortlaut des § 33g Abs. 4 S. 1 GWB setzt eine freiwillige Erklärung voraus. Die Aussage eines Zeugen ist aber nicht freiwillig, da dieser, soweit ihm kein Aussageverweigerungsrecht zusteht, aussagen muss.[166] Die Sichtweise des Novellengebers widerspricht damit bereits

---

163 *Makatsch/Mir*, EuZW 2015, S. 7, 10; *Badtke/Lang*, WuW 2016, S. 276, 284; *Nettesheim*, in: Grabitz/Hilf/Nettesheim, Recht der Europäischen Union (69. EL), Art. 288 AEUV Rn. 219. Zur Primärrechtswidrigkeit des absoluten Offenlegungsverbots für Kronzeugenerklärungen und Vergleichsausführungen siehe oben, S. 145 ff.

164 Siehe zu den Definitionen der Art. 2 Nr. 16 bzw. Nr. 18 der Kartellschadensersatzrichtlinie bereits oben, S. 137 f. und S. 139 f.

165 *Bundesregierung*, Begr. des Gesetzesentwurfes zur 9. GWB-Novelle, BT-Drs. 18/10207, S. 64.

166 *Petrasincu*, WuW 2016, S. 330, 333; vgl. auch bereits: *Petrasincu*, Kartellblog – Schutz bestimmter Dokumente vor Offenlegung.

dem Wortlaut des § 33g Abs. 4 S. 1 GWB. Auch geht die Einbeziehung von „unfreiwillig“ getätigten Zeugenaussagen in das absolute Offenlegungsverbot in unzulässiger Weise über die Anforderungen der Kartellschadensersatzrichtlinie hinaus. Der letzte Satz des Erwägungsgrund 26 der Kartellschadensersatzrichtlinie sieht vor, dass eine über das Verbot der Offenlegung von *„freiwilligen und selbstbelastenden Kronzeugenerklärungen und Vergleichsausführungen“* hinausgehende Beschränkung der Herausgabe- und Auskunftsansprüche zu unterbleiben hat, um das Recht auf Schadensersatz nicht übermäßig zu beeinträchtigen. Zudem verstößt die Einbeziehung von Zeugenaussagen gegen Art. 5 Abs. 8 der Kartellschadensersatzrichtlinie.[167]

cc) Bereits vorhandene Informationen

Vom absoluten Offenlegungsverbot sind gemäß § 33g Abs. 4 S. 2 GWB solche Beweismittel ausgenommen, die zwar an sich als Kronzeugenerklärung bzw. Vergleichsausführung anzusehen wären, aber unabhängig vom wettbewerbsbehördlichen Verfahren erstellt wurden. § 33g Abs. 4 S. 2 GWB entspricht damit Art. 2 Nr. 17 der Kartellschadensersatzrichtlinie.[168] Bereits vorhandene Informationen sollen insbesondere Beweismittel sein, die der Kronzeugenerklärung beigefügt wurden, um den Verpflichtungen aus dem Kronzeugenprogramm zu genügen.[169] Nach Ansicht des Novellengebers soll die Offenlegung von bereits vorhandenen Informationen zum Schutz des Public Enforcement aber erhöhten Anforderungen an die Verhältnismäßigkeit unterliegen.[170] Wie oben bereits dargestellt widerspricht diese Offenlegungsbeschränkung den Vorgaben aus Art. 5 Abs. 8 sowie den Erwägungsgründen 26 und 28 der Kartellschadenersatzrichtlinie.[171]

---

167 *Gussone*, WuW 2016, S. 393; *Klumpe/Thiede*, BB 2016, S. 3011, 3015; *Bach/Wolf*, NZKart 2017, S. 285, 287; *Klumpe/Thiede*, NZKart 2017, S. 332, 337; gehen davon aus, dass § 33g Abs. 4 S. 1 GWB eng auszulegen ist: *Makatsch/Kacholdt*, in: Säcker/Meier-Beck, MüKo Kartellrecht/GWB (2020), § 33g Rn. 107 f.

168 Siehe zu Art. 2 Nr. 17 der Kartellschadensersatzrichtlinie bereits oben, S. 138 f.

169 *Bundesregierung*, Begr. des Gesetzesentwurfes zur 9. GWB-Novelle, BT-Drs. 18/10207, S. 64.

170 *Bundesregierung*, Begr. des Gesetzesentwurfes zur 9. GWB-Novelle, BT-Drs. 18/10207, S. 64.

171 *Makatsch/Kacholdt*, in: Säcker/Meier-Beck, MüKo Kartellrecht/GWB (2020), § 33g Rn. 113 f. Siehe zur Berücksichtigung des Schutzes der öffentlichen Rechtsdurchsetzung im Rahmen der nach § 33g Abs. 3 S. 1 GWB durchzuführenden Interessenabwägung bereits oben, S. 179 ff.

b) Prüfverfahren gemäß § 89b Abs. 8 GWB

Sollte es umstritten sein, ob ein Beweismittel oder Teile davon dem Schutz des § 33g Abs. 4 S. 1 GWB unterfallen, kann das Gericht auf Antrag ein Prüfverfahren gemäß § 89b Abs. 8 GWB durchführen (§ 33g Abs. 4 S. 3 GWB).

aa) Durchführung des Verfahrens

Das Gericht überprüft das Beweismittel auf seine Eigenschaft als Kronzeugenerklärung oder Vergleichsausführung im Rahmen eines zivilprozessualen *in-camera*-Verfahrens.[172] Wenn das Beweismittel weder eine Kronzeugenerklärung noch eine nicht zurückgezogene Vergleichsausführung bzw. entsprechende Teile von diesen enthält und die übrigen Voraussetzungen des § 33g GWB vorliegen, legt das Gericht den Parteien das Beweismittel vor (§ 89b Abs. 8 S. 2 GWB). Dabei steht das Prüfverfahren aus § 89b Abs. 8 GWB nur „*in einem Rechtsstreit über den Anspruch nach § 33a Absatz 1, § 33g Absatz 1 oder 2*" zur Verfügung.

Eingeleitet wird das Prüfverfahren durch einen begründeten Antrag desjenigen, dem entgegengehalten wird, dass die Offenlegung eines Beweismittels nach § 33g Abs. 4 S. 1 GWB ausgeschlossen wäre (§ 89b Abs. 8 S. 1 GWB). Der Antrag ist begründet, wenn der Antragsteller – soweit ihm dies möglich ist – darlegt, aus welchen Gründen und in welchem Umfang daran zu zweifeln ist, dass das streitige Beweismittel vom absoluten Offenlegungsverbot erfasst ist.[173] Wenn der Antrag hinreichend begründet ist, überprüft das Gericht das Beweismittel darauf, ob es eine Kronzeugenerklärung oder eine nicht zurückgezogene Vergleichsausführung enthält (§ 89b Abs. 8 S. 2 Nr. 1 GWB). „[A]*llein zum Zweck der Prüfung*" besteht gemäß § 33g Abs. 4 S. 3 GWB ein Anspruch auf Herausgabe des Beweismittels an das zur Entscheidung berufene Gericht.

Das Gericht entscheidet durch Beschluss (§ 89b Abs. 8 S. 3 GWB).[174] Vor der Entscheidung des Gerichts ist die durch die Offenlegung – vermeintlich – betroffene Wettbewerbsbehörde anzuhören (§ 89b Abs. 8 S. 4 GWB).[175] Das Anhörungserfordernis soll es dem Gericht ermöglichen, den besonderen Sachverstand

---

172 *Preuß*, in: Kersting/Podszun, 9. GWB-Novelle, Kap. 10 Rn. 46.

173 *Bundesregierung*, Begr. des Gesetzesentwurfes zur 9. GWB-Novelle, BT-Drs. 18/10207, S. 102; *Bach/Wolf*, NZKart 2017, S. 285, 290; *Makatsch/Kacholdt*, in: Säcker/Meier-Beck, MüKo Kartellrecht/GWB (2020), § 89b Rn. 89.

174 *Makatsch/Kacholdt*, in: Säcker/Meier-Beck, MüKo Kartellrecht/GWB (2020), § 89b Rn. 96.

175 *Preuß*, in: Kersting/Podszun, 9. GWB-Novelle, Kap. 10 Rn. 47; *Makatsch/Kacholdt*, in: Säcker/Meier-Beck, MüKo Kartellrecht/GWB (2020), § 89b Rn. 92.

und die Praxiserfahrung der Behörde zu nutzen.[176] An jedem Prüfverfahren ist gemäß § 90 GWB auch das Bundeskartellamt zu beteiligen.[177]

Für den Fall, dass das Beweismittel dem Offenlegungsverbot des § 33g Abs. 4 S. 1 GWB unterfällt, muss sichergestellt werden, dass der Inhalt des Beweismittels geheim bleibt. Daher sind die Mitglieder des Gerichts zur Geheimhaltung verpflichtet und müssen die Entscheidung so verfassen, dass die Entscheidungsgründe den Inhalt des geheim zuhaltenden Beweismittels nicht offenlegen (§ 89b Abs. 8 S. 5 GWB). Auch wenn das Gericht dem Antrag stattgibt und die Vorlage gewährt, muss die Geheimhaltung in der Beschlussbegründung gewahrt werden, da gegen den Beschluss die sofortige Beschwerde nach § 567 ZPO statthaft ist (§ 89b Abs. 8 S. 6 GWB) und das Instanzgericht zu einer abweichenden Entscheidung kommen kann.[178]

bb) Vorlage des Beweismittels

Der Antrag hat Erfolg, wenn sich aus der gerichtlichen Prüfung ergibt, dass das Beweismittel keine Kronzeugenerklärung oder nicht zurückgezogene Vergleichsausführung enthält (§ 89b Abs. 8 S. 2 Nr. 1 GWB) und die sonstigen Voraussetzungen des Herausgabeanspruchs nach § 33g GWB vorliegen (§ 89b Abs. 8 S. 2 Nr. 2 GWB). Rechtsfolge ist, dass das Gericht den Parteien das Beweismittel vorlegt. Unklar ist aber, ob die Vorlage zugleich die Durchsetzung des Herausgabeanspruchs bewirken soll.[179] Zwar prüft das Gericht die Voraussetzungen der Herausgabe nach § 33g Abs. 1 und 2 GWB mit, dem Wortlaut des § 89 Abs. 8 S. 2 GWB ist jedoch eine Unterscheidung zwischen der Vorlage an die Parteien und der Herausgabe an den Anspruchsteller gemäß § 33g GWB zu entnehmen.[180]

Der Beschluss nach § 89b Abs. 8 S. 3 GWB könnte einerseits als Zwischenentscheidung anzusehen sein, auf welche die Hauptentscheidung über die Gewährung des Herausgabeanspruchs nach § 33g GWB noch folgen müsste. Andererseits könnte angenommen werden, dass eine rechtskräftige Entscheidung nach § 89 Abs. 8 S. 3 GWB auch zu einer Erledigung der Hauptsache aus

---

176 *Bundesregierung*, Begr. des Gesetzesentwurfes zur 9. GWB-Novelle, BT-Drs. 18/10207, S. 102.

177 *Bundesregierung*, Begr. des Gesetzesentwurfes zur 9. GWB-Novelle, BT-Drs. 18/10207, S. 102.

178 *Bornkamm/Tolkmitt*, in: Langen/Bunte, Kartellrecht/GWB (2018), § 89b Rn. 57.

179 *Preuß*, in: Kersting/Podszun, 9. GWB-Novelle, Kap. 10 Rn. 50; *Ruster*, in: Stancke/Weidenbach/Lahme, Kartellrechtliche Schadensersatzklagen, S. 179 Rn. 444; *Makatsch/Kacholdt*, in: Säcker/Meier-Beck, MüKo Kartellrecht/GWB (2020), § 89b Rn. 97.

180 *Preuß*, in: Kersting/Podszun, 9. GWB-Novelle, Kap. 10 Rn. 50.

§ 33g GWB führt.[181] Die Unklarheiten über das Verhältnis von Herausgabe gemäß § 33g Abs. 1 und 2 GWB und Vorlage gemäß § 89 Abs. 8 S. 2 GWB ergeben sich insbesondere daraus, dass in dem Verfahren, dass der Überprüfung eines Beweismittels dahingehend dient, ob dieses dem Schutz des § 33g Abs. 4 S. 1 GWB unterfällt, zugleich die Voraussetzungen des eigentlichen Herausgabeanspruchs geprüft werden.[182]

Der Beschluss nach § 89 Abs. 8 S. 3 GWB unterliegt einem ordentlichen Rechtsmittel, da gemäß § 89b Abs. 8 S. 6 GWB die Möglichkeit der sofortigen Beschwerde i.S. des § 567 ZPO besteht. Die Möglichkeit, den Beschluss mit einem ordentlichen Rechtsmittel anzufechten, spricht dafür, dass der rechtskräftige Vorlagebeschluss Bindungswirkung für das Gericht hat – dies spricht für die Annahme einer Zwischenentscheidung.[183] Eine dieser Entscheidung folgende Hauptsacheentscheidung im Schadensersatz- bzw. Offenlegungsprozess kann jedoch ihrerseits mit Rechtsmitteln angegriffen werden,[184] obwohl über die Prüfungsfrage der Hauptsache bereits im Rahmen des Beschlusses nach § 89b Abs. 8 S. 3 GWB rechtskräftig entschieden wurde. Es ist daher davon auszugehen, dass zumindest die Vorlage des Beweismittels aufgrund eines rechtskräftigen Vorlagebeschlusses gemäß § 89b Abs. 8 S. 3 GWB zu einer Erledigung des Herausgabeanspruchs aus § 33g GWB in der Hauptsache führt.[185]

3. *Temporärer Ausschluss der Offenlegung gemäß § 33g Abs. 5 GWB*

Bis das wettbewerbsbehördliche Verfahren gegen alle Parteien abgeschlossen ist, schließt § 33g Abs. 5 GWB die Herausgabe der dort aufgelisteten kartellverfahrensrechtlichen Beweismittel aus. Damit wird Art. 6 Abs. 5 der Kartellschadensersatzrichtlinie umgesetzt. Das temporäre Offenlegungsverbot soll dem Schutz

---

181 *Preuß*, in: Kersting/Podszun, 9. GWB-Novelle, Kap. 10 Rn. 52; *Makatsch/Kacholdt*, in: Säcker/Meier-Beck, MüKo Kartellrecht/GWB (2020), § 89b Rn. 97.

182 *Kersting/Preuß*, WuW (Online-Beitrag) 2016, S. L1, L18; *Preuß*, in: Kersting/Podszun, 9. GWB-Novelle, Kap. 10 Rn. 51.

183 *Preuß*, in: Kersting/Podszun, 9. GWB-Novelle, Kap. 10 Rn. 52; zur Bindungswirkung eines Beschluss i.S.d. § 329 ZPO nach § 318 ZPO: *Saenger*, in: Saenger, ZPO (2019), § 329 Rn. 21; *Musielak*, in: Musielak/Voit, ZPO (2020), § 329 Rn. 12 f.

184 Siehe etwa § 89b Abs. 3 S. 2 GWB.

185 *Preuß*, in: Kersting/Podszun, 9. GWB-Novelle, Kap. 10 Rn. 52; sprechen von einer *„pragmatische und praktikable Lösung"*: *Makatsch/Kacholdt*, in: Säcker/Meier-Beck, MüKo Kartellrecht/GWB (2020), § 89b Rn. 97.

der laufenden wettbewerbsbehördlichen Ermittlungen dienen.[186] Der Novellengeber übernimmt dazu in § 33g Abs. 5 Nr. 1 bis 3 GWB die Definitionen des Art. 6 Abs. 5 Nr. 1 bis 3 der Kartellschadensersatzrichtlinie. Von einer Offenlegung vor Abschluss des behördlichen Verfahrens ausgenommen sind daher insbesondere die Antworten auf behördliche Informationsersuchen, Zeugenaussagen sowie die Mitteilung der Beschwerdepunkte.[187] Ein auf diese Beweismittel gerichtetes Offenlegungsbegehren ist allerdings nur dann gemäß § 33g Abs. 5 GWB vor Abschluss des Verfahrens ausgeschlossen, wenn es sich gezielt auf eines der genannten Beweismittel richtet. Soweit sich die spezifischen Informationen auch in anderen Dokumenten finden, steht § 33g Abs. 5 GWB der Offenlegung dieser Dokumente nicht entgegen.[188]

Nach der Ansicht des Novellengebers ist das wettbewerbsbehördliche Verfahren erst abgeschlossen, wenn gegen alle Betroffenen eines Bußgeldverfahrens entweder das Verfahren eingestellt wurde oder ein Bußgeldbescheid bzw. eine sonstige abschließende Entscheidung ergangen ist.[189] § 33g Abs. 5 GWB ist damit enger als Art. 6 Abs. 5 der Richtlinie. Danach ist das Ende des temporären Offenlegungsverbots nicht vom Abschluss des Verfahrens gegen sämtliche Beteiligte, sondern vom Einzelfall abhängig.[190]

§ 33g Abs. 5 GWB stellt zudem eine Verschlechterung im Vergleich zur Rechtslage vor der 9. GWB-Novelle dar.[191] Diese Regelung ist insbesondere im Hinblick auf sog. *hybride Settlements*, also solche Vergleichsverfahren, in denen nur ein Teil der Kartellanten einem Vergleich zustimmt und das Verfahren gegen

---

186 *Bundesregierung*, Begr. des Gesetzesentwurfes zur 9. GWB-Novelle, BT-Drs. 18/10207, S. 64; zu Art. 6 Abs. 5 der Kartellschadensersatzrichtlinie 2014/104/EU, Erwägungsgrund 25.

187 *Hellmann/Steinbrück*, NZKart 2017, S. 164, 170; *Bornkamm/Tolkmitt*, in: Langen/Bunte, Kartellrecht/GWB (2018), § 33g Rn. 55; *Makatsch/Kacholdt*, in: Säcker/Meier-Beck, MüKo Kartellrecht/GWB (2020), § 33g Rn. 128 und 130; vgl. auch: Kartellschadensersatzrichtlinie 2014/104/EU, Erwägungsgrund 25. Siehe zu Art. 6 Abs. 5 der Kartellschadenersatzrichtlinie bereits oben, S. 133 f.

188 *Bundesregierung*, Begr. des Gesetzesentwurfes zur 9. GWB-Novelle, BT-Drs. 18/10207, S. 64; dazu *Bornkamm/Tolkmitt*, in: Langen/Bunte, Kartellrecht/GWB (2018), § 33g Rn. 55.

189 *Bundesregierung*, Begr. des Gesetzesentwurfes zur 9. GWB-Novelle, BT-Drs. 18/10207, S. 64.

190 *Klumpe/Thiede*, BB 2016, S. 3011, 3015.

191 *Gussone*, WuW 2016, S. 393, 393.

die restlichen Kartellanten „normal" weitergeführt wird, kritisch zu betrachten.[192] § 33g Abs. 5 GWB kann dazu führen, dass die gezielte Offenlegung der oben benannten Informationen auch Jahre nach dem Erlass einer Entscheidung gegen den vergleichsbereiten Teil der Kartellmitglieder ausgeschlossen ist, da das Bußgeldverfahren gegen andere Mitglieder noch immer keinen Abschluss gefunden hat.[193]

VI. Herausgabeverweigerungsrechte und Freigabeverfahren

Nach der Systematik des § 33g GWB sind die Herausgabeverweigerungsrechte von den oben dargestellten Ausschlusstatbeständen zu trennen.[194] Die Geltendmachung eines Verweigerungsrechts ist somit nur dann erforderlich, wenn die Offenlegung nicht bereits gemäß § 33g Abs. 3 GWB unverhältnismäßig ist.[195] Die Verweigerungsrechte des § 33g Abs. 6 S. 1 GWB lehnen sich an die typischen Zeugnisverweigerungsrechte der ZPO an.[196] Die Offenlegung kann zudem aus wichtigem Grund verweigert werden. Trotz eines geltend gemachten Verweigerungsrechts kommt aber in gewissen Fällen eine Offenlegung der Informationen im Wege des Freigabeverfahrens nach § 89b Abs. 6 GWB in Betracht. Dabei muss jedoch gemäß § 89b Abs. 7 GWB der Geheimnisschutz gewährleistet werden. Die §§ 33g Abs. 6, 89b Abs. 6 und 7 GWB dienen dabei der Umsetzung von Art. 5 Abs. 4 und Abs. 6 der Kartellschadensersatzrichtlinie.

1. Herausgabeverweigerungsrechte gemäß § 33g Abs. 6 GWB

Ein Herausgabeverweigerungsrecht i.S. des § 33g Abs. 6 S. 1 GWB kann ein persönliches Verweigerungsrecht gemäß § 383 Abs. 1 Nr. 4 bis 6 ZPO oder ein sachliches Verweigerungsrecht nach § 384 Nr. 3 ZPO sein. Gemeinsame

192 Zu hybriden Settlements: *Polley/Heinz*, WuW 2012, S. 14, 26; *Wagener/Oest*, in: Kamann/Ohlhoff/Völcker, Kartellverfahren und Kartellprozess (2017), § 18 Rn. 193.

193 *Gussone*, WuW 2016, S. 393; *Bakowitz*, Informationsherrschaft, S. 282; *Mallmann/Lübbig*, in: Fuchs/Weitbrecht, Private Kartellrechtsdurchsetzung, § 13 Rn. 66; *Makatsch/Kacholdt*, in: Säcker/Meier-Beck, MüKo Kartellrecht/GWB (2020), § 33g Rn. 125 f.

194 Preuß in *Preuß*, in: Kersting/Podszun, 9. GWB-Novelle, Kap. 10 Rn. 60.

195 *Preuß*, in: Kersting/Podszun, 9. GWB-Novelle, Kap. 10 Rn. 60; *Bornkamm/Tolkmitt*, in: Langen/Bunte, Kartellrecht/GWB (2018), § 33g Rn. 57.

196 *Preuß*, in: Kersting/Podszun, 9. GWB-Novelle, Kap. 10 Rn. 58; *Bechtold/Bosch*, GWB (2018), § 33g Rn. 20; *Makatsch/Kacholdt*, in: Säcker/Meier-Beck, MüKo Kartellrecht/GWB (2020), § 33g Rn. 136.

Voraussetzung ist, dass dem Anspruchsgegner das geltend gemachte Herausgabeverweigerungsrecht auch in einem Schadensersatzprozess nach § 33a Abs. 1 GWB zustehen muss. Um die Wirksamkeit der Offenlegungsansprüche zu gewährleisten, hat der Novellengeber die Möglichkeit der Zeugnisverweigerung zum Schutz vor einer straf- oder bußgeldrechtlichen Selbstbezichtigung i.S. des § 384 Nr. 2 ZPO ausgeschlossen.[197] Anstatt dessen gilt jedoch gemäß § 33g Abs. 9 GWB ein Verwertungsverbot.[198]

a) *Verweigerungsrechte gemäß § 383 Abs. 1 Nr. 4 bis 6 ZPO*

Nach § 33g Abs. 6 S. 1 1. Alt. GWB i.V.m. § 383 Abs. 1 Nr. 4 bis 6 ZPO haben Personen mit einer besonderen Vertrauensstellung das Recht, die Offenlegung von ihnen anvertrauten Informationen zu verweigern. Gemäß § 383 Abs. 1 Nr. 4 ZPO dürfen Geistliche die Offenlegung von Informationen verweigern, die ihnen im Rahmen ihrer Tätigkeit offenbart wurden. Gemäß § 33g Abs. 6 S. 4 GWB sind ihnen ihre berufsmäßig tätigen Gehilfen sowie angehende Geistliche gleichgestellt. Nach § 383 Abs. 1 Nr. 5 ZPO brauchen Journalisten als Mitarbeiter von Presse- oder Rundfunkunternehmen weder die Identität ihrer Quellen noch den Inhalt der mitgeteilten Informationen offenzulegen. Angehörige der Rechtspflege, Wirtschaftsprüfer und Bankmitarbeiter, die als Berufsgeheimnisträger einer Verschwiegenheitsverpflichtung unterliegen,[199] können gemäß § 383 Abs. 1 Nr. 6 ZPO die Offenlegung der ihnen anvertrauten Informationen verweigern. Auch ihnen sind ihre Gehilfen und Bediensteten gleichgestellt.[200]

Die Rechtmäßigkeit der Verweigerung nach § 33g Abs. 6 S. 1 GWB soll davon abhängen, ob dem Besitzer des Beweismittels ein Verweigerungsrecht zusteht. Dies hätte bei wörtlicher Auslegung zur Folge, dass das Verweigerungsrecht nur greift, wenn beispielsweise von einem Rechtsanwalt die Herausgabe eines Beweismittels verlangt wird. Der Mandant könnte jedoch die Herausgabe der Kommunikation zwischen ihm und seinem Rechtsanwalt nicht verweigern.[201] *Bach* und *Wolf* gehen daher davon aus, dass über den Wortlaut des

197 *Bundesregierung*, Begr. des Gesetzesentwurfes zur 9. GWB-Novelle, BT-Drs. 18/10207, S. 65.

198 Siehe dazu unten, S. 213.

199 Für eine Auflistung der von § 383 Abs. 1 Nr. 6 umfassten Personen siehe: *Damrau*, in: Rauscher/Krüger, MüKoZPO (2016), § 383 Rn. 37 ff.; zu Syndikusanwälten siehe: *Preuß*, in: Kersting/Podszun, 9. GWB-Novelle, Kap. 10 Rn. 62.

200 RG, Beschl. v. 09.05.1903 – V 114/03, RGZ 54, S. 360, 361; dazu: *Damrau*, in: Rauscher/Krüger, MüKoZPO (2016), § 383 Rn. 34.

201 *Bach/Wolf*, NZKart 2017, S. 285, 290.

§ 33g Abs. 6 GWB hinaus auch der Mandant des Rechtsanwaltes die Herausgabe der sich bei ihm befindlichen Kommunikation mit seinem Rechtsanwalt verweigern kann.[202] Dabei ist aber zu beachten, dass es auf das Verweigerungsrecht des § 33g Abs. 6 S. 1 Alt. 1 GWB vielfach nicht ankommen wird. Nach dem Willen des Novellengebers soll die Offenlegung dieser Kommunikation bereits *„in aller Regel"* gemäß § 33g Abs. 3 S. 2 Nr. 6 GWB unverhältnismäßig sein.[203]

b) Verweigerungsrecht gemäß § 384 Nr. 3 ZPO

Nach § 33g Abs. 6 S. 1 2. Alt. GWB i.V.m. § 384 Nr. 3 ZPO darf die Offenlegung verweigert werden, wenn durch die Herausgabe des Beweismittels oder die Erteilung der Auskunft zugleich ein Kunst- oder Gewerbegeheimnis offenbart werden würde. Gewerbegeheimnisse sind zunächst alle noch nicht bekannten technischen Arbeitsmittel und Verfahren.[204] Unter den Begriff des Gewerbegeheimnisses werden aber auch wirtschaftliche Betriebsgeheimnisse wie Bezugsquellen,[205] Einkaufspreise[206] und Preiskalkulationen[207] gefasst.[208] Das Geheimnis kann ein Geheimnis des Zeugen oder das eines Dritten sein, wobei die Parteien des Prozesses keine Dritten sind.[209] Das Verweigerungsrecht nach § 384 Nr. 3 ZPO ist insbesondere dann von Belang, wenn ein mittelbarer Abnehmer auf Informationen von der vorhergehenden Marktstufe angewiesen ist oder wenn der Kartellant zur Geltendmachung der Pass-On-Verteidigung Beweismittel vom mittelbaren Abnehmer benötigt.[210]

---

202 *Bach/Wolf*, NZKart 2017, S. 285, 290 f.; zustimmend: *Makatsch/Kacholdt*, in: Säcker/Meier-Beck, MüKo Kartellrecht/GWB (2020), § 33g Rn. 145.

203 *Bundesregierung*, Begr. des Gesetzesentwurfes zur 9. GWB-Novelle, BT-Drs. 18/10207, S. 63.

204 *Berger*, in: Bork/Roth, Stein/Jonas ZPO (2015), § 384 Rn. 10; *Damrau*, in: Rauscher/Krüger, MüKoZPO (2016), § 384 Rn. 14.

205 OLG Hamburg, Beschl. v. 23.05.1916, OLGRspr. 33, S. 69.

206 OLG Celle, Beschl. v. 02.01.1908, OLGRspr. 17, S. 162.

207 OLG Hamburg, Beschl. v. 18.05.1910, OLGRspr. 21, S. 83.

208 Dazu: *Damrau*, in: Rauscher/Krüger, MüKoZPO (2016), § 384 Rn. 14; *Bornkamm/Tolkmitt*, in: Langen/Bunte, Kartellrecht/GWB (2018), § 33g Rn. 58; *Huber*, in: Musielak/Voit, ZPO (2020), § 384 Rn. 5.

209 *Stürner*, JZ 1985, S. 453, 457; *Damrau*, in: Rauscher/Krüger, MüKoZPO (2016), § 384 Rn. 13; *Huber*, in: Musielak/Voit, ZPO (2020), § 384 Rn. 5.

210 *Bornkamm/Tolkmitt*, in: Langen/Bunte, Kartellrecht/GWB (2018), § 33g Rn. 58.

c) *Geheimhaltung aus einem wichtigen Grund*

§ 89b Abs. 6 S. 1 Alt. 1 GWB sieht vor, dass ein Freigabeverfahren für Beweismittel durchgeführt werden kann, deren Geheimhaltung aus einem wichtigen Grund verlangt wird. Im § 33g GWB ist allerdings kein entsprechendes Verweigerungsrecht normiert.[211] Auch ist die Geheimhaltung aus einem wichtigen Grund von der Unverhältnismäßigkeit der Offenlegung gemäß § 33g Abs. 3 S. 2 Nr. 6 GWB zu unterscheiden.[212] Wenn ein Freigabeverfahren durchgeführt werden soll, muss jedoch zuvor die Möglichkeit bestanden haben, die Offenlegung aus wichtigen Geheimhaltungsgründen zu verweigern. § 89c Abs. 2 S. 3 GWB sieht ausdrücklich ein Recht zur Verweigerung der Offenlegung aus wichtigem Grund vor. Es ist daher unklar, ob sich § 89b Abs. 6 S. 1 Alt. 1 GWB nur auf das Verweigerungsrecht aus § 89c Abs. 2 S. 3 GWB bezieht, oder ob § 89b Abs. 6 S. 1 Alt. 1 GWB so zu verstehen ist, dass auch im Rahmen eines Offenlegungsanspruchs aus § 33g GWB die Möglichkeit bestehen soll, die Offenlegung aus einem wichtigen Grund zu verweigern. In der Literatur wird wohl letzteres angenommen.[213] Die Begründung des Gesetzesentwurfs stellt bei der Beantwortung dieser Frage kaum eine Hilfe dar.[214] Danach bleibt unklar, worauf sich § 89b Abs. 6 S. 1 Alt. 1 GWB bezieht.

Es muss wohl davon ausgegangen werden, dass der Novellengeber über § 89b Abs. 6 S. 1 Alt. 1 GWB – quasi durch die Hintertür – ein zusätzliches Herausgabeverweigerungsrecht für den Offenlegungsanspruch aus § 33g GWB eingeführt hat. § 89b GWB und damit das Freigabeverfahren aus § 89b Abs. 6 GWB stellt systematisch eine den Herausgabe- und Auskunftsanspruch aus § 33g GWB flankierende verfahrensrechtliche Regelung dar. Es ist nicht davon auszugehen, dass der Novellengeber in § 89b Abs. 6 GWB das Freigabeverfahren für § 33g Abs. 6 GWB und § 89c Abs. 2 S. 3 GWB vermischen wollte. Dafür spricht auch, dass § 89c Abs. 3 S. 4 GWB nur die *„entsprechende Anwendung"* des Freigabeverfahrens anordnet.

---

211 Scheinen das Verweigerungsrecht an § 33g Abs. 3 S. 2 Nr. 6 GWB anzuknüpfen: *Bornkamm/Tolkmitt*, in: Langen/Bunte, Kartellrecht/GWB (2018), § 89b Rn. 38.

212 *Bundesregierung*, Begr. des Gesetzesentwurfes zur 9. GWB-Novelle, BT-Drs. 18/10207, S. 64 f.; *Bornkamm/Tolkmitt*, in: Langen/Bunte, Kartellrecht/GWB (2018), § 89b Rn. 42, siehe jedoch auch Rn. 38.

213 *Preuß*, in: Kersting/Podszun, 9. GWB-Novelle, Kap. 10 Rn. 81; *Bornkamm/Tolkmitt*, in: Langen/Bunte, Kartellrecht/GWB (2018), § 89b Rn. 38; *Makatsch/Kacholdt*, in: Säcker/Meier-Beck, MüKo Kartellrecht/GWB (2020), § 89b Rn. 71 f.

214 Siehe: *Bundesregierung*, Begr. des Gesetzesentwurfes zur 9. GWB-Novelle, BT-Drs. 18/10207, S. 101 f.

Aufgrund der fehlenden eindeutigen Regelung ist unklar, auf welche Art von Geheimnissen sich das Verweigerungsrecht bezieht und wann ein wichtiger Grund vorliegt. Unklar ist auch, welche Anforderungen an die Darlegung und den Beweis des wichtigen Grundes zu stellen sind. In Abgrenzung zu den in § 33g Abs. 6 S. 1 GWB aufgeführten Verweigerungsrechten und in Hinblick auf § 89c Abs. 2 S. 3 GWB wird das Verweigerungsrecht wohl insbesondere schutzwürdige Geschäftsinformationen der Parteien umfassen.[215] So sind offenzulegende Geschäftsgeheimnisse Dritter bereits vom Verweigerungsrecht aus § 33g Abs. 6 S. 1 2. Alt. GWB i.V.m. § 384 Nr. 3 ZPO erfasst.[216]

Die Möglichkeit, die Offenlegung von Geschäftsgeheimnissen – trotz Erforderlichkeit und Verhältnismäßigkeit – aus einem wichtigen Grund zu verweigern, beschränkt die Informationsbeschaffung des Kartellgeschädigten und widerspricht der Kartellschadensersatzrichtlinie. Art. 5 Abs. 3 S. 2 c) der Kartellschadensersatzrichtlinie sieht vor, dass die Offenlegung von vertraulichen Informationen unverhältnismäßig sein kann. Art. 5 Abs. 4 der Richtlinie beschränkt die Einsichtnahme auf solche vertraulichen Informationen, die *„sachdienlich für die Schadensersatzklage"*, also erforderlich sind. Weitere Möglichkeiten, die Offenlegung von schutzwürdigen geschäftlichen Informationen zu verweigern, regelt die Kartellschadensersatzrichtlinie nicht.[217] Insbesondere Art. 5 Abs. 8 der Kartellschadensersatzrichtlinie sieht jedoch im Umkehrschluss vor, dass die nationalen Gesetze nicht restriktiver als die Richtlinie sein dürfen.[218] Zudem sieht Erwägungsgrund 18 der Richtlinie vor, dass die praktische Schadensersatzdurchsetzung durch Maßnahmen zum Schutz von Geschäftsgeheimnissen nicht behindert werden dürfe.

2. Freigabeverfahren gemäß § 89b Abs. 6 GWB

Der Anspruchsteller kann die Durchführung des gerichtlichen Freigabeverfahrens gemäß § 89b Abs. 6 S. 1 GWB beantragen, wenn die Offenlegung eines Beweismittels bzw. die Erteilung einer Auskunft aus einem wichtigen

---

215 Zu § 89c Abs. 2 S. 3 GWB: *Bundesregierung*, Begr. des Gesetzesentwurfes zur 9. GWB-Novelle, BT-Drs. 18/10207, S. 103.

216 Zum Schutzberechtigten bei § 384 Nr. 3 ZPO: *Stürner*, JZ 1985, S. 453, 457; *Damrau*, in: Rauscher/Krüger, MüKoZPO (2016), § 384 Rn. 13; *Huber*, in: Musielak/Voit, ZPO (2020), § 384 Rn. 5.

217 Der Schutz der geltenden Privilegien der Angehörigen von Rechtsberufen gemäß Art. 5 Abs. 6 der Richtlinie bzw. dessen Umsetzung in § 33g Abs. 6 GWB ausgenommen.

218 *Bach/Wolf*, NZKart 2017, S. 285, 287; vgl. auch: *Podszun/Kreifels*, GWR 2017, S. 67, 69.

Geheimnisschutzgrund oder aufgrund eines Verweigerungsrechts i.S. des § 33g Abs. 6 S. 1 GWB abgelehnt wurde. Die Geltendmachung eines Verweigerungsrechts i.S. des § 33g Abs. 6 S. 1 GWB führt somit nicht zwangsweise zu einem Ausschluss der Offenlegung.

a) Anwendungsbereich des Freigabeverfahrens

aa) Anwendbarkeit außerhalb eines gerichtlichen Verfahrens

Es ist unklar, ob das Freigabeverfahren außerhalb eines Rechtsstreites über einen Anspruch nach § 33g Abs. 1 oder 2 GWB bzw. außerhalb eines Rechtsstreites über einen Schadensersatzanspruch nach § 33a Abs. 1 GWB anwendbar ist. Für die Möglichkeit der Anwendung außerhalb eines Rechtsstreites spricht, dass weder § 89b Abs. 6 GWB noch § 33g Abs. 6 GWB ausdrücklich voraussetzen, dass das Freigabeverfahren im Rahmen eines Offenlegungsprozesses nach § 33g Abs. 1 oder 2 GWB bzw. eines Schadensersatzprozesses nach § 33a Abs. 1 GWB durchgeführt werden muss. Diese Annahme wird auch durch den Umkehrschluss zum Prüfverfahren aus § 89b Abs. 8 S. 1 GWB gestützt, welches nur im Zusammenhang mit einem Rechtsstreit über einen Offenlegungsanspruch nach § 33g GWB oder über einen Schadensersatzanspruch nach § 33a GWB beantragt werden kann.[219] Relevant ist die Frage des isolierten Freigabeverfahrens in erster Linie bei § 33g Abs. 1 GWB, da § 33g Abs. 2 GWB ohnehin überwiegend im Rahmen eines Prozesses Anwendung finden wird.

Bornkamm und *Tolkmitt* gehen davon aus, dass ein isoliertes Freigabeverfahren möglich ist. Dafür würden neben dem Wortlaut auch die Gesetzesmaterialien und der Umkehrschluss zu § 89b Abs. 8 GWB sprechen.[220] Diese Ansicht ist insoweit vorzugswürdig, als dass die Möglichkeit eines außerprozessualen Freigabeverfahrens eine deutliche Beschleunigung darstellen würde, beispielsweise wenn sich die Parteien des Offenlegungsanspruch grundsätzlich über die herauszugebenden Beweismittel einig sind, sich aber bei einzelnen Beweismitteln über den Umfang des Geheimnisschutzes streiten.[221]

Preuß ist dem entgegen der Ansicht, dass ein außerprozessuales Freigabeverfahren ausgeschlossen ist.[222] Dem ist zuzustimmen. Dem Wortlaut des § 89b

---

219 *Preuß*, in: Kersting/Podszun, 9. GWB-Novelle, Kap. 10 Rn. 76; *Bornkamm/Tolkmitt*, in: Langen/Bunte, Kartellrecht/GWB (2018), § 89b Rn. 39; vgl. auch: *Klumpe/Thiede*, NZKart 2016, S. 471, 473.

220 *Bornkamm/Tolkmitt*, in: Langen/Bunte, Kartellrecht/GWB (2018), § 89b Rn. 39.

221 *Bornkamm/Tolkmitt*, in: Langen/Bunte, Kartellrecht/GWB (2018), § 89b Rn. 39.

222 *Preuß*, in: Kersting/Podszun, 9. GWB-Novelle, Kap. 10 Rn. 77 f.

Abs. 6 GWB ist zu entnehmen, dass Folge des Freigabebeschlusses die Offenlegung des umstrittenen Beweismittels ist. Dies könnte so verstanden werden, dass es bei § 89b Abs. 6 GWB – anders als im Falle des Prüfverfahrens gemäß § 89b Abs. 8 GWB – nach einer Freigabeentscheidung nicht mehr auf die sonstigen Voraussetzungen des § 33g GWB ankommt.[223] Der Gesetzesbegründung ist aber zu entnehmen, dass es auf die Geltendmachung eines Verweigerungsrechts nach § 33g Abs. 6 GWB und damit auch auf die Durchführung des Freigabeverfahrens nach § 89b Abs. 6 GWB dann nicht ankommen soll, wenn die Offenlegung eines Beweismittels bereits gemäß § 33g Abs. 3 GWB unverhältnismäßig ist.[224] Dies zeigt eindeutig, dass das Freigabeverfahren nach § 89b Abs. 6 S. 1 GWB nicht isoliert von den sonstigen Voraussetzungen des Herausgabeanspruchs betrachtet werden kann.[225] Zudem ist auch im Freigabeverfahren der gerichtliche Geheimnisschutz nach § 89b Abs. 7 GWB zu beachten. Die Pflicht zur Offenlegung unter der Beachtung etwaiger gerichtlicher Schutzmaßnahmen richtet sich jedoch ebenfalls nach den Voraussetzungen des Offenlegungsanspruchs.[226] Das Freigabeverfahren muss daher als systematischer Bestandteil der Herausgabeentscheidung angesehen werden und kann nicht isoliert vom Herausgabeanspruch des § 33g Abs. 1 GWB durchgeführt werden. Eine Anwendung des Freigabeverfahrens gemäß § 89b Abs. 6 S. 1 GWB außerhalb eines Rechtsstreits über einen Anspruch aus § 33g GWB bzw. § 33a Abs. 1 GWB ist somit ausgeschlossen.

bb) Ausschluss des Freigabeverfahrens gemäß § 33g Abs. 6 S. 3 GWB

Das Freigabeverfahren nach § 33g Abs. 6 S. 3 GWB kann nicht durchgeführt werden, wenn es sich bei den in Anspruch genommenen Personen um solche handelt, die gemäß § 383 Abs. 1 Nr. 4 und 5 ZPO zur Zeugnisverweigerung berechtigt sind, oder wenn es sich um Personen im Sinne von § 203 Abs. 1 Nr. 1 bis 5 sowie Abs. 2 und 3 StPO handelt, die berechtigt sind, das Zeugnis gemäß § 383 Abs. 1 Nr. 6 ZPO zu verweigern.[227] Damit sind insbesondere Angehörige

---

223 § 89b Abs. 8 GWB trennt bereits seinem Wortlaut nach zwischen der Vorlage der geprüften Beweismittel und der Herausgabe, siehe dazu oben, S. 186.

224 *Bundesregierung*, Begr. des Gesetzesentwurfes zur 9. GWB-Novelle, BT-Drs. 18/10207, S. 63 und 64 f.

225 *Preuß*, in: Kersting/Podszun, 9. GWB-Novelle, Kap. 10 Rn. 77; vgl. auch insoweit: *Bornkamm/Tolkmitt*, in: Langen/Bunte, Kartellrecht/GWB (2018), § 89b Rn. 42.

226 *Preuß*, in: Kersting/Podszun, 9. GWB-Novelle, Kap. 10 Rn. 77.

227 Der ursprüngliche Gesetzesentwurf sah einen Ausschluss des Freigabeverfahrens nur für Rechtsanwälte vor, siehe: *Bundesregierung*, Begr. des Gesetzesentwurfes zur

der Rechtsberufe vom Freigabeverfahren ausgenommen. Im Anwendungsbereich des Verfahrens verbleiben somit nur Zeugnisverweigerungsrechte von Bankmitarbeitern nach § 383 Abs. 6 ZPO, der Schutz von Gewerbe- und Kunstgeheimnissen nach § 384 Nr. 3 ZPO[228] sowie die Geheimhaltung aus einem wichtigen Grund.

b) Gegenstand des Freigabeverfahrens

Das Freigabeverfahren gemäß § 89b Abs. 6 S. 1 GWB soll die Offenlegung von Beweismitteln ermöglichen, obwohl die Herausgabe bzw. Auskunftserteilung aufgrund von Geheimhaltungsinteressen verweigert wurde. Es dient dabei nicht dazu, die Frage zu beantworten, ob das Verweigerungsrecht berechtigterweise geltend gemacht wurde. Die Berechtigung der Geheimhaltungsinteressen ist vielmehr in der Hauptsache, gegebenenfalls im Rahmen eines Zwischenstreites, zu prüfen.[229] Ziel des Verfahrens ist es, die Offenlegung von Beweismitteln trotz eines berechtigten Geheimhaltungsinteresses zu ermöglichen, weil diesem Interesse ein überwiegendes Offenlegungsinteresse des Anspruchsstellers entgegensteht.[230] Zumindest bei der Geheimhaltung von Beweismitteln aus einem wichtigen Grund kann es insoweit aber zu Überschneidungen kommen, da der Übergang vom Verlust des Geheimhaltungsinteresses zum überwiegenden Offenlegungsinteresse fließend sein kann.[231]

c) Voraussetzungen der Freigabe gemäß § 33g Abs. 6 S. 1 GWB

aa) Sachdienlichkeit gemäß Abs. 6 S. 1 Nr. 1

Gemäß § 33g Abs. 6 S. 1 Nr. 1 GWB ist die erste Voraussetzung der Freigabeentscheidung, dass das streitige Beweismittel nach Ansicht des Gerichts sachdienlich für die Durchsetzung eines Kartellschadensersatzanspruchs bzw. für

---

9. GWB-Novelle, BT-Drs. 18/10207, S. 21; die Erweiterung auf Journalisten und Geistliche wurde erst später eingefügt, siehe: *Bundestag*, Beschlussempfehlung und Bericht des Ausschusses für Wirtschaft und Energie zum Entwurf der 9. GWB-Novelle, BT-Drs. 18/11446, S. 27.

228 *Preuß*, in: Kersting/Podszun, 9. GWB-Novelle, Kap. 10 Rn. 66; *Bornkamm/Tolkmitt*, in: Langen/Bunte, Kartellrecht/GWB (2018), § 33g Rn. 59.

229 *Preuß*, in: Kersting/Podszun, 9. GWB-Novelle, Kap. 10 Rn. 67 und 81; anders: *Makatsch/Kacholdt*, in: Säcker/Meier-Beck, MüKo Kartellrecht/GWB (2020), § 89b Rn. 73.

230 *Bundesregierung*, Begr. des Gesetzesentwurfes zur 9. GWB-Novelle, BT-Drs. 18/10207, S. 101; *Preuß*, in: Kersting/Podszun, 9. GWB-Novelle, Kap. 10 Rn. 67.

231 *Preuß*, in: Kersting/Podszun, 9. GWB-Novelle, Kap. 10 Rn. 81.

die Verteidigung gegen einen solchen Anspruch ist. Dabei soll das Gericht die Sachdienlichkeit des Beweismittels aus „*eigener Anschauung*" beurteilen.[232] Der Unterschied zur Erforderlichkeit nach § 33g Abs. 1 und 2 GWB besteht darin, dass das Gericht im Rahmen des Freigabeverfahrens aufgrund des Herausgabeanspruchs aus § 33g Abs. 6 S. 2 GWB selbst Einsicht in die umstrittenen Beweismittel nehmen kann.[233] Dem entgegen ist die Entscheidungsgrundlage für die Erforderlichkeit des Beweismittels gemäß § 33g Abs. 1 und 2 GWB in erster Linie der Parteivortrag. § 89b Abs. 6 S. 1 GWB ermöglicht es dem Gericht, das Beweismittel selbst dahingehend zu überprüfen, ob der Anspruchsteller tatsächlich auf die Offenlegung dieser Informationen zur Durchsetzung bzw. Abwehr eines Kartellschadensersatzanspruchs angewiesen ist. Die Expertise, um diese Entscheidung treffen zu können, ergibt sich daraus, dass das Gericht bereits mit der Hauptsache, dem Herausgabeanspruch gemäß § 33g Abs. 1 und 2 GWB bzw. dem Schadensersatzanspruch gemäß § 33a Abs. 1 GWB, befasst ist.[234]

bb) Interessenabwägung gemäß Abs. 6 S. 1 Nr. 2

Die zweite Voraussetzung der Freigabeentscheidung ist, dass das Offenlegungsinteresse des Anspruchsstellers das Geheimhaltungsinteresse des Anspruchsgegners nach Abwägung aller im Einzelfall betroffenen Umstände überwiegt (§ 89b Abs. 6 S. 1 Nr. 2 GWB). Nach der Gesetzesbegründung sollen insbesondere die Kriterien, die nach § 33g Abs. 3 S. 2 GWB zur Unverhältnismäßigkeit der Offenlegung führen können, in die Abwägung einfließen.[235] Es ist wiederum darauf hinzuweisen, dass nach der Auffassung des Novellengebers die Durchführung des Freigabeverfahrens aus § 89b Abs. 6 GWB dann ausgeschlossen ist, wenn die Offenlegung gemäß § 33g Abs. 3 GWB unverhältnismäßig ist.[236] Dem Wortlaut des § 89b Abs. 6 S. 1 Nr. 2 GWB folgend müssen daher das

---

232 *Bundesregierung*, Begr. des Gesetzesentwurfes zur 9. GWB-Novelle, BT-Drs. 18/10207, S. 101.

233 Gehen hingegen davon aus, dass der Sachdienlichkeit kaum eigene Bedeutung zu kommt: *Bornkamm/Tolkmitt*, in: Langen/Bunte, Kartellrecht/GWB (2018), § 89b Rn. 40; *Makatsch/Kacholdt*, in: Säcker/Meier-Beck, MüKo Kartellrecht/GWB (2020), § 89b Rn. 75; ebenso wohl: *Klumpe/Thiede*, NZKart 2016, S. 471, 473.

234 *Preuß*, in: Kersting/Podszun, 9. GWB-Novelle, Kap. 10 Rn. 83.

235 *Bundesregierung*, Begr. des Gesetzesentwurfes zur 9. GWB-Novelle, BT-Drs. 18/10207, S. 102.

236 *Bundesregierung*, Begr. des Gesetzesentwurfes zur 9. GWB-Novelle, BT-Drs. 18/10207, S. 64 f.; *Preuß*, in: Kersting/Podszun, 9. GWB-Novelle, Kap. 10 Rn. 83; *Bornkamm/Tolkmitt*, in: Langen/Bunte, Kartellrecht/GWB (2018), § 89b Rn. 42.

Geheimhaltungsinteresse des Anspruchsgegners und das Offenlegungsinteresse des Anspruchsstellers die primären Abwägungskriterien sein.[237]

Für das Geheimhaltungsinteresse des Anspruchsgegners lassen sich der Wert der umstrittenen Information für die unternehmerische Tätigkeit und die absehbaren nachteiligen Folgen einer Offenlegung heranziehen.[238] Bei der Ermittlung der Nachteile einer Offenlegung ist zu beachten, dass die Offenlegung von historischen Daten vielfach keine Auswirkung mehr auf den Geschäftserfolg des Anspruchsgegners hat.[239] Die Gesetzesbegründung geht daher davon aus, dass Informationen, die älter als fünf Jahre sind, *„in der Regel keine Vertraulichkeit mehr genießen“*. Zudem ist zu beachten, dass gemäß § 33g Abs. 3 S. 3 GWB die Inanspruchnahme als Schuldner eines Kartellschadensersatzanspruchs keine nachteilige Folge i.S. des § 89b Abs. 6 S. Nr. 2 GWB darstellt.[240]

Das Interesse des Anspruchstellers an der Offenlegung ergibt sich insbesondere aus der Bedeutung der offenzulegenden Information für die Durchsetzung oder Abwehr des Schadensersatzanspruchs.[241] Es kommt somit insbesondere darauf an, ob Rechtsdurchsetzung ohne die Offenlegung des umstrittenen Beweismittels aussichtslos wäre. Der – bereits absehbare – Umfang des Schadens ist in der Abwägung zu berücksichtigen.[242] Darüber hinaus müssen die Möglichkeiten der gerichtlichen Geheimhaltung nach § 89b Abs. 7 GWB in die Abwägung einfließen.

d) Verfahren

Die Durchführung des Freigabeverfahrens setzt einen Antrag des Anspruchstellers voraus. Vor der Freigabeentscheidung sind die Betroffenen anzuhören. Die Freigabeentscheidung ergeht durch Beschluss (§ 89b Abs. 6 S. 1 GWB); dieser ist zu begründen (§ 89b Abs. 6 S. 2 GWB). Gegen den Beschluss kann sofortige Beschwerde nach §§ 567 ff. ZPO eingelegt werden (§ 89b Abs. 6 S. 3 GWB).

---

237 *Bornkamm/Tolkmitt*, in: Langen/Bunte, Kartellrecht/GWB (2018), § 89b Rn. 43.

238 *Bornkamm/Tolkmitt*, in: Langen/Bunte, Kartellrecht/GWB (2018), § 89b Rn. 44.

239 BGH, Urt. v. 28.06.2011 – KZR 75/10 – *ORWI*, BGHZ 190, S. 145, 170 Rn. 77.

240 *Bundesregierung*, Begr. des Gesetzesentwurfes zur 9. GWB-Novelle, BT-Drs. 18/10207, S. 102; siehe auch: EuG, Beschl. v. 16.11.2012 – T-341/12 R – *Evonik Degussa*, EU:T:2012:604, Rn. 47; EuG, Beschl. v. 16.11.2012 – T-345/12 R – *Akzo Nobel*, EU:T:2012:605, Rn. 53.

241 Vgl. zum Immaterialgüterrecht: BGH, Urt. v. 06.10.2005 – I ZR 322/02 – *Noblesse*, GRUR 2006, S. 419, 420 Rn. 14.

242 *Bornkamm/Tolkmitt*, in: Langen/Bunte, Kartellrecht/GWB (2018), § 89b Rn. 46.

Für Beweismittel, deren Offenlegung nach § 33g Abs. 6 S. 1 GWB verweigert wird, besteht gemäß § 33g Abs. 6 S. 2 GWB ein Anspruch auf Herausgabe an das Gericht zum Zweck der Durchführung des Freigabeverfahrens. § 33g Abs. 6 S. 2 GWB ist seinem Wortlaut nach nicht auf Beweismittel anwendbar, deren Offenlegung aus einem wichtigen Grund verweigert wurde. Soweit solche Beweismittel nicht freiwillig vorgelegt werden, kommt die gerichtliche Vorlageanordnung nach § 142 Abs. 1 ZPO in Betracht.[243] Wenn die Urkundenvorlage gegenüber einem Dritten i.S. des § 142 Abs. 2 ZPO angeordnet werden soll, muss § 89b Abs. 2 GWB beachtet werden, welcher bestimmt, dass sich die Zumutbarkeit der Vorlage nach § 33g Abs. 3 bis 6 GWB richtet. Die Zumutbarkeit der Vorlage zum Zweck der Freigabeentscheidung ergibt sich dabei insbesondere aus § 33g Abs. 6 S. 2 GWB.[244] Nachteilig bei der Anwendung von § 142 ZPO ist, dass dieser allein Dritten, nicht aber den Parteien gegenüber erzwingbar ist.[245]

3. *Gewährleistung des prozessualen Geheimnisschutzes*

Nach § 89b Abs. 7 GWB hat das Gericht die Maßnahmen zu treffen, die erforderlich sind, um den Schutz von Betriebs- und Geschäftsgeheimnissen sowie sonstigen vertraulichen Informationen zu gewährleisten. § 89b Abs. 7 GWB dient der Umsetzung von Art. 5 Abs. 4 S. 2 der Kartellschadensersatzrichtlinie.[246] Als Maßnahme des Geheimnisschutzes kommt, neben der Schwärzung von sensiblen Passagen, insbesondere die Beschränkung des Personenkreises, dem gegenüber die Beweismittel offengelegt werden, in Betracht.[247]

Da es im deutschen Zivilprozessrecht an besonderen Geheimnisschutzmaßnahmen fehlt, weist der Novellengeber explizit auf die richterrechtliche Praxis bei immaterialgüterrechtlichen Besichtigungs- und Auskunftsansprüchen hin.[248] Im sog. *Düsseldorfer Verfahren*[249] werden einem gerichtlich bestellten

243 Vgl.: *Preuß*, in: Kersting/Podszun, 9. GWB-Novelle, Kap. 10 Rn. 86.

244 *Preuß*, in: Kersting/Podszun, 9. GWB-Novelle, Kap. 10 Rn. 86.

245 *Fritsche*, in: Rauscher/Krüger, MüKoZPO (2020), §§ 142–144 Rn. 16 f.; *Stadler*, in: Musielak/Voit, ZPO (2020), § 142 Rn. 7 u. 9; zu den Möglichkeiten bei Nichtvorlage durch eine Partei: *Preuß*, in: Kersting/Podszun, 9. GWB-Novelle, Kap. 10 Rn. 87.

246 Zum Schutz von Geschäftsgeheimnissen in Verfahren, auf die § 89b Abs. 7 GWB nicht anwendbar ist: *Blome/Fritzsche*, NZKart 2019, S. 247, 249 ff.

247 Kartellschadensersatzrichtlinie 2014/104/EU, Erwägungsgrund 18; *Bundesregierung*, Begr. des Gesetzesentwurfes zur 9. GWB-Novelle, BT-Drs. 18/10207, S. 102.

248 *Preuß*, in: Kersting/Podszun, 9. GWB-Novelle, Kap. 10 Rn. 90.

249 *Bach/Wolf*, NZKart 2017, S. 285, 289.

Sachverständigen im Rahmen eines selbstständigen Beweisverfahrens Fragen zu Beweisen bzw. zur Beweissicherung aufgegeben. Der Gegner des Antrages wird zugleich zur Duldung der Besichtigung verpflichtet.[250] Der Sachverständige darf die Ergebnisse seiner Arbeit zunächst nur mit dem Gericht und den Prozessbevollmächtigten teilen.[251] Auch die Bevollmächtigten haben dabei die Verschwiegenheit gegenüber ihren Mandanten zu wahren.[252] In einem zweiten Schritt muss dann das Gericht darüber entscheiden, ob und inwieweit das Gutachten des Sachverständigen den Parteien zugänglich gemacht wird.[253]

Die Praxis bei den immaterialgüterrechtlichen Besichtigungs- und Auskunftsansprüchen lässt sich nur begrenzt auf die kartellrechtlichen Offenlegungsansprüche übertragen. Das Düsseldorfer Verfahren wird aufgrund der drohenden Beweisvereitelung grundsätzlich im selbstständigen Beweisverfahren angewendet.[254] Das Offenlegungsverfahren des § 33g GWB ist dagegen zweiseitig und wird überwiegend im Rahmen des Erkenntnisverfahrens durchgeführt.[255] Zudem berechtigt § 33g GWB nicht zum Zugang und zur Inbesitznahme des Beweismittels. Die Offenlegung ist vielmehr vom Anspruchsschuldner durchzuführen und kann erst bei Nichtvornahme unter Zuhilfenahme des Vollstreckungsverfahrens erzwungen werden.[256]

Übernehmen lässt sich jedoch die Beschränkung der Offenlegung auf zur Verschwiegenheit verpflichtete Rechtsanwälte, Sachverständige oder Wirtschaftsprüfer, was zu einer Art *in-camera*-Verfahren führt.[257] Dabei kann zwischen der

250 Siehe ein Muster bei: *Kühnen*, GRUR 2005, S. 185, 187; siehe auch: *Zöllner*, GRUR-Prax 2010, S. 74, 77.

251 *Kühnen*, GRUR 2005, S. 185, 190 f.; *Zöllner*, GRUR-Prax 2010, S. 74, 75 f.; *Mes*, PatG, § 140c Rn. 38; *Bach/Wolf*, NZKart 2017, S. 285, 289; *Dreier*, in: Dreier/Schulze, UrhG, § 101a Rn. 7; *Bornkamm/Tolkmitt*, in: Langen/Bunte, Kartellrecht/GWB (2018), § 89b Rn. 51.

252 BGH, Beschl. v. 16.11.2009 – X ZB 37/08 – *Lichtbogenschnürung*, GRUR 2010, S. 318, 320 Rn. 23.

253 *Kühnen*, GRUR 2005, S. 185, 191 f.; *Zöllner*, GRUR-Prax 2010, S. 74, 75 f.; *Mes*, PatG, S. 140c Rn. 38.

254 *Kersting/Preuß*, WuW (Online-Beitrag) 2016, S. L1, L18; *Hellmann/Steinbrück*, NZKart 2017, S. 164, 174; *Bach/Wolf*, NZKart 2017, S. 285, 289; *Bornkamm/Tolkmitt*, in: Langen/Bunte, Kartellrecht/GWB (2018), § 89b Rn. 52.

255 *Bornkamm/Tolkmitt*, in: Langen/Bunte, Kartellrecht/GWB (2018), § 33g Rn. 52.

256 *Bornkamm/Tolkmitt*, in: Langen/Bunte, Kartellrecht/GWB (2018), § 33g Rn. 52.

257 *Bach/Wolf*, NZKart 2017, S. 285, 289; *Bornkamm/Tolkmitt*, in: Langen/Bunte, Kartellrecht/GWB (2018), § 33g Rn. 53; vgl. auch: *Hellmann/Steinbrück*, NZKart 2017, S. 164, 174 f.

Offenlegung gegenüber einem zur Verschwiegenheit verpflichteten, vertrauenswürdigen Dritten, wie einem Wirtschaftsprüfer (sog. *Wirtschaftsprüfervorbehalt*), und der Offenlegung gegenüber den zur Verschwiegenheit im Verhältnis zu ihren Mandanten verpflichteten Prozessvertretern unterschieden werden. Ein zur Verschwiegenheit verpflichteter, vertrauenswürdiger Wirtschaftsprüfer würde dem Anspruchssteller Auskünfte aus den ihm gegenüber offengelegten Beweismitteln in der Form erteilen, dass ein Rückschluss auf schützenswerte Informationen soweit wie möglich ausgeschlossen ist.[258] Der Wirtschaftsprüfervorbehalt hat allerdings zwei Nachteile: Zunächst ist er auf – zumindest ihren Umrissen nach – bekannte Informationen beschränkt und eignet sich damit nicht zum Aufspüren neuer, vorher nicht bekannter Informationen.[259] Zudem besteht die Frage, wie die Auskünfte des Wirtschaftsprüfers überprüft werden können.[260]

Diese Nachteile bestehen bei einer Offenlegung gegenüber Prozessvertretern, die jedoch gegenüber ihren Mandanten zur Verschwiegenheit verpflichtet sind, nicht.[261] Die Prozessvertreter können so das gesamte Beweismittel auswerten und dadurch gegebenenfalls neue Ansätze für die Anspruchsdurchsetzung erkennen. Soweit die Rechtsanwälte die Offenlegung von einzelnen Informationen gegenüber ihrem Mandanten für erforderlich halten, können sie bspw. die Durchführung des Freigabeverfahrens nach § 89b Abs. 6 GWB beantragen.[262] Die Zulässigkeit einer anwaltsvertraulichen Offenlegung ist zwar nicht vollständig geklärt, wird aber überwiegend angenommen. Der BGH hat bei patentrechtlichen Streitigkeiten entschieden, dass der Offenlegungsgläubiger zulässigerweise auf die Informationsrechte aus seinem Mandatsverhältnis verzichten kann, indem er eine Offenlegung nur gegenüber seinen Rechtsvertretern beantragt.[263] Soweit der Rechtsanwalt schutzwürdige Informationen des

---

258 Vgl.: *Fritzsche*, in: Heermann/Schlingloff, MüKoUWG (2014), § 9 Rn. 169; *Inderst/Thomas*, Schadensersatz bei Kartellverstößen (2015), S. 392; *Büch*, in: Teplitzky/Bacher, Teplitzky (2019), Kap. 38 Rn. 28.

259 *Osterloh-Konrad*, Informationsanspruch, S. 256; *Stock*, Schadensnachweis, S. 154 f.

260 *Bornkamm/Tolkmitt*, in: Langen/Bunte, Kartellrecht/GWB (2018), § 89b Rn. 53.

261 Siehe den Vorschlag für eine gerichtliche Anordnung bei: *Bach/Wolf*, NZKart 2017, S. 285, 289.

262 Vgl.: BGH, Beschl. v. 16.11.2009 – X ZB 37/08 – *Lichtbogenschnürung*, GRUR 2010, S. 318, 321 Rn. 27; *Bach/Wolf*, NZKart 2017, S. 285, 290; *Makatsch/Kacholdt*, in: Säcker/Meier-Beck, MüKo Kartellrecht/GWB (2020), § 33g Rn. 95.

263 BGH, Beschl. v. 16.11.2009 – X ZB 37/08 – *Lichtbogenschnürung*, GRUR 2010, S. 318, 320 Rn. 23 ff.; *Kühnen*, GRUR 2005, S. 185, 191.

Offenlegungsschuldners an seinen Mandanten herausgibt, kommt eine Strafbarkeit nach § 203 StGB in Betracht.[264]

Das Bundeswirtschaftsministerium beabsichtigt im Referentenentwurf zur 10. GWB-Novelle, den § 89b Abs. 7 GWB mit einem neuen Satz 2 zu erweitern. Dadurch soll klargestellt werden, welche Maßnahmen das Gericht zum Schutz von Geschäftsgeheimnissen treffen darf.[265] § 89b Abs. 7 S. 2 GWB-RefE sieht vor, dass die Gerichte zur Vorbereitung der Entscheidung über die notwendige Bereinigung der angeforderten Unterlagen von Geschäftsgeheimnissen einen öffentlich bestellten Sachverständigen hinzuziehen dürfen. Die endgültige Entscheidung über den Umfang des Schutzes soll aber beim Gericht verbleiben. Voraussetzung soll sein, dass der Sachverständige berufsrechtlich zur Verschwiegenheit verpflichtet ist.[266]

VII. Aufwendungsersatz gemäß § 33g Abs. 7 GWB

§ 33g Abs. 7 GWB sieht einen Anspruch auf Aufwendungsersatz für den Verpflichteten des Auskunfts- bzw. Herausgabeanspruchs vor. Danach soll der Offenlegungsschuldner die Aufwendungen vom Anspruchsteller ersetzt bekommen, die *„er den Umständen nach für erforderlich halten“* durfte. Der Anspruch soll erst dann bestehen, wenn der Verpflichtete seiner Offenlegungspflicht nachgekommen ist.[267]

1. Hintergrund und Anwendbarkeit

Die Regelungen des § 33g Abs. 7 GWB haben zu Diskussionen in der Literatur geführt und werden wohl auch in der Praxis umstritten sein. Die Kartellschadensersatzrichtlinie sieht keinen Kostenerstattungsanspruch vor. Nach Art. 5 Abs. 3 S. 2 b) der Richtlinie sind die Kosten der Offenlegung vielmehr allein im Rahmen der Verhältnismäßigkeitsprüfung zu beachten.[268] Teilweise wird daher

---

264 BGH, Beschl. v. 16.11.2009 – X ZB 37/08 – *Lichtbogenschnürung*, GRUR 2010, S. 318, 321 Rn. 28 ff.

265 *Bundesministerium für Wirtschaft und Energie*, Begr. des Referentenentwurfs zur 10. GWB-Novelle v. 24.01.2020, S. 153 f.

266 *Bundesministerium für Wirtschaft und Energie*, Begr. des Referentenentwurfs zur 10. GWB-Novelle v. 24.01.2020, S. 154.

267 *Bundesregierung*, Begr. des Gesetzesentwurfes zur 9. GWB-Novelle, BT-Drs. 18/10207, S. 65.

268 Kritisch etwa: *Petrasincu*, WuW 2016, S. 330, 333; *Klumpe/Thiede*, BB 2016, S. 3011, 3015 f.

angenommen, dass der § 33g Abs. 7 GWB die Gefahr birgt, den Herausgabeanspruch des Kartellgeschädigten praktisch unmöglich zu machen.[269] Der Ersatz von Offenlegungskosten ist allerdings nicht unbekannt. Ein Aufwendungsersatzanspruch findet sich auch bei § 811 BGB und den immaterialgüterrechtlichen Besichtigungs- und Auskunftsansprüchen wie zum Beispiel §§ 140c Abs. 4 PatG und § 19a Abs. 4 MarkenG.[270] Zudem kann der Ersatz von Aufwendungen, die Dritte getätigt haben, die Einführung des § 33g Abs. 7 GWB rechtfertigen.[271]

Seinem Wortlaut nach besteht der Aufwendungsersatzanspruch aus § 33g Abs. 7 GWB immer dann, wenn ein nach § 33g Abs. 1 oder 2 GWB Verpflichteter Aufwendungen für die Herausgabe von Beweismitteln macht. Dies muss auch gelten, wenn die Herausgabe im Prozess auf einer richterlichen Anordnung nach § 142 ZPO beruht. Anders könnte dies zu beurteilen sein, wenn die Urkundenvorlage gemäß § 142 ZPO von Amts wegen angeordnet worden wäre.[272] Allerdings scheidet eine Anordnung von Amts wegen bei § 142 ZPO i.V.m. § 89b GWB aus, da eine solche das Antragserfordernis aus § 89b Abs. 3 GWB umgehen würde und aufgrund der Reichweite des § 33g GWB dem Dispositionsgrundsatz widersprechen würde.[273]

2. Ersatz der erforderlichen Aufwendungen

Der Wortlaut des § 33g Abs. 7 GWB orientiert sich am Auftragsrecht des BGB (§ 670 BGB). Für die als erforderlich anzusehenden Aufwendungen kann daher grundsätzlich auf die Rechtsprechung und Literatur zum § 670 BGB zurückgegriffen werden.[274] Die Beschränkung des Aufwendungsersatzes auf „*erforderliche*" Aufwendungen dient dazu, die praktische Wirksamkeit des Herausgabe- und

---

269 *Petrasincu*, WuW 2016, S. 330, 333; *Klumpe/Thiede*, NZKart 2017, S. 332, 337; *Monopolkommission*, XXII. Hauptgutachten (2018), S. 221; dazu auch: *Makatsch/Kacholdt*, in: Säcker/Meier-Beck, MüKo Kartellrecht/GWB (2020), § 33g Rn. 148.

270 *Preuß*, in: Kersting/Podszun, 9. GWB-Novelle, Kap. 10 Rn. 70; *Bornkamm/Tolkmitt*, in: Langen/Bunte, Kartellrecht/GWB (2018), § 33g Rn. 60.

271 *Inderst/Thomas*, Schadensersatz bei Kartellverstößen (2018), S. 506.

272 Dazu: *Fiedler/Niermann*, NZKart 2017, S. 497, 502.

273 *Bornkamm/Tolkmitt*, in: Langen/Bunte, Kartellrecht/GWB (2018), § 89b Rn. 15.

274 *Rosenfeld/Brand*, WuW 2017, S. 247, 248; *Preuß*, in: Kersting/Podszun, 9. GWB-Novelle, Kap. 10 Rn. 70; *Mäsch*, in: Berg/Mäsch, Kartellrecht (2018), § 33g GWB Rn. 37; *Inderst/Thomas*, Schadensersatz bei Kartellverstößen (2018), S. 506; *Makatsch/Kacholdt*, in: Säcker/Meier-Beck, MüKo Kartellrecht/GWB (2020), § 33g Rn. 150; zur Erforderlichkeit bei § 670 BGB: *Schäfer*, in: Säcker u.a., MüKoBGB (2020), § 670 Rn. 23 ff.; *Fischer*, in: Bamberger u.a., BeckOK BGB (Stand: Mai 2020), § 670 Rn. 10 ff.

Auskunftsanspruchs aus § 33g GWB nicht übermäßig zu beeinträchtigen.[275] Allerdings können sich die Aufwendungen des Offenlegungsschuldner aus den erheblichen Kosten einer IT-forensischen Datenaufbereitung, den Kosten der anwaltlichen Durchsicht der aufgefunden Informationen[276] sowie etwaigen Schäden aufgrund von Betriebsunterbrechungen zusammensetzen,[277] sodass die Gefahr besteht, das hohe – sechsstellige – Beträge zusammenkommen, welche die üblichen Prozesskosten und sogar den Streitwert des Verfahrens übersteigen können.[278] Die Frage der Erforderlichkeit von einzelnen Aufwendungsposten wird daher für einigen Prozessstoff sorgen.[279]

3. Vorschuss und Zurückbehaltungsrecht

Die Gesetzesbegründung sieht vor, dass der Aufwendungsersatzanspruch *„nicht vor der Erfüllung der Verpflichtung zur Auskunft oder Herausgabe“* bestehen soll.[280] Es ist dennoch umstritten, ob der Verpflichtete des Offenlegungsanspruchs einen Vorschuss verlangen kann und ob ihm ein Zurückbehaltungsrecht zusteht.

Fiedler und *Niermann* befürworten einen Vorschussanspruch des Offenlegungsverpflichteten. Ein solcher ließe sich aus der entsprechenden Anwendung von § 811 Abs. 2 S. 2 BGB herleiten und würde dem prozessualen

275 *Bornkamm/Tolkmitt*, in: Langen/Bunte, Kartellrecht/GWB (2018), § 33g Rn. 60; halten die Beschränkung für nicht ausreichend: *Petrasincu*, WuW 2016, S. 330, 333; *Makatsch/Kacholdt*, in: Säcker/Meier-Beck, MüKo Kartellrecht/GWB (2020), § 33g Rn. 148.

276 Wobei dann der Gebührentatbestand unklar ist: *Klumpe/Thiede*, BB 2016, S. 3011, 3016 Fn. 79; gehen davon aus, dass der § 33g Abs. 7 GWB *„marktangemessenen Stundensätze“* umfasst: *Fiedler/Niermann*, NZKart 2017, S. 497.

277 *Inderst/Thomas*, Schadensersatz bei Kartellverstößen (2018), S. 506; vgl. dazu: *Mansel*, in: Stürner, Jauernig – BGB, § 670 Rn. 8; *Schäfer*, in: Säcker u.a., MüKoBGB (2020), § 670 Rn. 2 und 14.

278 *Lübbig/Mallmann*, NZKart 2016, S. 518, 520; *Fiedler/Niermann*, NZKart 2017, S. 497, 498; *Monopolkommission*, XXII. Hauptgutachten (2018), S. 221 f.; siehe ein Kostenbeispiel bei: *Klumpe/Thiede*, BB 2016, S. 3011, 3015.

279 *Lübbig/Mallmann*, NZKart 2016, S. 518, 520; *Rosenfeld/Brand*, WuW 2017, S. 247, 248; *Bach/Wolf*, NZKart 2017, S. 285, 291; *Fiedler/Niermann*, NZKart 2017, S. 497; *Makatsch/Kacholdt*, in: Säcker/Meier-Beck, MüKo Kartellrecht/GWB (2020), § 33g Rn. 151.

280 *Bundesregierung*, Begr. des Gesetzesentwurfes zur 9. GWB-Novelle, BT-Drs. 18/10207, S. 65.

Auslagenvorschuss bei Zeugen und Sachverständigen nach § 379 (i. V. m. § 402) ZPO ähnlich sein.[281] Mit der überwiegenden Ansicht in der Literatur ist allerdings davon auszugehen, dass es an einer planwidrigen Regelungslücke als Voraussetzung für eine Analogie fehlt. Der Gesetzesbegründung ist zu entnehmen, dass die Aufwendungen erst tatsächlich entstanden sein müssen, bevor ein Ersatz in Betracht kommt.[282] Gegen die Gewährung eines Vorschussanspruchs spricht zudem, dass die Kosten der Offenlegung gemäß § 33g Abs. 3 S. 2 Nr. 2 GWB ausdrücklich bei der Verhältnismäßigkeitsprüfung zu beachten sind.[283]

Fiedler und *Niermann* gehen auch davon aus, dass dem Offenlegungsverpflichteten ein Zurückbehaltungsrecht an den herauszugebenden Beweismitteln bzw. zu erteilenden Auskünften gemäß § 273 BGB zusteht, bis der Gläubiger des Offenlegungsanspruchs den Aufwendungsersatz geleistet hat.[284] Der Erstattungsanspruch des Offenlegungsschuldners nach § 33g Abs. 7 GWB würde aus demselben Lebensverhältnis wie der Herausgabeanspruch stammen, sodass die Konnexität vorläge.[285] Zudem sei der Erstattungsanspruch auch fällig, da der Offenlegungsschuldner zumindest gemäß § 257 BGB einen Anspruch auf die Freistellung von seinen Verbindlichkeiten gegenüber den beauftragten IT-Dienstleistern und Rechtsanwälten hätte.[286] Gegen die Ansicht von *Fiedler* und *Niermann* spricht, dass die Rechtsprechung davon ausgeht, dass die Geltendmachung eines Zurückbehaltungsrechts bei Auskunftsansprüchen grundsätzlich ausgeschlossen ist.[287] Dies wird damit begründet, dass Treu und Glauben

---

281 *Fiedler/Niermann*, NZKart 2017, S. 497, 498.

282 So eindeutig zum Vorschussanspruch: *Preuß*, in: Kersting/Podszun, 9. GWB-Novelle, Kap. 10 Rn. 69; siehe auch: *Bach/Wolf*, NZKart 2017, S. 285, 291; *Rosenfeld/Brand*, WuW 2017, S. 247, 248; *Mäsch*, in: Berg/Mäsch, Kartellrecht (2018), § 33g GWB Rn. 37; *Bechtold/Bosch*, GWB (2018), § 33g Rn. 22; *Bornkamm/Tolkmitt*, in: Langen/Bunte, Kartellrecht/GWB (2018), § 33g Rn. 60; *Makatsch/Kacholdt*, in: Säcker/Meier-Beck, MüKo Kartellrecht/GWB (2020), § 33g Rn. 152.

283 *Klumpe/Thiede*, BB 2016, S. 3011, 3015.

284 *Fiedler/Niermann*, NZKart 2017, S. 497, 499; vgl. auch: *Klumpe/Thiede*, NZKart 2017, S. 332, 337 dort Fn. 85.

285 *Fiedler/Niermann*, NZKart 2017, S. 497, 498; zur Konnexität im Allg.: *Krüger*, in: Säcker u.a., MüKoBGB (2019), § 273 Rn. 13 ff.; *Lorenz*, in: Bamberger u.a., BeckOK BGB (Stand: Mai 2020), § 273 Rn. 18 ff.

286 *Fiedler/Niermann*, NZKart 2017, S. 497, 499 f.; siehe zur Fälligkeit des Befreiungsanspruchs: *Krüger*, in: Säcker u.a., MüKoBGB (2019), § 257 Rn. 8 sowie § 273 Rn. 33.

287 RG, Urt. v. 19.04.1921 – III 543/20, RGZ 102, S. 110, 111; BGH, Urt. v. 03.02.1978 – I ZR 116/76, Juris, Rn. 55; dazu: *Krüger*, in: Säcker u.a., MüKoBGB (2019), § 273

die Erfüllung der Auskunftspflicht ohne Rücksicht auf die Gegenansprüche fordert, wenn die Begründung eines Anspruchs des Auskunftsgläubigers von der Auskunft abhängt.[288] Von einer solchen Abhängigkeit ist insbesondere dann auszugehen, wenn ein Schadensersatzanspruch ohne die Offenlegung keine Aussicht auf Erfolg hat.[289] Es ist nicht ersichtlich, warum bei § 33g Abs. 7 GWB eine Ausnahme von diesem Grundsatz gemacht werden soll.[290] Aufgrund der typischerweise bestehenden Informationsasymmetrie ist der kartellgeschädigte Offenlegungsgläubiger zur erfolgreichen Durchsetzung seines Schadensersatzanspruchs aus § 33a Abs. 1 GWB auf die Offenlegung von Informationen angewiesen.[291] Es würde daher dem von der Rechtsprechung aufgestellten Grundsatz widersprechen, dem Offenlegungsschuldner trotz der Abhängigkeit des Geschädigten von der Informationsübermittlung ein Zurückbehaltungsrecht zu gewähren. Zudem lässt die Begründung der 9. GWB-Novelle eine andere Interpretation nicht zu.[292] Danach besteht der Aufwendungsersatzanspruch erst dann, wenn der Offenlegungsschuldner seine Auskunfts- oder Herausgabepflicht erfüllt hat.[293] Auch würde ein Zurückbehaltungsrecht die praktische Wirksamkeit des Herausgabe- und Auskunftsanspruchs erheblich einschränken und damit den Zielen der Kartellschadensersatzrichtlinie zuwiderlaufen.[294]

Rn. 50; *Lorenz*, in: Bamberger u.a., BeckOK BGB (Stand: Mai 2020), § 273 Rn. 33; zu § 33g Abs. 7 GWB: *Bach/Wolf*, NZKart 2017, S. 285, 291.

288 RG, Urt. v. 19.04.1921 – III 543/20, RGZ 102, S. 110, 111.

289 BGH, Urt. v. 03.02.1978 – I ZR 116/76, Juris, Rn. 55.

290 So aber: *Fiedler/Niermann*, NZKart 2017, S. 497, 499.

291 Siehe nur: Kartellschadensersatzrichtlinie 2014/104/EU, Erwägungsgrund 15.

292 So auch: *Makatsch/Kacholdt*, in: Säcker/Meier-Beck, MüKo Kartellrecht/GWB (2020), § 33g Rn. 152; nehmen hingegen an, dass die Gesetzesbegründung eine Zug-um-Zug-Leistung von Offenlegung und Aufwendungsersatz zulassen würde: *Fiedler/Niermann*, NZKart 2017, S. 497, 499.

293 *Rosenfeld/Brand*, WuW 2017, S. 247, 248; *Bach/Wolf*, NZKart 2017, S. 285, 291; *Preuß*, in: Kersting/Podszun, 9. GWB-Novelle, Kap. 10 Rn. 69; *Mäsch*, in: Berg/Mäsch, Kartellrecht (2018), § 33g GWB Rn. 37; *Inderst/Thomas*, Schadensersatz bei Kartellverstößen (2018), S. 506; *Bornkamm/Tolkmitt*, in: Langen/Bunte, Kartellrecht/GWB (2018), § 33g Rn. 60; *Makatsch/Kacholdt*, in: Säcker/Meier-Beck, MüKo Kartellrecht/GWB (2020), § 33g Rn. 152.

294 *Bach/Wolf*, NZKart 2017, S. 285, 291; *Makatsch/Kacholdt*, in: Säcker/Meier-Beck, MüKo Kartellrecht/GWB (2020), § 33g Rn. 152.

4. *Kostenerstattung*

Unklar ist zudem, ob der Offenlegungsgläubiger im Falle eines Obsiegens die Erstattung des gezahlten Aufwendungsersatzes verlangen kann. Dabei muss zwischen dem prozessualen Kostenerstattungsanspruch nach § 91 Abs. 1 ZPO und materiell-rechtlichen Kostenerstattungsansprüchen unterschieden werden.

a) *Prozessuale Kostenerstattung*

Die prozessuale Kostenerstattung richtet sich nach § 91 ZPO. Das Kostenfestsetzungsverfahren ist in § 104 ZPO geregelt. Die unterliegende Partei hat dem obsiegenden Gegner die „*Kosten des Rechtsstreits*" zu erstatten (§ 91 Abs. 1 S. 1 ZPO). Kosten des Rechtsstreits können insbesondere auch vor- und außerprozessuale Kosten sein.[295] Voraussetzung der Erstattung von vor- und außerprozessualen Kosten ist jedoch, dass diese Kosten prozessbezogen sind.[296] Die Feststellung der Prozessbezogenheit ist schwierig und umstritten. Grundsätzlich soll es aber an einer solchen fehlen, wenn zu dem Zeitpunkt, an dem die Kosten entstanden sind, ein Prozess noch nicht konkret bevorstand.[297] Dies wird häufig einer Einzelfallbeurteilung bedürfen.[298] So kann es an der Prozessbezogenheit fehlen, wenn der Geschädigte den Offenlegungsanspruch nur geltend macht, um Informationen über die Chancen einer Rechtsdurchsetzung zu sammeln[299] oder wenn die Informationsbeschaffung einem Vergleichsverfahren dienen soll.[300]

---

295 *Schulz*, in: Rauscher/Krüger, MüKoZPO (2020), § 91 Rn. 38; *Jaspersen*, in: Vorwerk/Wolf, BeckOK ZPO (Stand: März 2020), § 91 Rn. 77 und 93.

296 BGH, Beschl. v. 17.12.2002 – VI ZB 56/02, NJW 2003, S. 1398, 1399; *Schulz*, in: Rauscher/Krüger, MüKoZPO (2020), § 91 Rn. 40; *Jaspersen*, in: Vorwerk/Wolf, BeckOK ZPO (Stand: März 2020), § 91 Rn. 93.

297 BGH, Urt. v. 11.12.1986 – III ZR 268/85, Juris, Rn. 31; BGH, Beschl. v. 20.10.2005 – I ZB 21/05, NJW-RR 2006, S. 501, 502; BGH, Beschl. v. 30.01.2007 – X ZB 7/06, NJW 2007, S. 3289; *Muthorst*, in: Bork/Roth, Stein/Jonas ZPO (2017), § 91 Rn. 39; *Schulz*, in: Rauscher/Krüger, MüKoZPO (2020), § 91 Rn. 40.

298 *Muthorst*, in: Bork/Roth, Stein/Jonas ZPO (2017), § 91 Rn. 41; *Schulz*, in: Rauscher/Krüger, MüKoZPO (2020), § 91 Rn. 41.

299 OLG Koblenz, Beschl. v. 27.01.1994 – 14 W 50/94, Juris, Rn. 3 ff.; OLG Köln, Beschl. v. 31.10.2002 – 17 W 279/02, Juris, Rn. 3; *Schulz*, in: Rauscher/Krüger, MüKoZPO (2020), § 91 Rn. 39.

300 OLG München, Beschl. v. 22.11.1991 – 11 W 2557/91, MDR 1992, S. 415, 416; *Muthorst*, in: Bork/Roth, Stein/Jonas ZPO (2017), § 91 Rn. 43; *Fiedler/Niermann*, NZKart 2017, S. 497, 499; vgl. auch: BGH, Beschl. v. 04.03.2008 – VI ZB 72/06, NJW 2008, S. 1597, 1598 Rn. 9 f.; dazu: *Jaspersen*, in: Vorwerk/Wolf, BeckOK ZPO (Stand: März 2020), § 91 Rn. 93.

Ungeachtet des Einzelfalls ist allerdings davon auszugehen, dass eine prozessuale Kostenerstattung bei § 33g Abs. 7 GWB ausscheidet.[301] Dies ist unabhängig davon, ob zum Zeitpunkt der Geltendmachung des Offenlegungsanspruchs die Erhebung der Schadensersatzklage bereits feststand oder der Offenlegungsanspruch im bzw. parallel zu einem bereits laufenden Schadensersatzprozess geltend gemacht wurde. Dafür spricht die Ähnlichkeit des § 33g Abs. 7 GWB zu § 811 Abs. 2 S. 1 BGB.[302] Bei § 811 Abs. 2 S. 1 BGB ist anerkannt, dass die erstatteten Kosten für die Vorlage einer Urkunde nach § 810 BGB nicht im Wege der prozessualen Kostenerstattung zurückverlangt werden können.[303] Grund dafür ist, dass die materiell-rechtlichen Regelungen über die Kostentragung nicht durch prozessuale Regelungen aufgehoben werden dürfen.[304]

b) Materiell-rechtlicher Kostenerstattungsanspruch

Ein materiell-rechtlicher Kostenerstattungsanspruch kann sich aus Vertrag, Verzug, positiver Vertragsverletzung, *culpa in contrahendo*, Geschäftsführung ohne Auftrag oder Delikt ergeben.[305] Dabei bietet es sich an, zwischen dem Kartellgeschädigten und dem Kartellanten zu unterscheiden. Die fehlende Möglichkeit einer prozessualen Kostenerstattung schließt die Möglichkeit eines materiellrechtlichen Erstattungsanspruchs grundsätzlich nicht aus.[306] Anders kann dies jedoch zu bewerten sein, wenn eine rechtskräftige Kostenentscheidung vorliegt, die zum Beispiel in einem eigenständigen Prozess über den Herausgabeanspruch nach § 33g GWB ergangen ist.[307]

---

301 A.A.: *Makatsch/Kacholdt*, in: Säcker/Meier-Beck, MüKo Kartellrecht/GWB (2020), § 33g Rn. 155.

302 *Fiedler/Niermann*, NZKart 2017, S. 497, 499.

303 OLG München, Beschl. v. 31.10.1986 – 11 W 1282/86, Juris, Rn. 14 f.; *Habersack*, in: Säcker u.a., MüKoBGB (2017), § 811 Rn. 5.

304 OLG München, Beschl. v. 31.10.1986 – 11 W 1282/86, Juris, Rn. 14.

305 BGH, Urt. v. 12.12.2006 – VI ZR 224/05, NJW 2007, S. 1458; *Schulz*, in: Rauscher/Krüger, MüKoZPO (2020), Vor § 91 Rn. 19.

306 BGH, Urt. v. 18.05.1966 – I b ZR 73/64, NJW 1966, S. 1513, 1515; BGH, Urt. v. 23.10.2003 – IX ZR 249/02, NJW 2004, S. 444, 446; BGH, Urt. v. 12.12.2006 – VI ZR 224/05, NJW 2007, S. 1458; *Muthorst*, in: Bork/Roth, Stein/Jonas ZPO (2017), Vor § 91 Rn. 16; *Oetker*, in: Säcker u.a., MüKoBGB (2019), § 249 Rn. 186; *Grüneberg*, in: Palandt, BGB (2020), § 249 Rn. 56; *Schulz*, in: Rauscher/Krüger, MüKoZPO (2020), Vor § 91 Rn. 20.

307 Grundsätzlich: BGH, Urt. v. 18.05.1966 – I b ZR 73/64, NJW 1966, S. 1513, 1515; BGH, Urt. v. 19.10.1994 – I ZR 187/92, NJW-RR 1995, S. 495; *Schulz*, in: Rauscher/Krüger, MüKoZPO (2020), Vor § 91 Rn. 24; zur Geltendmachung von

aa) *Materiell-rechtlicher Kostenerstattungsanspruch des Kartellgeschädigten*

Der Anspruchsgegner des Kostenerstattungsanspruchs ist immer der auf Schadensersatz in Anspruch genommene Kartellant, unabhängig davon ob der Aufwendungsersatz i.S. des § 33g Abs. 7 GWB diesem oder einem Dritten gegenüber geleistet wurde. Ein materiell-rechtlicher Kostenerstattungsanspruch des Kartellgeschädigten kann sich insbesondere aus § 33a Abs. 1 GWB ergeben. Soweit der Geschädigte unmittelbarer Abnehmer des beklagten Kartellanten ist, kommen zudem vertragliche Ansprüche aus § 280 Abs. 1 i.V.m. § 241 Abs. 2 BGB in Betracht. Vorzugswürdig wird in jedem Fall § 33a Abs. 1 GWB sein, da zumindest im Rahmen einer Follow-On-Klage der Kartellverstoß aufgrund der Bindungswirkung des wettbewerbsbehördlichen Bescheides gemäß § 33b GWB nicht mehr nachgewiesen werden muss.[308]

Die Kosten der Offenlegung sind erst durch das Offenlegungsverlangen des Kartellgeschädigten entstanden. Die Geltendmachung des Offenlegungsanspruchs nach § 33g Abs. 1 GWB stellt somit eine schadensbegünstigende Reaktion dar, was den Zurechnungszusammenhang zwischen Offenlegungskosten und Kartellverstoß entfallen lassen könnte.[309] Allerdings ist es anerkannt, dass der Geschädigte die Rechtsverfolgungskosten als Schaden geltend machen kann, die für die Durchsetzung eines Schadensersatzanspruchs notwendig waren.[310]

Vorbereitungskosten: OLG Nürnberg, Beschl. v. 08.07.1997 – 3 W 53/77, Juris, Rn. 7 ff.; dazu: *Schulz*, in: Rauscher/Krüger, MüKoZPO (2020), Vor § 91 Rn. 25; zur Geltendmachung der Kosten eines selbstständigen Beweisverfahrens trotz Kostenentscheidung: OLG Düsseldorf, Urt. v. 01.09.2005 – 5 U 6/05, NJW-RR 2006, S. 571, 572; dazu: *Jaspersen*, in: Vorwerk/Wolf, BeckOK ZPO (Stand: März 2020), § 91 Rn. 45.6.

308 *Fiedler/Niermann*, NZKart 2017, S. 497, 500.

309 Allg. zu schadensbegünstigenden Reaktionen des Geschädigten: *Oetker*, in: Säcker u.a., MüKoBGB (2019), § 249 Rn. 167 ff.; *Schiemann*, in: von Staudinger/Albrecht, BGB (Stand 2019), § 249 Rn. 47 ff.

310 Ständige Rspr.: BGH, Urt. v. 01.06.1959 – III ZR 49/58, NJW 1959, S. 1631 f.; BGH, Urt. v. 30.04.1986 – VIII ZR 112/85, NJW 1986, S. 2243, 2244 f.; BGH, Urt. v. 08.11.1994 – VI ZR 3/94, NJW 1995, S. 446, 447; BGH, Urt. v. 23.10.2003 – IX ZR 249/02, NJW 2004, S. 444, 446; BGH, Urt. v. 21.07.2011 – IX ZR 151/10, NJW 2011, S. 2966, 2968; BGH, Urt. v. 18.07.2017 – VI ZR 465/16, NJW 2017, S. 3588 Rn. 6; BGH, Urt. v. 05.12.2017 – VI ZR 24/17, NJW 2018, S. 935 Rn. 6; *Muthorst*, in: Bork/Roth, Stein/Jonas ZPO (2017), Vor § 91 Rn. 20; *Magnus*, in: Dauner-Lieb/Langen, NK-BGB (2016), § 249 Rn. 77; *Oetker*, in: Säcker u.a., MüKoBGB (2019), § 249 Rn. 180; *Grüneberg*, in: Palandt, BGB (2020), § 249 Rn. 56.

Rechtsverfolgungskosten deren Ersatzfähigkeit anerkannt wurden, sind (i) Rechtsanwaltskosten,[311] auch wenn diese nicht nach § 91 Abs. 1 S. 1 ZPO zu erstatten sind, die (ii) Kosten eines selbstständigen Beweisverfahrens – soweit nicht Prozesskosten[312] – und die (iii) Kosten eines Sachverständigengutachtens.[313] Das spricht dafür, auch die Kosten einer Offenlegung nach § 33g Abs. 1 GWB als ersatzfähige Kosten der Schadensfeststellung bzw. Rechtsverfolgung anzusehen.[314] Die Beschränkung des Schadensersatzes auf „notwendige" Rechtsverfolgungskosten wird aufgrund der bereits erfolgten Erforderlichkeitsprüfung in § 33g Abs. 1 GWB regelmäßig keine Auswirkungen auf den Geschädigten haben.[315]

Entgegen der Ansicht von *Fiedler* und *Niermann* ist auch nicht davon auszugehen, dass der Novellengeber mit § 33g Abs. 7 GWB eine endgültige Regelung über die Kostenverteilung treffen wollte. Nach der Gesetzesbegründung dient § 33g Abs. 7 GWB in erster Linie dazu, unbeteiligte Dritte von den Kosten der Offenlegung freizustellen.[316] Es ist unerheblich, dass sich der Novellengeber weder im Gesetzestext noch in der Gesetzesbegründung über einen Rückerstattungsanspruch des obsiegenden Kartellgeschädigten für den geleisteten Aufwendungsersatz äußert.[317] Auch bei § 811 Abs. 2 S. 1 BGB, dessen Ähnlichkeit zu § 33g Abs. 7 GWB auch *Fiedler* und *Niermann* an anderer Stelle betonen,[318] fehlt es an einer solchen Regelung. Dennoch wird angenommen, dass der § 811 Abs. 2 S. 1 BGB einer materiell-rechtlichen Erstattung im Rahmen eines

---

311 Siehe etwa: BGH, Urt. v. 12.12.2007 – VI ZR 188/05, NJW-RR 2007, S. 713, 714; BGH, Urt. v. 19.04.2018 – IX ZR 187/17, NJW 2018, S. 2417 Rn. 7.

312 OLG Hamm, Urt. v. 10.12.1992 – 17 U 185/91, NJW-RR 1993, S. 1044, 1045; *Oetker*, in: Säcker u.a., MüKoBGB (2019), § 249 Rn. 185.

313 Siehe etwa: BGH, Urt. v. 06.11.1972 – VI ZR 27/73, NJW 1974, S. 34, 35; BGH, Urt. v. 29.11.1988 – X ZR 112/87, NJW-RR 1989, S. 953, 956; BGH, Urt. v. 11.02.2014 – VI ZR 225/13, NJW 2014, S. 1947; BGH, Urt. v. 28.02.2017 – VI ZR 76/16, NJW 2017, S. 1875; *Grüneberg*, in: Palandt, BGB (2020), § 249 Rn. 58; ausführlich: *Oetker*, in: Säcker u.a., MüKoBGB (2019), § 249 Rn. 396 ff.

314 *Petrasincu*, WuW 2016, S. 330, 333; *Bornkamm/Tolkmitt*, in: Langen/Bunte, Kartellrecht/GWB (2018), § 33g Rn. 61; vgl. auch: *Klumpe/Thiede*, NZKart 2017, S. 332, 337.

315 Einschränkend: *Fiedler/Niermann*, NZKart 2017, S. 497, 501.

316 *Bundesregierung*, Begr. des Gesetzesentwurfes zur 9. GWB-Novelle, BT-Drs. 18/10207, S. 65; so auch: *Podszun/Kreifels*, GWR 2017, S. 67, 69.

317 So aber: *Fiedler/Niermann*, NZKart 2017, S. 497, 500 f.

318 Etwa im Zusammenhang mit der prozessualen Kostenerstattung: *Fiedler/Niermann*, NZKart 2017, S. 497, 499.

Schadensersatzanspruchs nicht im Weg steht.[319] Es ist daher davon auszugehen, dass auch § 33g Abs. 7 GWB einen materiell-rechtlichen Kostenanspruch nicht ausschließt.[320] Ein anderes Ergebnis wäre auch dazu geeignet, die Durchsetzung des Offenlegungsanspruchs übermäßig zu erschweren oder gar unmöglich zu machen und stünde damit im Widerspruch zum Effektivitätsgrundsatz.

Der Kartellgeschädigte wird es allerdings auch dem Kartellanten gegenüber nicht vermeiden können, die geleisteten Aufwendungen zunächst zu ersetzen. Eine Aufrechnung von Aufwendungsersatz und Schadensersatz wird in vielen Fällen daran scheitern, dass der Schadensersatzanspruch zum Zeitpunkt der Fälligkeit des Aufwendungsersatzanspruchs noch nicht einmal dem Grunde nach feststeht.[321]

bb) Materiell-rechtlicher Kostenerstattungsanspruch des Kartellanten

Auch dem Kartellanten kann im Falle seines Obsiegens ein materiell-rechtlicher Kostenersatzanspruch zustehen. Dieser kann sich im Fall eines Prozesses mit einem direkten Abnehmer aus einem vertraglichen Schadensersatzanspruch gemäß § 280 Abs. 1 i.V.m. § 241 Abs. 2 BGB ergeben.[322] Es stellt eine Pflichtverletzung dar, vom Vertragspartner eine Leistung zu verlangen, die dieser nicht schuldet.[323] Allerdings müsste der mutmaßliche Kartellgeschädigte die Pflichtverletzung auch i.S. des § 276 BGB verschuldet haben. Voraussetzung des Fahrlässigkeitsvorwurfs ist, dass der mutmaßlich geschädigte Abnehmer ohne großen Aufwand hätte erkennen können, dass ein Schadensersatzanspruch nicht besteht. Ob ein Anspruch tatsächlich besteht, kann jedoch erst im Prozess endgültig geklärt werden.[324] Aufgrund der besonderen Schwierigkeiten bei der Feststellung des Schadens und der Schadenshöhe ist bei einem

---

319 OLG München, Beschl. v. 31.10.1986 – 11 W 1282/86, Juris, Rn. 16; *Leppin*, GRUR 1984, S. 695, 713; *Osterloh-Konrad*, Informationsanspruch, S. 254; *Beckhaus*, Bewältigung von Informationsdefiziten, S. 385; *Mielke*, in: Dauner-Lieb/Langen, NK-BGB, § 811 Rn. 5; *Habersack*, in: Säcker u.a., MüKoBGB (2017), § 811 Rn. 5.

320 Vgl. auch: *Kersting/Preuß*, WuW (Online-Beitrag) 2016, S. L1, L16.

321 *Klumpe/Thiede*, BB 2016, S. 3011, 3015 f.; a.A. wohl: *Petrasincu*, WuW 2016, S. 330, 333 f.

322 BGH, Urt. v. 12.12.2006 – VI ZR 224/05, NJW 2007, S. 1458 f.

323 BGH, Urt. v. 23.01.2008 – VIII ZR 246/06, NJW 2008, S. 1147, 1148; BGH, Urt. v. 16.01.2009 – V ZR 133/08, NJW 2009, S. 1262, 1263 f.; nimmt an, dass nur die außergerichtlicher Geltendmachung eines unberechtigten Anspruchs eine Pflichtverletzung darstellt: *Sutschet*, in: Bamberger u.a., BeckOK BGB (Stand: Mai 2020), § 241 Rn. 54.

324 BGH, Urt. v. 16.01.2009 – V ZR 133/08, NJW 2009, S. 1262, 1264.

Kartellschadensersatzanspruch daher Zurückhaltung geboten. Wenn eine nach § 33b GWB bindende Behördenentscheidung vorliegt und die Voraussetzungen der Schadensvermutung nach § 33a Abs. 2 GWB greifen, wird jedenfalls nicht von Fahrlässigkeit des mutmaßlich Geschädigten auszugehen sein.[325]

Als deliktische Anspruchsgrundlagen eines materiell-rechtlichen Kostenanspruchs kommen wohl nur § 823 Abs. 2 BGB i.V.m. § 263 StGB sowie § 826 BGB in Betracht.[326] Der Kartellant müsste dem mutmaßlichen Geschädigten allerdings jeweils einen Schädigungsvorsatz nachweisen, was ihm wohl nicht gelingen wird.[327] Im Ergebnis ist daher davon auszugehen, dass der Kartellant in der Regel keinen Erstattungsanspruch geltend machen kann.

VIII. Schadensersatz gemäß § 33g Abs. 8 GWB

Soweit der Herausgabe- bzw. Auskunftspflichtige seine Offenlegungspflicht grob fahrlässig oder vorsätzlich nicht bzw. schlecht erfüllt, ist er gegenüber dem Offenlegungsgläubiger gemäß § 33g Abs. 8 GWB zum Schadensersatz verpflichtet. Damit soll Art. 8 Abs. 1 a) der Kartellschadensersatzrichtlinie umgesetzt werden. Eine Offenlegung ist dann schlecht erfüllt, wenn sie inhaltliche Verfälschungen beinhaltet.[328]

§ 33g Abs. 8 GWB wird wohl kaum eine Bedeutung zukommen,[329] insbesondere weil die Feststellung eines Schadens bzw. die Berechnung der Schadenshöhe problematisch ist. Dafür muss ähnlich wie beim Anwaltsregress ein Indizienprozess geführt werden, in dem es die Frage zu beantworten gilt, welchen Ausgang der Kartellschadensersatzprozess im Falle einer korrekten Übermittlung genommen hätte. Insbesondere wenn der Schuldner des Herausgabeanspruchs zugleich der Gegner des Kartellschadensersatzanspruchs ist, wird es dem Geschädigten vielfach unmöglich sein, den durch die Nicht- bzw. Schlechtherausgabe entstandenen Schaden zu berechnen. Die Berechnung dieses Schadens

---

325 *Fiedler/Niermann*, NZKart 2017, S. 497, 501.

326 So fehlt es insbesondere für § 823 Abs. 1 BGB an der Verletzung eines absoluten Rechtsguts, so auch: *Fiedler/Niermann*, NZKart 2017, S. 497, 501.

327 *Fiedler/Niermann*, NZKart 2017, S. 497, 501.

328 *Bundesregierung*, Begr. des Gesetzesentwurfes zur 9. GWB-Novelle, BT-Drs. 18/10207, S. 65.

329 *Klumpe/Thiede*, BB 2016, S. 3011, 3016; *Rosenfeld/Brand*, WuW 2017, S. 247, 248; *Mäsch*, in: Berg/Mäsch, Kartellrecht (2018), § 33g GWB Rn. 38; *Bornkamm/Tolkmitt*, in: Langen/Bunte, Kartellrecht/GWB (2018), § 33g Rn. 62; sprechen von einem „*Bärendienst*" des Novellengebers: *Galle/Popot-Müller*, NZKart 2019, S. 317, 318.

setzt typischerweise genau die Informationen voraus, die nicht herausgegeben wurden.[330]

Es fehlt somit an einer wirksamen Sanktion im Sinne des Art. 8 Abs. 2 S. 1 der Richtlinie.[331] Andere Lösungen, etwa eine Berücksichtigung des Fehlverhaltens über die Grundsätze der Beweisvereitelung oder eine Strafbarkeit nach § 274 StGB scheiden ebenfalls aus. Eine nach den Grundsätzen der Beweisvereitelung mögliche Beweislastumkehr hilft dem Geschädigten nicht bei der Berechnung oder Schätzung seines Schadens.[332] § 274 StGB erfasst viele Verhaltensweisen nicht, sodass erhebliche Lücken bestehen; zudem werden sich Nachweisprobleme stellen.[333] Praktikabler wäre wohl eine Regelung wie in Frankreich,[334] Belgien[335] oder Österreich,[336] die ein Buß- bzw. Ordnungsgeld für den Fall einer Nicht- oder Schlechterfüllung des Offenlegungsanspruchs vorsehen.[337]

IX. Verwertungsverbot gemäß § 33g Abs. 9 GWB

In § 33g Abs. 9 S. 1 GWB ist ein Verwertungsverbot für die herausgegebenen Beweismittel bzw. erteilten Auskünfte in Straf- oder Ordnungswidrigkeitenverfahren geregelt. Das Verbot gilt, soweit sich das Verfahren gegen den Offenlegungsverpflichteten oder einen seiner Angehörigen i.S. des § 52 Abs. 1 StPO richtet. Eine Verwertung der Informationen ist jedoch mit Zustimmung des Verpflichteten möglich. Das Verwertungsverbot gilt auch dann, wenn die Auskunft im Rahmen einer Zeugen- oder Parteivernehmung erteilt oder wiederholt

330 *Klumpe/Thiede*, NZKart 2017, S. 332, 337; *Galle/Popot-Müller*, NZKart 2019, S. 317, 318; *Makatsch/Kacholdt*, in: Säcker/Meier-Beck, MüKo Kartellrecht/GWB (2020), § 33g Rn. 166.

331 *Galle/Popot-Müller*, NZKart 2019, S. 317, 318; gehen hingegen davon aus, dass die Vorschrift eine „*schärfere*" Sanktion beinhaltet, als es zur Umsetzung von Art. 8 der Kartellschadensersatzrichtlinie erforderlich gewesen wäre: *Makatsch/Kacholdt*, in: Säcker/Meier-Beck, MüKo Kartellrecht/GWB (2020), § 33g Rn. 160.

332 *Galle/Popot-Müller*, NZKart 2019, S. 317, 318 f.

333 *Galle/Popot-Müller*, NZKart 2019, S. 317, 319 f.

334 Art. R.483-14 des Code de commerce: Geldbuße bis zu einer Höhe von 10.000 Euro, gekoppelt an Grundsätze der Beweisvereitelung.

335 Art. XVII.81 des Code de droit économique: Geldbuße i.H.v. 1.000 Euro bis 10 Mio. Euro, ebenfalls gekoppelt an Grundsätze der Beweisvereitelung.

336 § 37m des Kartellgesetzes: Ordnungsgeld bis zu einer Höhe von 100.000 Euro.

337 Zu § 37m öKartG: *Hoffer*, NZKart 2016, S. 466, 470, der allerdings in Frage stellt, ob ein Ordnungsgeld i.H.v. bis zu 100.000 Euro der Höhe nach ausreichend ist; *Klumpe/Thiede*, NZKart 2017, S. 332, 337; *Galle/Popot-Müller*, NZKart 2019, S. 317, 320.

wird (§ 33g Abs. 9 S. 2 GWB). Zweck des Verwertungsverbots ist es, dass der Offenlegungsschuldner die Herausgabe oder Auskunftserteilung nicht mit der Begründung ablehnen kann, dass er sich oder einen seiner Angehörigen durch die Offenlegung einer Straf- oder Ordnungswidrigkeit bezichtigen müsste.[338] Daher fehlt in § 33g Abs. 6 GWB auch der Verweis auf § 384 Nr. 2 ZPO.[339] § 33g Abs. 9 S. 3 GWB stellt klar, dass das Beweisverwertungsverbot in Bußgeldverfahren gegen Unternehmen keine Anwendung findet. Für die Privilegierung von Unternehmen besteht kein Anlass, da diese weniger schutzbedürftig als natürliche Personen sind.[340]

X. Prozessuale Geltendmachung der Herausgabe- und Auskunftsansprüche

Die Herausgabe- und Auskunftsansprüche des § 33g GWB können auf zwei Wegen prozessual geltend gemacht werden.[341] Zunächst kommt – wie von der Kartellschadenersatzrichtlinie beabsichtigt – die Anwendung im Rahmen eines Kartellschadensersatzprozesses in Betracht. Da der Offenlegungsanspruch materiell-rechtlicher Natur ist, kann die Offenlegung zudem als eigenständige Klage außerhalb eines Schadensersatzprozesses geltend gemacht werden. Als Unterfall der selbstständigen Geltendmachung ist das Verfügungsverfahren aus § 89b Abs. 5 GWB anzusehen, das dem Geschädigten ermöglicht, die Herausgabe einer nach § 33b GWB bindenden wettbewerbsbehördlichen Entscheidung vom Kartellanten zu verlangen.

1. Geltendmachung innerhalb eines Kartellschadensersatzprozesses

Die Geltendmachung der Herausgabe- und Auskunftsansprüche des § 33g GWB innerhalb eines Schadensersatzprozesses richtet sich nach den Vorschriften des § 89b Abs. 1 bis 4 GWB. § 89b Abs. 1 GWB sieht die entsprechende Anwendung

338 *Bundesregierung*, Begr. des Gesetzesentwurfes zur 9. GWB-Novelle, BT-Drs. 18/10207, S. 65.

339 Siehe dazu bereits oben, S. 190.

340 *Bundesregierung*, Begr. des Gesetzesentwurfes zur 9. GWB-Novelle, BT-Drs. 18/10207, S. 65.

341 *Fiedler/Niermann*, NZKart 2017, S. 497; *Bornkamm/Tolkmitt*, in: Langen/Bunte, Kartellrecht/GWB (2018), § 89b Rn. 1; sieht dagegen das Verfügungsverfahren als eigenständige Form der prozessualen Durchsetzung: *Rosenfeld/Brand*, WuW 2017, S. 247, 251; geht davon aus, dass vier verschiedene Formen der prozessualen Durchsetzung bestehen: *Preuß*, in: Kersting/Podszun, 9. GWB-Novelle, Kap. 10 Rn. 117 ff.

von § 142 ZPO für die Erteilung von Auskünften vor. § 142 Abs. 2 ZPO wird durch § 89b Abs. 2 GWB dahingehend modifiziert, dass sich die Zumutbarkeit der Offenlegung für einen Dritten nach § 33g Abs. 3 bis 6 GWB richtet. Wenn der Offenlegungsanspruch im Rahmen einer Schadensersatzklage i.S. des § 33a Abs. 1 GWB erhoben wurde, kann das Gericht darüber gemäß § 89b Abs. 3 GWB durch Zwischenurteil entscheiden. § 89b Abs. 4 GWB ermöglicht die Aussetzung des Schadensersatzprozesses, bis ein separat geführter Rechtsstreit über die Offenlegung abgeschlossen ist oder um außerprozessuale Vergleichsverhandlungen für die Dauer von bis zu zwei Jahren zu ermöglichen.

Bei der Offenlegung innerhalb eines Kartellschadensersatzprozesses ist zwischen der Geltendmachung der Offenlegung einer Partei oder einem Dritten gegenüber zu unterscheiden, da § 89b Abs. 3 GWB nur zwischen den Parteien des Kartellschadensersatzprozesses anwendbar ist.

a) Offenlegung durch eine Partei

Die Offenlegung von Beweismitteln durch eine andere Partei kann auf zwei Wegen erreicht werden. Entweder kommt gemäß § 89b Abs. 3 S. 1 GWB ein Zwischenurteil über das Bestehen des Offenlegungsanspruchs aus § 33g Abs. 1 oder 2 GWB in Betracht oder eine Urkundenvorlage gemäß § 89 Abs. 1 GWB i.V.m. § 142 ZPO.

aa) Entscheidung durch Zwischenurteil gemäß § 89b Abs. 3 GWB

Nach § 89b Abs. 3 S. 1 GWB kann das Gericht über einen im Kartellschadensersatzprozess erhobenen Offenlegungsanspruch aus § 33g Abs. 1 oder 2 GWB durch Zwischenurteil entscheiden. Das Zwischenurteil soll gemäß § 89b Abs. 3 S. 2 GWB wie ein Endurteil anfechtbar sein. Der Anspruch nach § 33g Abs. 1 oder 2 GWB muss gemäß § 89b Abs. 3 S. 1 GWB „*erhoben*" werden, sodass der Erlass des Zwischenurteils einen Antrag voraussetzt.[342] Eine Anordnung von Amts wegen würde aufgrund der Reichweite der Offenlegungsansprüche aus § 33g Abs. 1 und 2 GWB dem Beibringungsgrundsatz widersprechen und scheidet daher aus.[343]

Die Verwendung des Begriffes „*Zwischenurteil*" hinterlässt einige Unklarheiten. Zweck eines Zwischenurteils i.S. des § 303 ZPO ist es, streitige prozessuale

342 *Klumpe/Thiede*, NZKart 2016, S. 471, 472; *Preuß*, in: Kersting/Podszun, 9. GWB-Novelle, Kap. 10 Rn. 127; *Bornkamm/Tolkmitt*, in: Langen/Bunte, Kartellrecht/GWB (2018), § 89b Rn. 15.

343 *Bornkamm/Tolkmitt*, in: Langen/Bunte, Kartellrecht/GWB (2018), § 89b Rn. 15.

Fragen, die sich nicht auf den Streitgegenstand des Verfahrens beziehen, endgültig zu klären.[344] Es ist daher anerkannt, dass zum Beispiel über die Urkundenvorlage nach §§ 142, 144 und 422 ZPO durch Zwischenurteil entschieden werden kann.[345] § 89b Abs. 3 S. 1 GWB sieht allerdings vor, dass endgültig über das Bestehen eines materiell-rechtlichen Offenlegungsanspruchs aus § 33g GWB entschieden werden soll. Diese Entscheidung stellt keine Entscheidung über eine prozessuale Frage, sondern über einen Streitgegenstand des Verfahrens dar.[346] Zudem sind Zwischenurteile – anders als in § 89b Abs. 3 S. 2 GWB angeordnet – grundsätzlich nicht selbstständig anfechtbar.[347] Die Möglichkeit des Erlasses eines „Zwischenurteils" in § 89b Abs. 3 S. 1 GWB ist daher zumindest *„systemfremd"*.[348]

Einige Stimmen in der Literatur gehen davon aus, dass es sich bei der Verwendung des Begriffes „Zwischenurteil" um eine *„falsa demonstratio"* des Novellengebers handelt.[349] Dieser habe vielmehr die Möglichkeit schaffen wollen, ein Teilurteil i.S. des § 301 ZPO über das Bestehen des materiell-rechtlichen Offenlegungsanspruchs zu erlassen.[350] Die Erhebung eines Offenlegungsanspruchs aus § 33g GWB im Kartellschadensersatzprozess würde somit eine Klagehäufung i.S. des § 260 ZPO darstellen.[351] Dafür würde insbesondere sprechen,

---

344 *Saenger*, in: Saenger, ZPO (2019), § 303 Rn. 1; *Althammer*, in: Bork/Roth, Stein/Jonas ZPO (2018), § 303 Rn. 1 f.; *Musielak*, in: Musielak/Voit, ZPO (2020), § 303 Rn. 1; *Elzer*, in: Vorwerk/Wolf, BeckOK ZPO (Stand: März 2020), § 303 Rn. 4 f.

345 *Saenger*, in: Saenger, ZPO (2019), § 303 Rn. 3; *Musielak*, in: Rauscher/Krüger, MüKoZPO (2020), § 303 Rn. 4.

346 *Klumpe/Thiede*, NZKart 2016, S. 471, 472; *Hellmann/Steinbrück*, NZKart 2017, S. 164, 171; *Preuß*, in: Kersting/Podszun, 9. GWB-Novelle, Kap. 10 Rn. 127; *Bornkamm/Tolkmitt*, in: Langen/Bunte, Kartellrecht/GWB (2018), § 89b Rn. 16.

347 *Althammer*, in: Bork/Roth, Stein/Jonas ZPO (2018), § 303 Rn. 16; *Musielak*, in: Musielak/Voit, ZPO (2020), § 303 Rn. 7; zu den Ausnahmen siehe etwa: BGH, Beschl. v. 17.12.2008 – XII ZB 125/06, Juris, Rn. 19 ff.; sowie *Elzer*, in: Vorwerk/Wolf, BeckOK ZPO (Stand: März 2020), § 303 Rn. 32 ff.

348 *Althammer*, in: Bork/Roth, Stein/Jonas ZPO (2018), § 303 Rn. 3.

349 *Bornkamm/Tolkmitt*, in: Langen/Bunte, Kartellrecht/GWB (2018), § 89b Rn. 16.

350 *Klumpe/Thiede*, NZKart 2016, S. 471, 473; *Hellmann/Steinbrück*, NZKart 2017, S. 164, 171; *Klumpe/Thiede*, NZKart 2017, S. 332, 338; *Bornkamm/Tolkmitt*, in: Langen/Bunte, Kartellrecht/GWB (2018), § 89b Rn. 16; siehe auch: *Althammer*, in: Bork/Roth, Stein/Jonas ZPO (2018), § 303 Rn. 3.

351 *Hellmann/Steinbrück*, NZKart 2017, S. 164, 171 f.; *Klumpe/Thiede*, NZKart 2017, S. 332, 338; *Bornkamm/Tolkmitt*, in: Langen/Bunte, Kartellrecht/GWB (2018), § 89b Rn. 17; *Inderst/Thomas*, Schadensersatz bei Kartellverstößen (2018), S. 510; a.A.: *Preuß*, in: Kersting/Podszun, 9. GWB-Novelle, Kap. 10 Rn. 127.

dass bei Annahme eines Zwischenurteils die Entscheidung nach § 89b Abs. 3 S. 1 GWB nicht vollstreckbar wäre.[352] Da aber auch die Urkundenvorlage gemäß § 142 ZPO gegenüber den Parteien des Rechtsstreits nicht vollstreckbar ist,[353] hätte die Annahme eines Zwischenurteils zur Folge, dass eine im Schadensersatzprozess angeordnete Offenlegung gar nicht erzwungen werden könnte. Dies würde jedoch dem Ziel des Novellengebers widersprechen, die Informationsbeschaffung zu beschleunigen.[354] Zudem würde die Anordnung in § 89b Abs. 3 S. 2 GWB, nach welcher das Zwischenurteil in Bezug auf die Anfechtungsmöglichkeiten einem Endurteil gleichzustellen ist, systematisch für die Annahme eines Teilurteils sprechen.[355]

Die Annahme einer *falsa demonstratio* des Novellengebers erscheint vorzugswürdig. Insbesondere die fehlende Möglichkeit der Vollstreckung eines Zwischenurteils nach § 704 ZPO spricht für die Annahme eines Teilurteils. Es ist dennoch davon auszugehen, dass sich der Novellengeber in § 89b Abs. 3 GWB bewusst für die Normierung eines Zwischenurteils entschieden hat.[356] Grund dafür ist, dass in den Gesetzesmaterialien die Abweichung vom Grundsatz der fehlenden Anfechtbarkeit von Zwischenurteilen gerechtfertigt wird.[357] Das Erfordernis einer solchen Begründung würde nicht bestehen, wenn der Novellengeber sich nur in der Wortwahl vergriffen und an sich die Möglichkeit eines Teilurteils hätte schaffen wollen. Es scheint daher zu weit zu gehen, sowohl entgegen dem Wortlaut des § 89b Abs. 3 GWB als auch entgegen der Gesetzesbegründung eine *falsa demonstratio* anzunehmen. Die Gesetzesmaterialen lassen die Beweggründe des Novellengebers für die Normierung eines Zwischen- anstatt

---

352 Vollstreckbar sind insb. Endurteile i.S.d. § 300 ZPO sowie Teilurteile i.S.d. § 301 ZPO, nicht aber Zwischenurteile: *Saenger*, in: Saenger, ZPO (2019), § 303 Rn. 4; *Musielak*, in: Musielak/Voit, ZPO (2020), § 303 Rn. 5.

353 Zur fehlenden Erzwingbarkeit der Urkundenvorlage nach § 142 ZPO gegenüber den Parteien: *Althammer*, in: Bork/Roth, Stein/Jonas ZPO (2018), § 142 Rn. 35; *Fritsche*, in: Rauscher/Krüger, MüKoZPO (2020), §§ 142–144 Rn. 16. Siehe dazu auch unten, S. 224.

354 *Bornkamm/Tolkmitt*, in: Langen/Bunte, Kartellrecht/GWB (2018), § 89b Rn. 16 f.

355 *Bornkamm/Tolkmitt*, in: Langen/Bunte, Kartellrecht/GWB (2018), § 89b Rn. 17.

356 Erließ seine Entscheidung ausdrücklich als Zwischenurteil i.S.d. § 89b Abs. 3 GWB: LG Stuttgart, Urt. v. 25.07.2019 – 30 O 44/17, Juris, Rn. 219.

357 Siehe den dritten und vierten Satz der Regierungsbegründung zu § 89b Abs. 3 GWB: *Bundesregierung*, Begr. des Gesetzesentwurfes zur 9. GWB-Novelle, BT-Drs. 18/10207, S. 101; zur Gesetzesbegründung siehe auch: *Preuß*, in: Kersting/Podszun, 9. GWB-Novelle, Kap. 10 Rn. 128.

eines Teilurteils nicht erkennen. Da es aber in den Materialien an jedem Vorbringen zur Durchsetzbarkeit der Offenlegungsentscheidung im Vollstreckungsverfahren fehlt, ist wohl davon auszugehen, dass der Novellengeber die fehlende Vollstreckbarkeit eines Zwischenurteils schlicht übersehen hat.

Das Ziel des Novellengebers, die Informationsbeschaffung durch die Möglichkeit eines Zwischenurteils zu beschleunigen,[358] wird verfehlt, wenn es an der Möglichkeit einer Vollstreckung des Herausgabeanspruchs fehlt.[359] Diejenigen, die auf eine Offenlegung von Beweismitteln angewiesen sind, würden vielfach zunächst eine eigenständige Offenlegungsklage, zumindest aber eine Stufenklage anstrengen,[360] um einen vollstreckungsfähigen Offenlegungstitel zu erlangen. Es erscheint im Hinblick auf den Willen des Novellengebers daher angebracht, das – ohnehin bereits „*systemfremde*"[361] – „Zwischenurteil" des § 89b Abs. 3 S. 1 GWB nicht nur gemäß § 89b Abs. 3 S. 2 GWB in Bezug auf die Anfechtbarkeit, sondern auch in Bezug auf die Vollstreckbarkeit einem Endurteil gleichzustellen.[362]

Der § 89b Abs. 3 S. 1 GWB sieht vor, dass eine Entscheidung über den Offenlegungsanspruch ergehen „*kann*". Es steht daher grundsätzlich im Ermessen des Gerichts, ob es im Fall des § 89b Abs. 3 GWB ein Zwischenurteil erlässt oder die Offenlegung auf eine entsprechende Anwendung des § 142 ZPO stützt. Da die Urkundenvorlage aus § 142 Abs. 1 GWB gegenüber den Parteien nicht vollstreckbar ist,[363] wird sich das Ermessen des Gerichts in der Regel auf den Erlass eines Zwischenurteils reduzieren.[364]

---

358 *Bundesregierung*, Begr. des Gesetzesentwurfes zur 9. GWB-Novelle, BT-Drs. 18/10207, S. 101.

359 *Bornkamm/Tolkmitt*, in: Langen/Bunte, Kartellrecht/GWB (2018), § 89b Rn. 17.

360 Jedenfalls bei einer Stufenklage würde ein vollstreckungsfähiges „*Teilurteil*" ergehen, so auch: *Hellmann/Steinbrück*, NZKart 2017, S. 164, 171; *Klumpe/Thiede*, NZKart 2017, S. 332, 338.

361 *Althammer*, in: Bork/Roth, Stein/Jonas ZPO (2018), § 303 Rn. 3.

362 Trotz Annahme eines Teilurteils: *Bornkamm/Tolkmitt*, in: Langen/Bunte, Kartellrecht/GWB (2018), § 89b Rn. 58.

363 *Wöstmann*, in: Saenger, ZPO (2019), § 142 Rn. 7; *Stadler*, in: Musielak/Voit, ZPO (2020), § 142 Rn. 7; *von Selle*, in: Vorwerk/Wolf, BeckOK ZPO (Stand: März 2020), § 142 Rn. 7; vgl. auch: BGH, Urt. v. 26.06.2007 – XI ZR 277/05, NJW 2007, S. 2989, 2992.

364 *Bornkamm/Tolkmitt*, in: Langen/Bunte, Kartellrecht/GWB (2018), § 89b Rn. 18; *Inderst/Thomas*, Schadensersatz bei Kartellverstößen (2018), S. 510.

bb) Entsprechende Anwendung des § 142 ZPO

Nach § 89b Abs. 1 GWB soll für die Erteilung von Auskünften § 142 ZPO entsprechend anwendbar sein.

(I) Hintergrund zu § 89b Abs. 1 und 2 GWB

Gemäß § 142 ZPO kann das Prozessgericht die Vorlage von Dokumenten durch die Parteien oder durch Dritte anordnen, soweit sich eine der Parteien auf diese bezogen hat. § 89b Abs. 1 GWB erweitert den Gegenstand der Vorlageentscheidung auf Auskünfte. Zweck des Verweises auf § 142 ZPO ist nach dem Willen des Novellengebers, dass alle Informationsmöglichkeiten, die der Offenlegungsanspruch in § 33g GWB bietet, auch im Rahmen des Kartellschadensersatzprozesses zur Verfügung stehen sollen, ohne dass es auf eine eigenständige prozessuale Geltendmachung des Offenlegungsanspruchs ankommt.[365] Zudem sollen dadurch Dritte, die für eine Herausgabe oder Auskunft in Anspruch genommen werden, von ihrem Kostenrisiko bei einer selbstständigen Auskunftsklage entlastet werden. Zuletzt soll die richterliche Anordnung dafür Gewähr tragen, dass die Voraussetzungen der Offenlegung von einem Gericht überprüft wurden.[366]

Nach einer in der Literatur verbreiteten Ansicht stellt es ein Redaktionsversehen des Novellengebers dar, dass nur die Erteilung von Auskünften, nicht aber die Herausgabe von Dokumenten in § 89b Abs. 1 GWB aufgenommen wurde.[367] Der fehlende Verweis auf die Herausgabe von Dokumenten könnte jedoch auch so aufgefasst werden, dass der Novellengeber davon ausgeht, dass der § 142 ZPO ohnehin zur Vorlage von Dokumenten im Schadensersatzprozess anwendbar ist. Konsequenterweise bedurfte es daher „nur" einer Anordnung der entsprechenden Anwendung von § 142 ZPO auf Auskünfte.[368] Aufgrund der Regelungen in den §§ 89b, 89d und § 33g GWB muss § 142 ZPO allerdings sowohl zur entsprechenden Anwendung auf Auskünfte gemäß § 89b Abs. 1 GWB als auch für die

---

365 *Bundesregierung*, Begr. des Gesetzesentwurfes zur 9. GWB-Novelle, BT-Drs. 18/10207, S. 101; *Preuß*, in: Kersting/Podszun, 9. GWB-Novelle, Kap. 10 Rn. 125.

366 *Bundesregierung*, Begr. des Gesetzesentwurfes zur 9. GWB-Novelle, BT-Drs. 18/10207, S. 101.

367 So etwa: *Klumpe/Thiede*, NZKart 2016, S. 471, 472; *Inderst/Thomas*, Schadensersatz bei Kartellverstößen (2018), S. 509; *Bornkamm/Tolkmitt*, in: Langen/Bunte, Kartellrecht/GWB (2018), § 89b Rn. 8.

368 *Hellmann/Steinbrück*, NZKart 2017, S. 164, 171; *Klumpe/Thiede*, NZKart 2017, S. 332, 338.

Dokumentenvorlage weitgehend modifiziert werden.[369] Ein Verweis auf die entsprechende Anwendung von § 142 ZPO bei der Herausgabe vom Beweismitteln fehlt somit in jedem Fall.

Im Schrifttum wurden die § 89b Abs. 1 und 2 kritisiert.[370] So bedurfte die Anwendbarkeit von § 142 ZPO bisher keiner materiell-rechtlichen Anspruchsgrundlage. § 89d Abs. 4 S. 1 GWB setzt aber für die Anwendung von § 142 ZPO das Bestehen eines Offenlegungsanspruchs aus § 33g Abs. 1 oder 2 GWB voraus.[371] Es stellt sich auch die Frage, warum der Novellengeber nicht auf die §§ 422 ff. ZPO verwiesen hat. Grundsätzlich richtet sich die Urkundenvorlage im Prozess nach diesen Normen, wenn ein materiell-rechtlicher Vorlageanspruch besteht.[372] Zudem wird vorgebracht, dass aufgrund der ohnehin schon vorhandenen Sonderbestimmungen die prozessualen Regelungen vollständig in § 89b GWB hätten normiert werden können.[373]

Im Ergebnis dient § 142 ZPO wohl nur als prozessuales Tor für den materiell-rechtlichen Offenlegungsanspruch.[374] Die Verweisung stellt dabei keine Rechtsfolgenverweisung dar, wie sich beispielsweise aus § 89b Abs. 2 GWB ergibt, da die Voraussetzungen des § 142 ZPO mit Ausnahme von Abs. 2 vorliegen müssen.[375] Vielmehr werden die Voraussetzungen des § 142 ZPO durch die Regelungen in den §§ 89b, 89d und 33g GWB ergänzt.[376]

---

369 *Bornkamm/Tolkmitt*, in: Langen/Bunte, Kartellrecht/GWB (2018), § 89b Rn. 5; vgl. auch: *Makatsch/Kacholdt*, in: Säcker/Meier-Beck, MüKo Kartellrecht/GWB (2020), § 89b Rn. 6.

370 *Klumpe/Thiede*, NZKart 2016, S. 471, 472; *Hellmann/Steinbrück*, NZKart 2017, S. 164, 171; *Inderst/Thomas*, Schadensersatz bei Kartellverstößen (2018), S. 508 f.; *Bornkamm*, in: Langen/Bunte, Kartellrecht/GWB (2018), § 89b Rn. 5 f.; zusammenfassend: *Makatsch/Kacholdt*, in: Säcker/Meier-Beck, MüKo Kartellrecht/GWB (2020), § 89b Rn. 7 ff.

371 Siehe etwa: BGH, Urt. v. 26.06.2007 – XI ZR 277/05, NJW 2007, S. 2989, 2991 f.; *Klumpe/Thiede*, NZKart 2016, S. 471, 472; *Fiedler/Niermann*, NZKart 2017, S. 497, 498.

372 *Klumpe/Thiede*, NZKart 2016, S. 471, 472; *Hellmann/Steinbrück*, NZKart 2017, S. 164, 171. Versteckt in § 89d Abs. 4 S. 1 GWB findet sich ein Verweis auf die §§ 422 ff. ZPO.

373 *Bornkamm/Tolkmitt*, in: Langen/Bunte, Kartellrecht/GWB (2018), § 89b Rn. 5.

374 *Bornkamm/Tolkmitt*, in: Langen/Bunte, Kartellrecht/GWB (2018), § 89b Rn. 5.

375 *Klumpe/Thiede*, NZKart 2016, S. 471, 472; nehmen hingegen eine Rechtsfolgenverweisung eigener Art an: *Bornkamm/Tolkmitt*, in: Langen/Bunte, Kartellrecht/GWB (2018), § 89b Rn. 5.

376 *Kersting/Preuß*, WuW (Online-Beitrag) 2016, S. L1, L16; *Rosenfeld/Brand*, WuW 2017, S. 247, 250; *Bornkamm/Tolkmitt*, in: Langen/Bunte, Kartellrecht/GWB (2018), § 89b Rn. 5.

(II) Modifikationen des § 142 ZPO

§ 142 ZPO muss modifiziert werden, um entsprechend auf die Herausgabe von Beweismitteln und die Erteilung von Auskünften gemäß § 89b Abs. 1 i.V.m. § 33g GWB anwendbar zu sein.

(1) Gegenstand der Offenlegung und Bezeichnung

Der § 142 Abs. 1 S. 1 ZPO ist seinem Wortlaut nach auf Urkunden und Unterlagen beschränkt. Bei der Anwendung des § 142 ZPO im Rahmen einer Kartellschadensersatzklage muss der Gegenstand der Offenlegung gemäß § 89b Abs. 1 GWB auf Auskünfte erweitert werden. Darüber hinaus erfasst § 33g GWB aber alle Formen von Beweismitteln.[377] Beispielsweise fallen elektronische Dokumente nach überwiegender Ansicht nicht unter den Dokumentenbegriff des § 142 ZPO.[378] Als Augenscheinsgegenstände i.S. des § 371 Abs. 1 S. 2 ZPO stellen elektronische Dokumente aber Beweismittel i.S. des § 33g GWB dar. Bei Anwendung im Rahmen einer Kartellschadensersatzklage muss der Urkundenbegriff des § 142 ZPO daher entsprechend erweitert werden.[379]

Die strengen Anforderungen, die im Rahmen des § 142 ZPO an die Bezeichnung des vorzulegenden Dokuments gestellt werden,[380] dürfen bei der Anwendung von § 142 ZPO i.V.m. § 89b Abs. 1 GWB nicht gelten.[381] Es muss

---

377 Siehe zum Begriff der Beweismittel i.S.d. § 33g GWB bereits oben, S. 168 f.

378 *Althammer*, in: Bork/Roth, Stein/Jonas ZPO (2017), § 142 Rn. 15; *Fritsche*, in: Rauscher/Krüger, MüKoZPO (2020), §§ 142–144 Rn. 9; *von Selle*, in: Vorwerk/Wolf, BeckOK ZPO (Stand: März 2020), § 142 Rn. 2.

379 *Bornkamm/Tolkmitt*, in: Langen/Bunte, Kartellrecht/GWB (2018), § 89b Rn. 9; *Makatsch/Kacholdt*, in: Säcker/Meier-Beck, MüKo Kartellrecht/GWB (2020), § 89b Rn. 12.

380 Siehe zu § 142 ZPO: BGH, Beschl. v. 14.06.2007 – VII ZR 230/06, NJW-RR 2007, S. 1393, 1394 Rn. 10; BGH, Urt. v. 27.05.2014 – XI ZR 264/13, NJW 2014, S. 3312, 3313 Rn. 28 f.; BGH, Urt. v. 16.03.2017 – I ZR 205/15, Juris, Rn. 30; *Jüntgen*, Durchsetzung privater Ansprüche im Kartellrecht, S. 110 ff.; *Kapoor*, Vorlagepflichten, S. 221 f.; *Hamelmann*, Urkundenvorlagepflichten, S. 99 ff.; *Stock*, Schadensnachweis, S. 213 f.; *Althammer*, in: Bork/Roth, Stein/Jonas ZPO (2017), § 142 Rn. 11; *Zekoll/Haas*, JZ 2017, S. 1140, 1144 f.; *Bakowitz*, Informationsherrschaft, S. 200 f.; *Inderst/Thomas*, Schadensersatz bei Kartellverstößen (2018), S. 496; *Greger*, in: Zöller, ZPO (2020), § 142 Rn. 6; *Stadler*, in: Musielak/Voit, ZPO (2020), § 142 Rn. 4a.

381 *Bornkamm/Tolkmitt*, in: Langen/Bunte, Kartellrecht/GWB (2018), § 89b Rn. 10; *Makatsch/Kacholdt*, in: Säcker/Meier-Beck, MüKo Kartellrecht/GWB (2020), § 89b Rn. 12.

ausreichen, dass die Urkunde nach Art und Inhalt identifizierbar ist.[382] Anders als bei § 142 ZPO ist zudem nach Art. 5 Abs. 2 der Kartellschadensersatzrichtlinie auch die Bezeichnung einer Kategorie an Dokumenten ausreichend.[383] Die Anforderungen an die Bezeichnung des Beweismittels dürfen daher nicht überhöht werden.[384]

(2) Kein Ermessen des Prozessgerichts

Die Entscheidung über die Urkundenvorlage gemäß § 142 ZPO steht grundsätzlich im pflichtgemäßen Ermessen des Prozessgerichts.[385] Das Gericht soll bei § 142 ZPO im Rahmen seiner Ermessensausübung berücksichtigen, welche Erkenntnis- und Effizienzgewinne von der Urkundenbeiziehung zu erwarten sind.[386] Zudem sind die Grundsätze der Verhältnismäßigkeit und der Schutz von Geschäftsgeheimnissen in die Abwägung einzubeziehen.[387]

Es ist jedoch davon auszugehen, dass bei der Anwendung von § 142 ZPO im Rahmen einer Kartellschadensersatzklage kein Ermessen des Gerichts besteht.[388] Die Anwendbarkeit von § 142 ZPO ist gemäß § 89d Abs. 4 S. 1 GWB daran geknüpft, dass die Voraussetzungen des Offenlegungsanspruchs aus § 33g GWB

---

382 Vgl. zu § 142 ZPO: *Zekoll/Haas*, JZ 2017, S. 1140, 1145; *Greger*, in: Zöller, ZPO (2020), § 142 Rn. 6; *Stadler*, in: Musielak/Voit, ZPO (2020), § 142 Rn. 4a.

383 Zu § 142 ZPO: BGH, Beschl. v. 14.06.2007 – VII ZR 230/06, NJW-RR 2007, S. 1393, 1394 Rn. 10; BGH, Urt. v. 27.05.2014 – XI ZR 264/13, NJW 2014, S. 3312, 3313 Rn. 28; OLG Koblenz Kartellsenat, Urt. v. 23.08.2018 – U 311/17 Kart – *Wasserpreis Mainz*, Juris, Rn. 33; *Wöstmann*, in: Saenger, ZPO (2019), § 142 Rn. 2; *Stadler*, in: Musielak/Voit, ZPO (2020), § 142 Rn. 4a.

384 *Bornkamm/Tolkmitt*, in: Langen/Bunte, Kartellrecht/GWB (2018), § 89b Rn. 10; vgl. zu den Anforderungen an die Bestimmtheit auch: *Lübbig/Mallmann*, NZKart 2016, S. 518, 519; *Kreße*, WRP 2016, S. 567, 572 f.; *Bach/Wolf*, NZKart 2017, S. 285, 289.

385 *Althammer*, in: Bork/Roth, Stein/Jonas ZPO (2017), § 142 Rn. 6; *Stadler*, in: Musielak/Voit, ZPO (2020), § 142 Rn. 1, siehe auch Rn. 7; *von Selle*, in: Vorwerk/Wolf, BeckOK ZPO (Stand: März 2020), § 142 Rn. 15.

386 *Kapoor*, Vorlagepflichten, S. 231 f.; *Althammer*, in: Bork/Roth, Stein/Jonas ZPO (2017), S. 142 Rn. 6.

387 BGH, Urt. v. 26.06.2007 – XI ZR 277/05, NJW 2007, S. 2989, 2992; *Kapoor*, Vorlagepflichten, S. 249 ff.; *Greger*, in: Zöller, ZPO (2020), § 142 Rn. 8; *von Selle*, in: Vorwerk/Wolf, BeckOK ZPO (Stand: März 2020), § 142 Rn. 15.

388 Nehmen eine Ermessensreduzierung auf Null an: *Makatsch/Kacholdt*, in: Säcker/Meier-Beck, MüKo Kartellrecht/GWB (2020), § 89b Rn. 18; a.A.: *Klumpe/Thiede*, NZKart 2016, S. 471, 472; *Bechtold/Bosch*, GWB (2018), § 89b Rn. 4.

vorliegen.[389] Die Offenlegung nach § 33g GWB setzt dabei bereits die Faktoren – wie zum Beispiel Erforderlichkeit, Verhältnismäßigkeit der Offenlegung und Schutz von Geschäftsgeheimnissen – voraus, die auch in die Ermessenserwägungen des Gerichts bei § 142 ZPO einzubeziehen wären. Eine „doppelte" Abwägung scheint jedoch nicht erforderlich.[390] Auch spricht die Kartellschadensersatzrichtlinie dafür, dass kein Ermessen des Gerichts besteht. Diese sieht ausdrücklich vor, dass der Kläger im einem Kartellschadensersatzprozess das Recht hat, die Offenlegung der zur Durchsetzung seines Anspruchs erforderlichen Beweismittel zu erwirken.[391] Zudem soll nach dem Willen des Novellengebers die Urkundenvorlage gemäß § 142 ZPO eine günstige und schnelle Alternative zu einer eigenständigen Herausgabeklage nach § 33g GWB sein.[392] Sollte die Urkundenvorlage vom Ermessen des Gerichts abhängig sein, würde wohl die Mehrzahl derjenigen, die eine Offenlegung begehren, das sichere, weil ermessensunabhängige, Klageverfahren nach § 33g GWB wählen.[393]

(III) Verfahren bei § 142 ZPO

Für die Anordnung der Urkundenvorlage reicht außerhalb eines Kartellschadensersatzprozesses eine (konkludente) Bezugnahme einer der Parteien auf die Urkunde.[394] Wenn eine Bezugnahme vorliegt, kann das Gericht die

389 *Klumpe/Thiede*, NZKart 2016, S. 471, 472 dort Fn. 18; *Fiedler/Niermann*, NZKart 2017, S. 497, 498; *Weitbrecht*, NZKart 2019, S. 70, 73 f.; *Makatsch/Kacholdt*, in: Säcker/Meier-Beck, MüKo Kartellrecht/GWB (2020), § 89b Rn. 17.

390 Vgl. auch: *Inderst/Thomas*, Schadensersatz bei Kartellverstößen (2018), S. 509.

391 Kartellschadensersatzrichtlinie 2014/104/EU, Erwägungsgrund 15; dazu: *Bornkamm/Tolkmitt*, in: Langen/Bunte, Kartellrecht/GWB (2018), § 89b Rn. 13. Siehe auch: *Schweitzer*, NZKart 2014, S. 335, 341; *Janssen*, CB 2015, S. 35, 37 f.; *Roth*, JZ 2016, S. 1134, 1137.

392 *Bundesregierung*, Begr. des Gesetzesentwurfes zur 9. GWB-Novelle, BT-Drs. 18/10207, S. 101.

393 *Bornkamm/Tolkmitt*, in: Langen/Bunte, Kartellrecht/GWB (2018), § 89b Rn. 13; nimmt mit demselben Argument eine Ermessensreduzierung auf Null an: *Fiedler/Niermann*, NZKart 2017, S. 497, 498.

394 BGH, Urt. v. 26.06.2007 – XI ZR 277/05, NJW 2007, S. 2989, 2991 f.; BGH, Urt. v. 16.03.2017 – I ZR 205/15, Juris, Rn. 30; *Althammer*, in: Bork/Roth, Stein/Jonas ZPO (2017), § 142 Rn. 18; *von Selle*, in: Vorwerk/Wolf, BeckOK ZPO (Stand: März 2020), § 142 Rn. 10.

Urkundenvorlage auch von Amts wegen anordnen.[395] Bei der entsprechenden Anwendung von § 142 ZPO im Rahmen eines Kartellschadensersatzprozesses ist hingegen davon auszugehen, dass ein Antrag erforderlich ist.[396] § 89b Abs. 1 GWB i.V.m. § 142 ZPO dient der vereinfachten Durchsetzung der Offenlegungsansprüche aus § 33g Abs. 1 und 2 GWB. Die Offenlegung erfolgt somit primär aufgrund von Parteiinteressen. Zudem spricht aufgrund der Reichweite des Offenlegungsanspruchs aus § 33g Abs. 1 und 2 GWB der Beibringungsgrundsatz gegen eine Anordnung von Amts wegen.[397]

Die Vorlageentscheidung aus § 142 ZPO ergeht durch Beschluss oder im Wege der Verfügung nach § 273 Abs. 2 Nr. 5 ZPO.[398] Aufgrund der fehlenden Vollstreckbarkeit der Vorlageentscheidung den Parteien des Prozesses gegenüber ist jedoch davon auszugehen, dass das Ermessen des Gerichts in der Regel auf den Erlass eines Zwischenurteils nach § 89b Abs. 3 S. 1 GWB reduziert ist.[399] Folge wird sein, dass der § 89b Abs. 1 GWB i.V.m. § 142 ZPO kaum Anwendung gegenüber den Prozessparteien finden wird.

b) Offenlegung durch einen Dritten

Die Offenlegung durch einen Dritten im Kartellschadensersatzprozess richtet sich ausschließlich nach § 89b Abs. 1 und 2 GWB i.V.m. § 142 ZPO. § 89b Abs. 3 GWB ist auf Dritte, die keine Partei des Schadensersatzprozesses sind, nicht anwendbar. Einem Dritten gegenüber kann die Vorlageentscheidung nach § 142 ZPO somit nur durch Beschluss oder im Wege einer Verfügung nach § 273 Abs. 2 Nr. 5 ZPO ergehen.[400] § 89b Abs. 2 GWB modifiziert die Zumutbarkeit der Offenlegung für einen Dritten aus § 142 Abs. 2 ZPO dahingehend, dass sich diese nach § 33g Abs. 3 bis 6 GWB richtet. Damit der Dritte etwaige Verweigerungsgründe vorbringen kann, muss ihm vor Erlass der Entscheidung

---

395 BGH, Urt. v. 26.06.2007 – XI ZR 277/05, NJW 2007, S. 2989, 2991; BGH, Urt. v. 16.03.2017 – I ZR 205/15, Juris, Rn. 29; *Stadler*, in: Musielak/Voit, ZPO (2020), § 142 Rn. 1; kritisch etwa: *Althammer*, in: Bork/Roth, Stein/Jonas ZPO (2017), § 142 Rn. 20.

396 *Bornkamm/Tolkmitt*, in: Langen/Bunte, Kartellrecht/GWB (2018), § 89b Rn. 15; a.A.: *Fiedler/Niermann*, NZKart 2017, S. 497, 502; *Weitbrecht*, NZKart 2019, S. 70, 73 f.

397 *Bornkamm/Tolkmitt*, in: Langen/Bunte, Kartellrecht/GWB (2018), § 89b Rn. 15.

398 *Althammer*, in: Bork/Roth, Stein/Jonas ZPO (2017), § 142 Rn. 43; *Fritsche*, in: Rauscher/Krüger, MüKoZPO (2020), §§ 142–144 Rn. 7; *Stadler*, in: Musielak/Voit, ZPO (2020), § 142 Rn. 13.

399 *Bornkamm/Tolkmitt*, in: Langen/Bunte, Kartellrecht/GWB (2018), § 89b Rn. 18.

400 *Bornkamm/Tolkmitt*, in: Langen/Bunte, Kartellrecht/GWB (2018), § 89b Rn. 20; *Inderst/Thomas*, Schadensersatz bei Kartellverstößen (2018), S. 510.

die Möglichkeit zur Stellungnahme gegeben werden.[401] Dies ergibt sich auch aus Art. 5 Abs. 7 der Kartellschadensersatzrichtlinie. Ob ein etwaiges Zeugnisverweigerungsrecht i.S. des § 33g Abs. 6 GWB tatsächlich besteht, kann in entsprechender Anwendung von § 387 ZPO durch einen Zwischenstreit überprüft werden.[402] Trotz der berechtigten Geltendmachung eines Verweigerungsrechts kommt jedoch eine Offenlegung im Freigabeverfahren nach § 89b Abs. 6 GWB in Betracht.

c) *Aussetzung des Kartellschadensersatzprozesses gemäß § 89b Abs. 4 GWB*

§ 89b Abs. 4 GWB ermöglicht die Aussetzung des Kartellschadensersatzprozesses, bis ein separat geführter Rechtsstreit über die Offenlegung abgeschlossen ist (Nr. 1) oder um außerprozessuale Vergleichsverhandlungen für die Dauer von bis zu zwei Jahren zu ermöglichen (Nr. 2). § 89b Abs. 4 Nr. 2 GWB setzt Art. 18 Abs. 2 der Kartellschadensersatzrichtlinie um und soll der Förderung von außergerichtlichen Vergleichen dienen.[403]

Mit § 89b Abs. 4 Nr. 1 GWB soll verhindert werden, dass über den Schadensersatzanspruch entschieden werden muss, bevor ein Beweismittel, das den Schadensersatzprozess beeinflussen kann, offengelegt wurde.[404] Passender wäre an dieser Stelle ein Ruhenlassen des Verfahrens nach § 251 ZPO gewesen, da es für die Verfahrensaussetzung nach § 148 ZPO nicht ausreichend ist, dass ein Rechtsstreit lediglich Auswirkungen auf einen anderen haben kann.[405]

Der Rechtsstreit über die Offenlegung i.S. des § 89b Abs. 4 Nr. 1 GWB muss getrennt vom Schadensersatzprozess, also vor einem anderem Gericht, geführt werden.[406] Es reicht somit nicht aus, dass der Offenlegungsanspruch nach § 89b

---

401 *Bornkamm/Tolkmitt*, in: Langen/Bunte, Kartellrecht/GWB (2018), § 89b Rn. 21.

402 Vgl.: *Preuß*, in: Kersting/Podszun, 9. GWB-Novelle, Kap. 10 Rn. 67; a.A.: *Bornkamm/Tolkmitt*, in: Langen/Bunte, Kartellrecht/GWB (2018), § 89b Rn. 21.

403 *Bundesregierung*, Begr. des Gesetzesentwurfes zur 9. GWB-Novelle, BT-Drs. 18/10207, S. 101.

404 *Bundesregierung*, Begr. des Gesetzesentwurfes zur 9. GWB-Novelle, BT-Drs. 18/10207, S. 101.

405 BGH, Beschl. v. 12.12.2005 – II ZB 30/04, NJW-RR 2006, S. 1289, 1290 Rn. 8; *Hellmann/Steinbrück*, NZKart 2017, S. 164, 172; *Inderst/Thomas*, Schadensersatz bei Kartellverstößen (2018), S. 511.

406 *Hellmann/Steinbrück*, NZKart 2017, S. 164, 172; *Bornkamm/Tolkmitt*, in: Langen/Bunte, Kartellrecht/GWB (2018), § 89b Rn. 34; *Makatsch/Kacholdt*, in: Säcker/Meier-Beck, MüKo Kartellrecht/GWB (2020), § 89b Rn. 37.

Abs. 3 GWB im Schadensersatzprozess erhoben wurde. Der Schadensersatzprozess kann längstens bis zur Erledigung des Offenlegungsprozesses durch eine rechtskräftige Entscheidung über den Anspruch bzw. bis zu einer unstreitigen Erledigung durch Rücknahme der Klage, Vergleich oder Erledigungserklärung ausgesetzt werden.[407]

Die Aussetzung setzt einen Antrag voraus und steht im Ermessen des Gerichts. Wenn die Aussetzung nach § 89b Abs. 4 Nr. 1 GWB durch den Kartellanten beantragt wird, muss zurückhaltend über den Aussetzungsantrag entschieden werden, da die Gefahr einer künstlichen Verschleppung des Schadensersatzprozesses besteht.[408]

d) Zwischenergebnis zu 1.

Die Regelungen über die Geltendmachung der Offenlegungsansprüche im Rahmen eines Kartellschadensersatzprozesses zeigen, dass dem Novellengeber die Kombination von materiell-rechtlichen und prozessualen Normen nicht immer gelingt.[409]

2. Geltendmachung außerhalb eines Schadensersatzprozesses

a) Eigenständige Klage auf Offenlegung

Die Offenlegungsansprüche aus § 33g Abs. 1 und 2 GWB können als materiell-rechtliche Ansprüche auch außerhalb eines Schadensersatzprozesses selbstständig prozessual geltend gemacht werden.[410] Die selbstständige prozessuale Geltendmachung des Offenlegungsanspruchs hemmt gemäß § 33h Abs. 6 S. 1 Nr. 3 GWB die Verjährung des Schadensersatzanspruchs, sodass dem Geschädigten keine rechtlichen Nachteile durch diese Vorgehensweise entstehen.[411] Dass § 33g Abs. 2 GWB die Rechtshängigkeit einer Offenlegungsklage aus § 33g Abs. 1 GWB bzw. einer Schadensersatzklage aus § 33a Abs. 1 GWB voraussetzt,

407 *Bornkamm/Tolkmitt*, in: Langen/Bunte, Kartellrecht/GWB (2018), § 89b Rn. 34.

408 *Rosenfeld/Brand*, WuW 2017, S. 247, 251; *Bornkamm/Tolkmitt*, in: Langen/Bunte, Kartellrecht/GWB (2018), § 89b Rn. 35.

409 So bereits: *Hellmann/Steinbrück*, NZKart 2017, S. 164, 171 f.; siehe auch: *Klumpe/Thiede*, NZKart 2016, S. 471, 472; *dies.*, NZKart 2017, S. 332, 337 f.

410 Siehe etwa: *Bundesregierung*, Begr. des Gesetzesentwurfes zur 9. GWB-Novelle, BT-Drs. 18/10207, S. 62.

411 *Bornkamm/Tolkmitt*, in: Langen/Bunte, Kartellrecht/GWB (2018), § 89b Rn. 3.

hindert den Schädiger nicht daran, ab dem Zeitpunkt der Rechtshängigkeit auch eine eigenständige Offenlegungsklage anzustrengen.[412]

b) *Herausgabe der wettbewerbsbehördlichen Entscheidung im Verfügungsverfahren gemäß § 89b Abs. 5 GWB*

Der Geschädigte kann gemäß § 89b Abs. 5 S. 1 GWB eine nach § 33b GWB bindende wettbewerbsbehördliche Entscheidung im Wege des Verfügungsverfahrens vom Betroffenen der Entscheidung herausverlangen.

aa) *Hintergrund*

Der Novellengeber hat sich mit der Einführung der Möglichkeit einer Offenlegung im Verfahren des einstweiligen Rechtsschutzes an der Umsetzung der Enforcement-Richtlinie orientiert.[413] Die Bundesregierung sah in ihrem Novellenentwurf vor, dass § 89b Abs. 5 GWB auf die Herausgabe aller Beweismittel und die Erteilung von Auskünften anwendbar sein sollte. Erst im Laufe des weiteren Gesetzgebungsverfahrens wurde § 89b Abs. 5 S. 1 GWB auf die Herausgabe der wettbewerbsbehördlichen Entscheidung beschränkt.[414] § 89b Abs. 5 S. 1 GWB dient somit allein dazu, dem Geschädigten einen zügigen und unkomplizierten Zugang zur wettbewerbsbehördlichen Entscheidung zu verschaffen. Ziel des Verfügungsantrages wird in der Regel die vertrauliche Fassung der Entscheidung sein.[415] Dass durch die Offenlegung des Bußgeldbescheides die Entscheidung in der Hauptsache endgültig vorweggenommen wird, hat der Novellengeber bewusst in Kauf genommen.[416]

---

412 *Bornkamm/Tolkmitt*, in: Langen/Bunte, Kartellrecht/GWB (2018), § 89b Rn. 24; *Bechtold/Bosch*, GWB (2018), § 89 Rn. 6; a.A.: *Preuß*, in: Kersting/Podszun, 9. GWB-Novelle, Kap. 10 Rn. 117.

413 *Bornkamm/Tolkmitt*, in: Langen/Bunte, Kartellrecht/GWB (2018), § 89b Rn. 26.

414 Vgl. dazu: *Bundesregierung*, Begr. des Gesetzesentwurfes zur 9. GWB-Novelle, BT-Drs. 18/10207, S. 31; mit der Beschlussfassung des: *Bundestag*, Beschlussempfehlung und Bericht des Ausschusses für Wirtschaft und Energie zum Entwurf der 9. GWB-Novelle, BT-Drs. 18/11446, S. 10; dazu: *Preuß*, in: Kersting/Podszun, 9. GWB-Novelle, Kap. 10 Rn. 131; äußern Unverständnis über die Einschränkung: *Bach/Wolf*, NZKart 2017, S. 285, 291.

415 Siehe etwa: OLG Düsseldorf, Beschl. v. 03.04.2018 – VI-W (Kart) 2/18 – *Herausgabe von Beweismitteln I*, Juris, Rn. 1; LG Stuttgart, Urt. v. 20.06.2018 – 30 O 79/18, Juris, Rn. 1. Siehe zum Umfang des Herausgabeanspruchs unten, S. 237 f.

416 *Bundesregierung*, Begr. des Gesetzesentwurfes zur 9. GWB-Novelle, BT-Drs. 18/10207, S. 101.

bb) Voraussetzungen

Dem Wortlaut des § 89b Abs. 5 S. 1 GWB nach, kann das Verfügungsverfahren nur durch den Geschädigten eines Wettbewerbsverstoßes angestrengt werden. Zudem muss eine nach § 33b GWB bindende, das heißt in Rechtskraft erwachsene Entscheidung einer Wettbewerbsbehörde wegen eines Verstoßes gegen Art. 101 oder 102 AEUV bzw. wegen eines Verstoßes gegen den ersten Teil des GWB vorliegen.[417] In Umsetzung von Art. 5 Abs. 7 der Kartellschadensersatzrichtlinie ordnet § 89b Abs. 5 S. 2 GWB an, dass der Anordnungsgegner vor der Verfügungsentscheidung angehört werden muss.[418] Die Verfügung soll „*ohne die Darlegung und Glaubhaftmachung der in den §§ 935 und 940 der Zivilprozessordnung bezeichneten Voraussetzungen angeordnet werden*" können. Die Bedeutung und Reichweite dieser Anordnung war bisher unklar. Umstritten ist sowohl, ob ein Verfügungsgrund – also die Dringlichkeit – als auch, ob die Darlegung und Glaubhaftmachung eines Verfügungsanspruchs erforderlich ist.

(I) Darlegung und Glaubhaftmachung eines Verfügungsanspruches

Überwiegend wird angenommen, dass trotz des nicht eindeutigen Gesetzeswortlautes die Darlegung und Glaubhaftmachung eines Verfügungsanspruchs, also der Voraussetzungen eines Herausgabeanspruchs aus § 33g GWB, notwendig ist.[419] Dass der Novellengeber auf das Bestehen eines Verfügungsanspruchs verzichten wollte, erscheint tatsächlich fernliegend.[420] Dafür spricht auch die Begründung zur Beschlussempfehlung des Ausschusses für Wirtschaft und Energie. Diese geht davon aus, dass nur die Darlegung und Glaubhaftmachung

---

417 Siehe zu § 33b GWB bereits oben, S. 69 f.

418 *Bundesregierung*, Begr. des Gesetzesentwurfes zur 9. GWB-Novelle, BT-Drs. 18/10207, S. 101.

419 OLG Düsseldorf, Beschl. v. 03.04.2018 – VI-W (Kart) 2/18 – *Herausgabe von Beweismitteln I*, Juris, Rn. 14; *Kersting/Preuß*, WuW (Online-Beitrag) 2016, S. L1, L17; *Preuß*, in: Kersting/Podszun, 9. GWB-Novelle, Kap. 10 Rn. 131; *Hellmann/Steinbrück*, NZKart 2017, S. 164, 173; *Bornkamm/Tolkmitt*, in: Langen/Bunte, Kartellrecht/GWB (2018), § 89b Rn. 29; *Inderst/Thomas*, Schadensersatz bei Kartellverstößen (2018), S. 511; *Makatsch/Kacholdt*, in: Säcker/Meier-Beck, MüKo Kartellrecht/GWB (2020), § 89b Rn. 54; a.A.: *Bechtold/Bosch*, GWB (2018), § 89b Rn. 10.

420 *Bornkamm/Tolkmitt*, in: Langen/Bunte, Kartellrecht/GWB (2018), § 89b Rn. 29; *Makatsch/Kacholdt*, in: Säcker/Meier-Beck, MüKo Kartellrecht/GWB (2020), § 89b Rn. 54.

des Eilbedürfnisses entfällt.[421] Mit der 10. GWB-Novelle soll nun klargestellt werden, dass auf einen Verfügungsanspruch nicht verzichtet werden soll.[422]

(II) Erfordernis eines Verfügungsgrundes

Der Verfügungsgrund, in der Regel als Dringlichkeit bzw. Eilbedürftigkeit bezeichnet,[423] dient der Rechtfertigung des Erlasses einer vollstreckbaren Entscheidung trotz eines nur summarisch geführten Verfahrens.[424] Nach überwiegender Ansicht ist das Erfordernis des Verfügungsgrundes jedoch nicht auf eine rein zeitliche Dringlichkeit beschränkt. Vielmehr ist der Verfügungsgrund das Ergebnis einer umfassenden Abwägung der Parteiinteressen.[425] Eindeutig war, dass bei der Anwendung des § 89b Abs. 5 S. 1 GWB ein Verfügungsgrund nicht dargelegt und glaubhaft gemacht werden muss.[426] Umstritten ist allerdings bisher, ob der Novellengeber vollständig auf das Erfordernis eines Verfügungsgrundes verzichten wollte, oder ob er damit wie bei § 12 Abs. 2 UWG eine widerlegbare Vermutung der Dringlichkeit einführen wollte. Mit der 10. GWB-Novelle soll nun klargestellt werden, dass ein Verfügungsgrund nicht erforderlich ist (§ 89b Abs. 5 S. 2 GWB-RefE).

---

421 *Bundestag*, Beschlussempfehlung und Bericht des Ausschusses für Wirtschaft und Energie zum Entwurf der 9. GWB-Novelle, BT-Drs. 18/11446, S. 30 f.

422 *Bundesministerium für Wirtschaft und Energie*, Begr. des Referentenentwurfs zur 10. GWB-Novelle v. 24.01.2020, S. 153.

423 Allg.: *Berneke/Schüttpelz*, Die einstweilige Verfügung, Rn. 103; zu § 935 ZPO: *Mayer*, in: Vorwerk/Wolf, BeckOK ZPO (Stand: März 2020), § 935 Rn. 11; zu § 12 Abs. 2 UWG: *Köhler*, in: Köhler/Bornkamm/Feddersen, UWG (2020), § 12 Rn. 3.12.

424 *Berneke/Schüttpelz*, Die einstweilige Verfügung, Rn. 103.

425 OLG Karlsruhe, Urt. v. 13.06.1994 – 6 U 52/94, NJW-RR 1995, S. 176; OLG Celle, Urt. v. 16.07.1997 – 13 U 97/97, GRUR 1998, S. 50; *Retzer*, GRUR 2009, S. 329, 331 ff.; *Schlingloff*, in: Heermann/Schlingloff, MüKoUWG (2014), § 12 Rn. 368; *Berneke/Schüttpelz*, Die einstweilige Verfügung, Rn. 103 und 109 ff.; *Feddersen*, in: Teplitzky/Bacher, Teplitzky (2019), Kap. 54 Rn. 14.

426 *Bundestag*, Beschlussempfehlung und Bericht des Ausschusses für Wirtschaft und Energie zum Entwurf der 9. GWB-Novelle, BT-Drs. 18/11446, S. 31; *Kersting/Preuß*, WuW (Online-Beitrag) 2016, S. L1, L17; *Lübbig/Mallmann*, NZKart 2016, S. 518, 520; *Podszun/Kreifels*, GWR 2017, S. 67, 70; *Preuß*, in: Kersting/Podszun, 9. GWB-Novelle, Kap. 10 Rn. 131; *Bornkamm/Tolkmitt*, in: Langen/Bunte, Kartellrecht/GWB (2018), § 89b Rn. 29; *Inderst/Thomas*, Schadensersatz bei Kartellverstößen (2018), S. 511.

(1) Bisherige Rechtsprechung

In den vor der Veröffentlichung des Referentenentwurfs der 10. GWB-Novelle[427] zu § 89b Abs. 5 S. 1 GWB ergangenen Entscheidungen wurde die Rechtsprechung zu § 12 Abs. 2 UWG übernommen.[428] Dafür würde der Wortlaut des § 89b Abs. 5 S. 1 GWB sprechen, der dem des § 12 Abs. 2 UWG in Teilen gleicht.[429] Der Novellengeber habe den Wortlaut des § 89b Abs. 5 S. 1 GWB zudem in Kenntnis des § 12 Abs. 2 UWG und der dazu ergangenen Rechtsprechung gewählt.[430]

Bei § 12 Abs. 2 UWG besteht die wohl einhellige Ansicht in Rechtsprechung und Literatur, dass nicht vollständig auf das Erfordernis der Dringlichkeit verzichtet wurde. Vielmehr bestünde zugunsten des Antragstellers nur eine widerlegbare Vermutung der Dringlichkeit.[431] Die Vermutung soll insbesondere dann widerlegt sein, wenn der Antragsteller trotz Kenntnis der Rechtsverletzung und der Person des Schuldners ohne Grund mehr als vier Wochen[432] auf die Einleitung des Verfügungsverfahrens zugewartet hat.[433]

---

427 Der Referentenentwurf zur 10. GWB-Novelle wurde Mitte Oktober 2019 in der Fassung vom 7. Oktober 2019 veröffentlicht.

428 LG Köln, Beschl. v. 16.01.2018 – 31 O 338/17, Juris, Rn. 3; OLG Düsseldorf, Beschl. v. 03.04.2018 – VI-W (Kart) 2/18 – *Herausgabe von Beweismitteln I*, Juris, Rn. 35 f.; OLG Düsseldorf, Beschl. v. 07.05.2018 – VI-W (Kart) 2/18 – *Herausgabe von Beweismitteln II*, Juris, Rn. 7 f.; LG Stuttgart, Urt. v. 20.06.2018 – 30 O 79/18, Juris, Rn. 29.

429 OLG Düsseldorf, Beschl. v. 03.04.2018 – VI-W (Kart) 2/18 – *Herausgabe von Beweismitteln I*, Juris, Rn. 32; OLG Düsseldorf, Beschl. v. 07.05.2018 – VI-W (Kart) 2/18 – *Herausgabe von Beweismitteln II*, Juris, Rn. 34.

430 OLG Düsseldorf, Beschl. v. 03.04.2018 – VI-W (Kart) 2/18 – *Herausgabe von Beweismitteln I*, Juris, Rn. 35; OLG Düsseldorf, Beschl. v. 07.05.2018 – VI-W (Kart) 2/18 – *Herausgabe von Beweismitteln II*, Juris, Rn. 34; dazu: *Patzer/Kruse*, NZKart 2018, S. 291, 294.

431 BGH, Beschl. v. 01.07.1999 – I ZB 7/99 – *Späte Urteilsbegründung*, GRUR 2000, S. 151, 152; KG, Urt. v. 17.10.2014 – 5 U 63/14, GRUR-RR 2015, S. 181, 182 Rn. 30; *Schlingloff*, in: Heermann/Schlingloff, MüKoUWG (2014), § 12 Rn. 372; *Berneke/Schüttpelz*, Die einstweilige Verfügung, Rn. 125; *Feddersen*, in: Teplitzky/Bacher, Teplitzky (2019), Kap. 54 Rn. 18; *Köhler*, in: Köhler/Bornkamm/Feddersen, UWG (2020), § 12 Rn. 3.13.

432 Wie lange die Dauer des Zuwartens genau betragen darf, ist zwischen den Obergerichten umstritten. Der 6. Kartellsenat des OLG Düsseldorf nimmt eine maximal Dauer von etwa 4 Wochen an: OLG Düsseldorf, Beschl. v. 13.09.2016 – VI-W (Kart) 9/16, Rechtsprechungsdatenbank NRW, Rn. 4; eine Rechtsprechungsübersicht findet sich z.B. bei: *Köhler*, in: Köhler/Bornkamm/Feddersen, UWG (2020), § 12 Rn. 3.15b.

433 Std. Rspr., siehe etwa: BGH, Beschl. v. 01.07.1999 – I ZB 7/99 – *Späte Urteilsbegründung*, GRUR 2000, S. 151, 152; KG, Urt. v. 17.10.2014 – 5 U 63/14, GRUR-RR 2015,

(2) Stellungnahme zur Rechtsprechung des OLG Düsseldorf

Bereits vor der Veröffentlichung des Referentenentwurfs zur 10. GWB-Novelle war entgegen der in den *Herausgabe von Beweismitteln*-Beschlüssen geäußerten Ansicht des OLG Düsseldorf davon auszugehen, dass der Novellengeber bei § 89b Abs. 5 S. 1 GWB die Möglichkeit schaffen wollte, die Offenlegung der wettbewerbsbehördlichen Entscheidung zu erreichen, ohne dass es dafür auf eine zeitliche Dringlichkeit ankommen soll.[434]

(a) Wortlaut

Dem Wortlautargument des OLG Düsseldorf[435] ist zu entgegen, dass zwar Ähnlichkeiten im Wortlaut des § 89b Abs. 5 S. 1 GWB und des § 12 Abs. 2 UWG bestehen. Dies lässt jedoch nicht zwangsläufig den Schluss zu, dass der Novellengeber wie bei § 12 Abs. 2 UWG eine widerlegliche Vermutung der Dringlichkeit einführen wollte. Wie bereits dargestellt bedürfen die durch die 9. GWB-Novelle eingeführten materiell- und prozessrechtlichen Regelungen über die Offenlegung an mehreren Stellen erheblicher Auslegung, um den vom Novellengeber intendierten Gesetzeszweck zu erreichen. So zeigt zum Beispiel die Verwendung des Begriffes der Glaubhafthaftmachung in § 33g Abs. 1 GWB, dass der Novellengeber nur vermeintlich auf eine bekannte prozessuale Begrifflichkeit verweisen wollte.[436] Bei § 89b Abs. 3 S. 1 GWB verwendet der Novellengeber mit dem Begriff des Zwischenurteils ein hergebrachtes zivilprozessuales Rechtsinstitut, nur um dieses durch die Anordnung der Anfechtbarkeit in § 89b Abs. 3 S. 2 GWB, erheblich zu modifizieren.[437] Da der Novellengeber die fehlende Vollstreckbarkeit des Zwischenurteils wohl übersehen hat, ist sogar eine noch weitergehende Auslegung notwendig, um den Zweck des § 89b Abs. 3 S. 1 GWB,

---

S. 181, 183 Rn. 31; dazu: *Schlingloff*, in: Heermann/Schlingloff, MüKoUWG (2014), § 12 Rn. 387; *Köhler*, in: Köhler/Bornkamm/Feddersen, UWG (2020), § 12 Rn 3.15.

434 *Bornkamm/Tolkmitt*, in: Langen/Bunte, Kartellrecht/GWB (2018), § 89b Rn. 31; *Soyez*, WuW 2018, S. 368, 369; *Makatsch/Kacholdt*, in: Säcker/Meier-Beck, MüKo Kartellrecht/GWB (2020), § 89b Rn. 60; vgl. auch: *Klumpe/Thiede*, BB 2016, S. 3011, 3016; *Podszun*, Die 9. Novelle des Gesetzes gegen Wettbewerbsbeschränkungen (GWB), Ausschuss-Drs. 18(9)1092, S. 23; kritisch: *Mallmann/Lübbig*, in: Fuchs/Weitbrecht, Private Kartellrechtsdurchsetzung, § 13 Rn. 78.

435 OLG Düsseldorf, Beschl. v. 03.04.2018 – VI-W (Kart) 2/18 – *Herausgabe von Beweismitteln I*, Juris, Rn. 32; OLG Düsseldorf, Beschl. v. 07.05.2018 – VI-W (Kart) 2/18 – *Herausgabe von Beweismitteln II*, Juris, Rn. 34.

436 Siehe zur Glaubhaftmachung in § 33g Abs. 1 GWB bereits oben, S. 161 ff.

437 Siehe zum Begriff des Zwischenurteils in § 89b Abs. 3 S. 1 GWB bereits oben, S. 215 ff.

eine beschleunigte Offenlegung, zu erreichen. Die überwiegende Literatur will sich an dieser Stelle vollkommen vom Gesetzeswortlaut und der Gesetzesbegründung lösen und nimmt an, dass der Novellengeber eigentlich ein „Teilurteil" in § 89b Abs. 3 GWB normieren wollte.[438] Es ist somit nicht ausgeschlossen, dass der Novellengeber auch bei § 89b Abs. 5 GWB übersehen oder nicht bedacht hat, dass die Nutzung bestimmter Begrifflichkeiten oder Formulierungen aufgrund ihrer bisherigen Verwendung und Auslegung dem intendierten Zweck der Norm widersprechen könnte.[439]

(b) Fehlende Vergleichbarkeit von § 12 Abs. 2 UWG und § 89b Abs. 5 S. 1 GWB

Für einen Verzicht des Novellengebers auf einen Verfügungsgrund spricht auch, dass die § 12 Abs. 2 UWG und § 89b Abs. 5 S. 1 GWB über ihren Wortlaut hinaus nicht miteinander vergleichbar sind.

Die Anordnung der einstweiligen Verfügung in § 12 Abs. 2 UWG beruht darauf, dass eine besondere Gefahr für die Rechte des Antragstellers besteht, sodass zeitnahes Handeln erforderlich ist und der Antragsteller daher nicht auf das normale Klageverfahren verwiesen werden darf.[440] Aufgrund des typischen Eilbedarfs in Sachen des unlauteren Wettbewerbs ist es angemessen, in § 12 Abs. 2 UWG eine Dringlichkeitsvermutung anzunehmen.[441] Es ist daher umgekehrt auch angemessen, von einer Widerlegung der Dringlichkeitsvermutung auszugehen, wenn der Antragsteller trotz positiver Kenntnis oder grob fahrlässiger Unkenntnis von der Rechtsverletzung mit der Anstrengung des Verfügungsverfahrens über einen bestimmten Zeitraum hinaus zugewartet hat.[442]

---

438 *Klumpe/Thiede*, NZKart 2016, S. 471, 473; *Hellmann/Steinbrück*, NZKart 2017, S. 164, 171; *Klumpe/Thiede*, NZKart 2017, S. 332, 338; *Bornkamm/Tolkmitt*, in: Langen/Bunte, Kartellrecht/GWB (2018), § 89b Rn. 16; siehe auch: *Althammer*, in: Bork/Roth, Stein/Jonas ZPO (2018), § 303 Rn. 3.

439 Siehe dagegen: OLG Düsseldorf, Beschl. v. 07.05.2018 – VI-W (Kart) 2/18 – *Herausgabe von Beweismitteln II*, Juris, Rn. 34; *Patzer/Kruse*, NZKart 2018, S. 291, 294.

440 Vgl.: *Berneke/Schüttpelz*, Die einstweilige Verfügung, Rn. 103.

441 *Berneke/Schüttpelz*, Die einstweilige Verfügung, Rn. 125, zum Eilbedarf siehe dort Rn. 30 ff.

442 OLG Hamburg, Beschl. v. 12.02.2007 – 5 U 189/06, GRUR-RR 2007, S. 302, 303; OLG Karlsruhe, Urt. v. 14.04.2010 – 6 U 5/10, GRUR-RR 2010, S. 450, 451; *Schlingloff*, in: Heermann/Schlingloff, MüKoUWG (2014), § 12 Rn. 389; *Berneke/Schüttpelz*, Die einstweilige Verfügung, Rn. 141; *Soyez*, WuW 2018, S. 368, 370; *Feddersen*, in: Teplitzky/Bacher, Teplitzky (2019), Kap. 54 Rn. 28; *Köhler*, in: Köhler/Bornkamm/Feddersen, UWG (2020), § 12 Rn. 3.15a.

Nach der Begründung des Regierungsentwurfes zur 9. GWB-Novelle ist der Zweck des § 89b Abs. 5 S. 1 GWB, dass der Geschädigte kurzfristig und ohne die Notwendigkeit eines eigenständigen Offenlegungsprozesses die Herausgabe von Beweismitteln erreichen kann.[443] Der Begriff der Beweismittel wurde zwar im Laufe des Gesetzgebungsverfahrens auf eine nach § 33b GWB bindende wettbewerbsbehördliche Entscheidung beschränkt, der Zweck des § 89b Abs. 5 S. 1 GWB blieb aber derselbe. Ziel war somit nur eine Beschleunigung der Offenlegung, nicht aber – wie bei § 12 Abs. 2 UWG – die Beendigung einer Rechtsverletzung.

Zudem ist auch der Schluss nicht übertragbar, dass ein bestimmter Zeitraum an Zuwarten nach Erlass der wettbewerbsbehördlichen Entscheidung typischerweise dafür spricht, das kein Bedürfnis mehr für Offenlegung der Entscheidung im Eilverfahren bestehe.[444] Grund dafür ist, dass bei § 89b Abs. 5 S. 1 GWB nicht allein auf die Kenntnis bzw. grobfahrlässige Unkenntnis der Rechtsverletzung abgestellt werden kann. Der Geschädigte muss zusätzlich erkannt haben, dass ein Schadensersatzanspruch besteht und dass zur Durchsetzung dieses Anspruchs die – vertrauliche Fassung der – wettbewerbsbehördlichen Entscheidung erforderlich ist.[445] Die Ablehnung der Antrages auf Erlass einer Verfügung nach § 89b Abs. 5 S. 1 GWB wegen eines – kurzzeitigen – Zuwartens ist daher nicht nur systematisch unpassend, sondern auf Grund der ungleich komplexeren Rechtslage bei Kartellschadensersatzansprüchen auch unangemessen.

(c) Zweck

Da es dem Geschädigten in der Regel wohl nicht gelingen wird einen Verfügungsgrund darzulegen und glaubhaft zu machen,[446] wäre er nach der oben dargestellten Rechtsprechung auf die zeitlich eng begrenzte, weil durch Zuwarten widerlegbare, Vermutung der Dringlichkeit angewiesen. Die Anwendbarkeit des

---

443 *Bundesregierung*, Begr. des Gesetzesentwurfes zur 9. GWB-Novelle, BT-Drs. 18/10207, S. 101; so wiederholt in: *Bundesministerium für Wirtschaft und Energie*, Begr. des Referentenentwurfs zur 10. GWB-Novelle v. 24.01.2020, S. 153.

444 So aber: OLG Düsseldorf, Beschl. v. 03.04.2018 – VI-W (Kart) 2/18 – *Herausgabe von Beweismitteln I*, Juris, Rn. 40: *„Entscheidend ist, dass die Antragstellerinnen seit dem Erlass dieser Entscheidung zu lange zugewartet haben,* […].“; *Soyez*, WuW 2018, S. 368, 370.

445 So auch: LG Stuttgart, Urt. v. 20.06.2018 – 30 O 79/18, Juris, Rn. 35.

446 Siehe: OLG Düsseldorf, Beschl. v. 03.04.2018 – VI-W (Kart) 2/18 – *Herausgabe von Beweismitteln I*, Juris, Rn. 43 ff.

§ 89b Abs. 5 S. 1 GWB ist damit faktisch auf einen sehr kurzen Zeitraum von etwa vier Wochen beschränkt.

Bereits die Gesetzesbegründung der 9. GWB-Novelle spricht ausdrücklich dafür, dass der Novellengeber die vereinfachte Offenlegung des wettbewerbsbehördlichen Bescheides gemäß § 89b Abs. 5 S. 1 GWB nicht auf einen so kurzen Zeitraum beschränken wollte. Wie bereits dargestellt ist der Grund für die Verfügung bei § 89b Abs. 5 S. 1 GWB der gesetzgeberische Wille, dem Geschädigten eines rechtskräftig festgestellten Wettbewerbsverstoßes, kurzfristig und ohne die Notwendigkeit eines langwierigen, eigenständigen Offenlegungsprozesses die wettbewerbsbehördliche Entscheidung zur Durchsetzung seines Kartellschadensersatzanspruchs zur Verfügung zu stellen. Würde § 89b Abs. 5 S. 1 GWB – der oben dargestellten Rechtsprechung folgend – nur eine widerlegliche Vermutung der Dringlichkeit anordnen, bestünde nach kürzester Zeit doch wieder das Bedürfnis, einen eigenständigen, langwierigen und kostenintensiven Offenlegungsprozess anzustrengen. Dem ist hinzuzufügen, dass der europäische Gesetzgeber den Geschädigten durch großzügige Verjährungsfristen mehr Zeit verschaffen wollte, um die komplexen Kartellschadensersatzverfahren vorzubereiten.[447] Unklar ist daher, warum der Geschädigte einerseits mindestens fünf Jahre bis zur Verjährung seiner Ansprüche haben soll,[448] andererseits aber innerhalb kürzester Zeit das Bestehen des Schadensersatzanspruchs feststellen, darlegen und glaubhaftmachen soll, nur um die Herausgabe des Bußgeldbescheides zu erwirken.[449]

(d) Folgen der Rechtsprechung des OLG Düsseldorf

Konsequenz der Rechtsprechung des OLG Düsseldorf ist, dass der § 89b Abs. 5 S. 1 GWB faktisch leerläuft und die Erreichung des Zweckes von § 89b Abs. 5 S. 1 GWB unmöglich, zumindest aber stark gefährdet ist. Schwer nachvollziehbar ist in diesem Zusammenhang bereits, wie das OLG Düsseldorf annehmen

---

447 Siehe etwa: Kartellschadensersatzrichtlinie 2014/104/EU, Erwägungsgrund 36; *Bornkamm/Tolkmitt*, in: Langen/Bunte, Kartellrecht/GWB (2018), § 33h Rn. 1; *Soyez*, WuW 2018, S. 368, 370.

448 Nach § 33h Abs. 6 GWB wird die Verjährung durch wettbewerbsbehördliche Verfahren und Offenlegungsklagen gem. § 33g GWB gehemmt, sodass die Gesamtzeit bis zur Verjährung der Ansprüche meist wesentlich länger sein wird, siehe zur Bedeutung von § 33h Abs. 6 GWB: *Bornkamm/Tolkmitt*, in: Langen/Bunte, Kartellrecht/GWB (2018), § 33h Rn. 22.

449 *Soyez*, WuW 2018, S. 368, 370; so auch: *Bundesministerium für Wirtschaft und Energie*, Begr. des Referentenentwurfs zur 10. GWB-Novelle v. 24.01.2020, S. 153.

konnte, dass die Geschädigten die Kartellanten direkt nach der Veröffentlichung der Pressemitteilung über den Erlass der wettbewerbsbehördlichen Entscheidung hätten auffordern sollen, ihnen die Entscheidung zukommen zu lassen.[450] Aus einer Pressemitteilung und auch aus einer Entscheidungszusammenfassung ergibt sich vielfach nicht einmal die konkrete, im Schadensersatzprozess grundsätzlich zu beweisende Betroffenheit des mutmaßlich Geschädigten.[451] Der Geschädigte muss aber gemäß § 89b Abs. 5 S. 1 GWB die gesamten Voraussetzungen des Herausgabeanspruchs aus § 33g Abs. 1 GWB darlegen und glaubhaft machen.[452]

Zu einem solchem Zeitpunkt würden dem mutmaßlich Geschädigten jedoch mit hoher Wahrscheinlichkeit nicht nur die Informationen fehlen, um die Voraussetzungen des Anspruchs darzulegen. Er würde auch einen Anspruch geltend machen, der gar nicht bestünde, da es mangels Rechtskraft der Entscheidung an der Bindungswirkung gemäß § 33b GWB fehlt. Sollte der Geschädigte eine Offenlegung der vertraulichen Fassung der wettbewerbsbehördlichen Entscheidung verlangen, wird es ihm zudem kaum möglich sein, ohne eine ausführliche Prüfung der nicht vertraulichen Fassung zu begründen, warum er auf die Offenlegung der vertraulichen Fassung der Entscheidung zur Durchsetzung seines Schadensersatzanspruchs angewiesen ist.[453] Die Erkenntnis, dass der Geschädigte zur Durchsetzung seines Schadensersatzanspruchs auf die vertrauliche Entscheidungsfassung angewiesen ist, kann überdies zu jedem Zeitpunkt der Anspruchsverfolgung auftreten, zum Beispiel Jahre nach der Kenntniserlangung

---

450 OLG Düsseldorf, Beschl. v. 03.04.2018 – VI-W (Kart) 2/18 – *Herausgabe von Beweismitteln I*, Juris, Rn. 39: *„Für die Antragstellerinnen war daher bereits seit Veröffentlichung der Pressemitteilung am Tag der Entscheidung erkennbar, dass sie kartellrechtliche Schadensersatzansprüche gegen die Antragsgegnerinnen haben können,* […]"; dazu: *Patzer/Kruse*, NZKart 2018, S. 291, 294; teilweise allerdings zurückgenommen im zweiten Beschluss: OLG Düsseldorf, Beschl. v. 07.05.2018 – VI-W (Kart) 2/18 – *Herausgabe von Beweismitteln II*, Juris, Rn. 10 f.

451 Siehe dazu: *Dawirs*, Zugriff auf Kronzeugenerklärungen, S. 73; in diesem Sinne auch: *Saller*, BB 2013, S. 1160; *Stancke*, NZKart 2017, S. 636, 638.

452 OLG Düsseldorf, Beschl. v. 03.04.2018 – VI-W (Kart) 2/18 – *Herausgabe von Beweismitteln I*, Juris, Rn. 14; *Kersting/Preuß*, WuW (Online-Beitrag) 2016, S. L1, L17; *Preuß*, in: Kersting/Podszun, 9. GWB-Novelle, Kap. 10 Rn. 131; *Hellmann/Steinbrück*, NZKart 2017, S. 164, 173; *Bornkamm/Tolkmitt*, in: Langen/Bunte, Kartellrecht/GWB (2018), § 89b Rn. 29; *Inderst/Thomas*, Schadensersatz bei Kartellverstößen (2018), S. 511.

453 *Soyez*, WuW 2018, S. 368, 370.

über die Rechtsverletzung und den Schadensersatzanspruch im Rahmen der gutachterlichen Schadensberechnung.[454]

Die Rechtsprechung des OLG Düsseldorf hat somit zur Folge, dass ein mutmaßlich Geschädigter rein vorsorglich eine wettbewerbsbehördliche Entscheidung anfordern muss, zu einem Zeitpunkt, an dem diese wahrscheinlich nicht mal den Kartellanten vorliegt, auf Grundlage eines – mangels Rechtskraft des Bußgeldbescheides – nicht bestehenden Anspruchs und ohne die Möglichkeit darzulegen und glaubhaft zu machen, warum für ihn die Offenlegung – der vertraulichen Fassung – der Entscheidung notwendig ist.[455]

(3) Referentenentwurf zur 10. GWB-Novelle

Der Gesetzgeber beabsichtigt in § 89b Abs. 5 S. 2 GWB-RefE klarzustellen, dass ein Verfügungsgrund keine Voraussetzung der Entscheidung gemäß § 89b Abs. 5 S. 1 GWB ist. Darüber hinaus erteilt er der Rechtsprechung des OLG Düsseldorf in der Begründung des Referentenentwurf eine deutliche Absage.[456] Der Gesetzgeber bestätigt darin, dass Zweck des § 89b Abs. 5 GWB ist, dem Geschädigten kurzfristig und ohne Notwendigkeit eines Hauptsacheverfahrens gemäß § 33g Abs. 1 GWB die behördliche Entscheidung zur Verfügung zu stellen. Zudem bezwecke der § 89b Abs. 5 GWB die Verbesserung der Verfahrenseffizienz und soll die Justiz von überflüssigen Hauptsacheverfahren entlasten. Die Auslegung des OLG Düsseldorf in den *Herausgabe von Beweismitteln*-Beschlüssen stehe der Erreichung dieser Zwecke entgegen. Die Auslegung hätte vielmehr zur Folge, dass die Geschädigten zur Geltendmachung des Offenlegungsanspruchs zu einem Zeitpunkt gezwungen wären, in dem sie in der Regel überhaupt noch nicht abschließend über die Durchsetzung von Schadensersatzansprüchen entschieden hätten. Darüber hinaus zieht der Referentenentwurf ausdrücklich die Auslegung von *Bornkamm* und *Tolkmittt* heran. Diese nahmen bereits vor dem Referentenentwurf an, dass der Novellengeber vollständig auf das Erfordernis

---

454 Anders wiederum das OLG Düsseldorf, welches davon ausgeht, dass der mutmaßlich Geschädigte aus der Pressemitteilung über den Erlass einer Entscheidung nicht nur das Bestehen des Schadensersatzanspruchs, sondern auch die Erforderlichkeit der vertraulichen Entscheidungsfassung für die Durchsetzung des Schadensersatzanspruchs hätte erkennen können: OLG Düsseldorf, Beschl. v. 03.04.2018 – VI-W (Kart) 2/18 – *Herausgabe von Beweismitteln I*, Juris, Rn. 39.

455 Im Ergebnis so auch: *Soyez*, WuW 2018, S. 368, 370.

456 *Bundesministerium für Wirtschaft und Energie*, Begr. des Referentenentwurfs zur 10. GWB-Novelle v. 24.01.2020, S. 153.

eines Verfügungsgrundes verzichten wollte und dass dieser ein neues „*Rechtsschutzinstrument*" geschaffen habe.[457]

Der Gesetzgeber bestätigt damit, dass er die zur Ermittlung des Verfügungsgrundes erforderliche Interessenabwägung vorweggenommen hat und dass diese grundsätzlich zugunsten des Antragstellers ausfällt. Eine besondere Benachteiligung des Kartellanten ergibt sich aus § 89b Abs. 5 S. 2 GWB-RefE nicht. Dieser muss auch nach § 89b Abs. 5 S. 3 GWB-RefE[458] angehört werden, er ist also – anders als bei § 12 Abs. 2 UWG – nicht schutzlos der Verfügung ausgeliefert.[459] Da zudem die Voraussetzungen des § 33g Abs. 1 GWB vorliegen müssen, besteht weiterhin die Möglichkeit, in gewissen Fällen die Offenlegung abzulehnen oder zu beschränken, etwa weil diese nicht erforderlich erscheint oder weil berechtigte Geheimhaltungsinteressen gegen eine solche sprechen.[460]

cc) Umfang

Der Umfang der Verfügung ist nach dem Wortlaut des § 89b Abs. 5 S. 1 GWB auf die wettbewerbsbehördliche Entscheidung beschränkt. Das OLG Düsseldorf ging daher davon aus, dass die Herausgabe von in der Entscheidung in Bezug genommenen Urkunden und sonstigen Beweismitteln ausgeschlossen ist.[461] Offengelassen wurde durch das Gericht, ob sich der Anspruch auf die vertrauliche oder nicht vertrauliche Fassung der Entscheidung richtet.[462]

Aus dem Zweck des § 89b Abs. 5 S. 1 GWB folgt, dass bei Vorliegen der sonstigen Voraussetzung die nicht vertrauliche Fassung der Entscheidung in jedem Fall offengelegt werden muss.[463] Die Europäische Kommission veröffentlicht nach Art. 30 Abs. 1 VO 1/2003 ohnehin eine solche nicht vertrauliche Fassung ihrer Entscheidungen. Das Bundeskartellamt muss hingegen nach § 53

---

457 *Bornkamm/Tolkmitt*, in: Langen/Bunte, Kartellrecht/GWB (2018), § 89b Rn. 31.

458 Zur Zeit: § 89b Abs. 5 S. 2 GWB.

459 *Soyez*, WuW 2018, S. 368, 372.

460 Zur Gesetzeslage nach der 9. GWB-Novelle: *Bornkamm/Tolkmitt*, in: Langen/Bunte, Kartellrecht/GWB (2018), § 89b Rn. 30; *Soyez*, WuW 2018, S. 368, 372.

461 OLG Düsseldorf, Beschl. v. 03.04.2018 – VI-W (Kart) 2/18 – *Herausgabe von Beweismitteln I*, Juris, Rn. 26.

462 OLG Düsseldorf, Beschl. v. 03.04.2018 – VI-W (Kart) 2/18 – *Herausgabe von Beweismitteln I*, Juris, Rn. 27.

463 Vgl. auch: *Makatsch/Kacholdt*, in: Säcker/Meier-Beck, MüKo Kartellrecht/GWB (2020), § 89b Rn. 48.

Abs. 5 GWB nur eine sog. *Bußgeldmitteilung* veröffentlichen.[464] Es muss aber auch weiterhin gemäß § 89c Abs. 5 S. 2 GWB i.V.m. §§ 406e und 475 StPO Einsicht in die nicht vertrauliche Fassungen seiner Bußgeldbescheide gewähren.[465] Bei der Herausgabe einer nicht vertraulichen Entscheidungsfassung bestehen auch keine schutzwürdigen Interessen des Antragsgegners. Die nicht vertrauliche Fassung wird von den Wettbewerbsbehörden in Zusammenarbeit mit den von der Entscheidung Betroffenen erstellt.[466] Diese hatten daher die Gelegenheit, etwaige Geschäftsgeheimnisse schwärzen zu lassen. Auch ist anzunehmen, dass zumindest die Wettbewerbsbehörde dafür gesorgt haben wird, dass Informationen aus Kronzeugenerklärungen und Vergleichsausführungen unkenntlich gemacht wurden.

Der Anspruch muss jedoch auch die Offenlegung der vertraulichen Entscheidungsfassung beinhalten, soweit der Antragsteller darlegen und glaubhaftmachen kann, warum er auf diese Fassung zur Durchsetzung seines Schadensersatzanspruchs angewiesen ist.[467] Eine andere Auslegung ergibt sich weder aus dem Gesetzeswortlaut noch aus der Gesetzesbegründung. Etwaige schützenswerte Geheimhaltungsinteressen müssen in der nach § 89b Abs. 5 S. 1 i.V.m. § 33g Abs. 3 GWB vorzunehmenden Interessenabwägung berücksichtigt werden. Das Gericht muss dann gegebenenfalls die erforderlichen Maßnahmen zum Schutz dieser Geheimnisse anordnen (§ 89b Abs. 7 GWB). Auch in einer vertraulichen Fassung sind allerdings Informationen im Sinne des § 33g Abs. 4 GWB, also Informationen aus Kronzeugenerklärungen und Vergleichsausführungen, zu schwärzen. Zuzugestehen ist, dass diese Abwägung für das Gericht mit einigen Schwierigkeiten verbunden sein kann und insbesondere im Zusammenhang mit Informationen aus Kronzeugenerklärungen wohl die Mitwirkung der Wettbewerbsbehörden erfordern wird.[468]

---

464 Gleichwohl veröffentlichte das Amt gelegentlich auch nicht vertrauliche Fassungen seiner Entscheidungen, zur Berechtigung: OLG Düsseldorf, Beschl. v. 14.01.2015 – VI-Kart 4/14 (V), Juris, Rn. 28.

465 *Makatsch/Kacholdt*, in: Säcker/Meier-Beck, MüKo Kartellrecht/GWB (2020), § 89b Rn. 48. Siehe zu § 89c Abs. 5 S. 2 GWB unten, S. 265.

466 Vgl. etwa: Art. 30 Abs. 2 S. 2 VO 1/2003; siehe zum Verfahren: *Europäische Kommission*, Guidance on the preparation of public versions of Commission Decisions adopted under Articles 7 to 10, 23 and 24 of Regulation 1/2003, Rn. 8 ff.; zum Verfahren: *van der Hout*, in: Berg/Mäsch, Kartellrecht (2018), Art. 30 VO 1/2003 Rn. 8 ff.

467 Einschränkend: *Patzer/Kruse*, NZKart 2018, S. 291, 295; a.A.: *Harms*, in: Polley/Pohlmann/Kokott, FS D. Schroeder, S. 295, 300.

468 Plädiert deswegen für eine Abschaffung des § 89b Abs. 5 GWB: *Harms*, in: Polley/Pohlmann/Kokott, FS D. Schroeder, S. 295, 300 ff.; siehe auch: *Klumpe/Thiede*,

Wie oben bereits dargestellt spricht der Wortlaut des § 89b Abs. 5 S. 1 GWB gegen die Offenlegung von in der Entscheidung in Bezug genommenen Urkunden und sonstigen Beweismitteln. Es ist zudem davon auszugehen, dass insbesondere die Herausgabe *aller* in Bezug genommenen Beweismittel[469] weder erforderlich noch verhältnismäßig ist, sodass es jedenfalls insoweit am Verfügungsanspruch fehlen wird.[470]

c) Zwischenergebnis zu 2.

Die Möglichkeit, die Offenlegungsansprüche des § 33g GWB außerhalb eines Kartellschadensersatzprozesses eigenständig geltend zu machen, ist positiv hervorzuheben. Der Geschädigte kann dadurch die Chancen und Risiken einer Rechtsdurchsetzung ergründen, in zielführende Vergleichsverhandlungen einsteigen und die gerichtliche Anspruchsdurchsetzung besser vorbereiten. Die Herausgabe der wettbewerbsbehördlichen Entscheidung im Wege des Verfügungsverfahrens gemäß § 89b Abs. 5 GWB ist grundsätzlich ebenfalls positiv zu bewerten. Allerdings ist der Herausgabeanspruch zumindest vorerst dadurch bedeutungslos geworden, dass der Wortlaut des § 89b Abs. 5 S. 1 GWB teilweise dem des § 12 Abs. 2 UWG entspricht.

XI. Verhältnis zu anderen Offenlegungsmöglichkeiten

Der materiell-rechtliche Auskunftsanspruch aus § 242 BGB wird fast immer subsidiär hinter die Offenlegungsansprüche aus § 33g GWB zurücktreten. Ausnahmen davon sind nur dann anzunehmen, wenn § 33g GWB unanwendbar ist, etwa weil die Schadensersatzklage vor dem 27. Dezember 2016 erhoben wurde (§ 186 Abs. 4 GWB).[471]

§ 89d Abs. 4 S. 1 GWB sieht vor, dass andere prozessuale Vorlagepflichten oder Offenlegungspflichten im Rahmen eines Offenlegungs- bzw. Kartellschadensersatzprozesses nur insoweit Anwendung finden, als „*in Bezug auf die vorzulegende Urkunde oder den vorzulegenden Gegenstand auch ein Anspruch auf Herausgabe von Beweismitteln nach § 33g gegen den zur Vorlage Verpflichteten besteht*“. Der Novellengeber will damit verhindern, dass die Vorgaben der

---

BB 2016, S. 3011, 3017; *Podszun/Kreifels/Schmieder*, WuW 2017, S. 114, 117; *Makatsch/Kacholdt*, in: Säcker/Meier-Beck, MüKo Kartellrecht/GWB (2020), § 89b Rn. 49.

469 So in: OLG Düsseldorf, Beschl. v. 03.04.2018 – VI-W (Kart) 2/18 – *Herausgabe von Beweismitteln I*, Juris, Rn. 1.

470 *Patzer/Kruse*, NZKart 2018, S. 291, 295.

471 Zur intertemporalen Anwendbarkeit von § 33g GWB siehe unten, S. 241 ff.

Kartellschadensersatzrichtlinie durch allgemeine zivilprozessuale Editionspflichten unterlaufen werden.[472] Ausgenommen von dieser Beschränkung sind nur vertragliche Vorlageverpflichtungen (§ 89d Abs. 4 S. 1 a.E. GWB); insofern besteht nach der Ansicht des Novellengebers kein Schutzbedürfnis für den Offenlegungsverpflichteten.[473]

XII. Zeitlicher und intertemporaler Anwendungsbereich

1. Zeitlicher Anwendungsbereich

Der zeitliche Anwendungsbereich der Auskunfts- und Herausgabeansprüche des § 33g GWB wird durch § 186 Abs. 4 GWB bestimmt. Zudem sind die Vorschriften des Art. 22 der Kartellschadensersatzrichtlinie zu beachten. Nach deren Art. 22 Abs. 2 sollen die nicht materiell-rechtlichen Regelungen der Richtlinie nur in Rechtsstreiten Anwendung finden, in denen nach dem 26. Dezember 2014 Klage erhoben wurde. Dabei muss Art. 22 Abs. 2 der Richtlinie im Zusammenhang mit Art. 21 Abs. 1 gelesen werden. Dieser bestimmt, dass die Richtlinie bis zum 27. Dezember 2016 in nationales Recht umzusetzen war. Daraus ergibt sich, dass die nicht materiell-rechtlichen Regelungen frühestens zum 26. Dezember 2014, aber spätestens ab dem 27. Dezember 2016 Anwendung finden mussten.[474] Zwar ist der Offenlegungsanspruch aus § 33g GWB ausweislich der Gesetzesbegründung als materiell-rechtlicher Anspruch anzusehen,[475] dieser beruht jedoch auf den prozessualen Offenlegungsregelungen der Art. 5 bis 8 der Kartellschadensersatzrichtlinie,[476] sodass Art. 22 Abs. 2 der Richtlinie Anwendung findet.

---

472 *Bundesregierung*, Begr. des Gesetzesentwurfes zur 9. GWB-Novelle, BT-Drs. 18/10207, S. 105; *Bornkamm/Tolkmitt*, in: Langen/Bunte, Kartellrecht/GWB (2018), § 89d Rn. 10.

473 *Bundesregierung*, Begr. des Gesetzesentwurfes zur 9. GWB-Novelle, BT-Drs. 18/10207, S. 105; *Bornkamm/Tolkmitt*, in: Langen/Bunte, Kartellrecht/GWB (2018), § 89d Rn. 10.

474 *Aufdermauer*, WuW 2017, S. 482, 486; a.A.: *Harms*, in: Polley/Pohlmann/Kokott, FS D. Schroeder, S. 295, 297.

475 *Bundesregierung*, Begr. des Gesetzesentwurfes zur 9. GWB-Novelle, BT-Drs. 18/10207, S. 62.

476 Zur Einordnung der Art. 5 bis 8 der Kartellschadensersatzrichtlinie: OLG Düsseldorf, Beschl. v. 03.04.2018 – VI-W (Kart) 2/18 – *Herausgabe von Beweismitteln I*, Juris, Rn. 17; *Vollrath*, NZKart 2013, S. 434, 437; *Kersting/Preuß*, Umsetzung der Kartellschadensersatzrichtlinie, S. 101 Rn. 177; vgl. auch: *Kainer*, in: Weller/Althammer, Mindeststandards im europäischen Zivilprozessrecht, S. 173, 181 und 190.

Der Novellengeber hat den Art. 22 Abs. 2 der Kartellschadensersatzrichtlinie in § 186 Abs. 4 GWB umgesetzt.[477] Gemäß § 186 Abs. 4 GWB finden § 33g GWB und die dazugehörigen verfahrensrechtlichen Regelungen aus den §§ 89b bis 89e GWB nur in Rechtsstreiten Anwendung, „*in denen nach dem 26. Dezember 2016 Klage erhoben worden ist*". Diese Regelung ist auf den ersten Blick so zu verstehen, dass die §§ 33g und 89b GWB in allen Kartellschadensersatzklagen Anwendung finden, die nach dem 26. Dezember 2016 erhoben wurden. Wenn am 26. Dezember 2016 noch keine Schadensersatzklage anhängig war, muss auch eine eigenständige Geltendmachung der Offenlegungsansprüche aus § 33g Abs. 1 und 2 GWB nach diesem Zeitpunkt möglich sein.[478]

2. Intertemporaler Anwendungsbereich

Als problematisch hat sich allerdings die Frage nach der intertemporalen Anwendbarkeit des § 33g GWB erwiesen. § 33g Abs. 1 GWB ist seinem Wortlaut nach auf Schadensersatzklagen aus § 33a Abs. 1 GWB beschränkt. Bisher ist unklar, ob der Offenlegungsanspruch auch auf Kartellschadensersatzansprüche anwendbar ist, die vor dem 27. Dezember 2016, beispielsweise aus § 33 Abs. 3 GWB a.F. oder § 823 Abs. 2 BGB, entstanden sind. Anders als etwa in § 186 Abs. 3 GWB für § 33h GWB fehlt in § 186 Abs. 4 GWB bislang ein ausdrücklicher Hinweis des Gesetzgebers darauf, ob § 33g GWB auf Altansprüche anwendbar ist.[479] Der Frage der intertemporalen Anwendbarkeit des § 33g GWB kommt dabei erhebliche Bedeutung zu. Über Kartellschadensersatzansprüche wird in der Regel erst Jahre nach deren Begründung entschieden.[480] So ist davon auszugehen, dass in den nächsten fünf bis zehn Jahren fast ausschließlich über Ansprüche entschieden wird, die vor dem Inkrafttreten der 9. GWB-Novelle und daher gemäß § 33 Abs. 3 GWB a.F. bzw. den Vorgängervorschriften entstanden

---

477 *Bundesregierung*, Begr. des Gesetzesentwurfes zur 9. GWB-Novelle, BT-Drs. 18/10207, S. 107.

478 Nimmt an, dass eine eigenständige Geltendmachung des Offenlegungsanspruchs auch dann möglich ist, wenn die Hauptsache bereits vor dem 26. Dezember 2016 anhängig war: *Aufdermauer*, WuW 2017, S. 482, 484 f.

479 *Aufdermauer*, WuW 2017, S. 482, 485.

480 So hat der BGH in seinem *Grauzementkartell II*-Urteil im Jahr 2018 über Schadensersatzansprüche entschieden, die zwischen 13 und 25 Jahre alt waren: BGH, Urt. v. 12.06.2018 – KZR 56/16 – *Grauzementkartell II*, Juris; siehe dazu auch: *Rengier*, WuW 2018, S. 613, 618 f.

sind.[481] Die Annahme, dass der § 33g GWB nur auf nach dem 26. Dezember 2016 entstandene Schadensersatzansprüche aus § 33a Abs. 1 GWB anwendbar ist, hätte für den Offenlegungsanspruch einen jahrelangen Dornröschenschlaf zur Folge.[482] Der Gesetzgeber beabsichtigt nun durch die 10. GWB-Novelle klarzustellen, dass die Anwendbarkeit der Offenlegungsansprüche aus § 33g GWB unabhängig vom Entstehungszeitpunkt der Schadensersatzansprüche sein soll (§ 186 Abs. 4 GWB-RefE).

a) Bisheriger Meinungsstand

Während die Literatur auch bisher schon überwiegende davon ausging, dass § 33g GWB auch auf Schadensersatzansprüche anwendbar ist, die vor dem 27. Dezember 2016 entstanden sind,[483] herrscht in der Rechtsprechung Uneinigkeit. Das OLG Düsseldorf hat in seinen *Herausgabe von Beweismitteln*-Beschlüssen die Anwendbarkeit von § 33g GWB auf Kartellschadensersatzansprüche, die vor dem 27. Dezember 2016 entstanden sind, abgelehnt.[484] Das LG Hannover hingegen nahm die Anwendbarkeit des § 33g GWB auf alte Schadensersatzansprüche in einem ebenfalls das LKW-Kartell betreffenden Urteil an.[485]

Das OLG Düsseldorf hat sich bei seiner Entscheidung im Wesentlichen auf zwei Argumente gestützt. Zunächst geht das OLG Düsseldorf davon aus, dass die

---

481 *Weitbrecht*, WuW 2018, S. 498, 501; siehe auch: *Harms*, in: Polley/Pohlmann/Kokott, FS D. Schroeder, S. 295, 296.

482 Vgl.: *Soyez*, WuW 2018, S. 368, 372.

483 Siehe etwa: *Scherzinger*, NZKart 2017, S. 307, 309; *Petrasincu/Schaper*, WuW 2017, S. 306, 311; *Aufdermauer*, WuW 2017, S. 482, 485 f.; *Patzer/Kruse*, NZKart 2018, S. 291, 292 f.; *Petrasincu/von Steuben*, NZKart 2018, S. 286, 288 ff.; *Soyez*, WuW 2018, S. 368, 373; *Weitbrecht*, WuW 2018, S. 498, 502; a.A.: *Stadler*, in: Langen/Bunte, Kartellrecht/GWB (2018), § 186 Rn. 19; *Harms*, in: Polley/Pohlmann/Kokott, FS D. Schroeder, S. 295, 299.

484 OLG Düsseldorf, Beschl. v. 03.04.2018 – VI-W (Kart) 2/18 – *Herausgabe von Beweismitteln I*, Juris, Rn. 22, in Rn. 16 geht das Gericht sogar davon aus, dass die Schadensersatzansprüche nach dem Inkrafttreten der 9. GWB-Novelle am 08.06.2017 entstanden sein müssen; sowie OLG Düsseldorf, Beschl. v. 07.05.2018 – VI-W (Kart) 2/18 – *Herausgabe von Beweismitteln II*, Juris, Rn. 27; dem sich anschließend: *Mallmann/Lübbig*, in: Fuchs/Weitbrecht, Private Kartellrechtsdurchsetzung, § 13 Rn. 68.

485 LG Hannover, Urt. v. 18.12.2017 – 18 O 8/17, Juris, Rn. 114; offengelassen hingegen in: LG Stuttgart, Urt. v. 20.06.2018 – 30 O 79/18, Juris, Rn. 25; ebenso in: LG Stuttgart, Urt. v. 25.07.2019 – 30 O 44/17, Juris, Rn. 210, gleichwohl erging die Entscheidung des Gerichts ausdrücklich als Zwischenurteil i.S.d. § 89b Abs. 3 GWB, siehe dazu dort Rn. 219.

§ 89b Abs. 1 und 2 GWB i.V.m. § 142 ZPO als Umsetzung des nach Art. 5 Abs. 1 der Kartellschadensersatzrichtlinie einzuführenden prozessualen Offenlegungsanspruchs anzusehen sind.[486] Wie das Gericht – allerdings erst in seinem zweiten Beschluss – klargestellt hat, sei § 89b Abs. 1 und 2 GWB i.V.m. § 142 ZPO dementsprechend auch auf Schadensersatzansprüche anwendbar, die vor dem 27. Dezember 2016 entstanden sind.[487] Dem gegenüber stelle der materiellrechtliche Offenlegungsanspruch des § 33g GWB nur einen „*zusätzliche*[n]" Beweismittelherausgabeanspruch dar.[488] Auf diesen fänden die Übergangsvorschriften des Art. 22 der Kartellschadensersatzrichtlinie keine Anwendung. § 33g GWB sei aber auch deswegen auf Kartellschadensersatzansprüche, die vor dem 27. Dezember 2016 entstanden sind, unanwendbar, weil der Wortlaut des § 33g Abs. 1 GWB voraussetze, dass die offenzulegenden Beweismittel für die Erhebung eines Schadensersatzanspruchs aus § 33a Abs. 1 GWB erforderlich seien. Der § 33a GWB sei aber nach den Übergangsvorschriften des § 186 Abs. 3 GWB nur auf Schadensersatzansprüche anwendbar, die nach dem 26. Dezember 2016 entstanden sind.[489] Wenn der Novellengeber gewollt hätte, dass § 33g Abs. 1 GWB auch auf vor diesem Zeitpunkt entstandene Schadensersatzansprüche Anwendung findet, hätte er in § 33g Abs. 1 GWB auch den Schadensersatzanspruch aus § 33 Abs. 3 GWB a.F. erwähnen müssen.[490]

b) Stellungnahme

Bereits vor der Veröffentlichung des Referentenentwurfs zur 10. GWB-Novelle war entgegen der Ansicht des OLG Düsseldorf davon auszugehen, dass die Offenlegungsansprüche des § 33g GWB auch auf Schadensersatzansprüche Anwendung finden, die vor dem 27. Dezember 2016 entstanden sind.[491]

---

486 Siehe: OLG Düsseldorf, Beschl. v. 07.05.2018 – VI-W (Kart) 2/18 – *Herausgabe von Beweismitteln II*, Juris, Rn. 26; ablehnend: *Aufdermauer*, WuW 2017, S. 482, 486.

487 OLG Düsseldorf, Beschl. v. 07.05.2018 – VI-W (Kart) 2/18 – *Herausgabe von Beweismitteln II*, Juris, Rn. 27.

488 OLG Düsseldorf, Beschl. v. 07.05.2018 – VI-W (Kart) 2/18 – *Herausgabe von Beweismitteln II*, Juris, Rn. 27.

489 OLG Düsseldorf, Beschl. v. 03.04.2018 – VI-W (Kart) 2/18 – *Herausgabe von Beweismitteln I*, Juris, Rn. 22.

490 OLG Düsseldorf, Beschl. v. 03.04.2018 – VI-W (Kart) 2/18 – *Herausgabe von Beweismitteln I*, Juris, Rn. 23.

491 Siehe zur – teils heftigen – Kritik an den Beschlüssen des OLG Düsseldorf in der Literatur: *Petrasincu/von Steuben*, NZKart 2018, S. 286 ff.; *Patzer/Kruse*, NZKart 2018, S. 291, 292 ff.; *Soyez*, WuW 2018, S. 368, 372 ff.; *Weitbrecht*, WuW 2018, S. 498, 501 f.

aa) Wortlaut

Es ist zwar richtig, dass in § 33g GWB ein Hinweis auf die Schadensersatzansprüche nach altem Recht fehlt. Sowohl der erste Kartellsenat des OLG Düsseldorf als auch der BGH haben jedoch zu § 33 Abs. 5 GWB a.F. festgestellt, dass das Fehlen eines Verweises auf Schadensersatzansprüche nach altem Recht nicht zur Folge hat, dass die einschlägige Norm nur auf solche Kartellschadensersatzansprüche Anwendung findet, die nach neuem, in der einschlägigen Norm genannten Recht entstanden sind. Der Verweis auf den geltenden Kartellschadensersatzanspruch könne vielmehr *„zwanglos dahin verstanden werden“*[492], dass die jeweilige Norm alle Schadensersatzansprüche erfasst, die auf einem Verstoß gegen die Vorschriften des GWB, der Art. 101 oder 102 oder gegen eine Verfügung der Wettbewerbsbehörden beruhen.[493] Diese Rechtsprechung zum Wortlaut des § 33 Abs. 5 GWB a.F. lässt sich auf § 33g Abs. 1 GWB direkt übertragen.[494] Es ist somit auch bei § 33g GWB davon auszugehen, dass ein Verweis auf den Schadensersatzanspruch aus § 33a GWB zugleich ein Verweis auf alle weiteren Schadensersatzansprüche wegen eines Verstoßes gegen die wettbewerbsrechtlichen Vorschriften – wie etwa § 33 Abs. 3 GWB a.F. – ist.[495]

Besonderes Unverständnis erzeugt dabei, dass derselbe Senat des OLG Düsseldorf, der bei Auslegung der Verjährungshemmung in § 33 Abs. 5 GWB a.F. eine Reduktion der Argumentation auf den Wortlaut abgelehnt hat, sich nun bei § 33g Abs. 1 GWB so an den Wortlaut klammert.[496]

Ein Verweis auf § 33 Abs. 3 GWB a.F. – und zum Beispiel § 823 Abs. 2 BGB – würde zudem der Regelungstechnik des deutschen Gesetzgebers

---

492 So sowohl: OLG Düsseldorf, Urt. v. 18.02.2015 – VI-U (Kart) 3/14 – *Zementkartell*, Juris, Rn. 123; als auch: BGH, Urt. v. 12.06.2018 – KZR 56/16 – *Grauzementkartell II*, Juris, Rn. 71.

493 OLG Düsseldorf, Urt. v. 18.02.2015 – VI-U (Kart) 3/14 – *Zementkartell*, Juris, Rn. 123; BGH, Urt. v. 12.06.2018 – KZR 56/16 – *Grauzementkartell II*, Juris, Rn. 71.

494 Vgl. dazu: *Petrasincu/von Steuben*, NZKart 2018, S. 286, 288 f.; *Heyers*, WuW 2019, S. 545; a.A.: *Harms*, in: Polley/Pohlmann/Kokott, FS D. Schroeder, S. 295, 298.

495 So auch: *Bundesministerium für Wirtschaft und Energie*, Begr. des Referentenentwurfs zur 10. GWB-Novelle v. 24.01.2020, S. 155.

496 Vgl.: OLG Düsseldorf, Urt. v. 29.01.2014 – VI-U (Kart) 7/13 – *Intertemporales Verjährungsrecht*, Juris, Rn. 153 ff.; OLG Düsseldorf, Urt. v. 18.02.2015 – VI-U (Kart) 3/14 – *Zementkartell*, Juris, Rn. 121 ff.; *Petrasincu/von Steuben*, NZKart 2018, S. 286, 288; *Soyez*, WuW 2018, S. 368, 372; *Makatsch/Kacholdt*, in: Säcker/Meier-Beck, MüKo Kartellrecht/GWB (2020), § 33g Rn. 184.

widersprechen,[497] insbesondere da der Novellengeber davon ausgeht, dass sich am Schadensersatzanspruch durch die Neugliederung in § 33a Abs. 1 GWB keine Änderungen ergeben haben.[498] Zuletzt würde die, im ersten *Herausgabe von Beweismitteln*-Beschluss vorgeschlagene, Normierung von Altansprüchen im § 33g Abs. 1 GWB den Wortlaut des Offenlegungsanspruchs endgültig überfrachten.[499]

Des Weiteren spricht auch der Wortlaut des § 186 Abs. 4 GWB dafür, dass die Offenlegungsansprüche des § 33g GWB auch auf Schadensersatzansprüche Anwendung finden, die vor dem 27. Dezember 2016 entstanden sind. Anders als § 186 Abs. 3 GWB, der vorsieht, dass die §§ 33a bis 33f GWB „*auf Schadensersatzansprüche* […], *die nach dem 26. Dezember 2016 entstanden sind*“[500] anwendbar sind, spricht der § 186 Abs. 4 GWB davon, dass die §§ 33g sowie 89b bis 89e GWB „*in Rechtsstreiten anzuwenden* [sind], *in denen nach dem 26. Dezember 2016 Klage erhoben worden ist*“[501]. Die Anwendbarkeit des § 33g GWB hängt also nach dem eindeutigen Wortlaut des § 186 Abs. 4 GWB nur vom Zeitpunkt der Klageerhebung, nicht aber vom Zeitpunkt der Anspruchsentstehung ab.[502]

bb) Systematik

Die Annahme des OLG Düsseldorf, dass die § 89b Abs. 1 und 2 GWB i.V.m. § 142 ZPO als Umsetzung des nach Art. 5 Abs. 1 der Kartellschadensersatzrichtlinie einzuführenden prozessualen Offenlegungsanspruchs anzusehen sind, ist nicht überzeugend.[503] Art. 5 Abs. 1 der Kartellschadensersatzrichtlinie wurde durch § 33g GWB umgesetzt.[504] § 89b GWB ist nur als flankierende

497 *Weitbrecht*, WuW 2018, S. 498, 502; vgl. zu § 33 Abs. 5 GWB a.F.: *Wagner/von Olshausen*, ZWeR 2013, S. 121, 145 f.; *Pohlmann*, WuW 2013, S. 357, 362; a.A. bei § 33 Abs. 5 GWB a.F.: *Bien/Harke*, ZWeR 2013, S. 312, 324 f.

498 *Bundesregierung*, Begr. des Gesetzesentwurfes zur 9. GWB-Novelle, BT-Drs. 18/10207, S. 55; *Petrasincu/von Steuben*, NZKart 2018, S. 286, 289; *Weitbrecht*, WuW 2018, S. 498, 502.

499 OLG Düsseldorf, Beschl. v. 03.04.2018 – VI-W (Kart) 2/18 – *Herausgabe von Beweismitteln I*, Juris, Rn. 23; *Weitbrecht*, WuW 2018, S. 498, 502.

500 Hervorhebungen durch den Verfasser.

501 Hervorhebungen durch den Verfasser.

502 Vgl. auch: *Petrasincu/von Steuben*, NZKart 2018, S. 286, 289; a.A.: *Harms*, in: Polley/Pohlmann/Kokott, FS D. Schroeder, S. 295, 297 sowie 298.

503 Siehe: OLG Düsseldorf, Beschl. v. 07.05.2018 – VI-W (Kart) 2/18 – *Herausgabe von Beweismitteln II*, Juris, Rn. 26; dazu: *Aufdermauer*, WuW 2017, S. 482, 486.

504 Siehe nur den ausdrücklichen Wortlaut der Begr. des Gesetzesentwurfes zur 9. GWB-Novelle, BT-Drs. 18/10207, S. 62.

verfahrensrechtliche Regelung anzusehen.[505] Dies wird insbesondere dadurch bestätigt, dass jede Möglichkeit der prozessualen Informationsgewinnung in § 89b GWB gemäß § 89d Abs. 4 S. 1 GWB das Bestehen eines Offenlegungsanspruchs aus § 33g GWB voraussetzt.[506] Die § 89b Abs. 1 und 2 GWB i.V.m. § 142 ZPO sind somit nicht eigenständig und unabhängig von § 33g GWB anwendbar.[507] Die Auffassung des OLG Düsseldorf zur Anwendbarkeit des § 33g GWB hätte daher zur Folge, dass keinerlei Möglichkeit der prozessualen Informationsgewinnung bei Kartellanten oder Dritten bestünde. Ein solches Ergebnis der Richtlinienumsetzung ist widersinnig; dem müsste zumindest im Wege der richtlinienkonformen Auslegung begegnet werden.[508]

cc) Zweck

Das OLG Düsseldorf verkennt zudem den Zweck des § 33g Abs. 1 GWB. Ziel der 9. GWB-Novelle ist insbesondere die private Rechtsdurchsetzung in Umsetzung der Kartellschadensersatzrichtlinie zu stärken. Um die Durchsetzung von Kartellschadensersatzklagen zu vereinfachen, sollte unter anderem ein verbesserter Zugang zu Beweismitteln geschaffen werden.[509] Der Novellengeber hat sich dabei für einen materiell-rechtlichen Anspruch entschieden, sodass die Kartellgeschädigten auch außerhalb eines Schadensersatzprozesses Möglichkeiten zur Informationsgewinnung haben. Dadurch sollen die Geschädigten in die Lage versetzt werden, in Vergleichsverhandlungen mit den Kartellanten einzutreten und so auf ein langwieriges Klageverfahren zu verzichten.[510]

Dabei ist nicht anzunehmen, dass der Novellengeber beabsichtigt hat, den Geschädigten diese Möglichkeiten zur Beschleunigung der Anspruchsdurchsetzung erst in fünf bis zehn Jahren zur Verfügung zu stellen und die Informationsasymmetrie bis dahin normativ zu verfestigen.[511] Vielmehr ist davon auszugehen, dass alle Geschädigten, die bis zum Stichtag des 27. Dezember

---

505 *Aufdermauer*, WuW 2017, S. 482, 486; *Petrasincu/von Steuben*, NZKart 2018, S. 286, 290.

506 *Weitbrecht*, WuW 2018, S. 498, 502; vgl. auch: *Aufdermauer*, WuW 2017, S. 482, 484.

507 *Petrasincu/von Steuben*, NZKart 2018, S. 286, 290; *Makatsch/Kacholdt*, in: Säcker/Meier-Beck, MüKo Kartellrecht/GWB (2020), § 33g Rn. 185.

508 *Petrasincu/von Steuben*, NZKart 2018, S. 286, 291; *Weitbrecht*, WuW 2018, S. 498, 502.

509 *Bundesregierung*, Begr. des Gesetzesentwurfes zur 9. GWB-Novelle, BT-Drs. 18/10207, S. 39 f.

510 *Bundesregierung*, Begr. des Gesetzesentwurfes zur 9. GWB-Novelle, BT-Drs. 18/10207, S. 62.

511 *Petrasincu/von Steuben*, NZKart 2018, S. 286, 290.

2016 ihre Schadensersatzklage noch nicht erhoben hatten, von der neuen Regelung profitieren sollen. Für dieses Verständnis spricht auch die Begründung der Beschlussempfehlung des Ausschusses für Wirtschaft und Energie. Danach soll der § 33g GWB auch dazu dienen, *„um einen vor dem 27. Dezember 2016 entstandenen Schadensersatzanspruch geltend zu machen“*[512].[513] Insoweit ist bemerkenswert, dass sich das OLG Düsseldorf zwar eng am Wortlaut der Norm halten will, die eindeutige Begründung der Beschlussempfehlung jedoch als fehlerhaft ablehnt.[514]

dd) Kein Verstoß gegen das Rückwirkungsverbot

Es ist auch nicht davon auszugehen, dass die Offenlegungsansprüche gegen das Rückwirkungsverbot aus Art. 20 Abs. 3 GG verstoßen.[515] Zunächst sind die Offenlegungsvorschriften der Kartellschadensersatzrichtlinie als prozessual einzustufen, sodass auch etwaiges materiell-rechtliches Umsetzungsrecht im Hinblick auf das Rückwirkungsverbot so einzustufen ist.[516] Dass sich der Novellengeber für einen materiell-rechtlichen Offenlegungsanspruch entschieden hat, ist jedoch für die Frage der Anwendbarkeit auf Kartellschadensersatzansprüche nach altem Recht ohnehin unerheblich. Soweit es sich bei § 33g GWB um eine überschießende Richtlinienumsetzung handelt, führt dies allenfalls zu einer zulässigen unechten Rückwirkung. Anknüpfungspunkt für den Offenlegungsanspruch ist der Besitz eines Beweismittels zum Zeitpunkt der Anspruchsgeltendmachung. § 33g GWB erfordert als Tatbestandsvoraussetzung zudem lediglich

---

512 *Bundestag*, Beschlussempfehlung und Bericht des Ausschusses für Wirtschaft und Energie zum Entwurf der 9. GWB-Novelle, BT-Drs. 18/11446, S. 32.

513 Dazu: *Petrasincu/von Steuben*, NZKart 2018, S. 286, 289 f.; *Patzer/Kruse*, NZKart 2018, S. 291, 293; *Soyez*, WuW 2018, S. 368, 373; *Weitbrecht*, WuW 2018, S. 498, 502; *Makatsch/Kacholdt*, in: Säcker/Meier-Beck, MüKo Kartellrecht/GWB (2020), § 33g Rn. 184; a.A.: OLG Düsseldorf, Beschl. v. 03.04.2018 – VI-W (Kart) 2/18 – *Herausgabe von Beweismitteln I*, Juris, Rn. 25.

514 *Petrasincu/von Steuben*, NZKart 2018, S. 286, 289; *Soyez*, WuW 2018, S. 368, 373.

515 *Petrasincu/Schaper*, WuW 2017, S. 306, 311; *Petrasincu/von Steuben*, NZKart 2018, S. 286, 290; *Weitbrecht*, WuW 2018, S. 498, 502; a.A.: *Harms*, in: Polley/Pohlmann/Kokott, FS D. Schroeder, S. 295, 299; allg. zum Rückwirkungsverbot: *Grzeszick*, in: Maunz u.a., GG (Feb. 2020), Art. 20 Rn. 72 ff.; *Huster/Rux*, in: Epping/Hillgruber, BeckOK GG (Stand: Mai 2020), Art. 20 Rn. 184 ff.

516 *Kersting/Preuß*, WuW (Online-Beitrag) 2016, S. L1, L13; vorher bereits in: *Kersting/Preuß*, Umsetzung der Kartellschadensersatzrichtlinie, S. 101 Rn. 177; *Petrasincu/von Steuben*, NZKart 2018, S. 286, 290; a.A.: *Scherzinger*, NZKart 2016, S. 513, 516.

die Möglichkeit des Bestehens eines Schadensersatzanspruchs. Es werden somit keine weiteren – nachteiligen – Folgen an die Entstehung des Schadensersatzanspruchs geknüpft.[517]

ee) Richtlinienkonforme Auslegung

Auch in richtlinienkonformer Auslegung müssen die Offenlegungsmöglichkeiten des § 33g GWB auf vor dem 27. Dezember 2016 entstandene Schadensersatzansprüche anwendbar sein.

(I) Überleitungsvorschriften der Kartellschadensersatzrichtlinie

Die Überleitungsvorschriften der Kartellschadensersatzrichtlinie sprechen für eine Anwendbarkeit der Offenlegungsansprüche aus § 33g GWB auf Schadensersatzansprüche, die vor dem 27. Dezember 2016 entstanden sind. Wie oben festgestellt stellt § 33g GWB – auch in Form eines eigenständigen, materiell-rechtlichen Herausgabe- und Auskunftsanspruchs – die Umsetzung der verfahrensrechtlichen Regelungen des Art. 5 der Richtlinie dar.[518] Die Kartellschadensersatzrichtlinie bestimmt in Art. 21 Abs. 1, dass die Richtlinie bis zum 27. Dezember 2016 in nationales Recht umzusetzen war. Art. 22 Abs. 2 der Richtlinie sieht vor, dass die nicht materiell-rechtlichen Vorschriften der Richtlinie nicht für Schadensersatzklagen gelten durften, in denen vor dem 26. Dezember 2014 Klage erhoben wurde. Die verfahrensrechtlichen Offenlegungsansprüche müssen daher zumindest auf alle Schadensersatzklagen Anwendung finden, die nach dem 26. Dezember 2016 erhoben wurden.[519] Wie bei § 186 Abs. 4 GWB ist somit auch bei der Richtlinie das einzige Abgrenzungskriterium der Zeitpunkt

---

517 *Petrasincu/Schaper*, WuW 2017, S. 306, 311; *Petrasincu/von Steuben*, NZKart 2018, S. 286, 290; *Weitbrecht*, WuW 2018, S. 498, 502; daran anknüpfend: *Bundesministerium für Wirtschaft und Energie*, Begr. des Referentenentwurfs zur 10. GWB-Novelle v. 24.01.2020, S. 155; a.A.: *Scherzinger*, NZKart 2016, S. 513, 516; *Harms*, in: Polley/Pohlmann/Kokott, FS D. Schroeder, S. 295, 299.

518 *Bundesregierung*, Begr. des Gesetzesentwurfes zur 9. GWB-Novelle, BT-Drs. 18/10207, S. 62; zu Art. 5 der Kartellschadensersatzrichtlinie: *Vollrath*, NZKart 2013, S. 434, 437; *Kersting/Preuß*, Umsetzung der Kartellschadensersatzrichtlinie, S. 101 Rn. 177; vgl. auch OLG Düsseldorf, Beschl. v. 03.04.2018 – VI-W (Kart) 2/18 – *Herausgabe von Beweismitteln I*, Juris, Rn. 17.

519 *Aufdermauer*, WuW 2017, S. 482, 486; a.A.: *Harms*, in: Polley/Pohlmann/Kokott, FS D. Schroeder, S. 295, 297.

der Erhebung der Schadensersatzklage. Auf den Entstehungszeitpunkt des Schadensersatzanspruchs kommt es nicht an.[520]

(II) Ziele der Richtlinie

Ziel der Kartellschadensersatzrichtlinie ist die Stärkung der privaten Rechtsdurchsetzung. In Hinblick auf dieses Ziele der Kartellschadensersatzrichtlinie müssen die Offenlegungsansprüche des § 33g GWB auf Schadensersatzansprüche anwendbar sein, die vor dem 27. Dezember 2016 entstanden sind. Um die private Rechtsdurchsetzung zu stärken, sollen – unter anderem – die Geschädigten eines Wettbewerbsverstoßes mit einer umfassenden Möglichkeit zur Informationsgewinnung bei Kartellanten, Wettbewerbsbehörden und Dritten ausgestattet werden.[521] Es ist nicht anzunehmen, dass der europäische Gesetzgeber die Anwendbarkeit der neueingeführten Offenlegungsmöglichkeiten um mehrere Jahre verschieben wollte.[522] Vielmehr soll jeder Geschädigte, der seine Schadensersatzklage zumindest bis zum 27. Dezember 2016 noch nicht erhoben hatte, von den neuen Möglichkeiten zur Offenlegung profitieren.

Eine andere Auslegung widerspräche den Zielen der Kartellschadensersatzrichtlinie und würde die praktische Wirksamkeit der neueingeführten Offenlegungsregeln zumindest erheblich erschweren, wenn nicht für einen längeren Zeitraum unmöglich machen und damit dem Effektivitätsgrundsatz widersprechen. Vor diesem Hintergrund ist es nur schwer verständlich, dass die neueingeführten Offenlegungsansprüche deshalb über Jahre unanwendbar sein sollen, weil sich der deutsche Gesetzgeber dazu entschieden hat, die Paragraphennummer des kartellrechtlichen Schadensersatzanspruchs zu ändern.

ff) Ergebnis zu b)

Festzustellen ist, dass die § 33g GWB und § 186 Abs. 4 GWB zumindest in richtlinienkonformer Auslegung so verstanden werden müssen, dass die Offenlegungsmöglichkeiten des § 33g GWB auf alle Kartellschadensersatzansprüche Anwendung finden, die am 27. Dezember 2016 noch nicht prozessual verfolgt wurden.

---

520 So auch: *Bundesministerium für Wirtschaft und Energie*, Begr. des Referentenentwurfs zur 10. GWB-Novelle v. 24.01.2020, S. 155.

521 Siehe zu den Zielen der Richtlinie bereits oben, S. 121 f.

522 Vgl.: *Aufdermauer*, WuW 2017, S. 482, 486; *Makatsch/Kacholdt*, in: Säcker/Meier-Beck, MüKo Kartellrecht/GWB (2020), § 33g Rn. 185.

c) *Referentenentwurf zur 10. GWB-Novelle*

Der Gesetzgeber beabsichtigt nun in § 186 Abs. 4 GWB-RefE klarzustellen, dass die Anwendbarkeit der Offenlegungsansprüche aus § 33g GWB unabhängig vom Entstehungszeitpunkt der Schadensersatzansprüche sein soll. Wiederum hat der Gesetzgeber in der Begründung des Referentenentwurfs zur 10. GWB-Novelle der Rechtsprechung des OLG Düsseldorf in den *Herausgabe von Beweismitteln*-Beschlüssen eindeutig widersprochen. Zum Zweck des § 186 Abs. 4 GWB führt der Referentenentwurf aus, dass mit dieser Vorschrift sichergestellt werden soll, dass die neueingeführten Offenlegungsansprüche keine Anwendung auf Rechtsstreitigkeiten finden, die vor dem Ablauf der Umsetzungsfrist am 27. Dezember 2016 erhoben wurden.[523] Zugleich stellt der Referentenentwurf klar, dass der Zweck des § 186 Abs. 4 GWB unabhängig vom Entstehungszeitpunkt des Schadensersatzanspruchs ist. Der Referentenentwurf bestätigt ausdrücklich die Auffassung des Novellengebers zur 9. GWB-Novelle, dass es der Regelungen des § 186 Abs. 4 GWB nicht bedurft hätte, wenn die neueingefügten Offenlegungsregelungen ohnehin nur auf nach dem Umsetzungszeitpunkt entstandene Schadensersatzansprüche Anwendung finden würden.[524] Der Gesetzgeber bestätigt zudem, dass der Verweis auf die aktuell geltende Schadensersatznorm (§ 33a GWB) ausschließlich rechtssystematisch bedingt sei und die Anwendbarkeit der Offenlegungsvorschriften auf Schadensersatzansprüche nach altem Recht nicht ausschließen soll.[525] Zuletzt nimmt der Referentenentwurf auch die Argumentation auf, dass die Offenlegungsansprüche nur zu einer – zulässigen – unechten Rückwirkung von Rechtsfolgen führen würden. Grund dafür sei, dass die Offenlegungsansprüche keine Auswirkungen auf die materiell-rechtlichen Anforderungen des Schadensersatzanspruchs hätten.[526]

XIII. Ergebnis zu B.

Der Offenlegungsanspruch aus § 33g GWB bietet für die Parteien eines Kartellschadensersatzstreits neue Möglichkeiten zur Informationsgewinnung. Positiv

---

523 *Bundesministerium für Wirtschaft und Energie*, Begr. des Referentenentwurfs zur 10. GWB-Novelle v. 24.01.2020, S. 154 f.

524 *Bundesministerium für Wirtschaft und Energie*, Begr. des Referentenentwurfs zur 10. GWB-Novelle v. 24.01.2020, S. 155.

525 *Bundesministerium für Wirtschaft und Energie*, Begr. des Referentenentwurfs zur 10. GWB-Novelle v. 24.01.2020, S. 155.

526 *Bundesministerium für Wirtschaft und Energie*, Begr. des Referentenentwurfs zur 10. GWB-Novelle v. 24.01.2020, S. 155.

hervorzuheben ist insbesondere die Möglichkeit, auch von unbeteiligten Dritten die Offenlegung von Dokumenten und Erteilung von Auskünften anzufordern. Die vom Novellengeber gewählte Umsetzung des Art. 5 der Kartellschadensersatzrichtlinie schränkt die Offenlegungsansprüche allerdings auch an einigen Stellen ein und steht damit im Widerspruch zur Kartellschadensersatzrichtlinie. Die umfangreiche Verwendung von undefinierten Rechtsbegriffen wird für einigen Prozessstoff sorgen und könnte Geschädigte von der Geltendmachung des Auskunftsanspruchs und sogar ihrer Schadensersatzansprüche abhalten. Als problematisch hat sich zudem gezeigt, dass bei der prozessualen Geltendmachung und der intertemporalen Anwendbarkeit Unklarheiten bestehen.

C. Offenlegung aus Behördenakten gemäß § 89c GWB

Die Offenlegung aus Behördenakten im Rahmen eines Kartellschadensersatzprozesses oder eines Offenlegungsprozesses nach § 33g GWB richtet sich nach § 89c GWB. Der § 89c GWB dient der Umsetzung von Art. 5 und insbesondere dem speziell auf die Offenlegung von Beweismitteln aus den Akten einer Wettbewerbsbehörde gerichteten Art. 6 der Kartellschadensersatzrichtlinie.

I. Konzeption der behördlichen Offenlegung

Die Offenlegungsansprüche des § 33g GWB sind auf Wettbewerbsbehörden nicht anwendbar, da diese gemäß § 89c Abs. 5 S. 3 GWB keine Dritten i.S. des § 33g Abs. 1 und 2 GWB sind. Der Begriff der Wettbewerbsbehörden in § 89c Abs. 1 GWB umfasst nach der Definition des § 89e Abs. 1 GWB das Bundeskartellamt, die Wettbewerbsbehörden der Länder, die Europäische Kommission sowie die Wettbewerbsbehörden anderer Mitgliedstaaten der Europäischen Union. Soweit die Akten anderer Behörden und Gerichte Bestandteile oder Kopien der wettbewerbsbehördlichen Akten enthalten, gelten gemäß § 89c Abs. 6 GWB die Regelungen des § 89c Abs. 1 bis 5 GWB gleichfalls für deren Vorlage und Offenlegung.[527]

Anstatt einen eigenen Anspruch gegenüber den Wettbewerbsbehörden oder ein spezielles Akteneinsichtsrecht zu schaffen, hat der Novellengeber das Prinzip des gerichtlichen Ersuchens um Aktenvorlage gemäß § 273 Abs. 2 Nr. 2 ZPO sowie das Akteneinsichtsrecht aus § 299 ZPO aufgegriffen.[528] Der Novellengeber

527 Soweit im Folgenden die Vorlage und Offenlegung von Dokumenten aus Akten der Wettbewerbsbehörde behandelt wird, ist die Vorlage und Offenlegung aus den Akten anderen Behörden und Gerichte gemäß § 89c Abs. 6 GWB mitumfasst.

528 *Preuß*, in: Kersting/Podszun, 9. GWB-Novelle, Kap. 10 Rn. 91.

hat damit ein zweistufiges Offenlegungsverfahren eingeführt. Es besteht eine eigene Rechtsgrundlage für die Übermittlung der Akten an das Gericht (§ 89c Abs. 1 GWB) und für die Offenlegung der Akten gegenüber der antragstellenden Partei (§ 89c Abs. 2 GWB). Das System der Einsichtnahme in Behördenakten im GWB orientiert sich somit am oben dargestellten Doppeltürmodell des Bundesverfassungsgerichts.[529]

II. Ersuchen der Aktenvorlage auf Antrag einer Partei gemäß § 89c Abs. 1 GWB

Zur Vorbereitung des Zivilprozesses kann das Prozessgericht gemäß § 273 Abs. 2 Nr. 2 ZPO von Amts wegen Behörden oder Träger eines öffentlichen Amtes ersuchen, Auskünfte zu erteilen oder Unterlagen vorzulegen.[530] Der § 89c Abs. 1 GWB gibt den Parteien eines Schadensersatzprozesses gemäß § 33a Abs. 1 GWB bzw. den Parteien eines Offenlegungsprozesses gemäß § 33g Abs. 1 und 2 GWB das Recht, bei dem Prozessgericht einen Antrag zu stellen, ein solches Vorlagegesuch an die Wettbewerbsbehörden zu richten. Das Ersuchen nach § 89c Abs. 1 GWB ist gemäß § 89c Abs. 3 GWB ausgeschlossen, soweit es unverhältnismäßig ist. Die ersuchte Behörde kann zudem in bestimmten Fällen die Vorlage der angeforderten Dokumente gemäß § 89c Abs. 4 GWB verweigern.

Als Sonderregelung zu § 273 Abs. 2 ZPO handelt es sich bei § 89c Abs. 1 GWB um ein Amtshilfeersuchen mit der Besonderheit, dass dieses durch die Parteien beantragt werden kann.[531] § 89c GWB überlagert daher die allgemeinen Vorschriften des Zivilprozessrechts.[532] Das Ersuchen ist zwar keine „Anordnung“, zumindest für deutsche Behörden gilt aber nach Art. 35 GG die Pflicht zur Amtshilfe. Eine Ablehnung des Gesuches durch die Behörden darf nur in den in § 89c Abs. 4 GWB geregelten Fällen erfolgen.[533] Für die Europäische

---

529 Siehe zum Doppeltürmodell oben, S. 111.

530 Siehe zu § 273 Abs. 2 Nr. 2 ZPO etwa: *Prütting*, in: Rauscher/Krüger, MüKoZPO (2020), § 273 Rn. 22; *Greger*, in: Zöller, ZPO (2020), § 273 Rn. 7 ff.

531 *Bundesregierung*, Begr. des Gesetzesentwurfes zur 9. GWB-Novelle, BT-Drs. 18/10207, S. 102; *Lübbig/Mallmann*, NZKart 2016, S. 518, 521; *Preuß*, in: Kersting/Podszun, 9. GWB-Novelle, Kap. 10 Rn. 94; *Makatsch/Kacholdt*, in: Säcker/Meier-Beck, MüKo Kartellrecht/GWB (2020), § 89c Rn. 5.

532 *Bundesregierung*, Begr. des Gesetzesentwurfes zur 9. GWB-Novelle, BT-Drs. 18/10207, S. 102.

533 *Preuß*, in: Kersting/Podszun, 9. GWB-Novelle, Kap. 10 Rn. 94.; *Bornkamm/Tolkmitt*, in: Langen/Bunte, Kartellrecht/GWB (2018), § 89c Rn. 6; *Makatsch/Kacholdt*,

Kommission und ausländische Wettbewerbsbehörden gilt die Pflicht zur loyalen Zusammenarbeit gemäß Art. 4 Abs. 3 EUV.[534]

1. *Antrag auf Ersuchen*

Damit das Gericht eine Behörde um die Vorlage von Dokumenten ersuchen kann, muss eine der Parteien des Offenlegungs- bzw. Schadensersatzprozesses einen Antrag gemäß § 89c Abs. 1 S. 1 GWB stellen.

a) Voraussetzungen des Antrages

Grundvoraussetzung des Antrages ist ein anhängiger Rechtsstreit wegen eines Schadensersatz- bzw. Offenlegungsanspruchs aus § 33a Abs. 1 GWB bzw. § 33g GWB.[535]

Der Antrag soll das vorzulegende Dokument möglichst genau bezeichnen. Der Antragsteller soll zudem darlegen, welche Informationen aus dem jeweiligen Dokument gewonnen werden sollen und warum vermutet wird, dass sich das Dokument in den Behördenakten befindet. Zuletzt soll der Antragsteller darlegen, warum das Dokument für die Durchsetzung des Schadensersatzanspruchs bzw. für die Verteidigung gegen diesen erforderlich ist.[536] Um der Kartellschadensersatzrichtlinie gerecht zu werden, dürfen – wie bei § 33g GWB – die Anforderungen an die Bestimmtheit des Antrages nicht überspannt werden.[537]

Weitere Voraussetzung des Antrages ist ein Rechtsschutzbedürfnis des Antragstellers. An einem solchen fehlt es, wenn abzusehen ist, dass die Voraussetzungen der Offenlegung aus § 89c Abs. 2 GWB für die vorgelegten Dokumente oder erteilten Auskünfte nicht vorliegen werden. Der Offenlegungspetent

---

in: Säcker/Meier-Beck, MüKo Kartellrecht/GWB (2020), § 89c Rn. 32; im Ergebnis ebenso: *Seifert*, NZKart 2017, S. 512, 515.

534 Kartellschadensersatzrichtlinie 2014/104/EU, Erwägungsgrund 15; *Bornkamm/Tolkmitt*, in: Langen/Bunte, Kartellrecht/GWB (2018), § 89c Rn. 6; nehmen an, dass eine Vorlage"pflicht" bei ausländische Wettbewerbsbehörden und der Europäischen Kommission vom Einzelfall abhängt: *Bechtold/Bosch*, GWB (2018), § 89c Rn. 3.

535 *Seifert*, NZKart 2017, S. 512, 513; *Inderst/Thomas*, Schadensersatz bei Kartellverstößen (2018), S. 489.

536 *Bundesregierung*, Begr. des Gesetzesentwurfes zur 9. GWB-Novelle, BT-Drs. 18/10207, S. 103.

537 *Seifert*, NZKart 2017, S. 512, 513; *Bornkamm/Tolkmitt*, in: Langen/Bunte, Kartellrecht/GWB (2018), § 89c Rn. 18; siehe auch: Kartellschadensersatzrichtlinie 2014/104/EU, Erwägungsgrund 15.

sollte daher bereits zum Zeitpunkt der Antragstellung dazu vortragen, dass auch die Voraussetzungen der Offenlegung nach § 89c Abs. 2 GWB vorliegen.[538]

aa) Glaubhaftmachung eines Schadensersatzanspruches gemäß § 89c Abs. 1 S. 1 Nr. 1 GWB

Der Antrag auf Stellung eines Vorlagegesuchens setzt voraus, dass der Antragsteller „*glaubhaft macht*", dass ihm ein Schadensersatzanspruch nach § 33a Abs. 1 GWB zusteht (§ 89c Abs. 1 S. 1 Nr. 1 GWB). Der Begriff der Glaubhaftmachung wird wie bei § 33g Abs. 1 GWB zu verstehen sein. Der Geschädigte muss also die Tatsachen darlegen und gegebenenfalls glaubhaft machen, die das Gericht davon überzeugen, dass der Schadensersatzanspruch mit überwiegender Wahrscheinlichkeit besteht.[539] Dabei ist, ebenfalls wie bei § 33g Abs. 1 GWB, nicht davon auszugehen, dass die Verwendung des Begriffes der Glaubhaftmachung eine Beschränkung der Beweisführungsmöglichkeiten auf präsente Beweismittel zur Folge hat.[540]

Zwar lässt § 89c Abs. 1 S. 1 Nr. 1 GWB vermuten, dass der Antrag nur vom Geschädigten gestellt werden kann. Nach der Gesetzesbegründung ist es jedoch ausreichend, wenn die Dokumentenvorlage der antragstellenden Partei bei der Verteidigung gegen einen Kartellschadensersatzanspruch dienen soll.[541] Auch die richtlinienkonforme Auslegung spricht dafür, dass alle Parteien des Prozesses die Möglichkeit haben müssen, die Vorlage von Behördenakten zu beantragen.[542] Die Regelungen über die Offenlegung aus Behördenakten in Art. 6 der Kartellschadensersatzrichtlinie differenzieren nicht nach der Person

---

538 *Preuß*, in: Kersting/Podszun, 9. GWB-Novelle, Kap. 10 Rn. 97; vgl. auch: *Bundesregierung*, Begr. des Gesetzesentwurfes zur 9. GWB-Novelle, BT-Drs. 18/10207, S. 103.

539 Zu § 89c GWB: *Seifert*, NZKart 2017, S. 512, 513 f.; *Bechtold/Bosch*, GWB (2018), § 89c Rn. 6; *Makatsch/Kacholdt*, in: Säcker/Meier-Beck, MüKo Kartellrecht/GWB (2020), § 89c Rn. 11. Siehe zur Beweislast des Geschädigten bei § 33g Abs. 1 GWB bereits oben, S. 165 f.

540 Ebenso: *Bechtold/Bosch*, GWB (2018), § 89c Rn. 6. Siehe zu den Möglichkeiten der Beweisführung bei § 33g Abs. 1 GWB bereit oben, S. 166 f.

541 *Bundesregierung*, Begr. des Gesetzesentwurfes zur 9. GWB-Novelle, BT-Drs. 18/10207, S. 103; *Bornkamm/Tolkmitt*, in: Langen/Bunte, Kartellrecht/GWB (2018), § 89c Rn. 5; im Ergebnis ebenfalls so: *Bechtold/Bosch*, GWB (2018), § 89c Rn. 9; *Inderst/Thomas*, Schadensersatz bei Kartellverstößen (2018), S. 492; a.A.: *Seifert*, NZKart 2017, S. 512, 514.

542 So auch: *Makatsch/Kacholdt*, in: Säcker/Meier-Beck, MüKo Kartellrecht/GWB (2020), § 89c Rn. 13.

des Offenlegungsgläubigers. Art. 6 der Kartellschadensersatzrichtlinie gilt aber nach Art. 6 Abs. 1 nur neben Art. 5 der Richtlinie. Dieser sieht einen Anspruch auf Offenlegung sowohl für den Geschädigten als auch für den Schädiger vor (Art. 5 Abs. 1 der Richtlinie). Daher muss auch der beklagte Kartellant die Möglichkeit haben, die Offenlegung von behördlichen Informationen zu erwirken. Die Glaubhaftmachung des Schadensersatzanspruchs muss in diesem Fall entfallen. Um einer unzulässigen Ausforschung vorzubeugen, sollten jedoch erhöhte Anforderungen an die Erforderlichkeit sowie die Verhältnismäßigkeit der Offenlegung gestellt werden.[543]

bb) *Subsidiarität des behördlichen Ersuchens gemäß § 89c Abs. 1 S. 1 Nr. 2 GWB*

Der Antragsteller muss zudem gemäß § 89c Abs. 1 S. 1 Nr. 2 GWB glaubhaftmachen, dass er die in den wettbewerbsbehördlichen Akten vermuteten Informationen nicht mit zumutbarem Aufwand von einer anderen Partei oder einem Dritten erlangen kann. Die Offenlegung aus Behördenakten ist somit, in Umsetzung von Art. 6 Abs. 10 der Kartellschadensersatzrichtlinie, den Ansprüchen aus § 33g GWB gegenüber subsidiär.[544]

Weder in der Kartellschadensersatzrichtlinie noch in der Begründung zur 9. GWB-Novelle wird näher dargelegt, wann von einer Unzumutbarkeit der Beschaffung bei einer anderen Partei oder einem Dritten auszugehen ist. Vorteilhaft für den Antragsteller ist, dass er die Unzumutbarkeit der Informationsbeschaffung nur glaubhaft machen muss. Er hat also nur die überwiegende Wahrscheinlichkeit der Unzumutbarkeit darzulegen.[545] Die Annahme der Unzumutbarkeit wird insbesondere davon abhängen, wie großzügig sich die Gerichte bei der Gewährung von Offenlegungsansprüchen nach § 33g GWB zeigen werden. Es ist jedenfalls dann von einer Unzumutbarkeit auszugehen, wenn sich die herausverlangten Dokumente, zum Beispiel aufgrund einer Beschlagnahme, nur in den Akten der Wettbewerbsbehörden befinden.[546]

---

543 Vgl.: *Dawirs*, Zugriff auf Kronzeugenerklärungen, S. 238 f.

544 Ausdrücklich: *Bundesregierung*, Begr. des Gesetzesentwurfes zur 9. GWB-Novelle, BT-Drs. 18/10207, S. 103; dazu: *Rosenfeld/Brand*, WuW 2017, S. 247, 250; *Seifert*, NZKart 2017, S. 512, 514.

545 *Seifert*, NZKart 2017, S. 512, 514.

546 *Seifert*, NZKart 2017, S. 512, 514; *Makatsch/Kacholdt*, in: Säcker/Meier-Beck, MüKo Kartellrecht/GWB (2020), § 89c Rn. 16.

Zu welchem Zeitpunkt in einem Offenlegungsprozess nach § 33g GWB der Antrag gemäß § 89c Abs. 1 GWB gestellt werden soll, ist zudem nicht eindeutig bestimmt. Vor einer Entscheidung über den Offenlegungsanspruch aus § 33g GWB wird es typischerweise an der erforderlichen Subsidiarität fehlen. Sollte der Offenlegungspetent die ablehnende Entscheidung abwarten, könnte er jedoch in die Situation geraten, dass der Prozess beendet ist, bevor er den Antrag nach § 89c Abs. 1 GWB stellen konnte.

b) Anwendbarkeit auf Auskünfte

Unklar ist, ob auch die Möglichkeit besteht, ein gerichtliches Auskunftsersuchen zu beantragen. Nach dem Wortlaut des § 89c Abs. 1 GWB können die Parteien nicht beantragen, dass das Gericht die Wettbewerbsbehörde um die Erteilung von amtlichen Auskünften ersucht. Aus § 89c Abs. 3 S. 1 GWB ergibt sich jedoch, dass das Gericht die Wettbewerbsbehörden auch um die Erteilung von amtlichen Auskünften ersuchen kann.[547]

Die Gesetzesbegründung setzt sich mit dieser Differenzierung nicht auseinander.[548] Systematisch spricht für Anwendbarkeit des § 89c Abs. 1 GWB auf Auskunftsersuche, dass nicht anzunehmen ist, dass sich die in § 89c Abs. 3 S. 2 Var. 2 GWB geregelte Verhältnismäßigkeitsprüfung nur auf Entscheidungen nach § 273 Abs. 2 Nr. 2 ZPO beziehen soll.[549] Sollte die Erteilung von Auskünften nur i.S. des § 273 ZPO angeregt werden können, bestünde die Gefahr, dass die Mindestanforderungen der Kartellschadensersatzrichtlinie unterlaufen werden.[550] Zudem soll aus Gründen der Verhältnismäßigkeit die Erteilung einer Auskunft statt einer Aktenvorlage insbesondere dann angezeigt sein, wenn der Parteiantrag in Bezug auf die offenzulegende Urkunde nur einen geringen Grad der Bestimmtheit aufweist.[551] Es kann somit davon ausgegangen werden, dass es

---

547 Siehe auch: *Bundesregierung*, Begr. des Gesetzesentwurfes zur 9. GWB-Novelle, BT-Drs. 18/10207, S. 102.

548 *Seifert*, NZKart 2017, S. 512, 513.

549 *Preuß*, in: Kersting/Podszun, 9. GWB-Novelle, Kap. 10 Rn. 98.

550 Es würde sich dann nicht mehr um eine zulässige Anwendung von § 273 ZPO für *„gerichtsinterne Zwecke"* handeln, vgl.: *Bundesregierung*, Begr. des Gesetzesentwurfes zur 9. GWB-Novelle, BT-Drs. 18/10207, S. 102; vgl. auch: *Makatsch/Kacholdt*, in: Säcker/Meier-Beck, MüKo Kartellrecht/GWB (2020), § 89b Rn. 8.

551 *Bundesregierung*, Begr. des Gesetzesentwurfes zur 9. GWB-Novelle, BT-Drs. 18/10207, S. 103; vgl. auch: *Bornkamm/Tolkmitt*, in: Langen/Bunte, Kartellrecht/GWB (2018), § 89c Rn. 7; *Makatsch/Kacholdt*, in: Säcker/Meier-Beck, MüKo Kartellrecht/GWB (2020), § 89b Rn. 8.

als „milderes Mittel" im Vergleich zur Dokumentenvorlage auch möglich ist, ein Auskunftsersuchen zu beantragen.

2. *Unverhältnismäßigkeit des Ersuchens gemäß § 89c Abs. 3 GWB*

Das Ersuchen um die Vorlage von Dokumenten oder um die Erteilung von amtlichen Auskünften ist gemäß § 89c Abs. 3 S. 1 GWB ausgeschlossen, soweit es unverhältnismäßig ist. Soweit das Ersuchen unverhältnismäßig ist, muss das Gericht auch den Antrag nach § 89c Abs. 1 GWB ablehnen.[552] Bei der Abwägung müssen neben den in § 33 Abs. 3 GWB aufgeführten Kriterien[553] die Abwägungskriterien des § 89c Abs. 3 S. 2 Nr. 1 bis 3 GWB berücksichtigt werden.[554] Diese zusätzlichen Kriterien sollen einerseits eine unzulässige Ausforschung verhindern und andererseits sicherstellen, dass die Offenlegung nur zur Informationsbeschaffung für den Rechtsstreit dient, in dem das Ersuchen an die Behörde gerichtet wurde.[555] Der Novellengeber setzt mit § 89c Abs. 3 GWB den Art. 6 Abs. 4 der Kartellschadensersatzrichtlinie um.[556]

Nach § 89c Abs. 3 S. 2 Nr. 1 GWB muss in der Abwägung die Bestimmtheit des Antrages in Bezug auf Art, Gegenstand und Inhalt der in der wettbewerbsbehördlichen Akte erwarteten Beweismittel berücksichtigt werden.[557] Vom Grad der Bestimmtheit soll der Umfang der Vorlage abhängen. Bei einem relativ unbestimmten Vorlageantrag kommt daher gegebenenfalls zunächst nur die Erteilung einer amtlichen Auskunft in Betracht, um es dem Antragsteller zu ermöglichen, seinen Antrag zu präzisieren.[558]

---

552 Zum insoweit etwas unklaren Wortlaut des § 89c Abs. 3 S. 2 GWB: *Kersting/Preuß*, WuW (Online-Beitrag) 2016, S. L1, L19; *Preuß*, in: Kersting/Podszun, 9. GWB-Novelle, Kap. 10 Rn. 100.

553 Siehe zu § 33g Abs. 3 GWB bereits oben, S. 174 ff.

554 *Bundesregierung*, Begr. des Gesetzesentwurfes zur 9. GWB-Novelle, BT-Drs. 18/10207, S. 103; gehen davon aus, dass die Abwägungskriterien des § 33g Abs. 3 und § 89c Abs. 3 S. 2 GWB weitestgehend deckungsgleich sind: *Bornkamm/Tolkmitt*, in: Langen/Bunte, Kartellrecht/GWB (2018), § 89c Rn. 17.

555 *Bundesregierung*, Begr. des Gesetzesentwurfes zur 9. GWB-Novelle, BT-Drs. 18/10207, S. 103; *Preuß*, in: Kersting/Podszun, 9. GWB-Novelle, Kap. 10 Rn. 101.

556 *Bundesregierung*, Begr. des Gesetzesentwurfes zur 9. GWB-Novelle, BT-Drs. 18/10207, S. 103.

557 Siehe zum Einfluss der Bestimmtheit auf die Verhältnismäßigkeitsprüfung: Kartellschadensersatzrichtlinie 2014/104/EU, Erwägungsgrund 23.

558 *Bundesregierung*, Begr. des Gesetzesentwurfes zur 9. GWB-Novelle, BT-Drs. 18/10207, S. 103; *Seifert*, NZKart 2017, S. 512, 514 f.; *Makatsch/Kacholdt*, in: Säcker/Meier-Beck, MüKo Kartellrecht/GWB (2020), § 89c Rn. 34.

§ 89c Abs. 3 S. 2 Nr. 2 GWB sieht vor, dass zu berücksichtigen ist, ob der Schadensersatzanspruch aus § 33a Abs. 1 GWB bereits prozessual geltend gemacht wird. Der Novellengeber geht davon aus, dass in einem Schadensersatzprozess, anders als in einem eigenständigen Offenlegungsprozess, eher gewährleistet wäre, dass die vorgelegten Informationen nur der Durchsetzung des geltend gemachten Anspruchs dienen.[559] Eine echte Bedeutung kommt § 89c Abs. 3 S. 2 Nr. 2 GWB daher nur dann zu, wenn der Antrag aus § 89c Abs. 1 GWB im Rahmen eines eigenständigen Offenlegungsprozesses nach § 33g Abs. 1 oder 2 GWB gestellt wurde.

Der § 89c Abs. 3 S. 2 Nr. 3 GWB sieht vor, dass die Wirksamkeit des Public Enforcement berücksichtigt werden muss. Insbesondere gilt es, laufende Verfahren vor Beeinträchtigungen zu schützen und die Effektivität von Kronzeugenprogrammen und Vergleichsverfahren zu gewährleisten. Dieses Abwägungskriterium ist wahrscheinlich eher im Rahmen der Offenlegung nach § 89c Abs. 2 GWB relevant;[560] jedoch können auch besonders umfangreiche Vorlageersuchen eine Gefahr für die Tätigkeit der Wettbewerbsbehörden darstellen.[561]

3. Entscheidung des Gerichts – Ersuchen

Über den Antrag entscheidet das Gericht gemäß § 89c Abs. 1 S. 2 GWB durch Beschluss, gegen den die sofortige Beschwerde stattfindet (§ 89c Abs. 1 S. 3 GWB). Dem Wortlaut des § 89c Abs. 1 S. 1 GWB nach steht das Ersuchen im Ermessen des Gerichts.[562] Soweit die Voraussetzungen des Antrages vorliegen und das Ersuchen verhältnismäßig ist, wird der Ermessensspielraum des Gerichts allerdings erheblich reduziert sein.[563]

---

559 *Bundesregierung*, Begr. des Gesetzesentwurfes zur 9. GWB-Novelle, BT-Drs. 18/10207, S. 103.

560 *Preuß*, in: Kersting/Podszun, 9. GWB-Novelle, Kap. 10 Rn. 102; *Makatsch/Kacholdt*, in: Säcker/Meier-Beck, MüKo Kartellrecht/GWB (2020), § 89c Rn. 36.

561 Siehe etwa: OLG Düsseldorf, Beschl. v. 22.08.2012 – V-4 Kart 5 u. 6/11 (OWi) – *Kaffeeröster*, Juris, Rn. 50; *Bundeskartellamt*, Stellungnahme zum Referentenentwurf zur 9. GWB-Novelle vom 25.07.2016, S. 19.

562 *Bornkamm/Tolkmitt*, in: Langen/Bunte, Kartellrecht/GWB (2018), § 89c Rn. 12; a.A.: *Inderst/Thomas*, Schadensersatz bei Kartellverstößen (2018), S. 491.

563 *Seifert*, NZKart 2017, S. 512, 515; *Bornkamm/Tolkmitt*, in: Langen/Bunte, Kartellrecht/GWB (2018), § 89c Rn. 12; *Makatsch/Kacholdt*, in: Säcker/Meier-Beck, MüKo Kartellrecht/GWB (2020), § 89c Rn. 19.

4. *Versagung der Vorlage durch die Behörde gemäß § 89c Abs. 4 GWB*

Die ersuchte Behörde kann die Vorlage der Beweismittel nach Maßgabe des § 89c Abs. 4 S. 1 GWB ablehnen. Zudem ist die Vorlage von Beweismitteln i.S. des § 33g Abs. 5 GWB bis zum vollständigen Abschluss des wettbewerbsbehördlichen Verfahrens ausgeschlossen (§ 89c Abs. 4 S. 2 GWB). Der Novellengeber setzt damit Art. 6 Abs. 5 bis 7 der Kartellschadensersatzrichtlinie um.[564]

Das Verweigerungsrecht ist auf die in § 89c Abs. 4 S. 1 GWB bzw. § 33g Abs. 5 GWB genannten Beweismittel beschränkt.[565] Dort nicht aufgezählte Beweismittel müssen durch die ersuchte Behörde vorgelegt werden.[566] Nach § 89c Abs. 4 S. 1 GWB kann die Behörde die Vorlage von Kronzeugenerklärungen (Nr. 1), nicht zurückgezogenen Vergleichsausführungen (Nr. 2), internen Behördenvermerken (Nr. 3) sowie die Kommunikation mit anderen Wettbewerbsbehörden oder den zuständigen Staatsanwaltschaften (Nr. 4) ablehnen. Interne Behördenvermerke sind insbesondere Unterlagen und Daten mit rein innerdienstlicher Bedeutung, zum Beispiel Arbeitsvermerke zur Bewertung der bisherigen Ermittlungsergebnisse, interne Arbeits- und Hilfsmittel, Handakten sowie interne Entwürfe und Notizen.[567] Es ist allerdings davon auszugehen, dass dem § 89c Abs. 4 GWB nur eine geringe Bedeutung zukommen wird. Das Prozessgericht wird Anträge, die auf eines der in § 89c Abs. 4 S. 1 GWB genannten Beweismittel gerichtet sind, in der Regel bereits wegen ihrer Unverhältnismäßigkeit ablehnen.[568]

Ob die Vorlage der Beweismittel rechtmäßig verweigert wurde, kann gemäß §§ 89c Abs. 4 S. 2 i.V.m. 89b Abs. 8 GWB auf Antrag einer Partei durch das Gericht geprüft werden.[569] Die dafür notwendige Vorlage der umstrittenen

---

564 *Bundesregierung*, Begr. des Gesetzesentwurfes zur 9. GWB-Novelle, BT-Drs. 18/10207, S. 104.

565 *Bundesregierung*, Begr. des Gesetzesentwurfes zur 9. GWB-Novelle, BT-Drs. 18/10207, S. 104; *Seifert*, NZKart 2017, S. 512, 515; *Inderst/Thomas*, Schadensersatz bei Kartellverstößen (2018), S. 491; vgl. auch: *Preuß*, in: Kersting/Podszun, 9. GWB-Novelle, Kap. 10 Rn. 94.

566 *Seifert*, NZKart 2017, S. 512, 515; *Makatsch/Kacholdt*, in: Säcker/Meier-Beck, MüKo Kartellrecht/GWB (2020), § 89c Rn. 50; vgl. auch: *Preuß*, in: Kersting/Podszun, 9. GWB-Novelle, Kap. 10 Rn. 94.

567 *Bundesregierung*, Begr. des Gesetzesentwurfes zur 9. GWB-Novelle, BT-Drs. 18/10207, S. 104; *Bornkamm/Tolkmitt*, in: Langen/Bunte, Kartellrecht/GWB (2018), § 89c Rn. 9; *Makatsch/Kacholdt*, in: Säcker/Meier-Beck, MüKo Kartellrecht/GWB (2020), § 89c Rn. 47.

568 *Seifert*, NZKart 2017, S. 512, 515.

569 Siehe zum Prüfverfahren nach § 89b Abs. 8 GWB bereits oben, S. 185 ff.

Beweismittel beim Prozessgericht hat der Novellengeber – anders als in § 33g Abs. 4 S. 3 GWB – in § 89c Abs. 4 S. 2 GWB nicht geregelt. In Anbetracht der Gesetzesbegründung muss eine solche Vorlagepflicht zur Überprüfung des umstrittenen Beweismittels aber in § 89c Abs. 4 S. 2 GWB hineingelesen werden.[570]

III. Offenlegung der vorgelegten Beweismittel gemäß § 89c Abs. 2 GWB

Die Offenlegung der vorgelegten Beweismittel richtet sich nach § 89c Abs. 2 GWB. Danach kann das Gericht unter den Voraussetzungen des § 89c Abs. 2 S. 1 GWB dem Antragsteller die vorgelegten Beweismittel zugänglich machen oder Auskünfte daraus erteilen. Antragsteller ist die Partei, die den Antrag auf ein gerichtliches Vorlageersuchen nach § 89c Abs. 1 GWB gestellt hat.[571]

§ 89c Abs. 2 GWB modifiziert den § 299 Abs. 1 ZPO. Es kann daher angebracht sein, den Begriff des Antragstellers auch auf die Partei anzuwenden, die einen Antrag auf Akteneinsicht nach § 299 Abs. 1 ZPO gestellt hat. Dies würde es auch der Partei, die den Antrag nach § 89c Abs. 1 GWB nicht gestellt hat, ermöglichen, Einsicht in die vorgelegten Beweismittel zu erhalten. Voraussetzung ist jedoch, dass sich ihr Antrag auf Einsichtnahme aus § 299 Abs. 1 ZPO auf diese Beweismittel bezogen hat.[572]

§ 89c Abs. 2 GWB ist als Kann-Vorschrift ausgestaltet. Unklar ist, ob der Novellengeber dem Gericht ein Ermessen für die Offenlegung geben wollte.[573] Soweit jedoch die Voraussetzungen des Absatzes 2 vorliegen und die Offenlegung verhältnismäßig ist, kann davon ausgegangen werden, dass das Ermessen des Gerichts auf Null reduziert ist und die vorgelegten Beweismittel offenzulegen sind.[574]

---

570 *Bundesregierung*, Begr. des Gesetzesentwurfes zur 9. GWB-Novelle, BT-Drs. 18/10207, S. 104; *Klumpe/Thiede*, NZKart 2017, S. 332, 338 f.; *Seifert*, NZKart 2017, S. 512, 515; *Makatsch/Kacholdt*, in: Säcker/Meier-Beck, MüKo Kartellrecht/GWB (2020), § 89c Rn. 51; vgl. auch: *Preuß*, in: Kersting/Podszun, 9. GWB-Novelle, Kap. 10 Rn. 106.

571 *Preuß*, in: Kersting/Podszun, 9. GWB-Novelle, Kap. 10 Rn. 107.

572 *Preuß*, in: Kersting/Podszun, 9. GWB-Novelle, Kap. 10 Rn. 109; *Makatsch/Kacholdt*, in: Säcker/Meier-Beck, MüKo Kartellrecht/GWB (2020), § 89c Rn. 21.

573 Gehen von einer Ermessensentscheidung aus: *Bornkamm/Tolkmitt*, in: Langen/Bunte, Kartellrecht/GWB (2018), § 89c Rn. 13; a.A.: *Preuß*, in: Kersting/Podszun, 9. GWB-Novelle, Kap. 10 Rn. 108.

574 *Bornkamm/Tolkmitt*, in: Langen/Bunte, Kartellrecht/GWB (2018), § 89c Rn. 13; *Makatsch/Kacholdt*, in: Säcker/Meier-Beck, MüKo Kartellrecht/GWB (2020), § 89c

1. *Voraussetzungen der Offenlegung gemäß § 89c Abs. 2 S. 1 GWB*

Die Offenlegung erfolgt nur insoweit, als dass das Gericht dem Antrag aus § 89c Abs. 1 GWB entsprochen hat (§ 89c Abs. 2 S. 1 Nr. 1 GWB). Das Gericht kann dem Antrag somit auch nur teilweise entsprechen.[575] Die Offenlegung ist zudem gemäß § 89c Abs. 2 S. 1 Nr. 2 GWB auf Beweismittel beschränkt, die zur Durchsetzung eines Kartellschadensersatzanspruchs bzw. zur Verteidigung gegen einen solchen erforderlich sind. Ähnlich wie bei § 33g GWB muss das Gericht an dieser Stelle eine Prognoseentscheidung treffen, da zum Zeitpunkt der Offenlegung nicht endgültig absehbar ist, welche Informationen tatsächlich für die Rechtsdurchsetzung erforderlich sind.[576] Damit die Parteien eine effektive Möglichkeit der Informationsgewinnung bei den Behörden haben, sollten die Anforderungen an die Annahme der Erforderlichkeit jedoch nicht überspannt werden.[577] Zuletzt muss die Offenlegung gemäß § 89c Abs. 2 S. 1 Nr. 3 GWB verhältnismäßig sein. Dafür gelten wie bei § 89c Abs. 1 GWB die Kriterien des § 89c Abs. 3 S. 2 GWB und § 33g Abs. 3 GWB.

2. *Anhörung der Betroffenen*

Vor der Offenlegung sind die von der Offenlegung Betroffenen sowie die Wettbewerbsbehörde anzuhören (§ 89c Abs. 2 S. 2 GWB). Das Bundeskartellamt kann zudem nach § 90 Abs. 1 GWB eine Stellungnahme abgeben.[578] Zweck des Anhörungserfordernisses ist in erster Linie, den Betroffenen die Möglichkeit zu geben, ihr Interesse am Schutz von Geschäftsgeheimnissen geltend zu machen.[579]

Rn. 27; im Ergebnis dann ebenso: *Preuß*, in: Kersting/Podszun, 9. GWB-Novelle, Kap. 10 Rn. 108.

575 *Bornkamm/Tolkmitt*, in: Langen/Bunte, Kartellrecht/GWB (2018), § 89c Rn. 14; *Makatsch/Kacholdt*, in: Säcker/Meier-Beck, MüKo Kartellrecht/GWB (2020), § 89c Rn. 23.

576 *Makatsch/Kacholdt*, in: Säcker/Meier-Beck, MüKo Kartellrecht/GWB (2020), Teil 89c Rn. 21.

577 *Bornkamm/Tolkmitt*, in: Langen/Bunte, Kartellrecht/GWB (2018), § 89c Rn. 14.

578 *Bundesregierung*, Begr. des Gesetzesentwurfes zur 9. GWB-Novelle, BT-Drs. 18/10207, S. 103.

579 *Bundesregierung*, Begr. des Gesetzesentwurfes zur 9. GWB-Novelle, BT-Drs. 18/10207, S. 103; dazu: *Makatsch/Kacholdt*, in: Säcker/Meier-Beck, MüKo Kartellrecht/GWB (2020), § 89c Rn. 26.

3. Geheimnisschutz und Freigabeverfahren

Nach § 89c Abs. 2 S. 3 GWB sind Tatsachen und Beweismittel von der Offenlegung auszunehmen, wenn deren Geheimhaltung aus einem wichtigen Grund verlangt wird. Der Novellengeber will damit in den behördlichen Akten enthaltene Geschäftsgeheimnisse der am Wettbewerbsverstoß Beteiligten schützen.[580] Eine Offenlegung kommt jedoch trotz berechtigter Geheimhaltungsinteressen im Wege der entsprechenden Anwendung des Freigabeverfahrens nach § 89b Abs. 6 GWB in Betracht (§ 89c Abs. 2 S. 4 GWB).[581] Zudem kann das Gericht auch im Rahmen des § 89c Abs. 2 GWB die im Einzelfall notwendigen Geheimnisschutzmaßnahmen gemäß § 89b Abs. 7 GWB treffen.[582]

4. Verwendungsbeschränkungen gemäß § 89d Abs. 1 bis 3 GWB

Bei der Verwendung eines durch eine Wettbewerbsbehörde oder nach § 89c GWB offengelegten Beweismittels müssen die Beweisverwertungsverbote[583] aus § 89d Abs. 1 bis 3 GWB beachtet werden. § 89d Abs. 1 bis 3 GWB soll in Umsetzung von Art. 7 der Kartellschadensrichtlinie sicherstellen, dass Beweismittel, die unter Umgehung der Offenlegungsbeschränkungen der § 33g Abs. 4 und 5 GWB sowie § 89c Abs. 4 S. 1 Nr. 1 und 2 GWB erlangt wurden, nicht oder nur eingeschränkt als Beweismittel in Kartellschadensersatzprozessen eingesetzt werden.[584]

§ 89d Abs. 1 GWB beschränkt die Verwendung der von einer Wettbewerbsbehörde oder nach § 89c GWB offengelegten Beweismittel in persönlicher Hinsicht.[585] Diese Beschränkung dient der Umsetzung von Art. 7 Abs. 3 der Kartellschadensersatzrichtlinie und soll nach dem Willen des europäischen

---

580 *Bundesregierung*, Begr. des Gesetzesentwurfes zur 9. GWB-Novelle, BT-Drs. 18/10207, S. 103; *Seifert*, NZKart 2017, S. 512, 515.

581 Siehe zum Freigabeverfahren aus § 89b Abs. 6 GWB bereits oben, S. 193 ff.

582 *Bundesregierung*, Begr. des Gesetzesentwurfes zur 9. GWB-Novelle, BT-Drs. 18/10207, S. 103; *Preuß*, in: Kersting/Podszun, 9. GWB-Novelle, Kap. 10 Rn. 115.

583 *Bornkamm/Tolkmitt*, in: Langen/Bunte, Kartellrecht/GWB (2018), § 89d Rn. 1; *Makatsch/Kacholdt*, in: Säcker/Meier-Beck, MüKo Kartellrecht/GWB (2020), § 89d Rn. 1 f.

584 *Bundesregierung*, Begr. des Gesetzesentwurfes zur 9. GWB-Novelle, BT-Drs. 18/10207, S. 105; Kartellschadensersatzrichtlinie 2014/104/EU, Erwägungsgrund 32.

585 Zur Möglichkeit der Weitergabe von Beweismitteln, die durch eine Einsichtnahme in Gerichtsakten gemäß § 299 Abs. 2 ZPO erlangt wurden: *Bornkamm/Tolkmitt*, in: Langen/Bunte, Kartellrecht/GWB (2018), § 89d Rn. 5.

Gesetzgebers die Weitergabe und den Handel mit Beweismitteln verhindern.[586] Die offengelegten Informationen können nur dann einen Beweis in einem Kartellschadensersatzprozess erbringen, wenn derjenige, dem gegenüber die Beweismittel offengelegt wurden, auch Partei in dem Rechtsstreit ist. Ausreichend ist jedoch, wenn der Rechtsnachfolger desjenigen, dem gegenüber die Beweismittel offengelegt wurden, Partei im Schadensersatzprozess ist. Als Form der Rechtsnachfolge kommt dabei sowohl die Gesamtrechtsnachfolge als auch die Einzelrechtsnachfolge in Bezug auf die im Prozess gegenständlichen Schadensersatzansprüche in Betracht.[587]

In Umsetzung von Art. 7 Abs. 1 der Kartellschadensersatzrichtlinie sieht § 89d Abs. 2 GWB vor, dass die Verwendung von Kronzeugenerklärungen und Vergleichsausführungen in einem Kartellschadensersatzprozess ausgeschlossen ist. Das Verbot gilt, wenn die Kronzeugenerklärungen oder Vergleichsausführungen durch Einsichtnahme in Behörden- oder Gerichtsakten oder aber gemäß § 89c GWB erlangt wurden. Im Umkehrschluss bedeutet dies, dass die Verwendung von Kronzeugenerklärungen oder Vergleichsausführung dann nicht verboten ist, wenn der Geschädigte auf anderem Wege an diese gelangt ist. Jedoch muss das Verwertungsverbot aus § 89d Abs. 1 GWB beachtet werden.[588]

Parallel zu dem temporären Verbot der Offenlegung aus § 33g Abs. 5 GWB gilt für bestimmte Beweismittel ein temporäres Beweisverwertungsverbot bis zum vollständigen Abschluss des wettbewerbsbehördlichen Verfahrens (§ 89d Abs. 3 GWB). Voraussetzung für das temporäre Verwertungsverbot ist, dass ein Beweismittel i.S. des § 33g Abs. 5 GWB durch Einsichtnahme in Behörden- oder Gerichtsakten oder aber gemäß § 89c GWB erlangt wurde. Der Novellengeber setzt damit Art. 7 Abs. 2 der Kartellschadensersatzrichtlinie um. Wie bei § 33g Abs. 5 GWB ist zu kritisieren, dass das Ende des Beweisverwertungsverbots vom vollständigen Abschluss des behördlichen Verfahrens abhängen soll. Art. 6 Abs. 5 der Kartellschadensersatzrichtlinie – als Grundlage für § 33g Abs. 5 GWB – ist

---

586 Kartellschadensersatzrichtlinie 2014/104/EU, Erwägungsgrund 32; kritisch: *Stauber*, G.C.L.R. 2014, S. 23, 26 f.

587 *Bornkamm/Tolkmitt*, in: Langen/Bunte, Kartellrecht/GWB (2018), § 89d Rn. 4; vgl. zu Art. 7 Abs. 3 der Richtlinie: *Haus/Serafimova*, BB 2014, S. 2883, 2887.

588 *Bornkamm/Tolkmitt*, in: Langen/Bunte, Kartellrecht/GWB (2018), § 89d Rn. 6; *Makatsch/Kacholdt*, in: Säcker/Meier-Beck, MüKo Kartellrecht/GWB (2020), § 89d Rn. 4.

großzügiger und lässt ausreichen, dass das Verfahren dem konkret beklagten Kartellanten gegenüber vollständig abgeschlossen wurde.[589]

IV. Zeitlicher und intertemporaler Anwendungsbereich

Für die zeitliche Anwendbarkeit des § 89c GWB gilt § 186 Abs. 4 GWB. Danach findet die Offenlegung aus Behördenakten in Rechtsstreiten Anwendung, die nach dem 26. Dezember 2016 anhängig wurden. Bislang besteht – wie bei § 33g GWB – in Bezug auf die intertemporale Anwendbarkeit des § 89c GWB Unklarheit. Auch in § 89c GWB fehlt ein Verweis auf Kartellschadensersatzansprüche nach altem Recht. Der § 89c GWB könnte daher dahingehend ausgelegt werden, dass die Offenlegungsmöglichkeit nur in Rechtsstreitigkeiten besteht, die der Durchsetzung eines Schadensersatzanspruchs aus § 33a Abs. 1 GWB bzw. der Informationsbeschaffung nach § 33g GWB – zur Durchsetzung eines Schadensersatzanspruchs aus § 33a GWB – dienen.[590]

Wieder ließe sich vorbringen, dass für eine Anwendung auf ältere, zum Beispiel aus § 33 Abs. 3 GWB a.F. oder § 823 Abs. 2 BGB entstandene Schadensersatzansprüche eine Regelung in § 89c GWB, zumindest aber in § 186 Abs. 4 GWB fehlt.[591] Dagegen können jedoch die bereits oben dargestellten Argumente vorgebracht werden.[592] In entsprechender Anwendung der Rechtsprechung zu § 33 Abs. 5 GWB a.F. ist der Verweis auf § 33a GWB zwanglos als Verweis auf alle Kartellschadensersatzansprüche zu verstehen.[593] Eine Bezugnahme auf Altansprüche in § 89c GWB widerspräche zudem der Regelungstechnik des Gesetzgebers[594] und die Begründung der Beschlussempfehlung des Ausschusses für Wirtschaft und Energie spricht gerade für eine Anwendbarkeit des § 89c GWB auf alle auch vor dem 27. Dezember 2016 entstandenen,

---

589 *Makatsch/Kacholdt*, in: Säcker/Meier-Beck, MüKo Kartellrecht/GWB (2020), § 89d Rn. 14; vgl. auch zu § 33g Abs. 5 GWB: *Klumpe/Thiede*, BB 2016, S. 3011, 3015.

590 Siehe zu § 33g Abs. 1 GWB: OLG Düsseldorf, Beschl. v. 03.04.2018 – VI-W (Kart) 2/18 – *Herausgabe von Beweismitteln I*, Juris, Rn. 22; *Harms*, in: Polley/Pohlmann/Kokott, FS D. Schroeder, S. 295, 299.

591 Vgl. etwa: OLG Düsseldorf, Beschl. v. 03.04.2018 – VI-W (Kart) 2/18 – *Herausgabe von Beweismitteln I*, Juris, Rn. 23.

592 Siehe zur intertemporalen Anwendbarkeit von § 33g GWB bereits oben, S. 241 ff.

593 OLG Düsseldorf, Urt. v. 18.02.2015 – VI-U (Kart) 3/14 – *Zementkartell*, Juris, Rn. 123; BGH, Urt. v. 12.06.2018 – KZR 56/16 – *Grauzementkartell II*, Juris, Rn. 71.

594 Vgl.: *Weitbrecht*, WuW 2018, S. 498, 502; vgl. zu § 33 Abs. 5 GWB a.F.: *Wagner/von Olshausen*, ZWeR 2013, S. 121, 145 f.; *Pohlmann*, WuW 2013, S. 357, 362; a.A. bei § 33 Abs. 5 GWB a.F.: *Bien/Harke*, ZWeR 2013, S. 312, 324 f.

Schadensersatzansprüche.[595] Jedenfalls müsste § 89c GWB richtlinienkonform dahingehend ausgelegt werden, dass die Offenlegung aus Behördenakten in jedem Rechtsstreit Anwendung findet, in dem nach dem 26. Dezember 2016 Klage erhoben wurde. Ein anderes Verständnis würde die Offenlegungsmöglichkeit aus Behördenakten über Jahre faktisch unanwendbar machen und damit dem Effektivitätsgrundsatz des Unionsrechts widersprechen.

§ 89c GWB ist daher auch auf Schadensersatzansprüche anwendbar, die vor dem 27. Dezember 2016 zum Beispiel aus § 33 Abs. 3 GWB a.F. oder § 823 Abs. 2 GWB entstanden sind. Die vom Gesetzgeber beabsichtigte Überarbeitung des § 186 Abs. 4 GWB-RefE wird auch für § 89c GWB die intertemporale Anwendbarkeit klarstellen.[596]

V. Verhältnis zum sonstigen Recht

1. § 89c Abs. 5 GWB

Neben § 89c GWB ist die Anwendung von § 406e und § 475 StPO (i.V.m. § 46 Abs. 3 S. 4 bzw. § 49b OWiG) gemäß § 89c Abs. 5 S. 1 GWB ausgeschlossen. Als Ausnahme dazu sieht § 89c Abs. 5 S. 2 GWB vor, dass auch weiterhin gemäß § 406e und § 475 StPO Einsicht in den Bußgeldbescheid genommen werden kann, wobei es unerheblich ist, ob der Bußgeldbescheid bereits in Rechtskraft erwachsen ist.[597] Aufgrund des Wortlautes und der Regierungsbegründung[598] ist § 89c Abs. 5 S. 1 GWB so zu verstehen, dass die Anwendbarkeit von § 406e und § 475 StPO nicht nur während oder neben einem gerichtlichen Verfahren sondern auch im Vorfeld eines solchen ausgeschlossen ist.[599] Damit hat der Novellengeber mit Ausnahme des Bußgeldbescheides die außerprozessuale Informationsgewinnung zur Durchsetzung eines Kartellschadensersatzanspruchs bei

595 *Bundestag*, Beschlussempfehlung und Bericht des Ausschusses für Wirtschaft und Energie zum Entwurf der 9. GWB-Novelle, BT-Drs. 18/11446, S. 32.

596 Siehe zur geplanten Überarbeitung des § 186 Abs. 4 GWB durch die 10. GWB-Novelle bereits oben, S. 250 f.

597 *Bundesregierung*, Begr. des Gesetzesentwurfes zur 9. GWB-Novelle, BT-Drs. 18/10207, S. 104.

598 *Bundesregierung*, Begr. des Gesetzesentwurfes zur 9. GWB-Novelle, BT-Drs. 18/10207, S. 104.

599 *Petrasincu*, WuW 2016, S. 330, 334; *Kersting/Preuß*, WuW (Online-Beitrag) 2016, S. L1, L20; *Seifert*, NZKart 2017, S. 512, 517; *Weitbrecht*, NZKart 2018, S. 106, 110; wohl auch: *Rosenfeld/Brand*, WuW 2017, S. 247, 250; *Bach/Wolf*, NZKart 2017, S. 285, 286.

Behörden faktisch ausgeschlossen.[600] Als Folge des § 89c Abs. 5 S. 1 GWB setzt die Informationsgewinnung bei den Wettbewerbsbehörden immer die Erhebung einer Kartellschadensersatzklage nach § 33a Abs. 1 GWB bzw. einer Offenlegungsklage nach § 33g GWB voraus (vgl. § 89c Abs. 1 S. 1 GWB). Aufgrund des Subsidiaritätserfordernisses des § 89c Abs. 1 S. 1 Nr. 2 GWB ist zusätzlich ein vorausgegangener, nicht erfolgreicher Versuch der Informationsgewinnung bei Privaten gemäß § 33g GWB erforderlich. Die Wettbewerbsbehörden sind somit in Deutschland durch eine *doppelte* Subsidiarität vor den Informationsgesuchen der Kartellgeschädigten geschützt.

2. *§ 89d Abs. 4 S. 2 GWB*

In entsprechender Anwendung von § 89d Abs. 4 S. 1 GWB sieht § 89d Abs. 4 S. 2 GWB vor, dass andere prozessuale Vorlage- oder Offenlegungspflichten im Rahmen eines Offenlegungs- bzw. Kartellschadensersatzprozesses nur insoweit Anwendung finden, als dass die Voraussetzungen des § 89c GWB auch in Bezug auf das offenzulegende Beweismittel vorliegen.

3. *Anwendbarkeit von § 1 IFG*

Unklar ist das Verhältnis des § 89c GWB zu § 1 Abs. 1 IFG. Der Informationsanspruch gegen Bundesbehörden war nach überwiegender Ansicht auf Grund der vorrangigen Informationsmöglichkeiten in § 406e und § 475 StPO im Bußgeldverfahren gemäß § 1 Abs. 3 IFG ausgeschlossen.[601]

Da § 89c Abs. 5 S. 1 GWB allerdings die § 406e und § 475 StPO für unanwendbar erklärt hat, kommt nach Ansicht einiger Autoren eine Anwendung von § 1 Abs. 1 IFG wieder in Betracht.[602] Dagegen spricht der Zweck des § 89c

---

600 Kritisch: *Petrasincu*, WuW 2016, S. 330, 334; *Klumpe/Thiede*, BB 2016, S. 3011, 3017; *Klumpe/Thiede*, NZKart 2017, S. 332, 338; *Seifert*, NZKart 2017, S. 512, 513 u. 518.

601 *Lampert/Weidenbach*, WRP 2007, S. 152, 158; *Mehle*, in: Hiebl/Kassebohm/Lilie, FS Mehle, S. 387, 410; *Milde*, Schutz des Kronzeugen, S. 186 f.; *Klooz*, Akteneinsicht Dritter, S. 49; *Sanner*, Informationsgewinnung, S. 509 f.; *Badtke/Lang*, WuW 2016, S. 276, 282; zu § 475 StPO: *Schoch*, IFG, § 1 Rn. 350; *Seifert*, NZKart 2017, S. 512, 517; *Schwedler*, in: Kamann/Ohlhoff/Völcker, Kartellverfahren und Kartellprozess (2017), § 17 Rn. 228; *Bakowitz*, Informationsherrschaft, S. 194; *Inderst/Thomas*, Schadensersatz bei Kartellverstößen (2018), S. 487; a.A. bzgl. § 406e StPO: *Schoch*, IFG, § 1 Rn. 378; ebenso: *Dawirs*, Zugriff auf Kronzeugenerklärungen, S. 143 f.

602 *Seifert*, NZKart 2017, S. 512, 517; *Inderst/Thomas*, Schadensersatz bei Kartellverstößen (2018), S. 487; gehen jedenfalls vor Klageerhebung von einer Anwendbarkeit des

Abs. 5 GWB. Dieser soll verhindern, dass die Regelungen des § 89c GWB durch andere Offenlegungsmöglichkeiten umgangen werden. Der § 89c Abs. 5 GWB könnte daher als Vorschrift i.S. des § 1 Abs. 3 IFG gesehen werden, welche einer Anwendung von § 1 Abs. 1 IFG entgegensteht.[603] Das Bundeskartellamt hat mit dieser Argumentation das Akteneinsichtsgesuch eines mutmaßlich Geschädigten gemäß § 1 Abs. 1 IFG im Anschluss an ein durch Verpflichtungszusage i.S. des § 32b GWB beendetes Verwaltungsverfahren abgelehnt.[604]

Für die Anwendbarkeit des § 1 IFG spricht die fehlende Erwähnung in § 89c Abs. 5 S. 1 GWB.[605] Ferner sieht die Kartellschadensersatzrichtlinie in Art. 6 Abs. 2 vor, dass die Anwendbarkeit der mit dem IFG vergleichbaren VO 1049/2001 nicht durch die Richtlinie berührt werde.[606] Die Kartellschadensersatzrichtlinie steht der Anwendung von § 1 Abs. 1 IFG somit nicht entgegen.

Der Argumentation des Bundeskartellamtes hat das VG Köln in einem Beschluss aus dem Juni 2019 zumindest teilweise widersprochen. Das VG geht davon aus, dass die §§ 33g und 89c GWB jedenfalls dann keine speziellere Norm i.S. des § 1 Abs. 3 IFG darstellen, wenn ein Kartellschadensersatzanspruch nicht anhängig und auch nicht offensichtliches „*(Primär-)Ziel*“ ist.[607]

Bei § 1 Abs. 1 IFG muss jedoch der umfangreiche Katalog an Ausnahmeregelungen in den §§ 3 bis 6 IFG beachtet werden. So ist der Anspruch nach § 3 Nr. 1 d) IFG ausgeschlossen, wenn das Bekanntwerden der Informationen nachteilige Auswirkungen auf die Kontroll- oder Aufsichtsaufgaben der Wettbewerbsbehörden haben kann. Bereits diese Ausnahme wird einen großen Teil der Dokumente beim Bundeskartellamt sperren.[608] Dafür muss die Behörde nur die

---

§ 1 IFG aus: *Makatsch/Kacholdt*, in: Säcker/Meier-Beck, MüKo Kartellrecht/GWB (2020), § 89c Rn. 57; siehe auch: *Weitbrecht*, NZKart 2018, S. 106, 110.

603 *Seifert*, NZKart 2017, S. 512, 517.

604 *JUVE-Online*, EC-Cash und IFG-Klagen: VG Köln verhandelt den Albtraum des Kartellamts; *Inderst/Thomas*, Schadensersatz bei Kartellverstößen (2018), S. 487.

605 Vgl. den Hinweis zu fehlenden Änderungen an § 89c Abs. 5 GWB im Zuge des Referentenentwurfs zur 10. GWB-Novelle: *Heyers*, WuW 2019, S. 545.

606 *Seifert*, NZKart 2017, S. 512, 517.

607 VG Köln, Beschl. v. 18.06.2019 – 13 L 1110/19, Juris, Rn. 23, siehe Rn. 27 ff. zur Abgrenzung von § 1 IFG sowie §§ 33g und 89c GWB anhand des Adressatenkreises und der abgedeckten Informationen.

608 *Burholt*, BB 2006, S. 2201, 2203; siehe auch: *Bakowitz*, Informationsherrschaft, S. 195; *Inderst/Thomas*, Schadensersatz bei Kartellverstößen (2018), S. 487; in Bezug auf Kronzeugenerklärungen: *Dawirs*, Zugriff auf Kronzeugenerklärungen, S. 145 f.; ebenso: *Schwedler*, in: Kamann/Ohlhoff/Völcker, Kartellverfahren und Kartellprozess (2017), § 17 Rn. 237.

konkrete Möglichkeit einer Beeinträchtigung darlegen; eine Abwägung erfolgt nicht.[609] Freiwillig übermittelte Dokumente wie zum Beispiel Kronzeugenerklärungen und Vergleichsausführungen, bei denen ein Interesse des Erstellers an einer vertraulichen Behandlung fortbesteht, sind gemäß § 3 Nr. 7 IFG ebenfalls vom Anspruch auf Informationszugang ausgenommen. Konsequenterweise ist anzunehmen, dass die Übermittler solcher Dokumente gerade ein Interesse am Schutz dieser haben.[610] § 6 S. 2 IFG bestimmt, dass der Zugang zu Dokumenten, die Betriebs- und Geschäftsgeheimnisse von Dritten enthalten, nur mit Einwilligung des Betroffenen gewährt wird; eine Abwägung erfolgt wiederum nicht.[611] Daraus folgt, dass, auch bei der Annahme der Anwendbarkeit von § 1 Abs. 1 IFG auf die Bußgeldakten der Wettbewerbsbehörden, aufgrund der weitreichenden, nebeneinander anwendbaren und sich teilweise gegenseitig stärkenden Ausnahmetatbestände des IFG kaum davon auszugehen ist, dass der Kartellgeschädigte tatsächlich auf diesem Weg einen Zugang zu relevanten behördlichen Informationen erhält.[612]

VI. Ergebnis zu C.

Die neueingeführten Regelungen zur Offenlegung aus Behördenakten gemäß § 89c GWB sind kritisch zu betrachten. Nicht nur wurde jede über den Bußgeldbescheid hinausgehende Möglichkeit der außerprozessualen

---

609 *Dawirs*, Zugriff auf Kronzeugenerklärungen, S. 145; *Schirmer*, in: Gersdorf/Paal, BeckOK InfoMedienR (Stand: Mai 2020), § 3 Rn. 40; a.A.: BVerwG, Beschl. v. 23.06.2012 – 20 F 21/10 – *Informationen über Trägerschaft und Handlungsfähigkeit einer Sparkasse*, NVwZ 2012, S. 112, 114 f.; Hessischer VwGH, Urt. v. 21.03.2012 – 6 A 1150/10, DVBl. 2012, S. 701, 702 f.; zustimmend: *Schwedler*, in: Kamann/Ohlhoff/Völcker, Kartellverfahren und Kartellprozess (2017), § 17 Rn. 236, siehe aber Rn. 237 in Bezug auf Kronzeugenerklärungen.

610 *Leopold*, WuW 2006, S. 592, 597; *Burholt*, BB 2006, S. 2201, 2205; *Jüntgen*, WuW 2007, S. 128, 131; *Milde*, Schutz des Kronzeugen, S. 187 f.; *Dawirs*, Zugriff auf Kronzeugenerklärungen, S. 147; *Bakowitz*, Informationsherrschaft, S. 195; *Inderst/Thomas*, Schadensersatz bei Kartellverstößen (2018), S. 488.

611 *Leopold*, WuW 2006, S. 592, 597; *Burholt*, BB 2006, S. 2201, 2205; *Schwedler*, in: Kamann/Ohlhoff/Völcker, Kartellverfahren und Kartellprozess (2017), § 17 Rn. 253 f.; *Bakowitz*, Informationsherrschaft, S. 195; *Inderst/Thomas*, Schadensersatz bei Kartellverstößen (2018), S. 488.

612 *Seifert*, NZKart 2017, S. 512, 517; *Inderst/Thomas*, Schadensersatz bei Kartellverstößen (2018), S. 488 f.; siehe auch: *Makatsch/Kacholdt*, in: Säcker/Meier-Beck, MüKo Kartellrecht/GWB (2020), § 89c Rn. 57.

Informationsgewinnung bei Behörden verboten. Die Notwendigkeit der Erhebung einer Klage, die Subsidiarität der behördlichen Offenlegung sowie die doppelte Verhältnismäßigkeitsprüfung sowohl vor Übermittlung der Akten als auch vor der Gewährung der Einsicht führen zu dem Ergebnis, dass der Novellengeber offensichtlich das Ziel verfolgt hat, die Wettbewerbsbehörden möglichst umfassend vor den Akteneinsichtsgesuchen der Kartellgeschädigten zu schützen. Hinzu kommen, wie auch schon bei § 33g GWB, Unklarheiten in der Nutzung und Auslegung unbestimmter Rechtsbegriffe sowie handwerkliche Fehler.

D. Zwischenergebnis zum 3. Kapitel

Die in Umsetzung des zweiten Kapitels der Kartellschadensersatzrichtlinie neueingeführten Offenlegungsansprüche der 9. GWB-Novelle sind unterschiedlich zu beurteilen. Insbesondere die Herausgabe- und Auskunftsansprüche des § 33g GWB sind in ihrer Konzeption dazu geeignet, die Informationsasymmetrie des Kartellgeschädigten zu überwinden. Die Umsetzung als eigenständiger materiell-rechtlicher Anspruch ist ausdrücklich hervorzuheben. Dennoch muss festgestellt werden, dass die gewählte Umsetzung mit einer Vielzahl an Unstimmigkeiten und Fehlern behaftet ist. Diese haben zur Folge, dass die Umsetzung teilweise im Widerspruch zur Kartellschadensersatzrichtlinie steht. Darüber hinaus wird die Umsetzung auch für einigen Prozessstoff sorgen, was einer praktischen Anwendbarkeit im Wege stehen könnte. Die Offenlegung aus Behördenakten ist wie zuvor beschrieben deutlich kritischer zu betrachten.

4. Kapitel Stärkung der privaten Rechtsdurchsetzung?

Im folgenden Kapitel werden die zuvor dargestellten Offenlegungsansprüche der 9. GWB-Novelle dahingehend untersucht und bewertet, ob ihre Einführung eine Stärkung der privaten Rechtsdurchsetzung zur Folge hat. Dafür werden zunächst rechtspolitische Bewertungskriterien entwickelt, um dann die eigentliche Bewertung vorzunehmen.

Hauptzweck des Private Enforcement ist die Kompensation der Opfer eines Wettbewerbsverstoßes.[1] Eine Stärkung ist daher dann anzunehmen, wenn die Durchsetzung von Kartellschadensersatzansprüchen verbessert wurde. Das setzt voraus, dass geeignete Möglichkeiten geschaffen wurden, die typischerweise im Kartellschadensrecht bestehende Informationsasymmetrie zu überwinden.

A. Voraussetzungen für die Stärkung der privaten Rechtsdurchsetzung

I. Methodik

Die gewählten Bewertungskriterien beruhen in erster Linie auf den Zielen der Kartellschadensersatzrichtlinie. Ebenfalls in die Kriterien fließen die Ziele der 9. GWB-Novelle ein. Zudem müssen die im Rahmen dieser Arbeit festgestellten praktischen Schwierigkeiten bei der Durchsetzung von Schadensersatz- und Informationsansprüchen nach einem Wettbewerbsverstoß beachtet werden.

Wie oben bereits dargestellt verfolgt die Kartellschadensersatzrichtlinie 2014/104/EU zwei vorrangige Ziele.[2] Einerseits soll die primärrechtliche Rechtsprechung des EuGH – insbesondere aus den Urteilen *Courage/Crehan*[3] sowie *Manfredi*[4]– umgesetzt und dadurch gewährleistet werden, dass jeder Geschädigte eines Verstoßes gegen das europäische Wettbewerbsrecht einen

---

1 *Logemann*, Der kartellrechtliche Schadensersatz, S. 33; *Weitbrecht*, NJW 2012, S. 881, 882; *Bach*, in: Studienvereinigung Kartellrecht, FS Canenbley, S. 15, 16; *Milde*, Schutz des Kronzeugen, S. 49; *Sanner*, Informationsgewinnung, S. 114 f.; *Dawirs*, Zugriff auf Kronzeugenerklärungen, S. 78.

2 Siehe oben, S. 121 f.

3 EuGH, Urt. v. 20.09.2001 – C-453/99 – *Courage/Crehan*, EU:C:2001:465, Rn. 26.

4 EuGH, Urt. v. 13.07.2006 – C-295/04 u.a. – *Manfredi*, EU:C:2006:461, Rn. 60.

vollständigen Ersatz seines Schadens erlangen kann (vgl. Art. 1 Abs. 1, Art 3 Abs. 1 der Kartellschadensersatzrichtlinie).[5] Um dieses Ziel zu erreichen, sollen die Geschädigten eines Wettbewerbsverstoßes unter anderem mit einer umfassenden Möglichkeit zur Informationsgewinnung bei Kartellanten, Wettbewerbsbehörden und Dritten ausgestattet werden. Andererseits soll durch die Richtlinie eine kohärente Koordinierung von privater und öffentlich-rechtlicher Rechtsdurchsetzung erfolgen, um trotz des oben dargestellten Spannungsverhältnisses[6] beiden Formen der Rechtsdurchsetzung eine größtmögliche Durchsetzungskraft zu ermöglichen.[7]

Ziel der 9. GWB-Novelle ist insbesondere, durch die – überschießende – Umsetzung der Kartellschadensersatzrichtlinie eine Stärkung der privaten Rechtsdurchsetzung zu erreichen. Dieses Ziel soll insbesondere durch die Beseitigung von praktischen Schwierigkeiten, wie dem komplizierten Zugang zu Beweismitteln, erreicht werden.[8] Zudem soll die Novelle für eine wirksamere Durchsetzung von nationalem und europäischem Wettbewerbsrecht sorgen und dadurch das Zusammenwirken von Private Enforcement in Form von Schadensersatzklagen und Public Enforcement verbessern.[9] Zuletzt soll die überschießende Umsetzung der Offenlegungsvorschriften der Richtlinie in einem materiell-rechtlichen Offenlegungsanspruch (§ 33g Abs. 1 GWB) den Abschluss von außerprozessualen Vergleichen erleichtern und damit die Durchsetzung des Schadensersatzanspruchs beschleunigen.[10]

II. Anforderungen an die Offenlegungsmöglichkeiten zur Stärkung der privaten Rechtsdurchsetzung

Wie diese Arbeit gezeigt hat, kann derjenige, der durch einen Wettbewerbsverstoß geschädigt wurde, vielfach keinen (vollständigen) Ersatz seines Schadens

---

5 Kartellschadensersatzrichtlinie 2014/104/EU, Erwägungsgrund 3; *Roth*, ZHR 2015, S. 668, 672; *Dawirs*, Zugriff auf Kronzeugenerklärungen, S. 229; *Bakowitz*, Informationsherrschaft, S. 92 f.

6 Siehe dazu oben, S. 92 ff.

7 Art. 1 Abs. 2 sowie Erwägungsgrund 6 der Kartellschadensersatzrichtlinie 2014/104/EU.

8 *Bundesregierung*, Begr. des Gesetzesentwurfes zur 9. GWB-Novelle, BT-Drs. 18/10207, S. 39 f.

9 *Bundesregierung*, Begr. des Gesetzesentwurfes zur 9. GWB-Novelle, BT-Drs. 18/10207, S. 40.

10 *Bundesregierung*, Begr. des Gesetzesentwurfes zur 9. GWB-Novelle, BT-Drs. 18/10207, S. 62.

erlangen. Die Durchsetzung von Kartellschadensersatzansprüchen scheitert häufig daran, dass dem Geschädigten die Informationen fehlen, die er zur Durchsetzung seines Schadensersatzanspruchs benötigt. Ein erhebliches Problem für den Geschädigten stellt der Nachweis eines Schadens sowie die Berechnung bzw. Schätzung der Schadenshöhe dar. Grund für diese Informationsnotlage des Kartellgeschädigten ist die typischerweise im Kartellschadensrecht vorhandene Informationsasymmetrie. Bis zum Inkrafttreten der 9. GWB-Novelle bestanden zudem – wie dargestellt – nur begrenzte Möglichkeiten, die erforderlichen Informationen bei den Kartellanten und Wettbewerbsbehörden zu beschaffen. Ein Informationsanspruch gegen Dritte fehlte faktisch vollständig.

Kartellanten werden immer versuchen, ihr Tun soweit wie möglich geheim zu halten, sodass das Problem der Informationsasymmetrie in Zukunft bestehen bleiben wird. Auch wenn Modifikationen der Darlegungslast, Beweiserleichterungen und Vermutungen diese abmildern können, kann die Informationsasymmetrie nur überwunden werden, wenn für den Geschädigten die Möglichkeit besteht, die Informationen, die er zur Durchsetzung seines Schadensersatzanspruchs benötigt, sowohl von den Kartellanten als auch von den Wettbewerbsbehörden und von Dritten zu erlangen.

Vor diesem Hintergrund wäre eine Stärkung der privaten Rechtsdurchsetzung durch die 9. GWB-Novelle insbesondere darin zu sehen, wenn die Möglichkeit bestünde, die Informationsasymmetrie durch einen verbesserten Informationszugang zu überwinden und damit die Durchsetzung von Kartellschadensersatzansprüchen vereinfacht und beschleunigt worden wäre. Der Novellengeber müsste somit die Möglichkeit geschaffen haben, die Informationsasymmetrie durch zeitnahe, sichere und möglichst umfassende außer- wie auch innerprozessuale Offenlegungsansprüche gegenüber den Wettbewerbsbehörden, den Kartellanten und Dritten zu überwinden. Diese Offenlegungsansprüche müssten so gestaltet sein, dass sie durch die Beseitigung der praktischen Probleme der Anspruchsdurchsetzung die Geltendmachung eines Kartellschadensersatzanspruchs attraktiver machen und daher auch tatsächlich geltend gemacht werden. Dabei muss beachtet werden, dass die öffentlich-rechtliche und private Rechtsdurchsetzung nach der Rechtsprechung des EuGH gleichrangig sind. Es darf somit nicht zu einer einseitigen Stärkung der privaten Rechtsdurchsetzung kommen, welche gleichzeitig die Effektivität der öffentlich-rechtlichen Durchsetzung *übermäßig*[11] gefährdet oder beschränkt. Zudem gilt es, grundrechtlich

11 Kartellschadensersatzrichtlinie 2014/104/EU, Erwägungsgrund 21, 25 und 26.

geschützte Interessen der Beteiligten, wie den Schutz von Geschäfts- und Betriebsgeheimnissen, zu beachten.

Um den Zielen der Richtlinie und der 9. GWB-Novelle gerecht zu werden, bestehen an die Möglichkeiten zur Informationsgewinnung konkrete Anforderungen. Dabei sind diese Anforderungen grundsätzlich unabhängig davon, ob ein eigenständiger materiell-rechtlicher Offenlegungsanspruch geltend gemacht wird, oder ob die Offenlegung auf prozessualen Offenlegungsmöglichkeiten beruhen soll.

1. *Notwendigkeit von außer- wie auch innerprozessualen Informationsansprüchen gegen Behörden, Kartellanten und Dritte*

Die Stärkung der privaten Rechtsdurchsetzung setzt außer- wie auch innerprozessuale Informationsmöglichkeiten bei Behörden, Kartellanten und Dritten voraus. Gemeint ist damit, dass die Möglichkeit zur Offenlegung – bei den genannten Personen und Stellen – sowohl im Schadensersatzprozess als auch im Vorfeld eines solchen Prozesses bestehen muss.[12] Aus Gründen der Waffengleichheit ist es erforderlich und angemessen, dass die Offenlegungsmöglichkeiten allen Parteien des Schadensersatzprozesses zur Verfügung stehen.[13]

Für den geschädigten Kläger hat die Möglichkeit, andere Parteien und Dritte während des Schadensersatzprozesses auf die Offenlegung von Informationen in Anspruch zu nehmen, einen erheblichen Vorteil. Er kann seine Schadensersatzklage auch dann erheben, wenn diese zum Zeitpunkt der Klageerhebung noch nicht vollständig substantiiert ist, weil die dafür erforderlichen Beweismittel fehlen. Es ist zudem vielfach nicht absehbar, welche konkreten Informationen und Beweismittel im Laufe des Prozesses benötigt werden. Das Risiko, den Schadensersatzprozess zu verlieren und die hohen Kosten tragen zu müssen, sinkt damit erheblich. Um die Offenlegung von Informationen zu erreichen, ist der Geschädigte nicht mehr dazu gezwungen, einen eigenständigen Prozess oder eine Stufenklage vor der Erhebung der Schadensersatzklage zu führen bzw. zu erheben. Zudem werden die Chancen verbessert, auf das Vorbringen der Gegenseite reagieren zu können. Dies ist auch für den Beklagten von großer

---

12 Dabei können auch „außerprozessuale" Offenlegungsansprüche gerichtlich durchgesetzt werden.

13 Vgl.: Kartellschadensersatzrichtlinie 2014/104/EU, Erwägungsgrund 15; nur zu § 33g Abs. 2 S. 2 GWB: *Bundesregierung*, Begr. des Gesetzesentwurfes zur 9. GWB-Novelle, BT-Drs. 18/10207, S. 62.

Bedeutung, etwa um den Einwand der Schadensabwälzung geltend zu machen.[14] Es gilt allerdings zu verhindern, dass die Geltendmachung bzw. Abwehr von Offenlegungsansprüchen dazu missbraucht wird, den Schadensersatzprozess zu verzögern.[15]

Es besteht auch die Notwendigkeit eines eigenständigen Offenlegungsanspruchs außerhalb eines Schadensersatzprozesses. Nur ein außerprozessualer Offenlegungsanspruch bietet die Möglichkeit, im Vorfeld eines Schadensersatzprozesses folgende Punkte zu prüfen bzw. vorzubereiten: (i) die tatsächliche Betroffenheit der eigenen Geschäfte durch den Wettbewerbsverstoß, (ii) die Chancen der Rechtsdurchsetzung und (iii) die eigentliche Klageerhebung. Ein eigenständiger Offenlegungsanspruch ist zudem Voraussetzung dafür, um in Kenntnis aller erforderlichen Sachverhaltsinformationen in zielführende Vergleichsverhandlungen einzutreten.[16] Eine verbesserte außergerichtliche Streitbeilegung ist darüber hinaus dazu geeignet, die Gerichte erheblich zu entlasten und damit die gerichtliche Schadensersatzdurchsetzung zu beschleunigen.

2. *Freie Wahl des Offenlegungsschuldners*

Eine Stärkung der privaten Rechtsdurchsetzung setzt voraus, dass der Inhaber des Offenlegungsanspruchs grundsätzlich frei wählen kann, vom wem er die Informationsherausgabe verlangt. Mögliche Anspruchsschuldner müssen somit alle Besitzer von potentiell schadensrelevanten Informationen, also die anderen Parteien, Dritte und Wettbewerbsbehörden, sein.

Die Kartellanten sind als (potentielle) Schadensersatzschuldner selbstverständlich mögliche Offenlegungsschuldner. Sie sind im Besitz der Informationen, die zum Nachweis des Wettbewerbsverstoßes, der Betroffenheit und des Schadenseintritts sowie zur Berechnung bzw. Schätzung der Schadenshöhe erforderlich sein können.[17] Um eine Schadensersatzhaftung zu vermeiden, werden die Kartellanten jedoch in der Regel versuchen, die Offenlegung zu verhindern. Offensichtliche Möglichkeiten dazu sind das Bestreiten des Vorliegens der Anspruchsvoraussetzungen sowie die Inanspruchnahme jeder Gelegenheit,

14 Vgl.: Kartellschadensersatzrichtlinie 2014/104/EU, Art. 13 S. 2; *Gussone/Schreiber*, WuW 2013, S. 1040, 1043.

15 Vgl.: *Rosenfeld/Brand*, WuW 2017, S. 247, 251.

16 *Weitbrecht*, WuW 2015, S. 959, 963; vgl. auch: *Bundesregierung*, Begr. des Gesetzesentwurfes zur 9. GWB-Novelle, BT-Drs. 18/10207, S. 62.

17 Siehe hierzu bereits oben, S. 87 f.

um die Offenlegungsentscheidung anzufechten.[18] In der Hoffnung, dass ein Geschädigter von der (weiteren) Geltendmachung von Offenlegungsansprüchen absieht, kann der „Preis" für die Offenlegung auch auf anderem Weg in die Höhe getrieben werden. Dafür können etwa Aufwendungen für ausführliche interne Recherchen unter Einsatz von IT-Systemen zur Datenforensik und umfangreiche anwaltliche Hilfestellung in Rechnung gestellt werden,[19] oder der Geschädigte wird mit einer großen Zahl an Gegenoffenlegungsansprüchen „bombardiert".[20] Zuletzt kann sich der Offenlegungsschuldner auch durch Nicht- oder Schlechterfüllung den Offenlegungspflichten entziehen.

Wegen der zu erwartenden Anspruchsvermeidungsabsicht besteht die Notwendigkeit eines Offenlegungsanspruchs gegen Wettbewerbsbehörden, sonstige Behörden und Dritte, die entsprechende schadensrelevante Informationen besitzen.[21]

Die Wettbewerbsbehörden sind typischerweise im Besitz weitreichender Informationen. Dazu gehören neben Kronzeugenerklärungen und Vergleichsausführungen insbesondere Informationen, die im Laufe des Verfahrens beschlagnahmt oder übermittelt wurden und Auskunft über den Inhalt, die Umsetzung sowie die sachliche, zeitliche und räumliche Ausdehnung des Wettbewerbsverstoßes geben können. Dazu gehören aber auch weitere wirtschaftliche Daten, welche für die Berechnung des Schadens relevant sein können.[22] Anders als Kartellanten stellen die Wettbewerbsbehörden keine Gegenansprüche und sollten kein Interesse an der Verhinderung der Schadensersatzdurchsetzung

---

18 Vgl. zum Vorschieben vermeintlich schutzwürdiger „Geschäftsgeheimnisse" etwa: *Klumpe/Thiede*, BB 2016, S. 3011, 3015; *Dawirs*, Zugriff auf Kronzeugenerklärungen, S. 242; vgl. auch: EuG, Urt. v. 22.05.2012 – T-344/08 – *EnBW*, EU:T:2012:242, Rn. 147.

19 Vgl.: *Petrasincu*, WuW 2016, S. 330, 333.

20 Siehe so einen Versuch bei: LG Stuttgart, Urt. v. 25.07.2019 – 30 O 44/17, Juris, Rn. 44 ff. (Anträge), Rn. 209 ff. (Ablehnung der Anträge), dort fordert der beklagte Kartellant im Rahmen der sekundären Darlegungslast, dass die Klägerin ihre gesamte interne Kalkulation offenlegt. U.a. weil die Beklagte nicht einmal ihre eigenen Bruttolistenpreise offenlegen wollte, hat das Gericht dieses Ansinnen wegen Unbilligkeit abgelehnt; bestätigt in: OLG Stuttgart, Urt. v. 04.04.2019 – 2 U 101/18 – *LKW-Kartell*, Juris, Rn. 195.

21 Vgl. zum Referentenentwurf der 10. GWB-Novelle: *Heyers*, WuW 2019, S. 545.

22 *Oxera u.a.*, Quantifying antitrust damages (2009), S. 36; *Sanner*, Informationsgewinnung, S. 196; *Stock*, Schadensnachweis, S. 133 sowie 189 f. Zur – umstrittenen – Schadensrelevanz von Bußgeldakten, Kronzeugenerklärungen und Vergleichsausführungen siehe bereits oben, S. 103 f.

haben. In der Praxis haben diese allerdings ein erhebliches Interesse daran, die Informationsbeschaffung zum Schutz der Effektivität der öffentlich-rechtlichen Rechtsdurchsetzung – in Form der Kooperationsprogramme – zu verhindern. Aufgrund des notwendigen Schutzes von Geschäftsgeheimnissen kann die Offenlegung für die Behörden zudem mit einem erheblichen Arbeitsaufwand verbunden sein.[23] Es ist dennoch fraglich, ob die Akteneinsicht bei den Wettbewerbsbehörden subsidiär sein muss. Soweit die Akteneinsicht subsidiär ist, sind klare Regelungen dafür erforderlich, wann von einer Unzumutbarkeit der Beschaffung bei Privaten auszugehen ist.

Die Inanspruchnahme von Dritten zur Informationsbeschaffung war vor der Einführung der kartellrechtlichen Herausgabe- und Auskunftsansprüche in Deutschland faktisch ausgeschlossen. Insbesondere für mittelbar Geschädigte kann es jedoch wichtig sein, Informationen über die Preisgestaltung und Kostenstruktur bei den vorhergehenden Marktstufen abzufragen, um die Höhe der Schadensabwälzung berechnen zu können.[24] Unmittelbar Geschädigte können auf Informationen über Abnahmemengen und -preise von anderen Abnehmern auf derselben Marktstufe angewiesen sein. Auch die Kartellanten können zur Geltendmachung der Pass-On-Verteidigung auf Informationen von Dritten angewiesen sein. Die Dritten sind dabei allerdings in Hinblick auf den Aufwand und die Kosten der Offenlegung sowie ihrer Geschäftsgeheimnisse besonders schützenswert.[25]

3. *Zeitnah, sicher und umfassend*

Der Offenlegungsanspruch ist sicher, wenn der Anspruchsgläubiger davon ausgehen kann, dass ihm der Anspruch bei Vorliegen der Voraussetzungen tatsächlich gewährt wird. Voraussetzung für einen zeitnahen Offenlegungsanspruch ist, dass der Anspruchsgläubiger eine endgültige Offenlegungsentscheidung so schnell wie möglich erwarten kann. Der Offenlegungsanspruch muss zudem auf der Rechtsfolgenseite umfassend sein. Der Geschädigte muss also damit rechnen

---

23 Siehe z.B.: OLG Düsseldorf, Beschl. v. 22.08.2012 – V-4 Kart 5 u. 6/11 (OWi) – *Kaffeeröster*, Juris, Rn. 50; *Bundeskartellamt*, Stellungnahme zum Referentenentwurf zur 9. GWB-Novelle vom 25.07.2016, S. 19; *Bundeskartellamt*, Tätigkeitsbericht 2017/2018, S. 33.

24 Vgl.: *Inderst/Thomas*, Schadensersatz bei Kartellverstößen (2015), S. 383.

25 Vgl.: Art. 5 Abs. 3 S. 2 b der Kartellschadensersatzrichtlinie; sowie: *Bornkamm/Tolkmitt*, in: Langen/Bunte, Kartellrecht/GWB (2018), § 33g Rn. 40.

können, dass er tatsächlich alle zur Schadensersatzdurchsetzung erforderlichen und von ihm angeforderten Informationen erhält.

Die Möglichkeit einer zeitnahen gerichtlichen Offenlegungsentscheidung setzt klare Tatbestandsvoraussetzungen sowie ein geringes Konfliktpotenzial bei der Gesetzesauslegung voraus. Nur so kann verhindert werden, dass der Großteil der Offenlegungsgesuche angefochten wird und daher der zeitraubende Instanzenzug durchlaufen werden muss. Soweit der deutsche Gesetzgeber bei der Umsetzung des Offenlegungsanspruchs auf (vermeintlich) bekannte Rechtsbegriffe und Rechtsinstitute verweist bzw. diese verwendet, kann dies zu einem erhöhten Auslegungsbedarf sowie der Übernahme der von dort bekannten Restriktionen ins Kartellschadensrecht führen. Es gilt in diesem Zusammenhang auch zu beachten, dass die Rechtsprechung des EuGH eine bestimmte und klare Umsetzung der Richtlinienvorgaben fordert, welche die Rechtssicherheit gewährleistet.[26] Eine Auslegung von bestehenden Normen im Lichte der Richtlinie reicht daher grundsätzlich nicht aus.[27] In jedem Fall muss Klarheit über das Verhältnis und Zusammenspiel der Offenlegungsregelungen mit dem allgemeinen (Prozess-)Recht bestehen.

Für einen zeitnahen und sicheren Offenlegungsanspruch müssen die Kriterien für die erforderliche Abwägung[28] eindeutig sein und dürfen durch ihren (Prüfungs-)Umfang die Abwägungsentscheidung nicht überfrachten. Kartellschadensersatzverfahren können insbesondere für die Prozessgerichte zu „Schlachten“ ausarten. Eine Vielzahl von Parteien und Beteiligten, häufig unterstützt von einer großen Zahl hochqualifizierter Prozessvertreter, sowie die extremen Nachweis- und Berechnungsprobleme führen zu kaum zu bearbeitenden Bergen an Stellungnahmen, Beweismitteln, Gutachten und Gegengutachten und stellen die Gerichte vor große Herausforderungen. Offenlegungsentscheidungen erschweren die Arbeit der Gerichte unzweifelhaft zusätzlich. Die Parteien auf jeder Seite werden ausführlich zur Relevanz der Offenlegung und zum

---

26 Siehe etwa: EuGH, Urt. v. 09.09.1999 – C-217/97 – *Kommission/Deutschland*, EU:C:1999:395, Rn. 34.

27 EuGH, Urt. v. 30.05.1991 – C-59/89 – *Kommission/Deutschland*, EU:C:1991:225, Rn. 18; EuGH, Urt. v. 19.09.1996 – C-236/95 – *Kommission/Griechenland*, EU:C:1996:341, Rn. 13; *Stauber/Schaper*, NZKart 2014, S. 346, 348; *Nettesheim*, in: Grabitz/Hilf/Nettesheim, Recht der Europäischen Union (69. EL), Art. 288 AEUV Rn. 121.

28 Zur Erforderlichkeit einer Abwägung: EuGH, Urt. v. 14.06.2011 – C-360/09 – *Pfleiderer*, EU:C:2011:389, Rn. 30 f.; EuGH, Urt. v. 06.06.2013 – C-536/11 – *Donau-Chemie*, EU:C:2013:366, Rn. 31; EuGH, Urt. v. 27.02.2014 – C-365/12 P – *EnBW*, EU:C:2014:112, Rn. 107. Siehe zu den Urteilen bereits oben, S. 141 ff.

(vermeintlich) notwendigen Schutz von Geschäftsgeheimnissen vortragen.[29] Wenn dann noch eine Vielzahl von in ihrer Reichweite unklaren Abwägungskriterien hinzu kommt, birgt das die Gefahr, dass die Gerichte sich nicht in der Lage sehen, für eine große Zahl von Dokumenten solche Entscheidungen zu treffen.[30] Die Gerichte könnten daher in die Versuchung geraten, Offenlegungsgesuche mit übermäßig restriktiven Begründungen und entgegen dem ausdrücklichen Willen des Gesetzgebers abzulehnen.[31]

Ein sicherer Offenlegungsanspruch setzt nicht zuletzt voraus, dass dieser Anspruch durchsetzbar ist. Das heißt einerseits, dass die Offenlegungsanordnung gegenüber allen Offenlegungsschuldnern vollstreckbar sein muss. Andererseits müssen wirksame und abschreckende Sanktionen für den Fall bestehen, dass die Offenlegungsanordnungen nicht oder nur schlecht erfüllt werden, oder wenn Dokumente und Beweismittel in Hinblick auf etwaige Offenlegungsansprüche vernichtet werden. Die Sanktionen müssen sicherstellen, dass der Offenlegungsgläubiger sich auf die Vollständigkeit und Wahrheitsgemäßheit der offengelegten Informationen verlassen kann. Fehlt es an einem solchen Vertrauen, könnten die Geschädigten auf die Geltendmachung der Offenlegungsansprüche verzichten.

4. *Wahrung von Prozessmaximen*

Die neueingeführten Offenlegungsansprüche müssen im Einklang mit den bewährten Prozessmaximen stehen. Im Zivilprozess gilt insbesondere der Verhandlungs- oder Beibringungsgrundsatz.[32] Dieser besagt, dass die Parteien selbst dafür verantwortlich sind, den relevanten Tatsachenstoff zu besorgen.[33]

---

29 Siehe: *Klumpe/Thiede*, BB 2016, S. 3011, 3015; *Heyers*, WuW 2019, S. 545.

30 Zur 9. GWB-Novelle: *Gussone*, WuW 2016, S. 393; *Klumpe/Thiede*, BB 2016, S. 3011, 3015; *Weitbrecht*, NZKart 2018, S. 106, 110; *Mallmann/Lübbig*, in: Fuchs/Weitbrecht, Private Kartellrechtsdurchsetzung, § 13 Rn. 60.

31 Vgl. zu den *Herausgabe von Beweismitteln*-Beschlüssen des OLG Düsseldorf: *Soyez*, WuW 2018, S. 368, 374; *Weitbrecht*, NZKart 2019, S. 70, 74; vgl. bereits zur Kaffeeröster-Entscheidung des OLG Düsseldorf: *Kapp/Hummel*, BB 2012, S. 2459, 2463; siehe auch: *Fiedler/Huttenlauch*, NZKart 2013, S. 350, 354.

32 Aus der Rechtsprechung: BVerfG, Beschl. v. 18.04.1984 – 1 BvR 869/83 – *Unzulässige Präklusion*, NJW 1984, S. 2203; BVerfG, Beschl. v. 11.10.1994 – 1 BvR 1398/93, NJW 1995, S. 40; BGH, Urt. v. 13.03.1997 – I ZR 215/94, NJW 1998, S. 156, 159; statt vieler: *Rauscher*, in: Rauscher/Krüger, MüKoZPO (2020), Einleitung Rn. 353.

33 Allg.: *Gottwald*, in: Rosenberg/Schwab/Gottwald, Zivilprozessrecht (2018), § 77 Rn. 8 ff.; *Rauscher*, in: Rauscher/Krüger, MüKoZPO (2020), Einleitung Rn. 353 ff.; in Bezug auf § 273 Abs. 2 Nr. 2 ZPO: OLG Hamm, Beschl. v. 31.07.2001 – 9 U 98/94, NJW-RR 2002, S. 504; *Thole*, in: Bork/Roth, Stein/Jonas ZPO (2018), § 273 Rn. 27.

Es erfolgt keine Ermittlung des Sachverhalts durch das Gericht.[34] Eine Gefährdung des Beibringungsgrundsatzes ist insbesondere dann anzunehmen, wenn die Gerichte von sich aus – im Wege der Amtsermittlung – Tatsachenstoff beiziehen.[35] Nach dem Beibringungsgrundsatz ist zudem keine Partei dazu verpflichtet, ihrem Prozessgegner durch die Preisgabe von Informationen bei der Sachverhaltsaufklärung zu unterstützen oder in sonstiger Weise zum Prozesssieg zu verhelfen.[36]

Einer Partei darf allerdings nicht das Recht verweigert werden, eine tatsächliche Aufklärung in Bezug auf solche Punkte zu verlangen, über die sie selbst keine gesicherten Kenntnisse hat und über die sie auch keine ausreichenden Kenntnisse erlangen kann.[37] Dem deutschen Beweisrecht sind daher sowohl materiell-rechtliche als auch prozessuale Möglichkeiten der Informationsbeschaffung – trotz ihrer geringen praktischen Relevanz – als Ausnahmen von diesem Grundsatz nicht fremd.[38] Soweit die Offenlegung auf einem hinreichend konkreten Antrag einer der Prozessparteien beruht und dem Antragsgegenstand entspricht, liegt keine Verletzung des Beibringungsgrundsatzes durch eine unzulässige Ausforschung vor.[39] Die Initiative zur Beweisbeschaffung liegt in diesem Fall in den Händen der Parteien.[40] Durch solche Offenlegungsansprüche

34 OLG Hamm, Beschl. v. 31.07.2001 – 9 U 98/94, NJW-RR 2002, S. 504; *Prütting*, in: Rauscher/Krüger, MüKoZPO (2020), § 273 Rn. 3.

35 Vgl.: *Rauscher*, in: Rauscher/Krüger, MüKoZPO (2020), Einleitung Rn. 353.

36 BGH, Urt. v. 26.06.1958 – II ZR 66/57, NJW 1958, S. 1491, 1492; BGH, Urt. v. 11.06.1990 – II ZR 159/89 – *Grenzen der prozessualen Aufklärungspflicht*, NJW 1990, S. 3151; BGH, Urt. v. 17.10.1996 – IX ZR 293/95, NJW 1997, S. 128, 129; BGH, Urt. v. 07.12.1999 – XI ZR 67/99, NJW 2000, S. 1108, 1109; *Brand*, NJW 2017, S. 3558; *Prütting*, in: Rauscher/Krüger, MüKoZPO (2020), § 284 Rn. 17.

37 Std. Rspr.: BGH, Urt. v. 27.05.2003 – IX ZR 283/99, Juris, Rn. 13 m.w.N.; BGH, Beschl. v. 16.04.2015 – IX ZR 195/14, Juris, Rn. 13.

38 Siehe zu den Möglichkeiten der Informationsbeschaffung vor der 9. GWB-Novelle oben, S. 98 ff.

39 BGH, Urt. v. 27.05.2003 – IX ZR 283/99, Juris, Rn. 13 m.w.N.; BGH, Urt. v. 26.06.2007 – XI ZR 277/05, NJW 2007, S. 2989, 2992; BGH, Beschl. v. 16.04.2015 – IX ZR 195/14, Juris, Rn. 13; *Konrad*, NJW 2004, S. 710, 711; *Zekoll/Haas*, JZ 2017, S. 1140, 1141 f.; *Prütting*, in: Rauscher/Krüger, MüKoZPO (2020), § 284 Rn. 79. Zu § 89b GWB: *Bornkamm/Tolkmitt*, in: Langen/Bunte, Kartellrecht/GWB (2018), § 89b Rn. 15; lassen wie bei § 142 ZPO eine konkludente Bezugnahme ausreichen: *Fiedler/Niermann*, NZKart 2017, S. 497, 502; *Weitbrecht*, NZKart 2019, S. 70, 73 f.

40 Vgl.: *Rauscher*, in: Rauscher/Krüger, MüKoZPO (2020), Einleitung Rn. 364.

tritt zudem keine Änderung an der Darlegungs- und Substantiierungslast der beweisbelasteten Partei ein.[41]

Im Rahmen dieser Diskussion muss der Wille des europäischen und des nationalen Gesetzgebers beachtet werden. Um die private Rechtsdurchsetzung zu stärken, soll die Geltendmachung von Kartellschadensersatzansprüchen durch eine verbesserte Offenlegung von schadensrelevanten Informationen vereinfacht werden. Insoweit ist ausdrücklich vorgesehen, dass auch die Ausforschung von – potentiell – schadensrelevanten Informationen möglich ist.[42] Gleichzeitig sollen die Wettbewerbsbehörden zum Schutz eines effektiven Public Enforcement von Offenlegungsansprüchen entlastet werden. Die umfassenden Informationsmöglichkeiten bei den Kartellschädigern dienen daher auch dem Zweck, die – insbesondere durch den Novellengeber – stark eingeschränkten Akteneinsichtsrechte zu kompensieren. Dadurch können Konflikte mit dem Beibringungsgrundsatz entstehen. Diese sind aber, ebenso wie eine mögliche *„Rechtszersplitterung“*[43] durch die Schaffung von prozessualem Sonderrecht,[44] aufgrund des ausdrücklichen Willens des europäischen und des nationalen Gesetzgebers hinzunehmen.[45]

Zuletzt müssen die Informationsansprüche so gestaltet sein, dass sie im Sinne der Prozessökonomie eine Mehrfachinanspruchnahme möglichst vermeiden.[46]

5. *Schutz von Geschäftsgeheimnissen*

Der Schutz von Geschäftsgeheimnissen stellt ein grundrechtlich geschütztes Interesse der Beteiligten dar.[47] Die Parteien des Kartellschadensersatzprozesses

---

41 *Roth*, JZ 2016, S. 1134, 1136.

42 Ausdrücklich: § 33g Abs. 3 S. 2 Nr. 3 GWB, dazu: *Bundesregierung*, Begr. des Gesetzesentwurfes zur 9. GWB-Novelle, BT-Drs. 18/10207, S. 63; Kartellschadensersatzrichtlinie 2014/104/EU, Erwägungsgrund 23, siehe auch Art. 5 Abs. 4; dazu: *Podszun/Kreifels*, GWR 2017, S. 67, 70; *Hellmann/Steinbrück*, NZKart 2017, S. 164, 174.

43 *Wolf*, RIW 2019, S. 258, 263.

44 Siehe etwa: *Rosenfeld/Brand*, WuW 2017, S. 247, 252; *Fritzsche*, NZKart 2017, S. 581; *Hutschneider/Stieglitz*, NZKart 2019, S. 363, 367. Kritisch: *C. Wolf*, ZRP 2018, S. 183; *Wolf*, RIW 2019, S. 258, 263.

45 Vgl. auch: *Kainer*, in: Weller/Althammer, Mindeststandards im europäischen Zivilprozessrecht, S. 173, 191; kritisch: *Mallmann/Lübbig*, in: Fuchs/Weitbrecht, Private Kartellrechtsdurchsetzung, § 13 Rn. 3.

46 Vgl.: *Bornkamm/Tolkmitt*, in: Langen/Bunte, Kartellrecht/GWB (2018), § 33g Rn. 38.

47 Der Schutz von Geschäftsgeheimnissen wird sowohl Art. 16 und 17 GRC als auch Art. 399 AEUV zugeordnet: *Wollenschläger*, in: von der Groeben/Schwarze/Hatje, Europäisches Unionsrecht (2015), Art. 16 GRC Rn. 8 und Fn. 39; *Jarass*, GRC,

sind jedoch in der Regel auf geschäftliche Interna der Gegenseite angewiesen, um ihren Anspruch durchzusetzen bzw. einen solchen abzuwehren. Wie zuvor dargestellt sehen deshalb sowohl die Kartellschadensersatzrichtlinie als auch die 9. GWB-Novelle eine Offenlegung und Ausforschung von – möglicherweise – schadensrelevanten Geschäftsgeheimnissen vor. Dieser gesetzgeberische Wille ist wiederum hinzunehmen.

Damit das schutzwürdige Interesse des Anspruchsgegners nicht ausschließlich durch eine Versagung der Anspruchsgewährung gewahrt werden kann, ist die Möglichkeit eines effektiven Schutzes von Geschäftsgeheimnissen von besonderer Bedeutung. Die Gerichte müssen die Möglichkeit haben, Maßnahmen zum Geheimnisschutz zu treffen, die einen angemessenen Ausgleich zwischen Informationsinteresse und Geheimhaltungsinteressen gewährleisten. Da es durch diese Maßnahmen zu schwerwiegenden Eingriffen in grundrechtlich geschützte Interessen kommen kann, ist eine ausreichende Ermächtigungsgrundlage notwendig.

Ein effektiver Geheimnisschutz setzt gerade vor dem Hintergrund des zu erwartenden Abwehrverhaltens der Offenlegungsschuldner voraus, dass Versuche des Geheimnisschutzes aus Anspruchsvermeidungsabsicht so weit wie möglich verhindert werden. Es muss daher eindeutig geregelt sein, welche Informationen überhaupt als schützenswerte Geschäftsgeheimnisse anzusehen sind. Hierzu sollte die Rechtsprechung der deutschen und europäischen Gerichte etwa zur fehlenden Schutzbedürftigkeit von Informationen, die den Wettbewerbsverstoß betreffen,[48] oder zum Entfall der Schutzbedürftigkeit aufgrund des Alters

---

Art. 16 Rn. 9. Jedenfalls handelt es sich dabei um einen allgemeine Grundsatz des Unionsrechts: EuGH, Urt. v. 14.06.1986 – Rs.-53/85 – *Akzo Chemie*, EU:C:1986:256, Rn. 28; EuGH, Beschl. v. 23.09.2004 – Verb. Rs. C-435/02 u. C-103/03 – *Springer*, EU:C:2004:552, Rn. 49; EuGH, Urt. v. 14.02.2008 – C-450/06 – *Varec SA*, EU:C:2008:91, Rn. 49; EuGH, Urt. v. 29.03.2012 – C-1/11 – *Interseroh Scrap and Metals Trading*, EU:C:2012:194, Rn. 43. In Deutschland wird der Schutz von Geschäftsgeheimnissen von der Rechtsprechung auf Art. 12 und Art. 14 GG gestützt: BVerfG, Beschl. v. 14.03.2006 – 1 BvR 2087/03 u. 1 BvR 2111/03 – *Geschäfts- und Betriebsgeheimnis, in-camera-Verfahren*, Juris, Rn. 30; VerfGH-NRW, Urt. v. 19.08.2008 – VerfGH 7/07 – *Informationsrechte von Landtagsabgeordneten*, NVwZ-RR 2009, S. 41, 43; die überwiegende Lit. stützt den Schutz wohl nur auf Art. 14 GG: *Papier/Shirvani*, in: Maunz u.a., GG (Feb. 2020), Art. 14 Rn. 204 und dort Fn. 5 m.w.N.

48 EuG, Urt. v. 30.05.2006 – T-198/03 – *Bank Austria Creditanstalt*, EU:T:2006:136, Rn. 78; EuG, Urt. v. 12.10.2007 – T-474/04 – *Pergan*, EU:T:2007:306, Rn. 72; OLG Düsseldorf, Beschl. v. 22.08.2012 – V-4 Kart 5 u. 6/11 (OWi) – *Kaffeeröster*, Juris, Rn. 36;

der Unternehmensgeheimnisse kodifiziert werden.[49] Da Kartellschadensersatzansprüche üblicherweise erst Jahre nach der Anspruchsentstehung durchgesetzt werden,[50] kommt insbesondere letzterem eine besondere Relevanz zu.[51]

6. *Regelungen zur zeitlichen Anwendbarkeit*

Wie bereits die Diskussionen über die Anwendbarkeit von § 33 Abs. 5 GWB a.F. auf Altansprüche gezeigt haben,[52] setzt eine Stärkung der privaten Rechtsdurchsetzung voraus, dass die zeitliche und intertemporale Anwendbarkeit neuer Regelungen eindeutig normiert ist. Es muss klar sein, ob und inwieweit die Offenlegungsansprüche auch bei Schadensersatzansprüchen anwendbar sind, die vor dem Inkrafttreten der 9. GWB-Novelle entstanden sind. Zur Stärkung der privaten Rechtsdurchsetzung ist es vorzugswürdig, dass die Offenlegung auch bei Altansprüchen zum Beispiel aus § 33g Abs. 3 GWB a.F. anwendbar ist. Auch bei einem materiell-rechtlichen Offenlegungsanspruch ist nicht davon auszugehen, dass ein Verstoß gegen das Rückwirkungsverbot vorliegt. Die Offenlegungsvorschriften der Kartellschadensersatzrichtlinie sind als prozessual einzustufen, sodass auch materiell-rechtliches Umsetzungsrecht in Hinblick auf das Rückwirkungsverbot so einzustufen ist. Auch sonst würde es sich allenfalls um eine unechte Rückwirkung handeln, da der Offenlegungsanspruch des § 33g GWB nicht am Kartellschadensersatzanspruch, sondern am Besitz eines Beweismittels anknüpft.[53]

OLG Hamm, Beschl. v. 26.11.2013 - 1 VAs 116/13-120/13 u. 1 VAs 122/13 - *Einsicht in Strafakten*, Juris, Rn. 61.

49 EuG, Beschl. v. 15.11.1990 – verb. Rs. T-1/89 u.a. – *Rhône-Poulenc u.a.*, EU:T:1990:69, Rn. 23; EuG, Beschl. v. 19.06.1996 - verb. Rs. T-134/94 u.a. - *NMH Stahlwerke u.a.*, EU:T:1996:85, Rn. 24 und 32. Bestätigt die widerlegliche Vermutung dahingehend an, dass Geheimnisse die älter als 5 Jahre sind in der Regel nicht mehr schützenswert sind: EuGH, Urt. v. 14.03.2017 - C-162/15 P - *Evonik*, EU:C:2017:205, Rn. 64; siehe aber: EuG, Urt. v. 13.09.2013 – T-380/08 – *Königreich der Niederlande (Bitumen)*, EU:T:2013:480, Rn. 100.

50 *Aufdermauer*, WuW 2017, S. 482, 486; *Weitbrecht*, WuW 2018, S. 498, 502.

51 Der Novellengeber hat dies immerhin in die Gesetzesbegründung aufgenommen: *Bundesregierung*, Begr. des Gesetzesentwurfes zur 9. GWB-Novelle, BT-Drs. 18/10207, S. 102.

52 Siehe hierzu: BGH, Urt. v. 12.06.2018 - KZR 56/16 - *Grauzementkartell II*, Juris, Rn. 63 ff.; ausführlich: *Wagner/von Olshausen*, ZWeR 2013, S. 121 ff.; *Bien/Harke*, ZWeR 2013, S. 312 ff.; *Pohlmann*, WuW 2013, S. 357 ff.

53 Siehe dazu oben, S. 247.

7. *Ausgleich zwischen Public und Private Enforcement*

Die Offenlegungsansprüche dürfen nicht zu einer einseitigen Stärkung des Private Enforcement führen. Die öffentlich-rechtliche und private Rechtsdurchsetzung sind nach der Rechtsprechung des EuGH gleichrangig.[54] Daher verlangt die Kartellschadensersatzrichtlinie eine kohärente Koordinierung zwischen den beiden Formen der Rechtsdurchsetzung, um beiden trotz des bestehenden Spannungsverhältnisses eine größtmögliche Durchsetzungskraft zu ermöglichen.

Die Offenlegungsansprüche können die Effektivität der öffentlich-rechtlichen Kartellrechtsdurchsetzung auf zwei Wegen gefährden. Einerseits wird insbesondere bei Kronzeugenerklärungen angenommen, dass die Kartellanten auf eine Zusammenarbeit mit den Wettbewerbsbehörden ganz oder zumindest im bisherigen Umfang verzichten würden, wenn sie zu befürchten hätten, dass die von ihnen an die Behörden übermittelten Informationen an Dritte gelangen und die Vorteile dieser Zusammenarbeit die Nachteile von vermehrten Schadensersatzklagen nicht aufwiegen.[55] Andererseits können umfangreiche Offenlegungen aufgrund des damit verbundenen erheblichen Arbeitsaufwandes zu Verzögerungen oder fehlenden Kapazitäten zur Aufklärungen anderer Wettbewerbsverstöße führen.[56]

Beim Ausgleich muss jedoch die europäische Rechtsprechung zu den Auskunftsansprüchen gegenüber Behörden beachtet werden. Es ist insbesondere zu gewährleisten, dass für jedes Dokument eine Abwägung im Einzelfall durchgeführt wird.[57] Dieser Grundsatz gilt jedenfalls dann, wenn eine hinreichend begründete Erforderlichkeit der Offenlegung zur Durchsetzung des Schadensersatzanspruchs oder ein überwiegendes öffentliches Interesse an der Offenlegung besteht.[58] Der absolute Ausschluss der Offenlegung von Kronzeugenerklärungen und Vergleichsausführungen ist daher unzulässig.[59]

---

54 EuGH, Urt. v. 14.06.2011 – C-360/09 – *Pfleiderer*, EU:C:2011:389, Rn. 25 ff.

55 Siehe hierzu bereits oben, S. 95 ff.

56 Siehe: Kartellschadensersatzrichtlinie 2014/104/EU, Erwägungsgrund 25.

57 EuGH, Urt. v. 14.06.2011 – C-360/09 – *Pfleiderer*, EU:C:2011:389, Rn. 30 f.; EuGH, Urt. v. 06.06.2013 – C-536/11 – *Donau-Chemie*, EU:C:2013:366, Rn. 31; EuGH, Urt. v. 27.02.2014 – C-365/12 P – *EnBW*, EU:C:2014:112, Rn. 107.

58 Vgl. EuGH, Urt. v. 27.02.2014 – C-365/12 P – *EnBW*, EU:C:2014:112, Rn. 100 und 107; EuG, Urt. v. 05.02.2018 – T-611/15 – *Edeka-Handelsgesellschaft Hessenring*, EU:T:2018:63, Rn. 97.

59 Siehe dazu oben, S. 145 ff.

Die Regelungen zum Ausgleich des Spannungsverhältnisses dürfen zudem nicht unverhältnismäßig sein und über das zur Erreichung der Ziele der Verträge erforderliche Maß hinausgehen (Art. 5 Abs. 4 UAbs. 1 EUV).

8. *Inhaltliche Anforderungen an die Offenlegungsansprüche*

Ein wirksamer Offenlegungsanspruch setzt hinreichend bestimmte und handhabbare Anspruchsvoraussetzungen voraus. Grundlage eines Informationsanspruchs ist der Nachweis eines berechtigten Interesses an der Offenlegung. Die Darlegungs- und Beweiserfordernisse zum Nachweis des berechtigten Interesses müssen eindeutig sein. Um dem Effektivitätsgrundsatz zu genügen und da der Offenlegungsanspruch ja gerade den Zweck hat, die Informationslücken des Geschädigten zu schließen, dürfen auch keine überhöhten Anforderungen an die Substantiierung gestellt werden.[60]

Die angeforderten Beweismittel müssen für die Durchsetzung des Kartellschadensersatzanspruchs erforderlich sein. Da sich die tatsächliche Relevanz eines Beweismittels aber erst im Schadensersatzprozess zeigt, handelt es sich bei der Darlegung der Erforderlichkeit um eine Wahrscheinlichkeitsprognose.[61] Hierfür muss die Einschätzungsprärogative beim Geschädigten liegen. Nur dieser kann tatsächlich darüber entscheiden, ob und warum ein konkretes Beweismittel für die Durchsetzung seines Schadensersatzanspruchs – wahrscheinlich – relevant ist.[62] Es verbieten sich daher auch pauschale Feststellungen des Gesetzgebers, dass bestimmte Dokumente, wie etwa Kronzeugenerklärungen, Vergleichsausführungen oder allgemein die Akten der Wettbewerbsbehörden, keine schadensrelevanten Informationen enthalten würden.[63] Nichtsdestotrotz können

---

60 Vgl.: *Preuß*, in: Kersting/Podszun, 9. GWB-Novelle, Kap. 10 Rn. 35; *Bach/Wolf*, NZKart 2017, S. 285, 288; *Bornkamm/Tolkmitt*, in: Langen/Bunte, Kartellrecht/GWB (2018), § 33g Rn. 12.

61 Vgl. *Inderst/Thomas*, Schadensersatz bei Kartellverstößen (2015), S. 383; *Makatsch/Kacholdt*, in: Säcker/Meier-Beck, MüKo Kartellrecht/GWB (2020), § 33g Rn. 28.

62 Vgl.: BGH, Beschl. v. 14.07.2015 – KVR 55/14 – *Trinkwasserpreise*, NJW 2015, S. 3648, 3650; *Makatsch/Kacholdt*, in: Säcker/Meier-Beck, MüKo Kartellrecht/GWB (2020), § 33g Rn. 30; allg. zu dieser Diskussion: *Lübbig/Mallmann*, NZKart 2016, S. 518, 519; *Ruster*, in: Stancke/Weidenbach/Lahme, Kartellrechtliche Schadensersatzklagen, S. 164 Rn. 413.

63 Dazu, dass der Einsicht Begehrende selbst über den Informationswert entscheiden muss: BGH, Beschl. v. 14.07.2015 – KVR 55/14 – *Trinkwasserpreise*, NJW 2015, S. 3648, 3650; nimmt hingegen die Bewertung, ob schadensrelevante Informationen in Kronzeugenerklärungen vorhanden sind selbst vor: OLG Düsseldorf, Beschl. v.

erhöhte Anforderungen an die Erforderlichkeit der Offenlegung bestimmter Informationen gestellt werden, um die Effektivität der öffentlichen Rechtsdurchsetzung oder Geschäftsgeheimnisse zu schützen.[64]

An die Bezeichnung des herauszugebenden Beweismittels dürfen keine überhöhten Anforderungen gestellt werden. Die strengen Anforderungen, die zum Beispiel im Rahmen des § 142 ZPO an die Bezeichnung des vorzulegenden Dokuments gestellt werden,[65] können also nicht gelten. Es muss ausreichen, wenn die offenzulegenden Informationen so bezeichnet wurden, dass sie unter einem – zumutbaren – Einsatz von IT-Systemen zur Datenforensik aufgefunden werden können.[66] Bei der Formulierung von Offenlegungsersuchen könnte sich zum Beispiel an der Praxis der Wettbewerbsbehörden orientiert werden.[67]

Um den Äquivalenz- und Effektivitätsgrundsatz des Art. 101 AEUV zu wahren, ist die Möglichkeit einer Abwägung des Einzelfalls zwingend erforderlich.[68] Wie oben bereits dargestellt müssen die Abwägungskriterien so gestaltet sein, dass dadurch eine sichere sowie zeitnahe Offenlegung gewährleistet wird. Dabei dürfen die zur Offenlegungsentscheidung berufenen Gerichte durch die zu berücksichtigenden Kriterien nicht überfordert werden.

Insbesondre aufgrund des Einsatzes von IT-Systemen zur Datenforensik kann die Offenlegung von Beweismitteln mit extremen Kosten verbunden

---

22.08.2012 – V-4 Kart 5 u. 6/11 (OWi) – *Kaffeeröster*, Juris, Rn. 47; kritisch dazu: *Dohrn/Liebich*, WRP 2012, S. 1601, 1602; *Kapp/Hummel*, BB 2012, S. 2459, 2463; *Heinichen*, NZKart 2014, S. 83, 87 f.; *Bakowitz*, Informationsherrschaft, S. 185.

64 Vgl. etwa: EuGH, Urt. v. 27.02.2014 – C-365/12 P – *EnBW*, EU:C:2014:112, Rn. 100 und 107; EuG, Urt. v. 05.02.2018 – T-611/15 – *Edeka-Handelsgesellschaft Hessenring*, EU:T:2018:63, Rn. 97.

65 Siehe hierzu: BGH, Urt. v. 16.03.2017 – I ZR 205/15, Juris, Rn. 30; *Jüntgen*, Durchsetzung privater Ansprüche im Kartellrecht, S. 110 ff.; *Kapoor*, Vorlagepflichten, S. 221 ff.; *Hamelmann*, Urkundenvorlagepflichten, S. 99 ff.; *Althammer*, in: Bork/Roth, Stein/Jonas ZPO (2017), § 142 Rn. 11; *Stock*, Schadensnachweis, S. 213 f.; *Bakowitz*, Informationsherrschaft, S. 200 f.; *Inderst/Thomas*, Schadensersatz bei Kartellverstößen (2018), S. 496; *Greger*, in: Zöller, ZPO (2020), § 142 Rn. 6; *Stadler*, in: Musielak/Voit, ZPO (2020), § 142 Rn. 4a.

66 Vgl.: *Lübbig/Mallmann*, NZKart 2016, S. 518, 519; *Bach/Wolf*, NZKart 2017, S. 285, 289; *Klumpe/Thiede*, NZKart 2017, S. 332, 337.

67 *Lübbig/Mallmann*, NZKart 2016, S. 518, 519.

68 EuGH, Urt. v. 14.06.2011 – C-360/09 – *Pfleiderer*, EU:C:2011:389, Rn. 30 f.; EuGH, Urt. v. 06.06.2013 – C-536/11 – *Donau-Chemie*, EU:C:2013:366, Rn. 31.

sein.[69] Es bedarf daher einer klaren Regelung, wann ein etwaiger Erstattungsanspruch entsteht, ob gegebenenfalls Zurückbehaltungsrechte bestehen sowie ob die Kostentragung endgültig ist oder ob alle Offenlegungskosten – trotz vorheriger Erstattung – von der im Schadensersatzprozess unterliegenden Partei zu tragen sind.

Zuletzt setzt ein Offenlegungsanspruch – wie oben bereits dargelegt – wirksame Sanktionen voraus,[70] um zu verhindern, dass die Offenlegungsschuldner Beweismittel vernichten, verfälschen oder die angeforderten Dokumente nicht bzw. nur teilweise offenlegen. Die Sanktionen müssen so abschreckend sein, dass der Offenlegungsgläubiger die Gewissheit haben kann, dass er alle erforderlichen und angeforderten Informationen auch tatsächlich erhält bzw. erhalten hat.

B. Überwindung der Informationsasymmetrie – Stärkung der privaten Rechtsdurchsetzung?

Die Offenlegungsansprüche des § 33g GWB sind im Grundsatz durchaus dazu geeignet, die private Rechtsdurchsetzung zu stärken. Die Offenlegung aus Behördenakten gemäß § 89c GWB schwächt hingegen die private Rechtsdurchsetzung und führt zu keinem angemessenen Ausgleich zwischen Public und Private Enforcement.

I. Anspruch auf Herausgabe von Beweismitteln und Erteilung von Auskünften nach § 33g GWB

1. Bewertung

a) Positiv

Die Herausgabe- und Auskunftsansprüche des § 33g Abs. 1, 2 und 10 GWB beruhen auf der Kartellschadensersatzrichtlinie. Der deutsche Gesetzgeber hat sich dabei für eine überschießende Richtlinienumsetzung entschieden.

Diese Ansprüche sind grundsätzlich positiv zu bewerten. § 33g Abs. 1 GWB stellt gegenüber dem auf § 242 BGB beruhenden materiell-rechtlichen Auskunftsanspruch eine deutliche Verbesserung der Rechtslage dar und gibt dem Geschädigten eines Kartellschadensersatzverstoßes die Möglichkeit, umfangreiche

---

69 *Lübbig/Mallmann*, NZKart 2016, S. 518, 520; *Rosenfeld/Brand*, WuW 2017, S. 247, 248; *Fiedler/Niermann*, NZKart 2017, S. 497; siehe ein Kostenbeispiel bei: *Klumpe/Thiede*, BB 2016, S. 3011, 3015.

70 Siehe Art. 8 Abs. 2 S. 1 der Kartellschadensersatzrichtlinie.

Informationen und Beweismittel bei den Kartellanten einzuholen. § 33g GWB ist dabei nicht auf Informationen zur Berechnung der Schadenshöhe beschränkt. Ferner werden an die Annahme der „Unzumutbarkeit" einer Offenlegung deutlich strengere Kriterien gestellt. Für den Geschädigten ist es ausreichend, die Möglichkeit des Bestehens eines Schadensersatzanspruchs glaubhaft zu machen. Bei § 242 BGB musste der Schadensersatzanspruch dem Grunde nach bestehen. Überdies wurden die Anforderungen an die Bezeichnung der offenzulegenden Beweismittel deutlich abgesenkt. Es ist nun ausreichend, eine abgrenzbare Kategorie von Beweismitteln zu benennen. Auch besteht nun die Möglichkeit außerprozessual Informationen bei Dritten zu beschaffen, sodass insoweit für die Parteien eine freie Wahl des Offenlegungsschuldners besteht. Positiv ist auch, dass die klageweise Geltendmachung des Offenlegungsanspruchs gemäß § 33h Abs. 6 S. 1 Nr. 3 GWB die Verjährung des Schadensersatzanspruchs hemmt.

Erstmals bestehen gemäß § 89b Abs. 1 und 2 GWB i.V.m. § 142 ZPO und § 89b Abs. 3 GWB prozessuale Möglichkeiten zur Offenlegung im Schadensersatzprozess, die – in richtlinienkonformer Auslegung – nicht im Ermessen des Gerichts stehen, sondern beim Vorliegen der Voraussetzungen gewährt werden müssen. Vorteilhaft für die Parteien kann die Möglichkeit zur Aussetzung des Schadensersatzprozesses nach § 89b Abs. 4 GWB sein. Auch die Intention des Novellengebers dem Geschädigten mit § 89b Abs. 5 GWB eine schnelle und unkomplizierte Möglichkeit zur Herausgabe der Bußgeldentscheidung zu geben, ist positiv zu bewerten.

Für den Geschädigten als Offenlegungsgläubiger ist es vorteilhaft, dass der Novellengeber die Darlegungs- und Beweislast für die erforderliche Abwägung nach § 33g Abs. 3 GWB umgekehrt hat. Der potentielle Offenlegungsschuldner muss somit darlegen, warum die Offenlegung unverhältnismäßig sein soll. Wichtig ist § 33g Abs. 3 S. 3 GWB, welcher vorsieht, dass die Absicht des Kartellanten, die Zahlung von Schadensersatz zu vermeiden, nicht schützenswert ist. Wichtig ist auch die Klarstellung, dass die Ausforschung von Geschäftsgeheimnissen dann zulässig ist, wenn diese für die Anspruchsdurchsetzung erheblich sind (§ 33g Abs. 3 S. Nr. 3 GWB).

Hervorzuheben ist die Möglichkeit, ein Freigabeverfahren nach § 89b Abs. 6 GWB zu betreiben, wenn die Offenlegung eines Beweismittels bzw. die Erteilung einer Auskunft aus einem wichtigen Geheimnisschutzgrund oder aufgrund eines Verweigerungsrechts i.S. des § 33g Abs. 6 S. 1 GWB abgelehnt wurde. Das Gericht kann im Rahmen des Freigabeverfahrens die Sachdienlichkeit des betroffenen Beweismittels aus „*eigener Anschauung*" und in Kenntnis des Prozessstandes beurteilen; die Entscheidungsgrundlage ist somit nicht allein der Vortrag der Parteien.

Zwingend erforderlich für eine Stärkung der privaten Rechtsdurchsetzung ist, dass die Gerichte gemäß § 89b Abs. 7 GWB die Möglichkeit haben, Geheimnisschutzmaßnahmen zu treffen. Nur so kann gewährleistet werden, dass die schutzwürdigen Geheimhaltungsinteressen der Anspruchsgegner nicht allein durch eine Versagung des Anspruchs gewahrt werden können.

Die Offenlegungsansprüche des § 33g GWB widersprechen auch nicht dem Beibringungsgrundsatz. Es bestehen strenge Voraussetzungen an die Offenlegung, insbesondere an die Glaubhaftmachung eines Schadensersatzanspruchs, an die Darlegung der Erforderlichkeit der Offenlegung sowie an die umfangreiche Abwägung der gegenläufigen Parteiinteressen. Dadurch ist sichergestellt, dass die Offenlegung nur in den Fällen erfolgt, in denen es dem Offenlegungsgläubiger an gesicherten Informationen zur Schadensersatzdurchsetzung fehlt und er nicht auf anderem Wege an die entsprechenden Informationen gelangen kann. Zugleich wird so effektiv verhindert, dass die Offenlegungsansprüche zu einer unzulässigen Ausforschung führen. Eine Ausforschung ist nach dem Willen des Richtlinien- und des Novellengebers jedoch dann zulässig, wenn sie dazu dient, Geschäftsgeheimnisse offenzulegen, die möglicherweise zur Durchsetzung des Schadensersatzanspruchs erforderlich sind.[71] Die Notwendigkeit einer ausdrücklichen Anspruchsgeltendmachung oder eines entsprechenden Antrages der Parteien verhindert zugleich eine Gefährdung des Beibringungsgrundsatzes durch Amtsermittlungen des Gerichts. Überdies wird durch die Offenlegungsansprüche die Darlegungs- und Substantiierungslast der Beteiligten nicht verändert.

b) Kritik

Ob die Herausgabe- und Auskunftsansprüche des § 33g GWB dazu geeignet sind, die Informationsasymmetrie zu überwinden, ist dennoch fraglich. Vielmehr bestehen erhebliche Zweifel daran, dass die neueingeführten Ansprüche des § 33g GWB tatsächlich eine zeitnahe und sichere Informationsbeschaffung gewährleisten können.

aa) Voraussetzungen des Auskunftsanspruchs

Bereits bei den Tatbestandsvoraussetzungen des § 33g Abs. 1 GWB bestehen Unklarheiten. So bleibt im Detail offen, welche Voraussetzungen an die Darlegung und Glaubhaftmachung des möglichen Bestehens eines

---

71 Siehe dazu nur: Kartellschadensersatzrichtlinie 2014/104/EU, Erwägungsgrund 23 sowie § 33g Abs. 3 S. 2 Nr. 3 GWB.

Schadensersatzanspruchs gestellt werden. Dies beruht insbesondere darauf, dass der Novellengeber den Begriff der Glaubhaftmachung verwendet und damit vermeintlich auf § 294 ZPO und die damit verbundene besondere prozessuale Art der Beweisführung sowie Herabsenkung des Beweismaßstabes verweist. Bei der Frage der Erforderlichkeit hätte der Novellengeber klarstellen können, bei welcher Partei die Einschätzungsprärogative liegt. Der Geschädigte darf die Art und Berechnung des Schadensersatzes bestimmen, sodass er auch über die Erforderlichkeit eines Beweismittels entscheiden können muss. Die Offenlegung darf daher nicht deswegen abgelehnt werden, weil es eine andere, vermeintlich einfachere Art der Schadensberechnung gibt und die offenzulegenden Dokumente für diese nicht erforderlich sind. In Kenntnis der besonderen Schwierigkeiten für die Parteien und aufgrund der ausgesprochen restriktiven Praxis bei § 142 ZPO hätte der Novellengeber die Anforderungen an die Bezeichnung der Beweismittel bei § 33g Abs. 1 GWB detaillierter fassen können.

Weniger problematisch scheint, dass der Kartellant seinen Offenlegungsanspruch nach § 33g Abs. 2 GWB erst ab Erhebung einer (Offenlegungs-)Klage geltend machen kann. Zwar setzen erfolgreiche Vergleichsverhandlungen voraus, dass beide Seiten ihre Positionen sowie Chancen und Risiken in den Verhandlungen genau kennen.[72] Es ist jedoch kaum davon auszugehen, dass ein Kartellant bereit ist, Informationen ohne eine vorherige gerichtliche Entscheidung offenzulegen. Der Geschädigte wird den Kartellanten daher in der Regel ohnehin zumindest auf die Offenlegung verklagen müssen. Ab dem Zeitpunkt der Rechtshängigkeit hat aber auch der Kartellant einen Offenlegungsanspruch (§ 33g Abs. 2 S. 1 GWB).[73]

bb) Abwägungskriterien des § 33g Abs. 3 S. 2 GWB

Bereits Art. 5 Abs. 3 der Kartellschadensersatzrichtlinie sieht umfangreiche Abwägungskriterien vor. Der Novellengeber hat die Kriterien in § 33g Abs. 3 S. 2 GWB sogar noch erweitert. Die teils widersprüchlichen Abwägungskriterien des § 33g Abs. 3 GWB stehen jedenfalls in ihrer Gesamtheit einer zeitnahen und sicheren Offenlegungsentscheidung und somit einer Stärkung der privaten Rechtsdurchsetzung entgegen.

---

72 *Podszun/Kreifels*, GWR 2017, S. 67, 70; *Hellmann/Steinbrück*, NZKart 2017, S. 164, 170.
73 Siehe auch: *Makatsch/Kacholdt*, in: Säcker/Meier-Beck, MüKo Kartellrecht/GWB (2020), § 33g Rn. 12.

(I) § 33g Abs. 3 S. 2 Nr. 1 GWB

Das Verständnis des Novellengebers davon, wie sich der Grad der Glaubhaftmachung des Schadensersatzanspruchs auf den Umfang des Offenlegungsanspruchs auswirken soll, überzeugt nicht.[74] Folge des gesetzgeberischen Verständnisses von § 33g Abs. 3 S. 2 Nr. 1 GWB ist, dass diejenigen, die besonders dringend auf die Offenlegung von anspruchsrelevanten Informationen angewiesen sind, nur besonders geringe Chancen auf eine umfassende Offenlegung haben. Entgegen dem Grundsatz der Prozessökonomie und dem Ziel der Beschleunigung der Anspruchsdurchsetzung werden die Geschädigten so möglicherweise dazu gezwungen, wiederholt Offenlegungsansprüche geltend zu machen, um die für eine erfolgreiche Schadenersatzdurchsetzung notwendigen Informationen zu erhalten.

(II) § 33g Abs. 3 S. 2 Nr. 4 GWB

Bei § 33g Abs. 3 S. 2 Nr. 4 GWB verkennt der Novellengeber, dass die Geschädigten trotz der Bindungswirkung des Bußgeldbescheides nach § 33b GWB auf Informationen über den Wettbewerbsverstoß angewiesen sein können.[75] Zudem gibt dieser Abwägungsgrund den Gerichten die Möglichkeit, die Offenlegungspetenten pauschal auf – vermeintlich – nützliche Informationen im Bußgeldbescheid zu verweisen. Auf diesem Wege könnten die Gerichte eine umfassende Abwägungsentscheidung umgehen. Unklar ist, wie auch bei § 33g Abs. 3 S. 2 Nr. 3 GWB,[76] das Verhältnis zur Erforderlichkeit in § 33g Abs. 1 GWB.

(III) § 33g Abs. 3 S. 2 Nr. 5 GWB

Das Erfordernis, die Wirksamkeit des Public Enforcement gemäß § 33g Abs. 3 S. 2 Nr. 5 GWB in die Abwägung einfließen zu lassen, widerspricht den Voraussetzungen der Kartellschadensersatzrichtlinie und schwächt die private Rechtsdurchsetzung. Anders als die Gesetzesbegründung zur 9. GWB-Novelle sieht die Richtlinie keine erhöhten Anforderungen für die Offenlegung von „*bereits vorhandenen Informationen*" i.S. des Art. 2 Abs. 17 der Kartellschadensersatzrichtlinie vor. Gemäß Erwägungsgrund 28 der Kartellschadensersatzrichtlinie können diese Informationen „*jederzeit*" offengelegt werden.

74 Siehe hierzu oben, S. 175 ff.

75 Siehe hierzu oben, S. 179.

76 Siehe hierzu oben, S. 178.

Die Abwägung zum Ausgleich des zwischen Public und Private Enforcement bestehenden Spannungsverhältnisses ist bereits durch die Richtlinie erfolgt. Die behördliche Kartellrechtsdurchsetzung wird insbesondere durch das Verbot der Offenlegung von Kronzeugenerklärungen und Vergleichsausführungen (§ 33g Abs. 4 GWB) sowie durch die zeitweisen Offenlegungsbeschränkungen für Verfahrensdokumente (§ 33g Abs. 5 GWB) geschützt.[77] Um das Recht auf Schadensersatz nicht übermäßig zu beeinträchtigen, hat eine über das Verbot der Offenlegung von Kronzeugenerklärungen und Vergleichsausführungen hinausgehende Beschränkung der Herausgabe- und Auskunftsansprüche zu unterbleiben.[78]

Die Wirksamkeit des Public Enforcement ist zudem nach Art. 6 Abs. 4 c) der Kartellschadensersatzrichtlinie nur bei der Offenlegung aus Behördenakten, nicht aber bei der Offenlegung durch die Parteien oder Dritte, zu beachten.[79] Ein Vorschlag des Ausschusses für Wirtschaft und Währung, dass die Wirksamkeit des Public Enforcement auch bei der Abwägung nach Art. 5 Abs. 3 der Kartellschadensersatzrichtlinie zu beachten sei, wurde nicht in die endgültige Fassung der Richtlinie übernommen.[80]

Einer weitergehenden Einschränkung der Offenlegung steht zuletzt auch Art. 5 Abs. 8 der Richtlinie entgegen.

(IV) Ergebnis zu bb)

Zusammenfassend wird die erhebliche Gefahr deutlich, dass die Gerichte entgegen dem gesetzgeberischen Willen abstrakte und restriktive Abwägungsentscheidungen treffen, weil sie die Anwendung des § 33g Abs. 3 GWB auf eine Vielzahl von Dokumenten und Beweismitteln überfordert.[81] Diese Gefahr

---

77 *Bach/Wolf*, NZKart 2017, S. 285, 287; *Mäsch*, in: Berg/Mäsch, Kartellrecht (2018), § 33g GWB Rn. 30; *Bornkamm/Tolkmitt*, in: Langen/Bunte, Kartellrecht/GWB (2018), § 33g Rn. 46; vgl. auch: *Bakowitz*, Informationsherrschaft, S. 281.

78 Kartellschadensersatzrichtlinie 2014/104/EU, Erwägungsgrund 26 (letzter Satz).

79 *Podszun/Kreifels*, GWR 2017, S. 67, 71; vgl. auch: *Gussone*, WuW 2016, S. 393; *Lübbig/Mallmann*, NZKart 2016, S. 518, 519; a.A. wohl: *Kersting/Preuß*, WuW (Online-Beitrag) 2016, S. L1, L15. Siehe aber: Kartellschadensersatzrichtlinie 2014/104/EU, Erwägungsgrund 24; dazu: *Bornkamm/Tolkmitt*, in: Langen/Bunte, Kartellrecht/GWB (2018), § 33a Rn. 46.

80 *Europäisches Parlament*, Bericht im Namen des Ausschusses für Wirtschaft und Währung (Dokument A7-0089/2014), S. 24.

81 *Gussone*, WuW 2016, S. 393; *Klumpe/Thiede*, BB 2016, S. 3011, 3015.

beruht dabei im großen Maße auf den weitergehenden Abwägungskriterien und dem unklaren bzw. fehlerhaften Gesetzesverständnis des Novellengebers.

cc) Offenlegungsverbote

Mit dem absoluten Offenlegungsverbot für Kronzeugenerklärungen und Vergleichsausführungen in § 33g Abs. 4 GWB setzt der Novellengeber die Kartellschadensersatzrichtlinie um. Wie oben dargestellt verstößt dieses Verbot gegen das Primärrecht und stellt jedenfalls keine verhältnismäßige Maßnahme zum Schutz der Effektivität des Public Enforcement dar.[82] Daher ist das absolute Offenlegungsverbot auch nicht dazu geeignet, für eine kohärente Koordinierung zwischen privater und öffentlich-rechtlicher Rechtsdurchsetzung zu sorgen. Dieses Verbot ist jedoch bis zu einer endgültigen Entscheidung des EuGH anzuwenden. Der Novellengeber hat das absolute Offenlegungsverbot auf die Protokolle der Zeugen- oder Betroffenenvernehmungen von Mitarbeitern der Unternehmen, die einen Kronzeugenantrag gestellt haben, erweitert. Der absolute Schutz dieser *unfreiwilligen* Erklärungen widerspricht sowohl dem Wortlaut und Zweck der Richtlinie als auch dem Wortlaut des § 33g Abs. 4 GWB und führt zu einer weitergehenden Schwächung der privaten Rechtsdurchsetzung.[83]

Ebenfalls weitergehend als in der Richtlinie vorgesehen, gestaltete der Novellengeber das zeitweilige Offenlegungsverbot aus § 33g Abs. 5 GWB. Das Offenlegungsverbot soll bis zum vollständigen Abschluss des gesamten wettbewerbsbehördlichen Verfahrens gelten.[84] Bei sog. hybriden Settlements kann dadurch die Anspruchsdurchsetzung erheblich verzögert werden.[85] Es ist unklar, warum ein Kartellant als Anspruchsgegner der Offenlegungsansprüche aus § 33g GWB vor der Herausgabe von Beweismitteln i.S. des § 33g Abs. 5 Nr. 1 bis 3 GWB geschützt werden muss, nachdem eine Entscheidung ihm gegenüber ergangen ist. Auch eine Beeinträchtigung der Ermittlungs- und Verfolgungstätigkeiten der Wettbewerbsbehörden ist zu diesem Zeitpunkt wohl ausgeschlossen. Zwar ist die Wettbewerbsbehörde gegebenenfalls über § 90 GWB am Herausgabeverfahren zu beteiligen, die erforderlichen Abwägungen und

---

82 Siehe hierzu oben, S. 145 ff.

83 Siehe hierzu oben, S. 183 f.

84 *Bundesregierung*, Begr. des Gesetzesentwurfes zur 9. GWB-Novelle, BT-Drs. 18/10207, S. 64.

85 *Gussone*, WuW 2016, S. 393; *Bakowitz*, Informationsherrschaft, S. 282; *Makatsch/Kacholdt*, in: Säcker/Meier-Beck, MüKo Kartellrecht/GWB (2020), § 33g Rn. 123 sowie 89d Rn. 14. Siehe hierzu auch oben, S. 187 f.

der Schutz von Geschäftsgeheimnissen sind jedoch durch das Gericht vorzunehmen, sodass kein ernstlicher zusätzlicher Arbeitsaufwand für die Behörde entsteht. Es ist daher davon auszugehen, dass § 33g Abs. 5 GWB in seiner derzeitigen Form gegen das Verbot der weitergehenden Beschränkung der Auskunfts- und Herausgabeansprüche aus Art. 5 Abs. 8 der Kartellschadensersatzrichtlinie verstößt. Damit widerspricht § 33g Abs. 5 GWB sowohl den Zielen der Kartellschadensersatzrichtlinie als auch denen der 9. GWB-Novelle und ist für einen Ausgleich zwischen öffentlich-rechtlicher und privater Rechtsdurchsetzung nicht erforderlich.[86]

dd) Verweigerungsrechte

(I) Verweigerungsrecht nach § 33g Abs. 6 GWB

Auch bei § 33g Abs. 6 GWB geht der Novellengeber über Art. 5 Abs. 6 der Kartellschadensersatzrichtlinie hinaus, indem er auch anderen als Angehörigen der Rechtsberufe ein Recht zur Verweigerung der Offenlegung gibt. Bei Geistlichen dürfte sich die Relevanz des Verweigerungsrechts in Grenzen halten. Es könnte sich für die Geschädigten aber als nachteilig erweisen, dass auch Presseangehörige und vor allem Wirtschaftsprüfer gemäß § 33g Abs. 6 S. 1 1. Alt. GWB i.V.m. § 383 Abs. 1 Nr. 5 und 6 ZPO die Offenlegung verweigern dürfen und gemäß § 33g Abs. 6 S. 3 GWB vom Freigabeverfahren des § 89b Abs. 6 S. 1 GWB ausgenommen sind.

(II) Geheimhaltung aus einem wichtigen Grund

Mit der Geheimhaltung aus einem wichtigen Grund hat der Novellengeber – über § 89b Abs. 6 S. 1 Alt. 1 GWB – ein nicht in § 33g GWB normiertes Verweigerungsrecht geschaffen. Jeder potentielle Offenlegungsschuldner kann und wird behaupten, dass die Offenlegung seiner Geschäftsgeheimnisse nicht nur unverhältnismäßig i.S. des § 33g Abs. 3 GWB ist, sondern zumindest wegen des Vorliegens eines wichtigen Geheimhaltungsgrundes zu unterbleiben hat.

Der Novellengeber hat dabei jegliche Regelung unterlassen. Es ist unklar, wann ein wichtiger Grund vorliegen soll, wer die Darlegungs- und Beweislast trägt und ob das „Behaupten" eines wichtigen Grundes tatsächlich dazu geeignet ist, den Offenlegungsanspruch zu versagen. Klar ist nur, dass über das Bestehen eines wichtigen Grundes im Rahmen der Hauptsache und gegebenenfalls im Wege eines Zwischenstreits entschieden werden soll.[87] Ansonsten muss der

86 *Klumpe/Thiede*, BB 2016, S. 3011, 3015.
87 *Preuß*, in: Kersting/Podszun, 9. GWB-Novelle, Kap. 10 Rn. 67 und 80.

Offenlegungsgläubiger ein Freigabeverfahren nach § 89b Abs. 6 GWB anstrengen. Dabei wird es sich als problematisch herausstellen, dass der Novellengeber – anders als bei § 33g Abs. 6 S. 2 GWB – die Herausgabe des umstrittenen Beweismittels an das Gericht zum Zwecke der Freigabeentscheidung nicht geregelt hat.

Dass die Kartellschadensersatzrichtlinie eine entsprechende Regelung vorsieht, ist zu bezweifeln.[88] Art. 5 Abs. 4 der Kartellschadensersatzrichtlinie, auf den der Novellengeber sich beruft, sieht vor, dass vertrauliche Informationen offengelegt werden können, soweit diese für die Durchsetzung eines Schadensersatzanspruchs erforderlich sind. Damit wird aber kein Recht zur Geheimhaltung aus wichtigem Grund normiert. Art. 5 Abs. 8 der Kartellschadensersatzrichtlinie bestimmt im Umkehrschluss, dass die nationalen Offenlegungsvorschriften nicht restriktiver als die Richtlinie sein dürfen.[89] Zudem sieht Erwägungsgrund 18 der Kartellschadensersatzrichtlinie vor, dass durch Maßnahmen zum Schutz von Geschäftsgeheimnissen die Schadensersatzdurchsetzung *„in der praktischen Anwendung jedoch nicht behinder*[t]" werden dürfte. Die Möglichkeit, die Offenlegung von Geschäftsgeheimnissen aus einem wichtigen Grund zu verweigern, beschränkt die Informationsbeschaffung und damit die Anspruchsdurchsetzung des Kartellgeschädigten jedoch erheblich. Aus Sicht der Kartellanten wird wohl alles geheimhaltungsbedürftig sein, was dem Geschädigten bei der Durchsetzung seines Anspruchs helfen könnte. Es ist daher davon auszugehen, dass die „Geheimhaltung aus einem wichtigen Grund" erhebliche Verfahrensverzögerungen zur Folge haben wird und damit einer Beschleunigung und Vereinfachung der Schadensersatzdurchsetzung entgegensteht.

ee) Kostenerstattungsanspruch

Die Kartellschadensersatzrichtlinie sieht einen Ersatz der Offenlegungskosten nicht vor. Diese beschränkt sich jedoch auf die prozessuale Offenlegung, bei welcher typischerweise die prozessualen Regelungen über die Kostentragung einschlägig sind. Dagegen hat der Novellengeber einen über die Anforderungen der Richtlinie hinausgehenden materiell-rechtlichen Offenlegungsanspruch geschaffen. Daher erscheint es, insbesondere wegen der möglichen Inanspruchnahme

---

88 So aber: *Bundesregierung*, Begr. des Gesetzesentwurfes zur 9. GWB-Novelle, BT-Drs. 18/10207, S. 101, mit Verweis auf Art. 5 Abs. 4 Kartellschadensersatzrichtlinie. Siehe hierzu bereits oben, S. 193.

89 *Bach/Wolf*, NZKart 2017, S. 285, 287; vgl. auch: *Podszun/Kreifels*, GWR 2017, S. 67, 69.

von Dritten, nicht unverhältnismäßig, dass auch ein Anspruch auf die Erstattung der Offenlegungskosten besteht.

Die Regelungen über die Kostentragung in § 33g Abs. 7 GWB sind allerdings nicht hinreichend bestimmt und deswegen äußerst problematisch.[90] Der Erstattungsanspruch birgt in seiner jetzigen Form ein kaum kalkulierbares Kostenrisiko für den Offenlegungsgläubiger. Der Novellengeber hätte eine betragsmäßige Grenze der zu ersetzenden Aufwendungen einführen müssen, da die Kosten der Offenlegung in der Hand des Offenlegungsschuldners liegen und die üblichen Prozesskosten oder sogar den Streitwert des Verfahrens übersteigen können. Zudem hätte der Novellengeber eine eindeutige Regelung dahingehend treffen müssen, ob der Offenlegungsschuldner einen Vorschussanspruch hat und ob ihm ein Zurückbehaltungsrecht zusteht. Zuletzt ist unklar, ob die Kostenzuweisung endgültig ist, also ob der geschädigte Offenlegungsgläubiger die Aufwendungen auch im Falle eines Obsiegens im Schadensersatzprozess vom Kartellschadensersatzschuldner erstattet bekommt. Zwar ist anzunehmen, dass der Kartellgeschädigte die Offenlegungskosten als Rechtsverfolgungskosten geltend machen kann.[91] Aufgrund des erheblichen Kostenrisikos besteht dennoch die Gefahr, dass eine große Zahl von Geschädigten von einer – über den Bußgeldbescheid hinausgehenden – Geltendmachung der Offenlegungsansprüche absehen wird. Die Regelungen über die Aufwandserstattung aus § 33g Abs. 7 GWB drohen daher die Geltendmachung der Offenlegungsansprüche zu verhindern und stehen somit einer Stärkung der privaten Rechtsdurchsetzung im Wege.

ff) Sanktionen

Entgegen Art. 8 Abs. 2 S. 1 der Kartellschadensersatzrichtlinie hat es der Novellengeber unterlassen, wirksame und abschreckende Sanktionen für den Fall einer Nicht- oder Schlechterfüllung des Offenlegungsanspruchs zu schaffen. Dem in § 33g Abs. 8 GWB normierten Schadensersatzanspruch kommt keine Abschreckungs- oder Sanktionswirkung zu. Dadurch werden die Ziele der Richtlinie und der Novelle verfehlt. Ohne die fehlenden Informationen wird es faktisch unmöglich sein, die Höhe des durch eine Nicht- oder Schlechterbringung der Offenlegung entstandenen Schadens zu berechnen oder auch nur zu schätzen. Auch eine Berücksichtigung des Fehlverhaltens nach den Grundsätzen der Beweisvereitelung wird beim Fehlen von Informationen zur Berechnung bzw. Schätzung

---

90 *Petrasincu*, WuW 2016, S. 330, 333.

91 Siehe hierzu oben, S. 209 ff.

der Höhe des Kartellschadensersatzanspruchs scheitern.[92] Um die Durchsetzbarkeit des Offenlegungsanspruchs zu gewährleisten, hätte der Novellengeber ein erhebliches Bußgeld vorsehen müssen. Zur Höhe des Bußgeldes hätte der Novellengeber sich zumindest an den bestehenden Bußgeldvorschriften des § 81 Abs. 2 Nr. 6 i.V.m. Abs. 4 S. 5 GWB[93] orientieren können. Abschreckender würde allerdings eine umsatzorientierte Geldbuße wie bei Art. 23 Abs. 1 VO 1/2003 sein.[94]

gg) *Prozessuale Vorschriften*

Auch die prozessualen Vorschriften des § 89b GWB laufen dem Ziel einer Stärkung der privaten Rechtsdurchsetzung teilweise zuwider. Bei der Offenlegung gemäß § 89b Abs. 1 GWB i.V.m. § 142 ZPO wird nicht nur die Frage aufgeworfen, warum der Novellengeber nicht auf die §§ 421 ff. ZPO verweist. Der erhebliche und durch den Novellengeber nur teilweise erbrachte Modifikationsbedarf bei § 142 ZPO lässt auch die Frage aufkommen, warum sich der Novellengeber nicht für eine gänzlich eigenständige Lösung entschieden hat.[95]

Letztlich wird § 89b Abs. 1 GWB i.V.m. § 142 ZPO unter den Parteien ohnehin leerlaufen. § 142 ZPO ist nur gegenüber Dritten, nicht aber gegenüber den Prozessparteien vollstreckbar. Aus diesem Grund wird bereits das Entscheidungsermessen des Prozessgerichts auf eine Entscheidung nach § 89b Abs. 3 S. 1 GWB verengt sein.

Allerdings ist auch bei § 89b Abs. 3 GWB unklar, ob das „*Zwischenurteil*" vollstreckt werden kann. Wiederum führt der Verweis auf ein bekanntes Rechtsinstitut zu einem erheblichen Auslegungsbedarf. Um tatsächlich eine vollstreckbare Offenlegungsentscheidung zu erhalten, werden die Prozessparteien wohl vielfach eine eigenständige Durchsetzung des Offenlegungsanspruchs – zum Beispiel im Wege der Stufenklage – vorziehen. Dies widerspricht dem Zweck von § 89b Abs. 1 und 3 GWB und steht einer Beschleunigung der Schadensersatzdurchsetzung entgegen. Die Möglichkeit, die Offenlegungsentscheidung aus § 89b Abs. 3 S. 1 GWB gemäß § 89b Abs. 3 S. 2 GWB anzufechten, birgt zudem die Gefahr, dass der Geschädigte sich aufgrund der mit einem Rechtsmittelverfahren einhergehenden Zeitverzögerung eher genötigt sieht, einen für

92 Siehe hierzu oben, S. 212 ff.

93 Zukünftig: § 81 Abs. 2 Nr. 6 i.V.m. § 81c Abs. 1 S. 2 bzw. Abs. 3 GWB-RefE.

94 *Galle/Popot-Müller*, NZKart 2019, S. 317, 320 f.

95 So bereits: *Bornkamm/Tolkmitt*, in: Langen/Bunte, Kartellrecht/GWB (2018), § 89b Rn. 5.

ihn ungünstigen Vergleich einzugehen.[96] Ebenso besteht die Gefahr, dass der Schädiger die Möglichkeit, den Schadensersatzprozess gemäß § 89b Abs. 4 auszusetzen, dazu nutzt, die Schadensersatzdurchsetzung zu verzögern.[97] Die § 89b Abs. 1 bis 4 GWB verfehlen daher das Ziel des Novellengebers, die Durchsetzung des Schadensersatzanspruchs durch die gemeinsame Geltendmachung von Offenlegungs- und Schadensersatzansprüchen in einem Verfahren zu beschleunigen.

Wie die *Herausgabe von Beweismitteln*-Beschlüsse des OLG Düsseldorf[98] zeigen, ist die positiv zu beurteilende Möglichkeit, die Herausgabe der wettbewerbsbehördlichen Entscheidung im Wege des Verfügungsverfahrens zu erreichen, dadurch bedeutungslos geworden, dass der Wortlaut des § 89b Abs. 5 S. 1 GWB teilweise dem des § 12 Abs. 2 UWG entspricht. Die – vermeintliche – Übernahme dieser Formulierung hat dazu geführt, dass die Praxis auch die aus dem UWG bekannten Restriktionen ins Kartellrecht übernommen hat. Immerhin sieht der Referentenentwurf zur 10. GWB-Novelle die Klarstellung vor, dass für die Herausgabe nach § 89b Abs. 5 GWB – anders als bei § 12 Abs. 2 UWG – keine Eilbedürftigkeit erforderlich sei (§ 89b Abs. 5 S. 2 GWB-RefE). Es ist davon auszugehen, dass diese Änderung die Praktikabilität von § 89b Abs. 5 GWB verbessern wird. Jedoch ist bei § 89b Abs. 5 GWB weiterhin unklar, ob sich die Herausgabe auf den Bußgeldbescheid in der vertraulichen oder allein in der nicht-vertraulichen Fassung bezieht. Der Zweck des § 89b Abs. 5 GWB, eine Beschleunigung und Vereinfachung der Anspruchsdurchsetzung sowie eine Entlastung der Wettbewerbsbehörden zu ermöglichen, wird somit – jedenfalls bisher – nicht erreicht.

hh) Geheimnisschutzmaßnahmen

Wenn die Gerichte Maßnahmen zum Geheimnisschutz gemäß § 89b Abs. 7 GWB treffen, kann dies einen schwerwiegenden Eingriff in die Rechte der Beteiligten darstellen. So werden zum Beispiel bei einer anwaltsvertraulichen Offenlegung gegenüber den zur Verschwiegenheit verpflichteten Prozessvertretern der Parteien nicht nur die betroffenen Geschäftsgeheimnisse zumindest im gewissen Umfang „offengelegt"; die Offenlegungsgläubiger müssen auch auf einen Teil

96 *Rosenfeld/Brand*, WuW 2017, S. 247, 251.

97 *Rosenfeld/Brand*, WuW 2017, S. 247, 251.

98 OLG Düsseldorf, Beschl. v. 03.04.2018 – VI-W (Kart) 2/18 – *Herausgabe von Beweismitteln I*, Juris, Rn. 35 f.; OLG Düsseldorf, Beschl. v. 07.05.2018 – VI-W (Kart) 2/18 – *Herausgabe von Beweismitteln II*, Juris, Rn. 7 f.

ihrer (Informations-)Rechte gegenüber ihren Prozessvertretern verzichten. Auch wenn die richterrechtlichen Geheimnisschutzmaßnahmen aus dem Immaterialgüterrecht ohnehin nur beschränkt übertragbar sind, hätte der Novellengeber diese zumindest ansatzweise kodifizieren können, um den Gerichten eine angemessene Rechtsgrundlage für die Anordnung solcher Maßnahmen zu geben.[99] Es besteht ohnehin die Gefahr, dass die Offenlegungsschuldner die getroffenen Maßnahmen wegen einer – vermeintlichen – Verletzung ihrer (Grund-) Rechte angreifen. Ohne eine eindeutige Regelung wird dieses Risiko und damit die Gefahr einer Verzögerung und Verkomplizierung der Offenlegung jedoch erhöht.

Der Referentenentwurf zur 10. GWB-Novelle sieht vor, dass sich die Gerichte eines berufsrechtlich zur Verschwiegenheit verpflichteten Sachverständigen bedienen können (§ 89b Abs. 7 S. 2 GWB-RefE). Zur Entlastung des Gerichts soll dieser die Entscheidung über den notwendigen Geheimnisschutz für die angeforderten Dokumente vorbereiten.[100] Diese Möglichkeit zur Entlastung der Gerichte ist positiv zu bewerten, da sie geeignet ist, die Offenlegungsentscheidung zu vereinfachen und zu beschleunigen.

ii) Zeitliche und intertemporale Anwendbarkeit

Der Novellengeber hat es unterlassen, in § 186 Abs. 4 GWB eindeutig klarzustellen, ob die Offenlegungsansprüche auch auf Schadensersatzansprüche Anwendung finden, die vor dem Inkrafttreten der 9. GWB-Novelle entstanden sind. Die Auslegung der §§ 33g und 186 Abs. 4 GWB in den *Herausgabe von Beweismitteln*-Beschlüssen des OLG Düsseldorf ist jedoch nicht überzeugend. Einem solchen Verständnis müsste jedenfalls im Wege einer richtlinienkonformen Auslegung begegnet werden.[101] Daher widerspricht § 186 Abs. 4 GWB, jedenfalls zur Zeit, den Anforderungen an einen sicheren und zeitnahen Offenlegungsanspruch.

Die restriktiven Beschlüsse des OLG Düsseldorf zur intertemporalen Anwendbarkeit zeigen zudem sehr deutlich, dass der Novellengeber eindeutige Regelungen hätte treffen müssen, um seine Gesetzesziele zu erreichen.[102]

---

99 Siehe hierzu oben, S. 200 f.

100 *Bundesministerium für Wirtschaft und Energie*, Begr. des Referentenentwurfs zur 10. GWB-Novelle v. 24.01.2020, S. 248 f.

101 Siehe hierzu oben, S. 248 ff.

102 In der Sache falsch, von der Intention aber richtig: OLG Düsseldorf, Beschl. v. 03.04.2018 – VI-W (Kart) 2/18 – *Herausgabe von Beweismitteln I*, Juris, Rn. 23.

Dies erkannte auch der Gesetzgeber:[103] § 186 Abs. 4 GWB soll daher durch die 10. GWB-Novelle dahingehend geändert werden, dass die Anwendbarkeit der § 33g und §§ 89b bis 89e GWB *„unabhängig vom Zeitpunkt der Entstehung der Schadensersatzansprüche“* sein soll (§ 186 Abs. 4 GWB-RefE). Dass der Gesetzgeber eine solche eindeutige Regelung nicht bereits in der 9. GWB-Novelle getroffen hat, ist insbesondere in Hinblick auf die bekannten Streitigkeiten über die zeitliche bzw. intertemporale Anwendbarkeit bestimmter Normen nach dem Inkrafttreten der 7. GWB-Novelle und der daraus resultierenden Regelung in § 186 Abs. 3 GWB unverständlich.

2. Ergebnis zu 1.

Zusammenfassend ist festzustellen, dass die Ansprüche auf Herausgabe von Beweismitteln und Erteilung von Auskünften aus § 33g GWB in ihrer Grundkonzeption den Geschädigten eine positiv zu bewertende Möglichkeit zur Informationsbeschaffung geben. Der Novellengeber hat jedoch bei der Umsetzung der Kartellschadensersatzrichtlinie durch die 9. GWB-Novelle eine Vielzahl kleinerer und größerer (handwerklicher) Fehler begangen. Teilweise bereits für sich allein, jedenfalls aber in ihrer Gesamtheit stehen diese einem zeitnahen, sicheren und umfassenden Offenlegungsanspruch entgegen. Aus der Sicht der Kartellgeschädigten besteht eine derart große Anzahl von Unwägbarkeiten und Risiken, dass jedenfalls zum jetzigen Zeitpunkt wohl nur wenige Gründe dafür sprechen, die Offenlegungsansprüche über kleinere Informationsbeschaffungen – wie den Bußgeldbescheid – hinaus geltend zu machen. Damit ist das Ziel, die Kartellschadensersatzdurchsetzung zu vereinfachen und zu beschleunigen, eindeutig verfehlt.

Der Gesetzgeber beabsichtigt durch die 10. GWB-Novelle insbesondere die Anwendbarkeit des § 33g GWB auf Schadensersatzansprüche, die vor dem 27. Dezember 2016 entstanden sind, klarzustellen (§ 186 Abs. 4 GWB-RefE). Damit soll zumindest eine der erheblichsten Schwächen der Richtlinienumsetzung in einer solchen Weise beseitigt werden, die das Private Enforcement stärkt. Die überwiegende Zahl der dargestellten Fehler und Schwierigkeiten wird voraussichtlich jedoch nicht behoben werden. Die Herausgabe- und Auskunftsansprüche des § 33g GWB haben daher nur eine geringfügige Stärkung der privaten Rechtsdurchsetzung zur Folge.

---

103 *Bundesministerium für Wirtschaft und Energie*, Begr. des Referentenentwurfs zur 10. GWB-Novelle v. 24.01.2020, S. 154 f.

II. Offenlegung aus Behördenakten gemäß § 89c GWB

1. *Bewertung*

Bereits die Kartellschadensersatzrichtlinie sieht deutlich restriktivere Voraussetzungen für die Einsichtnahme in wettbewerbsbehördliche Akten vor und steht damit einem Ausgleich zwischen privater und öffentlich-rechtlicher Rechtsdurchsetzung entgegen.[104] Das absolute Offenlegungsverbot für Kronzeugenerklärungen und Vergleichsausführungen verstößt sogar gegen das Primärrecht.[105] Es ist auch nicht dazu geeignet, das bestehende Spannungsverhältnis zwischen Public und Private Enforcement abzumildern. Vielmehr handelt es sich hier um eine einseitige Maßnahme zu Lasten der privaten Rechtsdurchsetzung.[106] Bis zu einer endgültigen Entscheidung des EuGH ist dieses Verbot jedoch anzuwenden.

Die neuen Regelungen über die Offenlegung aus Behördenakten gemäß § 89c GWB stellen keinen angemessenen Ausgleich zwischen Public und Private Enforcement her und schwächen die private Rechtsdurchsetzung noch über die Vorgaben der Richtlinie hinaus.

a) Positiv

Positiv zu bewerten ist, dass für die Kartellgeschädigten mit § 89c Abs. 1 GWB nun erstmals die Möglichkeit besteht, das Ersuchen der prozessualen Aktenvorlage durch einen Antrag und nicht nur durch eine Anregung an das Gericht zu steuern. Ebenfalls positiv für den Geschädigten ist, dass im Rahmen des Kartellschadensersatzprozesses die Vorlage- und Offenlegungsentscheidung durch das Prozessgericht getroffen wird. Dieses kann die Erforderlichkeit der Offenlegung besser beurteilen und hat im Gegensatz zur in Anspruch genommenen Wettbewerbsbehörde kein Eigeninteresse am Schutz des Public Enforcement. Zu begrüßen ist, dass, mit Ausnahme der eng begrenzten Ablehnungsrechte des § 89b Abs. 4 GWB, für die aktenführende Behörde eine Pflicht zur Vorlage besteht.

---

104 Siehe hierzu bereits oben, S. 131. Vgl. auch: *Gussone/Schreiber*, WuW 2013, S. 1040, 1048; *Bakowitz*, Informationsherrschaft, S. 301 f.

105 Siehe hierzu bereits oben, S. 145 ff.

106 Vgl.: *Bornkamm/Tolkmitt*, in: Langen/Bunte, Kartellrecht/GWB (2018), § 89d Rn. 1.

b) Kritik

aa) Allgemein

Allgemein lässt sich bereits der wenig eingängige Aufbau des § 89c GWB beanstanden.[107] Inhaltlich zu bemängeln ist, dass der Novellengeber sowohl die Vorlage nach § 89c Abs. 1 GWB als auch die Offenlegung nach § 89c Abs. 2 GWB in das Ermessen des Gerichts gestellt hat. Die Kartellschadensersatzrichtlinie sieht einen gebundenen Offenlegungsanspruch vor. In richtlinienkonformer Auslegung ist daher davon auszugehen, dass bei Vorliegen aller Voraussetzungen sowohl die Vorlage als auch die Offenlegung erfolgen muss. Es wäre daher eine eindeutigere Regelung in § 89c Abs. 1 und Abs. 2 GWB wünschenswert. Unklar ist auch, ob die doppelte Verhältnismäßigkeitsprüfung – vor der Vorlage und vor der Offenlegung – mit den Vorgaben der Kartellschadensersatzrichtlinie vereinbar ist. Diese sieht nur für die Offenlegung eine Verhältnismäßigkeitsprüfung vor. Eine doppelte Verhältnismäßigkeitsprüfung ist auch nach der Rechtsprechung des Bundesverfassungsgerichts zum *Doppeltürmodell* nicht erforderlich; es genügt eine Abwägung vor der Verwertung der vorgelegten Akten.[108]

Da § 89c GWB an verschiedenen Stellen auf die Vorschriften zum Offenlegungsanspruch nach § 33g GWB verweist, lassen sich einige Kritikpunkte übertragen. So gilt das oben zu den Abwägungskriterien des § 33g Abs. 3 S. 2 GWB Gesagte auch bei § 89c Abs. 3 GWB.[109] Die auf Art. 6 Abs. 4 der Kartellschadensersatzrichtlinie beruhenden zusätzlichen Kriterien des § 89c Abs. 3 S. 2 GWB überfrachten die Abwägungsentscheidung des zur Entscheidung berufenen Gerichts weiter. Wie bei § 33g Abs. 1 GWB führt die Verwendung des Begriffes der „Glaubhaftmachung“ in § 89c Abs. 1 S. 1 GWB dazu, dass die Anforderungen an die Darlegung und Glaubhaftmachung des Schadensersatzanspruchs im Detail unklar bleiben. Ebenfalls wie bei § 33g Abs. 1 GWB hätte der Novellengeber in § 89c Abs. 2 S. 1 Nr. 2 GWB bestimmen müssen, dass die Einschätzungsprärogative für die Erforderlichkeit der Offenlegung beim Geschädigten liegt. Der Novellengeber hätte auch eindeutiger regeln können, dass der § 89c Abs. 1 GWB auch auf Auskünfte als „milderes Mittel“ Anwendung findet.

Die Möglichkeit, die Offenlegung aus einem wichtigen Geheimhaltungsgrund zu verhindern (§ 89c Abs. 2 S. 2 GWB), ist ebenfalls zu kritisieren. Der zusätzliche Schutz von Geschäftsgeheimissen wird von der Richtlinie nicht gefordert.

---

107 *Seifert*, NZKart 2017, S. 512, 515; *Preuß*, WuW 2017, S. 301.

108 BVerfG, Nichtannahmebeschl. v. 06.03.2014 – 1 BvR 3541/13, 1 BvR 3543/13, 1 BvR 3600/13 – *Akteneinsicht durch Zivilgerichte*, Juris, Rn. 25 f.

109 Siehe hierzu oben, S. 290 ff.

Wie beim ungeschriebenen Verweigerungsrecht in § 33g GWB ist zudem unklar, wann ein wichtiger Grund vorliegen soll. Zum Zeitpunkt der Einsichtnahme in wettbewerbsbehördliche Akten im Kartellschadensersatzprozess[110] werden die in Akten enthaltenen Unternehmensinformationen der Kartellanten typischerweise älter als fünf Jahre sein, sodass sie ohnehin nicht mehr schützenswert sein dürften. Wie oben dargestellt ist davon auszugehen, dass sich die Kartellanten dennoch auf die Schutzwürdigkeit berufen werden, sodass der § 89c Abs. 2 S. 2 GWB einer Beschleunigung und Vereinfachung der Schadensersatzdurchsetzung entgegensteht. Unklar ist, warum es der Novellengeber bei § 89c GWB unterlassen hat, eine entsprechende Anwendung von § 89b Abs. 7 GWB eindeutig zu normieren. Wie bei § 33g GWB kann eine hinreichende Begründung der Erforderlichkeit der Akteneinsicht die Einsichtnahme durch einen zur Verschwiegenheit verpflichteten Prozessvertreter oder Dritten voraussetzen. Zudem könnte das Gericht auch bei einer Offenlegung nach § 89c Abs. 2 GWB von dem geplanten § 89b Abs. 7 S. 2 GWB-RefE profitieren.

Wie schon dargestellt hat es der Novellengeber unterlassen, in § 186 Abs. 4 GWB eindeutig zu normieren, dass der § 89c GWB auch auf Schadensersatzansprüche Anwendung findet, die vor dem Inkrafttreten der 9. GWB-Novelle entstanden sind. Die Neufassung des § 186 Abs. 4 GWB durch die geplante 10. GWB-Novelle scheint insoweit aber Abhilfe zu schaffen.

Bereits die vorstehenden Ausführungen lassen Zweifel daran aufkommen, dass der Vorlage- und Offenlegungsanspruch des § 89c GWB dazu geeignet ist, die Informationsasymmetrie zu überwinden und die Kartellschadensersatzdurchsetzung zu vereinfachen und zu beschleunigen.

bb) Subsidiarität

Die Kartellschadensersatzrichtlinie sieht vor, dass die Offenlegung aus Behördenakten der Offenlegung durch die Prozessparteien und Dritten gegenüber subsidiär ist.[111] Diese Subsidiarität soll verhindern, dass die Wirksamkeit der wettbewerbsbehördlichen Rechtsdurchsetzung durch die Inanspruchnahme zur Informationsgewinnung übermäßig beeinträchtigt wird. Problematisch ist dabei bereits, dass auch der Novellengeber bei seiner Umsetzung in § 89c Abs. 1 S. 1 Nr. 2 GWB nicht regelt, wann die Informationsbeschaffung bei anderen unzumutbar ist.

---

110 Siehe hierzu sogleich unten.

111 Kartellschadensersatzrichtlinie 2014/104/EU, Art. 6 Abs. 10 sowie Erwägungsgrund 29.

(I) Doppelte *Subsidiarität*

Deutlich schwerwiegender ist allerdings, dass der Novellengeber die Subsidiarität der kartellbehördlichen Offenlegung[112] erheblich erweitert hat. Der Novellengeber hat zusätzlich die Anwendbarkeit der außerprozessualen Informationsansprüche aus §§ 406e und 475 StPO auf den Bußgeldbescheid beschränkt (§ 89c Abs. 5 GWB). Eine weitere Voraussetzung der Akteneinsicht bei Wettbewerbsbehörden ist immer, dass ein Kartellschadensersatzprozess i.S. des § 33a GWB, zumindest aber ein Offenlegungsprozess i.S. des § 33g GWB anhängig ist (§ 89c Abs. 1 S. 1 GWB). Daher besteht außerhalb eines Gerichtsprozesses faktisch keine Informationsmöglichkeit bei den Wettbewerbsbehörden mehr.[113]

Dieser *doppelte* Schutz soll sicherstellen, dass die Voraussetzungen der Kartellschadensersatzrichtlinie an die Akteneinsicht bei Wettbewerbsbehörden nicht umgangen werden.[114] Allerdings beschränkt sich die Kartellschadensersatzrichtlinie auf die prozessuale Offenlegung. Wie Art. 6 Abs. 2 der Richtlinie deutlich macht, berühren die Regelungen der Richtlinie die außerprozessualen Informationsrechte der VO 1049/2001 nicht.[115] Zudem wurde mit den Verwendungsbeschränkungen in Art. 7 der Richtlinie dafür Sorge getragen, dass die Vorschriften der Kartellschadensersatzrichtlinie nicht durch außerprozessuale Akteneinsichtsrechte umgangen werden.[116] Zuletzt sollen die Regelungen des Art. 6 der Kartellschadensersatzrichtlinie nur verhindern, dass die öffentlichrechtliche Rechtsdurchsetzung durch die Akteneinsicht „*übermäßig*" beeinträchtigt wird.[117] Zweck der Regelungen ist es nicht, jegliche Beeinträchtigung zu verhindern.

---

112 Das gesagte gilt über § 89c Abs. 6 S. 1 GWB entsprechend für Behörden und Gerichte, die Akten, Bestandteile oder Kopien von Akten einer Wettbewerbsbehörde in ihren Akten haben.

113 Siehe zur Anwendbarkeit von § 1 IFG oben, S. 266 f.

114 *Bundesregierung*, Begr. des Gesetzesentwurfes zur 9. GWB-Novelle, BT-Drs. 18/10207, S. 104.

115 Ebenso: *Dawirs*, Zugriff auf Kronzeugenerklärungen, S. 244.

116 *Stauber/Schaper*, NZKart 2014, S. 346, 349; *Seifert*, NZKart 2017, S. 512, 517; *Dawirs*, Zugriff auf Kronzeugenerklärungen, S. 246.

117 Kartellschadensersatzrichtlinie 2014/104/EU, Erwägungsgrund 21; *Bakowitz*, Informationsherrschaft, S. 266. Umgesetzt wurde Art. 7 in § 89d Abs. 1 bis 3 GWB. Dabei wird auch dort das Spannungsverhältnis zwischen Private und Public Enforcement zugunsten des letzterem aufgelöst: *Bornkamm/Tolkmitt*, in: Langen/Bunte, Kartellrecht/GWB (2018), § 89d Rn. 1.

Entgegen der Begründung des Novellengebers war der Ausschluss außerprozessualer Informationsmöglichkeiten gegenüber den Wettbewerbsbehörden somit nicht zur Richtlinienumsetzung erforderlich. Die doppelte Subsidiarität der behördlichen Informationsansprüche beruht wohl in erster Linie auf einer erfolgreichen Einflussnahme des Bundeskartellamtes. Dieses forderte bereits beim Entwurf der 8. GWB-Novelle, dass die Akteneinsicht der Geschädigten auf den Bußgeldbescheid beschränkt werden müsse.[118]

Das Konzept der ausschließlich prozessualen Akteneinsicht in § 89c GWB ist wenig ausdifferenziert. Die Offenlegung nach § 89c GWB setzt zumindest einen rechtshängigen Offenlegungsprozess nach § 33g GWB voraus. Auch wenn ein Geschädigter dringend auf die Akteneinsicht bei den Wettbewerbsbehörden angewiesen ist, spricht allein das damit verbundene Kostenrisiko dagegen, dass er einen solchen zum Scheitern verurteilten Offenlegungsprozess anstrengen wird, um an Informationen von den Wettbewerbsbehörden zu gelangen.[119]

Zudem stellt sich die Frage, zu welchem Zeitpunkt im Rahmen eines Offenlegungsprozesses nach § 33g GWB der Antrag gemäß § 89c Abs. 1 GWB gestellt werden soll. Vor einer gerichtlichen Entscheidung über den Anspruch aus § 33g GWB wird es typischerweise an der Subsidiarität der behördlichen Inanspruchnahme fehlen. Nach einer solchen Entscheidung ist der Offenlegungsprozess – jedenfalls im Normalfall – aber beendet. Der Geschädigte könnte also dazu gezwungen sein, in jedem Offenlegungsprozess nach § 33g GWB hilfsweise einen Vorlageantrag gemäß § 89c Abs. 1 GWB zu stellen. Einem solchen Antrag steht aber der hohe Darlegungs- und Begründungsaufwand des § 89c Abs. 1 GWB entgegen.

Hinzu kommt, dass bei der Verhältnismäßigkeitsprüfung nach § 89c Abs. 3 S. 2 Nr. 2 GWB berücksichtigt werden muss, ob der Schadensersatzanspruch aus § 33a Abs. 1 GWB bereits prozessual geltend gemacht wird. In diesem Fall soll die Vorlage bzw. Offenlegung eher gewährt werden, weil es dann sicherer sei,

---

118 *Bundeskartellamt*, Stellungnahme des Bundeskartellamts zum Regierungsentwurf zur 8. GWB-Novelle vom 22.06.2012, S. 17; *Bundeskartellamt*, Stellungnahme des Bundeskartellamts zum Referentenentwurf zur 8. GWB-Novelle vom 30.11.2012, S. 15. Kaum erstaunlich ist daher, dass BKartA die neuen Akteneinsichtsregelungen *„begrüßt"*: *Bundeskartellamt*, Stellungnahme zum Referentenentwurf zur 9. GWB-Novelle vom 25.07.2016, S. 18.

119 Vgl.: *Klumpe/Thiede*, BB 2016, S. 3011, 3017; *dies.*, NZKart 2017, S. 332, 338; *Makatsch/Kacholdt*, in: Säcker/Meier-Beck, MüKo Kartellrecht/GWB (2020), § 89c Rn. 4; zu den Kosten: *Petrasincu*, WuW 2016, S. 330, 333.

dass die Informationsbeschaffung allein diesem Rechtsstreit diene.[120] Außerhalb eines Kartellschadensersatzprozesses besteht also ohnehin nur ein reduzierter Vorlage- und Offenlegungsanspruch.

Faktische Folge ist, dass die Akteneinsicht bei den Wettbewerbsbehörden zum Zwecke der Schadensersatzdurchsetzung nur noch im Rahmen eines Schadensersatzprozesses möglich ist. Die Informationsbeschaffung bei Wettbewerbsbehörden steht somit weder zur Durchsetzung des Schadensersatzanspruchs in Vergleichsverfahren noch zur Vorbereitung der Anspruchsdurchsetzung im Schadensersatzprozess zur Verfügung. Aber auch dort ist die Akteneinsicht durch die doppelte Verhältnismäßigkeitsprüfung sowohl vor der Vorlage als auch vor der Offenlegung weitestgehend eingeschränkt. Im Ergebnis stellen die Regelungen zur Einsicht in die wettbewerbsbehördlichen Akten gemäß § 89c GWB im Vergleich zur Rechtslage vor der 9. GWB-Novelle eine wesentliche Verschlechterung für die private Rechtsdurchsetzung dar.

(II) Unverhältnismäßiger Schutz der öffentlich-rechtlichen Rechtsdurchsetzung

Ein solcher Schutz der öffentlich-rechtlichen Rechtsdurchsetzung ist weder erforderlich noch angemessen. Es ist anzuerkennen, dass insbesondere die Geheimhaltung von schutzwürdigen Informationen eine erhebliche Arbeitsbelastung bei den Wettbewerbsbehörden auslösen kann. Umgekehrt kann die Akteneinsicht im Vorfeld des Schadensersatzprozesses für den Geschädigten aber auch zwingend erforderlich sein. Es bestehen zudem mildere Mittel, um die Effektivität der behördlichen Kartellrechtsdurchsetzung trotz der Möglichkeit einer außerprozessualen Akteneinsicht zu schützen. Neben der Einführung einer einfachen Subsidiarität der außerprozessualen Akteneinsicht bei Wettbewerbsbehörden bestünde die Möglichkeit, Ausnahmen vom Erfordernis einer konkreten und individuellen Offenlegungsentscheidung der Wettbewerbsbehörde zu normieren. Vorbild könnte dabei die Rechtsprechung der Unionsgerichte zu Art. 2 Abs. 1 VO 1049/2001 sein.[121] Es könnte daher bei einer außerprozessualen

---

120 *Bundesregierung*, Begr. des Gesetzesentwurfes zur 9. GWB-Novelle, BT-Drs. 18/10207, S. 103.

121 Siehe etwa: EuGH, Urt. v. 27.02.2014 – C-365/12 P – *EnBW*, EU:C:2014:112, Rn. 100 und 107; EuG, Urt. v. 05.02.2018 – T-611/15 – *Edeka-Handelsgesellschaft Hessenring*, EU:T:2018:63, Rn. 97; wohl daran angelehnt, allerdings nur in Bezug auf Kronzeugenerklärungen und Vergleichsausführungen: *Europäisches Parlament*, Bericht im Namen des Ausschusses für Wirtschaft und Währung (Dokument A7-0089/2014), S. 25. Siehe zu den Urteilen bereits oben, S. 109 f.

Akteneinsicht die Vermutung eingeführt werden, dass bei Bußgeldakten typischerweise bestimmte Verweigerungsgründe gegen eine Offenlegung sprächen. Eine Einzelfallprüfung müsste nur dann erfolgen, wenn der Geschädigte detailliert darlegt und gegebenenfalls glaubhaft macht, warum die Einsichtnahme in bestimmte Teile der Akte zur Durchsetzung seines Schadensersatzanspruchs „*unverzichtbar*" ist.[122] Dafür müsste jedoch in entsprechender Anwendung von § 89b Abs. 7 GWB die Möglichkeit zur Anordnung von Geheimnisschutzmaßnahmen bestehen. So bestünde die Chance, dass zum Beispiel nach der Einsichtnahme der zur Verschwiegenheit verpflichteten Prozessvertreter begründet werden kann, warum das konkrete Beweismittel für die Anspruchsdurchsetzung zwingend erforderlich ist.

Auch wenn eine solche Regelung im Vergleich zur Rechtslage vor der 9. GWB-Novelle immer noch eine Schwächung der privaten Rechtsdurchsetzung darstellt, würde dadurch das Spannungsverhältnis zwischen den beiden Formen der Rechtsdurchsetzung abgemildert werden. Zusammen mit den neueingeführten Ansprüchen des § 33g GWB wäre eine solche Regelung daher als angemessen anzusehen. Eine andere Möglichkeit wäre die Einführung einer Kostentragungsregelung ähnlich § 33g Abs. 7 GWB.[123] Die Wettbewerbsbehörden würden damit jedenfalls in die Lage versetzt werden, entsprechende Planstellen für Mitarbeiter zu schaffen oder – ähnlich wie private Offenlegungsschuldner – die eigentlichen Offenlegungstätigkeiten auszulagern.[124]

2. *Ergebnis zu 1.*

Der Novellengeber hat bei den neueingeführten Regelungen zur Offenlegung aus Behördenakten gemäß § 89c GWB das Spannungsverhältnis zwischen öffentlich-rechtlicher und privater Rechtsdurchsetzung einseitig zu Lasten der privaten Rechtsdurchsetzung aufgelöst und diese dadurch erheblich geschwächt. Die Herausgabe- und Auskunftsansprüche des § 33g GWB sind kaum in der Lage, die Schwächung des Private Enforcement zu kompensieren. Der Novellengeber verfehlt somit sowohl die Ziele der Kartellschadensersatzrichtlinie als auch die selbstgesetzten Ziele der 9. GWB-Novelle.

---

122 EuG, Urt. v. 05.02.2018 – T-611/15 – *Edeka-Handelsgesellschaft Hessenring*, EU:T:2018:63, Rn. 102.

123 *Bundeskartellamt*, Stellungnahme des Bundeskartellamts zum Regierungsentwurf zur 8. GWB-Novelle vom 22.06.2012, S. 17.

124 Vgl. insoweit auch § 89b Abs. 7 S. 2 GWB-RefE.

C. Zwischenergebnis zum 4. Kapitel

Zweck der Kartellschadensersatzrichtlinie war eine Stärkung der privaten Rechtsdurchsetzung durch umfassende Möglichkeiten zur Informationsgewinnung. Zugleich sollte durch eine kohärente Koordinierung von Public und Private Enforcement das Spannungsverhältnis zwischen den beiden Formen der Rechtsdurchsetzung abgemildert werden. Eine Stärkung der Privaten Rechtsdurchsetzung ist daher anzunehmen, wenn die Durchsetzung von Kartellschadensersatzansprüchen vereinfacht sowie beschleunigt worden wäre, sodass die Geltendmachung eines Kartellschadensersatzanspruchs für Geschädigten attraktiver geworden ist. Dafür hätten Möglichkeiten geschaffen werden müssen, um die typischerweise im Kartellschadensrecht bestehende Informationsasymmetrie zu überwinden. Die neueingeführten Herausgabe- und Auskunftsansprüche des § 33g GWB sind in ihrer Grundkonzeption dazu geeignet, die Informationsasymmetrie jedenfalls insoweit zu überwinden, als dass die Schadensersatzdurchsetzung vereinfacht und beschleunigt wird. Die Konzeption als materiell-rechtlicher Offenlegungsanspruch geht über die Mindestanforderungen der Kartellschadensersatzrichtlinie hinaus und erlaubt es dem Kartellgeschädigten, inner- und außerhalb eines Kartellschadensersatzprozesses Informationen bei Kartellanten und Dritten zu erlangen. Gegenüber den bisher bestehenden Informationsmöglichkeiten stellt § 33g GWB daher eine Verbesserung dar.

Der Novellengeber hat die Chancen der Kartellschadensersatzrichtlinie jedoch nur teilweise genutzt. Zunächst ist die 9. GWB-Novelle an einigen Stellen strenger als die Richtlinie und beschränkt dadurch die private Rechtsdurchsetzung in unzulässiger Weise. Zudem hat der Novellengeber bei der Umsetzung der Kartellschadensersatzrichtlinie eine Vielzahl von – handwerklichen – Fehlern begangen. Diese Fehler haben zur Folge, dass die neueingeführten Offenlegungsansprüche in ihrer derzeitigen Form nur einen eingeschränkten praktischen Nutzen für die Kartellgeschädigten aufweisen. Sie sind daher auch nur bedingt dazu geeignet, die Informationsasymmetrie zu überwinden und führen somit zur Zeit zu einer allenfalls geringfügigen Stärkung der privaten Rechtsdurchsetzung.

Die Regelungen über die Offenlegung aus Behördenakten gemäß § 89c GWB verfehlen sowohl die Ziele der Kartellschadensersatzrichtlinie als auch die der 9. GWB-Novelle. Dabei ist dem Novellengeber das primärrechtswidrige absolute Offenlegungsverbot für Kronzeugenerklärungen und Vergleichsausführungen nicht einmal vorzuwerfen. Das Verfehlen der Ziele von Richtlinie und Novelle beruht vielmehr in erster Linie auf der Richtlinienumsetzung. Durch den faktischen Ausschluss der Akteneinsicht bei Wettbewerbsbehörden außerhalb eines Kartellschadensersatzprozesses wurde die private Rechtsdurchsetzung maßgeblich und unverhältnismäßig geschwächt. Das Ziel des Novellengebers, diese Schwächung der privaten Rechtsdurchsetzung durch die verbesserten Auskunfts- und Herausgabeansprüche des § 33g GWB zu kompensieren, können die Ansprüche des § 33g GWB – jedenfalls in ihrer derzeitigen Form – nicht erfüllen.

Im Ergebnis ist daher festzustellen, dass die Umsetzung der Offenlegungsansprüche der Kartellschadensersatzrichtlinie die private Rechtsdurchsetzung allenfalls sehr eingeschränkt stärkt und dass vielmehr das Spannungsverhältnis zwischen Private und Public Enforcement verschärft wurde.

5. Kapitel Conclusio

Die private Rechtsdurchsetzung hat sich in den letzten Jahren konstant weiterentwickelt und nimmt – gemessen an der Zahl der Schadensersatzklagen – bei der Durchsetzung des Wettbewerbsrechts eine zunehmend wichtigere Rolle ein. Die Geschädigten eines Kartellverstoßes stehen jedoch vor dem Problem, dass die Geltendmachung ihrer kartellbedingten Schadenersatzansprüche eine Vielzahl von Informationen und Beweisen erfordert, sodass die Durchsetzung des Anspruchs weiterhin mit großen Mühen und einem erheblichen Kostenrisiko verbunden ist. Zwar wurde sowohl die Darlegung sowie der Beweis des Kartellverstoßes durch die Feststellungswirkung des § 33b GWB als auch der Nachweis des Schadenseinstritts durch verschiedentliche Vermutungen und Anscheinsbeweise erleichtert. Diese Erleichterungen sind jedoch teilweise in ihrem Anwendungsbereich eingeschränkt und unterliegen darüber hinaus einer regen gerichtlichen Praxis.

Gleichwohl stellt die Berechnung bzw. Schätzung der Schadenshöhe unverändert die größte Schwierigkeit bei der Anspruchsdurchsetzung dar. Der Geschädigte muss umfangreiche Informationen vorlegen, um dem Gericht die Feststellung der Schadenshöhe zu ermöglichen. Typischerweise fehlen dem Kartellgeschädigten aber gerade diese unerlässlichen Informationen, die sich meist in den Händen der Kartellbeteiligten, sonstiger Dritter sowie der Wettbewerbsbehörden befinden. Diese Informationsnotlage der Kartellgeschädigten beruht in erster Linie auf der Informationsasymmetrie zwischen dem Geschädigten und den Kartellanten. Damit wird die kartelltypische Situation bezeichnet, in welcher der Geschädigte nur auf einen Bruchteil der Informationen zugreifen kann, die für eine erfolgreiche Anspruchsdurchsetzung erforderlich sind. Grund für die Informationsasymmetrie ist primär der geheime Charakter der Kartelle. Verstärkt wurde die Informationsnotlage durch die restriktive Offenlegungspolitik der Wettbewerbsbehörden, welche aus dem Spannungsverhältnis zwischen öffentlich-rechtlicher und privater Rechtsdurchsetzung resultierte. Dabei ist zu berücksichtigen, dass vor dem Inkrafttreten der 9. GWB-Novelle ohnehin nur eingeschränkte Möglichkeiten zur Informationsbeschaffung bestanden. Als Folge daraus konnten die meisten Geschädigten ihren Schadensersatzanspruch nicht durchsetzen oder haben aufgrund der großen Prozessrisiken auf eine Anspruchsdurchsetzung verzichtet.

Vor dem Hintergrund der Urteile des EuGH in den Sachen *Courage/Crehan* sowie *Manfredi* und in Kenntnis der dargestellten Schwierigkeiten der privaten

Rechtsdurchsetzung hat der europäische Gesetzgeber die Kartellschadensersatzrichtlinie 2014/104/EU erlassen. Ziel der Richtlinie ist einerseits, dass jeder Geschädigte eines Verstoßes gegen das europäische Wettbewerbsrecht den vollständigen Ersatz seines Schadens erlangen kann. Dafür sollen die Kartellgeschädigten insbesondere mit umfassenden Offenlegungsmöglichkeiten ausgestattet werden. Andererseits soll durch die Richtlinie das Spannungsverhältnis zwischen Public und Private Enforcement so koordiniert werden, dass beide Formen der Rechtsdurchsetzung die größtmögliche Durchsetzungskraft erhalten. Auch die Umsetzung durch die 9. GWB-Novelle soll zu einer Stärkung der privaten Rechtsdurchsetzung führen. Dafür sollen insbesondere praktische Schwierigkeiten, wie der komplizierte Zugang zu Beweismitteln, beseitigt werden. Zudem bezweckt die Novelle ein verbessertes Zusammenwirken des Public Enforcement und des Private Enforcement in Form von Schadensersatzklagen. Die überschießende Richtlinienumsetzung in § 33g GWB soll auch den Abschluss von außerprozessualen Vergleichen erleichtern und damit die Schadensersatzdurchsetzung beschleunigen.

Vor diesem Hintergrund wäre eine Stärkung der privaten Rechtsdurchsetzung anzunehmen, wenn die neueingeführten Offenlegungsansprüche sich dafür eignen würden, die Informationsasymmetrie zu überwinden und damit die Durchsetzung von Kartellschadensersatzansprüchen zu vereinfachen und zu beschleunigen.

Als Ergebnis dieser Untersuchung ist festzustellen, dass die neueingeführten Auskunfts- und Herausgabeansprüche allenfalls eine eingeschränkte Überwindung der Informationsasymmetrie ermöglichen. Mit dem absoluten Verbot der Offenlegung von Kronzeugenerklärungen und Vergleichsausführungen, den restriktiven Vorschriften für die Einsichtnahme in wettbewerbsbehördliche Akten sowie den schwierig durchzuführenden und sehr umfassenden Abwägungsentscheidungen führt bereits die Kartellschadensersatzrichtlinie zur Gefahr der normativen Verfestigung der Informationsasymmetrie. Im Besonderen wird das Ziel, das Private Enforcement zu stärken, jedoch durch die Richtlinienumsetzung des deutschen Gesetzgebers verfehlt. Erstens führt eine Vielzahl von Unstimmigkeiten und Fehlern bei der Umsetzung dazu, dass die Offenlegungsansprüche nur eingeschränkt praktikabel sind. Zweitens hat der Gesetzgeber durch die Richtlinienumsetzung, deutlich über den Richtliniengeber hinaus, dass Spannungsverhältnis zwischen Public und Private Enforcement zu Lasten des Private Enforcement verschärft.

Die Fehler und Unklarheiten des Gesetzgeber bei der Richtlinienumsetzung wiegen in der speziellen Situation des Kartellschadensersatzes besonders schwer. Die Kartellanten nutzen typischerweise jede Möglichkeit, um die Zahlung eines

Schadensersatzes zu verhindern, zumindest aber die Rechtsdurchsetzung so langwierig und teuer zu gestalten, dass sich die Geschädigten auf einen – für sie – nachteiligen Vergleich einlassen. In Kenntnis dieser Mühen sehen viele Geschädigte von einer Anspruchsdurchsetzung ab. Um die private Rechtsdurchsetzung wirksam zu stärken, darf den Kartellanten als typische Offenlegungsschuldner daher keine vermeidbare Möglichkeit geboten werden, die Offenlegung und damit im Ergebnis auch die Schadensersatzdurchsetzung zu verzögern oder sogar zu verhindern. Wie bereits dargestellt sehen die Offenlegungsvorschriften der Kartellschadensersatzrichtlinie bereits eine Vielzahl von wertungsbedürftigen Entscheidungen vor. Dazu zählt insbesondere die Frage der Erforderlichkeit eines Beweismittels für die Durchsetzung des Schadensersatzanspruchs sowie die Abwägung über die Verhältnismäßigkeit der Offenlegung. Ein großer Teil dieser wertungsbedürftigen Entscheidungen wird durch die betroffenen Offenlegungsschuldner angefochten werden. Zur Stärkung der privaten Rechtsdurchsetzung hätte der Novellengeber zusätzliche Wertungs- oder Auslegungsentscheidungen, die über die in der Kartellschadensersatzrichtlinie ohnehin vorgesehenen Entscheidungen hinausgehen, vermeiden müssen. Voraussetzung dafür wäre einerseits eine möglichst eindeutige und umfassende Regelung gewesen, andererseits ein Verzicht auf die Verwendung einer großen Zahl unbestimmter Rechtsbegriffe, auf die Verwendung von vermeintlich bekannten Rechtsbegriffen und Rechtsinstituten sowie auf weitergehende Abwägungskriterien und Verweigerungsgründe.

Die Unwägbarkeiten bei der Geltendmachung der Offenlegungsansprüche des § 33g GWB wird die Geschädigten wohl solange von einer intensiven Nutzung der Offenlegungsansprüche abhalten, bis der Gesetzgeber nachgebessert oder sich eine feste Gerichtspraxis entwickelt hat. Wie die *Herausgabe von Beweismitteln*-Beschlüsse des OLG Düsseldorf bereits gezeigt haben, kann sich der Gesetzgeber jedoch nicht darauf verlassen, dass die Gerichte die neueingeführten Regelungen so auslegen werden, dass die Ziele der Kartellschadensersatzrichtlinie und der 9. GWB-Novelle erreicht werden.[1] Auch vor diesem Hintergrund sind möglichst eindeutige Regelungen erforderlich. Solange die Kartellgeschädigten sich nicht gewiss sein können, dass sie die zur Durchsetzung ihrer Kartellschadensersatzansprüche erforderlichen Informationen auch tatsächlich erhalten und darüberhinausgehend erhebliche (finanzielle) Risiken bei der Geltendmachung der Offenlegungsansprüche bestehen, sind diese nur

1 Das federführende Bundeswirtschaftsministerium sah sich daher dazu gezwungen, im Referentenentwurf zur 10. GWB-Novelle § 89b Abs. 5 und § 186 Abs. 4 GWB zu überarbeiten.

eingeschränkt dazu geeignet, die Informationsasymmetrie zu überwinden und die Schadensersatzdurchsetzung zu vereinfachen und zu beschleunigen.

Das zweite Ziel der Richtlinien- und Novellengeber wird durch die einseitige Auflösung des Spannungsverhältnisses zwischen Public und Private Enforcement zu Ungunsten des Private Enforcement verfehlt. Die mangelnde Koordinierung der beiden Durchsetzungsformen führt dazu, dass die private Rechtsdurchsetzung im Ergebnis jedenfalls nicht signifikant gestärkt wird. Bereits das absolute Verbot der Offenlegung von Kronzeugenerklärungen und Vergleichsausführungen in Art. 6 Abs. 6 und Art. 7 Abs. 1 der Kartellschadensersatzrichtlinie stellt eine einseitige, primärrechtswidrige Entscheidung zugunsten der öffentlich-rechtlichen Rechtsdurchsetzung dar. Der Novellengeber scheint noch stärker als der europäische Gesetzgeber den Rufen der Wettbewerbsbehörden unterlegen zu sein und hat die Behörden zum – vermeintlich notwendigen – Schutz des Public Enforcement faktisch von der Akteneinsicht ausgenommen. Der mit § 89c GWB aufgezogene Schutzwall aus doppelter Subsidiarität der Inanspruchnahme und doppelter Verhältnismäßigkeitsprüfung ist weder erforderlich noch angemessen. Der § 89c GWB stellt im Vergleich zur Rechtslage vor der 9. GWB-Novelle eine erhebliche Schwächung der privaten Rechtsdurchsetzung dar. Diese Schwächung kann kaum durch die Offenlegungsmöglichkeiten aus § 33g GWB kompensiert werden.

Zusammenfassend ist festzustellen, dass die Umsetzung der Offenlegungsansprüche der Kartellschadensersatzrichtlinie durch die 9. GWB-Novelle nur eingeschränkt dazu geeignet ist, die Informationsasymmetrie zu überwinden. Grundsätzlich stellt der Offenlegungsanspruch des Kartellgeschädigten aus § 33g GWB zwar eine Verbesserung zur Rechtslage vor der 9. GWB-Novelle dar. Dieser stehen allerdings einer Vielzahl von Fehlern und Schwierigkeiten gegenüber, welche die praktische Durchsetzung des Offenlegungsanspruchs verhindern, zumindest aber erheblich erschweren. Der Vorlage- und Offenlegungsanspruch aus § 89c GWB stellt aus Sicht des Kartellgeschädigten eine deutliche Verschlechterung zur Rechtslage vor der 9. GWB-Novelle dar. Bevor die Wettbewerbsbehörden zur Informationsgewinnung zum Zwecke der Kartellschadensersatzdurchsetzung in Anspruch genommen werden können, sind erhebliche Hürden zu überwinden. Außerhalb einer Kartellschadensersatzklage ist die Einsicht in Bußgeldakten faktisch ausgeschlossen. Noch stärker als der Richtliniengeber hat der Novellengeber das Spannungsverhältnis zwischen Public und Private Enforcement einseitig zu Ungunsten des letzteren verschärft. Die durch die 9. GWB-Novelle eingeführten Offenlegungsansprüche führen demzufolge bestenfalls zu einer geringfügigen Stärkung des Private Enforcement.

Literaturverzeichnis

Ackermann, Thomas/Franck, Jens-Uwe, BGH, 28.06.2011 - KZR 75/10 – Umfang der Schadensersatzhaftung von Kartellteilnehmern (m. Anm. Ackermann/Franck), GRUR 2012, S. 291–300.

Ahrens, Hans-Jürgen, Kollektivschadensersatz wegen Wettbewerbsbeschränkungen oder unlauteren Wettbewerbs? – Über Mythen und Problemignoranz, WRP 2015, S. 1040–1046.

Albrecht, Friedrich/Kur, Annette/von Bomhard, Verena (Hrsg.), Beck'scher Online-Kommentar Markenrecht, 19. Edition (Stand: Okt. 2019), München 2019 (zitiert: *Bearbeiter*, in: Albrecht/Kur/von Bomhard, BeckOK Markenrecht (Stand: Okt. 2019)).

Alexander, Christian, Schadensersatz und Abschöpfung im Lauterkeits- und Kartellrecht – Privatrechtliche Sanktionsinstrumente zum Schutz individueller und überindividueller Interessen im Wettbewerb, Tübingen 2010 (zitiert: *Alexander*, Schadensersatz).

Ascheberg, Leonie, Kartellrechtliche Schadensersatzrichtlinie 2014/104/EU – Neuerungen und Schwierigkeiten bei der Umsetzung in deutsches Recht, JURA 2016, S. 1101–1114.

Aufdermauer, Christian, Zeitliche Anwendbarkeit der neuen Offenlegungsregeln des GWB, WuW 2017, S. 482–486.

Bach, Albrecht, Kartellbußgelder und Schadensersatz: Ansätze zur Konfliktlösung, in: Studienvereinigung Kartellrecht (Hrsg.), Kartellrecht in Theorie und Praxis: Festschrift für Cornelis Canenbley zum 70. Geburtstag, München 2012, S. 15–24 (zitiert: *Bach*, in: Studienvereinigung Kartellrecht, FS Canenbley).

Bach, Albrecht, Zum Begriff der Erforderlichkeit offenzulegender Beweismittel, in: Polley, Romina/Pohlmann, Petra/Kokott, Juliane (Hrsg.), Europäisches, deutsches und internationales Kartellrecht: Festschrift für Dirk Schroeder zum 65. Geburtstag, Köln 2018, S. 47–54 (zitiert: *Bach*, in: Polley/Pohlmann/Kokott, FS D. Schroeder).

Bach, Albrecht/Wolf, Christoph, Neue Instrumente im Kartellschadensersatzrecht – Zu den Regeln über Offenlegung, Verjährung und Bindungswirkung, NZKart 2017, S. 285–294.

Badtke, Fabian/Lang, Jan Moritz, Aktuelle Entwicklungen beim Akteneinsichtsrecht in Wettbewerbsverfahren, WuW 2016, S. 276–284.

Bakowitz, Michael, Informationsherrschaft im Kartellrecht – der Umgang mit Dokumenten im Besitz der Wettbewerbsbehörden, Baden-Baden 2018 (zitiert: *Bakowitz*, Informationsherrschaft).

Bamberger, Heinz Georg/Roth, Herbert/Hau, Wolfgang/Poseck, Roman (Hrsg.), Beck'scher Online-Kommentar BGB, 51. Edition (Stand: Aug. 2019), München 2019 (zitiert: *Bearbeiter*, in: Bamberger u.a., BeckOK BGB (Stand: Aug. 2019)).

Barth, Christoph/Budde, Stefanie, Ausgewählte Probleme der Ahndung von Verstößen gegen das Kartellverbot nach deutschem Recht, WRP 2009, S. 1357–1368.

Baumbach, Adolf (Begr.)/Lauterbach, Wolfgang/Hartmann, Peter/Anders, Monika/Gehle, Burkhard (Hrsg.), Zivilprozessordnung mit FamFG, GVG und anderen Nebengesetzen, 78. Auflage, München 2020 (zitiert: *Bearbeiter*, in: Baumbach u.a., ZPO (2020)).

Bechtold, Rainer, Grundlegende Umgestaltung des Kartellrechts: Zum Referentenentwurf der 7. GWB-Novelle, DB 2004, S. 235–241.

Bechtold, Rainer/Bosch, Wolfgang, Kartellgesetz – Gesetz gegen Wettbewerbsbeschränkungen (§§ 1-96, 130, 131), 8. Auflage, München 2015 (zitiert: *Bechtold/Bosch*, GWB (2015)).

Bechtold, Rainer (Begr.)/Bosch, Wolfgang, Kartellgesetz – Gesetz gegen Wettbewerbsbeschränkungen (§§ 1-96, 130, 131), 9. Auflage, München 2018 (zitiert: *Bechtold/Bosch*, GWB (2018)).

Beckhaus, Gerrit Marian, Die Bewältigung von Informationsdefiziten bei der Sachverhaltsaufklärung – die Enforcement-Richtlinie als Ausgangspunkt für die Einführung einer allgemeinen Informationsleistungspflicht in das deutsche Zivilrecht, Tübingen 2010 (zitiert: *Beckhaus*, Bewältigung von Informationsdefiziten).

Bellinghausen, Rupert/Grothaus, Julia, Erstes Urteil zum Lkw-Kartell – Rückenwind für Kartellgeschädigte?, NZKart 2018, S. 116–120.

Beninca, Jürgen, Schadensersatzansprüche von Kunden eines Kartells?, WuW 2004, S. 604–608.

Berg, Werner/Mäsch, Gerald (Hrsg.), Deutsches und Europäisches Kartellrecht – Kommentar, 3. Auflage, Köln 2018 (zitiert: *Bearbeiter*, in: Berg/Mäsch, Kartellrecht (2018)).

Berneke, Wilhelm (Begr.)/Schüttpelz, Erfried, Die einstweilige Verfügung in Wettbewerbssachen, 4. Auflage, München 2018 (zitiert: *Berneke/Schüttpelz*, Die einstweilige Verfügung).

Bernhard, Jochen, Schadensberechnung im Kartellzivilrecht vor und nach dem „Praktischen Leitfaden“ der Europäischen Kommission, NZKart 2013, S. 488–494.

Berrisch, Georg M./Burianski, Markus, Kartellrechtliche Schadensersatzansprüche nach der 7. GWB - Novelle, WuW 2005, S. 878–888.

Beumer, Anna Elsbeth/Karpetas, Agisilaos, The Disclosure of Files and Documents in EU Cartel Cases: Fairytale or Reality?, E.C.J. 2012, S. 123–151.

Bien, Florian, Überlegungen zu einer haftungsrechtlichen Privilegierung des Kartellkronzeugen, EuZW 2011, S. 889–890.

Bien, Florian, Wozu brauchen wir die Richtlinie über private Kartellschadensersatzklagen noch?, NZKart 2013, S. 481–482.

Bien, Florian, Der Anspruch der Verbraucherverbände und Verbände der Marktgegenseite auf Unterlassung, Beseitigung und Vorteilsabschöpfung, in: Bien, Florian (Hrsg.), Das deutsche Kartellrecht nach der 8. GWB-Novelle, Baden-Baden 2013, S. 329–346 (zitiert: *Bien*, in: Bien, Kartellrecht nach der 8. GWB-Novelle).

Bien, Florian/Harke, Jan Dirk, Neues Recht für alte Fälle? – Der intertemporale Anwendungsbereich der Verjährungshemmung gemäß § 33 Abs. 5 GWB 2005, ZWeR 2013, S. 312–345.

Blome, Max-Niklas/Fritzsche, Alexander, Der Schutz von Geschäftsgeheimnissen im Kartellschadensersatzprozess, NZKart 2019, S. 247–251.

Bodewig, Theo/Fitzner, Uwe/Lutz, Raimund (Hrsg.), Beck'scher Online-Kommentar Patentrecht, 14. Edition (Stand: Okt. 2019), München 2019 (zitiert: *Bearbeiter*, in: Bodewig/Fitzner/Lutz, BeckOK Patentrecht (Stand: Okt. 2019)).

Bodnar, Olivia/Fremerey, Melinda/Schad, Jannika/Normann, Hans-Theo, The Effects of Private Damage Claims on Cartel Stability: Experimental Evidence, Düsseldorf 2020 (zitiert: *Bodnar u.a.*, The Effects of Private Damage Claims on Cartel Stability: Experimental Evidence).

Böge, Ulf/Ost, Konrad, Up and running, or is it? Private enforcement - the situation in Germany and policy perspectives, E.C.L.R. 2006, S. 197–205.

Bork, Reinhard/Roth, Herbert (Hrsg.), Kommentar zur Zivilprozessordnung – Band 2 – §§ 78-147, 23. Auflage, Tübingen 2017 (zitiert: *Bearbeiter*, in: Bork/Roth, Stein/Jonas ZPO (2016)).

Bork, Reinhard/Roth, Herbert (Hrsg.), Kommentar zur Zivilprozessordnung – Band 4 – §§ 271-327, 23. Auflage, Tübingen 2018 (zitiert: *Bearbeiter*, in: Bork/Roth, Stein/Jonas ZPO (2018)).

Bork, Reinhard/Roth, Herbert (Hrsg.), Kommentar zur Zivilprozessordnung – Band 5 – §§ 328–510c, 23. Auflage, Tübingen 2015 (zitiert: *Bearbeiter*, in: Bork/Roth, Stein/Jonas ZPO (2015)).

Bornkamm, Joachim/Montag, Frank/Säcker, Franz Jürgen (Hrsg.), Münchener Kommentar zum europäischen und deutschen Wettbewerbsrecht (Kartellrecht) – Band 2 – Deutsches Wettbewerbsrecht, 2. Auflage, München 2015 (zitiert: *Bearbeiter*, in: Bornkamm/Montag/Säcker, MüKo Kartellrecht/GWB (2015)).

Brand, Oliver, Schadensersatzrecht, 2. Auflage, München 2015.

Brand, Peter-Andreas, Grenzen zivilprozessualer Wahrheit und Gerechtigkeit, NJW 2017, S. 3558–3563.

Braun, Ellen, EC Competition Rules in National Courts (III) – Die EG-Wettbewerbsregeln vor nationalen Gerichten (III) – Part Three: Germany – Dritter Teil: Deutschland, Baden-Baden 1996 (zitiert: *Braun*, EC competition rules in national courts – Germany).

Brauneck, Jens, Kein Zugang zu Dokumenten: Politischer Handlungsspielraum der EU-Kommission in Gefahr?, NZVwZ 2016, S. 489–496.

Bremer, Klaus J., Die Kartellverordnung von 1923: Entstehung, Inhalt und Praktische Anwendung, in: Pohl, Hans (Hrsg.), Kartelle und Kartellgesetzgebung in Praxis und Rechtsprechung vom 19. Jahrhundert bis zur Gegenwart, Stuttgart 1985, S. 111–128 (zitiert: *Bremer*, in: Pohl, Die Kartellverordnung von 1923).

Brenner, Tobias, „Settlements" in Kartellverfahren des Bundeskartellamtes - Perspektiven und Grenzen, WuW 2011, S. 590–601.

Brömmelmeyer, Christoph, Die Ermittlung des Kartellschadens nach der Richtlinie 2014/104/EU, NZKart 2016, S. 2–9.

Bronny, Carsten, Die Auflösung struktureller Informationsasymmetrien im privaten Kartellrechtsstreit, Bonn 2010 (zitiert: *Bronny*, Informationsasymmetrien).

Brunner, Uli/Bacher, Philip Y., Ermittlung von Kartellschäden für die zivilrechtliche Geltendmachung – eine Gebrauchsanleitung, NZKart 2017, S. 345–351.

Bueren, Eckart, Akteneinsicht Dritter im Vergleichsverfahren – Viel Wissen, viel Ärger?, ZWeR 2011, S. 74–94.

Bulst, Friedrich Wenzel, Private Kartellrechtsdurchsetzung durch die Marktgegenseite - deutsche Gerichte auf Kollisionskurs zum EuGH, NJW 2004, S. 2201–2203.

Bulst, Friedrich Wenzel, Zum Problem der Schadensabwälzung und seiner Analyse durch das KG in „Transportbeton", in: Möschel, Wernhard/Bien, Florian (Hrsg.), Kartellrechtsdurchsetzung durch private Schadenersatzklagen?, Baden-Baden 2010, S. 225–266 (zitiert: *Bulst*, in: Möschel/Bien, Kartellrechtsdurchsetzung).

Bundeskartellamt, Private Kartellrechtsdurchsetzung: Stand, Problem, Perspektiven – Diskussionspapier, 2005 (zitiert: *Bundeskartellamt*, Private Kartellrechtsdurchsetzung (2005)).

Bundeskartellamt, Bericht des Bundeskartellamtes über seine Tätigkeit in den Jahren 2007/2008 sowie über die Lage und Entwicklung auf seinem

Aufgabengebiet, BT-Drs. 16/13500 (zitiert: *Bundeskartellamt*, Tätigkeitsbericht 2007/2008).

Bundeskartellamt, Bericht des Bundeskartellamtes über seine Tätigkeit in den Jahren 2011/2012 sowie über die Lage und Entwicklung auf seinem Aufgabengebiet, BT-Drs. 17/13675 (zitiert: *Bundeskartellamt*, Tätigkeitsbericht 2011/2012).

Bundeskartellamt, Bericht des Bundeskartellamtes über seine Tätigkeit in den Jahren 2013/2014 sowie über die Lage und Entwicklung auf seinem Aufgabengebiet, BT-Drs. 18/5210 (zitiert: *Bundeskartellamt*, Tätigkeitsbericht 2013/2014).

Bundeskartellamt, Bericht des Bundeskartellamtes über seine Tätigkeit in den Jahren 2015/2016 sowie über die Lage und Entwicklung auf seinem Aufgabengebiet, BT-Drs. 18/12760 (zitiert: *Bundeskartellamt*, Tätigkeitsbericht 2015/2016).

Bundeskartellamt, Jahresbericht 2017.

Bundeskartellamt, Bericht des Bundeskartellamtes über seine Tätigkeit in den Jahren 2017/2018 sowie über die Lage und Entwicklung auf seinem Aufgabengebiet, BT-Drs. 19/10900 (zitiert: *Bundeskartellamt*, Tätigkeitsbericht 2017/2018).

Bundesregierung, Antwort der Bundesregierung auf die Kleine Anfrage der Abgeordneten Sabine Zimmermann, Dr. Barbara Höll, Ulla Lötzer, Dr. Herbert Schui und der Fraktion DIE LINKE – Ermittlungen des Kartellamtes in der Nahrungsmittelindustrie wegen des Verdachts illegaler Preisabsprachen – BT-Drs. 16/8681 vom 01.04.2008 (zitiert: *Bundesregierung*, Antwort auf Kleine Anfrage – Ermittlungen des Kartellamtes in der Nahrungsmittelindustrie wegen des Verdachts illegaler Preisabsprachen, BT-Drs. 16/8681).

Buntscheck, Martin, „Private Enforcement" in Deutschland: Einen Schritt vor und zwei Schritte zurück, WuW 2013, S. 947–958.

Burholt, Christian, Die Auswirkungen des Informationsfreiheitsgesetzes auf das Akteneinsichtsrecht in Kartell- und Fusionskontrollverfahren, BB 2006, S. 2201–2207.

Burrichter, Jochen, Ökonomischen Gutenachten im Kartellschadensersatzprozess, in: Studienvereinigung Kartellrecht (Hrsg.), Kartellrecht in Theorie und Praxis: Festschrift für Cornelis Canenbley zum 70. Geburtstag, München 2012, S. 111–127 (zitiert: *Burrichter*, in: Studienvereinigung Kartellrecht, FS Canenbley).

Busch, Jürgen/Sellin, Katharina, Vertrauen in die Vertraulichkeit – Kronzeugenverfahren in Europa auf der Probe, BB 2012, S. 1167–1172.

Busche, Jan/Röhling, Andreas (Hrsg.), Kölner Kommentar zum Kartellrecht – Band 1 – §§ 1-34a GWB, Köln 2017 (zitiert: *Bearbeiter*, in: Busche/Röhling, Kölner Kommentar Kartellrecht/GWB (2017)).

Busche, Jan/Röhling, Andreas (Hrsg.), Kölner Kommentar zum Kartellrecht – Band 4 – VO 1/2003, VO 139/2004, Köln 2013 (zitiert: *Bearbeiter*, in: Busche/Röhling, Kölner Kommentar Kartellrecht/EU-WettbewerbsR (2013)).

Calisti, Daniele/Haasbeek, Luke/Kubik, Filip, The Directive on Antitrust Damages Actions: Towards a stronger competition culture in Europe, founded on the combined power of public and private enforcement of the EU competition rules, NZKart 2014, S. 466–473.

Calliess, Christian/Ruffert, Matthias (Hrsg.), EUV/AEUV – das Verfassungsrecht der Europäischen Union mit Europäischer Grundrechtecharta – Kommentar, 5. Auflage, München 2016 (zitiert: *Bearbeiter*, in: Calliess/Ruffert, EUV/AEUV (2016)).

Canenbley, Cornelius/Steinvorth, Till, Kartellbußgeldverfahren, Kronzeugenregelungen und Schadensersatz – Liegt die Lösung des Konflikts »de lege ferenda« in einem einheitlichen Verfahren?, in: Forschungsinstitut für Wirtschaftsverfassung und Wettbewerb (Hrsg.), Wettbewerbspolitik und Kartellrecht in der Marktwirtschaft – Festschrift 50 Jahre FIW: 1960 bis 2010, Köln 2010, S. 143–160 (zitiert: *Canenbley/Steinvorth*, in: Forschungsinstitut für Wirtschaftsverfassung und Wettbewerb, FS 50 Jahre FIW).

Caruso, Antonio, Leniency Programmes and Protection of Confidentiality: The Experience of the European Commission, JECLAP 2010, S. 453–477.

Dauner-Lieb, Barbara/Langen, Werner (Hrsg.), NomosKommentar – BGB – Schuldrecht – Band 2, 3. Auflage, Baden-Baden 2016 (zitiert: *Bearbeiter*, in: Dauner-Lieb/Langen, NK-BGB (2016)).

Dawirs, Gordon, Der vorprozessuale und innerprozessuale Zugriff auf Kronzeugenerklärungen im Private Enforcement unter der Kartellschadensersatzrichtlinie 2014/104/EU, Baden-Baden 2017 (zitiert: *Dawirs*, Zugriff auf Kronzeugenerklärungen).

Dohrn, Daniel/Liebich, Simon, Kommentar zu OLG Düsseldorf, Beschl. v. 22.08.2012 – V-4 Kart 5 und 6/11 (OWi) – Kaffeeröster, WRP 2012, S. 1601–1603.

Doll, Nikolaus/Greive, Martin, Deutsche Bahn: CRK 4 – Diese Spezialeinheit treibt Millionen, DIE WELT - Online (05.09.2014), abgerufen unter: https://www.welt.de/wirtschaft/article131930935/CRK-4-Diese-Spezialeinheit-treibt-Millionen-ein.html (zuletzt 13.10.2020).

Dreher, Meinrad, Der Zugang zu Entscheidungen mit Bindungswirkung für den kartellrechtlichen Schadensersatzprozess, ZWeR 2008, S. 325–347.

Dreier, Thomas/Schulze, Gernot (Hrsg.), Urheberrechtsgesetz – Verwertungsgesellschaftsgesetz – Kunsturhebergesetz, 6. Auflage, München 2018 (zitiert: *Bearbeiter*, in: Dreier/Schulze, UrhG).

Dück, Hermann/Eufinger, Alexander/Schultes, Marion, Das Spannungsverhältnis zwischen kartellrechtlicher Kronzeugenregelung und Akteneinsichtsanspruch nach § 406e StPO, EuZW 2012, S. 418–421.

Dunne, Niamh, Courage and compromise: the Directive on Antitrust Damages, E.L.Rev., S. 581–597.

Dworschak, Sebastian/Maritzen, Lars, Einsicht - der erste Schritt zur Besserung? Zur Akteneinsicht in Kronzeugendokumente nach dem Donau Chemie-Urteil des EuGH, WuW 2013, S. 829–844.

Ellenrieder, Nils, Der Nachweis eines Kartellrechtsverstoßes bei eigenständigen Klagen im Rahmen der privaten Geltendmachung von Ansprüchen wegen der Verletzung des Kartellverbots nach europäischem Recht, Köln 2011 (zitiert: *Ellenrieder*, Nachweis eines Kartellverstoßes).

Emmerich, Volker, Kartellrecht – ein Studienbuch, 13. Auflage, München 2014 (zitiert: *Emmerich*, Kartellrecht).

Epping, Volker/Hillgruber, Christian (Hrsg.), Beck'scher Online-Kommentar Grundgesetz, 41. Edition (Stand: Februar 2019), München 2019 (zitiert: *Bearbeiter*, in: Epping/Hillgruber, BeckOK GG (Stand: Februar 2019)).

Erb, Volker/Esser, Robert/Franke, Ulrich/Graalmann-Scheerer, Kirsten/Hilger, Hans/Ignor, Alexander (Hrsg.), Löwe-Rosenberg: Die Strafprozeßordnung und das Gerichtsverfassungsgesetz – Band 9: §§ 449-495; EG StPO, 26. Auflage, Berlin 2010 (zitiert: *Bearbeiter*, in: Erb u.a., Löwe-Rosenberg – StPO (2010)).

Europäische Kommission, Pressemitteilung vom 13.02.2002, IP/02/247 (zitiert: *Europäische Kommission*, Pressemitteilung vom 13.02.2002, IP/02/247).

Fazzone, Renato, E-Discovery: Unternehmensinterne Analyse unstrukturierter Daten zur Aufklärung von Kartellverstößen - ein Praxisbericht, BB 2014, S. 1032–1034.

Fehling, Michael/Kastner, Berthold/Störmer, Rainer (Hrsg.), Verwaltungsrecht – VwVfG/VwGO/Nebengesetze – Handkommentar, 4. Auflage, Baden-Baden 2016 (zitiert: *Bearbeiter*, in: Fehling/Kastner/Störmer, VwVfG (2016)).

Fezer, Karl-Heinz, Markenrecht – Kommentar zum Markengesetz, zur Pariser Verbandsübereinkunft und zum Madrider Markenabkommen – Dokumentation des nationalen. europäischen und internationalen Kennzeichenrechts, 4. Auflage, München 2009 (zitiert: *Fezer*, Markenrecht).

Fiedler, Lilly, Der aktuelle Richtlinienvorschlag der Kommission – der große Wurf für den kartellrechtlichen Schadensersatz?, BB 2013, S. 2179–2186.

Fiedler, Lilly/Huttenlauch, Anna Blume, Der Schutz von Kronzeugen- und Settlementerklärungen vor der Einsichtnahme durch Dritte nach dem Richtlinien-Vorschlag der Kommission, NZKart 2013, S. 350–355.

Fiedler, Lilly/Niermann, Marcus, Neue Regeln zur Offenlegung von Beweismitteln: Wer zahlt die Zeche für die Kosten der Disclosure?, NZKart 2017, S. 497–502.

Fikentscher, Wolfgang, Wettbewerb und gewerblicher Rechtsschutz: die Stellung des Rechts der Wettbewerbsbeschränkungen in der Rechtsordnung, München 1958 (zitiert: *Fikentscher*, Wettbewerb und gewerblicher Rechtsschutz).

Fluck, Jürgen/Fischer, Kristian/Martini, Mario (Hrsg.), Informationsfreiheitsrecht mit Umweltinformations-, Verbraucherinformations-, Informationsweiterverwendungs- und IFG/UIG/VIG/IWG/GeoZG, Kommentar, Vorschriften der EU, des Bundes und der Länder, internationales Recht, Rechtsprechung – Band 2, 31. Ergänzungslieferung (Stand: Okt. 2014), Heidelberg 2019 (zitiert: *Bearbeiter*, in: Fluck/Fischer/Martini, Informationszugangsrecht (31. EL)).

Fornasier, Matteo/Sanner, Julian Alexander, Die Entthronung des Kronzeugen? Akteneinsicht im Spannungsfeld zwischen behördlicher und privater Kartellrechtsdurchsetzung nach Pfleiderer, WuW 2011, S. 1067–1080.

Fritzsche, Alexander, Der Beseitigungsanspruch im Kartellrecht nach der 7. GWB-Novelle, WRP 2006, S. 42–54.

Fritzsche, Alexander, Die Schadensvermutung – Auslegungsfragen zum Kartellzivilrecht nach der 9. GWB-Novelle, NZKart 2017, S. 581–584.

Fritzsche, Alexander, Schadensabwälzung – Auslegungsfragen zum Kartellzivilrecht nach der 9. GWB-Novelle, NZKart 2017, S. 630–636.

Fritzsche, Alexander/Klöppner, Carsten/Schmidt, Miriam, Die Praxis der privaten Kartellrechtsdurchsetzung in Deutschland – Teil 1: Aspekte des kartellrechtlichen Schadensersatzanspruchs, NZKart 2016, S. 412–421.

Fuchs, Andreas/Weitbrecht, Andreas (Hrsg.), Handbuch Private Kartellrechtsdurchsetzung, München 2019 (zitiert: *Bearbeiter*, in: Fuchs/Weitbrecht, Private Kartellrechtsdurchsetzung).

Galle, René, Der Anscheinsbeweis in Schadensersatzfolgeklagen – Stand und Perspektiven, NZKart 2016, S. 214–220.

Galle, René/Popot-Müller, Friederike, Sanktionen bei Vereitelung der Herausgabepflicht nach § 33 g GWB, NZKart 2019, S. 317–321.

Geilmann, Maria/Rummel, Per, Recht auf vollständigen Schadensersatz: Exakte Schadensbemessung und ihre Kosten, WuW 2017, S. 223–236.

Gersdorf, Hubertus/Paal, Boris P. (Hrsg.), Beck'scher Online-Kommentar Informations- und Medienrecht, 28. Edition (Stand: Mai 2020), München 2020 (zitiert: *Bearbeiter*, in: Gersdorf/Paal, BeckOK InfoMedienR (Stand: Mai 2020)).

Glöckner, Jochen, Verfassungsrechtliche Fragen um das Verhältnis staatlicher und privater Kartellrechtsdurchsetzung, WRP 2015, S. 410–421.

Grabitz, Eberhard (Begr.)/Hilf, Meinhard/Nettesheim, Martin (Hrsg.), Das Recht der Europäischen Union, 69. Ergänzungslieferung (Stand: Februar 2020), München 2020 (zitiert: *Bearbeiter*, in: Grabitz/Hilf/Nettesheim, Recht der Europäischen Union (69. EL)).

Graf, Jürgen-Peter (Hrsg.), Beck'scher Online-Kommentar StPO mit RiStBV und MiStra, 35. Edition (Stand: Oktober 2019), München 2019 (zitiert: *Bearbeiter*, in: Graf, BeckOK StPO (Stand: Oktober 2019)).

Grafunder, René/Gänswein, Olivier, Das Merkblatt des Bundeskartellamtes zu Settlements, BB 2015, S. 968–972.

Grünberger, Michael, Bindungswirkung kartellbehördlicher Entscheidungen, in: Möschel, Wernhard/Bien, Florian (Hrsg.), Kartellrechtsdurchsetzung durch private Schadenersatzklagen?, Baden-Baden 2010, S. 135–224 (zitiert: *Grünberger*, in: Möschel/Bien, Kartellrechtsdurchsetzung).

Günther, Eberhard, Entwurf eines deutschen Gesetzes gegen Wettbewerbsbeschränkungen, WuW 1951, S. 17–35.

Gussone, Peter, Kommentar zu OLG Hamm, Beschluss vom 26.11.2013 - 1 VAs 116/13 - 120/13 und 122/13 – "Ende der Beweisnot von Kartellschadensersatzklägern?", BB 2014, S. 533.

Gussone, Peter, Deutschland verpasst Finale - die Umsetzung der Kartellschadensersatzrichtlinie, WuW 2016, S. 393.

Gussone, Peter/Schreiber, Tilmann, Private Kartellrechtsdurchsetzung, WuW 2013, S. 1040–1057.

Häfele, Sebastian, Private Rechtsdurchsetzung im Kartellrecht und die Kronzeugenregelung: eine Untersuchung unter besonderer Berücksichtigung der Akteneinsichts- und Dokumentenzugangsrechte von Kartellgeschädigten, Hamburg 2013 (zitiert: *Häfele*, Private Rechtsdurchsetzung).

Hamelmann, Uwe, Urkundenvorlagepflichten nach § 142 Abs. 1 und 2 ZPO, Leipzig 2012 (zitiert: *Hamelmann*, Urkundenvorlagepflichten).

Hannich, Rolf (Hrsg.), Karlsruher Kommentar zur Strafprozessordnung mit GVG, EGGVG und EMRK, 8. Auflage, München 2019 (zitiert: *Bearbeiter*, in: Hannich, Karlsruher Kommentar StPO (2019)).

Harms, Rüdiger, Die einstweilige Verfügung auf Herausgabe einer wettbewerbsbehördlichen Entscheidung – Plädoyer für eine Streichung des § 89b

Abs. 5 GWB, in: Polley, Romina/Pohlmann, Petra/Kokott, Juliane (Hrsg.), Europäisches, deutsches und internationales Kartellrecht: Festschrift für Dirk Schroeder zum 65. Geburtstag, Köln 2018, S. 295–307 (zitiert: *Harms*, in: Polley/Pohlmann/Kokott, FS D. Schroeder).

Harms, Rüdiger/Petrasincu, Alex, Die Beiziehung von Ermittlungsakten im Kartellzivilprozess – Möglichkeit zur Umgehung des Schutzes von Kronzeugenanträgen?, NZKart 2014, S. 304–310.

Haucap, Justus/Stühmeier, Torben, Wie hoch sind durch Kartelle verursachte Schäden: Antworten aus Sicht der Wirtschaftstheorie, WuW 2008, S. 413–424.

Hauger, Nils/Palzer, Christoph, Verweigerung der Einsichtnahme in Bonusanträge nach EuGH „Pfleiderer" - die Folgeentscheidung des AG Bonn vom 18. 1. 2012 - 51 Gs 53/09, EWS 2012, S. 124–130.

Haus, Florien C./Serafimova, Mariya, Neues Schadensersatzrecht für Kartellverstöße - die EU-Richtlinie über Schadensersatzklagen, BB 2014, S. 2883–2890.

Heermann, Peter W./Schlingloff, Jochen (Hrsg.), Münchener Kommentar zum Lauterkeitsrecht – Band 2 – §§ 5-20 UWG, 2. Auflage, München 2014 (zitiert: *Bearbeiter*, in: Heermann/Schlingloff, MüKoUWG (2014)).

Heinichen, Christian, Akteneinsicht durch Zivilgerichte in Kartellschadensersatzverfahren, NZKart 2014, S. 83–92.

Heitzer, Bernhard, Schwerpunkte der deutschen Wettbewerbspolitik, WuW 2007, S. 854–864.

Hellmann, Hans-Joachim/Steinbrück, Ben, Discovery Light – Informations- und Beweismittelbeschaffung im Rahmen von Kartellschadensersatzklagen, NZKart 2017, S. 164–175.

Heltemes, Marc, Settlements im europäischen und deutschen Kartellbußgeldverfahren – eine Gegenüberstellung des Vergleichsverfahrens der Europäischen Kommission und des Settlement-Verfahrens des Bundeskartellamtes, Köln 2014 (zitiert: *Heltemes*, Settlements im Kartellbußgeldverfahren).

Hempel, Rolf, Privater Rechtsschutz im Kartellrecht: eine rechtsvergleichende Analyse, Baden-Baden 2002 (zitiert: *Hempel*, Privater Rechtsschutz im Kartellrecht).

Hempel, Rolf, Privater Rechtsschutz im deutschen Kartellrecht nach der 7. GWB-Novelle, WuW 2004, S. 362–374.

Hempel, Rolf, Fischzüge bei der Kommission – Informationsbeschaffung für kartellrechtliche Schadensersatzklagen, in: Bechtold, Stefan/Jickeli, Joachim/Rohe, Mathias (Hrsg.), Recht, Ordnung und Wettbewerb – Festschrift zum 70. Geburtstag von Wernhard Möschel, Baden-Baden 2011, S. 265–280 (zitiert: *Hempel*, in: Bechtold/Jickeli/Rohe, FS Möschel).

Hempel, Rolf, Akteneinsicht durch Schadensersatzkläger – Donau Chemie, EuZW 2013, S. 586–590.

Hempel, Rolf, An der schönen blauen Donau – Akteneinsicht in Kronzeugenanträge im Fluss, Zugleich Besprechung EuGH, Urt. v. 06.06.2013 – Rs. C-536/22 – Donau Chemie, ZWeR 2014, S. 203–227.

Hempel, Rolf, Einsicht in Kartellverfahrensakten nach der Transparenzverordnung – Neues aus Luxemburg, EuZW 2014, S. 297–300.

Herlinger, Justus, Der Zugang zu Beweismitteln – Ist das Kartell eine Blackbox" für den Kläger?, in: Behrens, Peter/Hartmann-Rüppel, Marco/Herlinger, Justus (Hrsg.), Schadensersatzklagen gegen Kartellmitglieder – Forum Wissenschaft und Praxis zum Internationalen Wirtschaftsrecht – Hamburger Forum Kartellrecht, Baden-Baden 2010, S. 65–72 (zitiert: *Herlinger*, in: Behrens/Hartmann-Rüppel/Herlinger, Schadensersatzklagen gegen Kartellmitglieder).

Heyers, Johannes, Beweiserleichterungen und Offenlegungsansprüche vor und nach der 10. GWB-Novelle – Förderung privater Schadensersatzklagen im künftigen Recht, WuW 2019, S. 545.

Hirsbrunner, Simon, Settlements in EU-Kartellverfahren – Kritische Anmerkungen nach den ersten Anwendungsfällen, EuZW 2011, S. 12–16.

Hoffer, Raoul, Kartellgesetz-Novelle in Österreich – Der Begutachtensentwurf des Bundesministeriums für Justiz, NZKart 2016, S. 466–471.

Hoffmann, Jochen, Schadensersatz bei nicht preisbezogenen Kartellabsprachen, NZKart 2018, S. 175–179.

Hornkohl, Lena, Zugang zu Dokumenten der Kartellbehörde durch Informationsfreiheitsrecht- Das Urteil Edeka Handelsgesellschaft Hessenring -, WuW 2018, S. 607–613.

Hummer, Christina/Cywinski, Milosz, ECJ's judgments in „EnBW" and „Donau Chemie" and the unresolved problems of access to the file, G.C.L.R. 2014, S. 115–118.

Hüschelrath, Kai/Leheyda, Nina/Müller, Kathrin/Veith, Tobias, Einführung in empirische Methoden der Schadensermittlung, in: Hüschelrath, Kai/Leheyda, Nina/Müller, Kathrin/Veith, Tobias (Hrsg.), Schadensermittlung und Schadensersatz bei Hardcore-Kartellen, Baden-Baden 2012, S. 79–124 (zitiert: *Hüschelrath u.a.*, in: Hüschelrath u.a., Methoden der Schadensermittlung).

Hutschneider, Markus/Stieglitz, Robert, Die tatsächliche Kartellschadensanscheinsbeweisvermutung – Eine Bestandsaufnahme zu den Beweiserleichterungen im Kartellschadensersatzprozess, NZKart 2019, S. 363–371.

Immenga, Ulrich/Mestmäcker, Ernst-Joachim (Hrsg.), Wettbewerbsrecht 1992, 2. Auflage, München (zitiert: *Bearbeiter*, in: Immenga/Mestmäcker, Wettbewerbsrecht/GWB (1992)).

Immenga, Ulrich/Mestmäcker, Ernst-Joachim (Hrsg.), Wettbewerbsrecht Band 2 – GWB, 5. Auflage, München 2014 (zitiert: *Bearbeiter*, in: Immenga/Mestmäcker, Wettbewerbsrecht/GWB (2014)).

Immenga, Ulrich/Mestmäcker, Ernst-Joachim (Hrsg.), Wettbewerbsrecht Band 1 – EU-Wettbewerbsrecht, 6. Auflage, München 2019 (zitiert: *Bearbeiter*, in: Immenga/Mestmäcker, Wettbewerbsrecht/EuR (2019)).

Immenga, Ulrich/Mestmäcker (Begr.), Ernst-Joachim/Körber, Torsten/Schweitzer, Heike/Zimmer, Daniel (Hrsg.), Wettbewerbsrecht Band 2 – GWB – Kommentar zum deutschen Kartellrecht, 6. Auflage, München 2020 (zitiert: Bearbeiter, in: Immenga u.a., Wettbewerbsrecht/GWB (2020)).

Inderst, Roman/Schwalbe, Ulrich, Das kontrafaktische Szenario bei der Berechnung von Kartellschäden, WuW 2012, S. 122–123.

Inderst, Roman/Thomas, Stefan, Schadensersatz bei Kartellverstößen – eine Untersuchung der juristischen und ökonomischen Grundlagen, Methoden und damit verbundenen Rechtsfragen betreffend die Ermittlung des Schadens bei Verstößen gegen das Kartellverbot, Düsseldorf 2015 (zitiert: *Inderst/Thomas*, Schadensersatz bei Kartellverstößen (2015)).

Inderst, Roman/Thomas, Stefan, Schadensersatz bei Kartellverstößen – Juristische und ökonomische Grundlagen und Methoden, 2. Auflage, Düsseldorf 2018 (zitiert: *Inderst/Thomas*, Schadensersatz bei Kartellverstößen (2018)).

Jaeger, Wolfgang/Kokott, Juliane/Pohlmann, Petra/Schroeder, Dirk (Hrsg.), Frankfurter Kommentar zum Kartellrecht, 95. Lieferung (Jan. 2020), Köln 2020 (zitiert: *Bearbeiter*, in: Jaeger u.a., Frankfurter Kommentar Kartellrecht/GWB (Jan. 2020)).

Janssen, Helmut, Schadensersatz wegen Verletzung des Kartellrechts – Auswirkungen der neuen EU-Richtlinie, CB 2015, S. 35–40.

Jarass, Hans D., Charta der Grundrechte der Europäischen Union – unter Einbeziehung der vom EuGH entwickelten Grundrechte, der Grundrechtsregelungen der Verträge und der EMRK – Kommentar, 3. Auflage, München 2016 (zitiert: *Jarass*, GRC).

Jaschke, Frank Josef, Der kartellrechtliche Schadensersatzanspruch, Köln 2012.

JUVE-Online, EC-Cash und IFG-Klagen: VG Köln verhandelt den Albtraum des Kartellamts, abgerufen unter: https://www.juve.de/nachrichten/verfahren/2018/01/ec-cash-und-ifg-klagen-vg-koeln-verhandelt-den-alptraum-des-kartellamts (zuletzt 13.10.2020) (zitiert: *JUVE-Online*, EC-Cash und IFG-Klagen: VG Köln verhandelt den Albtraum des Kartellamts).

Jüntgen, David Alexander, Zur Verwertung von Kronzeugenerklärungen in Zivilprozessen, WuW 2007, S. 128–137.

Jüntgen, David Alexander, Die prozessuale Durchsetzung privater Ansprüche im Kartellrecht, Köln 2007 (zitiert: *Jüntgen*, Durchsetzung privater Ansprüche im Kartellrecht).

Kahlenberg, Harald/Haellmigk, Christian, Neues Deutsches Kartellgesetz, BB 2005, S. 1509–1516.

Kahlenberg, Harald/Heim, Lena, Referentenentwurf der 9. GWB-Novelle: Mehr Effizienz für die private und behördliche Rechtsdurchsetzung, BB 2016, S. 1863–1871.

Kahlenberg, Harald/Heim, Lena, Das deutsche Kartellrecht in der Reform: Überblick über die 9. GWB-Novelle, BB 2017, S. 1155–1163.

Kainer, Friedemann, Mindeststandards und Verfahrensgrundsätze im Kartellverfahren unter europäischem Einfluss, in: Weller, Matthias/Althammer, Christoph (Hrsg.), Mindeststandards im europäischen Zivilprozessrecht: Grundvoraussetzung für gegenseitiges Vertrauen, Tübingen 2015, S. 173–196 (zitiert: *Kainer*, in: Weller/Althammer, Mindeststandards im europäischen Zivilprozessrecht).

Kamann, Hans-Georg/Ohlhoff, Stephan/Völcker, Sven (Hrsg.), Kartellverfahren und Kartellprozess: Handbuch, München 2017 (zitiert: *Bearbeiter*, in: Kamann/Ohlhoff/Völcker, Kartellverfahren und Kartellprozess (2017)).

Kamann, Hans-Georg/Schwedler, Christian, Akteneinsicht „auf dem kleinen Dienstweg" im Kartellschadensersatzprozess?, EWS 2014, S. 121–129.

Kapoor, Arun, Die neuen Vorlagepflichten für Urkunden und Augenscheinsgegenstände in der Zivilprozessordnung, Baden-Baden 2009 (zitiert: *Kapoor*, Vorlagepflichten).

Kapp, Thomas, Abschaffung des Privat Enforcement bei Hardcore-Kartellen, in: Bechtold, Stefan/Jickeli, Joachim/Rohe, Mathias (Hrsg.), Recht, Ordnung und Wettbewerb – Festschrift zum 70. Geburtstag von Wernhard Möschel, Baden-Baden 2011, S. 319–340 (zitiert: *Kapp*, in: Bechtold/Jickeli/Rohe, FS Möschel).

Kapp, Thomas, Das Akteneinsichtsrecht kartellgeschädigter Unternehmen: Bonn locuta, causa finita?, WuW 2012, S. 474–487.

Kapp, Thomas, Generalanwalt: Österreichische Regelung zur Akteneinsicht Kartellgeschädigter nicht mit EU-Recht vereinbar – BB-Kommentar, BB 2013, S. 402.

Kapp, Thomas, Anmerkung zu: EuGH, 06.06.2013 - Rs. C-536/11 – Donau-Chemie, BB 2013, S. 1556.

Kapp, Thomas/Hummel, Karin, OLG Düsseldorf: Kartellgeschädigte haben kein Recht auf Akteneinsicht in Kronzeugenanträge – Anmerkung zu OLG Düsseldorf, Beschluss vom 22.8.2012 – V-4 Kart 5 + 6/11 (OWi), BB 2012, S. 2459–2463.

Kellerbauer, Manuel, Zugang zur Ermittlungsakte in Verfahren nach den Artt. 101, 102 AEUV und der EU-Fusionskontrollverordnung: Wettbewerbsrecht vs. Transparenzverordnung, WuW 2011, S. 688–699.

Kersting, Christian, Perspektiven der privaten Rechtsdurchsetzung im Kartellrecht, ZWeR 2008, S. 252–271.

Kersting, Christian, Removing the Tension Between Public and Private Enforcement: Disclosure and Privileges for Successful Leniency Applicants, JECLAP 2013, S. 2–5.

Kersting, Christian, Anmerkung zu EuGH, Urt. v. 06.06.2013 – C-536/11 – Donau-Chemie, JZ 2013, S. 737–740.

Kersting, Christian, Die neue Richtlinie zur privaten Rechtsdurchsetzung im Kartellrecht, WuW 2014, S. 564–574.

Kersting, Christian, Die Rechtsprechung des EuGH zur Bußgeldhaftung in der wirtschaftlichen Einheit, WuW 2014, S. 1156–1173.

Kersting, Christian, Kartellschadensersatzrecht nach der 9. GWB-Novelle, VersR 2017, S. 581–596.

Kersting, Christian/Preuß, Nicola, Umsetzung der Kartellschadensersatzrichtlinie (2014/104/EU) – ein Gesetzgebungsvorschlag aus der Wissenschaft, Baden-Baden 2015 (zitiert: *Kersting/Preuß*, Umsetzung der Kartellschadensersatzrichtlinie).

Kersting, Christian/Preuß, Nicola, Umsetzung der Kartellschadensersatzrichtlinie durch die 9. GWB-Novelle – Langfassung des Beitrags aus WuW 2016, S. 394–403 (WUW1211284), WuW (Online-Beitrag) 2016, S. L1–L21.

Kersting, Christian/Podszun, Rupprecht (Hrsg.), Die 9. GWB-Novelle Kartellschadenersatz – Digitale Ökonomie – Fusionskontrolle – Bußgeldrecht – Verbraucherschutz, München 2017 (zitiert: *Bearbeiter*, in: Kersting/Podszun, 9. GWB-Novelle).

Keßler, Jürgen, Schadensersatzansprüche von Kartellabnehmern de lege lata und de lege ferenda, BB 2005, S. 1125–1129.

Keßler, Jürgen, Die europäische Richtlinie über Schadensersatz im Wettbewerbsrecht – Cui bono?, VuR 2015, S. 83–92.

Klooz, Katharina, Die Akteneinsicht möglicherweise geschädigter Dritter in Akten des Bundeskartellamts, Frankfurt am Main 2014 (zitiert: *Klooz*, Akteneinsicht Dritter).

Klotz, Marius, Zivilrechtliche Verantwortlichkeit der Konzernmuttergesellschaft für Kartellverstöße ihrer Tochter?, WuW 2017, S. 226–229.

Klumpe, Gerhard/Thiede, Thomas, Auskunftsklagen nach der GWB-Novelle – Gedankensplitter aus der Praxis, NZKart 2016, S. 471–473.

Klumpe, Gerhard/Thiede, Thomas, Regierungsentwurf zur 9. GWB-Novelle: Änderungsbedarf aus Sicht der Praxis, BB 2016, S. 3011–3018.

Klumpe, Gerhard/Thiede, Thomas, Keeping the Floodgates Shut – Kartellschadensersatz nach der 9. GWB-Novelle, NZKart 2017, S. 332–339.

Klumpe, Gerhard/Thiede, Thomas, Ergänzende Überlegungen zu Lukas Rengier, Kartellschadensersatz in Deutschland, WuW 2018, 613, NZKart 2019, S. 136–139.

Knauer, Christoph/Kudlich, Hans/Schneider, Hartmut (Hrsg.), Münchener Kommentar zur StPO – Band 3-1 – §§ 333-499 StPO, München 2019 (zitiert: *Bearbeiter*, in: Knauer/Kudlich/Schneider, MüKoStPO (2019)).

Koch, Raphael, Rechtsdurchsetzung im Kartellrecht: Public vs. private enforcement: Auf dem Weg zu einem level playing field?, JZ 2013, S. 390–398.

Köhler, Helmut, Der Schadensersatz-, Bereicherungs- und Auskunftsanspruch im Wettbewerbsrecht, NJW 1992, S. 1477–1482.

Köhler, Helmut, Kartellverbot und Schadensersatz, GRUR 2004, S. 99–103.

Köhler, Helmut/Bornkamm, Joachim/Feddersen, Jörn (Hrsg.), Gesetz gegen den unlauteren Wettbewerb – Gesetz zum Schutz von Geschäftsgeheimnissen, Preisangabenverordnung, Unterlassungsklagengesetz, Dienstleistungs-Informationspflichten-Verordnung, 38. Auflage, München 2020 (zitiert: *Bearbeiter*, in: Köhler/Bornkamm/Feddersen, UWG (2020)).

Konrad, Sabine, Der Schutz der Vertrauenssphäre zwischen Rechtsanwalt und Mandant im Zivilprozess, NJW 2004, S. 710–713.

Kreße, Bernhard, Der Zugang Kartellgeschädigter zu Verfahrensdokumenten der Europäischen Kommission als Wettbewerbsbehörde, WRP 2016, S. 567–574.

Krüger, Carsten, Die haftungsrechtliche Privilegierung des Kronzeugen im Außen- und Innenverhältnis gemäß dem Richtlinienvorschlag der Kommission, NZKart 2013, S. 483–488.

Kühnen, Jürgen, Mehrerlös und Vorteilsabschöpfung nach der 7. GWB-Novelle, WuW 2010, S. 16–29.

Kühnen, Thomas, Die Besichtigung im Patentrecht – Eine Bestandsaufnahme zwei Jahre nach „Faxkarte", GRUR 2005, S. 185–196.

Lahme, Rüdiger, Die Eignung des Zivilverfahrens zur Durchsetzung des Kartellrechts: eine Untersuchung unter besonderer Berücksichtigung des zivilprozessualen Beweisrechts, Baden-Baden 2010 (zitiert: *Lahme*, Durchsetzung des Kartellrechts).

Lahme, Rüdiger/Ruster, Andreas, Das ungeschriebene Merkmal der Kartellbefangenheit, NZKart 2019, S. 196–201.

Lampert, Thomas/Weidenbach, Georg, Akteneinsicht zur Substantiierung einer Schadensersatzklage gegen Mitglieder eines Kartells – Beweisprobleme gibt es nicht!, WRP 2007, S. 152–163.

Langen, Eugen/Bunte, Hermann-Josef (Hrsg.), Kartellrecht – Kommentar, Band 1 Deutsches Kartellrecht, 13. Auflage, Köln 2018 (zitiert: *Bearbeiter*, in: Langen/Bunte, Kartellrecht/GWB (2018)).

Larenz, Karl, Lehrbuch des Schuldrechts – Erster Band – Allgemeiner Teil, 14. Auflage, München 1987 (zitiert: *Larenz*, Lehrbuch des Schuldrechts).

Lehnich, Oswald, Die Wettbewerbsbeschränkung – eine Grundlegung, Köln 1956 (zitiert: *Lehnich*, Die Wettbewerbsbeschränkung).

Leopold, Anders, Die Kartellbehörden im Angesicht der Informationsfreiheit, WuW 2006, S. 592–601.

Leppin, Klaus H., Besichtigungsanspruch und Betriebsgeheimnis (Teil II) – Ein Beitrag zum eingeschränkten Besichtigungsanspruch gemäß §§ BGB § 809, BGB § 242 BGB und zur Möglichkeit eines Geheimverfahrens im Zivilprozeß unter besonderer Berücksichtigung der Patentverletzung, GRUR 1984, S. 695–713.

Lettl, Tobias, Der Schadensersatzanspruch gemäß § 823 Abs. 2 BGB i.V. mit Art. 81 Abs. 1 EG, ZHR 2003, S. 473–494.

Lettl, Tobias, Kartellschadensersatz nach der Richtlinie 2014/104/EU und deutsches Kartellrecht, WRP 2015, S. 537–545.

Lettl, Tobias, Schadensersatz bei Kartellrechtsverstößen in der 9. GWB-Novelle, WM 2016, S. 1961–1966.

Liesegang, Heiko, Kontrahierungszwang als Schadenersatz bei kartellverbotswidriger Lieferverweigerung, NZKart 2013, S. 233–239.

Linder, Ludwig, Privatklage und Schadensersatz im Kartellrecht: eine vergleichende Untersuchung zum deutschen und amerikanischen Recht, Baden-Baden 1980 (zitiert: *Linder*, Privatklage und Schadensersatz im Kartellrecht).

Loewenheim, Ulrich/Meessen, Karl Matthias/Riesenkampff, Alexander/Kersting, Christian/Meyer-Lindemann, Hans Jürgen (Hrsg.), Kartellrecht - Kommentar, 3. Auflage, München 2016 (zitiert: *Bearbeiter*, in: Loewenheim u.a., Kartellrecht (2016)).

Loewenheim, Ulrich/Meessen, Karl Matthias/Riesenkampff, Alexander/Kersting, Christian/Meyer-Lindemann, Hans Jürgen (Hrsg.), Kartellrecht

- Kommentar zum Deutschen und Europäischen Recht, 4. Auflage, München 2020 (zitiert: *Bearbeiter*, in: Loewenheim u.a., Kartellrecht (2020)).

Logemann, Hans Philip, Der kartellrechtliche Schadensersatz: Die zivilrechtliche Haftung bei Verstößen gegen das deutsche und europäische Kartellrecht nach Ergehen der VO (EG) Nr. 1/2003 und der 7. GWB-Novelle, Berlin 2009 (zitiert: *Logemann*, Der kartellrechtliche Schadensersatz).

Lübbig, Thomas, Die zivilprozessuale Durchsetzung etwaiger Schadensansprüche durch die Abnehmer eines kartellbefangenen Produktes, WRP 2004, S. 1254–1260.

Lübbig, Thomas/le Bell, Miriam, Die Reform des Zivilprozesses in Kartellsachen, WRP 2006, S. 1209–1216.

Lübbig, Thomas/Mallmann, Roman A., Offenlegung von Beweismitteln gemäß dem Kabinettsentwurf für das 9. GWB-Änderungsgesetz, NZKart 2016, S. 518–522.

Lutz, Martin, Schwerpunkte der 7. GWB-Novelle, WuW 2005, S. 718–732.

Mäger, Thorsten/Zimmer, Daniel J./Milde, Sarah, Konflikt zwischen öffentlicher und privater Kartellrechtsdurchsetzung, WuW 2009, S. 885–899.

Mäger, Thorsten/Zimmer, Daniel J./Milde, Sarah, Chance vertan? – Zur Akteneinsicht in Kartellakten nach dem Pfleiderer-Urteil des EuGH, WuW 2011, S. 935–943.

Mailänder, Karl Peter, Privatrechtliche Folgen unerlaubter Kartellpraxis, Karlsruhe 1965 (zitiert: *Mailänder*, Privatrechtliche Folgen unerlaubter Kartellpraxis).

Makatsch, Tilman/Mir, Arif Sascha, Die neue EU-Richtlinie zu Kartellschadensersatzklagen – Angst vor der eigenen „Courage"?, EuZW 2015, S. 7–13.

Marx, Thomas, Zum Nachweis aufeinander abgestimmten Verhaltens, BB 1978, S. 331–335.

Mäsch, Gerald, Private Ansprüche bei Verstößen gegen das europäische Kartellverbot - „Courage" und die Folgen, EuR 2003, S. 825–846.

Maunz, Theodor/Dürig, Günter (Begr.)/Herzog, Roman/Scholz, Rupert/Herdegen, Matthias/Klein, Hans H. (Hrsg.), Grundgesetz – Kommentar, 90. Ergänzungslieferung (Feb. 2020), München 2020 (zitiert: *Bearbeiter*, in: Maunz u.a., GG (Feb. 2020)).

Meeßen, Gero, Der Anspruch auf Schadensersatz bei Verstößen gegen EU-Kartellrecht – Konturen eines Europäischen Kartelldeliktsrechts?, Tübingen 2011 (zitiert: *Meeßen*, Schadensersatz bei Verstößen gegen EU-Kartellrecht).

Mehle, Bastian, Das Akteneinsichtsrecht und der Schutz von Betriebs- und Geschäftsgeheimnissen in kartellbehördlichen Verfahren, in: Hiebl, Stefan/

Kassebohm, Nils/Lilie, Hans (Hrsg.), Festschrift für Volkmar Mehle zum 65. Geburtstag am 11.11.2009, Baden-Baden 2009, S. 387–430 (zitiert: *Mehle*, in: Hiebl/Kassebohm/Lilie, FS Mehle).

Mes, Peter, Patentgesetz/Gebrauchsmustergesetz – Kommentar, 4. Auflage, München 2015 (zitiert: *Mes*, PatG).

Mestmäcker, Ernst-Joachim/Schweitzer, Heike, Europäisches Wettbewerbsrecht, 3. Auflage, München 2014 (zitiert: *Mestmäcker/Schweitzer*, Europäisches Wettbewerbsrecht).

Meyer-Goßner, Lutz/Schmitt, Betram (Hrsg.), Strafprozessordnung – Gerichtsverfassungsgesetz, Nebengesetze und ergänzende Bestimmungen, 63. Auflage, München 2020 (zitiert: *Bearbeiter*, in: Meyer-Goßner/Schmitt, StPO (2020)).

Meyer-Lindemann, Hans Jürgen, Durchsetzung des Kartellverbots durch Bußgeld und Schadenersatz, WuW 2011, S. 1235–1247.

Micklitz, Hans-W., Collective Private Enforcement in Antitrust Law – What is Going Wrong In the Debate?, in: Basedow, Jürgen/Terhechte, Jörg Philipp/Luboś, Tichý (Hrsg.), Private Enforcement of Competition Law, Baden-Baden 2011, S. 101–119 (zitiert: *Micklitz*, in: Basedow/Terhechte/Luboś, Private Enforcement of Competition Law).

Milde, Sarah, Schutz des Kronzeugen im Spannungsfeld von behördlicher Kartellrechtsdurchsetzung und privaten Schadensersatzklagen – Untersuchung unter besonderer Berücksichtigung vorprozessualer Dokumentenzugangs- und Akteneinsichtsrechte Dritter auf europäischer und deutscher Ebene, Baden-Baden 2013 (zitiert: *Milde*, Schutz des Kronzeugen).

Monopolkommission, Sondergutachten 41 – Das allgemeine Wettbewerbsrecht in der Siebten GWB-Novelle, 2004 (zitiert: *Monopolkommission*, Sondergutachten 41).

Monopolkommission, Wettbewerb 2016 – Einundzwanzigstes Hauptgutachten der Monopolkommission gemäß § 44 Abs. 1 Satz 1 GWB (zitiert: *Monopolkommission*, 21. Hauptgutachten).

Monopolkommission, Wettbewerb 2018 – XXII. Hauptgutachten der Monopolkommission gemäß § 44 Abs. 1 Satz 1 GWB – 2018, 2018 (zitiert: *Monopolkommission*, XXII. Hauptgutachten (2018)).

Möschel, Wernhard, Recht der Wettbewerbsbeschränkungen, Köln 1983 (zitiert: *Möschel*, Wettbewerbsbeschränkungen).

Möschel, Wernhard, Privatrechtsschutz bei Verstößen gegen das Kartellgesetz, in: Brinker, Ingo (Hrsg.), Recht und Wettbewerb – Festschrift für Rainer Bechtold zum 65. Geburtstag, München 2006, S. 329–338 (zitiert: *Möschel*, in: Brinker, FS R. Bechtolt).

Möschel, Wernhard, Behördliche oder privatrechtliche Durchsetzung des Kartellrechts?, WuW 2007, S. 483–492.

Muess, Werner, Kroes scheitert mit Kollektivklage, FAZ (248) v. 26.10.2009, S. 13.

Müller-Henneberg, Hans Martin/Schwartz, Gustav/Benisch, Werner (Hrsg.), 4. Auflage, Köln 1982 (zitiert: *Bearbeiter*, in: Müller-Henneberg/Schwartz/ Benisch, Gemeinschaftskommentar Kartellrecht (1982)).

Müller-Laube, Hans-Martin, Der private Rechtsschutz gegen unzulässige Beschränkungen des Wettbewerbs und mißbräuchliche Ausübung von Marktmacht im deutschen Kartellrecht, Berlin 1980 (zitiert: *Müller-Laube*, Privater Rechtsschutz).

Musielak, Hans-Joachim/Voit, Wolfgang (Hrsg.), Zivilprozessordnung mit Gerichtsverfassungsgesetz, 17. Auflage, München 2020 (zitiert: *Bearbeiter*, in: Musielak/Voit, ZPO (2020)).

Nettesheim, Martin, Normenhierarchien im EU-Recht, EuR 2006, S. 737–772.

Nietsch, Michael, Schadensersatzklagen im Gesamtsystem des Kartellrechts – Überlegungen zum Verhältnis von privater und hoheitlicher Rechtsdurchsetzung am Beispiel des Wettbewerbsrechts, in: Nietsch, Michael/ Weller, Matthias (Hrsg.), Private Enforcement: Brennpunkte kartellprivatrechtlicher Schadensersatzklagen, Baden-Baden 2014, S. 9–32 (zitiert: *Nietsch*, in: Nietsch/Weller, Private Enforcement).

Nörr, Knut Wolfgang, Die Leiden des Privatrechts – Kartelle in Deutschland von der Holzstoffkartellentscheidung zum Gesetz gegen Wettbewerbsbeschränkungen, Tübingen 1994 (zitiert: *Nörr*, Die Leiden des Privatrechts).

Nowak, Carsten, Richtlinienvorschlag der Europäischen Kommission zur Stärkung der privaten Kartellrechtsdurchsetzung sowie zur Optimierung der Interaktion zwischen behördlicher und privater Durchsetzung des EU-Kartellrechts, ZVertriebsR 2013, S. 376–379.

Oesterreich, Kerstin, Der Kartellschaden im Zivilprozess vor und nach der 9. GWB-Novelle – Anforderungen an die Darlegungs- und Beweislast, BB 2017, S. 1865–1872.

Orthmann, Mark, Der Informationsanspruch zum Nachweis des Kartellschadens aus der Perspektive des Rechtsanwalts (abgerufen unter: https://edoc.hu-berlin.de/bitstream/handle/18452/17705/orthmann.pdf?sequence=1), Berlin 2014 (zitiert: *Orthmann*, Informationsanspruch).

Osterloh-Konrad, Christine, Der allgemeine vorbereitende Informationsanspruch – Zivilrechtliche Auskunfts- und Rechenschaftsansprüche und ihre Funktion im Zivilprozess, München 2007 (zitiert: *Osterloh-Konrad*, Informationsanspruch).

Oxera u.a., Quantifying antitrust damages – Towards non-binding guidance for courts – Study prepared for the European Commission, 2009 (zitiert: Oxera u.a., Quantifying antitrust damages (2009)).

Palandt, Otto (Begr.), Palandt – Bürgerliches Gesetzbuch mit Nebengesetzen, 78. neubearbeitete Auflage, München 2019 (zitiert: *Bearbeiter*, in: Palandt, BGB (2019)).

Palzer, Christoph, Umfang der Akteneinsicht in Bußgeldbescheide und Bonusanträge, EWS 2012, S. 543–544.

Palzer, Christoph, Unvereinbarkeit der österreichischen Regelung zur Akteneinsicht Kartellgeschädigter mit EU-Recht, NZKart 2013, S. 324–326.

Partsch, Christoph J., Die neue Transparenzverordnung (EG) Nr. 1049/2001, NJW 2001, S. 3154–3158.

Patzer, Stefan/Kruse, Johannes, Zeitliche Anwendbarkeit des GWB reloaded: Das OLG Düsseldorf verneint die Anwendbarkeit von § 33g GWB auf Altansprüche – Zugleich Anmerkung zu den Beschlüssen vom 3. April 2018 und vom 7. Mai 2018, VI-W (Kart) 2/18, NZKart 2018, S. 291–296.

Petrasincu, Alex, Schutz bestimmter Dokumente vor Offenlegung – Kartellblog (04.12.2014), abgerufen unter: http://kartellblog.de/2014/12/04/alex-petrasincu-schutz-bestimmter-dokumente-vor-offenlegung/ (zuletzt 13.10.2020) (zitiert: *Petrasincu*, Kartellblog – Schutz bestimmter Dokumente vor Offenlegung).

Petrasincu, Alex, Kartellschadensersatz nach dem Referentenentwurf der 9. GWB-Novelle, WuW 2016, S. 330–336.

Petrasincu, Alex, Überblick über die 9. GWB-Novelle, WRP 2017, S. 921–927.

Petrasincu, Alex/Schaper, Felicitas, Intertemporale Anwendung des Kartelldeliktsrechts nach der 9.GWB-Novelle- Vereinbarkeit von § 186 Abs. 3, 4 GWB mit Art. 22 der EU-Richtlinie zum Kartellschadensersatz -, WuW 2017, S. 306–311.

Petrasincu, Alex/von Steuben, Karl-Christoph, Wie Phoenix aus der Asche – Zeitliche Anwendbarkeit der Offenlegungsregeln des § 33 g GWB im Lichte jüngster Rechtsprechung, NZKart 2018, S. 286–291.

Peyer, Sebastian, Myths and Untold Stories - Private Antitrust Enforcement in Germany, Centre for Competition Policy Working Paper 10-12, abgerufen unter: https://ssrn.com/abstract=1672695 (zuletzt 13.10.2020), 2010 (zitiert: *Peyer*, Myths and Untold Stories).

Podszun, Rupprecht/Kreifels, Stephan, Kommt der Ausforschungsanspruch? – Anmerkungen zum geplanten § 33 g GWB, GWR 2017, S. 67–72.

Podszun, Rupprecht/Kreifels, Stephan/Schmieder, Gregor, Streitpunkte der 9. GWB-Novelle – Bußgeldrecht, Schadensersatz, Verbraucherrechte und Ministererlaubnis, WuW 2017, S. 114–120.

Poelzig, Dörte, Normdurchsetzung durch Privatrecht, Tübingen 2012.

Pohlmann, Petra, Intertemporales Verjährungsrecht beim Kartellschadensersatz, WuW 2013, S. 357–370.

Polley, Romina/Heinz, Silke, Settlements bei der Europäischen Kommission und beim Bundeskartellamt - ein Praxisvergleich, WuW 2012, S. 14–27.

Preuß, Nicola, Offenlegung von Beweismitteln nach der 9. GWB-Novelle: Sonderregeln mit Modellcharakter, WuW 2017, S. 301.

Prütting, Hanns, Gegenwartsprobleme der Beweislast: eine Untersuchung moderner Beweislasttheorien und ihrer Anwendung insbesondere im Arbeitsrecht, München 1983 (zitiert: *Prütting*, Gegenwartsprobleme der Beweislast).

Rauh, Jens Ole/Zuchandke, Andy/Reddemann, Sebastian, Die Ermittlung der Schadenshöhe im Kartelldeliktsrecht, WRP 2012, S. 173–183.

Rauscher, Thomas/Krüger, Wolfgang (Hrsg.), Münchener Kommentar zur Zivilprozessordnung mit Gerichtsverfassungsgesetz und Nebengesetzen – Band 1 – §§ 1-354 ZPO, 6. Auflage, München 2020 (zitiert: *Bearbeiter*, in: Rauscher/Krüger, MüKoZPO (2020)).

Rauscher, Thomas/Krüger, Wolfgang (Hrsg.), Münchener Kommentar zur Zivilprozessordnung mit Gerichtsverfassungsgesetz und Nebengesetzen – Band 2 – §§ 355-945b ZPO, 5. Auflage, München 2016 (zitiert: *Bearbeiter*, in: Rauscher/Krüger, MüKoZPO (2016)).

Reich, Michael, Die Passing-On Defense im Spannungsfeld zwischen Weißbuch und kritischen Literaturstimmen, WuW 2008, S. 1046–1054.

Rengier, Lukas, Kartellschadensersatz in Deutschland - die ersten 15 Jahre in Zahlen und Lehren für die Zukunft, WuW 2018, S. 613–619.

Retzer, Konrad, Widerlegung der „Dringlichkeitsvermutung" durch Interessenabwägung?, GRUR 2009, S. 329–333.

Rey, Clarie, The interaction between public and private enforcement of competition law, and especially the interaction between the interests of private claimants and those of leniency applicants., G.C.L.R. 2015, S. 109–125.

Rocca, Gianfranco, „La politique de la Commission en matière d'amendes antitrust: récents développements, perspectives d'avenir" – Vortrag vor der Univerité Libre de Bruxelles v. 04.02.2003, französische Version abgerufen auf der Webseite der GD Wettbewerb unter http://ec.europa.eu/competition/speeches/text/sp2003_004_fr.pdf (zuletzt 13.10.2020) (zitiert: *Rocca*, „La politique de la Commission en matière d'amendes antitrust: récents développements, perspectives d'avenir" – Vortrag vor der Univerité Libre de Bruxelles v. 04.02.2003).

Rosenberg, Leo (Begr.)/Schwab, Karl Heinz/Gottwald, Peter (Hrsg.), Zivilprozessrecht, 18. Auflage, München 2018 (zitiert: *Bearbeiter*, in: Rosenberg/Schwab/Gottwald, Zivilprozessrecht (2018)).

Rosenfeld, Andreas/Brand, Peter-Andreas, Die neuen Offenlegungsregeln für Kartellschadensersatzansprüche nach der 9. GWB-Novelle, WuW 2017, S. 247–252.

Roth, Herbert, Private Rechtsdurchsetzung im Zivilprozess, JZ 2016, S. 1134–1140.

Roth, Wulf-Hennig, Zivilrechtliche Durchsetzung des europäischen Kartellrechts - Nationales Zivil- und Zivilprozessrecht unter dem Einfluss des Gemeinschaftsrechts, in: Schilken, Eberhard (Hrsg.), Festschrift für Walter Gerhardt, Köln 2004, S. 815–839 (zitiert: *Roth*, in: Schilken, FS W. Gerhardt).

Roth, Wulf-Hennig, Das Kartelldeliktsrecht in der 7. GWB-Novelle, in: Baums, Theodor/Wertenbruch, Johannes (Hrsg.), Festschrift für Ulrich Huber zum siebzigsten Geburtstag, Tübingen 2006, S. 1133–1172 (zitiert: *Roth*, in: Baums/Wertenbruch, FS U. Huber).

Roth, Wulf-Henning, Effet utile im europäischen Kartellrecht, WRP 2013, S. 257–265.

Roth, Wulf-Hennig, Privatrechtliche Kartellrechtsdurchsetzung zwischen primärem und sekundärem Unionsrecht, ZHR 2015, S. 668–689.

Rother, Christopher, Anmerkung zu BGH, 12.7.2016 - KZR 25/14 - Lottoblock II, NJW 2016, S. 3534.

Rother, Christopher, Kartellschadensersatz nach der 9. GWB-Novelle, NZKart 2017, S. 1–2.

Rowedder, Heinz, Kartellrecht – Texte, der jetzt in der Bundesrepublik und in West-Berlin geltenden Bestimmungen einschließlich der Texte zum Kartellrecht der Montanunion, Heidelberg 1954 (zitiert: *Rowedder*, Kartellrecht).

Säcker, Franz Jürgen/Bien, Florian/Meier-Beck, Peter/Montag, Frank (Hrsg.), Münchener Kommentar zum Wettbewerbsrecht – Band 1 – Europäisches Wettbewerbsrecht, 3. Auflage, München 2020 (zitiert: *Bearbeiter*, in: Säcker u.a., MüKo Kartellrecht/EuR (2020)).

Säcker, Franz Jürgen/Meier-Beck, Peter (Hrsg.), Münchener Kommentar zum Wettbewerbsrecht – Band 2 – §§ 1-96, 185, 186 GWB – Verfahren vor den europäischen Gerichten, 3. Auflage, München 2020 (zitiert: *Bearbeiter*, in: Säcker/Meier-Beck, MüKo Kartellrecht/GWB (2020)).

Säcker, Franz Jürgen/Rixecker, Roland/Oetker, Hartmut/Limpberg, Bettina (Hrsg.), Münchener Kommentar zum Bürgerlichen Gesetzbuch – Band 2 – §§

241-432 BGB, Schuldrecht – Allgemeiner Teil, 8. Auflage, München 2019 (zitiert: *Bearbeiter*, in: Säcker u.a., MüKoBGB (2019)).

Säcker, Franz Jürgen/Rixecker, Roland/Oetker, Hartmut/Limpberg, Bettina (Hrsg.), Münchener Kommentar zum Bürgerlichen Gesetzbuch – Band 6 – §§ 705-853 BGB, PartGG, ProdHaftG, 7. Auflage, München 2017 (zitiert: *Bearbeiter*, in: Säcker u.a., MüKoBGB (2017)).

Säcker, Franz Jürgen/Rixecker, Roland/Oetker, Hartmut/Limpberg, Bettina (Hrsg.), Münchener Kommentar zum Bürgerlichen Gesetzbuch – Band 6 – Schuldrecht besondere Teil III – §§ 631–704, 8. Auflage, München 2020 (zitiert: *Bearbeiter*, in: Säcker u.a., MüKoBGB (2020)).

Saenger, Ingo (Hrsg.), Zivilprozessordnung – Familienverfahren; Gerichtverfassung; Europäisches Verfahrensrecht, 8. Auflage, Baden-Baden 2019 (zitiert: *Bearbeiter*, in: Saenger, ZPO (2019)).

Saller, Michael, Vertraulichkeit von anonymen Informanten im Kartellverfahren, BB 2013, S. 1160–1163.

Sanders, Michael/Jordan, Elizabeth/Dimoulis, Charalampos/Schwedt, Kristin/DiLuigi, Brenda/van Wissen, Maikel, Disclosure of leniency materials in follow-on damages actions: striking „the right balance" between the interests of leniency applicants and private claimants?, E.C.L.R. 2013, S. 174–182.

Sanner, Julian Alexander, Informationsgewinnung und Schutz von Unternehmensgeheimnissen in der privaten Kartellrechtsdurchsetzung, Baden-Baden 2014 (zitiert: *Sanner*, Informationsgewinnung).

Satzinger, Andreas, Die Entthronung des Kronzeugen im europäischen Kartellrecht?, Wien 2014 (zitiert: *Satzinger*, Entthronung des Kronzeugen).

Schaper, Hanno/Stauber, Peter, Ausgewählte Themen des neuen Kartellschadensersatzrechts – Schadensersatz, Abwälzung, Gesamtschuld und Innenausgleich, NZKart 2017, S. 279–285.

Scherzinger, Johannes, Hat der Gesetzgeber aus den Fehlern bei der 7. GWB-Novelle gelernt? – Zu den Übergangsvorschriften im Regierungsentwurf für eine 9. GWB-Novelle, NZKart 2016, S. 513–517.

Scherzinger, Johannes, Ende gut, alles gut? Zu den Übergangsvorschriften und weiteren „Last Minute"-Änderungen der 9. GWB-Novelle im Bereich Kartellschadensersatz, NZKart 2017, S. 307–311.

Schmidt, Ingo/Haucap, Justus, Wettbewerbspolitik und Kartellrecht – Eine interdisziplinäre Einführung, 10. Auflage, Berlin, Boston 2013 (zitiert: *Schmidt/Haucap*, Wettbewerbspolitik und Kartellrecht).

Schmidt, Karsten, Aufgaben und Leistungsgrenzen der Gesetzgebung im Kartelldeliktsrecht: eine rechtspolitische Studie zu den außerstrafrechtlichen

Sanktionen im GWB, Baden-Baden 1978 (zitiert: *Schmidt*, Aufgaben und Leistungsgrenzen).

Schmidt, Karsten, Drittschutz, Akteneinsicht und Geheimnisschutz im Kartellverfahren, Köln 1992.

Schmidt, Karsten, „Privatisierung" des Europakartellrechts – Aufgaben, Verantwortung und Chancen der Privatrechtspraxis nach der VO Nr. 1/2003, ZEuP 2004, S. 881–886.

Schnakl, Mario, Die Kronzeugenregelung in Kartellverfahren, Wien 2009 (zitiert: *Schnakl*, Kronzeugenregelung).

Schneider, Egon, Problemfälle aus der Prozeßpraxis, MDR 1984, S. 108–110.

Schnelle, Ulrich/Kollmann, Anni, AG Bonn: Zur Akteneinsicht des durch ein Kartellvergehen Geschädigten in im Rahmen eines sog. Kronzeugenantrags freiwillig übermittelte Unterlagen, mit Anmerkung, CCZ 2012, S. 155–157.

Schnitzler, Sebastian, Vorwirkungen der Kartellschadensersatzrichtlinie: Praxisbeispiele im Zusammenhang mit der Offenlegung von Beweismitteln, WuW 2015, S. 992–1005.

Schoch, Friedrich, Informationsfreiheitsgesetz – Kommentar, 2. Auflage, München 2016 (zitiert: *Schoch*, IFG).

Schroll, Gregor, Der Einfluss interner und externer Faktoren auf die Effektivität der Kronzeugenprogramme der EU-Kommission und des Bundeskartellamtes, Frankfurt am Main 2012 (zitiert: *Schroll*, Einfluss auf die Effektivität der Kronzeugenprogramme).

Schulte, Rainer (Hrsg.), Patentgesetz mit Europäischem Patentübereinkommen: Kommentar auf der Grundlage der deutschen und europäischen Rechtsprechung, 10. Auflage, Köln 2017 (zitiert: *Bearbeiter*, in: Schulte, Patentgesetz).

Schütt, Marc, Individualrechtsschutz nach der 7. GWB-Novelle, WuW 2004, S. 1124–1133.

Schwalbe, Ulrich, Lucrum Cessans und Schäden durch Kartelle bei Zulieferern, Herstellern von Komplementärgütern sowie weiteren Parteien, NZKart 2017, S. 157–164.

Schweitzer, Heike, Kartellschadensersatz – rechtlicher Rahmen, in: Hüschelrath, Kai/Leheyda, Nina/Müller, Kathrin/Veith, Tobias (Hrsg.), Schadensermittlung und Schadensersatz bei Hardcore-Kartellen, Baden-Baden 2012, S. 39–78 (zitiert: *Schweitzer*, in: Hüschelrath u.a., Kartellschadensersatz).

Schweitzer, Heike, Schadensersatz im Europäischen Kartellrecht – Perfekte Kompensation für alle? Das neue System wettbewerbsrechtlicher Schadensersatzklagen nach Inkrafttreten der Richtlinie 2014/104/EU – Referate im Rahmen der Vortragsreihe „Rechtsfragen der Europäischen Integration", in: Zentrum für Europäisches Wirtschaftsrecht (Hrsg.), Vorträge und Berichte Nr. 212, Bonn 2013 (zitiert: *Schweitzer*, in: Zentrum für Europäisches Wirtschaftsrecht, Vorträge und Berichte Nr. 212).

Schweitzer, Heike, Die neue Richtlinie für wettbewerbsrechtliche Schadensersatzklagen, NZKart 2014, S. 335–345.

Seifert, Konstantin, Informationsbeschaffung für Kartellschadensersatzverfahren – Kommen Geschädigte (noch) an die Akte des Bundeskartellamtes?, NZKart 2017, S. 512–518.

Seitz, Claudia, Zugang geschädigter Dritter zu Dokumenten eines Kronzeugenverfahrens – Anmerkung zu EuGH, Urt. v. 14.06.2011 – C-360/09 – Pfleiderer, ECLI:EU:C:2011:389, EuZW 2011, S. 598–602.

Seitz, Claudia, Public over Private Enforcement of Competition Law? Zugleich Besprechung von AG Bonn, Beschluss v. 18.01.2012 – 51 Gs 53/09 – Pfleiderer II, GRUR-RR 2012, S. 137–142.

Seitz, Claudia, Seitz: Neue Wege zu effektivem Rechtsschutz in der EU, EWS 2013, S. 561–562.

Silton, Heidi/Davis, Craig, The discovery evolution of European Commission competition law documents., G.C.L.R. 2016, S. 96–103.

Soltész, Ulrich, In eigener Sache – Zur Veröffentlichungspraxis der NZKart, NZKart 2019, S. 237–238.

Soltész, Ulrich/Marquier, Julia/Wendenburg, Felix, Zugang zu Kartellrechtsakten für jedermann? – Das EuG-Urteil Österreichische Banken, EWS 2006, S. 102–108.

Soyez, Volker, § 89 Abs. 5 GWB - R.I.P., § 33g GWB - sleep well – Anm. zu OLG Düsseldorf, Beschl. v. 03.04.2018, VI-W (Kart) 2/18, WuW 2018, S. 368–374.

Stancke, Fabian, Die Betroffenheit und Aktivlegitimation im Rahmen kartellrechtlicher Schadensersatzklagen, NZKart 2017, S. 636–642.

Stancke, Fabian/Weidenbach, Georg/Lahme, Rüdiger (Hrsg.), Kartellrechtliche Schadensersatzklagen, Frankfurt am Main 2018 (zitiert: *Bearbeiter*, in: Stancke/Weidenbach/Lahme, Kartellrechtliche Schadensersatzklagen).

Stauber, Peter, The European draft Directive on antitrust damage claims and its potential consequences for German law, G.C.L.R. 2014, S. 23–38.

Stauber, Peter/Schaper, Hanno, Die Kartellschadensersatzrichtlinie – Handlungsbedarf für den deutschen Gesetzgeber?, NZKart 2014, S. 346–353.

Steger, Jens, Zugang durch die Hintertüre? - zur Akteneinsicht in Kronzeugenanträge von Kartellanten, BB 2014, S. 963–970.

Stock, Christoph, Der Schadensnachweis bei Hardcore-Kartellen – Ermittlung und prozessuale Feststellung kartellbedingter Preishöhenschäden im Rahmen von privaten Schadenersatzklagen unmittelbarer Kartellabnehmer aufgrund von § 33 Abs. 3 GWB, Baden-Baden 2016 (zitiert: *Stock*, Schadensnachweis).

Stürner, Rolf, Die gewerbliche Geheimsphäre im Zivilprozeß, JZ 1985, S. 453–461.

Stürner, Rolf (Hrsg.), Jauernig – Bürgerliches Gesetzbuch mit Rom-I-, Rom-II-VO, EuUnthVO/HUntProt und EuErbVO – Kommentar, 17. Auflage, München 2018 (zitiert: *Bearbeiter*, in: Stürner, Jauernig – BGB).

Suchsland, Ulrike/Rossmann, Nadine, Verpflichtet die Kartellschadensersatzrichtlinie zur Übernahme des europäischen Unternehmensbegriffs in das deutsche Recht?, WuW 2015, S. 973–981.

Teplitzky, Otto (Begr.)/Bacher, Klaus (Hrsg.), Wettbewerbsrechtliche Ansprüche und Verfahren – Unterlassung - Beseitigung - Auskunft - Schadensersatz, 12. Auflage, Köln 2019 (zitiert: *Bearbeiter*, in: Teplitzky/Bacher, Teplitzky (2019)).

Thiede, Thomas, Ich stehe hier und kann nicht anders., NZKart 2019, S. 202–205.

Thiede, Thomas/Träbing, Tim, Praxis des Anscheinsbeweises im Kartellschadensersatzrecht – ein Rechtsprechungsbericht, NZKart 2016, S. 422–428.

Thomas, Stefan, Aufdeckung – Abschreckung – Kompensation. Wechselwirkungen und Zielkonflikte der privaten und öffentlichen Kartellrechtsdurchsetzung, in: Grau, Ulrich/Oberender, Peter (Hrsg.), Private und öffentliche Kartellrechtsdurchsetzung, Schriften des Vereins für Socialpolitik, Berlin 2012, S. 55–79 (zitiert: *Thomas*, in: Grau/Oberender, Private und öffentliche Kartellrechtsdurchsetzung).

Thomas, Stefan, Beweisfragen der Organhaftung in Kartellfällen, in: Geimer, Reinhold/Kaissis, Athanassios/Thümmel, Roderich (Hrsg.), Ars aequi et boni in mundo: Festschrift für Rolf A. Schütze zum 80. Geburtstag, München 2014, S. 613–633 (zitiert: *Thomas*, in: Geimer/Kaissis/Thümmel, FS R. Schütze).

Thomas, Stefan, Schadensverteilung im Rahmen von Vertriebsketten bei Verstoß gegen europäisches und deutsches Kartellrecht, ZHR 2016, S. 45–79.

Thomas, Stefan/Legner, Sarah, Die wirtschaftliche Einheit im Kartellzivilrecht, NZKart 2016, S. 155–160.

Vollmer, Christof, Akteneinsicht potenzieller Kartellgeschädigter gemäß § 406e StPO i.V.m. § 46 Abs. 1, 3 Satz 4 OWiG, ZWeR 2012, S. 442–473.

Vollrath, Christian, Das Maßnahmenpaket der Kommission zum wettbewerbsrechtlichen Schadenersatzrecht, NZKart 2013, S. 434–446.

von der Groeben, Hans/Schwarze, Jürgen/Hatje, Armin (Hrsg.), Europäisches Unionsrecht – Vertrag über die Europäische Union; Vertrag über die Arbeitsweise der Europäischen Union; Charta der Grundrechte der Europäischen Union – Band 2, 7. Auflage, Baden-Baden 2015 (zitiert: *Bearbeiter*, in: von der Groeben/Schwarze/Hatje, Europäisches Unionsrecht (2015)).

von Schmoller, Gustav, Über das Verhältnis der Kartelle zum Staate – Referat, in: Verein für Socialpolitik (Hrsg.), Verhandlungen des Vereins für Socialpolitik über die finanzielle Behandlung der Binnenwasserstraßen, über das Arbeitsverhältnis in den privaten Riesenbetrieben und das Verhältnis der Kartelle zum Staate – Generalversammlung in Mannheim, 25., 26. und 27. September 1905., Dunker & Humblot 1906, S. 237–271 (zitiert: *von Schmoller*, in: Verein für Socialpolitik, Über das Verhältnis der Kartelle zum Staate).

von Staudinger, Julius (Begr.)/Albrecht, Karl-Dieter (Hrsg.), J. von Staudingers Kommentar zum Bürgerlichen Gesetzbuch mit Einführungsgesetz und Nebengesetzen – Buch 2, Recht der Schuldverhältnisse, Stand 2019, Berlin (zitiert: *Bearbeiter*, in: von Staudinger/Albrecht, BGB (Stand 2019)).

Vorwerk, Volkert/Wolf, Christian (Hrsg.), Beck'scher Online-Kommentar ZPO, 36. Edition (Stand: März 2020), München 2020 (zitiert: *Bearbeiter*, in: Vorwerk/Wolf, BeckOK ZPO (Stand: März 2020)).

Waelbroeck, Denis/Slater, Donald/Even-Schoshan, Gil, Study on the conditions of claims for damages in case of infringement of EC competition rules - Comparative Report, sog. Ashurst-Studie, 2004 (zitiert: *Waelbroeck/Slater/Even-Schoshan*, Ashurst-Studie).

Wagner, Gerhard/von Olshausen, Ralph, Die Geltung der kartellrechtlichen Verjährungshemmung für Altfälle – Zum intertemporalen Anwendungsbereich des § 33 Abs. 5 GWB, ZWeR 2013, S. 121–151.

Wagner-von Papp, Florian, Der Richtlinienentwurf zu kartellrechtlichen Schadensersatzklagen, EWS 2009, S. 445–454.

Walsh, Declan J., Carrots and sticks - leniency and fines in EC cartel cases, E.C.L.R. 2009, S. 30–35.

Weidt, Christopher F., The Directive on actions for antitrust damages after passing the European Parliament, E.C.L.R. 2014, S. 438–444.

Weitbrecht, Andreas, Schadensersatzansprüche der Unternehmer und Verbraucher wegen Kartellverstößen, NJW 2012, S. 881–886.

Weitbrecht, Andreas, Die Umsetzung der EU-Schadensersatzrichtlinie: Eine Chance für den Rechtsstandort Deutschland, WuW 2015, S. 959–972.

Weitbrecht, Andreas, Eine neue Ära im Kartellschadensersatzrecht – Die 9. GWB-Novelle, NJW 2017, S. 1574–1578.

Weitbrecht, Andreas, Kartellschadensersatz 2017, NZKart 2018, S. 106–112.

Weitbrecht, Andreas, Intertemporale Aspekte des Kartellschadensersatzes nach der 7. und 9. GWB-Novelle, WuW 2018, S. 498–504.

Weitbrecht, Andreas, Kartellschadensersatz 2018, NZKart 2019, S. 70–76.

Werner, Rosemarie, Der Konflikt zwischen Geheimnisschutz und Sachaufklärung im Kartellverfahren, in: Gamm, Otto Friedrich Freiherr von/Raisch, Peter/Tiedemann, Klaus (Hrsg.), Strafrecht, Unternehmensrecht, Anwaltsrecht: Festschrift für Gerd Pfeiffer zum Abschied aus d. Amt als Präsident d. Bundesgerichtshofes, Köln 1988, S. 821–838 (zitiert: *Werner*, in: Gamm/Raisch/Tiedemann, FS G. Pfeiffer).

Wesselburg, Alexander, Drittschutz bei Verstößen gegen das Kartellverbot unter Berücksichtigung der Wechselwirkungen zwischen privater und öffentlich-rechtlicher Durchsetzung, Baden-Baden 2010 (zitiert: *Wesselburg*, Drittschutz bei Verstößen gegen das Kartellverbot).

Wesselburg, Alexander, Privatrechtliche Geltendmachung und Abwehr kartellrechtlicher Ansprüche, in: Meßmer, Stefan/Bernhard, Jochen (Hrsg.), Praxishandbuch Kartellrecht im Unternehmen, Berlin, Boston 2018, S. 287–353 (zitiert: *Wesselburg*, in: Meßmer/Bernhard, Praxishandbuch Kartellrecht).

Wessing, Jürgen/Hiéramente, Mayeul, Akteneinsicht im Kartellrecht – Der Aspekt des Vertrauens- und Geheimnisschutzes, WuW 2015, S. 220–233.

Wessing, Jürgen/Janssen, Maximillian, Auswirkungen der 9. GWB-Novelle auf kartellrechtliche Bußgeldverfahren, WuW 2017, S. 253–256.

Westermann, Kathrin, Das kartellrechtliche Sanktionssystem bei Kartellverstößen, in: Aderhold, Lutz (Hrsg.), Festschrift für Harm Peter Westermann zum 70. Geburtstag, Köln 2008, S. 1605–1631 (zitiert: *Westermann*, in: Aderhold, FS H.P. Westermann).

Westhoff, Jan Philipp, Der Zugang zu Beweismitteln bei Schadenersatzklagen im Kartellrecht: eine rechtsvergleichende Untersuchung, Baden-Baden 2010 (zitiert: *Westhoff*, Zugang zu Beweismitteln).

Weyer, Harmut, Schadenersatzansprüche gegen Private kraft Gemeinschaftsrecht, ZEuP 2003, S. 318–344.

Wiedemann, Gerhard (Hrsg.), Handbuch des Kartellrechts, 3. Auflage, München 2016 (zitiert: *Bearbeiter*, in: Wiedemann, Handbuch Kartellrecht (2016)).

Wiedemann, Gerhard (Hrsg.), Handbuch des Kartellrechts, 4. Auflage, München 2020 (zitiert: *Bearbeiter*, in: Wiedemann, Handbuch Kartellrecht (2020)).

Willems, Constantin, Kein Durchgang durch die "Doppeltür"? – Möglichkeiten und Grenzen der Abmilderung von Informationsasymmetrien im Kartellzivilrecht nach der RL 2014/104/EU zum Kartellschadensersatz, WRP 2015, S. 818–823.

Wils, Wouter P.J., The Relationship between Public Antitrust Enforcement and Private Actions for Damages, 32 World Competition 1 (2009), S. 3–26.

Wolf, Alexander, Ist der "Justizstandort Deutschland" international wettbewerbsfähig?, RIW 2019, S. 258–272.

Wolf, Christian, Die Schlüssel zu einem effizienten Zivilprozessrecht, ZRP 2018, S. 183–183.

Wolter, Jürgen (Hrsg.), SK-StPO – Systematischer Kommentar zur Strafprozessordnung – Mit GVG und EMRK – Band VIII §§ 374-495 StPO, 4. Auflage, Köln 2013 (zitiert: *Bearbeiter*, in: Wolter, SK-StPO (2013)).

Wood, Adrian, The disclosure of leniency related materials supplied during competition enforcement proceedings: battle lines drawn by the ECJ, Cov.L.J. 2013, S. 112–119.

Würdinger, Hans, Freiheit der persönlichen Entfaltung, Kartell- und Wettbewerbsrecht, WuW 1953, S. 721–734.

Wurmnest, Wolfgang, Zivilrechtliche Ausgleichsansprüche von Kartellbeteiligten bei Verstößen gegen das EG-Kartellverbot, RIW 2003, S. 896–900.

Yomere, Anika, Die Entscheidung im Verfahren EnBW zum Recht von Schadensersatzklägern auf Akteneinsicht in Verfahrensakten der Kommission, WuW 2013, S. 34–40.

Zekoll, Joachim/Haas, Georg Alexander, Ausweitung ohne Ausforschung - zur Urkundenvorlagepflicht nach § 142 ZPO, JZ 2017, S. 1140–1146.

Ziekow, Jan, Verwaltungsverfahrensgesetz – Kommentar, 3. Auflage, Stuttgart 2013 (zitiert: *Ziekow*, VwVfG).

Zimmer, Daniel/Logemann, Hans, Der private Rechtsschutz im Kartellrecht: Zum Weißbuch der Kommission über Schadensersatzklagen wegen Verletzung des EG-Wettbewerbsrechts, ZEuP 2009, S. 489–516.

Zöller, Richard (Begr.) (Hrsg.), Zivilprozessordnung: mit FamFG (§§ 1-185, 200-270, 433-484) und Gerichtsverfassungsgesetz, den Einführungsgesetzen, mit Internationalem Zivilprozessrecht, EU-Verordnungen, Kostenanmerkungen – Kommentar, 33. Auflage, Köln 2020 (zitiert: *Bearbeiter*, in: Zöller, ZPO (2020)).

Zöllner, Stephanie, Der Vorlage- und Besichtigungsanspruch im gewerblichen Rechtsschutz – Ausgewählte Probleme, insbesondere im Eilverfahren, GRUR-Prax 2010, S. 74–80.

Verzeichnis der verwendeten Gesetzesmaterialien

Bundeskartellamt, Bekanntmachung Nr. 9/2006 über den Erlass und die Reduktion von Geldbußen in Kartellsachen vom 07.03.2006 (zitiert: *Bundeskartellamt*, Bonusregelung (2006)).

Bundeskartellamt, Stellungnahme des Bundeskartellamts zum Regierungsentwurf zur 8. GWB-Novelle vom 22.06.2012.

Bundeskartellamt, Stellungnahme des Bundeskartellamts zum Referentenentwurf zur 8. GWB-Novelle vom 30.11.2012.

Bundeskartellamt, Das Settlement-Verfahren des Bundeskartellamtes in Bußgeldsachen, 2016 (zitiert: *Bundeskartellamt*, Das Settlement-Verfahren des Bundeskartellamtes (Stand: Februar 2016)).

Bundeskartellamt, Stellungnahme des Bundeskartellamtes zum Referentenentwurf zur 9. GWB-Novelle vom 25.07.2016.

Bundesregierung, Gesetzesbegründung des Regierungsentwurfes eines Sechsten Gesetzes zur Änderung des Gesetzes gegen Wettbewerbsbeschränkungen, BT-Drs. 13/9720 (zitiert: *Bundesregierung*, Begr. des Gesetzesentwurfes zur 6. GWB-Novelle, BT-Drs. 13/9720).

Bundesregierung, Gesetzesbegründung des Regierungsentwurfes eines Siebten Gesetzes zur Änderung des Gesetzes gegen Wettbewerbsbeschränkungen, BT-Drs. 15/3640 (zitiert: *Bundesregierung*, Begr. des Gesetzesentwurfes zur 7. GWB-Novelle, BT-Drs. 15/3640).

Bundesregierung, Gesetzesbegründung des Regierungsentwurfes zur Verbesserung der Durchsetzung von Rechten des geistigen Eigentums, BT-Drs. 16/5048.

Bundesregierung, Gesetzesbegründung des Regierungsentwurfes eines Neunten Gesetzes zur Änderung des Gesetzes gegen Wettbewerbsbeschränkungen, BT-Drs. 18/10207 (zitiert: *Bundesregierung*, Begr. des Gesetzesentwurfes zur 9. GWB-Novelle, BT-Drs. 18/10207).

Bundesministerium für Wirtschaft und Energie, Gesetzesbegründung des Referentenentwurfes eines Zehnten Gesetzes zur Änderung des Gesetzes gegen Wettbewerbsbeschränkungen für ein fokussiertes, proaktives und digitales Wettbewerbsrecht 4.0 (GWB-Digitalisierungsgesetz) vom 24.01.2020 (zitiert: *Bundesministerium für Wirtschaft und Energie*, Begr. des Referentenentwurfs zur 10. GWB-Novelle v. 24.01.2020).

Bundestag, Beschlussempfehlung und Bericht des Ausschusses für Wirtschaft und Arbeit (9. Ausschuss) zu dem Entwurf eines Siebten Gesetzes zur Änderung des Gesetzes gegen Wettbewerbsbeschränkungen (zitiert: *Bundestag*, Beschlussempfehlung und Bericht des Ausschusses für Wirtschaft und Arbeit zum Entwurf der 7. GWB-Novelle, BT-Drs. 15/5049).

Bundestag, Beschlussempfehlung und Bericht des Ausschusses für Wirtschaft und Energie (9. Ausschuss) zu dem Gesetzentwurf der Bundesregierung – Drucksachen 18/10207, 18/10650, 18/10924 Nr. 1.3 – Entwurf eines Neunten Gesetzes zur Änderung des Gesetzes gegen Wettbewerbsbeschränkungen, u.a., BT-Drs. 18/11446 (zitiert: *Bundestag*, Beschlussempfehlung und Bericht des Ausschusses für Wirtschaft und Energie zum Entwurf der 9. GWB-Novelle, BT-Drs. 18/11446).

Europäische Kommission, Weißbuch über die Modernisierung der Vorschriften zur Anwendung der Artikel 85 und 86 EG-Vertrag vom 18.01.2000, KOM (1999), 101 end. (zitiert: *Europäische Kommission*, Weißbuch, KOM (1999), 101 end.).

Europäische Kommission, Bekanntmachung der Kommission über die Zusammenarbeit zwischen der Kommission und den Gerichten der EU-Mitgliedstaaten bei der Anwendung von Art. 81 und 82 des Vertrages vom 27.04.2004, ABl. 2005 C 101/54, i.d.F. der Änderungsmitteilung vom 05.08.2015, ABl. 2015 C 256/5.

Europäische Kommission, Grünbuch zu Schadenersatzklagen wegen Verletzung des EU-Wettbewerbsrechts, KOM (2005), 672 end.

Europäische Kommission, Arbeitspapier der Kommissionsdienststellen über Schadenersatzklagen wegen Verletzung des EG-Wettbewerbsrechts, herausgegeben mit dem Grünbuch vom 10. Februar 2006 über Schadenersatzklagen wegen Verletzung des EG-Wettbewerbsrechts, SEC (2005), 1732 (zitiert: *Europäische Kommission*, Arbeitspapier der Kommissionsdienststellen zum Grünbuch vom 10. Februar 2006 über Schadenersatzklagen wegen Verletzung des EG-Wettbewerbsrechts, SEC (2005), 1732,).

Europäische Kommission, Mitteilung über den Erlass und die Ermäßigung von Geldbußen in Kartellsachen vom 08.12.2006, ABl. 2006 C 298/17 (zitiert: *Europäische Kommission*, Kronzeugenmitteilung (2006), ABl. 2006 C 298/17).

Europäische Kommission, Weißbuch über Schadenersatzklagen wegen Verletzung des EG-Wettbewerbsrechts vom 02.04.2008, KOM (2008), 165 end. (zitiert: *Europäische Kommission*, Weißbuch über Schadenersatzklagen wegen Verletzung des EG-Wettbewerbsrechts, KOM (2008), 165 end.).

Europäische Kommission, Arbeitspapier der Kommissionsdienststellen über Schadenersatzklagen wegen Verletzung des EG-Wettbewerbsrechts, herausgegeben mit dem Weißbuch vom 02.04.2008 über Schadenersatzklagen wegen Verletzung des EG-Wettbewerbsrechts, KOM 2008, 165 endg. (zitiert: *Europäische Kommission*, Arbeitspapier der Kommissionsdienststellen zum Weißbuch vom 02.04.2008 über Schadenersatzklagen wegen Verletzung des EG-Wettbewerbsrechts, KOM 2008, 165 endg.).

Europäische Kommission, Mitteilung über die Durchführung von Vergleichsverfahren bei dem Erlass von Entscheidungen nach Artikel 7 und Artikel 23 der Verordnung (EG) Nr. 1/2003 des Rates in Kartellfällen vom 02.07.2008, ABl. 2008 C 167/01, i.d.F. der Änderungsmitteilung vom 05.08.2015, ABl. 2015 C 256/2 (zitiert: *Europäische Kommission*, Vergleichsverfahrens-Mitteilung, ABl. 2008 C 167/01).

Europäische Kommission, Proposal for a Council Directive on rules governing damages actions for infringements of Articles 81 and 82 of the Treaty, abgedruckt in: Lowe, Philip/Marquis, Mel (Hrsg.), European Competition Law Annual 2011 – Integrating Public and Private Enforcement of Competition Law - Implications for Courts and Agencies, London 2014, Annex III.

Europäische Kommission, Vorschlag für eine Richtlinie des Europäischen Parlaments und des Rates über bestimmte Vorschriften für Schadensersatzklagen nach einzelstaatlichem Recht wegen Zuwiderhandlungen gegen wettbewerbsrechtliche Bestimmungen der Mitgliedstaaten und der Europäischen Union, KOM (2013), 404 end. (zitiert: Richtlinienvorschlag, KOM (2013), 404 end.).

Europäische Kommission, Mitteilung der Kommission zur Ermittlung des Schadensumfangs bei Schadensersatzklagen wegen Zuwiderhandlungen gegen Artikel 101 oder 102 des Vertrags über die Arbeitsweise der Europäischen Union, ABl. 2013 C 167/19.

Europäische Kommission, Praktischer Leitfaden zur Ermittlung des Schadensumfangs bei Schadensersatzklagen im Zusammenhang mit Zuwiderhandlungen gegen die Artikel 101 oder 102 des Vertrages über die Arbeitsweise der Europäischen Union – Arbeitsunterlage der Kommissionsdienststellen (2013) (zitiert: *Europäische Kommission*, Praktischer Leitfaden zur Ermittlung des Schadensumfangs bei Schadensersatzklagen – Arbeitsunterlage der Kommissionsdienststellen).

Europäische Kommission, Staff Working Document – Guidance on restrictions of competition „by object“ for the purpose of defining which agreements may benefit from the De Minimis Notice, SWD(2014) 198 final (zitiert: *Europäische Kommission*, Staff Working Document – Guidance on restrictions of competition „by object“, SWD(2014) 198 final).

Europäische Kommission, Guidance on the preparation of public versions of Commission Decisions adopted under Articles 7 to 10, 23 and 24 of Regulation 1/2003 (2015), abgerufen unter: https://ec.europa.eu/competition/antitrust/guidance_on_preparation_of_public_versions_antitrust_04062015.pdf (zuletzt 13.10.2020).

Europäische Kommission, Leitlinien für die nationalen Gerichte zur Schätzung des Teils des auf den mittelbaren Abnehmer abgewälzten Preisaufschlags vom 09.08.2019, Abl. 2019 C 267/07 (zitiert: Leitlinien zur Schätzung des abgewälzten Preisaufschlags, Abl. 2019 C 267/07).

Europäisches Parlament, Bericht im Namen des Binnenmarktausschusses zu der Konsultation des Europäischen Parlaments durch den Rat der Europäischen Gemeinschaft betreffend eine erste Durchführungsverordnung zu den Artikel 85 und 86 des EWG-Vertrages (Dokument 104/1960-61), abgedruckt in: Europäisches Parlament, Sitzungsdokumente 1961-1962, Dokument 57 v.

07.09.1961 (zitiert: *Europäisches Parlament*, Bericht im Namen des Binnenmarktausschusses (Dokument 104/1960-61)).

Europäisches Parlament, Bericht im Namen des Ausschusses für Wirtschaft und Währung über den Vorschlag für eine Richtlinie des Europäischen Parlaments und des Rates über bestimmte Vorschriften für Schadensersatzklagen nach einzelstaatlichem Recht wegen Zuwiderhandlungen gegen wettbewerbsrechtliche Bestimmungen der Mitgliedstaaten und der Europäischen Union (Dokument A7-0089/2014) (zitiert: *Europäisches Parlament*, Bericht im Namen des Ausschusses für Wirtschaft und Währung (Dokument A7-0089/2014)).

Podszun, Rupprecht, Stellungnahme als Sachverständiger im Wirtschaftsausschuss des Deutschen Bundestags zur Vorbereitung der Anhörung am 23.1.2017 – Die 9. Novelle des Gesetzes gegen Wettbewerbsbeschränkungen (GWB), Ausschuss-Drs. 18(9)1092, 2017 (zitiert: *Podszun*, Die 9. Novelle des Gesetzes gegen Wettbewerbsbeschränkungen (GWB), Ausschuss-Drs. 18(9)1092).

www.ingramcontent.com/pod-product-compliance
Ingram Content Group UK Ltd.
Pitfield, Milton Keynes, MK11 3LW, UK
UKHW021927290926
8980IPUK00016B/1491

9 783631 839294